生态文明观的法律表达
——第三代环境法的生成

Legal Expressions of Concept of Ecological Civilization

On the Formation of the Third Generation of Environmental Law

中国政法大学出版社

2019·北京

图书在版编目（ＣＩＰ）数据

生态文明观的法律表达/杨朝霞著. —北京:中国政法大学出版社,2019. 12
ISBN 978-7-5620-9436-4

Ⅰ.①生… Ⅱ.①杨… Ⅲ.①生态环境建设－环境保护法－研究－中国 Ⅳ.①D922.684

中国版本图书馆CIP 数据核字(2019)第 299972 号

出 版 者　　中国政法大学出版社

地　　址　　北京市海淀区西土城路 25 号

邮寄地址　　北京 100088 信箱 8034 分箱　邮编 100088

网　　址　　http://www.cuplpress.com（网络实名：中国政法大学出版社）

电　　话　　010-58908586(编辑部)　58908334(邮购部)

编辑邮箱　　zhengfadch@126.com

承　　印　　北京朝阳印刷厂有限责任公司

开　　本　　720mm×960mm　1/16

印　　张　　29.5

字　　数　　500 千字

版　　次　　2019 年 12 月第 1 版

印　　次　　2019 年 12 月第 1 次印刷

定　　价　　99.00元

序一　安黎哲：强化生态文明建设的法学支撑

当今时代是一个百年未有的巨变时代。环境问题是一个需要交叉研究的复杂问题。

"法律是治国之重器，良法是善治之前提"。党的十九大报告提出："要牢固树立社会主义生态文明观"，"用严格的法律制度保护生态环境"。党的十九届四中全会提出"推进国家治理体系和治理能力现代化"，强调要"坚持和完善生态文明制度体系"。

什么是生态文明？什么是生态文明观？生态文明观对法学理论有何影响？运用生态文明观，能否以及如何推进国家治理体系和治理能力现代化？如何进行制度设计，方能实现生态文明建设的良法善治？这些"生态文明之问"，都是我们必须研究和回答的时代课题。

我校生态法研究中心主任杨朝霞博士的这本新书，正是为回答这些重大问题而作出的理论思考和智识努力。

"生态文明观的法律表达"是一个富有战略性、前瞻性、交叉性和基础性的宏大选题。对其进行研究，除了需要深厚的法学素养之外，还需综合运用环境学、生态学、资源学、地理学和人类学、社会学、经济学、管理学、政治学、哲学等多学科的"融合性知识"。没有笃定的学术追求，没有敏锐的学术意识，没有宽广的学术视野，没有长年的学术积累，一般是不会轻易触碰的。

作者不仅构建了生态文明观的理论体系，而且全面解析了生态文明观的科学内涵。阅读本书，有助于我们了解和把握生态文明观有别于环境保护观、协调发展观、可持续发展观等理论和观念之所在，有助于我们理解和进一步思考生态文明观的先进性、优越性和确立的必要性。譬如，作者将经济社会发展比喻成一匹"野马"，将生态文明建设比喻为这匹野马的"缰绳"，促使其朝着"环境良好、资源永续、生态健康"的方向，又好又快地持续奔跑。再如，作者认为生态文明建设的精髓是高质量的绿色发展，不但追求发展的可持续性（将社会系统、经济系统和自然系统视为一个耦合的"社会-经济-自然"复合生态系统，维护生态产品和生态服务在该复合系统中的供需平衡），而且追求发展的高品质性（如生产发达、生活美好）。这些观点，读完有豁然开朗之感！

更富挑战性的是，从生态文明的科学观念，到生态文明的法学原理，再到生态文明的法律体系，其研究不得不跨越从"科学"到"法学"、从"事理"到"法理"、从"事实"到"规范"的几大"鸿沟"。如果不能打破自然科学和社会科学的"藩篱"，如果不能打通科学和法学的"经脉"，研究"生态文明观的法律表达"几乎是一项不可能的任务。难能可贵的是，作者不仅作出了系统深入的首创研究，大胆独到地回应了这些问题，而且从方法论上提出，要创设第四种法学学派或法学研究方法——自科法学，以架起科学与法学的桥梁，实现从"事理"到"法理"的飞跃。对此，我深表认同。

北京林业大学创建于1952年，办学67年来，历代北林人始终秉承"知山知水，树木树人"的校训，牢记"替山河装成锦绣，把国土绘成丹青"的初心和使命，积极践行"绿水青山就是金山银山"的理念，谱写了新中国生态文明建设的美丽华章。近年来，北京林业大学生态法研究中心脱颖而出，成了我校生态文明建设研究的一个新型特色智库平台。该中心的老师亲赴基层林业系统挂职调研取得大量第一手资料，在《中国法学》《光明日报》等发表学术论文200余篇，主持国家级和省部级课题100余项，参与《环境保护法》《野生动物保护法》《森林法》《种子法》《大气污染防治法》等20多项法律法规的制定和修改工作，接受中央电视台、中国教育电视台、北京电视台和《人民日报》《光明日报》等媒体采访报道200余次，取得了丰硕的学术成果，产生了广泛的社会影响。

下一步，北京林业大学将继续紧扣"生态文明建设"和"全面依法治国"两大时代主题，立足于本校特色，大力加强生态法学科建设。同时，发挥学科人才智力优势，为黄河保护法、湿地保护法、自然保护地法、国家公园法等法律的制定和野生动物保护法、森林法、草原法、水土保持法、防沙治沙法等法律的修订，提供理论支撑和智力支持。

《生态文明观的法律表达》一书开了一个好头！期望杨朝霞博士在已有研究基础上，不断夯实理论功底，大力提升从"事理"到"法理"的方法论自觉，打通"科学"和"法学"的"任督二脉"，为构建系统、科学的生态文明法律观，推进我国生态文明建设取得更多更好的学术成果。

北京林业大学校长

2019 年 12 月 15 日于北京

序二　孙佑海：开创环境法治的新时代

　　为朝霞的新作《生态文明观的法律表达》写此序，正值联合国第25届气候变化大会就《巴黎协定》的最终实施细则进行谈判磋商之际。全球气候变化谈判的举步维艰，最集中、最突出地体现和揭示了公共环境问题解决的复杂性、艰巨性和长期性。

　　为有效应对环境问题，中国共产党带领全国人民，在充分吸收我国古代"天人合一"的生态思想和借鉴西方可持续发展理念的基础上，站在人类文明的高度，相继于党的十七大、十八大和十九大提出了生态文明建设的理论和国家战略。

　　特别是，党的十九大报告指出："要牢固树立社会主义生态文明观，推动形成人与自然和谐发展现代化建设新格局。"十九届四中全会通过的《中共中央关于坚持和完善中国特色社会主义制度 推进国家治理体系和治理能力现代化若干重大问题的决定》进一步强调："生态文明建设是关系中华民族永续发展的千年大计"，要"坚持和完善生态文明制度体系，促进人与自然和谐共生"，将生态文明的理论提升到了一个崭新的高度。

　　然而，到底什么是生态文明？什么是生态文明观？生态文明观与环境保护观、协调发展观、可持续发展观、科学发展观之间，究竟有何区别和联系？在环境保护、可持续发展等观念早已在国内外深入人心的当下，再提出生态文明究竟有何理论和现实意义？生态文明，是仅仅适用于中国，还是对世界各国也具有普适意义？同环境保护战略和可持续发展战略相比，生态文明建设战略有何不同，优越性何在？实践中，又该如何推进生态文明建设？

　　若进一步追问，生态文明观对环境法和环境法学有何影响？反过来说，环境法学又当如何迎接和响应这一重大理论？如何将生态文明的政策话语和生态文明观的理论观点，转化为环境法学的法学话语和法学理论，进而转变为环境法的顶层设计和具体制度？再者，生态文明观的确立，对于环境权的研究和构建是否具有重大意义？健全完善的生态文明制度体系到底应有哪些内容？在路径和方法上，如何构建生态文明制度体系？……

遗憾的是，由于种种原因，我国环境法学界对生态文明议题专门关注的学者不多，作出深入的环境法理思考和系统的法律创新响应的更是凤毛麟角！

记得朝霞才从加州大学伯克利分校（CUCB），访学归国不久，就参加了2018年8月天津大学法学院主办的"习近平生态文明思想研讨会"，他在会上阐述了生态文明观的一些初步思考，当时就给人眼前一亮之感。今年上半年，他还给我发来微信，汇报关于"以生态文明观为理论指导生成第三代环境法"的一些想法，没想到时隔半年，一本30多万字的《生态文明观的法律表达》就摆在了我的书桌上！一气呵成，很好！

经粗略阅读，发现该书有诸多令人耳目一新或者发人深省的学术观点。譬如，朝霞认为，生态文明观的第一要义是发展，精髓是绿色发展，基本立场是以人为本和环境正义。特别是，朝霞认为既要以维护环境权益为核心，防治环境污染和生态破坏，实现环境安全和环境舒适，又要兼顾生存权和发展权，尊重和保护原住民对自然资源的传统权利，杜绝环保"一刀切"，优先保障基本民生。对此，我是高度赞成的。因为，环境法既是维护公民环境权益的法律武器，也是维护弱势群体生存权、发展权的法律工具，还是企业维护其正当权益的法律保障。环境法，不能只讲环境保护，无视基本民生，不顾经济发展。只有妥善地处理好环境保护、经济发展、民生保障的环境法，才是符合生态文明要求的环境法，才能算朝霞在书中所讲的"第三代环境法"。

再如，朝霞首次提出了环境法学的逻辑起点是"环境""资源""生态"三大范畴，并从功能（用途）分析的角度，深入辨析了"自然"与"环境""资源""生态"之间属于"一体三用"的关系。这一观点极富创意，充分发挥了朝霞出身于环境工程本科和法学第二专业的"二合一"专业优势，可谓本书最突出的亮点之一。以此观点为据，许多环境法学的理论难题便可迎刃而解，一些长年以来模糊不清的问题似乎也找到了症结所在。朝霞关于"生态环境"概念的解析，亦颇有洞见。

此外，朝霞还认为，我国的环境法先后经历了以环境保护观为指导的第一代环境法，以可持续发展观为指导的第二代环境法，现在正走向以生态文明观为指导的第三代环境法。这一观点，我是很认同的。

环境法学，亟须在生态文明建设的新时代得到坚实发展、创新发展。

正如朝霞在书中的呼吁，环境法学界应当向任正非先生学习，高度重视环境法学的基础理论研究，全面强化环境法学的方法论自觉，不断实现从"事理"到"法理"的"惊心动魄的跳跃"。唯其如此，方能开创环境法学的新时代。

朝霞是我在中国政法大学的博士生，湖南湘潭人，武大环境法所蔡守秋教授的硕士研究生。湘楚文化赋予了他一股湖南人的正气、闯劲和干劲，"吃得苦""霸得蛮"等湖南精神自始至终，一以贯之。武大环境法所的学历背景，使得他一直关注和高度重视基础理论研究。也正因如此，我给他的博士论文题目就是许多导师甚至不敢让学生触碰的"环境权"。

博士毕业以后，特别是近年来，朝霞在环境法学研究和环境法治服务等方面，成绩斐然。不仅参与了《环境保护法》《野生动物保护法》《森林法》等10多部环境法律法规的立法工作，而且频频接受全国人大环资委、生态环境部、自然资源部、国家林草局、农业部、最高人民法院环资庭等中央国家机关的邀请，为这些重要的机关提供环境法治咨询服务，为国家生态文明法治建设出谋划策。此外，他还经常接受中央电视台、北京电视台、天津卫视和人民日报、光明日报、法制日报、中国网等媒体的专家访谈，共计达200余次，特别是在央视和多家地方卫视上频频亮相，洒脱自如，令人印象深刻。

当然，相比而言，他在环境法学研究成果方面，就得加紧进位赶超了。这一点，我提醒过他多次。记得他回复我，说他对环境法学有着发自内心的热爱，一直在不断积累，已经有很多的想法和系统性的思考，从未有过懈怠和放松！虽然说"欲为大树，莫与草争"，但我还是特别期待他尽快出大成果！

摆在面前的这本《生态文明观的法律表达》，尽管在"五元四重三维"法律体系、法律生态化等法理问题上还未全面展开，尽管关于"人类文明的演进和新型权利的兴起"一章5万字的文稿由于篇幅问题忍痛割爱，但总体上我还是感到很欣慰！

正如朝霞在书中所说，环境法学是一个可以作出具有原创性贡献、产生全球性影响的新兴学科！希望朝霞继续耐住寂寞，坚守初心，潜心研究！期待他品质更高的学术成果早日问世，期待他飞得更高，走得更远！

天津大学法学院院长

全国人大环境与资源保护委员会法案室原主任

最高人民法院中国应用法学研究所原所长

兼最高人民法院研究室副主任

2019 年 12 月 12 日于天津大学

序三　蔡守秋：中国环境法学的历史机遇和时代使命

　　2012 年 11 月召开的中共十八大，确立了"全面推进生态文明建设"的战略目标和时代任务，要求"把生态文明建设放在突出地位，融入经济建设、政治建设、文化建设、社会建设各方面和全过程，努力建设美丽中国，实现中华民族永续发展"。2017 年 10 月召开的中共十九大，不仅总结了十八大以来生态文明建设所取得的成绩，并且就"加快生态文明体制改革，建设美丽中国"进行了专门部署。我国环境法的发展从此迎来了一个崭新的发展时期。

　　通过对环境法发展进程的考察研究，杨朝霞博士在本书中提出，从环境法的代际发展来看，我国的环境法经历了以环境保护观为指导的"第一代环境法"，以可持续发展观为指导的"第二代环境法"，现在正走向以生态文明观为指导的"第三代环境法"。环境保护观和可持续发展观都是由西方国家首先提出而后我们追随的，只有生态文明观是中国共产党带领全国人民在充分吸收我国古代"天人合一"的生态思想和借鉴西方可持续发展等理念的基础上，站在人类文明的高度，率先提出来的。按照朝霞的说法，我国极有可能引领全球"第三代环境法"的发展，正如我们有可能引领全球第四代工业革命一样。这是中国环境法学的历史机遇，无疑也是中国环境法学必须肩负的时代使命！

　　为了将生态文明的观念和理论转变为法律文本上的规范和制度，朝霞进行了深入的研究和大胆的探索。在本书的总论部分，朝霞首先探索性地分析和归纳了生态文明观中的诸多"事理"。譬如，他认为生态文明观是一个由生态文明历史观、生态文明伦理观、生态文明福祉观、生态文明产品观、生态文明发展观、生态文明建设观、生态文明法治观和生态文明全球观等构成的理论体系。再如，他认为生态文明观的第一要义是发展，精髓是绿色发展；

基本立场是以人为本和环境正义；首要目标是环境良好、资源永续和生态健康，终极目标是生产发达、生活美好、生态平衡之"三生共赢"的高质量发展；实现生态文明建设的主要方式是空间的有序化、发展的生态化、生态的资本化、环保的经济化和治理的社会化，主要法宝是法治，等等。这些论述较为清晰地阐释了生态文明观的科学内涵，也可以大致看出其区别乃至超越于环境保护观、可持续发展观之所在。

接下来，朝霞重点探讨了对生态文明观进行法律表达的基本原理。此部分是本书的重点和精髓所在，用了近9万字的篇幅，可谓亮点纷呈。譬如，朝霞认为，从生态文明法理创新到生态文明法律表达，通常应当遵循"事实—事理—法理—法律"的逻辑路径。特别是，本书提出要将生态文明观的科学事理和政治话语，转换或提炼为环境法理和法学话语，以实现从"事理"到"法理"的"惊心动魄的跳跃"。对这一观点我持欣赏态度。当前，环境法学研究薄弱之处，正是不够重视甚至忽略"从事实到事理""从事理到法理"这两大关键环节，习惯于从"经验事实"直接到"法律规范"的"跨级跳"，以致某些人笑称环境法为"最不讲道理"的法，戏称环境法学为"最没有法味"之学。

实际上，"从事实到事理"，主要是一个科学原理的归纳和习得问题，应谨防出现书中所谓的"科盲"。"从事理到法理"，主要是一个法理的转换和提炼问题，应谨防出现书中所谓的"法盲"。再如，朝霞首次提出，民法、宪法、行政法、刑法和诉讼法属于"单一性基础法"，环境法和经济法等属于"组合性领域法"的观点。更有意义的是，他比照基色和混合色都是独立色的原理，论证环境法也是一个独立的法律部门，颇具说服力。此外，他提出环境法理创新具有"具化""改良""革命""整合"四大模式，法律的生态化（特别是民法的生态化）具有"留空间""开岔口""设界限"（明方向）"定基石""立框架""建房子"等六大层次，也颇有新意。

在本书的分论部分，朝霞重点分析了环境权、生态环境损害赔偿、政府环境问责、环境公益诉讼、环境立法70年等前沿问题，其中有不少精彩论述。譬如，在环境权议题上，他从主体资格、利益追求、正当性、行为自由、义务承担者、可诉性等权利生成的基本要件出发，论证了环境权创设的正当性和可能性；根据权利客体的不同，论述了环境权与资源权、排污权、自然保护地役权的区别和联系；在权利的地位上，他认为生态文明时代的标志性权利为环境权，正如原始文明时代的标志性权利为成员权，农业文明时代的标志性权利为地权，工业文明时代的标志性权利为知识产权（尤其是其中的专利权）一样。再如，在环境公益诉讼议题上，他阐释了环境权诉讼、自然资源损害赔偿诉讼、生态环境损害赔偿诉讼、环境检察公益诉讼的区别和联系，并认为"生态环境损害赔偿诉讼"在本质上属于责令赔偿生态环境损害之行政命令的司法执行诉讼，读来耳目一新。

　　总体而言，本书叙事宏大且新意迭出。朝霞试图以"中国的生态文明发展道路、生态文明建设理论、生态文明体系逻辑"为立足点，按照"事实—事理—法理—法律"的逻辑，通过对生态文明观的科学内涵，环境、资源、生态等基石范畴的区别和联系，利益平衡的基本原则，环境法的法律体系以及与相关部门法的关系，环境法制度创新的主要模式，环境专门法的体系化和传统部门法的生态化等理论问题的探究，阐释对生态文明观进行法律表达的基本原理。此外，本书还对环境权和环境公益诉讼的理论基础和制度设计问题，进行了可贵的专门探讨。

　　鉴于"生态文明观的法律表达"是一个跨越政策与法律、科学与法理、理论和实践、事实和规范的极富挑战性的宏大议题，我对朝霞的研究探索充满期冀。当然，由于本书涉及的基础理论问题众多，加之作者对某些问题还未来得及展开充分论证，其中个别观点能否经得起理论和实践的检验，还需要时间来证明。从全球范围看，旨在解决人与自然矛盾的环境法主要产生于20世纪50年代。我国的环境法主要诞生于20世纪70年代末期，具有明显的"后发性""借鉴性"和"政府主导性"，还没有形成广为接受的环境法学研究范式和具有中国特色的环境法话语体系。在这个意义上讲，朝霞尝试构建"生态文明法律观"可谓雄心勃勃，其志向和担当难能可贵，应当给予鼓励和支持。

　　朝霞博士是在环境法学领域辛勤耕耘的一名青年学者，本书是他长期关注和不断探索生态文明法治理论的研究成果，我相信广大读者能够从本书获得许多收获和启迪，因而欣然为之作序。

蔡守秋

武汉大学环境法研究所教授、原所长
中国法学会环境资源法学研究会原会长
2019 年 12 月 18 日

内容概要

　　"人类既是他的环境的创造物，又是他的环境的塑造者。"人类社会的发展史就是一部利用、改造和保护自然的奋斗史，更是一部不断创造物质财富、精神文化和制度规则的文明史。然而，历史上，"我们经常把文明和自然分离开来"，以至于"文明越是灿烂，它持续的时间就越是短暂。文明之所以会在孕育这些文明的地方衰落，主要是由于人们糟蹋或者毁坏了帮助人类发展文明的环境"。[1]传统的"文明人踏过地球表面，在他们的足迹所过之处留下一片荒漠"。汲取历史的教训，从现在开始，"我们必须把文明与自然联系起来"，[2]走"良好生存于自然生态之中的文明"[3]之路。

　　中国共产党带领全国人民立足于我国面临结构型、压缩型、复合型生态环境问题和自然资源危机的严峻形势，在充分吸收我国古代"天人合一""天人相参"的生态思想和科学借鉴西方环境保护、协调发展、可持续发展等生态理念的基础上，从以人为本的立场、生命共同体的格局、人类文明的高度、地球生态系统的广度出发，提出了建设生态文明的战略思想和治国理念。

　　然而，当前我国对生态文明理念的科学内涵、历史意义和建设路径等基本问题，在研究上还不够重视，在认识上尚有诸多模糊乃至谬误之处。下一步，亟待在理论上正本清源，在全社会树立科学、系统的生态文明观，进而

---

〔1〕［美］弗·卡特、汤姆·戴尔：《表土与人类文明》，庄庞、鱼姗玲译，中国环境科学出版社 1987 年版，第 5 页。

〔2〕［美］霍尔姆斯·罗尔斯顿：《环境伦理学》，杨通进译，许明校，中国社会科学出版社 2000 年版，第 335 页。

〔3〕严耕等：《生态文明绿皮书——中国省域生态文明建设评价报告（ECI 2010）》，社会科学文献出版社 2010 年版，第 54 页。

让其成为具有普适性的全球话语，并上升为各国环境法和国际环境法的指导思想。

———— 一 ————

文明（civilization）总是与人联系在一起的，是一个与"蒙昧"和"野蛮"相对的概念。[1]它表明人类脱离蛮荒状态的修养开化过程和整体进步状态，意味着人类应对外在自然和社会环境所创造的物质、精神、制度等方面的包罗万象的积极成果，表现了人类不同于动物界的"存在方式"。[2]从生产方式及人与自然关系的嬗变来看，人类社会先后经历了原始文明、农业文明和工业文明的历史变迁，现在正全面进入建设生态文明的新时代。

生态文明是"道法自然"的最高境界。生态文明观，是关于如何认识和建设生态文明的一系列理论观点和思想观念的总称，是一个包括生态文明历史观、生态文明伦理观、生态文明福祉观、生态文明产品观、生态文明发展观、生态文明建设观、生态文明法治观和生态文明全球观等内容的庞大的思想和理论体系。生态文明观，是中国共产党带领全国各族人民，在国家经济社会发展进入中国特色社会主义新时代、全面建成小康社会进入决胜阶段的伟大历史进程中，关于如何认识和处理人与自然的关系，逐步形成的新理念、新思想和新战略，是习近平新时代中国特色社会主义思想的重要内容。生态文明观不仅汲取了天人合一观、环境保护观、可持续发展观等中外生态思想的精华，而且克服了其在立场、格局、路径、方法等方面的局限性，是马克思主义关于人与自然关系认识的新发展，与科学发展观一脉相承。生态文明观的形成对于科学认识人与自然的关系，有效解决人与自然的矛盾，永续实

---

　　[1] 林坚认为，文化与文明是两个相互关联而又在性质、程度、时空、内容和形式等方面具有区别的概念。文化与政治、经济、社会相对应，相互之间有着密切的关系。科技、教育、艺术属于文化领域，但也有不同的特性。文化与文明主要具有如下区别：从时间上看，文化比文明早；从空间上看，文明有地域性，文化可以多方向传播；从内容和形式上看，文明为内，文化为表；从性质上看，文化有积极的和消极的方面，文明是进步状态。文化创造文明，文明推动文化。此外，文明有高低之分，进步和落后之别，而文化只能说存在不同之处，不能说谁的文化更进步、程度更高。林坚："文化与文明：界定、联系、区别"，载《文化学刊》2014年第5期。
　　[2] 严耕等：《生态文明绿皮书——中国省域生态文明建设评价报告（ECI 2010）》，社会科学文献出版社2010年版，第53页。

现人与自然的和谐共处，具有里程碑式的历史意义。

生态文明观的第一要义是发展

发展失序是生态文明产生和发展的时代背景和历史条件。"生态文明"是人类社会发展至工业文明阶段出现严重的环境问题而提出的反思性理念，生态文明建设的初衷是通过修正传统发展，走天人合一、人天协调的文明发展之路。因此，建设生态文明并不是要否定和摒弃发展，相反，生态文明观认为，只有建立在发展基础上的环境保护才能称为生态文明。否则，虽有绿水青山、鱼翔浅底，却经济落后、生活贫困，只能说有"生态"，无"文明"，绝不是"生态文明"。

革新发展是建设生态文明的重要手段。生态文明观认为，只有坚持以发展为中心，推进绿色发展和互助发展，才能在根本上和长远上解决因发展过度、发展不当和发展不足、发展滞后所导致的两类环境问题。[1]只有"发展"发展，规范、改进和优化发展，才能解决环境污染、资源短缺、生态退化等人与自然的矛盾，真正以生态文明的方式实现生产发达和生活富裕，尽早实现美丽中国和民族复兴的中国梦。发展是解决我国一切问题的基础和关键，齐心协力搞建设，聚精会神谋发展，这一点必须坚定不移。

生态文明观的基本立场是以人为本和环境正义

在对待人与自然的关系上，生态文明观主张，建设生态文明不是要奉行所谓的"生态中心主义"乃至"极端环保主义"，而是坚持以人为本，以不断满足人民群众对优质生态产品日益增长的各种正当需要为出发点和落脚点。既要坚持以维护环境权益为核心，确保社会公众的环境安全和环境舒适，又要兼顾弱势群体的生存权和发展权。特别是要按照以人为本的原则，尊重和保护原住民对自然资源的传统权利，落实野生动物致害补偿机制和自然灾害应急救助机制。

在对待人与人的关系上，生态文明观坚持以公平为旨归的基本立场，主张在保护环境资源，确保生态产品和生态服务的持续有效供给的过程中，维护好公平正义，保障好民生福祉。一是要加强对环境污染和生态破坏侵权受害者的救济和生态保护额外贡献者和特别牺牲者的补偿，维护好个体公平。

---

〔1〕 两类环境问题，是指因富裕导致的环境问题和因贫穷导致的环境问题。

二是要尊重各地区经济社会发展不平衡的客观事实，注意分地区、分领域、分步骤地采取共同但有差别的环保措施，维护好社会公平。中心城市和发达地区不仅不能将其对生态文明的要求普遍强加于全国各地，而且应当给予边远农村和落后地区经济与技术上的援助和支持。三是要坚持民生优先和照顾弱势群体的原则，杜绝和惩治环保"一刀切"乱象，维护好底线公平。换言之，生态文明建设，既要以维护世代公民的环境权益为核心，又要兼顾对弱势群体生存权和发展权的保障。尤其要注意的是，既要防止以经济发展为名而侵害广大公众环境权益的"经济野蛮主义"行径，也要防止以生态环保之名而侵害弱势群体人身和财产权益的"生态极端主义"行为。

生态文明观的精髓是高质量的绿色发展

生态文明观并不是要反对和否定发展，恰恰相反，是要求我们解放思想，拓宽视野，提升格局，转变观念，不断优化和改进发展，实现以"环境良好""资源永续""生态健康"为首要目的，以"生产发达""生活美好""生态平衡"之"三生共赢"为根本目的之高质量的绿色发展。

推进高质量的绿色发展，首要目的或直接任务是实现环境良好、资源永续和生态健康。环境良好，是指作为人类"栖息地"的环境在品质水平上达到相应的环境质量标准以上，适宜人类生活和居住的状态，如环境安全（没有洪水、台风等环境灾害）、空气洁净、水流清洁、景观优美等。资源永续，是指自然资源的供给处于可持续地满足经济社会发展之需要的状态。生态健康，是指生态系统处于生态因子充满活力、结构组成相对稳定、生态关系动态平衡、生态功能健康正常等有利于人类生存发展的状态。如果把经济社会发展比喻成一条"河流"（有时可能是洪流），那么，生态文明建设就是为其挖设"河道"，修筑"河堤"，确保其以"环境良好、资源永续、生态健康"的方式，又好又快地持续奔流。如果把经济社会发展比喻成一匹"野马"，那么，生态文明建设就为这匹野马套上"缰绳"，进行驯化，促使其朝着"环境良好、资源永续、生态健康"的方向，又好又快地持续奔跑。

推进高质量的绿色发展，根本目的或终极目标是实现生产发达、生活美好、生态平衡的"三生共赢"。实现环境良好、资源永续和生态健康是生态文明建设的首要目标，但并非全部，其最高纲领或终极目标是把文明与自然联系起来，将社会系统、经济系统和自然系统视为一个耦合的"社会-经济-自然"复合生态系统，通过维护生态产品和生态服务在复合系统中的供需平衡，实现生产发达、生活美好、生态平衡之"三生共赢"的高质量发展。所谓"生产发达"，是指在一定时空条件下，开发利用自然资源的科技能力强，生产力水平高，经济发展处于发达和先进的状态。"生活美好"，是指物质产品、精神产品和生态产品的供给充分，生活富裕、环境安全、宜居舒适，社会公平，人们的生活质量高，具有幸福感的状态。"生态平衡"，是指在一定的时空和相对稳定的条件下，生态因子充满活力，生态系统内各部分（生物、非生物环境）的结构和功能均处于相互协调的动态平衡状态。换言之，雾霾笼罩下的城市，工业好、生活富、生态差，当然不是生态文明；反之，企业被"一刀切"关停，生态好、生产低、生活穷，无疑也不是生态文明。

若"以自由看待发展"，实现高质量的绿色发展的本质，就是要实现人类社会世世代代在开发、利用、保护和建设环境资源的实质自由[1]，包括享有良好环境的自由（底线是免于环境污染的自由），开发利用自然资源的自由（底线是免于资源短缺的自由），以及免于环境资源不公的自由（底线是免于因生态环境保护而导致贫穷落后的自由）等。

要注意的是，"三生共赢"终极目标的追求和实现，牵涉经济利益和环境利益、当前利益和长远利益、局部利益和整体利益等正当利益之间错综复杂的矛盾和冲突关系。德国著名法学家阿列克西认为，正当利益之间的冲突不可用排除法而只能用"权衡"的方法来化解。李启家教授也认为，"面对中国纷繁复杂的环境问题和利益分配问题，环境法衡平利益冲突是生态文明实践智慧的一种现实展示。"基于此，要实现高质量的绿色发展，务必坚持"总体利益最大化"原则、"紧缺利益优先"原则、"利益损害最小化"原则和"受损利益补偿"原则等利益衡平的基本原则。

相比而言，以"整体主义"方法论（类似于"既见树木又见森林"的中医疗法）为指导、以高质量的绿色发展为宗旨（不仅要实现绿色发展，而且要实现高质量的发展）的生态文明观，不仅远远超越了以环境质量（重点是污染防治）为中心、以"还原主义"方法论（类似于"头疼医头脚疼医脚"

---

[1] 阿玛蒂亚·森认为，自由是发展的首要目的，是最高的价值标准。归根结底，发展的根本目的就是要扩展人类的实质自由。［印］阿玛蒂亚·森：《以自由看待发展》，任赜、于真译，刘民权、刘柳校，中国人民大学出版社2002年版，第1页。

的西医疗法）为指导的环境保护观，也超越了以经济增长和社会发展（重点是消除饥饿、贫穷和疾病）为中心、以自然资源可持续利用和环境保护为保障的可持续发展观（终极目标是实现经济社会发展的可持续性，虽然也有绿色发展的内在因素，却无高质量发展的本质要求）。

生态文明建设的主要方式是空间有序化、发展生态化、生态资本化、环保经济化和治理社会化

生态文明观主张，应从生态经济建设、生态政治建设、生态社会建设、生态文化建设和生态环境建设等方面入手，通过空间利用格局的有序化（简称为空间的有序化）、经济社会发展的生态化（简称为发展的生态化）、良好生态环境的资本化（简称为生态的资本化）、生态环境保护的经济化（简称为环保的经济化）和生态文明治理的社会化（简称为治理的社会化）等方式，推进生态文明建设。基本目标是，建成发达的生态经济、昌明的生态政治、繁荣的生态文化、和谐的生态社会和优良的生态环境。

空间的有序化，是指在一定国土空间范围内，按照"人口生产-经济生产-生态生产"三种生产的规模和速度相协调的原则，对经济布局、城乡建设、生态保护等方面的空间利用（生活空间、生产空间、生态空间）和建设问题进行一体化的统筹和布局，从而优化整个国土空间的利用格局，实现空间均衡的趋势和过程。譬如，开展主体功能区规划，实施空间用途管制等。

发展的生态化，是指以生态学、系统论和控制论的原理和定律为依据，将人类经济系统、政治系统、文化系统和社会系统中对自然有影响的认识和活动朝着有利于实现人与自然协调发展的方向进行调整和改造的趋势和过程。譬如，推行清洁生产、垃圾分类和循环经济等。

生态的资本化，是指将良好生态环境产权化变为生态环境资产，再经过政府付费、市场交易或生态产业化等资本化运营而转变为生态环境资本，最终实现其经济价值的趋势和过程。譬如，推行生态服务付费、生态保护补偿和生态资源产权交易，发展生态旅游和观光农庄等。

环保的经济化，是指以经济学、管理学等方面的原理和定律为依据，对人类保护、修复、改善生态环境的活动进行有利于降低经济成本、提高经济效益的调整和改造的趋势和过程。譬如，通过排污权交易降低社会治理成本，

发展营利性治沙（如库布其沙漠），尾矿库治理的景观化（发展旅游业）等。

治理的社会化，是指按照党委领导、政府主导、党政同责、一岗双责、部门联动、区域协同、企业联合、政企合作、社区共管和公众社会参与等原则，形成生态文明建设共建、共治、共享之社会治理新格局的趋势和过程，不断优化生态文明国家治理体系，提升生态文明治理能力。譬如，采用大气污染防治区域联防联控，推进自然保护区社区共管，发展环境损害赔偿责任保险等。

生态文明建设的重要法宝是法治（良法善治）

建设生态文明，应当综合运用科学技术、工程建设、市场调节、行政管理、伦理教化、法律治理等多种手段。"法治是治国之重器"。法治方式由于具有规范性、权威性、强制性、确定性、广泛性、统一性、公开性、普遍性、程序性、综合性、体系性等显著的比较优势，成了生态文明建设的治国重器和重要法宝。

生态文明观认为，生态文明建设的重要法宝是法治，即良法善治。亚里士多德早就指出："法治是已成立的法律获得普遍的服从，而大家所服从的又应该本身是制定得良好的法律。"推进生态文明法治建设，首要任务是制定体现生态文明要求的"优良之法"。回顾中国环境立法的历史，根据指导思想的不同，可以大致作如下的代际划分：以环境保护观为理论指导，属于第一代环境法；以可持续发展观为理论指导，属于第二代环境法；以生态文明观为理论指导，属于第三代环境法。当前，我国的环境法总体上还处于第一代和第二代的水平，下一步，应以生态文明观为指导，全面推进环境法的升级换代。具体而言，应以环境、资源、生态三大范畴为逻辑起点，以环境权、资源权、排污权为核心范畴，以环境权益的保障为首要目标，以"三生共赢"（生产发达、生活美好和生态平衡）之高质量的绿色发展为终极目标，以宪法规范、民法规范、行政法规范、刑法规范和诉讼法规范为调控手段，以环境法（狭义）、资源法和生态法为三大亚部门法，以环境专门法的体系化（法典化）和传统部门法的生态化为路径，尽快形成健全完善的生态文明法律体系。

"法律的生命在于实施"。推进生态文明法治建设，除了要制定优良的生态文明法律体系形成"良法"之外，更重要的是，要健全和完善整个生态文明法治体系，强化和推进"善治"。这个法治体系，不仅包括完备的生态文明党规国法体系（以科学立法为原则），还包括高效的生态文明法治实施体系（以全面普法、自觉守法、严格执法、公正司法为原则）、严明的生态文明法治监督体系（包括人大监督、检察监督、媒体监督和公众监督等）和有力的生态文明法治保障体系（重点是人、财、物）。

二

改革开放以来，经过几代人的努力，我国的环境法学取得了令人瞩目的成就，然而，不无遗憾地说，时至今日，依然未能形成中国环境法学的范畴体系和理论体系。背后的原因有很多，但不可否认的是，这跟环境法学界长期以来过于沉迷或停留于"中国问题（存在某类环境问题）——国外经验（外国已有相关法律制度）——中国对策（也要进行相应的环境立法）"的"对策主义"研究思维和以西方法学理论为圭臬的学术传统和论说习惯不无关系，[1] 以至于总体上缺乏主体性[2]、本土性、教义性和原创性的深度思考和理论贡献。对此，吕忠梅教授一针见血地指出："中国的环境法学面临着从'外来输入型'到'内生成长型'的转变，这种转变的前提是环境法基础理论必须建立在中国的生态文明发展道路、生态文明建设理论、生态文明体系逻辑之上"。[3]

问题是，由于生态文明理念自首次提出至今不过30年的历史，真正成为主流话语更是不足10年的时间，包括哲学、经济学、社会学、政治学和法学等学科在内的整个学术界对其的研究还不够全面和深入，大多停留于对政策文件的简单重复和浅层注释。可以说，迄今还没有形成系统、成熟的生态文明理论体系。

生态文明事理的探究

由于生态文明建设跨越天文、地理、气候、生物、历史、经济、政治、文化、社会等十分广泛的领域，只有建基于环境学、生态学、资源学、经济学、伦理学、社会学、政治学、人类学等众多自然科学和社会科学的知识和

---

〔1〕 凌斌：《法科学生必修课：论文写作与资源检索》，北京大学出版社2013年版，第224页。

〔2〕 王利明："增强民法学理论创新的主体意识"，载《人民日报》2019年2月11日。

〔3〕 吕忠梅："新时代环境法学研究思考"，载《中国政法大学学报》2018年第4期。

原理，对有关生态文明的思想和实践进行调查、汇总、梳理、比较、提炼等方面的实证调研和理论研究，方能从生态文明事实中归纳和抽象出有关"事理"，从而形成系统、完整的生态文明观。

譬如，从"既要绿水青山又要金山银山，宁要绿水青山不要金山银山，而且绿水青山就是金山银山"的领导金句中提炼出协调发展、生态优先、生态资本化的事理。从淘汰落后产能、推进清洁生产和循环经济等政策中，提炼出经济生态化的事理。从主体功能区规划、"三规合一"中，提炼出国土空间利用格局优化的事理。从"保护生态环境就是保护生产力"的政策口号中，提炼出"生态产品生产"的事理。

事理是法理的基础，事理不清，后边所构建的法理很可能也会产生问题。正所谓"基础不牢，地动山摇"。事实上，环境法学界把鱼虾因水库开闸放水导致醉氧而死、因桧柏的种植导致本地梨树发生梨锈病而产量急剧下降的事件均解释为环境污染侵权（实际上应属于生态破坏侵权），把二氧化碳解释为污染物质而主张在《大气污染防治法》中设立气候变化应对专章，都是因事理不清（混淆了环境污染和生态破坏）而导致的法理谬误。最近，最高人民法院环境资源庭正在研究制定环境资源案件受案范围的司法解释，据悉，最大的挑战不在于法理难清，而在于事理难厘。

可以说，环境法学界长效之计的首要任务，是在知识结构上夯实环境学、生态学、生物学等方面的科学基础，明晰有关生态文明的事理。

从生态文明事理到法理的转换

明晰了事实和事理，并不意味着后边的法理就能不析自明。因为，从事理到法理还有一个艰难的提炼和转换过程。吕忠梅教授指出，环境法学界要有学术转换的意识，注意"将生态文明建设的政治话语转化成为法律话语、学术话语"[1]，将生态文明的国家战略、政治话语、科学原理等事实和事理转换为"法学理论中的价值取向、研究方法、概念体系、规范体系"等法学话语。这就"需要我们运用法律逻辑、法律语言、法律思维来研究社会现象或者社会事实，通过从社会事实中提炼法学理论命题，并对这些理论命题进

---

〔1〕 吕忠梅："新时代环境法学研究思考"，载《中国政法大学学报》2018年第4期。

行分析论证"〔1〕，最终形成具有法学品性和法律面向的生态文明观。

譬如，将"经济建设与环境保护一体化决策"的政治话语，转换为"利益平衡"的法学话语。将新中国成立以来关于我国两次土地改革运动的政策话语，转换为"从'两权分离'到'三权分离'（官方称为'三权分置'）"的法律话语。从人类文明的演进和新型权利的兴起的历史事理中，提炼出"环境权是生态文明时代的标志性权利"的法理命题。将"经济社会建设与生态环境保护协调发展"的政治话语，转换为"维护环境权益，兼顾生存权和发展权"的法学话语。将"良好生态环境是最公平的公共产品，是最普惠的民生福祉""让良好生态环境成为人民生活质量的增长点"的政治话语，转换为"维护公民环境权益"的法律话语。从"绿水青山就是金山银山"之生态资本化的经济事理中，提炼出自然资源产权交易的法理。将"宁要绿水青山不要金山银山"的政治话语，转换为"保护优先原则"的法学话语，等等。

依此而言，在明确和把握生态文明建设的有关事理，确立了生态文明观以后，接下来要做的重点工作，是对生态文明观进行全方位的法学解读，从生态文明建设理论和实践的事理中提炼出法学命题，最终形成法学化的生态文明观。此一环节的基本任务，是运用法律思维、法学方法、法律逻辑和法言法语，把环境学、生态学、经济学、社会学、伦理学、政治学等其他学科中关于生态文明的事理和话语，转换或提炼为法学的法理和话语，实现从事理到法理的"惊心动魄的跳跃"〔2〕。

要顺利开展这一环节的研究，既要对生态文明的科学原理和具体实践了然于胸，又要对传统法学的基本原理和话语体系融会贯通，只有将两者进行"无缝对接"，方能形成具有法学品性和法治韵味的生态文明法律观。

环境法理探究的基础：明晰环境法学的逻辑起点

"任何理论研究都应当有自己的逻辑起点。"任何成熟的理论体系无疑都有自己合理的逻辑起点（譬如，马克思以"商品"作为《资本论》的逻辑起

---

〔1〕 吕忠梅："自然保护地立法的基本问题"，在中国法学会环境资源法学研究会 2019 年年会上的主旨发言，2019 年 10 月 26 日于海南大学。

〔2〕 陈瑞华：《论法学研究方法》，法律出版社 2017 年版，第 225 页。

点），[1]环境法学研究及其理论体系的构建，也必须确定和明晰自己的逻辑起点。

黑格尔认为，逻辑起点是整个理论体系得以建立的基础和根据，它决定了其后的整个理论体系的基本构造和发展方向。[2]事实上，逻辑起点不清，正是很多理论和研究缺乏解释力和生命力的根本原因。环境法学发展至今，依然无法确定自己的核心范畴，未能形成自己的理论体系，跟没有找到并明晰自己的逻辑起点不无直接的关系。只有逻辑起点是什么的问题研究清楚了，其他理论问题乃至整个理论体系的构建方能纲举目张。

曾有学者指出："环境损害"是环境法学的逻辑起点。[3]环境法学逻辑起点的提出意义重大，不过，此观点似有可商榷之处。其一，"环境"是比"环境损害"更为基本、简单的质之规定；其二，"环境损害"并非环境法学研究对象之基本单位，至少无法适用于景观环境建设（如城市公园的建设）的研究（因为并不存在"环境损害"）；其三，"环境损害"无法贯穿环境法学理论发展的全过程（不适用于环境的改善、海水的淡化、地热的开发等理论议题）；其四，"环境损害"也难以有助于形成完整的环境法学理论体系，至少其对采光权、通风权和眺望权的侵权行为无解释力（通常并未构成环境损害，只是构成环境妨碍）。

从理论上看，环境法学的逻辑起点并非"环境损害"，而是与之相关的更为基本、更为简单的"环境""资源""生态"。不难理解，"环境""资源""生态"这三大概念是环境法学研究对象之基本单位，是环境法学的基石和起始范畴，不仅可以贯穿环境法学发展的全过程，而且有助于形成环境法学的理论体系。然而，当前最大的挑战是，理论界尚未科学认识、准确界分"环境""资源""生态"这三大概念，很长时间以来老是纠缠于谁范围更大、谁内涵更小的浅层或低端争论（环境大，资源大，还是生态大）。对此，只有跳出讨论"范围大小"的传统思维，运用利益法学的基本原理，从"功能分化"或"用途分野"的视角出发，方能明晰"环境""资源""生态"的区别和联系。

---

〔1〕 徐祥民、刘卫先："环境损害：环境法学的逻辑起点"，载《现代法学》2010年第3期。

〔2〕 ［德］黑格尔：《逻辑学》（上卷），杨一之译，商务印书馆1981年版，第54页。

〔3〕 徐祥民、刘卫先："环境损害：环境法学的逻辑起点"，载《现代法学》2010年第3期。

实际上，"环境""资源"和"生态"是人们基于自然要素及其整体所具有的环境支持（如提供可呼吸的清洁空气、可直饮的水源等）、资源供给（如提供可作为工业原料的矿产资源）和生态服务（如森林提供的水土保持、水源涵养、气候调节等生态服务）的三大功能或用途而对其的三种称谓，即以"用"名"体"（"用"即用途、功用之意，"体"即实体之意）。换言之，自然与环境、资源、生态之间属于"一体三用"或者"一体三面"的关系（环境、资源和生态属于自然这"一体"中的"三用"）。[1]

当然，任何一种自然要素，很可能同时兼有环境、资源和生态的一种或多种功能。这时，我们往往以其主导功能来定义或命名该自然要素。譬如，矿藏的主要功能是资源供给，故一般称其为"矿产资源"，鲜有称其为"矿产环境"或者"矿产生态"的；大气的主要功能是环境支持，故一般称其为"大气环境"，鲜有称其为"大气资源"或"大气生态"的。只有在特殊情况下，如进行风电开发时，将大气称为"气候资源"，或者当风用于花粉或种子的传播时，称其为"生境"。

以"环境""资源""生态"之间"一体三用"的辩证关系为逻辑起点和理论基石，有助于全面构建环境法学的理论体系，进而为生态文明法治建设提供坚实的理论基础。其一，"环境""资源""生态"分别对应环境利益（属于社会利益）、资源利益（属于经济利益）和生态利益。其二，可分别对"三用"之"环境""资源""生态"进行专门立法，构建由环境法（中义）、资源法和生态法组成的生态文明法律体系。其三，坚持"一体"的整体主义原则，搞好环境法、资源法、生态法内部的融合和协调。譬如，《矿产资源法》应当强化生态修复的规定，《土地管理法》应当加强对湿地、林地、草地等生态用地的保护，《大气污染防治法》要重视利用城市森林和通风廊道等生态治理的方式来应对雾霾。其四，对"三用"进行权利化，可分别成立环境权、排污权、资源权（包括资源所有权、资源攫取权、资源使用权和资源担保权等）和生态保护地役权等权利。其五，在监管体制上，可构建以环境部、

---

[1] 严耕教授认为生态与环境、资源具有"一体两用"的关系。环境和资源是生态系统被人类使用而产生的两种基本功能。当下人类面临生态危机，是人对资源、环境的利用不当造成的。要实现人与自然的和谐，关键是要"强体善用"，摆正生态之本体地位，强健生态之体，改善资源、环境的使用方式、促进协调发展。严耕："生态与环境、资源具有'一体两用'的关系"，载中国网：http://o-pinion.china.com.cn/opinion_ 80_ 145280.html，2016年4月1日访问。

资源部和生态部（可以国家林草局为主体改组而成）为核心的生态文明监管机构体系，分别负责对"环境""资源"和"生态"的监督管理。

与"环境""资源""生态"密切相关的，还有"生活环境"和"生态环境"等概念。所谓"生活环境"，是指与人类生活密切相关的各种天然的和经过人工改造的自然因素。如地表大气、直饮水源、自然空间、自然景观、自然遗迹等自然环境，城市、乡村、古民居、古村落、古建筑等人工环境。"生态环境"则是一个相对于"生活环境"的概念，在本质上是指与人类生产生活密切相关的，可以影响生态系统发展的生态因素及其生态关系，包括气候条件、土壤条件、生物条件、地理条件和人工生态条件（如绿地、公园）等。

"生态环境"概念的主要意义在于，强调"环境"和"生态"的相互交融性和密不可分性，要求人们站到生态系统的高度，看到环境所具有的生态属性，遵循生态的规律，运用生态化的方法来开展环境保护（污染防治）工作。依此而言，2018年的国务院机构改革，将"环境保护部"改组为"生态环境部"，可谓用心良苦、意义深远。

环境法学创新的层次和模式：具化、改良、革命和整合

确定环境法学的逻辑起点、明晰环境法学的基石范畴之后，接下来更为艰巨的工作，是以生态文明观所揭示的科学原理、普遍定律和特别现象等为基础和依据，在生态文明建设领域对传统的法理进行检验、加工和革新，最终形成关于生态文明的法学理论体系。对此，吕忠梅教授强调："新时代的环境法学发展最重要的任务是从事理分析转向到法理分析，构建法理分析的逻辑框架和理论体系"。[1]

毋庸置疑，这一环节两头都难，最具挑战性。这就要求环境法学界必须苦练内功，既要关注和了解生态文明建设领域丰富的实践和多学科的理论，经过分析和加工而形成法学视野下的生态文明观，又要学好法理学、民法学、宪法学、行政法学、刑法学、诉讼法学等法学学科的知识和原理，并能融会贯通、游刃有余、灵活运用于生态文明领域，进而作出具化、改良、革命和整合等意义上的法理创新。

---

〔1〕 吕忠梅："新时代环境法学研究思考"，载《中国政法大学学报》2018年第4期。

这一环节的核心任务，是打通科学与法学的"任督二脉"，不断推进从生态文明事理到生态文明法理的升华与飞跃：对环境法的结构组成、属性特征、法律地位、生长范式、核心范畴、调整机理、制度体系以及运行机制等重点、难点问题进行系统深入的分析和研究，构建既有国际视野又具中国特色、既坚守法学立场又不失科学品性的环境法学理论体系，为我国生态文明法治建设提供先进的理论武器和强大的智识支持。

相对于传统法理而言，环境法学的理论创新主要体现在四个层面：具化（Specialization）、改良（Reform）、革命（Revolution）、整合（Integration）。

所谓"具化"，是指传统法学的某些基本原理同样可以适用于生态文明建设的特殊领域，只需进行专门、具体的细化即可，不必作实质意义上的调整或补充。例如，可将行政许可的原理直接应用于污染控制，"具化"为排污许可的法理。

所谓"改良"，是指将传统法学的某些基本原理直接应用于生态文明建设的特殊领域显有不适，需要在原有基础上进行适度的调整和改进，方能成为适用于该领域的环境法理。例如，将侵权法的过错责任原则稍作"改良"，调整为环境侵权的无过错责任原则，从而形成环境侵权的法理。

所谓"革命"，是指即使将传统法学的某些原理作适度的"改良"也难以适用于生态文明建设的特殊领域，只有进行"革命性"或"颠覆性"的根本创新，方能形成可适用于该领域的环境法理。换言之，必须抛弃或打破传统法理的"旧世界"，建立一个环境法理的"新世界"。例如，关于环境权、环境公益诉讼、污染环境罪的法理。

所谓"整合"，是指将前述具化、改良、革命后所形成的各项独立的环境法理进行衔接和整合而形成的环境法理。例如，关于环境法律责任追究"行刑衔接"的法理，关于自然资源监管和生态环境监管"行政协同"的法理，关于环境公益诉讼、自然资源损害赔偿诉讼、生态环境损害赔偿诉讼和检察公益诉讼"诉讼整合"的法理，关于"法律生态化"的法理，关于"五元四重三维"法律体系的法理，等等。

生态文明观的法律表达：环境专门法的体系化和传统部门法的生态化

生态文明的环境法理形成之后，最后也是最为关键的一环，是运用这些环境法理作为指导，将关于生态文明建设的国家政策、科学原理、自然规律、技术准则、伦理道德、社会定律、领导讲话、专家学说等素材作为渊源，转变或上升为由宪法规范、行政法规范、民法规范、刑法规范、诉讼法规范等社会规范和标准、名录、目录、导则等技术规范所构成的生态文明法律制度。譬如，从"绿水青山就是金山银山"的金句中提炼出生态资本化的事理，再将其转换成自然资源资产产权及其流转的法理，最后表达为自然资源产权（包括国家、集体自然资源所有权，自然资源使用权等）、生态资产评估、自然公园、生态保护补偿、自然资源资产离任审计等一系列的法律制度。之后，再将所有的生态文明法律制度进行体系化和系统化的整合，最终形成健全完善的生态文明立法体系。

此阶段是对生态文明观进行法律表达的最后一环，也是法教义性最强，难度最大，最易遭受质疑和争议，但又最为重要的一环。要顺利完成这一环节的任务，不但需要熟练掌握前述关于生态文明的事理和法理，而且必须了解甚至精通宪法、行政法、民法、刑法、诉讼法、经济法等传统部门法的知识和原理。更为重要的是，还须具备将环境事理、环境法理和传统法理打通、予以融会贯通的能力，并能选择合理的立法模式，运用娴熟的立法技巧，通过规范、专业的立法语言，科学、准确地表达出来。

生态文明观的法律表达，具体可从环境专门法的体系化和传统部门法的生态化两大路径和模块入手。环境专门法的体系化，是指按照覆盖全面、结构完整、功能完备、内容协调的要求，为生态文明建设制定专门性立法并适时修改，从而形成健全完善的生态文明立法体系。具体可分解为如下几方面的工作：

第一，推进生态文明法律制度的补充和优化。在制度的生成模式上，通常采用对民法、宪法、行政法、刑法、诉讼法等传统法律制度的具化（Specialization）、补充（Complement）、改良（Reform）、革命（Revolution）、整合（Integration）等模式。譬如，确立和健全生态保护补偿制度（属于行政补偿的具化）、国土空间规划和用途管制制度（属于行政规划和行政许可的具化），修改环境影响评价制度（属于民事合同+行政许可的整合），规定自然保护地役权制度（属于地役权+行政合同的整合性改良），完善环境侵权特殊责任制度（属于传统侵权责任制度的改良），规定按日连续计罚制度（属于常规行政处罚制度的补充），改进环境公益诉讼制度（属于私益诉讼制度的革命）。

第二，理顺生态文明法律制度之间的关系。譬如，处理好环境影响评价制度与排污许可证制度之间、环境行政执法与环境民事公益诉讼之间、环境行政处罚与刑事司法之间、环境民事公益诉讼（狭义）与生态环境损害赔偿诉讼之间的衔接和配合。

第三，推进生态文明立法体系的健全和完善。譬如，制定"生态文明建设基本法""自然保护地法""湿地保护法""长江保护法""黄河保护法""生物安全法"，修改《矿产资源法》《渔业法》《草原法》《环境噪声污染防治法》等。

第四，推进环境法的法典化。这是环境专门法体系化的终极目标和最高境界！当然，兹事体大，需从长计议，不可毕其功于一役。可通过研究制定"长江保护法""黄河保护法"等流域性的综合法，为下一步实现环境法的法典化夯实理论基础，积累立法经验。

传统部门法的生态化，简称为法律生态化，是指以生态学、环境学等方面的科学原理和客观定律为依据，将环境专门法以外的与生态文明建设有关的传统部门法朝着有利于实现人与自然协调发展的方向进行调整和改造的趋势和过程。既包括对宪法、民法、行政法、刑法、诉讼法等基础性部门法的生态化，也包括对经济法、社会法、军事法等领域性部门法的生态化。

法律生态化的初衷，在于按照生态规律的要求对非环境法的其他部门法进行生态化的改造，从而与环境专门法一起构成一个整体的生态文明立法体系（形成生态文明"法律圈"）。这是因为，整个法律体系实际上是由民法、宪法、行政法、刑法和诉讼法等基础性部门法（横向）和环境法、经济法等领域性部门法（纵向）组成的一个"五元四重三维"结构。环境法是由环境宪法规范、环境民法规范、环境行政法规范、环境刑法规范和环境诉讼法规范组成的法律规范体系。在立法的具体实践上，这些环境法律规范到底是放在环境专门法中，还是放在其他部门法中，有一个立法模式、立法技巧和立法习惯的问题。

由于立法的部门法分野和学术界分工，民法、行政法、宪法、刑法、诉讼法、环境法、经济法等部门法都是各自分开制定的，且各部门法主要由该部门法学界负责——民法的制定主要由民法学界负责，宪法的制定主要由宪法学界负责，环境法的制定则主要由环境法学界负责。如此一来，导致民法、宪法、诉讼法、经济法等部门法的立法文件中可能没有相应的环境法律规范，或者即使有，所拟定的环境法律规范同环境专门法之间很可能衔接不畅，甚至彼此冲突。问题是，环境立法体系应是一个功能完备的统一整体，除了环境专门法要制定精良之外，宪法、民法、刑法、诉讼法、经济法等其他部门法立法文件中也应有相应的环境法律规范（源于生态文明建设与经济建设、政治建设、文化建设和社会建设的"五位一体"性）。这就需要对宪法、民法、行政法、刑法、诉讼法、经济法等其他部门法的立法进行生态化的改造，使所有的环境法律规范能构成一个覆盖全面、功能齐全、内部一致、相互协调的统一整体，以免出现"一条好狗打不过一群狼"（孙佑海教授语）的不良后果。

在形式上，法律的生态化，通常可采用"留空间""开岔口""设界限"（明方向）"定基石""立框架""建房子"等层次和模式。民法的生态化最能全面体现出这种层次性。

第一，"留空间"。这是指对环境民法概念和环境民事特别制度预留发展的空间。在立法技巧上往往采用"……等""以及其他……"等形式。譬如，2017年的《民法总则》第3条关于"民事主体的人身权利、财产权利以及其他合法权益受法律保护，任何组织或者个人不得侵犯"的规定，就为环境权等其他新型民事权利预留了发展空间。

第二，"开岔口"。这是指针对某一民事法律制度，通过转介条款或引致条款[1]，对生态文明领域作出特别规定而开设制度的"分岔口"。通常可表述为"法律另有规定的从其规定"，或者"环境资源法律有特别规定的从其规定"。譬如，《德国民法典》第90a条规定："动物不是物。它们由特别法加以保护。除另有其他规定外，对动物准用有关物的规定"。

第三，"设界限"（或"明方向"）。这是指为民事权利的行使和民事行为的开展，在生态文明领域规定外在的边界课加公法的限制。譬如，《民法总则》第9条关于"民事主体从事民事活动，应当有利于节约资源、保护生态环境"之绿色原则就是典型。

第四，"定基石"。这是指将环境民事特别制度在民法典中进行确认性的规定（尚难以在司法上直接适用）。譬如，可将《民法总则》第3条修改为："民事主体的人身权利、财产权利、环境权利以及其他合法权益受法律保护，任何组织或者个人不得侵犯"，从而以"定基石"的方式，直接确认环境权。

---

〔1〕 ［德］卡尔·拉伦茨：《德国民法通论》，王晓晔等译，法律出版社2013年版，第588页。

第五，"立框架"。这是指通过一般条款将环境民事特别制度在民法典中作出原则性规定，为该制度搭建一个宏观的规则框架（可以在司法中直接适用）。譬如，1986年《民法通则》第124条规定："违反国家保护环境防止污染的规定，污染环境造成他人损害的，应当依法承担民事责任。"

第六，"建房子"。这是指在民法典中对环境民事特别制度作出比较全面、详细的规定，已完全具备司法上的可适用性。譬如，2009年《侵权责任法》第65~68条关于环境污染侵权的规定可谓范例。

当前，法律生态化工作的重点是：在宪法中确认公民的基本环境权和国家环境保护义务。在民法典中对环境权、生态环境损害修复和赔偿制度等作出一般规定，如规定不得虐待动物的一般义务，添设生态破坏特殊侵权责任等。在《刑法》分则中将"破坏生态环境和自然资源罪"单设一章，并列于"侵犯财产罪"之后；增设破坏生态罪、虐待动物罪、非法食用野生动物罪等新罪名；对环境资源犯罪统一改用刑法典规定一般条款、环境专门法规定具体条款的"刑法典+实质环境附属刑法"之立法模式。在《民事诉讼法》和《行政诉讼法》中建立健全完善的环境公益诉讼制度，特别是授予环保组织提起环境行政公益诉讼的主体资格。在经济法中规定绿色发展（如绿色金融）、产业生态化等方面的制度。在教育法中规定义务教育阶段的生态文明教育问题，等等。

总之，只有综合运用自科法学、教义法学、社科法学和政法法学等多种研究方法，方能准确揭示生态文明观的科学内涵（事理），进而将生态文明的科学原理或科学话语转换为生态文明的法学原理（法理）或法学话语，并结合我国政治、经济、社会、文化、自然等方面的现实国情和国家政策，设计健全、完善的生态文明制度体系（法律）。

三

环境权的证成、构造和法律表达

从权利的产生发展及其制度功能的视角来看，人类文明的变迁史，就是一部新型权利不断生成和发展的权利史。每一种文明形态的诞生和发展都会催生一种新型的权利，作为体现该类文明之精神要旨和核心价值的典型标志。依此而言，原始文明时代的标志性权利为成员权，农业文明时代的标志性权利为地权，工业文明时代的标志性权利为知识产权（尤其是其中的专利权），生态文明时代的标志性权利则为环境权。

所谓环境权，是指当代和后代的公民直接、免费、径行、共同享有良好品质的环境（不包括劳动环境）的权利，如清洁空气权、清洁水权、安宁权、采光权、通风权和景观权等。环境权的主体主要为当代的自然人，不过，为防范当代人合谋滥用环境资源而造成代际的环境污染和生态破坏，也应赋予后代人特殊的主体资格，正如民法上赋予胎儿有限的权利主体资格一样。尽管某些企业和社会组织的生产、经营活动也需要以良好的环境作为条件，但企业和社会组织本身并无享用良好环境的内在需求，再者，良好的环境条件也是可以通过生产经营权、自然资源权等其他途径来保护和实现，没有必要画蛇添足赋予其环境权。国家不是环境权的主体，而是宪法意义上公民环境权的义务主体，但在国际法层面，国家不仅享有对本国环境资源的领土主权，还可以成为该国公民环境权的信托主体，进而通过环境权信托和国家主权两种方式维护本国公民的环境权益。人类可以但没有必要成为环境权主体，自然体不能也没有必要成为环境权主体。

尽管环境权在功能上与人格权、相邻权等存在部分竞合，通常也有利于人格权和部分财产权的实现，但其本身既非人格权亦非财产权，而属于以环境要素为权利对象、以环境利益为权利客体的环境享用权，是一项需要综合采用公法和私法、实体法和程序法等多种法律工具进行系统保护的独立、新型的权利。环境人格权说和环境财产权说试图在"改良主义"解释论的框架下来认识和构建环境权，具有认识论和方法论上的历史意义，然而，只有进行权利的"革命"，直接创设环境权，方能有效弥补传统权利面对环境危机的不足，进而切实解决环境法的"合法性问题"。从学理上看，环境权也符合主体资格、利益追求、正当性、行为自由、义务承担者、可诉性等权利生成的基本要件，具备创设的正当性和可能性。

要注意的是，虽然环境权与资源权、排污权、自然保护地役权的权利对象都是自然要素，但前三者的权利客体分别指向其环境支持功能与资源供给功能、环境容量功能，且资源权、排污权均属于财产权的范畴，在价值取向上同环境权截然相反，而自然保护地役权兼有民事权利和行政权力的双重属性。因此，切忌将资源权、排污权、自然保护地役权也归入环境权的范畴。

被称为程序性环境权的环境知情权和环境参与权，并非环境权本身，而属于保护环境权的派生性权利。此外，所谓的生态环境损害赔偿诉讼，在本质上属于行政命令的司法执行诉讼，尽管同自然资源损害赔偿诉讼、环境检察公益诉讼一样，也具有环境权益保护的重要作用，但三者均不属于环境权诉讼的范畴。

党的十九大报告指出："中国特色社会主义进入新时代，我国社会的主要矛盾已经转化为人民日益增长的美好生活需要和不平衡不充分的发展之间的矛盾。""良好生态环境是最普惠的民生福祉"，是美好生活的应有之义。将人民群众的良好生态环境需要进行权利表达，即是环境权。从人权发展的角度看，环境权是继生存权和发展权之后诞生的新型人权——幸福权——的一种重要形式。环境权是环境公共产品的权利化，是生态文明观最直接、最核心的法律表达。环境权在环境法、民法、诉讼法、宪法典等不同层面的法律化，是推进生态文明建设国家战略落地生根，从抽象理念转化为全民行动最有力的制度工具。目前的《民法典（草案）》采用的是"留空间"的底线模式，建议十三届全国人大三次会议改用"定基石"或者"立框架"的方式，原则性地确认环境权。

政府环境问责和环境公益诉讼的法律表达

政府环境问责是确保环境法治体系良好运行不可或缺且行之有效的倒逼机制，是生态文明观另一重要的法律表达。然而，在我国的政府环境问责实践中，普遍存在"重企业主体责任，轻政府监管责任""重基层直接责任，轻部门主管责任""重环保主管部门责任，轻环保分管部门责任""重环境监管责任，轻党政领导责任"等问题。总体上，具有纪律责任模糊化、政治责任法律化和法律责任政治化等问题，以致政府环境问责缺位、错位、失衡等方面的问题相当严重。为走出当前的问责困境，我国应在区分法律责任、纪律责任和政治责任的基础上，严格按照党政同责、一岗双责、职责明晰、权责一致、各担其责、终身追责、依法问责、公平问责和尽职免责的原则，健全和完善环境行政监管和责任追究的各项法律制度，不断强化和规范党政环境问责，为实现生态文明的高质量发展保驾护航。

环境公益诉讼是生态文明观的司法表达，意义重大。环境公益，不同于环境众益，在广义上是指环境因具有能直接或间接满足人类需要的各种功能所承载的公共利益，包括国家环境公益和社会环境公益。前者是指国家所有的自然资源所承载的利益，后者是指社会公共的空气、水域、绿地等生活环境和自然保护区、饮用水水源区等生态环境所承载的利益。环境公益诉讼，是指有关公民、社会组织和国家机关等有权主体，为保护国家和社会环境公共利益[1]而提起的诉讼。之所以创设环境公益诉讼制度，是因为现行的民事权利制度、行政法律制度和诉讼法律制度不能有效保护环境公益。

从环境公益诉讼（广义）的诉权基础来看，环境权为公民提起公益诉讼、环境权和诉讼信托为环保组织提起公益诉讼、自然资源国家所有权和国家自然资源保护义务为自然资源资产管理机关提起国有自然资源损害赔偿诉讼（国益诉讼）、责令赔偿生态环境损害之环境行政命令的司法执行和国家生态环境保护义务为环保机关提起生态环境损害赔偿诉讼、民行公诉权和国家生态文明建设义务为检察机关提起环境检察公益诉讼提供了诉讼资格上的正当性。环境公益诉讼是环境司法主流化的重要法宝，为突破这一法宝当前所面临的立法不足、司法不力等方面的困境，务必在明辨环境、资源、生态的区别、明确环境公益的内涵、夯实环境权、自然资源所有权和自然保护地役权等理论的基础上，进一步健全和完善环境公益诉讼的制度体系，特别是环境公益诉讼原告制度、环境行政公益诉讼制度、举证责任制度、生态环境治理修复和损害赔偿制度、自然资源和生态环境损害赔偿资金管理制度等。

第三代环境法的生成

我国的环境法先后经历了以环境保护观为指导的第一代环境法，以可持续发展观为指导的第二代环境法，现在正迈向以生态文明观为指导的第三代环境法。总体说来，我国当前的环境立法是以环境保护观、可持续发展观为理论基础的，尚处于第一代环境法和第二代环境法的水平。

以生态文明观进行审视，发现我国的环境立法尚存在以下突出问题，务必尽快全面树立生态文明观在整个环境法治建设中的指导地位，大力推进"第三代环境法"的形成和发展。

其一，对环境、资源、生态"一体三用"的关系认识不清，环境、资源、生态三大领域的制度发展不平衡，"重环境，贵资源，轻生态"的问题依然较为突出。下一步，应大力加强生态立法工作，尽快补强生态文明法制建设的

---

[1] 公共利益分为国家利益和社会公共利益。参见王轶、董文军："论国家利益——兼论我国民法典中民事权利的边界"，载《吉林大学社会科学学报》2008年第3期。

生态短板。一是尽快出台"湿地保护法""国家公园法""生态补偿法"等生态领域的专门性法律法规，填补立法空白。二是修改环境、资源保护领域的专门法，融入生态保护的理念。譬如，在《水法》中确立生态流量的理念，在《土地管理法》中强化对生态用地（如湿地）的保护，在《矿产资源法》中加强对生态修复的规定。三是在行政监管组织制度上，进一步推进生态文明监管体制改革，构建由生态文明综合主管部门（以环境部、资源部和生态部为主干）和生态文明行业主管部门（如水务部、海洋部等）构成的分工科学、协调顺畅的监管机构体系。

其二，未能牢固树立"三生共赢"、空间管理、利益平衡等先进立法理念，环境法制建设进展缓慢。一是未能按照"社会-经济-自然"复合生态系统管理的要求，确立"生产发达、生活美好、生态平衡"之"三生共赢"高质量绿色发展的思维，以至于"经济至上主义"和"绝对环保主义"的偏颇问题同时存在。二是未能全面确立优化国土空间开发利用格局的理念。最集中的体现是，没有按照生产空间、生活空间、生态空间和优化开发区、重点开发区、限制开发区、禁止开发区等不同国土空间类型进行功能分区，因地制宜地实施分类施策。特别是，对湿地、野生动物栖息地、水源涵养地等重要生态空间的保护依然不力。三是在基本立场上，未能确立以人为本、环境公平、总体利益最大化、紧缺利益优先、损失最小化、利益补偿等基本理念。建议下一步在制定和修改"自然保护地法""湿地保护法""生态保护补偿法""长江保护法""黄河保护法"和《草原法》《渔业法》《防洪法》《水土保持法》《防沙治沙法》等立法时，切实确立利益衡平的原则，在全国范围内形成环境保护与民生保障、生态保护与扶贫攻坚、追求效益与维护公平协调融合的良好局面。

其三，生态文明建设不同路径的立法进展不均衡，社会文化发展生态化、生态环境资本化和生态环保产业化等方面的制度建设较为滞后。下一步，除了要继续健全、完善"利益约束"（对经济活动进行框界和限制，如开展环境影响评价）、"利益再生"（如循环利用）和"利益补救"（如损害赔偿）方面的制度外，还要下大力气加强"利益交换"（如排污权交易、生态保护补偿、生态服务付费）、"利益共生"（将良好生态环境作为经济发展的生产要素，如发展生态旅游、森林康养、林下经济等）、"利益增进"（通过生态环境保护实现经济发展，如环保第三方治理、营利性治沙）、社会共治（发展环保组织、生态民俗、公众参与等）、文化协同（如推进生态文化产品的生产和传播，加强生态文明教育）等方面的制度建设，补强社会文化发展生态化、良好生态环境资本化、环境保护产业化等方面的立法短板。

其四，在生态文明建设法律保障的制度工具上，现行环境立法存在体系性和结构性上的制度缺陷。一是生态文明专门法的结构性制度缺陷。首先，在制度类型上，重义务、轻权利。不仅未对环境权这一生态文明时代的标志性权利进行确认，也未建立资源权的制度体系，自然资源国家所有权和集体所有权虚置的问题较为突出，资源攫取权的地位尚未得到认可，对资源权行使和流转的规制依然不够健全。此外，也未对排污权作出全面规定。其次，在立法体系上，缺乏生态文明建设基本法或者龙头法。可以在《福建省生态文明建设促进条例》《厦门经济特区生态文明建设条例》等地方立法的基础上，将"生态文明建设基本法"作为未来《环境法典》中的总则来进行设计，其地位有如《民法典》中的《民法总则》一样。二是生态文明相关法的结构性制度缺陷，集中表现为法律生态化工作较为滞后。当前法律生态化工作的重点是，在《宪法》中确认基本环境权，细化国家的生态文明建设义务；在《民法典》中原则性地确认环境权，框架性地规定生态破坏侵权制度、生态环境损害赔偿制度，健全、完善环境污染侵权责任制度，特别是对归责原则、因果关系证明责任（尤其是原告的"关联性"证明责任）等方面做出较为全面的规定；在《刑法》中添设虐待动物罪和破坏生态罪等新罪名，特别是对严重侵占和破坏重要饮用水源地、水源涵养地、自然保护区核心区、珍稀濒危野生动物栖息地、种质资源保护区等重要生态空间和生态要素的违法行为，追究刑事责任；在《行政诉讼法》中，授予社会组织提起环境行政公益诉讼的主体资格；等等。

四

在整体上，中国的环境法学可以说还处于"游击队"阶段——在学术研究上喜欢"打一枪换一个地方"，远远没有形成拟有远景战略目标和长远发展规划，组建能善战于环境法理学、环境法史学、民事环境法学、宪政环境法学、行政环境法学、刑事环境法学、诉讼环境法学和比较环境法学、国际环境法学等不同领域的"兵种"体系，具备从环境法学（一级）到环境质量法学（主要为污染防治法）、自然资源法学、生态保育法学（二级）再到水污染防治法学、土壤污染防治法学、矿产资源法学、渔业法学、野生动物保护法学、湿地保护法学（三级）等分级"编制"，能够进行大兵团正面作战的"正规军"。在环境法制建设上，体现为分散性立法、零碎性立法和应急性立法，以至于法律制度各自为政、叠床架屋、缺乏衔接，不能形成覆盖全面、结构完整、功能协调的制度体系。不过，这只是目前的状况，是任何新事物（哪怕前景无限光明）在初级阶段都可能遭遇的窘况，环境法学人绝不可妄自菲薄，自废武功。从发展上看，尽管当前的环境法学在理论建树和学术影响上还远远不如传统部门法学，正如才发明时的火车还跑不赢马车一样，但是，她的未来一定是一辆可以飞奔的高铁！对于尚处于"半封建半殖民地状态"[1]的中国法学而言，我国的环境法学，更有可能及早地走出困境，取得像屠呦呦先生那样的成就——作出原创性、全球性而非借鉴性、局域性的法学贡献！

北宋儒学家张载的"横渠四句"立意高远、催人奋进，在生态文明新时代，我们可以赋予其全新的内涵：

"为天地立心"，意为树立尊重自然、顺应自然、保护自然的生态伦理和环境道德；

"为生民请命"，意为推进公众参与和环境公益诉讼，切实维护公民环境权益；

"为往圣继绝学"，意为夯实环境法学的科学和法学基础，加强对生态文明事理的研习，强化从生态文明事理到法理的转换，推进具化、改良、革命、整合等不同层次的环境法理创新，早日形成环境法学的范畴体系和理论体系，为国家生态文明法治建设提供坚实的理论支撑和智力支持；

"为万世开太平"，意为健全、完善生态文明法治体系，推进生态文明法治建设，为实现生产发达、生活美好、生态平衡之"三生共赢"的高质量绿色发展保驾护航！

黑格尔说得好："一个民族有一些关注天空的人，他们才有希望；一个民族只是关心脚下的事情，注定没有未来。"环境法学的发展，也不能例外。

---

〔1〕 按照凌斌教授在《中国法学时局图》的阐释，所谓"半封建"是指法学不统一，法学的各个学科，乃至学科内部的各个专业，都以法律院校乃至法律学者个人为单位分成了不同的派别；所谓"半殖民地"是指法学不自主，法学学科的理论资源、学术范式乃至问题意识、研究方法，都来自于某个或某些西方国家，将国外的学术传统作为思想上的宗主国。换言之，即缺乏学术上的独立性和主体性。王洁："谁在影响中国法学"，载《法治周末》2014 年 5 月 6 日。

CONTENTS | # 目 录

上编　总　论

下编 分 论

上　编

总　论

生态文明的时代课题

一、生态文明理念的诞生

人类来源于自然但又高于自然。正如《人类环境宣言》在开篇所指出的："人类既是他的环境的创造物，又是他的环境的塑造者，环境给予人以维持生存的东西，并给他提供了在智力、道德、社会和精神等方面获得发展的机会。"这是因为，人类能够利用和改造自然，创造和发展作为自身生存方式的文化。"为了自己的生存，人类创造文化，并运用文化的力量改造自然发展自己。只有人才有文化，文化以改变自然的方式使自然适应于自己的生存；动物则以本能的方式适应环境而生存，当环境发生变化时它以改变自身形式适应于环境。这是人与动物的本质区别。"[1]人类从铁矿冶炼开始，并由于文字的发明及将其应用于文献记录而过渡到文明时代。[2]

经过几百万年的演化变迁和世世代代的不懈努力，人类社会先后经历原始文明、农业文明，进入到了伟大的工业文明时代。因为，只有现代工业文明才有能力彻底改变自然长期进化所形成的相互关系和相对稳定的状态。[3]一方面，科学技术的发展和机器大工业的推广使人类开发利用自然的能力得以迅猛提高，人类文明阔步前进。另一方面，由于没有关注和重视人与自然之间关系的协调，人类对自然的过度和不合理利用导致人类赖以生存和发展的自然系统严重受损，人类面临着环境污染、资源耗竭和生态退化三重危机。1930 年比利时马斯河谷烟雾事件、1952 年英国伦敦烟雾事件、1953 年日本水

---

〔1〕 余谋昌："人类文明：从反自然到尊重自然"，载《南京林业大学学报（人文社会科学版）》2008 年第 3 期。

〔2〕《马克思恩格斯选集》（第 4 卷），人民出版社 1972 年版，第 21 页。

〔3〕 严耕等：《生态文明绿皮书——中国省域生态文明建设评价报告（ECI 2010）》，社会科学文献出版社 2010 年版，第 54 页。

俣病事件、1984年印度博帕尔毒气泄漏事件、1986年苏联切尔诺贝利核泄漏事件……20世纪30年代至60年代的"八大公害"和20世纪70年代至90年代的"十大事件"等重大环境事件给人类带来了惨痛的教训,也激发了人类的深刻反思。

"我们经常把文明和自然分离开来;现在,我们必须把文明与自然联系起来——首先在政府的政策中,其次在商业中,最后在个人的具体生活中。"[1]历史上的"文明越是灿烂,它持续的时间就越短。文明之所以会在孕育这些文明的地方衰落,主要是由于人们糟蹋或者毁坏了帮助人类发展文明的环境"。[2]历史学家告诫我们:"人类最光辉的成就大多导致了奠定文明基础的自然资源的毁灭。"[3]传统的"文明人踏过地球表面,在他们的足迹所过之处留下一片荒漠"。[4]因为,传统文化的本性是反自然的,传统文明的形成过程可以说就是一个与自然抗争的过程,就是一个力图充分利用自然、试图控制和征服自然结果,却不断被"自然报复"的过程。

人类亟须一场思想的觉醒,人类亟待一场文明的转型。

自20世纪中叶以来,西方国家便开始了对现有文明形态和行为方式的检视和反思,并尝试从不同学科和视角对人类社会未来的发展模式提出新的设想。20世纪初期和30年代,美国先后发生了两次自然保护运动,提出了自然保护的理念(重在自然资源和生态保护)。1962年,美国的生物学家卡森出版了《寂静的春天》一书,敲响了工业革命造成环境危机的警钟。1970年4月22日,全美爆发了规模最大、影响最广的环保群众性运动,提出了环境保护的理念。1971年,芭芭拉·沃德等人提交了人类环境会议的背景报告《只有一个地球》,号召人类对地球这个小小行星给予人文关怀和维护。1972年,罗马俱乐部提交了第一份研究报告——《增长的极限》,郑重提出"如果让世界人口、工业化、污染、粮食生产和资源消耗按现在的趋势继续下去,这个

---

〔1〕[美]霍尔姆斯·罗尔斯顿:《环境伦理学》,杨通进译,中国社会科学出版社2000年版,第335页。

〔2〕[美]弗·卡特、汤姆·戴尔:《表土与人类文明》,庄庵、鱼姗玲译,中国环境科学出版社1987年版,第5页。

〔3〕[美]弗·卡特、汤姆·戴尔:《表土与人类文明》,庄庵、鱼姗玲译,中国环境科学出版社1987年版,第1页。

〔4〕[美]弗·卡特、汤姆·戴尔:《表土与人类文明》,庄庵、鱼姗玲译,中国环境科学出版社1987年版,第3页。

行星上的增长极限将在今后一百年中发生"。1983 年 11 月，联合国成立了世界环境与发展委员会。1987 年，世界环境与发展委员会发表了研究报告《我们共同的未来》，提出了可持续发展的理念。2015 年 9 月，联合国可持续发展峰会通过了《2030 年可持续发展议程》，提出了 17 项可持续发展目标……环境保护、增长的极限、生态社会主义、生态中心主义、建设性后现代主义、环境保护、可持续发展、生态经济、循环经济、低碳经济、绿色经济等理念被相继提出。

上述理论和观点对于认识和处理人与自然的关系，均有可圈可点的重大意义。然而，由于其大多只是基于某一领域或某一视角所做的思考，因此，无论是从站位的高度、视野的广度，还是洞见的深度等方面来看，均存在明显的缺陷或局限性，有的甚至还存在矫枉过正的明显谬误。

1944 年，日本学者梅棹忠夫最早发表了用生态史观研究人类文明史的文章，认为自然环境、生态条件对文明史进程有着重要作用。1978 年，德国法兰克福大学政治学系的伊林·费切尔（Iring Fetscher）在《人类的生存条件：论进步的辩证法》（*Conditions for the Survival of Humanity：on the Dialectics of Progress*）中最早使用"生态文明"（ecological civilization）这一概念，但并未进行界定。[1]1984 年，苏联学者利皮茨基最早系统地提出了生态文明的概念，[2]指出培养生态文明是共产主义教育的内容和结果之一。[3]1985 年 2 月 18 日，《光明日报》"国外研究动态"极其简略地对此文做了介绍。1987 年，著名农业经济管理和生态经济学家叶谦吉教授在我国率先提出了生态文明的理念。[4]1993 年，刘宗超、刘粤生提出要确立"全球生态意识和全球生

〔1〕 赵腊平："历史呼唤一个新的文明时代——关于建设现代矿业文明的初步思考"，载《中国矿业大学学报》2018 年 7 月 17 日。

〔2〕 苏联学者利皮茨基在《莫斯科大学学报·科学共产主义》1984 年第 2 期上发表了署名文章《在成熟社会主义条件下使个人养成生态文明的途径》。文章提出："从当代生态要求这一视角来看，生态文明是社会与自然相互作用的特性，即生态文明不仅包含了自然资源利用方法及其物质基础、工艺、社会现有的关于同自然相互作用的思想等方面的总和，也包含了它们与公共生态学、社会生态学、社会与自然相互作用的马列主义理论等方面的科学规范和要求的契合程度。"

〔3〕 参见徐春："生态文明在人类文明中的地位"，载《人民大学学报》2010 年第 2 期。

〔4〕 参见刘思华："对建设社会主义生态文明论的若干回忆——兼述我的'马克思主义生态文明观'"，载《中国地质大学学报（社会科学版）》2008 年第 4 期。

态文明观"〔1〕。1995 年，美国著名作家、评论家罗伊·莫里森在《生态民主》一书中明确提出，"生态文明（ecological civilization）"应该成为"工业文明"之后的一种新的文明形态。1997 年，刘宗超教授也提出了"21 世纪是生态文明时代，生态文明是继农业文明、工业文明之后的一种先进的社会文明形态"的观点。〔2〕至此，学界基本完成了作为哲学、世界观、方法论的生态文明观的建构，也标志着我国生态文明学派的诞生。〔3〕

2002 年，原国家林业局出版的《中国可持续发展林业战略研究总论》提出了"生态建设、生态安全、生态文明"的战略思想。2003 年 6 月，《中共中央、国务院关于加快林业发展的决定》首次提出了"生态文明社会"的概念。2005 年 3 月，在中央人口资源环境工作座谈会上，胡锦涛同志提出，要"在全社会大力进行生态文明教育"。2005 年 12 月，《国务院关于落实科学发展观加强环境保护的决定》明确要求，环境保护工作应"倡导生态文明"。2007 年 10 月，党的十七大报告指出，要"建设生态文明，基本形成节约能源资源和保护生态环境的产业结构、增长方式、消费模式。……生态文明观念在全社会牢固树立"。这是生态文明概念和生态文明建设战略的正式出场。

2012 年 11 月，党的十八大报告不仅提出了经济建设、政治建设、文化建设、社会建设、生态文明建设"五位一体"总体布局的战略构想，还将"生态文明建设"写入了党章，全面确立了生态文明建设的战略地位。〔4〕这标志着我国正式跨入了建设生态文明的新时代。2013 年 2 月，我国生态文明理念引起了国际社会的关注，联合国环境规划署第 27 次理事会将其正式写入了决定案文。2013 年 11 月，党的十八届三中全会提出，必须建立系统、完整的生态文明制度体系。2014 年 10 月，党的十八届四中全会通过的《中共中央关于全面推进依法治国若干重大问题的决定》提出，要加快建立有效约束开发行为和促进绿色发展、循环发展、低碳发展的生态文明法律制度。这标志着中

---

〔1〕 刘宗超、刘粤生："全球生态文明观——地球表层信息增殖范型"，载《自然杂志》1993 年第 11 期。

〔2〕 刘宗超：《生态文明观与中国可持续发展》，中国科学技术出版社 1997 年版，第 186 页。

〔3〕 参见贾卫列："生态文明的由来"，载《环境保护》2009 年第 13 期。

〔4〕 党的十八大报告提出，建设生态文明是关系人民福祉、关乎民族未来的长远大计，为此，必须树立尊重自然、顺应自然、保护自然的生态文明理念，把生态文明建设放在突出地位，融入经济建设、政治建设、文化建设、社会建设各方面和全过程，努力建设美丽中国，实现中华民族永续发展。

国的生态文明建设正式走向法治化的轨道。2015 年 3 月，党中央、国务院通过了《关于加快推进生态文明建设的意见》。2015 年 9 月，中共中央政治局审议通过《生态文明体制改革总体方案》，开启了全国生态文明体制改革的步伐。2016 年 5 月，我国在联合国环境大会上发布《绿水青山就是金山银山：中国生态文明战略与行动》，这标志着中国的生态文明理念正式开始走向世界。2017 年 10 月，党的十九大报告提出了"加快生态文明体制改革，建设美丽中国"的具体方略，并指出"要牢固树立社会主义生态文明观，推动形成人与自然和谐发展现代化建设新格局"。2018 年 3 月，十三届全国人大通过了宪法修正案，将生态文明理念正式写入了《宪法》，把"生态文明建设"增列为国务院的职权。

2018 年 5 月，全国生态环境保护大会在北京召开。这是党的十八大以来，我国召开的规格最高、规模最大、意义最深远的一次生态文明建设会议。本次会议最大的亮点和取得的最重要的理论成果是确立了"习近平生态文明思想"。[1]这一思想的确立标志着我国已全面进入建设生态文明的新时代。对此，习近平总书记掷地有声地指出："走向生态文明新时代，建设美丽中国，是实现中华民族伟大复兴的中国梦的重要内容。"

二、生态文明的理论追问

思想是行动的先导，理论是实践的指南，实践的发展一旦离开理论的指导，便有如失去舵手的航船，将迷失前进的方向。建设生态文明同样也需要理论的指导。生态文明观，是关于人类如何认识生态文明、如何建设生态文明的一系列思想观念和理论观点的总称，是生态文明建设的指导思想和理论基础。对于生态文明及其建设，如下问题是我们不得不思考和解释回答的。

什么是生态文明？生态文明与经济文明，特别是与产业文明（重点是工业文明）的关系是怎样的，有着怎样的历史逻辑？在协调人类与自然、发展与保护的关系上，中外历史上曾出现过极限增长观、环境保护观、协调发展观、可持续发展观、科学发展观等有着重大影响、有的仍在发挥重要作用的理论观念。那么，是否还有提出生态文明观，特别是生态文明发展观这一新

---

〔1〕 李干杰："以习近平生态文明思想为指导 坚决打好污染防治攻坚战"，载《行政管理改革》2018 年第 11 期。

型发展理念的必要？

如何认识人与自然的关系？如何认识人类在地球生态系统中以及自然在人类社会发展中的地位，如何协调好人的主体性、能动性、社会性和生态性之间的关系？

在生态文明时代，人类的福祉和需求有何新的内容和重大变化？如何提高和保障广大人民群众的福祉，维护公平正义？如何通过利益平衡，协调环境利益、经济利益和社会利益的关系？在实现整体效益特别是经济效益最大化的过程中，如何保障环境权益？在防治污染、保护生态的过程中，如何保障民生和就业？

建设生态文明对于人类社会发展的意义何在？或者说，相比于环境保护观、可持续发展观等观念和理论，生态文明观究竟有何高明或伟大之处？生态文明的理念和话语，有无普适性或全球化的意义？

如何进行生态文明建设？生态文明建设的目标、任务、路径、方法是什么？如何通过经济建设、政治建设、文化建设、社会建设和环境建设的调整和变革来推进生态文明的发展？特别是，如何认识和处理摆脱贫穷落后与保护生态环境的关系？如何建设生态文明的国际关系？如何运用国际的力量，搞好我国的生态文明建设？如何将中国的生态文明理念变为全球的话语？

如何对生态文明观进行法学解读？生态文明的理论和实践，对环境法学有何启发或者积极意义？面对生态文明的建设，环境法学应当作出怎样的回应、调整、创新乃至革命？环境法学如何指导环境立法、执法和司法，进而更好地为生态文明建设保驾护航？

…………

以下，笔者尝试对生态文明观这一跨越哲学、环境学、资源学、生态学、经济学、社会学、人类学、伦理学、法学等多个学科的理论问题进行全新的解读和理论的重构，并将之运用于环境法学和环境法治的反思和革新之中，敬请方家指正。

第一章
生态文明观的科学内涵

导言　生态文明的概念

　　所谓生态文明，是指人类社会为全面地认识自然、自觉地尊重自然、积极地适应自然、合理地利用自然、公平地分配自然和科学地保护自然，以实现生产发达、生活美好、生态平衡之"三生共赢"的高质量发展而创造的所有物质、精神和制度等方面文明成果的总称。狭义的生态文明仅指人类社会为实现人与自然的和谐相处，以环境容量、资源禀赋和生态承载力为基础，以自然规律为内心指引和基本准则，全面、科学、合理地保护自然而创造的所有物质、精神和制度等方面的文明成果的总称。[1]

　　要注意的是，尽管"生态文明"中含有"生态"一词，但并不意味着它是与人无关甚至否定人类利益、坚持"生态中心主义"和"极端环保主义"的文明。恰恰相反，它是以人类利益为中心（人类中心主义）、坚持以人为本的文明。建设生态文明绝不是要"走向荒野"，回归原始社会。实际上，"生态文明"是在人类社会中将"生态"与"文明"进行融合的文明，是将人的动物性、智慧性、生态性与主体性、能动性和社会性融为一体的文明。

　　有生态，无文明，当然不是生态文明。刀耕火种下的天然生活、男耕女

---

　　[1]　迄今为止，关于生态文明的概念，尚无权威的界定，仍有进一步深入研究的必要。目前，只有少数立法界定了生态文明的内涵。譬如，2013年2月通过的《贵阳市建设生态文明城市条例》第2条规定：生态文明是指以尊重自然、顺应自然和保护自然为前提，实现人与自然、人与人、人与社会和谐共生，形成节约资源和保护环境的空间格局、产业结构、生产方式和生活方式的经济社会发展形态。再如，俞可平教授于2005年在《科学发展观与生态文明》一文中认为：生态文明就是人类在改造自然以造福自身的过程中为实现人与自然之间的和谐所做的全部努力和所取得的全部成果，它表征着人与自然相互关系的进步状态。

织的田园牧歌、碧水蓝天、沃野苍穹、百兽追逐、鱼翔浅底，尽管很生态，甚至原生态，但由于贫穷落后，缺乏文明和进步，无疑不是我们所憧憬和追求的生态文明。"你耕田来我织布，你挑水来我浇园"；"梅子金黄杏子肥，麦花雪白菜花稀"；"雨里鸡鸣一两家，竹溪村路板桥斜"；"雉飞鹿过芳草远，牛巷鸡埘春日斜"的田园生活看似美好，但只可体验，难以全民化，更难以长久。

有文明，无生态，更不是生态文明。满世界都是由钢筋水泥铸成的人工世界，毁林开荒、高楼林立、人稠物穰、机器轰鸣、浓烟滚滚、灯火辉煌，尽管很文明，但由于不生态，当然也不是我们所讲的生态文明。只有社会文明高度发达，生态环境良好，人与自然处于和谐状态的文明才是真正的生态文明。[1]

在形而上，生态文明重点包括如下几方面的内容和要求：一是全面认识自然，特别是认识自然的结构组成、属性特征和运动规律；二是自觉尊重自然，特别是尊重物物相关律、相生相克律、能流物复律、负载定额律、时空有宜律、协调稳定律等自然规律；三是积极适应自然，特别是适应沧海桑田的自然运动、演化变迁并积极应对各种自然灾害；四是合理利用自然，特别是以环境友好、资源节约、生态平衡的方式利用自然；五是公平分配自然，特别是处理好自然资源开发利用和生态环境保护中的个体公平、城乡公平、流域公平、地区公平和国际公平，要坚持以人为本、保障民生、维护公平；六是科学地保护自然，方法综合、手段有力、方式合理（体现差异化要求，不搞"一刀切""一锅煮"）、成本低廉（损害的最小化）、标本兼治、卓有成效。[2]

---

〔1〕 严耕等：《生态文明绿皮书——中国省域生态文明建设评价报告（ECI 2010）》，社会科学文献出版社 2010 年版，第 55 页。

〔2〕 黑臭水体的治理存在如下两大突出问题：一是治标不治本：重视短前应急效应，缺乏长效治理机制。一直以来，黑臭河道治理普遍沿用截污、清淤、换水"三板斧"。很多官员、研究机构和专家学者片面地认为，只要截住污染源，清理淤泥，换一下水，就能治好了。实际上，这种方法只能让水体在短期内变得好看，好比换血拯救不了一个白血病患者，只是苟延残喘的做法。无论截污、清淤、换水做得再好，如果不大幅度提升水体自净能力，水体就不可能真正治理成功。二是治末不治体：重视末端问题解决，缺乏系统治理举措。黑臭水体表面上看是水的问题，但实际上是一个关乎城市规划不合理、基础设施（污水管网、处理设施）不匹配、监督管理不完善（重事后应急，轻事前预防；重工程治理，轻后期维护）等复杂因素的系统性问题，需要处理好水岸关系、雨污关系、水固关系、政社关系、治管关系等，单靠做简单封闭系统的环保公司，用散乱小的方法是无法解决系统性问题的。

在形而下，生态文明可体现为物质文明（如经人工辅助而形成的清洁空气、美丽景观等生态产品[1]，都江堰等自然资源合理利用工程，"三北"防护林生态保护和建设工程）、行为文明（如清洁生产、绿色消费、垃圾分类、排污权交易、植树造林等文明行为）、精神文明（如"天人合一"的思想观念，敬畏自然、善待生命的伦理道德，保护环境的工程技术和清洁生产工艺，《寂静的春天》等保护环境的文学艺术作品）、制度文明（保护生态环境、维护环境正义的法律法规、党纪党规、政策文件等）等层次和形式。

在"文明"的举措上，可体现为：分类施策（如将国土空间划分为优化开发区、重点开发区、限制开发区和禁止开发区等四大主体功能区）、分工协作（如四大主体功能区上的人们，在生态产品、物质产品、精神产品的生产上进行分工协作）、人天融合（如在生产、生活的设计和运行上实现与环境的耦合，推行发展生态化、生态资本化和环保经济化）和利益平衡（如对不同主体之间的经济、社会和环境利益进行调整和平衡，推行生态保护补偿、环境损害赔偿）等等。

从社会发展形态上讲，生态文明是一种以实现生产发达、生活美好、生态平衡之"三生共赢"的高质量发展为原则，以尊重自然、顺应自然和保护自然为伦理准则，形成资源节约和环境良好的空间格局、产业结构、生产方式和生活方式的新型经济社会发展形态。如果说农业文明是"黄色文明"，工业文明是"黑色文明"，那么，生态文明就属于"绿色文明"。可以说，生态文明是继原始文明（渔猎文明）、农业文明、工业文明之后的新型人类文明形态。

总体而言[2]，与原始文明、农业文明、工业文明等人类文明形态相比，生态文明在产生时间、文明"颜色"、标志性生产工具、主导生产要素、主导能源、生产生活方式、对待自然的态度、发展方式、标志性权利等方面具有显著的不同（具体见下表1）。

---

[1]　所谓生态产品，是指生态系统生产的具有一定生态服务功能的各种自然要素及其组合体，譬如清洁的水源、洁净的空气、茂密的森林、多样的野生动植物、美丽的景观等。生态产品具有公用性、整体性、外部性和再生性等特征。

[2]　参见严耕、王景福主编：《中国生态文明建设》，国家行政学院出版社 2013 年版，第 38 页；余谋昌：《生态文明论》，中央编译出版社 2010 年版，第 20 页。

表 1　生态文明与原始文明、农业文明、工业文明的主要区别

项　目	原始文明	农业文明	工业文明	生态文明
产生时间	100 万年前	5000 多年前	18 世纪工业革命	20 世纪 70 年代环保运动
文明的"颜色"	白色文明	黄色文明	黑色文明	绿色文明
标志性生产工具	石器	青铜+铁器	机器	人工智能+互联网
主导生产要素	劳动力	土地+劳动力	货币资本+技术+信息+土地+劳动力	生态资本+货币资本+技术+信息+土地+劳动力
主导性产业	渔猎、游牧	农业	工业	生态经济产业
主导能源	人力	薪柴和畜力	化石能源和电力	新能源（太阳能等）
基本生产方式和生活方式	索取—消费—抛弃	索取—加工—消费—抛弃	索取—加工—流通—消费—抛弃	生态建设—索取—加工—流通—消费—循环利用
对待自然的态度和行为模式	敬畏自然+消耗性利用	依赖自然+生产性利用	征服自然+掠夺式利用+环境卫生	尊重自然+合理利用+污染防治+资源保护+生态建设
发展形式	原始发展	初级发展	过度发展、不当发展	"三生共赢"的高质量发展（精髓是绿色发展）
标志性权利	成员权	农地权	知识产权	环境权

　　生态文明观是关于如何认识和建设生态文明的一系列思想观念、理论观点、路径方法的思想和理论体系，重点包括生态文明历史观、生态文明伦理观、生态文明福祉观、生态文明产品观、生态文明发展观、生态文明建设观、

生态文明法治观和生态文明全球观等。[1]其中，生态文明发展观是关于在人与自然的关系出现重大危机时，如何看待发展、如何更好地实现发展的一系列理论观点的总称，可以说是习近平生态文明思想的精髓和灵魂。

第一节　生态文明观的第一要义：发展

2017年11月，党的十九大报告指出："要牢固树立社会主义生态文明观，推动形成人与自然和谐发展现代化建设新格局。"习近平总书记在视察长江经济带建设时特别强调："共抓大保护、不搞大开发"，不是说不搞开发，不要大的发展，而是不要搞破坏性开发，走生态优先、绿色发展之路。之后，习总书记又在全国生态环境保护大会上强调，当前的生态文明建设正处于压力叠加、负重前行的关键期，要加快构建生态文明体系。反过来看，这其实就是提醒和告诫我们，在进入中国特色社会主义新时代的今天，务必认真学习和深刻领会习近平生态文明思想，准确把握发展在生态文明建设中的地位和作用，谨防今后"念歪了经，走错了路"。

一、发展失序是生态文明诞生的历史背景

文明（civilization）是与人联系在一起的，表明人类脱离蛮荒状态的修养开化的过程及状态，还包括应对外在自然和社会环境时创造的包罗万象的积极成果。它表明人类社会的整体进步状态，表现了人类与动物界不同的"存在方式"，它与"自然"相对，或者说是"第二自然"。[2]《辞海》直接将文明解释为"人类社会的进步状态"。《牛津词典》将其定义为："社会高度发达、有组织的一种状态。"日本的福泽谕吉也认为，文明是"摆脱野蛮状态而

---

〔1〕　有观点认为，习近平生态文明思想主要由如下几部分组成：一是生态兴则文明兴、生态衰则文明衰的深邃历史观；二是人与自然是生命共同体的科学自然观；三是绿水青山就是金山银山的绿色发展观；四是良好生态环境是最普惠的民生福祉的基本民生观；五是统筹山水林田湖草系统治理的整体系统观；六是实行最严格生态环境保护制度的严密法治观；七是全社会共同建设美丽中国的全民行动观；八是共谋全球生态文明建设之路的共赢全球观。这一阐释有助于我们全面认识生态文明观的科学内涵。李干杰："以习近平生态文明思想为指导 坚决打好污染防治攻坚战"，载《行政管理改革》2018年第11期。

〔2〕　严耕等：《生态文明绿皮书——中国省域生态文明建设评价报告（ECI 2010）》，社会科学文献出版社2010年版，第53页。

逐渐前进的东西"〔1〕。可见，文明与"愚昧"和"落后"相对应，是指人类社会发展的"发达"和"进步"状态。从历史上看，人类文明形成和发展的过程，就是人类发挥主观能动性，努力研究和利用科学技术，制造和使用工具，积极开发和利用大自然，发展生产和改善生活的过程。无论是火、石器、陶器、铜器等工具的发明和利用，还是农业、矿业、交通等现代化发展，概莫如此。近代史也表明，社会进步和大国崛起的关键是经济的发展，而经济发展的过程，说到底，主要是一个充分、高效和合理利用自然资源，不断创造财富和精神产品以满足人类日益增长的物质文化需要的发展过程。〔2〕

生态文明，是指为推进人与自然和谐相处，实现"社会-经济-自然"复合生态系统生产发达、生活美好、生态平衡之"三生共赢"的高质量发展而取得的所有物质、精神、制度等文明成果的总称。

（一）"生态文明"是发展达到一定历史阶段才产生的反思性概念

生态文明理念的提出源于对工业文明和传统发展的历史反思，是以21世纪以来人类发展进程中以"征服自然"为价值理念，以"反自然"的方式不合理地利用自然，以致普遍性地出现环境污染、资源短缺和生态退化等人与自然的突出矛盾为历史背景的。换言之，建设生态文明并不是要放弃甚至否定经济文明或经济发展，要求我们舍弃对生产发展和生活富裕的向往和追求，甚至回归原始落后的生产模式和生活方式，而是以工业文明时期一定阶段的发展作为时代背景，以协调人与自然的关系为核心任务，以优化和改进发展、实现可持续发展和高质量发展为根本目的。从历史逻辑来看，如果农业文明和工业文明本身发展严重不足，便完全不存在人与自然的冲突问题（没有超出自然的承载能力），也就根本没有建设生态文明的必要性和正当性。

生态文明建设旨在对工业文明和现有发展进行修正，而非在本质上限制和否定发展。由于认识上的局限性，人类历史上曾经有过质疑和否定发展的主张。1972年，罗马俱乐部发表了关于世界趋势的研究报告——《增长的极限》，认为如若按照当时的发展方式和发展速度继续下去，人类世界将会面临"灾难性的崩溃"，而避免这种灾难的最好办法就是"限制增长"或者"零增

---

〔1〕 ［日］福泽谕吉：《文明论概略》，北京编译社译，商务印书馆1960年版，第32页。

〔2〕 周珂、翟勇、阎东星："中国和平崛起与自然资源物权化"，载《北京市法学会环境资源法研究会第一届学术研究会论文集（非正式出版物）》，2004年6月5日。

长"。〔1〕尽管该书第一次向人类敲响了滥用自然的警钟，为此后环境保护、可持续发展乃至生态文明理念的提出奠定了理论基础，〔2〕但毋庸置疑的是，该书也犯了明显的机械唯物主义错误，存在致命的局限性。正如"普罗米修斯主义者"的批判：罗马俱乐部不仅低估了人类社会协调自身活动（包括经济生产与生活）的能力，而且忽视了科技发展对人类未来可能产生的巨大效应。〔3〕事实上，在特定历史时期，限制增长的因素，主要不是自然因素，而是社会因素，诸如生产关系、科技水平和社会制度等。

（二）生态文明建设的初衷和目标是修正和优化传统的发展模式

实际上，生态文明建设旨在转变和抛弃工业文明和当前发展对大自然的"野蛮"和"粗暴"态度，以走上尊重自然、顺应自然和保护自然的文明发展道路。换言之，建设生态文明，并不反对人类经济社会的进步和发展，而是要求在推进发展的过程中，摒弃对大自然的野蛮掠夺和粗暴利用，用更友善的方式对待自然，用更文明的方式利用自然，用更有效的方式保护自然，从而实现以"生产发达、生活美好和生态平衡"为基本特征的协调发展和高质量发展。

生态文明建设不等于生态环境建设，更不等于脱离发展的生态环境建设！生态文明的重要内容之一是生态环境良好，然而，一旦孤立于经济社会发展，即使环境质量再好、生态状况再佳，也并不一定意味着其生态文明程度就高。这是因为，生态环境只是发展的物质基础，而生态文明则是发展的上层建筑，不仅包括人与环境的耦合关系、进化过程、融合机理、和谐状态，还包括生产关系、生活方式、交往模式和思维方式等广泛的内容。〔4〕如果我们的眼里只有还原主义的生态环境，没有将生态环境作为经济社会发展的内在要素和

---

〔1〕〔美〕德内拉·梅多斯、乔根·兰德斯、丹尼斯·梅多斯：《增长的极限》，李涛、王智勇译，机械工业出版社 2013 年版，第 18~200 页。

〔2〕该书一经出版便引起了全球的广泛关注和深刻反思。美国著名经济学家罗伯特·唐赛德曾指出："该书的冲击波，粉碎了我们最重要的假设。"书中的许多观点还成了当时掀起环境保护运动的主要理论依据，甚至还直接推动了联邦德国绿色运动的兴起。该书批判了发展至上主义，深刻揭示了地球资源的有限性，引发人们更为审慎地思考人与自然的关系，意识到只有油门没有方向盘和刹车的发展是不可持续的，很可能导致人类乃至整个全球生态系统的毁灭。

〔3〕郇庆治："生态现代化理论与绿色变革"，载《马克思主义与现实》2006 年第 2 期。

〔4〕王如松："生态文明建设的控制论机理、认识误区与融贯路径"，载《中国科学院院刊》2013 年第 2 期。

客观条件，没有将生态环境建设融入人类经济社会发展复合体系的整体之中，而是追求所谓的绝对环保主义，无视、放弃乃至否定发展，人类文明必将止步不前，甚至发生倒退和崩溃。这显然不是我国推行生态文明建设战略的目标和初衷。

要生态环境而不要经济发展、不要社会进步的主张，在根本上违背了人类社会追求自由、福祉的人性基础和客观规律，误解了生态文明的初衷和科学内涵，是极端偏颇和严重错误的。可以说，如果不是在禁止开发区或限制开发区，仅有生态平衡，没有生产发展和生活富裕，不仅不意味着生态文明建设搞得好，反而说明其生态文明建设的水平还很落后。换言之，在当前的经济技术和社会文化条件下，虽有绿水青山，但却贫穷落后，要么是因为经济发展极不充分（此时更需要的是产业文明和生态文明重叠的绿色经济），要么是因为生态补偿严重滞后（没有对因保护生态环境而受损的主体予以补偿），两者绝对不是生态文明。依此而言，我们要打破"守着绿水青山喊穷"的陋习，实现"把绿水青山变成金山银山"的成功转型。据悉，广西壮族自治区探索出了"景区+企业+贫困户"等多种新生态旅游扶贫模式。2018年，森林旅游收入达420亿元，同比增长20%，年接待游客达1.1亿人次，同比增长18%，有效促进了农村贫困人口的经济增收。[1]

"无论从政治角度还是公平角度，发展不能简单地屈从于环境保护，而是应该和环境保护有机结合在一起，这个整合的过程就是可持续发展的核心。"[2]正如李启家教授所言："任何理由都不能够凌驾于人类摆脱贫困的要求之上。有些环境问题确是因贫穷导致，但，无论如何，环境保护不能导致贫穷。"[3]从人权的角度看，摆脱贫困、走向富裕的权利属于发展权[4]的范畴。1986

---

〔1〕 蒋林林、何长虹："山不再穷 有林长富——广西林业产业扶贫扫描"，载《中国林业产业》2019年第10期。

〔2〕 [美]詹姆斯·萨尔兹曼、巴顿·汤普森：《美国环境法》（第4版），徐卓然、胡慕云译，北京大学出版社2016年版，第26页。

〔3〕 李启家："中国环境法的代际发展——兼议环境法功能的拓展"，载《上海法治报》2009年3月11日。

〔4〕 所谓发展权，是指作为个体的人和作为人的集体的国家和民族自由地参与和增进经济、社会、文化和政治的全面发展并享受发展利益的资格或权能，其是关于发展机会均等和发展利益共享的权利。汪习根：《法治社会的基本人权——发展权法律制度研究》，中国人民公安大学出版社2001年版，第60页。

年联合国大会通过的《发展权利宣言》第1条宣布："发展权利是一项不可剥夺的人权。"换言之，不能为了保障公民享有良好环境的环境权，就随意剥夺和限制个人和集体摆脱贫困、追求富裕的发展权。也就是说，为了建设生态文明，基于紧缺利益优先和损害最小化原则，[1]在必要的时候，可以优先保障环境公共利益，但必须对权益受损的主体予以适当补偿（如进行生态补偿，尤其是对发展能力的补偿），绝不可因此而导致贫穷和落后。否则，只能算是失去了环境正义的"环境保护"，而非"生态文明"。换言之，环境正义或生态正义是生态文明的重要内涵，也是判断生态文明水平的重要标准。

二、革新发展是建设生态文明的重要手段

传统的"文明是一个对抗的过程，这个过程以其至今为止的形式使土地贫瘠，使森林荒芜，使土壤不能产生其最初的产品，并使气候恶化"。[2]然而，"解铃还须系铃人"，由发展不当、发展过度和发展不足所引发的环境问题，只有通过规范发展、"发展"发展（对发展进行改革和创新）才能得到根本解决。因噎废食不是理性之举。实际上，人类社会发展的历史也无不表明，无论是发达国家还是发展中国家，只有通过不断发展，着力提高科学技术水平和经济文化实力，调整或改进发展的方向、模式、规模、速度和方式，最终方能在根本上提升保护和改善生态环境、合理利用自然资源的能力，从而有效地解决人与自然的问题。

（一）只有优化发展才能有效解决因经济发达所导致的环境问题

早在1972年，联合国人类环境会议通过的《人类环境宣言》就曾指出，人类社会面临因发达和贫穷而导致的两类不同性质的环境问题：

第一类是经济发达造成的环境问题（主要发生于发达国家和地区）。这主要是由发达国家经济的畸形发展、过度发展以及生活方式的享乐主义等因素造成的。《人类环境宣言》指出："在工业化国家里，环境问题一般同工业化和技术发展有关。"由于对大自然的科技滥用，高消耗、高污染、低效益的工业化生产模式和享乐主义的生活方式致使发达国家对资源的索取和利用超出

---

〔1〕　参见程多威："环境法利益衡平的基本原则初探"，载《中国政法大学学报》2015年第6期。

〔2〕　［德］恩格斯：《自然辩证法》，马克思恩格斯列宁斯大林著作编译局译，人民出版社1984年版，第311页。

了自然系统的承载能力和再生产水平,对环境的污染排放超出了该区域环境容量的接纳和净化能力,对生态的破坏和影响超出了生态系统的动态平衡和自我调节能力,从而导致了雾霾围城、垃圾围村、气候变暖、臭氧空洞、水域(河湖海洋)污染、森林锐减、草场退化、水土流失、地面沉降、湿地萎缩等环境污染、资源耗竭和生态破坏的三重恶果。

要解决发达国家的这类环境问题,就必须从根本上转变传统的粗放型发展方式。坚决杜绝和制止违背自然规律和科学精神的盲目开发利用,坚决摒弃超出环境容量、资源禀赋和生态承载能力的过度开发,坚决反对切断经济社会发展和自然系统内在联系的无序开发。务必通过科技创新、管理改革、产业升级、产业结构调整和新能源革命(如页岩气、核能、太阳能、风能和生物质能等)等手段,形成科技含量高、资源消耗低、环境污染少的知识密集型经济模式和清洁工农产品(即实现发展的生态化)。从理论上看,这也符合"环境库兹涅茨曲线"(EKC)所揭示的客观规律[1]。"确凿的证据表明,尽管在经济发展的初始阶段常常导致环境退化,到最后,在大多数国家,保护环境最好的或许是唯一的方法是变得富裕起来。"[2]事实上,纵观世界各国的经济史和环保史,无论是美国、日本、英国、法国、德国、澳大利亚等老牌资本主义发达国家,还是韩国、新加坡等新兴资本主义发达国家,大多是通过生产模式和生活方式的调整和优化逐步实现了发展的华丽转身和成功转型。

(二)只有推进发展才能有效解决因贫穷落后所导致的环境问题

除了发展过度、发展不当造成的环境问题之外,还有一类环境问题是由发展不足、贫穷落后造成的(主要发生于发展中国家和地区)。这类环境问题主要是由发展不足、经济落后以及发达国家对发展中国家的污染转嫁和资源

---

[1] "库兹涅茨曲线"是20世纪50年代诺贝尔奖获得者、经济学家库兹涅茨用来分析人均收入水平与分配公平程度之间关系的一种学说。研究表明,收入不均现象随着经济增长先升后降,呈现倒U型曲线关系。后来,有人(Panayotou)将这种理论应用到环境污染与人均收入之间的关系。当一个国家的经济发展水平较低的时候,环境污染的程度较轻,但是,随着人均收入的逐步增加,环境污染由低趋高,环境恶化程度随经济的增长而加剧;当经济发展达到一定水平后,也就是说,到达某个临界点或称"拐点"以后,随着人均收入的进一步增加,环境污染又由高趋低,其环境污染的程度逐渐减缓,环境质量逐渐得到改善,这种现象被称为"环境库兹涅茨曲线"。

[2] [英]罗杰·伯曼等:《自然资源与环境经济学》(第2版),侯元兆等译,中国经济出版社2002年版,第34页。

掠夺造成的。正如《人类环境宣言》所言："在发展中国家中，环境问题大半是由于发展不足造成的。千百万人的生活仍然远远低于像样的生活所需要的最低水平。他们无法取得充足的食物和衣服、住房和教育、保健和卫生设备。"科技的滞后和发展的不足迫使贫困和落后的国家不得不过度开发本国的自然资源，廉价出卖煤炭、石油、矿石、木材等自然资源和资源性产品，进口发达国家的产品和垃圾（包括大量有毒有害的垃圾），来发展生产，增加收入，改善生活。

问题是，自然资源的掠夺性出口和国外垃圾的大量进口会破坏发展中国家的生态环境。譬如，矿产资源的无序开发导致环境污染和生态破坏，森林资源的过度砍伐和草场的过度畜牧造成生态退化。反过来，生态环境的恶化又限制和阻碍了经济的进一步发展。如此往复，便形成了恶性循环。《只有一个地球》的作者芭芭拉·沃德的话言犹在耳："贫穷是一切污染中最坏的污染。"[1]因为，贫困的社会是无法为后代人保存足够的选择机会、良好的环境质量和充分的自然资源而实现可持续发展的。只有发展才能改变发展中国家的贫困状况，改善其环境条件。

为了有效地解决发展中国家的此类环境问题，《人类环境宣言》曾明确指出："发展中国家必须致力于发展工作，牢记他们的优先任务和保护及改善环境的必要。"换言之，只有提升科学技术水平和物质生产能力，变低端型发展为高品质发展，变耗竭型发展为内涵式发展，推进发展的现代化，继而抬升本国的国际地位，不断改变旧的国际经济秩序，才能在根本上遏制由发展不足和非公平贸易导致的环境问题。对此，发达国家应当按照共同但有区别的责任原则和人类命运共同体的理念，为发展中国家的发展提供经济援助和技术支持。

正如王如松院士所言，"经济富强是可持续发展的基本前提"，生态环境是可持续发展的根本保障。环境问题的本质是一个发展问题，"发展问题的生态学根源在于环境与经济脱节、生产与消费分离、体制条块分割、认知支离破碎被科学还原论主导、决策就事论事，导致资源代谢在时间、空间尺度上的滞留和耗竭，系统耦合在结构、功能关系上的破碎和板结，社会行为在局部、

---

〔1〕〔美〕芭芭拉·沃德、勒内·杜博斯：《只有一个地球——对一个小小行星的关怀和维护》，《国外公害丛书》编委会译校，吉林人民出版社1997年版，序第2页。

整体关系上的短见和反馈机制的缺损"。"环境为体、经济为用、文化为常、生态为纲，体用共荣、纲常相济，这就是生态文明的社会内涵和科学框架。"[1] 吕忠梅教授的比喻更是生动形象："如果将'小康中国'比喻成一个充满生机与活力的青年，那么，经济是心脏，政治是大脑，文化是灵魂，社会是体质，生态是血液。"[2]

三、结语

生态文明追求的是人与自然相协调的高质量发展，即在弘扬传统文明尤其是"工业文明先进生产力和开拓竞生活力的基础上扬弃其人与自然分离的发展观，将物质循环、信息反馈、能源低碳的生态文化和共生、再生、自生的生命活力重新植入人类发展的进程中，实现区域发展的统筹及代际关系的公平"。[3]概言之，生态文明的根本目的是推进高质量发展，它是在扬弃传统文明特别是工业文明与自然生态系统脱节的基础之上，对传统的人类文明尤其是工业文明进行"生态化"改造，对传统的环境保护进行"经济化"调整（以降低环境保护的经济成本，甚至实现盈利）而形成的物质、精神和制度等方面的各种文明成果，是以摆脱贫困、追求发展为前提条件，并以优化发展为改革初心的。

建设生态文明，旨在从根本上提高和拓展人类世世代代可持续享有良好人居环境和开发利用优质自然资源之"实质自由"和"可行能力（capability）"[4]，有尊严、有福祉地实现人与自然的协调发展。概言之，只有通过规范发展、改革发展、优化发展、创新发展，通过对发展进行生态化变革和现代化创新，提升可持续发展和高质量发展的可行能力，才能从根本上和长远上妥善解决人与自然的冲突和矛盾。

一言以蔽之，离开环境保护的经济建设有如竭泽而渔，但是，离开经济

---

〔1〕 王如松："生态文明建设的控制论机理、认识误区与融贯路径"，载《中国科学院院刊》2013 年第 2 期。

〔2〕 吕忠梅："环境权入宪的理路与设想"，载《法学杂志》2018 年第 1 期。

〔3〕 王如松："生态文明建设的控制论机理、认识误区与融贯路径"，载《中国科学院院刊》2013 年第 2 期。

〔4〕 ［印］阿玛蒂亚·森：《以自由看待发展》，任赜、于真译，刘民权、刘柳校，中国人民大学出版社 2002 年版，第 1~14 页。

发展的环境保护则犹如缘木求鱼。"只要金山银山，不要绿水青山"，不可持续，那是前几十年我们曾经犯过的错；但反过来说，"只要绿水青山，不要金山银山"，也不现实，没有经济发展做支撑，绿水青山最终也会变成恶水穷山。[1]只有坚持在发展中保护，在保护中发展，力求经济社会发展与人口规模、自然资源、生态环境相协调，实现经济效益、社会效益和生态效益的最大化，才能真正走上建设生态文明的好路子。

第二节　生态文明观的基本立场：以人为本和环境公平

建设生态文明，保护生态环境和自然资源只是任务，保障公民对生态产品的权益，特别是享有良好环境的环境权和开发利用自然资源的资源权（重点是资源攫取权和资源使用权）才是根本目的。当然，另一方面，建设生态文明也必须采用利益衡量的方法，坚持紧缺利益优先、整体利益最大化、损害最小化和公平正义等原则。特别是坚持"民生优生"的原则，切忌环保"一刀切"，伤害无辜企业和弱小群体。

一、人与自然之间：以人为本，维护环境权兼顾生存权和发展权

文明总是意味着"福祉"和"满足"，体现了人的主体性和能动性。建设生态文明不是要奉行所谓的"生态中心主义"乃至"极端环保主义"，而是以不断满足人民对优质生态产品日益增长的各种正当需要为出发点和落脚点。所谓生态产品，是指生态系统天然生产的和经过人工作用的各种自然因素，如空气、河水、矿藏、森林、草原、野生动植物、海水等。[2]在对待人和

〔1〕 云间子："临沂环保'一刀切'，割了谁的肉？"，载新浪网：https://news.sina.com.cn/c/2019-09-12/doc-iicezueu5438824.shtml，访问日期：2019年9月12日。

〔2〕 2012年11月，党的十八大报告指出："要加大自然生态系统和环境保护力度。要实施重大生态修复工程，增强生态产品生产能力，推进荒漠化、石漠化、水土流失综合治理，扩大森林、湖泊、湿地面积，保护生物多样性。"正式提出了生态产品的概念。所谓生态产品，是指生态系统基于其非物质性生态服务功能所提供的各种自然要素及其组合体。申言之，即维系生态安全、保障生态调节功能、提供良好人居环境的自然要素，如作为人类生产生活支持基础的良好人居环境，可调节生态平衡、保障生态再生力的生态环境要素及其组合体等。生态产品具有公用性、整体性、外部性和再生性等特征。根据2010年的《全国主体功能区规划》的规定，生态功能区所提供的生态产品，其主体功能主要体现为：吸收二氧化碳、制造氧气、涵养水源、保持水土、净化水质、防风固沙、调节气候、清洁空气、减少噪音、吸附粉尘、保护生物多样性、减轻自然灾害（如蓄水防洪）等。一些国家或地区对

与自然的关系上，生态文明建设是"以人类为本、以自然为用"的，保护大自然只是手段，满足人类对生态产品和生态服务的需要（主要包括下文所述的三个方面：良好的环境、丰富的资源和健康的生态）才是根本目的。"在理解生态文明的含义和解析要素时，不可以采取'见物不见人'的分析态度，仍应关心人，以人为本，重视人的价值。"〔1〕对此，《人类环境宣言》引用毛主席语录指出："世间一切事物中，人是第一可宝贵的。"党的十九大报告也明确指示："我国社会主要矛盾已经转化为人民日益增长的美好生活需要和不平衡不充分的发展之间的矛盾"，应当着力"提供更多优质生态产品以满足人民日益增长的优美生态环境需要"。曲格平老先生也特别告诫："我们在环保工作中常常出现'见物不见人'的情况，……一定要把以人为主体的生命系统作为环境保护的主要任务。"〔2〕以人为主体，满足人的生态产品需要，从权利保障的视角来看，最重要的就是要维护公民、法人和社会组织对自然体的环境权和资源权。

（一）以维护环境权为核心：防治污染和破坏，实现环境安全和环境舒适

所谓环境权，即公民享有安全和舒适的环境的权利。例如，清洁空气权、清洁水权、景观权、安宁权、采光权、通风权、静稳权、眺望权等。要注意的是，环境权只能是作为人的公民的权利，野生动植物等自然体是无所谓环境权的。从文本意义上看，环境权除可以被规定在环境法当中，也可以作为基本权利而被规定在宪法中，还可以作为民事权利而被规定在民法中，作为行政公权利被规定在行政法中（特别是规定旨在保护环境权的环境知情权、环境参与权等）。

对于环境权，《人类环境宣言》早就强调："人类有权在一种能够过尊严福利的生活的环境中，享有自由、平等和充足的生活条件的基本权利……"据不完全统计，在 198 个联合国成员国中，已有 142 个国家的宪法或直接或间接地确认了环境权。〔3〕此外，美国、德国、瑞士、俄罗斯、乌克兰、韩国、

（接上页）生态功能区的"生态补偿"，其实质是政府代表受益的公众购买这类地区的生态产品所提供的生态服务。需特别指出的是，生态产品是一个新兴的概念，涉及材料学、物理学、化学、环境学、生态学、生理学等多学科领域，因此，对生态产品的理解不同，关于生态产品的界定也就可能不同。

〔1〕 李启家："环境法领域利益冲突的识别与衡平"，载《法学评论》2015 年第 6 期。

〔2〕 张可兴："如何看待生态环境部的成立，环保泰斗曲格平这么说"，载《中国环境报》2018 年 6 月 12 日。

〔3〕 See Varun K. Aery, "The Hmuman Right to Clean Air: a Case Study of the Inter-American System", *Seattle Journal of Environmental Law*, 6（2016），p. 18.

越南、南非等国家的民法、环境法还对环境权作出了具体规定。[1]最高人民法院于 2018 年 6 月 5 日发布的《关于深入学习贯彻习近平生态文明思想为新时代生态环境保护提供司法服务和保障的意见》也立场坚定地确认了环境权："坚持以人民为中心，不断满足人民群众日益增长的对优美生态环境和公正环境资源司法保障的需求，切实保障人民群众在健康、舒适、优美生态环境中生存发展的权利。"

（二）兼顾生存权和发展权：尊重和保护对自然资源的传统权利，加强和落实野生动物致害补偿

随着《中共中央关于全面深化改革若干重大问题的决定》《建立国家公园体制试点方案》《建立国家公园体制总体方案》《关于加快推进生态文明建设的意见》《生态文明体制改革总体方案》、党的十九大报告和《关于建立以国家公园为主体的自然保护地体系的指导意见》等一系列报告和文件的出台，[2]中国的生态保护和建设日益受到国家和全社会的重视，自然保护地管理体制也发生了历史性的变革。[3]在推进国家公园体制改革、加强自然生态系统原真性、完整性保护、推进生态文明建设的当下，亟待兼顾并加强对生存权和发

---

〔1〕 参见吴卫星："环境权入宪的比较研究"，载《法商研究》2017 年第 4 期；杨朝霞："呵护美丽国土应尽快从法律层面确认环境权"，载《法制日报》2018 年 4 月 22 日。

〔2〕 2013 年 11 月，《中共中央关于全面深化改革若干重大问题的决定》提出，要"加快生态文明制度建设……建立国家公园体制"。2015 年 5 月，国家发改委、原环境保护部、原国家林业局等十三个中央部委局办联合签发了《建立国家公园体制试点方案》，确定以将伊春、长白山、开化、武夷山、神农架、城步、玛多、普达措九个区域为试点区，试点时间为 3 年，2017 年底结束。2015 年 5 月和 9 月，中共中央办公厅、国务院办公厅先后发布《关于加快推进生态文明建设的意见》和《生态文明体制改革总体方案》，对建立国家公园体制提出了具体要求，强调要"加强对重要生态系统的保护和利用，改革各部门分头设置自然保护区、风景名胜区、文化自然遗产、森林公园、地质公园等的体制"，"保护自然生态系统和自然文化遗产原真性、完整性"。2017 年 9 月，在总结试点经验的基础上，中共中央办公厅、国务院办公厅印发《建立国家公园体制总体方案》，指出要"理清各类自然保护地关系，构建以国家公园为代表的自然保护地体系"。2017 年 10 月，党的十九大报告指出，要"构建国土空间开发保护制度，完善主体功能区配套政策，建立以国家公园为主体的自然保护地体系"。2019 年 6 月，中共中央办公厅、国务院办公厅印发了中央深改小组于 2019 年 1 月审议通过的《关于建立以国家公园为主体的自然保护地体系的指导意见》，强调要把具有国家代表性的重要自然生态系统纳入国家公园体系，实行严格保护，形成以国家公园为主体、自然保护区为基础、各类自然公园为补充的自然保护地管理体系。截至目前，全国共有东北虎豹、祁连山、大熊猫、三江源、热带雨林、武夷山、神农架、普达措、钱江源、南山等试点国家公园，涉及吉林、黑龙江、青海、陕西、四川、甘肃、海南、福建、湖北、云南、浙江、湖南等 12 个省（市），面积超过了 20 万平方公里。

〔3〕 唐小平："中国自然保护领域的历史性变革"，载《中国土地》2019 年第 8 期。

展权的尊重和保护。

第一，按照以人为本的要求，尊重和保护作为生存权和发展权意义上的资源权。[1]即，尊重和保护自然保护地原住民等低收入群体和弱势群体开发利用自然资源的传统权利，如狩猎权（猎户以狩猎为生）、采集权（药农以采集草药为生）、土地使用权（山区农民以种地为生）、养殖权和捕捞权（渔民以养殖和捕捞为生）等资源权[2]。

当前，重点是要稳定对耕地、林地、草地、水域的承包经营权，促进、规范经营权的流转，释放和激活农业、林业、畜牧业、养殖业的生产力，推进对自然资源的非消耗性利用（如生态旅游、林下经济、森林康养），实现生态资源和生态环境的资本化，带动农民走上绿色经济的致富之路。譬如，广西壮族自治区隆林各族自治县沙梨乡大力发展油茶产业。2018年，完成新造油茶林47亩，苗木成活率100%；完成油茶低产林改造306亩，测定项目林地面积1800亩。参与的贫困户每亩油茶林纯收入340元，预计带动153户农民脱贫，2200多人增收致富。[3]

第二，按照以人为本（而非以野生动物为本）的要求，采取有效措施防范野生动物对人身和财产的侵害，加强和落实野生动物致害补偿机制。云南省林草局野生动植物保护与自然保护区管理处的统计数据显示：2011年至2015年，在西双版纳、普洱、临沧三地发生的野象啃食破坏庄稼、攻击伤人案件达4.8万余起，累计造成经济损失9948万元。[4]根据甘肃省林草局的统计数据：2016年，甘肃省因野生动物致害事件而导致的损失高达2000余万元。对此，在加强生态环境保护的同时，国家必须按照以人为本的要求，采

---

〔1〕 周训芳：《环境权论》，法律出版社2003年版，第248~261页。

〔2〕 所谓资源权，即公民、法人和社会组织等开发利用自然资源的权利，包括资源所有权（如林木所有权）、资源采得权（如采伐权、捕捞权、狩猎权）、资源使用权（如林地承包经营权、养殖权、航运权等）以及资源担保权（如林木抵押权）等。

〔3〕 2018年，广西油茶千万亩面积、千亿元产值的"双千计划"启动，54个贫困县新建油茶高产高效示范园60个、示范点20个；带动新造油茶林30.6万亩，改造油茶低产林19.3万亩，分别占全区的93.8%和100%。54个贫困县林业总产值超过2000亿元，同比增长17%，油茶种植面积达540万亩，占全区的79%，林下经济产值达464亿元，同比增长25.5%，林业产业在54个贫困县的覆盖率超过了80%。蒋林林、何长虹："山不再穷 有林长富——广西林业产业扶贫扫描"，载《中国林业产业》2019年第10期。

〔4〕 "野生动物损物伤人常'肇事' 我们该如何'自卫'？"，载网易新闻：http://news.163.com/16/1229/22/C9G4C63L000187V5.html，访问日期：2019年5月21日。

取有效措施，保障生存权意义上的人身权和财产权，防范野生动物对生命健康和私人财产的危害，必要时可以对野生动物采取限制、猎杀等措施。针对野生动物致害情况越来越严重的现实，国家必须强化对野生动物致害补偿的制度完善，提升实施力度。根据《野生动物保护法》第 19 条的授权立法条款，目前，我国已有安徽、青海、云南等 8 个省级人民政府制定了地方性野生动物致害补偿办法，就野生动物致害补偿的范围、补偿的标准、补偿的责任主体、补偿的程序以及补偿的经费来源等具体问题作出了具体的规定。不过，总体而言，还存在补偿责任主体不明确、补偿资金承担比例不公、补偿范围过窄、补偿标准过低等问题。

需要注意的是，相对于生存权和发展权意义上的资源权、健康权等权利，环境权是建设美丽中国的一面权利旗帜，属于生态文明时代的标志性权利，正如地权是农业文明时代的标志性权利，知识产权（尤其是工业产权）是工业文明时代的标志性权利一样（如下图 1 所示）。[1]换言之，在生态文明建设中，享用良好环境的环境权是环境法中最基本、最核心的范畴，最能体现环境法的本质属性和功能意义，相比于开发利用自然资源的资源权和利用环境容量的排污权等权利而言，其具有更高的地位和作用，且更为脆弱、更容易受到侵害，自应作为环境法制度保障的重中之重。[2]

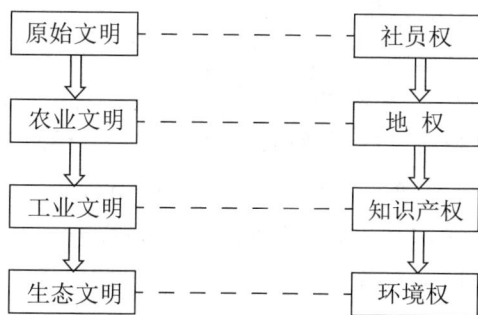

```
┌────────┐            ┌────────┐
│ 原始文明 │ ─ ─ ─ ─ ─ │ 社员权 │
└────────┘            └────────┘
    │                     │
    ▼                     ▼
┌────────┐            ┌────────┐
│ 农业文明 │ ─ ─ ─ ─ ─ │ 地  权 │
└────────┘            └────────┘
    │                     │
    ▼                     ▼
┌────────┐            ┌────────┐
│ 工业文明 │ ─ ─ ─ ─ ─ │ 知识产权 │
└────────┘            └────────┘
    │                     │
    ▼                     ▼
┌────────┐            ┌────────┐
│ 生态文明 │ ─ ─ ─ ─ ─ │ 环境权 │
└────────┘            └────────┘
```

图 1 人类文明的演进及不同文明时代的标志性权利

---

〔1〕 杨朝霞："环境权：生态文明时代的代表性权利——以人类文明的变迁和新型权利的兴起为视角"，载高鸿钧、王明远主编：《清华法治论衡》（第 19 辑·环境法治与文明转型），清华大学出版社 2013 年版，第 46~51 页。

〔2〕 关于环境权和资源权的具体论述，见后文的相应章节。

二、人与人之间：维护环境公平，坚持民生优先

文明当然也意味着"平等"和"公平"，与"漠视""歧视"乃至"剥夺"相对。"正义是社会制度的首要价值，正像真理是思想体系的首要价值一样。一种理论，无论它多么精致和简洁，只要它不真实，就必须加以拒绝和修正；同样，某些法律和制度，不管它们如何有效率和有条理，只要它们不正义，就必须加以改造或废除。"〔1〕建设生态文明重点要搞好两个方面的公平：一是利益的分配公平，即环境资源利益在开发利用主体之间的公平分配；二是损失的分配公平，即生态环境保护成本在社会各主体间的分配公平，着力维护环境资源利用与生态环境保护中的公平和正义。这种新型的公平具体又包括个体公平、城乡公平、区域公平、流域公平和世代公平等多个层次。依此而言，生态文明建设务必关注和重视对环境资源开发利用和保护改善中的弱势群体的尊重和保护。

（一）保护环境侵权受害者和生态保护付出者的权益，维护个体公平

环境问题和环境保护对每个人的影响都是不同的，要尊重和保护环境受害者和生态保护付出者的合法权益。这就要求我们要建立和完善自然资源有偿使用、环境资源税费、生态保护补偿、环境损害赔偿、野生动物致害补偿等利益调整和救济机制，以维护环境公平。

第一，加强对环境侵权受害者的保护和救济。对于因环境污染和生态破坏而遭受人身、财产和环境利益侵害的主体，要对其受损的权益进行切实、有力的保护和救济。当前，在环境司法领域，有"重环境公益诉讼，轻环境侵权诉讼""重生态环境损害赔偿，轻人身财产损害赔偿"的"重公益保护，轻私权救济"的不良倾向。因此，我们亟须扭转这种矫枉过正、本末倒置的局面。为此，我国要加强对环境侵权责任的研究，建立多元化的环境侵权归责原则体系，进一步明晰两造当事人的举证责任，特别是原告关于"关联性"的证明责任。

第二，强化对生态保护贡献者和牺牲者的补偿。对于为保护生态而遭受特别牺牲、做出额外贡献的人，如重点生态功能区被禁止或限制开发利用自

---

〔1〕 [美] 约翰·罗尔斯：《正义论》，何怀宏、何包钢、廖申白译，中国社会科学出版社 1998 年版，第 3 页。

然资源者，应当实施生态移民或者给予相应的生态补偿，不能单纯地为了保护环境而不顾乃至侵害当地居民的生存权和发展权。否则，这只能属于"专横野蛮""有失公平"的生态保护，绝对算不上"生态文明"。目前，自然保护地出现的问题不仅是保护与开发的矛盾，更主要的是保护与民生的矛盾，凸显了我国生态补偿制度建设的问题。对此，2019年6月中共中央办公厅和国务院办公厅印发的《关于建立以国家公园为主体的自然保护地体系的指导意见》专门指出，要"保护原住居民权益，实现各产权主体共建保护地、共享资源收益。……鼓励原住居民参与特许经营活动，探索自然资源所有者参与特许经营收益分配机制。对划入各类自然保护地内的集体所有土地及其附属资源，按照依法、自愿、有偿的原则，探索通过租赁、置换、赎买、合作等方式维护产权人权益，实现多元化保护"。

（二）采用共同但有区别的保护措施，维护城乡公平和区域公平

要看到国内经济社会发展的不平衡性和环境保护的阶段性，注意分地区、分领域、分步骤地采取生态文明建设的各项举措，需要采用差别化的环境保护措施，维护城乡之间、区域之间的社会公平。切忌采用急于求成、急功近利的"一刀切"式的简单粗暴方式，危害实质意义上的社会公平。一方面，国家环境质量标准和环境保护规划的制定必须要考虑到落后地区的情况，不能将发达地区和中心城市对环境质量的要求普遍强加于全国各地。具体而言，一线城市和发达地区的环境质量标准可以高于国家标准，但不可要求其他地方也同样提高环境质量标准。另一方面，中心城市和发达地区应当给予边远农村和落后地区经济与技术上的援助和支持，而不是一味地站在环境保护的道德高地，责怪、抱怨甚至压制周边农村和中西部落后地区的发展。譬如，农村烧秸秆不仅是基于农忙抢时间的需要，也是将秸秆还田制造农家肥、提高土地肥力的需要。为了解决烧秸秆而导致的雾霾问题，城市和发达地区应该提供资金、技术和产业上的援助，发展秸秆造纸，并补贴农民损失，而不是"一刀切"地强行禁止农村焚烧秸秆。

在这方面，国际环境法上的共同但有区别的责任原则可作为参考和借鉴，特别是可适用于大气污染区域联防联控。首先，区域大气污染联防联控的首要问题是明确区域和行业间共同但有区别的责任。由于联防联控的相邻区域在二氧化硫、粉尘、氮氧化物、细颗粒物等污染物质的历史排放量和经济能力各不相同，因此我国有必要借鉴国际环境法上的共同但有区别的责任原则，

明确各区域、各行业的历史责任和现实责任，并按照公平责任原则和各自能力原则分配其现实的减排义务。譬如，推进京津冀大气污染联防联控，由于北京市在交通运输污染排放方面是主要的"贡献者"，因此理应重点管制好交通行业的污染排放问题。河北省是工业大省（特别是钢铁的生产大省），由于其是京津冀地区主要的工业排放"贡献者"，因此务必侧重于对工业污染排放的防治管控工作，要下力气关闭一批技术落后、效益较低的高能耗、高污染企业。其次，发达地区和先进行业还需按照区域合作原则的要求，对落后地区和后进行业给予经济、技术、人力等方面的援助和补偿。譬如，为推进京津冀大气污染联防联控，北京市可以把一些有利于促进就业且能耗及污染相对较低的产业和企业转移至河北省。这样一来，不仅有助于促进河北省的就业和GDP（国民生产总值）的增长，还可以解决河北省在稳增长、促就业、保民生等方面的后顾之忧，促使其关停高污染、高能耗企业。[1] 当然，更直接、更有效的措施是，由北京、天津给予河北一定的经济和技术援助。[2] 否则，对河北人民而言，有失公平。

（三）坚持民生优先原则，杜绝环保"一刀切"，维护底线公平

社会是分层的，利益也是有层次的。当正当利益发生冲突时，须采用利益平衡机制，坚持民生优先和损害最小化原则，以维护底线公平。"底线公平"同前面的个体公平和群体公平（城乡公平和区域公平）不同，它直接处理的并非是个人与个人之间的关系，而是社会与个人之间的关系（权利与责任）、政府与个人之间的关系。所谓"底线"，在这里是指全社会除去个人之间的差异之外共同认可的一条线，这条线以下的部分是每个公民的生存和发展中共同具有的部分，是起码的部分，是基础的部分，属于不可剥夺、不可让渡的基本权利。一个公民，如果缺少了这一部分，生存、温饱和谋生便都

---

〔1〕 常纪文："大气污染区域联防联控应实行共同但有区别责任原则"，载《环境保护》2014年第15期。

〔2〕 2015年6月，北京与廊坊市签订了《加强大气污染联防联控合作协议（2015-2017）》，对廊坊市大气污染治理工程给予资金、技术等方面的援助和支持。从2015年到2018年的3年里，北京市对廊坊市燃煤锅炉淘汰和提标改造项目给予了大力支持，支持资金为5亿多元，为廊坊市及京津冀及周边地区环境空气质量的改善打下了坚实基础。根据北京市环保局与廊坊市签订的《2017年北京市支持廊坊市大气污染治理项目及资金备忘录》，2017年，北京市给予廊坊市大气污染防治资金5000万元，用于文安县96台500蒸吨燃煤锅炉淘汰改造项目。吕新颖、陈正："廊坊市环保局召开2017年北京市支持我市大气污染防治资金绩效评价专家会"，载《廊坊日报》2018年9月29日。

成了问题。因此，底线的部分，需要社会和政府来提供。所有公民在这条底线面前所具有的权利的一致性，就是"底线公平"。[1]依此而言，民生利益是最基本的底线利益，在推进污染防治攻坚战的大政方针时，可参考美国思想家约翰·罗尔斯提出的"最大最小值原则"，[2]选择那些最有利于保障民生、促进就业，对民生福祉损害最小的环保措施。不能践踏底线，只管环保，不顾民生，采用环保"一刀切"的简单粗暴做法。

所谓环保"一刀切"，是指部分地方政府和环保部门平时"不作为"，不依法履行监管职责，以致环境违法行为长期存在，待启动中央生态环境保护督察、强化监督、年终考核时，迫于压力而不分违法情节、是否违法等具体情形而临时采取一律关停等"滥作为"的现象。[3]其既包括对于待达标改造企业不给予合理过渡期和整改时间，[4]平时不闻不问，到了检查之时紧急要求停工、停产、停业等简单粗暴做法的现象；[5]也包括将已经投入大量资金进行转型升级、合法生产、达标排放的企业也一并关停的现象。譬如，山东临沂为了应付中央环保督察，致使400余家板材企业被迫集中停产，25家货运停车场除1家兼顾公交车停放而正常运营外，其余全部停业整顿，部分街镇的餐饮企业亦大面积停业……[6]此外，近年来还出现了禁止农民用机器收割麦子，锅灶被贴上封条，秋收期间花生剥壳禁止露天作业等让人瞠目结舌的环保"一刀切"事件。本质上讲，这是习近平同志批评的一种"集中抓的时候雷霆万钧，平时放任自流"的作风问题。环保"一刀切"既无视国法，

〔1〕 景天魁："论'底线公平'"，载爱思想：http://www.aisixiang.com/data/4735.html，访问日期：2019年11月10日。

〔2〕 See John Rawls, *A Theory of Justice Cambridge*, Mass：Harvard University Press，1971，pp.152~157.

〔3〕 章轲："生态环境部部长谈环保'一刀切'：一粒老鼠屎搞坏一锅汤"，载《第一财经》2019年3月11日。

〔4〕 在实践中，家居建材行业有大量的中小微企业和家庭作坊，在短时间内无法满足国家环评工作的硬件要求，如"厂房防护距离50米以外"等。如果按照"一刀切"的标准，这些企业在短期内注定无法达到要求，将持续停工停产，甚至面临倒闭的风险。实际上，单靠规模企业是无法撑起家居建材这个产业的，一旦产业链断裂，家居建材行业的竞争优势将丧失殆尽。没有这些小微配套企业，产业链上的大中型企业也会无以为继。为此，应该给予这些企业一定的宽限期，而不宜"一刀切"地予以关闭。

〔5〕 譬如，2018年4月20日，广东省中山市发布《关于扩大高污染燃料禁燃区范围的通告》，高污染燃料设施需要在2019年6月30日前全部拆除或技改升级，整改时间过短，令企业无所适从。

〔6〕 云间子："临沂环保'一刀切'，割了谁的肉？"，载新浪网：https://news.sina.com.cn/c/2019-09-12/doc-iicezueu5438824.shtml，访问日期：2019年9月12日。

也不按常理，更不顾人情（一个企业的关停涉及背后许许多多家庭的生计问题），危害严重：容易伤及无辜，危害经济公平、民生保障和社会稳定；破坏经济正常运行秩序，造成市场异动；埋下安全隐患，甚至引发安全生产事故；使公众误解环保政策，破坏政府公信力，损害政府形象。[1]

　　为了扭转此种严重有失公允、败坏政府形象的"一刀切"懒政、乱政现象，山东淄博、四川成都等多地及时采取了针对性的措施，要求分行业、分类型、分情况细化对污染企业的处理方案，[2]兼顾正常生产生活需要，对污染排放较小且通过短时间整改能达到环保标准的相关行业企业、设施场所以整改为主，尽快恢复营业。[3]2018年，国家发展和改革委员会发布了《关于创新和完善促进绿色发展价格机制的意见》，专门指出要"兜住民生底线。正确处理推进绿色发展与保障群众生活的关系，充分考虑社会承受能力尤其是低收入群体承受能力……"

　　生态环境部出台了《禁止环保"一刀切"工作意见》，强调既要全面启动污染防治攻坚战，强力保障公民的环境权益，也要坚决落实"以人民为中心"的发展思想，坚持民生优先和损害最小化的原则，注意兼顾各地的实际情况，因地制宜，分类施策，采取类型化和差异化措施，严格督察执法，坚决禁止对企业实行"一刀切"。[4]生态环境部部长李干杰还专门指出，

<hr>

　　[1] 在某地，许多厂门上被贴了封条，让停产整顿，只是因为环保督查组要到了；在某建筑工地，尽管已经做到了"六个百分之百"（施工工地周边100%围挡、出入车辆100%冲洗、拆迁工地100%湿法作业、渣土车辆100%密闭运输、施工现场地面100%硬化、物料堆放100%覆盖），但还是被责令停止施工。等督查组走了，政府开口了才能开工。

　　[2] 2017年8月，淄博市中央环境保护督察协调联络工作组下发通知，要求分行业、分类型、分情况细化对污染企业的处理方案，不能搞简单一关了之、一拆了之等"一刀切"措施。随后，淄博市1500多家"散乱污"企业通过验收，正式恢复生产。"环保部正式宣布：'一刀切'停了！1500多家'散乱污'企业恢复生产！"，载搜狐网：http://www.sohu.com/a/169630565_772730，访问日期：2019年3月20日。

　　[3] 2017年8月，成都市委办公厅、成都市政府办公厅联合下发《关于扎实做好环境保护督察问题整改的紧急通知》，指出执法工作存在认识不到位、方法简单片面、措施不细不实等现象，特别是对部分"洗车店、餐饮店、洗衣店"等关系群众正常生产生活的行业企业采取了"一刀切"、临时关闭等不当措施，要求有关部门在执法过程中须进行分类管理，兼顾正常生产生活需要，对污染排放较小且通过短时间整改能达到环保标准的相关行业企业、设施场所，以整改为主，尽快恢复营业。"成都下发紧急通知明确三个'决不允许'叫停环保问题整改'一刀切'"，载环球网：http://china.huanqiu.com/hot/2017-08/11116409.html，访问日期：2018年3月20日。

　　[4] 生态环境部："生态环境部常务会议原则通过《贯彻落实〈全国人大常委会关于全面加强生态环境保护 依法推动打好污染防治攻坚战的决议〉实施方案》等"，载《中国环境报》2018年7月25日。

要以改善生态环境质量为核心，针对污染防治的重点领域、重点地区、重点时段和重点任务，分类指导、精准施策、依法监管，坚决反对"一律关停""先停再说"等敷衍应对做法，坚决杜绝以生态环境为借口紧急停工、停业、停产等简单粗暴行为，坚决遏制假借生态环境等名义开展违法违规活动。〔1〕

环保"一刀切"是在中央环保督察疾风骤雨般的重压之下，执法者基于趋利避害、丢卒保车目的的一种本能反应，是权力滥用的一种体现，有其社会客观性和历史必然性。如何规范和优化中央环保督察，如何克服环境保护"一刀切"，是特殊历史阶段和中国现实国情赋予生态文明法治建设的一大时代重任和实践课题。着力解决环保"一刀切"既是挑战，也是机遇。

总体而言，为了矫正和根治"一刀切"的乱象，我们在环境监管执法的问题上应坚持三大原则。其一，对藐视法律，恶意严重违法的企业，坚持"零容忍"的原则，严格执法、依法执法、公平执法。其二，对环保守法企业，须公正对待，依法保护其合法的经营权。其三，对一般的违法企业，要遵守法律规定的条件和程序，分类管理、合理引导、合理行政。〔2〕换言之，对于违法违规企业，也要根据情况，因地施策、分类施策：能够整改的，给予合理时间进行整改，不可"一棍子打死"；利润空间确实不大甚至处于亏损状态，且严重污染环境，整治也没有任何希望的没落产业、落后企业，整改期限届满而未改正的，严格关停、关闭。特别是，对于早前已经取得其他行政许可但后来被认定为环

〔1〕 2018年10月27日，生态环境部召开全国生态环境系统专题警示教育大会，李干杰发言强调，"一刀切"行为是生态环境领域中的严重形式主义、官僚主义，必须旗帜鲜明、坚决反对、有效遏制、及时消除。李干杰要求，要禁止民生领域"一刀切"，坚持民生优先、充分保障，积极稳妥推进清洁取暖，确保群众温暖过冬、清洁取暖；积极、稳妥地推进燃煤锅炉综合整治和餐饮、洗涤、修理等生活服务业污染治理，加强监督管理和指导服务。要禁止"散乱污"企业整治"一刀切"，科学制定、严格执行"散乱污"企业界定标准，实施分类分步有序监管。要禁止错峰生产"一刀切"，细化错峰生产方案，实施差别化管理，重点对高排放行业中不达标或不满足环保要求的企业实施错峰生产。要禁止考核算账搞"一刀切"，正确对待污染防治攻坚战各项年度目标任务考核，注重日常工作落实和政策落地，注重平时调度预警提醒。要禁止监管执法"一刀切"，坚持依法行政，全面推行"双随机，一公开"制度，提高监督执法的针对性、科学性、有效性，保护企业的合法权益。要禁止以督察为由"一刀切"，把工作做在平时，对符合生态环境保护要求的企业，不得采取集中停产整治措施。同时，各地要压实党政责任、加强信息公开、畅通信访举报、规范自由裁量权、严肃追责问责，强化禁止"一刀切"的保障措施。"生态环境部部长：坚决反对'一律关停'等敷衍应对做法"，载新浪网：http://monce.sina.com.cn/china/bwdt/2018-10-30/doc-ihnaivxq5206491.shtml，访问日期：2018年10月30日。

〔2〕 高敬、侯雪静："环保部：对环境违法企业零容忍"，载新华网：http://www.xinhuanet.com//energy/2017-08/23/c_1121527979.htm，访问日期：2019年11月3日。

·31·

保违法的企业，〔1〕要适当维护其行政信赖利益，给予其合理的整改时间，有条件的应当给予适当补偿。〔2〕

三、结语

在法律理论和法律实践中，旧有的法律权利（如开发利用大自然的资源权、自由使用和处置财物的物权）有可能极其不公正地对待"新兴"权利（特别是环境权），而"新兴"的权利也许正因为其"新"而备受关注从而很有可能导致在法律理论和法律实践中不公正地对待那些旧有的法律权利（如环境公益诉讼天价赔偿案、环保"一刀切"等）。〔3〕两种表现都违背了社会的公平正义，也是有违生态文明的价值立场和基本精神的。实际上，生态文明建设的根本立场是以人为本和以公平为旨归，其最终目的是通过全社会可持续发展能力的提升，着力提供更多优质生态产品以满足人民日益增长的优美生态环境和自然资源需要，并维护和保障好在分配和保护这些生态产品过程中的公平和正义。若"以自由看待发展"，生态文明建设的终极目的就是全面促进人类社会世世代代在开发和利用生态产品上的实质自由〔4〕（重点是免于环境污染的自由、免于资源短缺的自由和免于社会不公的自由等），并以维护公民环境权益为首要目标。

第三节　生态文明观的精髓：高质量的绿色发展

生态文明观并不是要反对和摒弃发展，恰恰相反，其要求我们解放思想，拓宽视野，提升格局，转变观念，不断优化和改进发展，〔5〕实现以"环境良

---

〔1〕　譬如，江苏某食品加工企业自1997年开始经营，并依法取得国有建设用地使用证、营业执照、纳税登记证，因为环境影响评价手续到期未延续，相关行政部门对企业采取强制断水、断电措施，企业停产后经济损失巨大。

〔2〕　曹煦："顶层：环保和经济发展都要抓 既保持环保督察高压，也反对简单粗暴'一刀切'"，载《中国经济周刊》2018年第32期。

〔3〕　姚建宗："新兴权利论纲"，载《法制与社会发展》2010年第2期。

〔4〕　阿玛蒂亚·森认为，自由是发展的首要目的，是最高的价值标准。归根结底，发展的根本目的，就是要扩展人类的实质自由。[印]阿玛蒂亚·森：《以自由看待发展》，任赜、于真译，刘民权、刘柳校，中国人民大学出版社2002年版，第1页。

〔5〕　周宏春："坚持生态优先、绿色发展 促进经济高质量发展"，载《半月谈》2019年第22期。

好""资源永续""生态健康"为直接目的或核心任务，以"生产发达""生活美好""生态平衡"之"三生共赢"为根本目的的高质量的绿色发展。简言之，生态文明建设不是不要发展，而是要低消耗、低污染、高效益、高质量的绿色发展。

一、核心任务：环境良好、资源永续和生态健康

2015 年 5 月，国家发展和改革委员会时任主任徐绍史在解释中共中央、国务院印发的《关于加快推进生态文明建设的意见》时表示："生态文明建设的关键，是处理好人与自然的关系。" 2015 年 9 月，中共中央、国务院印发的《生态文明体制改革总体方案》进一步指出："以建设美丽中国为目标，以正确处理人与自然关系为核心，以解决生态环境领域突出问题为导向，保障国家生态安全，改善环境质量，提高资源利用效率，推动形成人与自然和谐发展的现代化建设新格局。"[1]

如果把经济社会发展比喻成一条"河流"（有时可能是洪流），那么，生态文明建设就是在为其挖设"河道"、修筑"河堤"，以确保其以"环境良好、资源永续、生态健康"的方式又好又快地可持续奔流。如果把经济社会发展比喻成一匹"野马"，那么，生态文明建设就是在为这匹野马套上"缰绳"，进行"驯化"，促使其以"环境良好、资源永续、生态健康"的方式又好又快地可持续奔跑。

具体而言，建设生态文明，推进绿色发展，从系统论和控制论的角度看就是要站在"社会-经济-自然"复合生态系统的高度，维护好社会系统、经济系统、自然系统三大系统之间环境、资源和生态的供需平衡，坚持以人为本和环境公平的立场，以环境良好、资源永续、生态健康的方式实现又好又快和可持续的高质量发展。

（一）环境良好

所谓环境，是指天然的和经过人工改造的，可以直接、无偿、无排他性地为人类提供生存和发展所必需的物质、能量、空间等自然因素的总称。实际上，环境是基于自然要素对人类的人居环境支持功能（如提供空气以供呼吸）

―――――――――――

〔1〕 中共中央、国务院："生态文明体制改革总体方案"，载《光明日报》2015 年 9 月 22 日。

而对自然体的称谓，即"以用名体"（自然为"体"，环境为"用"）。[1]

人类对环境的基本要求是环境良好。所谓环境良好，是指作为人类"栖息地"的环境在品质水平上达到相应的环境质量标准，处于适宜人类生活和居住的状态。根据环境属性的不同，环境良好可被分为物质性的环境良好和精神性的环境良好两大类型：物质性的环境良好，如可直饮的清洁水源、沁人心脾的洁净空气；精神性的环境良好，如安宁的声境、充足的采光、良好的通风、优美的景观等。

根据环境质量高低的不同，环境良好还可被分为环境安全和环境舒适两个层次。环境安全，如水环境安全（如没有洪涝灾害）、大气环境安全（如没有足以危害人体健康的重污染天气，没有极端天气，特别是没有气象灾害）、土壤环境安全（如没有严重的土壤污染）、生物安全（如没有野生动物引发传染病疫情的情形）等。环境舒适，即在满足环境安全的基础上，还可以在某些方面满足人们环境舒适的需求，如良好的通风和采光，安宁的环境，优美的景观等。至于人们对环境质量的具体要求程度，通常可采用环境质量标准进行界定。从生态产品权利化的角度来看，以环境质量为权利客体，可在环境上成立环境权。

（二）资源永续

所谓资源（自然资源的简称），是指自然形成的，在一定社会的经济、技术条件下，可以为人类提供生产、生活所需物质资料的所有自然因素的总称，如水资源、土地资源、矿产资源、野生动植物资源、海洋资源等。资源是一定时空条件下的概念，正因如此，有人说"资源是文化的函数"。[2]实际上，资源是基于自然要素对人类的资源供给功能（如提供可用作原材料的林木、金属和非金属矿藏等，可作燃料的石油、煤炭等）而对自然体的称谓（自然为"体"，资源为"用"）。

人类对资源的利用方式有三：一是直接摄取自然资源中的物质和能量，其利用方式属于消耗性利用，如采掘矿产资源，抽取农业用水等。二是将自然资源作为载体生产物质和能量，其利用方式属于非消耗性利用，如在耕地

---

〔1〕 参见杨朝霞："生态文明建设观的框架和要点——兼谈环境、资源与生态的法学辨析"，载《环境保护》2018年第13期。

〔2〕 蔡运龙编著：《自然资源学原理》，科学出版社2000年版，第25页。

上种植农作物而生产粮食，在林地上种植苗木生产木材，在水域中放养鱼苗从事渔业养殖等。三是向自然界排放污染物质，常将此种资源称为环境容量资源。不过，同前述两种显性资源不同的是，环境容量资源属于隐性资源，因为其本身并不能直接创造经济价值，只可减少经济支出（拥有对环境容量的排污权，可减少相应的治理费用），属于特殊的自然资源，可称其为准自然资源。

人类对资源的基本要求是资源永续，即自然资源的供给处于可持续[1]、不断地满足经济社会发展的需要的状态。根据"戴利三原则"，为确保资源永续，有如下三个方面的任务：①对于可再生资源而言，其开发利用的水平应当小于或等于生长率，即利用水平不应超过再生能力；②对于环境容量资源（虚拟资源）而言，污染物的排放水平应当低于自然界的净化能力；③对于不可再生资源而言，要注重节约利用（包括高效利用和循环利用），以保障其利用的时间尽量延长，并寻找和发展替代性资源（特别是可再生资源），以便在不可再生资源耗尽时有足够的可再生资源作为替代，从而维持人类的持久生存和发展。[2]

以自然资源为权利客体，可成立资源权，具体包括自然资源所有权、自然资源攫取权（如采矿权、捕捞权、狩猎权等）、自然资源使用权（如承包经营权、养殖权、航行权等）和自然资源担保权等。[3]以环境容量为权利客体，可在水体、空气等自然要素上成立排污权（属于特殊的资源权）。[4]从法学的角度来看，建设生态文明，实现资源永续，主要是对企业和个人课以合理

---

〔1〕 可持续性是指这样一种状态，即某些相关的量不随时间的推移而衰减。［英］罗杰·伯曼等：《自然资源与环境经济学》（第2版），侯元兆等译，中国经济出版社2002年版，第58页。

〔2〕 See Herman E. Daly, "Toward Some Operational Principles of Sustainable Development", *Ecological Economics*, 2 (1990), pp. 1~6.

〔3〕 所谓自然资源攫取权，是指通过某种人类活动直接从自然界中攫取自然资源作为生产生活所需的物质和能源的权利，如采矿权、采伐权、捕捞权、狩猎权、畜牧权等。该权利的行使使得作为国家所有的自然资源由于开采、砍伐、捕捞、狩猎、放牧行为而变成了私人所有的自然资源产品，导致原所有物遭受不同程度的消耗或毁损（有的可以再生和更新），因而使其具有不同于传统用益物权的属性。所谓自然资源使用权，是指利用自然资源作为载体从事生产生活的权利，如土地承包经营权（包括耕地、林地和草地的承包经营权）、水域养殖权、水运航行权等。该权利的行使并不会消耗或毁损原所有物，可归入传统用益物权的范畴。

〔4〕 杨朝霞："论环境公益诉讼的权利基础和起诉顺位——兼谈自然资源物权和环境权的理论要点"，载《法学论坛》2013年第3期。

开发利用自然资源、高效利用和循环利用资源性产品的义务，保障当代人和后代人开发利用自然资源的权利。

（三）生态健康

在英国的《韦伯斯特新世界大辞典》中，"生态"被解释为"生态与环境的适应性互动"。实际上，生态，是基于自然要素的生态基础功能（生物生产、氧气生产、土壤形成、矿物形成等初级生产功能，物质循环功能、能量流动功能等）和生态服务功能（水土保持、水源涵养、纳污净化、防风固沙、气候调节等）等生态保障功能而对自然体的称谓。据悉，地球上60%的氧气来自陆地植物，[1]约20%的氧气和10%的物种来自亚马孙热带雨林。

人类对生态的基本要求是生态健康，即生态系统处于生态因子充满活力、结构组成相对稳定、生态关系动态平衡、生态功能健康正常等有利于人类生存发展的状态（站在自然的立场上，这种生态健康即生态平衡）。所谓生态活力，是指生态系统提供洁净空气、清洁水源、优质土壤、林木、草植、野生动物等良好生态产品和提供水源涵养、气候调节、水土保持、纳污净化等良好生态服务的活跃能力。生态活力的大小取决于生态系统所处的健康状态。

生态的本质是生态关系，即一种自然因素对其他自然因素（尤其是生物）的功能和作用，然后这种生态关系再对人发生作用。譬如，森林具有涵养水源的作用，所涵养的水源可作为人类饮用水的来源。此时的森林就是典型的生态存在。换言之，生态与人的利益关系通常是间接的、不确定的，根据权利的法理，无法以生态为权利客体而成立所谓生态权，[2]但可以通过设立生态保护公共地役权[3]来保护生态。此外，根据环境、资源、生态之间"一体三用"或"一体三面"的辩证关系，还可通过环境权、资源权对环境和资源的保护部分实现对生态的保护。

在此，须特别提醒的是，我们必须高度认识生态健康对于生态文明建设和绿色发展的重大意义。当前，无论是在认识上还是在实践上，都普遍存在"重环境，轻生态"的突出问题。譬如，城市黑臭水体的治理，多地或者沿用

---

〔1〕 贾治邦：《生态文明建设的基石——三个系统一个多样性》，中国林业出版社2011年版，第38页。

〔2〕 杨朝霞："环境权的理论辨析"，载《环境保护》2015年第24期。

〔3〕 See Jeffrey M. Tapick, "Threats to the Continued Existence of Conservation Easements", *Columbia Journal of Environmental Law*, 27（2002），pp. 285~286.

截污、清淤、换水的"三板斧"方式，或者采用河底和两岸硬化的方式。这样做，水确实清洁了，但问题是，不仅割裂了河流与周边环境的生态联系（两岸得不到河流的滋润，河流也得不到周边的补水），而且无法提升水体本身的自净能力。究其本质是只讲"环境优美"而不顾"生态健康"，属于"反生态"的污染防治项目。再如，对于河流，我们往往只考虑生产生活用水的分配问题，很少考虑要保持必要的生态流量[1]，以维护河流的生态健康。之所以如此，主要是因为生态健康对于人类生产生活的作用和意义往往较为间接和隐蔽，"重眼前利益，轻长远利益""重直接利益，轻间接利益"的思维惯性和行为习惯使得人们对于生态健康的问题一直不够重视。

生态文明建设的这种"瘸腿"状况亟待改变。

二、终极目标：生产发达、生活美好、生态平衡的"三生共赢"

习近平总书记在参加十三届全国人大二次会议内蒙古代表团审议时指出，要积极探索"以生态优先、绿色发展为导向的高质量发展新路子"。言虽简短，却高度准确地揭示了生态文明和发展之间的内在关系。实际上，建设生态文明的根本目的或终极目标就是要通过绿色发展，走上"人与天调""天人合一"之高质量发展的好路子。

"天人合一"是我国古圣先贤的传统智慧，我们必须将其发扬光大，将其全面融入中华文化和现代文明。所谓绿色发展，是将社会系统、经济系统和自然系统视为一个复合的生态系统（以下简称为"社会-经济-自然"复合生态系统[2]），以自然系统的环境容量、资源禀赋、生态状况作为约束条件，对传统发展进行生态化改造，对生态环境进行资本化升值，对环境保护进行经济化创新（重点是产业化）而形成的一种新型发展模式。

生态文明是道法自然的最高境界。以前，生态环境保护和经济社会发展

---

[1] 可喜的是，2018 年四川省雅安市通过的《雅安市青衣江流域水环境保护条例》（以下简称《条例》）首次就河流的生态流量问题做出了专门规定，要求水电站按照批准的取水许可规定条件泄放最小下泄流量，且最小下泄流量值不得低于核定的数值。2019 年 4 月初，四川省雅安市宝兴县硗碛藏族乡的蚂蟥沟电站由于下泄瞬时流量长时间处于 1.4m³/s 左右，未达到 1.593m³/s 的标准，因下泄流量不足而被罚款 20 000 元，并进行发电解网。这是该条例自 2019 年 1 月 1 日颁布实施以来开出的首张罚单，也是全国范围内以"生态流量管控"名义开出的首张行政处罚罚单。王小玲："蚂蟥沟电站未达到最小生态流量下泄量 雅安开出首张'生态罚单'"，载《中国环境报》2019 年 4 月 4 日。

[2] 马世俊、王如松："社会-经济-自然复合生态系统"，载《生态学报》1984 年第 1 期。

是两张皮：或者不讲方法、不计成本和代价（特别是经济成本和社会成本），大搞生态环境保护；或者不计生态环境成本和代价，大搞经济发展（如先污染后治理）。建设生态文明，推进高质量的绿色发展，把经济、社会和自然这三者耦合了起来，有利于实现又好又快的可持续发展。

建设生态文明，最基本的要求就是在开发利用自然、推动经济社会发展的同时尊重自然、顺应自然和保护自然，力求让社会系统的人口数量、地域分布、增长速度、生活方式和经济系统的空间布局、经济规模、产业结构、能源结构、生产方式、发展速度等经济社会要素同自然系统的资源禀赋、环境容量和生态承载力等客观自然条件相适应，实现生产发达、生活美好和生态平衡"三生共赢"的高质量发展（如图2）。

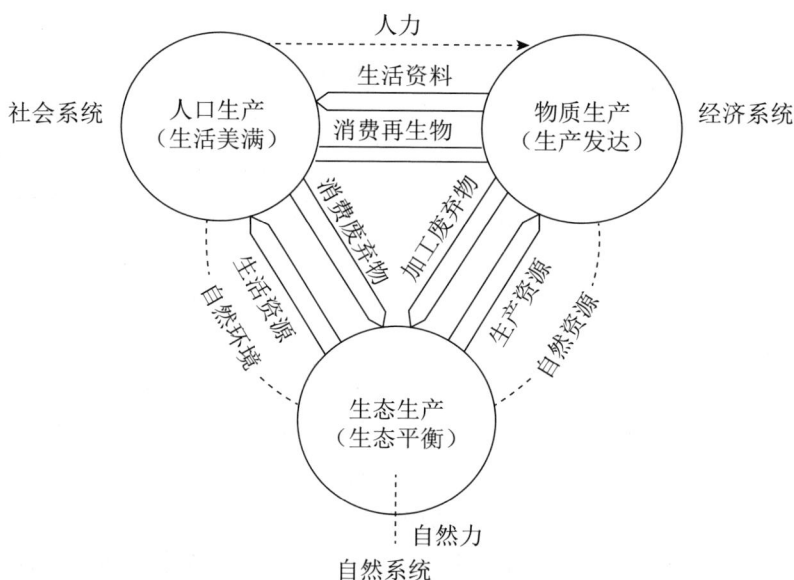

图2 "社会-经济-自然"复合生态系统"三生共赢"示意图

（一）生产发达

所谓"生产发达"，是指在一定时空条件下，开发利用自然资源的能力强，生产力水平高，物质产品富足，经济发展处于发达、先进的状态。这就是说，生态文明并不反对发展，恰恰相反，生产力水平高低和经济发展状况是衡量一个社会生态文明程度的重要指标。换言之，放着丰富的自然资源而不积极进行开发利用（如弃风、弃光、弃水），虽然山清水秀却贫穷落后，绝对不是生态文明。

当然，要注意的是，由于不同空间区域之间是可以进行物质产品交换和贸易的。因此，在社会网络化和区域一体化乃至全球化的背景下，不必什么物质产品均由本地或本国生产。譬如，美国就利用全球化，把高污染、高消耗的产业转移到了别的国家，特别是发展中国家。当然，这种做法有失公平，应当摒弃，我们所追求和提倡的是面向公平正义的科学分工和国际合作。

（二）生活美好

所谓"生活美好"，是指物质产品、精神产品和生态产品的供给充分，生活富裕，环境舒适，社会公平，广大人民群众的生活质量高，具有幸福感的状态。具体而言，生活的安全度（包括生活是否有安全感）、富裕度（经济发展成果是否惠及社会大众）、便捷度（城市功能区和交通布局是否合理）、舒适度（学习、工作和休息的环境和设施是否舒适）、公平度（是否按劳分配）、尊严度（人格和自由是否普遍受到尊重）等方面的指标都很好。[1]

具体到人与自然的关系，"生活美好"至少可包括如下内容：生活环境处于安全水平，没有重大环境风险（如洪水、台风、野生动物引发疫情等）；空气清洁，水源洁净，蓝天白云，绿水青山，生活环境宜居舒适；开发利用自然资源的传统权利受到尊重，生态补偿标准合理、资金到位；环境权益受到尊重和保护，环境侵权救济及时有力；等等。

（三）生态平衡

所谓"生态平衡"，是指在一定的时间和相对稳定的条件下，生态因子充满活力，生态系统内各部分（动物、植物、微生物和非生物环境）的结构和功能均处于相互协调的动态平衡状态。[2]此时，生态系统中的生物和环境之间、生物各个种群之间高度适应、协调和统一，野生动植物等生态因子充满活力，生态产品与生态服务的供给和人类社会（包括经济系统和社会系统）

---

〔1〕 目前，学术界常用的生活质量评价指标主要有人类发展指数（HDI）、社会进步指数（ISP）、幸福指数（WBI）、社会发展指数（SDI）、美好生活指数（BLI）等。这些评价指数的一级指标，主要包括住房条件、收入情况、居民消费、社会安全、教育状况、健康状况、人居环境（主要是生活环境）、社会服务、公民参与、工作生态平衡度等内容。李鸿阶、张元钊："OECD 国家生活质量评价及其对我国的启示"，载《福建论坛（人文社会科学版）》2018 年第 2 期。

〔2〕 曹凑贵主编：《生态学概论》（第 2 版），高等教育出版社 2006 年版，第 259 页。

的开发利用处于供需平衡的健康状态。站在人类利益的立场上，我们称这种生态平衡为生态健康。"大自然纵然脆弱，但只要不对大自然施加过分大的压力，它仍是富有弹性和韧性的。"[1]如何把握这种尺度和分寸，使其既能提供优质生态产品和生态服务，充分满足经济社会发展的需求，又能维护好生态平衡，不超出大自然的弹性和韧性限度，需要人类的智慧和自我的控制。

在这里，需要特别强调的是，我们要科学理解生态平衡所应秉持的伦理立场和价值取向。在对生态系统和生态平衡的伦理定位上，有人认为要将"生态中心主义"[2]作为环境保护乃至整个生态文明建设的伦理基础[3]，甚至还有人主张将自然界中的一切生命体（如野生动植物）作为环境法律关系的主体[4]，奉行"环境保护主义"。实际上，这是一种矫枉过正、弱化人类主体地位的重大误解，从法理上看可以说是根本错误的。[5]这也正是"目前环境伦理学缺乏说服力的一个原因"[6]。因为，任何生态平衡的改变都只不过是地球演化进程中的一个变化而已，对于自然来说，仅仅是"中性"的（旧的生态平衡被打破以后，又会建立新的生态平衡，这种变化本身无所谓好，也无所谓坏），但是对于人类而言，这种改变可能是有益的，也可能是有害甚至致命的。[7]事实上，在人类存在以前生态系统就已经存在了。或者说，若抛弃人的利益和主体性，保护生态最好的方式是消灭人类。一言以蔽之，从整体上说，人类需要生态，但生态不需要人类。

康德早就指出，人的最高价值应被阐释为绝对目的，即要把人的价值——成为人——作为目的的第一位和首要的法则。[8]实际上，我们所要竭

---

[1] [美]唐纳德·沃斯特：《自然的经济体系：生态思想史》，侯文蕙译，商务印书馆1999年版，第93页。

[2] [美]彼得·S.温茨：《环境正义论》，朱丹琼、宋玉波译，上海人民出版社2007年版，第371~392页。

[3] [美]戴维·埃伦费尔德：《人道主义的僭妄》，李云龙译，张妮妮校，国际文化出版公司1988年版，第198~229页。

[4] 刘文燕、刘滨："生态法学的基本结构"，载《现代法学》1998年第6期。

[5] 杜群："'生态法学'基本概念的悖论和法学回归与刘文燕、刘滨同志商榷"，载《现代法学》1999年第4期。

[6] 韩立新：《环境价值论——环境伦理：一场真正的道德革命》，云南人民出版社2005年版，第13页。

[7] 唐建荣主编：《生态经济学》，化学工业出版社2005年版，第67页。

[8] [德]伊曼努尔·康德：《道德形而上学原理》，苗力田译，上海人民出版社2002年版，第23~69页。

力维护的，也只能是有利于人类生存发展的生态平衡。我们要保护的，也只能是人对环境资源的权利（环境权和资源权），而非自然体自身的权利。

三、价值权衡：生态文明建设中的利益平衡

利益是一个关于"人的需求以及需求的满足"的范畴。[1]从本质上看，利益是需求与满足之间关系的表达，"利益实质上不是一个实体范畴，而是关系范畴"[2]。生态文明建设牵涉经济、政治、文化、社会、环保等广泛的领域，要想使"三生共赢"的终极目标得以实现，我们必须确立并执行利益平衡的原则，处理好经济利益和环境利益、当前利益和长远利益、局部利益和整体利益等正当利益之间错综复杂的关系。譬如，根据生态环境保护法律法规的要求，采油厂的井场应当进行绿化，但是安全生产法律法规却禁止在易燃易爆区域种植任何树木；生态环境部门要求车间、原料场全封闭，安全生产部门却要求留有通风口，各自不管对方要求，两个部门总有一方可以处罚企业，尤以生态环境部门，经常顶格处罚；[3]土地管理法律法规要求临时用地不允许搭建临时围墙，可环境保护法律法规却要求修建围墙，以控制污染区域。[4]

根据德国著名法学家阿列克西的价值权衡理论（"阿列克西命题"），正当利益之间的冲突不可用排除法而只能用"权衡"的方法来化解。[5]"面对中国纷繁复杂的环境问题和利益分配问题，环境法衡平利益冲突是生态文明实践智慧的一种现实展示。"[6]在表现形式上，利益衡平是基于可行条件和问题的紧迫性的时空优先顺序而作的安排，奉行"统筹""兼顾"和"双赢"的衡平理念，而非对抗性的淘汰式选择。[7]

（一）"总体利益最大化"原则

"总体利益最大化"是指要按照功利主义的要求，制定科学合理的决策，

〔1〕 程多威："环境法利益衡平的基本原则初探"，载《中国政法大学学报》2015年第6期。
〔2〕 胡静：《环境法的正当性与制度选择》，知识产权出版社2009年版，第56页。
〔3〕 "环保要求全部封闭，安监要求留通风口！不改就罚？怎么改？"，载《澎湃新闻》2019年11月20日。
〔4〕 李华、姜辰蓉："基层环保执法仍面临困境亟待破解"，载东方财富网：http://finance.eastmoney.com/news/1348，20160114585519629.html，访问日期：2019年10月14日。
〔5〕 王旭："论权衡方法在行政法适用中的展开"，载《行政法学研究》2010年第2期。
〔6〕 李启家："环境法领域利益冲突的识别与衡平"，载《法学评论》2015年第6期。
〔7〕 李启家："环境法领域利益冲突的识别与衡平"，载《法学评论》2015年第6期。

实现经济利益、社会利益和生态利益在总体利益上的最大化。生态文明建设的直接目的（环境良好、资源永续和生态健康）必须服从于根本目的（"三生"共赢的高质量发展）。换言之，环境良好、资源永续和生态健康的程度和水平，需要按照"两利相比取其重"的原则，在"三生共赢"之高质量发展的总体方案中通过统筹兼顾、利益衡平予以确定，不可坚持绝对的生态优先或者发展优先。

从空间利用格局来看，在不同的地理空间，发展的侧重点理应有所不同，应当以各地自然资源禀赋、环境容量水平和生态环境状况为出发点，按照国家主体功能区规划对各地主体功能的定位，选择适当的发展战略，采取合理的方针和措施。譬如，北京是优化发展区，可以强调经济发展；三江源地区是禁止开发区，必须强调环境保护和生态建设（当然，国家应进行区域流域的生态补偿）。再如，只有生态区位特别重要或者生态状况脆弱，以发挥生态效益为主要目的的森林区域方可被划定为公益林，实施严格保护。

需要注意的是，环境保护和经济发展之间并非总是对立的，二者有时具有共存性或同向性。国家公园的建设并非一律要进行绝对保护，在确保生态安全的前提下，可以在分区管理的基础上（如神农架国家公园分为严格保护区、生态保育区、游憩展示区和传统利用区）合理利用林地资源和森林景观资源，发展森林旅游、森林康养、森林养生、森林文化等非木质资源利用的绿色经济产业，从而实现包括经济利益、生态利益和社会利益在内的总体利益的最大化。在理论上，这就是良好生态环境的资本化（简称为"生态的资本化"）。即"打好绿色牌，念好山水经"，通过产权化和市场化手段，将良好的生态环境转变为相应的生态环境资本，如发展生态养殖、生态旅游和观光农庄，实现财富的创造。

（二）"紧缺利益优先"原则

所谓紧缺利益（包括自然紧缺和人为紧缺），是指在特定时空下可供给性短缺、可获得性紧迫的利益。生态文明建设务必坚守"以人为本，以人民为中心"的基本立场，坚持紧缺利益优先（特别是民生优先）的原则，不可"眉毛胡子一把抓"，而是要同等对待，平均用力。

首先，相对于经济利益，生命健康是紧缺利益，必须给予优先保护。环境质量标准的制定，要以保障人体健康作为首要目标，坚持公众健康优先的原则，〔1〕不可以牺牲生命和健康为代价而换取经济的增长。"生命、健康或清洁的环境不应该被视为一种能够与减少污染的经济成本相提并论的物品。"〔2〕譬如，在印度的"甘加污染（制革厂）案"［Ganga Pollution（Tanneries）Case］中，印度最高法院认为："关闭制革厂可能带来失业、税收减少，但是，生命、健康和生态对人民更加重要。"〔3〕

其次，相对于环境保护，民生利益往往是紧缺利益，理应得到优先保护。2019 年 6 月，河南省驻马店市上蔡县村民刘某在抢收 70 亩粮食时（错过收割季节，麦子会倒伏减产），因麦田靠近空气质量监测站而被当地城管部门阻拦，禁用收割机，只能人工收割，以防止收割机工作扬尘影响空气质量监测数据。〔4〕实际上，除了禁止机割麦子外，近年来还出现了给锅灶贴封条，打造"无猪县""无鸡镇"（争做生态县镇），禁止露天烧秸秆、禁止秋收期间露天剥花生〔5〕等诸多骇人听闻的环保"一刀切"事件。可以说，上述这些例子都属于"环境保护"措施，却不能被纳入"生态文明"的范畴。因为，当地执法部门明显违背了"紧缺利益优先"的原则，危害了基本的民生！

什么叫生态文明？正如前文所述，只有既能抓好生态环境保护，又能搞好经济社会发展，还能保障民生基本福祉，能够实现"生产发展、生活美好、生态平衡"之"三生共赢"的，才能叫生态文明。

当前，我们既要坚定不移地推进污染防治攻坚战，全力维护公众环境权益，又不能不分具体情况搞"一刀切"，乃至伤害取暖防寒、烧饭做菜等最基本的民生利益。回顾世界各国的现代化发展史，许多国家和地区之所以难以摆脱"先污染，后治理"的老路，从"紧缺利益优先"的原则来看，是具有一定的历史合理性的——在特定历史阶段，先解决温饱和致富问题，然后再

---

〔1〕　李春林、庄锶锶："美国空气污染治理的公众健康优先原则"，载《东南学术》2017 年第 2 期。

〔2〕　Michael A. Livermore and Richard L. Revesz，"Rethinking Health-based Environmental Standards"，*New York University Law Review*，4（2014），p. 1184.

〔3〕　［印］穆罕默德·泽伐、马赫弗兹·诺曼尼："印度环境人权——审视法律规则和司法理念"，谷德近、王曦译，载王曦主编：《国际环境法与比较环境法评论》（第 1 卷），法律出版社 2002 年版，第 484 页。

〔4〕　雷燕超："河南省驻马店上蔡县农户被要求人工收割 70 亩麦田 官方回应"，载《新京报》2019 年 6 月 7 日。

〔5〕　宋晓东："河南：秋收期间花生剥壳禁止露天作业"，载新华网：http//www.xinhuanet.com/local/2019.09/08/c.1124974138.htm，访问日期：2019 年 9 月 8 日。

来解决环境舒适的问题。

《环球时报》的社评可谓一针见血："现在不把环评当回事而盲目建立高风险企业的地方政府大概只能称为傻瓜，但见到化工厂、造纸厂就喊'拆'，拒绝对各种风险，包括非环保风险做综合评估的人，也聪明不到哪去。……大中国充满了灰色地带，很多事情无法用对或错简单评价。'度'这种很虚的东西，在中国常常是最实在的真货。"[1]

（三）"利益损害最小化"原则

推进生态文明建设，不可避免地会发生正当利益之间的冲突。此时，应当按照罗尔斯的"最大的最小值原则"，选择对利益损害最小的措施和方法，减少生态文明建设的成本和代价。换言之，在环境保护和生态建设的过程中，当发生经济利益与环境利益、经济利益与经济利益、环境利益与环境利益等正当利益之间的冲突时，不可采取排除法，而应采取权衡的办法来予以化解。

例如，环境质量标准和污染排放标准的制定应以保护人体健康为主要目标，但也要考虑社会的科学技术水平和经济成本承受能力（环境标准太高，经济成本太大），以确定适当的标准。正如美国第 39 任总统经济顾问委员会成员乔治·艾德斯（George Eads）的警示，当一个决策可能对国家产生巨大的经济影响时，决策过程不考虑经济因素将是愚蠢的；实际上，要求影响政府决策的经济因素从公众视线中隐去是赤裸裸的欺骗。[2]对此，担任美国第 41 任总统顾问的博登·格雷（C. Boyden Gray）曾经披露：联邦环保署制定大气环境质量标准一直采用"成本-收益"分析已是一个简单、客观的事实，只不过其是以一种开放和民主社会所无法容忍的私下操作的方式悄悄进行的。[3]

在我国也不乏"利益损害最小化"的例子。譬如，武夷山国家公园按照生态系统功能、保护目标和利用价值被划分为特别保护区、严格控制区、生态修复区和传统利用区，对各功能区实行差别化的保护措施，而非"一刀切"。再如，在"山东省生态环境厅诉山东金诚重油化工有限公司、山东弘聚

---

〔1〕 环球时报社评："环保应成'最高'但非'唯一'追求"，载《环球时报》2011 年 8 月 16 日。

〔2〕 See R. J. Pierce, "The Appropriate Role of Costs in Environmental Regulation", *Administrative Law Review*, 4（2002）, pp. 1237~1273.

〔3〕 Patrick A. McLaughlin, "Ignoring Implementation Costs of the Clean Air Act: A Costly Mistake", *JL. Econ. & Pol'y*, 7（2010）, pp. 119~132, 转引自李智卓、刘卫先："美国环境标志制定中的利益衡量——以美国《清洁空气法》为例"，载《环境保护》2019 年第 6 期。

新能源有限公司生态环境损害赔偿诉讼案"中，就损害赔偿责任的承担问题，法院考虑到金诚公司仍在正常经营，确定金诚公司可申请分期赔付，这种妥善处理生态环境保护和经济社会发展之间的关系、力争"共赢"的探索具有十分积极的意义。[1] 在"江苏省政府诉海德公司倾倒废碱案"中，海德公司以企业负担过重、资金紧张，如短期内全部支付赔偿将导致企业破产为由，申请分期支付赔偿费用。为保障保护生态环境与经济发展的有效衔接，原告江苏省人民政府在庭后表示，在海德公司能够提供证据证明其符合国家经济结构调整方向、能够实现绿色生产转型，在有效提供担保的情况下，同意海德公司依照《民事诉讼法》第231条的规定，分5期支付赔偿款。[2]

当前，为了保障公众健康，维护环境权益，我们必须"以壮士断腕的决心、以背水一战的勇气、以攻城拔寨的拼劲"，坚定不移地推动污染防治攻坚战，但也要按照"两害相权取其轻"的原则，根据实际情况选择合理的环保举措，切忌采取"一刀切"的简单粗暴的措施。换言之，能不停产的就不停产（可采取责令限期改正和罚款的措施），能不关闭的就不关闭（可采取按日连续计罚的措施）。譬如，在前述的驻马店"上蔡事件"中，城管部门完全可以通过借用环保降尘型收割机、完善农机防尘设施、使用优质油品、剔除特殊监测数值（修改环境监测条例）等替代措施来减少环境保护工作对农业生产的不利影响。此外，通过排污权交易、碳排放权交易，将污染物质和温室气体的减排义务由高成本主体承担转为由低成本主体承担，这有利于降低污染防治和气候变化应对的执行成本和降低生态文明的经济代价。

近年来，举国上下之所以高度重视中央环保督察运动，是因为这项运动在一定意义上符合"紧缺利益优先"的原则（当前环境利益已成了一项紧缺利益），具有一定的社会正当性和手段必要性。不过，不可否认的是，另一方面，中央环保督察运动也广受争议、质疑乃至批判，要求对其进行规范和约束的呼声日益高涨。最根本的原因是其采取了动辄"一刀切"的粗暴措施，

---

〔1〕"山东省生态环境厅诉山东金诚重油化工有限公司、山东弘聚新能源有限公司生态环境损害赔偿诉讼案"，载中国法院网：https://www.chinacourt.org/article/detail/2019/06/id/4004383.shtml，访问日期：2019年8月25日。

〔2〕"江苏省人民政府诉安徽海德化工科技有限公司生态环境损害赔偿案"，载中国法院网：https://www.chinacourt.org/index.php/article/detail/2019/03/id/3743520.shtml，访问日期：2019年3月2日。

严重违背了"利益损害最小化"的原则，给经济社会造成了不必要的损害。这种"野蛮环保"行为完全违背了生态文明的要求，必须着力根治。

就国家公园的保护和建设而言，武夷山、钱江源、南山等多家国家公园试点区的集体土地比例较大，钱江源甚至达到了84%（如表2所示），在赎买、征收、租赁、设立自然保护公共地役权、置换等可选方式中，如何因地制宜地以最小的利益损失实现生态保护，便成了下一步必须着力解决的时代课题。

表2　试点国家公园基本情况

试点的国家公园	总面积（km2）	集体土地占比	所属省份	整合的保护地类型
武夷山	665.43	70.6%	福建	福建武夷山国家级自然保护区、武夷山国家森林公园、武夷山风景名胜区、九曲溪光倒刺鲃国家级水产种质资源保护区
神农架	1170	14.2%	湖北	神农架国家级自然保护区、神农架大九州国家湿地公园、神农架国家森林公园
钱江源	252.16	84.0%	浙江	古田山国家级风景名胜区、钱江源国家森林公园、钱江源省级风景名胜区
三江源	123 100	0.0%	青海	三江源自然保护区、黄河源国家水利风景区、扎陵湖-鄂陵湖水产种质资源保护区、扎陵湖-鄂陵湖国际重要湿地
东北虎豹	14 612	0.0%	吉林黑龙江	珲春国家级自然保护区、汪清国家级自然保护区
大熊猫	27 134	21.9%	四川陕西甘肃	四川省岷山片区、邛崃山-大相岭片区，陕西省秦岭片区和甘肃省白水江片区共八十余个各类自然保护地
祁连山	52 000	0.0%	甘肃青海	祁连山国家级自然保护区
普达措	300	21.9%	云南	碧塔海国际重要湿地、碧塔海省级自然保护区、三江并流国家级风景名胜区、三江并流世界遗产地
南山	635.94	58.5%	湖南	南山国家级风景名胜区、金童山国家级自然保护区、两江峡谷国家森林公园、白云湖国家湿地公园

续表

试点的 国家公园	总面积 （km2）	集体土 地占比	所属 省份	整合的保护地类型
热带雨林	4400	0.0%	海南	五指山等 5 个国家级自然保护区、佳西等 3 个省级自然保护区、黎母山等 4 个国家森林公园、阿陀岭等 6 个省级森林公园及相关国有林场

（四）"受损利益补偿"原则

"经济利益和环境利益都是正当利益，环境法涉及的是两个正当利益的非对抗性冲突。不可为了一个而否定、侵犯另外一个正当利益，不管有多么冠冕的理由。"[1]换言之，为了保护和实现生态环境利益，不得不剥夺、限制正当的经济利益时，基于环境正义的要求，应当对利益受损者给予公平、合理的补偿。譬如，为有效地保护森林生态环境，需要划定生态公益林的，应当对遭受特别牺牲、做出额外贡献的林农进行生态补偿，以维护林农的正当权益。对弱者的尊重和保护水平是衡量一个国家的法治发展和文明进步水平的重要标准。或者，几乎可以这么说，生态保护补偿和野生动物致害补偿是最能体现生态文明水平的法律制度。

如何对受损的正当利益进行补偿是生态补偿制度设计的关键和难点所在，需要展开认真、细致的调查研究和设计论证。一是补偿范围的确定问题。即哪些受损的利益可以补偿，譬如纯粹经济损失应否补偿？对此，笔者以为，只应限于对直接利益和间接利益进行补偿，纯粹经济损失（如对自然保护区的严格保护致使旅店经营收入减少）不应被纳入补偿范围。二是补偿主体的确定问题。即由谁出资补偿，特别是在生态保护补偿和野生动物致害补偿中如何确定中央和地方的出资比例？三是补偿对象的确定问题。即补偿给谁，特别是受损主体的确定应以什么时空界限为准，集体土地所有权人、承包权人、经营权人是否都应给予补偿？四是补偿方式的确定问题。譬如，是采用资金补偿、政策补偿、就业补偿，还是能力补偿（培训）？五是补偿标准的确定问题。即补偿多少，是适当补偿、合理补偿，还是等额补偿？确定补偿标准的依据是什么？总体上，笔者以为，应当以受损的直接和间接利益（如禁

---

〔1〕 李启家："中国环境法的代际发展——兼议环境法功能的拓展"，载《上海法治报》2009 年3 月 11 日。

伐林木的财产价值）为中心而上下浮动，确定一个合理的数值，既不能低于类似地区的最低生活水平，也不宜高于类似地区居民的平均收入，并且要以保护对象所产生的生态效益（如公益林具有的生态价值）为上限。

对此，以钱江源国家公园试点区的生态保护地役权为例说明之。2018 年，钱江源国家公园通过自然保护地役权改革替代了先前成本较高的租赁模式，变单一保护主体为利益共同体，[1]既通过限制农民的一定土地使用权而实现对生态的有效保护，又通过让农民保有一定的自主经营权和获得相应的补偿（48.2 元/亩·年）而充分调动其积极性，体现和贯彻了"总体利益最大化""紧缺利益优先"（生态利益优先）和"利益损害最小化""受损利益补偿"四大原则，较为圆满地实现了"三生共赢"，可谓生态文明建设的范例。

四、结语

"生态文明乃道法自然的最高境界"[2]，生态文明观的精髓是"三生共赢"的绿色发展。建设生态文明并不是要反对和否定发展，而是要通过规范和优化发展，实现低消耗、低污染、高效益、高质量的绿色发展。生态文明建设的直接目标是环境良好、资源永续和生态健康，终极目标是着力提高人与自然协调发展的"可行能力"，确保一定空间范围内的"社会-经济-自然"复合生态系统内部，生态生产、物质生产和人口生产之间在社会再生产上的供需平衡，[3]从而达到生产发达、生活美好和生态平衡"三生共赢"[4]之高质量绿色发展的理想状态，以实现人与自然和谐相处的"实质自由"[5]。正如李启家教授所言："环境法并不是为了人类生存和发展需要的法律部门，环

---

〔1〕 秦天宝："论国家公园国有土地占主体地位的实现路径——以地役权为核心的考察"，载《现代法学》2019 年第 3 期。

〔2〕 李茂奇："生态文明乃道法自然的最高境界——访'世界自然保护联盟'掌门人章新胜"，载国际环保在线：https://www.huanbao-world.com/a/renwu/2019/1205/157527.html，访问日期：2019 年 12 月 5 日。

〔3〕 参见叶文虎、陈国谦："三种生产论：可持续发展的基本理论"，载《中国人口·资源与环境》1997 年第 2 期。

〔4〕 参见田大庆、王奇、叶文虎："三生共赢：可持续发展的根本目标与行为准则"，载《中国人口·资源与环境》2004 年第 2 期。

〔5〕 阿玛蒂亚·森认为，自由是发展的首要目的，是最高的价值标准。归根结底，发展的根本目的，就是要扩展人类的实质自由。[印]阿玛蒂亚·森：《以自由看待发展》，任赜、于真译，刘民权、刘柳校，中国人民大学出版社 2002 年版，第 1 页。

境法关注的应是基于提升生活质量的发展的需求，可持续发展的需求。"〔1〕

推进生态文明建设的核心任务，就是要对现有发展模式进行调整、优化和改造，这就要打破现有利益格局，确认环境利益等新型利益，分配和维护好与生态产品和生态服务有关的各种利益。在方法论上，既要谨防还原主义（所谓的"只见树木，不见森林"）的问题，也要防止教条主义（不尊重我国具体时空条件下的实际情况，不实事求是地对国内外经验进行照抄、照搬）和机械主义（不知灵活变通）的困扰。关键是，要引入利益平衡机制，确立和坚持"总体利益最大化""紧缺利益优先""利益损害最小化""受损利益补偿"等原则，妥善处理好"生产－生活－生态"之间的关系，真正实现"三生共赢"。

第四节 生态文明建设的核心任务

根据马克思政治经济学的基本原理，社会再生产的实现必须以物质生产内部的供需平衡为条件。此前，社会化再生产主要考虑的是第Ⅰ部类和第Ⅱ部类之间生产资料生产和生活资料生产的供需平衡。〔2〕不过，该理论有一个重大的潜在假定，即人类的经济活动没有超出自然系统在资源与环境方面的承载能力。有学者认为，在人类社会进入 20 世纪中叶以后，随着环境资源问题的汹涌出现，社会化再生产理论必须进行绿色化变革，即务必将环境与资源的生产〔3〕纳入整个社会的再生产系统之中。如此一来，整个经济系统就存

〔1〕 李启家："中国环境法的代际发展——兼议环境法功能的拓展"，载《上海法治报》2009 年 3 月 11 日。

〔2〕 ［德］卡尔·马克思：《资本论》（第 2 卷），中共中央马克思恩格斯列宁斯大林著作编译局译，人民出版社 1975 年版，第 435～550 页。

〔3〕 环境资源的生产可被分为四大部分：一是自然的生产，如绿色植物利用光合作用及土壤中的营养物质合成有机物。实际上，此种生产源于生态系统的生态生产功能。二是自然的降解，如水体中的微生物将污染物消解。从生态学的角度讲，此种生产源于生态系统的生态服务功能。三是人类对自然生产的辅助和促进，即通常所讲的生态环境建设，如植树造林等。其对应的产业，常称为第零产业。四是人类对废弃物的处理，如对废气、废水和固体废物的循环利用和无害化处置。其对应的循环利用产业可被称为第四产业。显而易见，环境资源的生产是人类劳动与自然力量相互结合的生产过程，其以自然系统的生产过程为基础，通过劳动与资本等人工因素的投入和辅助作用，不仅有利于直接提升自然系统的环境资源生产能力，也有利于降低人类活动对自然系统的污染和破坏等不利影响（相当于间接的环境资源生产）。

在三大生产过程：生产资料生产、生活资料生产和环境资源的生产。从生产部类的角度来看，我们可将它们分别称为第Ⅰ部类、第Ⅱ部类与第 0 部类[1]。进而，整个经济系统社会再生产的实现必须以三大部类在生产资料生产、生活资料生产和环境资源生产之间的供需平衡为条件（如图 3 所示）。[2]

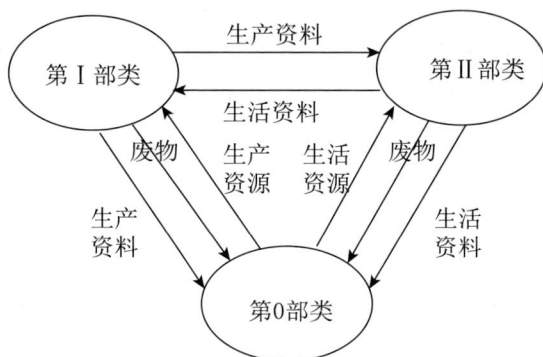

图 3　三大部类之间物质生产供需关系示意图

毫无疑问，这种三部类社会再生产的理论模型将环境资源的生产首次纳入了考量范围，具有划时代的进步意义。然而，美中不足的是，该理论模型只是以经济系统为中心，只考虑了实现社会化再生产必须以生产资料生产、生活资料生产和环境资源生产等之间的供需平衡为条件，没有将背后的人口生产、城市布局、生态服务、生态区位等因素纳入考量之中，显然存在结构性的缺陷，有必要作进一步的修正、拓展和补充。

一、维护"自然-社会"系统环境资源的供需平衡

自然系统为社会系统主要提供三个方面的供给：①提供良好的生活环境。譬如，洁净的空气（主要指标为空气环境质量标准）、清洁的水源（主要指标为水环境质量标准）、开阔的绿地（主要指标为绿地率：一个良好居住小区，

---

〔1〕　第Ⅰ部类主要包括采矿、冶金、动力、机器制造等重工业生产部门和为工业提供原料的农业生产部门；第Ⅱ部类主要包括纺织、食品等轻工业生产部门和最终产品用于生活消费的农业生产部门等；第 0 部类主要包括林业、草原、园林等从事生态建设的生产部门和废水、废气、废渣处理及循环利用等从事环保产业的部门。

〔2〕　参见王奇、叶文虎："从可持续发展看两大部类生产理论丰富和发展"，载《中国人口·资源与环境》2003 年第 1 期。

绿地率一般不应低于 30%)、适当的空间（主要指标为容积率：一个良好居住小区，高层住宅容积率一般不应超过 5，多层住宅不应超过 3）等。②提供充足的可作为生活资料的自然资源（可称为生活资源）。譬如，可直接作为食物和药材的鱼虾、野果、蜂蜜、甘草等野生动植物资源，以及用于人居的土地资源等。③提供足以存放、容纳、消解生活废弃物的空间场所或环境容量。譬如，提供容纳油烟气味、生活污水的环境容量，提供存放和处置生活垃圾的空间场所。

从生态文明建设和绿色发展的角度来看，维持自然系统和社会系统之间的"环资供需平衡"的主要方法有五：一是适度控制人口数量，减少对环境资源的总需求；二是对生活空间进行合理布局（合理规划城市）；三是推行绿色生活方式，降低人均资源需求和污染排放水平；四是防治环境污染，加强生态保护和建设，提高生态产品和生态服务的数量和品质；五是预防和应对地震、高温、沙尘暴、干旱、冰雹、大雪等自然灾害。

二、维护"经济-社会"系统资源产品的供需平衡

经济系统应为社会系统提供充足的工业品和农产品等物质产品，以满足人民群众日益增长的物质文化需要（我国以前的社会主要矛盾）。需要注意的是，尽管经济系统与社会系统之间的供需平衡并不直接涉及人与自然的关系，但客观上也会间接影响乃至决定经济系统和自然系统之间的供需关系（社会系统所需的工农业产品越多，经济系统对自然资源的需求就越大），因而也应被纳入生态文明建设和绿色发展的统筹考虑之中。

从生态文明建设和绿色发展的角度来看，维持经济系统和社会系统之间自然资源产品的供需平衡的主要方法有三个：一是控制人口数量，控制人类对自然资源产品的总需求；二是倡导绿色生活（包括绿色出行、绿色住宅和绿色消费等），降低人均自然资源产品的消耗；三是推进产品的生态设计，特别是设计多功能、高品质产品，譬如用一台手机替代电话、相机、电脑、电视、收音机等多个电子物件，降低人类单位需求满足下的物料损耗。

三、维护"自然-经济"系统环境资源的供需平衡

"无论从政治角度还是公平角度，发展不能简单地屈从于环境保护，而是应

该和环境保护有机结合在一起，这个整合的过程就是可持续发展的核心"〔1〕，也是生态文明的核心。事实上，维护自然系统和经济系统在环境和资源方面的供需平衡正是生态文明建设和绿色发展的关键所在。具体而言，经济系统需要自然系统为其提供三个方面的供给：①提供充足的可作为生产资料的自然资源（可称为生产资源）。经济系统中从事农产品、工业品等物质产品生产所需的原材料、能源、土地等生产资料都离不开自然系统的供给。②提供足以存放、容纳、消解生产废弃物的空间场所和环境容量。譬如，容纳工业废水、农业废水的水环境容量，容纳工业废气、交通废气、建筑扬尘的大气环境容量，存放和处置工业、农业和服务业固体废物的空间场所。③提供良好的生产环境。譬如，钢琴制镜需要无氟污染的环境，从事精密仪器测量需要安稳环境，从事旅游休闲业需要秀美的景观环境，等等。

从生态文明建设和绿色发展的角度来看，维持自然系统和经济系统之间的"环资供需平衡"的主要方法有七个：一是对生产空间和生态空间〔2〕进行合理布局，提高自然系统对经济系统的资源供给效率，从布局上减少对环境资源的不必要消耗，加强国土空间（尤其是耕地）用途管制。二是优化产业和能源结构，践行低碳经济，从结构上减少对资源的需求总量。三是合理利用自然资源和生态环境，在源头上减少对生态环境的污染和破坏。四是杜绝浪费，推行清洁生产和循环利用，降低单位产品的资源消耗和污染排放水平。譬如，在炼钢的熄焦环节上，用氮气替代水给焦炭降温（用无水工艺代替有水工艺），降温后的高温氮气再用于热交换。如此一来，熄焦用水将大幅降低，熄焦废水也将大量减少（熄焦废水很难处理），降温所交换的热量还可以再利用。五是通过国际贸易进口自然资源和资源性产品，依法输出高耗能、高污染的产业及垃圾。按照"污染避难所"假说理论，在经济全球化和国际自由贸易的大背景下，欠发达国家由于环境要素成本更低，容易成为"污染避难所"，以致污染严重的产业、产能和垃圾被从发达国家转移到欠发达国家（历史上，美、日、英等发达国家就采用了这样的手

─────────

〔1〕 ［美］詹姆斯·萨尔兹曼、巴顿·汤普森：《美国环境法》（第4版），徐卓然、胡慕云译，北京大学出版社2016年版，第26页。

〔2〕 生态空间，是指具有自然属性、以提供生态服务或生态产品为主体功能的国土空间，包括森林、草原、湿地、河流、湖泊、滩涂、岸线、海洋、荒地、荒漠、戈壁、冰川、高山冻原、无居民海岛等。

段)，被从发达市场转移到较不发达市场，导致欠发达国家和地区的产业结构发生变化。[1]六是防治环境污染，加强生态保护和建设，提高生态产品和生态服务的数量和质量。七是预防和应对地震、洪涝、干旱、飓风、海啸、冰雹等自然灾害。

四、维护自然系统内部生态关系的动态平衡

在建设生态文明和推进绿色发展的过程中，相比于环境资源的供需平衡而言，自然系统内部的生态平衡最不受重视，也最容易产生误解，极有必要予以正本清源。在自然系统内部，任何生物和非生物等自然要素都具有一定的生态位和相应的生态功能，只有各自然要素的数量和质量都处于一定的状态和水平才能维持生态系统内部在生产者、消费者、微生物和无机环境之间生态关系的动态平衡。

维护生态平衡，重点就是要尊重和维护生态系统内部的生态关系，特别是生物之间的关系。一是种内关系，即同种生物间的关系。具体又被分为两类：种内互助关系，如蚂蚁、蜜蜂的种内合作关系；种内斗争关系，如植物中的大苗抑制小苗以争夺资源和空间。二是种间关系，即不同种生物间的相互关系。主要包括共生关系、共栖关系、捕食关系、寄生关系和竞争关系等。[2]例如，蛇与老鼠之间的捕食关系。要注意的是，影响某一生物生活的生物因素，包括同种和不同种的各种生物，如影响某一株小麦生活的生物因素不仅包括它周围的杂草、农业害虫、鼠类等，还有其周围的其他小麦植株。总之，只有生态结构相对稳定、生态关系动态平衡的自然系统，才能为人类经济社会系统和自然系统本身提供量足质优的生态产品和生态服务。

〔1〕　徐晋涛："中国增长模式转型中的关键环境问题"，载搜狐网：http://www.sohu.com/a/301480781_114984，访问日期：2019年4月3日。
〔2〕　共生，是一种两种生物生活在一起，对双方都有利的关系，如果失去一方，双方或一方就不能独立生存或者繁殖。例如，薜荔和薜荔榕小蜂、白蚁与鞭毛虫之间的共生关系。共栖，是指两种都能独立生存的生物生活在一起，对双方都有利的一种生物间的关系。例如，海葵和寄居蟹、鲨鱼和印鱼、绿藻与龟之间的共栖关系。捕食，是指一种生物以另一种生物为食的一种生物关系。例如，七星瓢虫与蚜虫，老虎与羚羊。寄生，是指一种生物生活于另一种生物体表或体内，依靠它生活，并消耗其营养的一种生物关系。寄生关系中，往往一方受益，另一方受害。受害者提供营养物质和居住场所给受益者，这种关系称为寄生关系，受益者称为寄生物，受害者称为寄主或者宿主。例如，虱和蚤寄生在其他动物的体表，小麦线虫寄生在小麦粒中。竞争，是指两种生物生活在一起，相互争夺资源、空间的生物间关系。例如，杂草与庄稼，五爪金龙与杉木。

一方面，自然系统通过生态生产，为人类提供了丰富的生态产品。主要有二：一是提供良好的环境（包括生活环境和生产环境），如清洁的空气、洁净的水源、开阔的土地等；二是提供充足的自然资源，如林木、矿产、食物、药材、耕地等。另一方面，自然系统也为人类提供直接的生态服务，如提供灿烂明媚的阳光、和煦的春风、怡人的景观、舒心的旷野等等。

当然，不可忽视的是，在自然系统内部，自然要素也有为其他自然要素和生态系统提供生态产品（如合成氧气、形成土壤、生产动植物）和生态服务（如水土保持、涵养水源、气候调节、防风固沙等）的功能或价值。对此，罗尔斯顿曾举例，土壤和溪流能让延龄草得以生长，溪流为湖泊提供了水源和营养，湖泊则为潜鸟提供了栖息地。对于某一自然要素（如土壤和溪流）对其他自然要素（延龄草）以及生态系统（湖泊生态系统）的功能或价值，环境伦理学者常称为自然的"内在价值"，即自在的、不需人评价的价值。[1]

要注意的是，生态生产（尤其是生产作为自然资源的生态产品）和生态服务等不同生态功能之间往往具有利用上的冲突性或非兼容性。譬如，如果乱砍滥伐、过度放牧（过度利用生态系统生产的林草生态产品）使得林草急剧减少，就可能导致水土流失（林草的水源涵养、水土保持等生态服务功能退化乃至消失）。如果超采地下水（过度利用生态系统生产的水生态产品）就可能导致地表沉降（地下水的承压生态服务功能逐渐降低，乃至消失）。

总体而言，破坏生态平衡的因素分为自然因素和人为因素。自然因素如旱灾、水灾、地震、台风、山崩、海啸等自然灾害。自然灾害对生态平衡的破坏是巨大的，在很多时候甚至是毁灭性的，难以抗衡。不过，人为因素才是造成生态平衡失调的主要原因。人为因素主要体现为如下几个方面：一是破坏生态系统的无机环境。譬如，人类的生产生活活动产生大量的废气、废水、垃圾等，不断排放到环境中，破坏了生物生存繁衍的生境；人类对自然资源的掠夺性或不合理开发利用行为，例如滥伐森林、盲目开荒、水面过围、草原超载等，也会恶化生态环境，产生近期或远期效应，导致生态平衡失调。二是改变生态系统中的生物种类。在生态系统中，盲目增加一个物种有可能造成外来物种入侵而破坏生态平衡。例如，美国于1929年开凿的韦兰运河打

---

〔1〕〔美〕霍尔姆斯·罗尔斯顿Ⅲ：《哲学走向荒野》，刘耳、叶平译，吉林人民出版社2000年版，第156~159页。

通了内陆水系与海洋，导致八目鳗大量进入内陆水系，使鳟鱼年产量由 2000 万公斤减至 5000 公斤，严重破坏了内陆的水产资源。另一方面，在一个生态系统中随意减少一个物种也可能破坏生态平衡。20 世纪 50 年代，我国曾大量捕杀麻雀，致使一些地区虫害严重。究其原因就在于害虫的天敌麻雀被大量捕杀，使害虫失去了自然抑制因素。三是破坏生态系统的生物信息系统。生物与生物之间彼此靠信息联系才能保持其集群性和正常繁衍。人为地向环境中施放某种物质，干扰或破坏了生物间的信息联系，就有可能致使生态平衡失调或遭到破坏。譬如，自然界中有许多昆虫依靠分泌释放性外激素引诱同种雄性成虫交尾，如果人们向大气中排放的污染物能与之发生化学反应，则雌虫的性外激素就会失去引诱雄虫的生理活性，势必会影响昆虫交尾和繁殖，最后导致种群数量下降甚至消失。

因此，人类对环境资源的利用必须考虑其对生态平衡的影响，务必践行保护优先或生态优先的原则。只有维护好生态平衡，才能确保自然系统的生态生产和生态服务等生态功能都处于正常状态，并顺利实现再生产。

从生态文明建设的角度来看，维护自然系统内部的生态平衡的主要方法如下：一是优化国土空间利用格局，规划好必须优先保护的生态空间；二是划定生态保护红线，框定开发利用的边界；三是加强生态空间用途管制，防止把生态空间（特别是自然保护区等自然保护地）随意变更为生产空间或生活空间；四是规范和约束自然资源的开发利用行为，减少对生态环境的破坏，特别是要加强对珍稀、濒危野生动植物物种和具有重要生态功能或生态特别脆弱的自然保护地的保护；五是防止和减少对生态环境的污染。六是开展退化生态空间的治理和修复，如地表复绿，湿地补水，退耕还林、还草、还湿等；七是强化生态保护和建设，如植树造林、种草复绿等；八是预防和应对地震、泥石流、台风、火山、冰雪等自然灾害。

五、结语

尽管生态文明建设牵涉方方面面的利益和关系，看似异常复杂，无从下手，但实际上，生态文明观主张，建设生态文明、推进绿色发展的关键是在坚持"以人为本"的价值取向下，维护好"社会–经济–自然"复合生态系统中人口生产、物质生产、生态生产之间生态产品和生态服务的供需平衡。其中，重中之重是要维护好自然系统和经济系统在环境和资源方面的供需平衡，不但要防止生产经营耗费的资源能源超出当地的资源禀赋而导致资源耗竭，还要防止生产过程中所排放的污染物质超过环境容量而导致环境污染。此外，还需重点加强对自然资源开发利用行为的规范和约束，以预防和减少其对生态环境的破坏。

第五节　生态文明建设的路径方法

生态文明观的精髓是高质量的绿色发展，生态文明建设的关键是如何推进高质量的绿色发展。建设生态文明，推进绿色发展，应从整体上对人类系统（包括经济系统、政治系统、文化系统和社会系统等，重点是经济系统和社会系统）和自然系统进行统筹安排，系统协调。主要任务有三：一是减损，即减少人类系统对自然系统的生态环境损害（减少污染和破坏）；二是降耗，即减少人类系统对自然系统的自然资源消耗（加强总量控制）；三是开源，即通过人工的力量治理受污环境、开发新型自然资源（尤其是推进新能源革命）、开展生态修复和生态建设，提升自然系统对环境、资源的供给能力。依此而言，建设生态文明，推进绿色发展，基本的路径和方法有五：空间有序化、发展生态化（重点是经济发展的生态化）、生态资本化、环保经济化和治理社会化。

一、空间的有序化

生态文明建设是一个宏大的体系工程，首要方法是国土空间利用格局的有序化（简称为"空间的有序化"）。[1]空间的有序化，是指在一国国土空间范围内，对经济布局、城乡建设、生态保护等方面的空间利用（生活空间、生产空间、生态空间）和建设问题进行一体化的布局和配置，以优化整个国

---

〔1〕　杨伟民将空间利用格局的有序化分为功能空间利用格局的有序化（不同类型功能空间的科学划定和协调）和区域空间发展格局的均衡化。功能空间利用格局的有序化是指在一定空间范围内，按照"人口生产-经济生产-生态生产"相协调的原则，对经济发展、人口发展、空间利用（生活空间、生产空间、生态空间）等问题进行一体化的布局和配置，以优化整个国土空间的内部格局，实现空间均衡。区域空间发展格局的均衡化是在一定区域空间内，实现"人口-经济-生态"之间供需均衡的趋势和过程。

土空间的利用格局，实现空间均衡。

近年来，我国在将国土空间划分为优化开发区、重点开发区、限制开发区和禁止开发区等四大主体功能区的基础上，对城市空间（包括城镇生活空间、工矿生产空间、交通运输空间等）、农业空间、生态空间和其他空间进行了全新布局，将逐步形成由"两横三纵"城市化战略格局、"七区二十三带"农业战略格局和"两屏三带"生态安全战略格局所构成的国土空间战略格局。[1]

目前，我国在空间利用格局上，除了面临经济发展与自然资源的供需失衡、城市发展与空气质量的供需失衡外，至少还存在如下几大亟待解决的"结构失衡"问题：

第一，经济发展与人口生产空间的供需失衡。突出表现之一是"用工荒"。这是因为农村人口飞速向城市集中，但户籍制度又限制落户，农民工只能在年轻的时候到城市打工，一生少工作20年，使全社会过早地进入劳动力短缺的状态。表现之一是"消费不足"。目前，我国有4亿多中等收入群体，绝大多数农民未能进入中等收入群体，其消费能力有限，而消费的不足则制约了生产力的扩张。这是一个影响很大的根本问题，不仅涉及空间失衡，还关乎未来产业的发展。

第二，公共设施与人民生活空间的供需失衡。无论是从全球还是从国家内部不同区域来看，人均财富支出差距都较大。这意味着许多地方和国家的公共服务、基础设施与人民生活需要的差距还很大。

第三，土地资源与人口居住空间的供需失衡。一方面，人口不断向城市集中；另一方面，农村建设用地却难以进入城市，这一矛盾导致同时出现了农村宅基地闲置和城市居住用地短缺的问题。城市之间，一、二、三线城市土地资源配置与人口流动配置不合理，一线城市居住用地少，地价和房价过高，部分三、四线城市人口流出，而居住用地却仍在增加。

第四，居住空间与就业空间、生态空间的衔接失衡。过去按照行政区，而不是按照城市群或者经济区来推动城市化。在这种思路下，城市行政区就会"摊大饼"，造成功能集中于主城区，开发强度过高，居住空间过远，生态

---

〔1〕　2010年的《全国主体功能区规划》提出了以"两屏三带"为主体的生态安全战略格局，2011年全国人大审议通过的"十二五"规划提出了"七区二十三带"的农业战略格局，2013年的中央城镇化工作会议提出"两横三纵"城市化战略格局。

空间锐减。如此一来，导致出行时间延长（一天中有 2 小时~3 小时在路上），既有损人的福利和全面发展，又浪费能源资源，污染环境。北京正在开展的"减量发展"就是在解决这样的问题，使居住地和就业地尽可能近，以减少通勤时间，降低资源耗费。[1]

二、发展的生态化

生态文明建设的第二大路径或方法是对传统经济社会发展的生态化，重点是推进经济发展的生态化，以降低人类社会生存发展的生态环境代价和自然资源成本。所谓经济社会发展的生态化（简称为"发展的生态化"），是指以生态学、系统论和控制论的原理和定律为依据，将人类经济、政治、文化和社会系统中对自然有影响的认识和活动，朝着有利于实现人与自然协调发展的方向，进行调整和改造的趋势和过程。

具体而言，即以物物相关律、相生相克律、能流物复律、负载定额律、协调稳定律和时空有宜律等生态规律为依据，[2]以整体性原则、动态性原则、再生性原则、循环利用原则、平衡性原则和多样性原则等生态系统管理的基本原则为指导，通过系统协调、统筹兼顾的顶层设计，对人类社会的经济、政治、文化、社会、军事、环保等所有领域的工作和资源采掘、生产加工、仓储运输、市场流通、产品消费、废物处置、环境治理等各个环节的事务进行生态化的调整和改造。譬如，经济发展和城镇建设应当按照主体功能区规划的要求进行科学布局和合理设计，特别是要遵守生态保护红线，严禁侵占和破坏生态空间；经济社会发展要做到以水定城、以水定地、以水定人、以水定产，不可超越水资源承载能力等。再如，环境治理要引入生态修复的方式，如通过建设通风廊道、种植环保林等方式来防治雾霾等；城市黑臭水体的治理，不能采用河道或湖底硬化的简单方法，使之失去湿地的生态功能；对土地的保护，不能仅仅着眼于耕地或农用地，而是要按照国土空间用途管制的统一要求，加强对林地、草地、湿地、绿地等生态用地的保护，如开展退耕还林、退耕还湿、退耕还草、退林还湿等。

---

[1] 杨伟民："高度重视空间治理研究"，载光明网：http://topics. gmw. cn/2019-07/22/content_33017897. htm，访问日期：2019 年 7 月 30 日。

[2] 《中国自然保护纲要》编写委员会：《中国自然保护纲要》，中国环境科学出版社 1987 年版，第 12~14 页。

从生态化的任务和内容来看，主要包括经济系统的生态化、政治系统的生态化、文化系统的生态化和社会系统的生态化等。[1]当然，从本质要求和关键环节来看，生态化重在解决"只经济，不生态"的问题（如图4的第二象限所示），核心任务是降低经济社会发展（重点是城镇化和工业化）的生态成本，特别是着力减少单位GDP的自然资源消耗和生态环境代价。

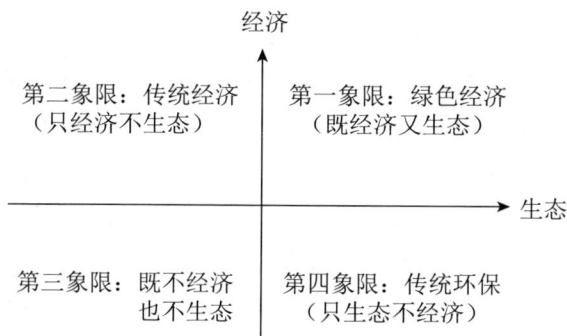

图4　经济发展和生态环保关系图

（一）经济建设的生态化（重点是生产的生态化）

习近平总书记指出："取之有度，用之有节"是生态文明的真谛。[2]我国古代就有关于"度"和"节"的生态智慧。譬如，孟子曰："不违农时，谷不可胜食也；数罟不入洿池，鱼鳖不可胜食也；斧斤以时入山林，材木不可胜用也。"[3]中国古代甚至还制定了关于发展生态经济的法律。例如。早在公元前21世纪的上古时代，禹帝就曾颁布禁令："春三月，山林不登斧斤，以成草木之长。夏三月，川泽不入网罟，以成鱼鳖之长。"

对经济发展进行生态化改造是生态化工作的重中之重，主要措施是规范自然资源的开发利用，推进新型工业化建设，发展低碳经济和循环经济，降

---

〔1〕　对政治系统的生态化，重点是实行绿色政绩考核评估、领导干部自然资源离任审计、生态环保党政同责等。对文化系统的生态化，重点是加强生态技术研发、生态道德建设和生态文艺创作，等等。参见杨朝霞："生态文明建设观的框架和要点——兼谈环境、资源和生态的法学辨析"，载《环境保护》2018年第13期。

〔2〕　习近平："共谋绿色生活，共建美丽家园——在2019年中国北京世界园艺博览会开幕式上的讲话"，载《人民日报》2019年4月29日。

〔3〕　《孟子·梁惠王上》。

低经济活动的资源损耗和环境代价（如图4第一象限所示）。[1]所谓低碳经济，是指在应对气候变暖的时代背景下，通过技术和制度创新、产业转型升级、能源结构调整等多种手段，尽可能降低煤炭、石油等高碳能源消耗，减少温室气体排放的一种经济形态。所谓循环经济，是指在自然资源短缺和废弃物泛滥的时代背景下，以废弃物和余能余热的综合利用为主要内容，以"资源-产品-废弃物-循环利用"为基本特征的经济形态。[2]发展低碳经济和循环经济是实现经济发展生态化的两大战略。

具体而言，我们可从如下三个环节进行生态化的创新和调整：

其一，资源输入端的生态化。"取之有度"是生态文明的首要真谛。这就要求对自然资源的获取活动进行生态化的改造。具体又可分为国内和国际两个方面的生态化。一是在本国范围内，实现自然资源的合理开发利用，减少自然资源开采、掘取环节的污染和破坏。譬如，不在自然保护区进行矿产资源的开采，不超采地下水，加大对伴生矿的开采利用，不在禁猎区、禁猎期进行捕猎，不采用拖网、电击等禁止利用的方式捕鱼，不超出采伐限额进行林木的采伐，等等。二是在国际上，合理利用国际贸易，从国外进口自然资源缓解国内矛盾。

其二，中间过程的生态化。"用之有节"也是生态文明的一大真谛，这就要求在生产生活过程中对资源产品的利用活动进行生态化的改造。主要包括"经济布局-产业规划-能源供给-产品制造-货物仓储-交通运输-批零销售"等领域和环节的生态化，重点是产业的生态化。[3]一是宏观方面的生态化，重点是调整产业结构、能源结构、国际贸易结构和优化经济布局，逐步实现

---

〔1〕 发展低碳经济和循环经济的重点任务是，通过新型工业化、信息化和农业现代化建设，改进产业结构和能源结构，调整城乡、区域、流域经济布局，培育和发展节能环保产业、清洁生产产业、清洁能源产业和循环利用产业，实现生产系统之间以及生产系统和生活系统的循环链接，推进资源高效利用和废物循环利用，走资源消耗低、污染排放少、经济效益高的内涵式发展之路。

〔2〕 参见孙佑海、李丹、杨朝霞：《循环经济法律保障机制研究》，法律出版社2013年版，第41~43页。当前，我国正处于电视、洗衣机、电脑、手机等电子电器产品大量更新换代、城市基础设施建设和乡村振兴蓬勃发展的时代，电子电器垃圾、建筑垃圾、报废车船等废弃物中含有大量可以再利用和资源化的再生资源（城市中富含锂、钛、黄金、铟、银、锑、钴、钯等珍贵稀有金属的废旧家电、电子垃圾甚至被喻为"城市矿山"），发展循环经济和综合利用大有可为。

〔3〕 产业生态化是依据产业自然生态有机循环机理，在自然系统承载能力内，对特定地区空间内产业系统、自然系统与社会系统之间进行耦合优化，达到充分利用资源，消除环境破坏，协调自然、社会与经济的持续发展。黎祖交主编：《生态文明关键词》，中国林业出版社2018年版，第326页。

从产业、能源到产品的升级换代。①要依法淘汰取缔一批浪费资源、污染环境和不具备安全生产条件的落后和过剩产能。例如，四川攀钢集团在连年亏损的情况下，坚持添设环保方案（将高炉洗选包括炼焦都增设了环保措施），打掉和淘汰了地条钢等落后产能，于 2018 年实现盈利 53 亿，不仅填补了此前的亏空，还纯盈利 20 亿。该集团通过环境保护措施的倒逼，实现了经济上良币对劣币的驱逐。②要大力发展机器人、人工智能、信息技术和互联网（特别是移动互联网）、电子、生物、航空航天、新材料（如蓝宝石、新型陶瓷材料、非晶态合金等）、新能源（太阳能、风能、潮汐能等）、海洋产业等资源消耗低、环境污染少、产品附加值高的战略性高新科技产业，尽快实现从"制造大国"到"制造强国"，从"中国制造"到"中国创造"的飞跃。当然，优化产业机构，不仅要优化第一、第二和第三产业之间的结构，也要优化各产业内部的结构。以交通产业为例，2018 年，为了降低京津冀及周边地区的移动源污染，生态环境部联合交通运输部在天津、秦皇岛等地调整运输结构，引导大宗货运由公路转向铁路，每天减少柴油车氮氧化物尾气排放近 50 吨。③在经济全球化的背景下，还可通过合法合理的国际产业转移，将高耗能、高污染的产业和产能转向其他需要的国家和地区。二是微观方面的生态化。重点是通过改进原料、能源、设计、技术、工艺、设备和管理等方式，发展清洁生产和高效利用，减少传统产业（尤其是重工业）中的物耗、能耗和生态环境代价。

其三，废物输出端的生态化。"排之有方""变废为宝"也是生态文明的真谛。这就要求我们对污染排放活动进行生态化的改造。基本要求是，在厂区、园区、社会、全球等不同层次，实现生活系统之间、生产系统和生态系统之间的循环链接，推进生产生活中废弃物和余能余热的循环利用（再利用和资源化），降低废弃物的最终排放量，强化终端废弃物的无害化处置，减少对环境的污染和破坏。当然，在全球化的背景下，还可通过合法公平的国际贸易转移出一部分垃圾和废物，以缓解国内危机。

（二）社会建设的生态化

对经济社会发展进行生态化改造是一项系统工程，除了要对经济系统本身进行生态化变革外，还需对社会系统、政治系统、文化系统等其他领域的发展进行生态化革新，社会建设的生态化，即生态社会建设就是其中的重要内容。

生态社会建设的主要任务是：控制人口的总量和密度，特别是降低城市人口发展规模，推进人口的地区、城乡均衡；加强生态文明宣传教育，发布生态文明全民行为规范，推动在全社会形成简约适度、绿色低碳、文明健康的生活方式和消费模式，促成绿色消费、绿色出行、绿色居住等体系化的全民绿色自觉行动；发展环保非政府组织，发挥媒体传播和舆论监督的作用，提升公众参与的能力和水平……

具体可从如下几大方面入手：优化国土空间城镇布局，以水定城；优化城市空间格局（居民区、商业区、学校、医院、公园、绿地、交通布局），提升城镇化水平，加快城市绿化，建设城市绿道，优化交通网络，建设生态城市（如森林城市、海绵城市、便捷城市等）；促进乡村振兴，实施城乡人居环境综合整治，推进城乡协调发展；拟定生态文明自治公约，强化公民自律，推行简约适度、绿色低碳的生活方式（包括绿色消费、绿色饮食、绿色居住、绿色办公和绿色出行等内容）和生活风尚，推行垃圾分类等。

总之，要着力建设以人口规模适度、生态素养良好、环境分配公平、绿色行动普及、环保参与积极等为重要特征的生态社会体系。

（三）政治建设的生态化

现代意义上的政治（Politics）是指政府、政党等治理国家的行为。政治建设的生态化，是说生态政治建设也是生态文明建设的重要内容。中国古代就有生态政治的思想。例如，管仲曾提出："为人君，而不能谨守其山林菹泽草莱"，"不可以立为天下王"。

生态政治建设的主要任务是：在理念和制度上确认广大人民群众对优质生态产品的正当权益，将满足人民群众日益增长的优质生态产品及其服务的需要作为政治工作的出发点和落脚点，尤其是以维护公民环境权益作为首要目标，并兼顾落后地区的生存权和发展权；按照党政同责、一岗双责的原则强化党和政府的生态环境责任，重视和尊重人民对于与环境有重大影响的决策的参与权利；树立绿色执政和绿色行政的理念，推行绿色政绩评估考核（生态文明建设目标评价考核）和领导干部自然资源离任审计；强化和改进中央环保督察机制，运用法律和纪律等手段加强对环境保护权力和经济发展权力的监督；通过制度建设，推进党政环境问责的规范性、合法性和公平性；等等。

总之，要着力建设以绿色政党、绿色国策、绿色权利（主要为环境权）、绿色政绩、绿色行政和绿色问责等为重要特征的生态政治体系。

（四）文化建设的生态化

文化的本意为"以文教化"，即"以人文化成天下"之意。具体可分为广义、中义和狭义三种理解。广义的文化，是指人类改造客观世界和主观世界的活动及其成果的总和，包括物质文化、精神文化。中义的文化，主要体现为人的精神活动及其成果，如语言文字、思想道德、科学理性、文学艺术、社会习俗，以及制度体系文化等。狭义的文化，主要指语言文字、文学艺术等。[1]这里所讲的文化，大抵是中义上的。文化建设的生态化，是说生态文化建设也是生态化工作中的重要一环。我国古代就有丰富的生态文化思想。譬如，孔子曰："伐一木，杀一兽，不以其时，非孝也。"[2]从全球视野来看，《寂静的春天》可谓生态文化史上的经典之作。正如美国前副总统阿尔·戈尔的评述："《寂静的春天》犹如旷野中的一声呐喊，以它深切的感受、全面的研究和雄辩的论点改变了历史的进程。如果没有这本书，环境运动也许会被延误很长时间，或者现在还没有开始。"[3]蕾切尔·卡森（Rachel Carson）的这本书，不仅唤醒了美国，还唤醒了整个世界，成为当代环境保护运动的起点。

生态文化建设的主要任务是：提升环境保护方面的认识，研发自然资源有效开采、高效利用、循环利用的新技术和新工艺，推进生态伦理道德建设，加强生态环保方面的文学、艺术、影视等作品的创造和传播，加强对全社会的生态环境教育，等等。

总之，要着力建设以生态价值观为导向和准则，以生态民俗、生态道德、生态科技、生态教育、生态文学、生态艺术（如影视）等为内容的生态文化体系。

三、生态的资本化

"变绿成金"是生态文明建设的第三大重要方法。事实上，生态文明建设最富有特色的路径和方法是推进良好生态环境的资本化或价值化，可简称为生态的资本化。当前，很多乡村绿水青山，风景优美，却依然贫穷落后；很多农庄山清水秀，景色如画，却依然生存堪忧，就是因为没有找到将"绿水

---

[1] 林坚："关于'文化'概念的梳理和解读"，载《文化月刊》2013年第5期。

[2] 《礼记·祭义》。

[3] ［美］蕾切尔·卡森：《寂静的春天》，吕瑞兰、李长生译，上海译文出版社2011年版，第185~186页。

青山"转变为"金山银山"的运营机制。这就要求"打好绿色牌，念好山水经"，通过产权化和市场化手段，将良好的生态环境转变为相应的生态环境资本，实现财富的创造。[1]

这里的"生态环境"是指由生态因子及其生态关系组成、具有相应生态属性和生态功能的环境。[2]具体如森林、草原、湿地、农地、绿地、河流、湖泊、海洋、海岛等。必须指出的是，从外延上看，这里的"生态环境"不包括煤、石油、铁矿石等没有明显生态属性和生态功能的自然资源（因为其资本化通常会带来污染和破坏等生态环境问题）。

生态环境资本，是指用于市场投资以获取未来现金流的生态环境资产[3]，具有资本的一般属性，即增值性。生态环境资产（可简称为"生态资产"）与生态环境资本（可简称为"生态资本"，在内涵上窄于自然资本）的实体对象其实是一致的，都是生态环境要素，但需强调的是，只有通过市场化运作将生态环境资产盘活，成为可增殖的资产后，才能成为生态环境资本。

生态环境经过产权化变为生态环境资产，再经过政府付费、市场交易或产业化等资本化运营方式变为生态环境资本，最终实现其价值，这一过程被称为生态环境资本化（如图5的第一象限所示），[4]可简称为"生态资本

---

[1] 资产是指具有使用价值、稀缺性、有产权归属并且能带来收益的资源，可分为有形资产和无形资产。资本是指可用来生产其他产品和服务的有形或无形财富的存量形式，是具有增殖性，可用于价值增殖过程的资产（能获取剩余价值）。从外延上看，资本泛指一切投入再生产过程的自然资本和人造资本。其中，自然资本是指由自然界所提供的全部资本，如天然气、森林、渔场及其他生物资源、基因物质和地球大气圈本身；人造资本如实物资本（原材料、厂房、设施、设备等）、智力资本（知识产权、商号、品牌等）、金融资本（货币、股票、证券等）和人力资本（知识技能、文化水平、健康状况等）。当资源变得稀缺并具有明确的产权之后，即可变为资产，这一过程称为资源资产化。当资产用于增殖创造收入时即成为资本，这一过程称为资产资本化。

[2] 王如松院士认为，"生态环境"一词是"由生态关系组成的环境"的简称，是指生命有机体赖以生存、发展、繁衍、进化的各种生态因子和生态关系的总和，英文为"ecological environment"。马世骏先生也认为，生态环境一词中的"生态"是形容词，"环境"是名词，两者不是并列的堆砌关系，"生态环境"的提出是传统污染环境研究向生态系统机理和复合生态关系研究的升华。王如松："生态环境内涵的回顾与思考"，载《科技术语研究》2005年第2期。

[3] 所谓生态环境资产，是指可为人类提供服务和福利的生态性财产或财富（在内涵上窄于自然资产）。生态环境要素要成为生态环境资产，必须具有相应的使用价值和清晰的产权。换言之，生态环境只有经过产权化方能变为生态环境资产，这一过程被称为生态环境资产化。

[4] 参见高吉喜、李慧敏、田美荣："生态资产资本化概念及意义解析"，载《生态与农村环境学报》2016年第1期。

化"。[1]生态资本化的本质是对自然要素的非消耗性利用。从理论上看，许多生态环境要素都可以被资本化而成为生态资本。具体而言，生态环境的资本化可分为直接的资本化和间接的资本化。[2]

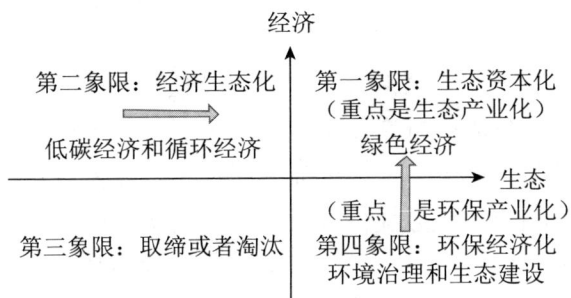

图 5　生态经济和经济环保示意图

（一）直接的生态资本化：生态服务付费、生态保护补偿和生态资产交易等

直接的生态环境资本化，是指将生态环境所具有的生态服务（如水土保持、水源涵养、纳污净化、固碳释氧、气候调节等）和生态产品（如林、竹、草、水等生态性自然资源）的价值直接变现，主要包括生态服务付费、生态保护补偿和生态资源产权交易等运营机制。

所谓生态服务付费（payment for ecosystem services，PES），是指生态服务需求者与生态服务提供者基于平等自愿原则，以生态服务提供者保证生态服务和生态服务需求者提供价款为条款（条件）而达成交易的制度安排。[3]生态服务付费通常发生在近邻的流域、区域之间。在国外，纽约市的一对一水

---

　　[1]　从理论上看，广义的生态资本化可分为生态环境资本化和生态资源资本化两类。生态环境资本化，强调对自然要素的非消耗性利用，如发展林下经济、森林康养、森林旅游、森林文化等森林产业，属于绿色经济的范畴。生态资源资本化，即强调对自然资源实体的开发利用，如林木商业性砍伐、水力发电等，大多属于排他性、消耗性的利用，通常会产生环境和生态的负面效应，属于传统经济的范畴，要遵循保护优先、合理利用等绿色原则。

　　[2]　有学者将生态环境的资本化概括为如下五种主要模式：深度开发生态产品——生产增殖（如生产竹产品）；优化配置生态资产——共生增殖（如良好生态环境与房地产的一体化）；交易生态资产权属——盘活增殖（如林权流转、水权交易）；出售生态服务——服务增殖（如生态补偿和生态服务付费）；生态产业化运营——创收增殖（如生态养生、生态休闲、生态旅游产业）。参见高吉喜等："生态资产资本化：要素构成·运营模式·政策需求"，载《环境科学研究》2016 年第 3 期。

　　[3]　Payments for Ecosystem Services：A Best Practice Guide，URS 6-8 Greencoat Place London SW1P 1PL. 1.

质交易、厄瓜多尔的流域水保基金购买、澳大利亚新南威尔士州的交易所"减盐"信用交易和哥斯达黎加的政府森林环境效益基金机构购买等，都是生态服务付费的典型案例。[1]

所谓生态保护补偿，是指为保护生态环境，政府根据生态系统服务价值、生态保护成本、发展机会成本等因素，对因此遭受特别损失或者付出额外贡献的公民、法人和其他组织采取资金和实物补偿、项目支持、就业扶持、政策优惠、咨询服务、技能培训等方式进行补偿，[2]以维护环境公平的一种制度安排。要注意的是，尽管生态保护补偿同生态服务付费存在一定的共同之处（如二者通常都对生态服务提供者或贡献者给予一定的资金补偿，且都由政府主导等），但二者在本质上有着根本的区别。最重要的是，生态保护补偿在性质上属于行政补偿，生态服务付费在性质上则属于政府主导下的市场交易（很多时候是一方政府买单，双方政府直接进行交易）。

所谓生态资源产权交易，是指为实现更好的资源配置，森林、水、草原等自然资源的权利人（包括所有权人和使用权人）通过转包、出租、转让、入股、抵押等方式，将其享有的林权、草权、水权等自然资源开发利用权流转给不变更用途的另一主体的制度安排。近年来，水权交易、林权流转、草权流转等已发展成为我国比较成熟和典型的几种生态资源产权交易形式。

生态保护补偿、生态服务付费和生态资源权属交易等运营机制是我国近年来进行生态环境资本化或价值化的典型方式，是真正践行"绿水青山就是金山银山"理念的落地之举。然而，囿于我国环境立法的滞后，这几种生态资本运营机制均未成熟和发达，还有很长的路要走。在国际层面，碳汇交易（国家和企业等温室气体减排义务主体可通过在市场上购买森林固碳服务而得以抵消其减排义务的实际履行）是生态服务付费的最新形式，具有十分广阔

---

〔1〕 靳乐山、李小云、左停："生态环境服务付费的国际经验及其对中国的启示"，载《生态经济》2007年第12期。

〔2〕 李启家教授认为，合理充分的补偿并非一时的经济补偿，而是可持续的发展能力的补偿。能力补偿应当包括两个方面：一是本身的行业可以持续，二是要有足够的能力可以转换行业，不至于为了生存而发愁。李启家："中国环境法的代际发展——兼议环境法功能的拓展"，载《上海法治报》2009年3月11日。

的前景。[1]

(二) 间接的生态资本化：林下经济、生态养殖、生态旅游、观光农庄等绿色经济

间接的生态环境资本化是指将良好的生态环境要素作为生产条件或生产要素，通过生态环境产业化等运营，推进绿色经济和绿色产业的发展，实现财富的增值。所谓生态环境产业化，可简称为生态产业化，具体是指利用生态环境要素在生态产品供给、环境景观审美、生态养生休闲等功能，将生态环境直接或间接转化为绿色产业的生产要素，发展绿色经济，从而实现经济社会发展和生态环境保护共生发展的趋势和过程。[2]所谓绿色经济，在狭义上讲，是指对生态环境无害乃至有利的经济形态，即既有经济效益又有生态效益的经济形态。要注意的是，绿色经济在外延上要远远窄于生态经济。"生态经济"（Ecological Economy）是指将人类系统与生态系统融为一体，以资源消耗低、环境代价少、产品附加值高、生产方式集约为主要特征的经济形态，在内涵上包括低碳经济、循环经济和绿色经济等经济形态。[3]根据产业化客体的不同，可将生态产业化分为生态生产产业化和生态服务产业化。

第一，生态生产的产业化。这是指利用生态环境对人类社会具有的生态生产功能（包括生产植物的初级生产功能和生产动物的次级生产功能），将其提供的生态产品作为绿色产业的生产要素，发展绿色经济。当前，推进生态生产的产业化，发展绿色经济，重点是发展木材生产、林木加工、油茶种植、林下经济、生态农业、生态养殖等生态产业。例如，浙江省安吉县合理利用当地丰富的竹林资源，开发了第二代到第六代竹产品，远销世界各国，不仅创造了巨大的经济和社会效益[4]，还改善了周围生态环境（植被覆盖率高达

─────────────

〔1〕 据悉，世界银行生物碳基金所支持的碳汇项目均取得了显著效益。譬如，云南腾冲农民于2005 年在荒山上植树 467hm²，经美国大自然保护协会 (The Nature Conservancy, TNC) 和保护国际 (Conservation International, CI) 的运作，于 2008 年在美国碳汇市场获得了 50×104 美元碳汇购买收入。

〔2〕 产业化是指某种产业在市场经济条件下，以行业需求为导向，以实现效益为目标，依靠专业服务和质量管理，形成系列化和品牌化的经营方式和组织形式的趋势和过程，具有面向市场、行业优势、规模经营、专业分工、相关行业配合、"龙头"带动和配套服务、市场化运作等典型特征。

〔3〕 夏光："怎样理解绿色经济概念"，载《中国环境报》2010 年 6 月 3 日。

〔4〕 浙江省安吉县人口 46 万，108 万亩竹林和 10 多万亩白茶成为全县农民收入的主要部分，分别占人均收入的 60%和 27%。据统计，安吉县以全国 1.8%的竹林资源创造了全国 20%的竹产值，产品主要销往港、澳、台和日本、韩国、东南亚及欧美地区。此外，安吉县还大力发展生态旅游，2012年吸引游客 870 万，旅游收入达 60 多亿元。

75%，森林覆盖率高达 71%），取得了很好的生态效益，荣获了"生态经济示范县"的荣誉称号，成了我国美丽乡村建设的样本。再如，湖北省监利县清理了大批污染企业，生态环境得到了根本的改观，绿水净土不仅为人们提供了舒适的生活环境，也为发展小龙虾、螃蟹、黄鳝等生态养殖产业提供了良好的生产条件，因养殖产品生态环保、品质优良，广受市场认可，实现了生态环保与经济发展的双赢。[1]再如，广西壮族自治区实施退耕还林 20 年以来，全区新增油茶、核桃等名特优经济林 500 万亩，任豆、杉木等速生丰产用材林 800 万亩，林下经济产业总产值达到 878 亿元。每户家庭总收入比退耕还林前年均增长 9.5%，净收入年均增长 16.7%。特别是 2016 年以来，广西壮族自治区在贫困地区建设油茶高产高效示范园 120 个，贫困人口每亩增收超过 2000 元；建设"产业富民"林下经济示范基地 111 个，抽样调查显示贫困人口年人均增收超过 1800 元。[2]

第二，生态服务的产业化。这是指利用生态环境对人类社会具有的生态服务功能（如提供可欣赏、休闲的景观），将其提供的生态服务作为绿色产业的生产要素，发展绿色经济。当前，推进生态服务产业化，发展绿色经济，重点任务是发展森林康养、风景园林（景观建设、园林绿化）、生态养生、生态休闲、生态地产（良好生态环境与房地产的一体化）、生态旅游、乡村民宿、观光农业等绿色产业，切实践行"绿水青山就是金山银山"的理念。譬如，张家界开辟了"空中田园"的新景点，实现了农村精准扶贫和生态旅游开发的统一（"空中田园"既是农业生产中作为生产资料的土地资源，也可作为发展生态旅游产业的景观环境）。浙江省吴兴区设立葡萄旅游文化节，实现农业种植和旅游产业的融合发展（葡萄园既是种植业的生产资料，也可以成为采摘体验的旅游资源）；福建省武夷山黄村发展"茶旅融合"，实现种茶业和旅游业的一体化。再如，广西壮族自治区龙胜各族自治县 2016 年实现森林生态旅游收入 66.47 亿元，直接和间接从业人员 7.5 万人，其中建档立卡贫

---

〔1〕 常纪文："以生态文明促进高质量发展"，载《人民日报》2018 年 7 月 19 日。

〔2〕 2018 年，广西油茶千万亩面积、千亿元产值的"双千计划"启动，54 个贫困县新建油茶高产高效示范园 60 个、示范点 20 个；带动新造油茶林 30.6 万亩，改造油茶低产林 19.3 万亩，分别占全区的93.8%和100%。54 个贫困县林业总产值超过 2000 亿元，同比增长 17%，油茶种植面积达 540 万亩，占全区的 79%，林下经济产值达 464 亿元，同比增长 25.5%，林业产业在 54 个贫困县的覆盖率超过 80%。蒋林林、何长虹："山不再穷 有林长富——广西林业产业扶贫扫描"，载《中国林业产业》2019 年第 10 期。

困人口 2.5 万人，占全县贫困人口的 84.1%。此外，值得一提的是，近年来森林康养产业获得蓬勃发展，截至 2019 年 8 月，四川省各级财政直接投入森林康养产业超过 2 亿元，总产值超 500 亿元；浙江省建成 100 个森林旅游休闲养生区，森林旅游总收入超过 1000 亿元。[1] 2019 年 3 月，为促进森林康养产业的健康、有序发展，国家林业和草原局、民政部、国家卫生健康委员会、国家中医药管理局发布了《关于促进森林康养产业发展的意见》。

国家公园的设立也体现了生态服务产业化的思维。对于自然保护地，特别是自然保护区，我们以往只重视对生态价值的保护，而忽视甚至遏制了对自然保护地的景观欣赏、生态休闲等生态服务价值的合理利用。近年来，我国大举推进自然公园和国家公园的建设就是看到了这种特殊国土空间的环境功能（景观环境）、资源功能（旅游资源）和生态功能（生态生产和生态服务）等多种功能的可共生性，通过生态服务产业化（发挥旅游景观功能的经济价值），走"以产业养生态"的好路子。

需要特别指出的是，推进生态产业化，将"绿水青山"转变为"金山银山"，是有一定的适用范围和适用条件的。譬如，并非所有的村庄都适合发展旅游。据了解，全国能做旅游的乡村实际上不超过 5%，广大的农村还是主要以生产农产品更合适。[2] 最起码的，推进生态产业化的区域必须具有独特的可供开发的自然生态系统优势，[3] 切忌全国各地盲目"大跃进"，不顾本地实际情况"一刀切""一窝蜂"地盲目发展生态旅游、休闲农庄等绿色产业。

四、环保的经济化（环保产业化）

应对生态环境问题的传统方法是环境保护和生态建设，简称为生态环境建设。与生态经济建设、生态政治建设、生态文化建设和生态社会建设都是针对人类系统内部（社会系统和经济系统）展开不同，生态环境建设是直接针对自然系统而进行的。主要任务是：加强对已受污染的大气、土壤、河湖、

---

〔1〕 "国家林业和草原局发文：建设 300 处国家森林康养基地！"，载国家林业和草原局：http://dy.163.com/v2/article/detail/EAIPG3II0518VEJ1.html，访问日期：2019 年 3 月 9 日。

〔2〕 吴琼："中科院团队历时五年'蹲点改造'句容陈庄村：科学家的乡村振兴实验"，载东方资讯：http://mini.eastday.com/a/190407204404280.html，访问日期：2019 年 4 月 10 日。

〔3〕 黎祖交主编：《生态文明关键词》，中国林业出版社 2018 年版，第 325~326 页。

海洋等环境要素的治理和恢复，做好对放射性、噪音、震动等的卫生防护和固体废物的无害化处置；建设适应和减缓自然灾害的工程项目，如防洪工程（葛洲坝水利工程）、人工降雨等；强化土地复垦、土地整理、地下水补给、人工林种植等；加强对已被侵占和破坏的林地、草地、湿地、绿地等生态空间的退返和修复，不断提高森林覆盖率和城市绿化率等，加大对环境保护和生态建设的投资，大力推进生态环保的产业化，形成协调共生的生态产业联盟，实现生态环境建设的自养型、可持续发展（以营利的方式推动生态环境保护事业）。总之，要通过污染治理、可再生资源的开发和建设、生态修复等措施，着力建设以蓝天、碧水、青山、净土和土地肥沃、资源丰富、景色优美等为主要特征的生态环境体系。

要注意的是，生态环境建设是需要成本和代价的。换言之，进行环境保护和生态建设有一个科学与否和成本高低的考量和选择问题。是否关注并着力降低环保的成本，是环境保护观和生态文明观的分水岭。依此而言，环境保护观重点考虑的是如何搞好环境保护，如何提升环境质量，生态文明观则还要考虑环境保护和生态建设的成本问题。换言之，实施环境保护的成本越低，则生态文明的程度越高。因此，生态文明建设的路径或方法之四是，加强生态环境建设的经济化（简称为"环保的经济化"），着力提升生态环境保护和建设的绩效。生态环境建设经济化的基本要求是，力求以较低的经济成本或代价，乃至以营利的方式，对生态环境进行保护和建设，更高效地为人类系统提供更多更好的生态产品和生态服务。所谓经济化，在这里主要是指以经济学、管理学等方面的原理和定律为依据，对人类保护、修复、改善生态环境的认识和活动进行有利于减少经济成本、提高经济效益的调整和改造的趋势和过程。

环保的经济化旨在解决环境保护和生态建设"成本过高"的问题，破解生态环境被动保护的不可持续性之症结问题，核心任务是降低生态环境治理和建设的经济成本，甚至创造经济效益，从而促进生态环保事业的自力更生和可持续发展，实现"生态环境保护—财富增殖—价值实现—进一步保护生态环境"的良性循环。这种节约成本，乃至可创造经济效益的环境保护，可被简称为"经济环保"（Economical Environment protection）。环保的经济化主要有如下两种方式：

（一）环保方式的低成本化

环保的低成本化，是指采用利益衡量机制，灵活选择合适的方式，降低环保的费用成本，减少造成的经济损失。譬如，可以采用征收、赎买、租赁、置换和设立公共地役权等多种方式来保护生态空间，但其中，设立公共地役权和租赁的成本最低。从国内看，2017 年的"舍弗勒公司因上游公司污染关停而断货致惨损案"是粗暴拒绝利益平衡的失败案例。

2017 年 9 月，由于环保方面原因，德国舍弗勒公司的唯一滚针原材料供应商〔1〕——上海界龙金属拉丝有限公司（简称为"界龙公司"），被上海浦东新区川沙镇政府采取了"断电停产、拆除相关生产设备"等措施。〔2〕界龙公司的断货，将导致舍弗勒公司旗下 49 家汽车厂的 200 多个车型陆续停产，可能造成中国汽车产量 300 多万辆的减产，相当于 3000 亿元的产值损失。为此，舍弗勒发出紧急求助函，希望有关部门允许界龙公司再为其生产 3 个月，以切换新的供应商。然而，上海浦东新区环保部门回应称，外资企业选择供应商，必须考虑其是否遵守环保法规，政府对于环境违法企业绝不让步。

从国际上看，1972 年的"斯帕养牛场诉韦伯发展公司案"〔3〕（Spur Industries, Inc. v. Del. E. Webb Development Co）则是利益平衡较为成功的范例。

斯帕在郊区的农用地上建养牛场，后来，韦伯发展公司在养牛场东北方向的一地区开发被称作"太阳城"的城区，并以远低于当时城市土地的价格

----

〔1〕　由于舍弗勒在很多总成产品上享有专有技术并且独家供货，而切换新的供应商至少需要 3 个月左右的技术质量认可和量产准备时间。

〔2〕　界龙公司，位于川沙新镇界龙大道 266 号。该区域属于上海规划产业区外、规划集中建设区以外的"198 区域"。界龙公司的具体生产工艺中包括酸洗磷化，因为无环评审批手续，在 2016 年 12 月的中央环保督查期间，该公司被列为环保违法违规建设项目"淘汰关闭类"。地方政府相关部门曾在 2016 年 12 月和 2017 年 3 月，两次告知企业停止生产。2017 年 9 月 4 日，川沙新镇再次书面告知该企业立即停止生产，如不予配合，将采取"断水、断电"措施。目前，界龙公司已停产并自行切断了生产电源。

〔3〕　See Spur Industries, Inc. v. Del E. Webb Development Co. 108 Ariz, 178. 494 P. 2d 700 Ariz. 1972.

购得土地。随着双方不断扩建，"太阳城"西南部逐渐与养牛场靠近。尽管斯帕经营、清理工作很尽力，但是由于当地盛行南风，"太阳城"南部居民仍然受到养牛场带来的苍蝇、难闻气味的影响。为此，不仅南部楼房难以出售，而且已经购买的住户也非常不满。问题的关键点是：(1)斯帕是否有权在此地经营养牛场？(2)如果斯帕产权被支持，那么为了居民利益，韦伯发展公司是否应该给养牛场一定的搬迁或关闭的补偿费？最后，法院的判决是：(1)"太阳城"的开发者是明知、自愿受到养牛场影响的。这一片土地本为农业用地，城区开发者明知而自愿到此地开发"太阳城"。(2)此地本为农业用地，低价便宜，"太阳城"开发者当时购买时以低价购得土地；城市里的居民生活环境可以受到充分保障，但是也必须受到相关约束。既然这些人到远离城市的"太阳城"开发住宅区，在享受此地清洁、舒适、美观的环境的福利同时也要承担不利后果。(3)斯帕养牛场建立时，并不能预见到将来会有一个"太阳城"在它附近开发，更无法预见到这个"太阳城"会因为自己受影响。(4)斯帕应该搬迁或关闭，但这不是因为它的错误，而是考虑到大众利益。(5)韦伯发展公司的请求得到支持，但是同样也不是因为法官认为韦伯发展公司的做法是正确的，因此韦伯发展公司应该给予斯帕搬迁或关闭的补偿。

(二) 环保事业的产业化

环保的产业化，是指通过推进生态环境保护和建设的专门化[1]和市场化，走产业化的新路子。要注意的是，环境保护和生态建设也有一个路径选择和方法优劣的问题，要尽量选择那些整体效益最大、经济成本最低的方法，着力提升生态环保的可行性、接受度和落地率。在当前的时代背景下，只有走产业化和市场化的道路（重点是发展环保第三方治理）才能提升环境保护和生态建设的自主生存和长效竞争能力，摆脱政府的扶持，走上可持续发展的自强之路。以下，笔者试举例一二，简要说明。

---

[1] 无论是水污染、大气污染、土壤污染等环境污染的治理，还是荒漠化治理、湿地生态修复、防护林建设，均具有一定的专业性，需要专业化的技术人才和设施设备。只有加强专业化和科技化建设才能降低经济成本，提高环境治理和生态建设的双重效益。要注意的是，不考虑成本的绝对环保主义，如所谓零排放、无废化等，要么是玩假的，要么是不划算的，无疑也是不可持续的。

1. 煤改气工程

山西的煤改气，由于没有采取有效措施导致成本太高（安装费 6000 元，冬天烧气费 2000 元~4000 元），许多村民纷纷改回了燃煤取暖。相比而言，北京由于对农村房屋进行节能改造，增强了住房的密闭性，提高了保温性，大大降低了成本（平均每户只需 1000 元~2000 元，就可将室内温度提高 4 摄氏度~5 摄氏度），推行效果很好。辽宁盘锦则采用特许经营的方式，通过市场化运作（每立方米天然气，政府补贴 0.5 元，企业让利 0.5 元），让 9 万多农户主动申办了煤改气，用上了清洁能源取暖。[1]

2. 蚯蚓治污产业

蚯蚓产业链以养殖为源头，尾菜、秸秆和家畜家禽粪便为其提供饲料，经蚯蚓体内转化为蚯蚓粪，经过后期加工，做成性能优异的生物有机肥，以更高附加值"回归"到蔬菜种植园。[2]蚯蚓养殖既改善了土壤，又繁育了更多蚯蚓，当蚯蚓数量达到土地的最大承载能力时，可将多余的蚯蚓用于蛋白饲料或药材加工，这样一来，一条闭环的蚯蚓产业链就形成了。实际上，蚯蚓产业是一个古老又新兴的产业。人类对蚯蚓曾有过三次关注：第一次是1975 年，美国人发现蚯蚓的蛋白质含量高达 65% 以上，可作为高蛋白生物饲料；第二次是 1982 年，日本科学家发现从蚯蚓中提取的纤溶酶可成为人体血管的"清道夫"；第三次就是当下，得益于蚯蚓在土壤修复中的作用被重新认识，催生了对蚯蚓的大量需求。1979 年，天津市和上海科技情报研究所分别从日本各引进 50 万条"北星 2 号"蚯蚓，开启了我国人工养殖蚯蚓的先河。近年来，以土壤修复、蛋白饲料、有机肥等为目的的蚯蚓养殖在全国各地开花，蚯蚓产业正以每年 20% 的增速发展。在江西赣州，刘某创办了以蚯蚓为核心的生态科技公司，做成了一条污泥治理的产业链。在他的"蚯蚓工厂"，5 亿条蚯蚓可分解 100 吨城市污泥，形成 30 吨分解物和 3 吨蚯蚓，新增的蚯蚓就能成为其他产业的原料。[3]

---

〔1〕 寇江泽、惠民生："关键要'惠'到位"，载《人民日报》2019 年 4 月 30 日。

〔2〕 尽管蚯蚓在人们眼中微不足道，但在土壤生态系统中，蚯蚓却是体量最大的生物。蚯蚓在生态群落中的地位非常特殊，很少有生物像蚯蚓这样既属于捕食食物链，又属于腐食食物链。蚯蚓吃土壤中腐殖质、细菌乃至动物排泄物，一条蚯蚓一天分解的物质重量相当于自身体重。蚯蚓自身的排泄物是天然的有机肥，含 18 种氨基酸，每克蚯蚓粪中的有益菌多达 20 万至 2 亿个。

〔3〕 沈湫莎："土壤修复'唤醒'古老蚯蚓产业"，载《文汇报》2018 年 6 月 28 日。

3. 营利性治沙

内蒙古灵活运用了《防沙治沙法》中规定的营利性治沙制度，有效治理了库布其沙漠。当地政府通过与企业（亿利集团）进行合作，运用市场化机制，治沙面积达6000多平方公里，创造生态财富5000多亿元，生态减贫达10万人，真正实现了土地退化修复的可持续发展。鉴于取得的突出成就，该区域被联合国环境规划署确立为全球沙漠"生态经济示范区"，成了我国乃至全球生态建设产业化的典范。[1]

下一步，我们应按照《生态文明体制改革总体方案》（中共中央国务院2015年颁布）的要求，尽快"构建环境治理和生态保护的市场体系"，重点发展污水处理产业、大气污染治理产业、固废处理产业（特别是垃圾收集、焚烧、填埋等产业）、土壤污染治理产业、循环利用产业、生态修复产业和生态建设产业（如植树造林，种草绿化等）。

（三）环保成果的资本化

环保的资本化，是指提升环境保护和生态建设的水平，形成独特的生态环境和生态资源成果，并将其转化为生态资本，以开发收益反哺环境保护和生态建设。例如，推动排污权交易（降低社会治理总成本），尾矿库的景观化（发展旅游业）等。

笔者试举例一二，简要说明之。譬如，烟台市将仓上金矿尾矿库整治绿化，使之变为了旅游收入非常可观的风景区和度假区；有的地方甚至将废矿遗址整治成了生态农庄，既有苹果园、桃园，又有湿地，不仅美化了乡村环境，还创造了经济效益，解决了就业问题，成了全球减贫经典案例之一。再如，北宋的苏东坡将西湖的淤泥修成了苏堤，并加入了诗意般的景观设计，实现了环境治理与景观建设的完美结合，成就了那份"欲把西湖比西子，淡

---

〔1〕 亿利集团采取"公司+基地（合作社）+农户"的合作模式，由公司负责种苗供应、技术服务、订单收购"三到户"，农牧民只需负责提供土地和种植管护。3年后，甘草长成，由公司统一按市场价回收后再加工成复方甘草片、甘草良咽等高附加值健康产品进行销售。截至目前，亿利集团甘草种植面积累计达200多万亩，带动了5000多人脱贫致富。此外，亿利集团还建设了新能源发电站，将种草、养殖、发电、治沙、扶贫等功能巧妙地集聚在了一起。有鉴于此，联合国环境规划署发布《中国库布其生态财富创造模式和成果报告》，对亿利资源集团在改善沙漠生态、发展沙漠产业、消除沙区贫困、应对气候变化方面的卓著成就，做了专题报告。

妆浓抹总相宜”的可持续的生态美。[1]

五、治理的社会化

生态文明建设的第五大路径或方法是生态文明国家治理的社会化。这是指按照党委领导、政府主导、党政同责、一岗双责、部门联动、区域协同、企业联合、政企合作、社区共管和公众参与等原则，形成生态文明建设共建、共治、共享之社会治理新格局的趋势和过程，不断优化生态文明国家治理体系，逐步提升生态文明治理能力。最关键的是，要以坚持党的集中统一领导为统领，以强化政府主导作用为关键，以深化企业主体作用为根本，以更好动员社会组织和公众共同参与为支撑，形成党委领导、政府主导、企业担当和社会参与之各司其职而又良性互动的生态文明治理大格局。

在我国，推行生态文明国家治理的社会化，已有丰富的实践经验和成熟的现实条件。2004 年党的十六届四中全会提出“社会管理体制创新”，2013 年党的十八届三中全会提出“创新社会治理”，2017 年党的十九大更进一步提出“打造共建共治共享的社会治理格局”。2019 年，党的十九届四中全会通过了《中共中央关于坚持和完善中国特色社会主义制度 推进国家治理体系和治理能力现代化若干重大问题的决定》，进一步提出要坚持和完善中国特色社会主义制度，推进国家治理体系和治理能力现代化。

从“社会管理”到“社会治理”，意味着在应对环境问题上，与传统的污染防治和节能减排等模式相比，我国的生态文明建设将在目标宗旨、治

---

[1]　公元 1089 年，苏东坡出任杭州知州，为了治理破败失色的西湖，苏东坡下令清淤，并用清理出来的大量淤泥在湖的西部建了一道堤坝（即后来的苏堤），联通了南岸和北岸，还在堤上安设了六座小桥（分别取了映波、锁澜、望山、压堤、东浦、跨虹，这样如诗如画的六个名字），桥下可以通船。如此一来，不仅保持了湖水的流动性，还使得长堤变得灵动而富有生机。这六座小桥，一桥一式，一桥一景，因种植了柳、碧桃、海棠、芙蓉、紫藤、玉兰、樱花、木樨等植物，横卧水面的长堤一年四季也是美不胜收。为了防止野草再次泛滥成灾，苏东坡下令把一部分湖岸开垦出来，让农人种植菱角，并划定了禁止种植的范围（防止菱角种植面积过大而影响水质），相当于今天的生态红线。为了明确标示菱角禁种区域，苏东坡让人在湖中立了三个标志，并把三个标志设计为三座小石塔。这三座小石塔的设计可谓妙不可言：塔的中间是雕空的，每逢民间重大节日，夜晚在塔内点上烛火，便成了西湖的著名一景，三潭印月。此外，在石塔的塔基深入湖底的部分，还设有一标记，以提示后人清淤的深度。苏东坡治理西湖的智慧主要在于，找到了生态保护与经济发展的平衡点，实现了生态治理与景观建设的完美结合。参见杨明森：“我们与东坡，距离是多远？”，载新浪微博：https://weibo.com/ttarticle/p/show? id=2309404316668078765461，访问日期：2019 年 3 月 15 日。

理主体、治理内容、治理方式、治理方向和治理范围等方面发生重大转变。[1]

（1）治理目标的社会化。即将从单纯追求环境质量的改善和生态要素的保护，转到更加重视"人"本身的感受，坚持"以人为本"的基本立场，以人民群众的生活富裕、环境舒适等普遍幸福为终极目标。

（2）治理主体的社会化。即将从环保部门单打独斗，转向党委统一领导下的政府主导、党政同责、一岗双责、部门联动、区域协同、社区共管、企业联合、公众参与等多主体的治理体系。譬如，坚持"管行业必须管环保、管业务必须管环保、管生产经营必须管环保"的工作原则，构建一岗双责、齐抓共管的生态文明建设大格局。在大气污染防治方面，推行区域联防联控。再如，武夷山国家公园管理局与各村级管护单位签订《生态公益林管护责任书》，明确景区、森林公园和九曲溪上游地带生态公益林管护责任主体。从公园局周边村民中公开择优招聘生态公益林护林员 14 名（工资约 2000 元/月）、生态管护员[2] 20 名（工资约 3000 元/月），选聘社会监督员 11 名（无工资），设立违法举报电话，强化社会监督。关于治理主体，当前最重要、最关键的内容是监管体制的设计问题。譬如，就生态环境执法体制而言，是以前的双重管理体制，还是目前正在试点的垂直管理体制，更适合中国的国情，需要一定的历史耐心，进行合理时段的对比观察，暂时不要急于求成地"一刀切"。[3]

（3）治理内容的社会化。即将从强调实行政府对社会的"管控"，转向强调服务型政府建设。例如，指导和帮助居民节水节电、进行垃圾分类，建设污水处理厂、垃圾焚烧厂等污染防治基础设施，建设森林步道、城市绿地、街心公园等公共设施，等等。

（4）治理方式的社会化。即将从传统的政府行政性行为，转向市场调节、

---

[1] 程萍："社会治理为什么要社会化?"，载《半月谈》2018 年第 1 期。

[2] 生态管护员属于武夷山国家公园局的正规队伍，承担的责任比护林员更多，属于单位的聘用职工。护林员也是聘请的，但属于松散型管理，不属于国家公园局的单位职工。

[3] 据调查，环保部门推行垂直管理体制改革以后，县级人民政府普遍抱怨搞环保工作从此没有了抓手，却还要承担环保问责的风险。因为，垂直体制改革后，县级人民政府的生态环境局变为了市级生态环境局的分局，以致县级人民政府即使想履行《环境保护法》第 6 条的环境质量属地责任却没有了专业的权力执行部门。目前，有些地方还保持着原来的双重管理体制，即县级环保部门在编制上是隶属于县级人民政府的职能部门，但业务上须接受市级环保部门的指导。

社会多元主体协商共治，如推行二氧化硫排污权交易，国家公园特许经营，商品林收储（采用置换、赎买、租赁、协商等方式将商品林调整为生态公益林）、公共地役权设置（签订公共地役权合同），环境污染第三方治理，环境损害赔偿责任保险，等等。

（5）治理方向的社会化。即将从"自上而下"的单向管理，转向既有从中央到地方、从政府到民众的"自上而下"，又有从地方到中央、从民众到政府"自下而上"的双向协商互动。譬如，我国的环境公益诉讼和环保法庭，首先就是在贵阳、无锡等地进行环境司法专门化创新，最后经全国人大常委会和最高人民法院确认而在全国普遍推行的。

（6）治理范围的社会化。即在厘清党委、政府、市场和社会权责边界的基础上，整个生态文明建设工作可向全社会开放。譬如，2018年8月，原环保部印发《关于生态环境领域进一步深化"放管服"改革，推动经济高质量发展的指导意见》，通过"放管服"改革，重新划定政府、市场和社会各自的治理范围，取消了竣工验收等部分行政许可事项，大幅减少环评审批的适用范围，推动经济的高质量发展。[1]

六、结语

"治之有方"，是生态文明的又一真谛。建设生态文明，推进绿色发展，基本方法有五，包括空间发展格局的有序化、经济社会发展的生态化、良好生态环境的资本化、生态环境建设的经济化和生态文明国家治理的社会化。基本目标是，建成发达的生态经济、昌明的生态政治、繁荣的生态文化、和

---

[1] 其一，简政放权，取消了部分许可事项。譬如，环评涉及的5项行政许可，依法取消了部门预审、试生产审批、竣工验收许可3项，只保留了建设项目环评审批、环评机构资质管理2项。除跨省、跨流域项目，部分新建规模化石化、化工等污染物排放量较大项目由生态环境部审批外，绝大部分建设项目环评审批权都下放到省级生态环境部门。2018年上半年，全国共审批建设项目环评文件91686个，其中，生态环境部只审批了22个。其二，大幅减少环评审批的适用范围。譬如，实行区域环评、规划环评与项目环评联动，大幅减少编报告书的建设项目数量，将登记表由审批改为告知性备案。环评实行分类管理，分为报告书、报告表和登记表。2018年上半年，全国备案项目环评412864个，占全国项目环评总数的八成。换言之，此前项目环评的80%已无需审批。需要审批的9万多个环评文件中，需要编报告书的只占8%，大部分的只需要编制报告表，大大减少了环评工作量。通过此次环评审批制度等"放管服"改革，大大减少了行政审批工作量和市场主体的经济负担，大大激发了市场活力。高伟："环保领域深化'放管服'改革 推动行业整体发展"，载经济参考网：http://www.jjckb.cn/2018-09/03/c_137440827.htm，访问日期：2018年9月3日。

谐的生态社会和良好的生态环境。以上五种方法，主要是基于人类经济社会与自然生态系统的整体性、关联性、融合性而对人类行为提出的生态化要求。此外，还需基于人类系统的社会性、高智商性、可合作性而站在整个社会系统和经济系统的高度，利用并强化人类社会的分工协作，采取生态文明治理的社会化措施，全社会各类主体并肩携手解决所共同面临的环境污染、资源短缺和生态退化问题。在这方面，大气污染联防联控和全球气候变化应对的"京都三机制"（清洁发展机制、联合履约和碳排放权贸易）可谓最为典型的社会化措施。

要注意的是，空间发展格局的有序化、经济社会发展的生态化、良好生态环境的资本化、生态环境保护的经济化和生态文明治理的社会化等生态文明建设的路径和方法，各有其适用范围和功能优势，在具体适用时，应注意科学选择和综合运用。

本章小结

为解决环境污染、资源短缺和生态退化的多重危机，以实现人与自然的协调发展，西方国家先后提出了零增长、环境保护和可持续发展等理论观念和话语体系。中国共产党立足于我国面临结构型、压缩型、复合型生态环境危机和自然资源问题的严峻形势提出了建设生态文明的伟大战略，并逐步形成了系统的生态文明思想体系。

一、生态文明观的理论要点

恩格斯曾指出："一个民族要想站在科学的最高峰，就一刻也不能没有理论思维。"[1]中国共产党领导全国人民，在总结近年来生态文明建设理论和经验的基础上，经过持续不断、筚路蓝缕的研究努力，逐步形成了习近平生态文明观（全称为习近平生态文明思想）。

生态文明观是一个由生态文明历史观、生态文明伦理观、生态文明福祉观、生态文明产品观、生态文明发展观、生态文明建设观、生态文明法治观

---

〔1〕《马克思恩格斯全集》（第3卷），人民出版社1971年版，第467页。

和生态文明全球观等思想和观念所组成的庞大理论体系。

其一，生态文明历史观是关于如何认识自人类文明以来人类利用和改造自然、自然又反过来影响人类的过程中所反映的历史发展规律的一系列理论观点的总称。精髓是"生态兴则文明兴，生态衰则文明衰"。

其二，生态文明伦理观是关于如何认识"人与自然的关系""与人有关的自然与自然的关系"以及"与自然有关的人与人的关系"等关系的一系列理论观点的总称。在"人与自然的关系"上，坚持天人合一（人与自然是一个生命共同体）、以人为本的原则。在"与人有关的自然与自然的关系"上，坚持"山水林田湖草是一个生命共同体"的原则；在"与自然有关的人与人的关系"上，坚持环境公平和保障民生的原则，既要以维护环境权益为核心任务，又要兼顾生存权和发展权的尊重和保障。

其三，生态文明福祉观是关于生态文明时代如何认识和保障人民福祉的一系列理论观点的总称。生态文明福祉观的核心有二：一是生态文明民生观，精髓是"良好生态环境是最普惠的民生福祉"；二是生态文明公平观，精髓是环境正义[1]，包括生态产品和生态服务的分配正义，生态环境保护的矫正正义，环境污染和生态破坏侵权的救济正义等。

其四，生态文明产品观，是关于在生态文明时代提供什么样的生态产品以及如何生产优质的生态产品以满足人民群众日益增长的美好生活需要的一系列理论观点的总称。对生态产品的基本要求是环境良好、资源永续和生态健康。关键是要从功能分化和功能管理的角度出发，科学认识和统筹处理环境、资源和生态之间"一体三用"的辩证关系。

其五，生态文明发展观，是关于在生态文明时代如何认识和处理发展与

---

〔1〕 "环境正义"一词，最初出现在兴起于20世纪70年代美国的环境正义运动，这是一场社会底层（尤其是少数族裔和低收入民众），维护环境权益，争取环境平等的权利运动。环境正义运动之所以产生，是因为美国的有毒有害废弃物集中分布在低收入社区及有色人种社区，这一运动自始就受到民权运动的推动。拉开环境正义运动序幕的是"沃伦抗议"（the Warren County Protests）。1982年，当北卡罗纳州政府决定将大量有毒废弃物填埋在沃伦县的消息传开后，立即受到了整个沃伦县基层居民的强烈反对与抗议，并得到了来自全国各地的声援与支持。"沃伦抗议"引起了全国范围内的广泛关注和一系列连锁反应，它首次暴露了环境种族主义的存在，拉开了少数族裔维护环境正义的序幕。1987年《美国的有毒垃圾与种族：关于有害废弃物处理点所在社区的种族和社会经济性质的全国报告》调查报告的发布，1991年第一届有色人种环境领导人峰会的召开，将环境正义运动逐渐引向深入。环境正义运动对美国的环保运动以及政府的环境政策产生了深远的影响。高国荣："美国环境正义运动的缘起、发展及其影响"，载《史学月刊》2011年第11期。

保护的关系一系列理论观点的总称，是习近平生态文明思想的核心和灵魂。基本要求是实现生产发达、生活美好、生态平衡之"三生共赢"的高质量发展（或者称为高质量的绿色发展）。重点可被分解为三个方面的重要思想：一是"既要绿水青山，也要金山银山"的协调发展观，精髓是自然资源的合理利用，目标是实现经济发展与环境保护的统筹协调；二是"宁要绿水青山，不要金山银山"的永续发展观，精髓是"保护生态环境就是保护生产力"，目标是通过在生态产品主产区和生态脆弱区的生态优先政策确保经济社会的永续发展；三是"绿水青山就是金山银山"的绿色发展观（狭义），精髓是推进生态资本化（包括生态产品的资本化和生态服务的资本化），目标是发展绿色经济，将良好的生态环境作为生产要素而实现其经济效益。

其六，生态文明建设观是关于如何建设生态文明以实现"三生共赢"之高质量发展的一系列理论观点的总称。主要包括如下内容：一是生态文明空间观，基本要求是以生产空间、生活空间、生态空间三大类型为基础，优化国土空间开发利用格局；二是生态文明生产观，基本要求是优化经济布局，调整产业机构，推进全过程管理（重点是清洁生产，实施从摇篮到坟墓的全过程控制），发展生态经济（重点是生态农业、生态工业和循环经济）；三是生态文明生活观，基本要求是践行绿色消费、绿色出行、绿色居住等绿色生活方式；四是生态文明决策观，基本要求是党和政府对经济社会发展与生态环境保护的一体化决策；五是生态文明参与观，基本要求是全民参与、社会共治；六是生态文明治理观，基本要求是统筹推进作为生命共同体之山水林田湖草的系统治理等；七是生态文明方法论，基本要求是综合运用科技、工程、伦理、市场（经济）、行政（政府）、社会（参与）、教育、政策、法律等手段或武器来解决环境资源问题，以实现人与自然的协调发展。

其七，生态文明法治观是关于如何运用法律的手段来处理人与自然的关系的一系列理论观点的总称。主要包括如下内容：生态文明权利观（精髓是"环境权是生态文明时代的标志性权利"）、生态文明权力观（基本要求是构建以资源部、环境部和生态部为核心的地位权威、分工明晰、手段全面、措施有力、部门协同、衔接顺畅的生态文明监管体系）、生态文明义务观（基本要求是合理分配义务、自觉履行义务、严格监督义务）、生态文明问责观（精髓是党政同责、一岗双责、终身追责〔1〕,基本原则是依法问责、公平问责和尽职免责)。也可以分为生态文明立法观、生态文明执法观和生态文明司法观(基本要求是推进环境司法专门化,特别是环境公益诉讼)等。

其八,生态文明全球观是关于在全球化背景下如何认识和处理"地球村"中,国家与国家、北方(发达国家)与南方(发展中国家)之间等国际关系的一系列理论观点的总称。宗旨是推进国际环境合作、实现全球共赢,精髓是共同但有区别的责任和人类命运共同体等。"建设美丽家园是人类的共同梦想。面对生态环境挑战,人类是一荣俱荣、一损俱损的命运共同体,没有哪个国家能置身事外、独善其身。"唯有并肩同行,携手合作,推行共同但有区别的责任原则,人类才能有效地应对气候变化、海洋污染、生物安全等全球性环境问题,才能让绿色发展理念深入人心,使全球生态文明之路行稳致远。〔2〕

生态文明观不仅继承和吸收了增长极限观、环境保护观、协调发展观、可持续发展观等理论的精髓,而且克服了其视野狭隘、立场不明等局限性,堪称人类在人与自然关系认识上的伟大进步。无论是在立场(以人为本和环境公平)、境界(人类文明)、格局("社会-经济-自然"复合生态系统)、视野(整个国土乃至地球空间的环境、资源和生态),还是在宗旨(实现生产发达、生活美好、生态平衡的"三生共赢")、任务(维护生态产品和生态服务的供需平衡)、精髓(高质量的绿色发展,即发展不仅是绿色的,而且是高质量的)、路径(生态经济建设、生态政治建设、生态社会建设、生态文化建设和生态环境建设等方面)、方法(采用类似中医疗法的"整体主义"方法论,综合运用空间有序化、发展生态化、生态资本化、环保经济化、治理社会化等方法)等方面,生态文明观不仅远远超越了以污染防治(环境质量)为中心、以"还原主义"为方法论(类似"头疼医头脚疼医脚"的西医疗法)的环境保护观,也超越了以经济增长和社会发展(消除饥饿、贫穷,确保健康)为中心、以自然资源可持续利用和环境保护为宗旨的可持续发展观

---

〔1〕 2015年8月17日,中国政府网公布中共中央办公厅、国务院办公厅印发的《党政领导干部生态环境损害责任追究办法(试行)》第12条规定:"实行生态环境损害责任终身追究制。对违背科学发展要求、造成生态环境和资源严重破坏的,责任人不论是否已调离、提拔或者退休,都必须严格追责。"

〔2〕 习近平:"共谋绿色生活,共建美丽家园——在二〇一九年中国北京世界园艺博览会开幕式上的讲话",载新华网:http://www.xinhuanet.com/mrdx/2019-04/29/c_138020686.htm,访问日期:2019年4月28日。

（精髓是实现经济社会发展的可持续性，有绿色发展的因素，却无高质量发展和美好生活的要求）。

生态文明观的第一要义是发展，精髓是高质量的绿色发展。发展失序是生态文明产生和发展的时代背景和历史条件。生态文明是发展达到工业文明阶段出现严重的环境问题时才提出的新理念，生态文明建设的初衷是修正和优化传统发展，走"天人合一、人天协调"的文明发展道路。发展是建设生态文明的必要手段。只有革新和优化发展，"发展"发展，才能有效地解决因发展过度、发展不当以及发展不足、贫穷落后所导致的两类环境问题。发展是解决我国一切问题的基础和关键，齐心协力搞建设，聚精会神谋发展，这一点丝毫不能动摇。

生态文明观的基本立场是以人为本、以公平为旨归。建设生态文明要以实现环境良好、资源永续和生态健康为宗旨，但并不是要奉行"生态中心主义"和"环保极端主义"，而是坚持以人为本和以公平为旨归的基本立场，以满足人民群众对优质生态产品、良好生态服务的各种正当利益需求为出发点，以保护公民环境权、兼顾生存权和发展权，保障人体健康、维护社会公平（特别是底线公平）和增强可持续发展能力为立足点，反对采用环保"一刀切"的简单粗暴措施。

生态文明观的首要目标是环境良好、资源永续和生态健康，终极目标是实现生产发达、生活美好（包括生态环境的宜居、美丽、舒适）和生态平衡之"三生"共赢的高质量发展。保护生态环境和自然资源只是手段，生态文明建设的最终目的是将文明与自然联系起来，把社会系统、经济系统和自然系统视为一个耦合的整体，推进"社会-经济-自然"复合生态系统生产发达、生活美好和生态平衡的"三生"共赢，可持续地实现经济利益、社会利益和生态利益之整体利益的最大化。

生态文明观主张，生态文明建设的核心任务是维护生态产品和生态服务的供需平衡。即，维护好"社会-经济-自然"复合生态系统中人口生产、物质生产、生态生产之间生态产品和生态服务的供需平衡。包括维护"自然系统-社会系统"之间环境资源的供需平衡、"经济系统-社会系统"之间物质产品的供需平衡、"自然系统-经济系统"之间环境资源的供需平衡、自然系统内部各要素之间的生态平衡等。其中，重中之重是要防止生产经营耗费的资源能源超出当地的资源禀赋而导致资源耗竭，以及生产过程中所排放的污染物质超过环境容量而导致环境污染。

生态文明观认为，生态文明建设的主要方法是空间有序化、发展生态化、生态资本化、环保经济化和治理社会化等。生态文明观并不反对和否定发展，而是主张经济发展的方式、结构、规模和速度应当与具体时空下的资源禀赋、环境容量和生态状况相适应，通过空间的有序化（重点是推动主体功能区规划和国土空间用途管制）和发展的生态化（包括经济发展、政治发展、社会发展和文化发展的生态化，如推行污染防治，发展循环经济等）、生态的资本化（重点是良好生态环境的资本化，如森林康养）、环保的经济化（降低环境保护和生态建设的经济成本，乃至实现盈利）和治理的社会化（包括党政同责、政府负责、部门联动、区域联合、政企合作、社会参与）等方式来规范发展、优化发展和改进发展，切实提高解决环境污染、资源短缺和生态退化等问题的"可行能力"，维护生态产品和生态服务的供需平衡，扩展和实现人与自然和谐相处的"实质自由"。

生态文明观主张，法治是生态文明建设的重要法宝。建设生态文明，应当综合运用科学技术、工程建设、市场调节、行政管理、伦理教化、法律治理等多种手段。其中，由于具有规范性、权威性、强制性、确定性、广泛性、统一性、公开性、普遍性、程序性、综合性、体系性等显著的比较优势，法治方式脱颖而出，日益成为生态文明建设的治国重器和核心举措。"法治是治国之重器，良法是善治之前提。"推进生态文明法治建设，就是要以环境法治、资源法治和生态法治为主干，综合运用宪法规范、民法规范、行政法规范、刑法规范和诉讼法规范等各种法律手段，建立健全完善的生态文明法治体系，将自然要素所承载的环境利益、资源利益和生态利益等进行公平合理的配置和及时有效的保护。生态文明法治建设的核心任务是构建一个良法善治的生态文明法治体系，包括完备的生态文明党规国法体系（党纪政规体系和法律制度体系）、高效的生态文明法治实施体系（行政执法体系、司法侦查体系、司法检察体系和司法审判体系等）、严密的生态文明法治监督体系（国家监察体系、媒体监督体系等）、有力的生态文明法治保障体系（人、财、物）等，为生态文明建设提供坚实有力的法治保障。

二、生态文明观的法学重构和法律表达

当前甚至在今后较长的一段时期内，中国不得不面对日益严峻的环境问题，但中国仍是一个发展中国家，整体上尚处于工业化中后期，我们只有坚持以生态文明观为指导，才能在国内建设和国际交往中立于不败之地，才能实现"生产发达""生活美好""生态平衡"之"三生共赢"的高质量发展，才能早日实现中华民族的伟大复兴和美丽中国梦。

党的十九大报告指出，要牢固树立社会主义生态文明观，推动形成人与自然和谐发展现代化建设新格局，加快生态文明体制改革、建设美丽中国。然而，近年来，由于各方面主客观因素的不利影响，我国的生态文明建设还存在诸多亟待解决的突出问题。当前，我们必须大力加强对生态文明和美丽中国建设的理论研究和实践调研，尽快推进生态文明建设体系的构建和完善。

环境法学界应当加强对与生态文明建设有关的环境学、资源学、生态学、控制论等自然科学和经济学、社会学、政治学、管理学等社会科学基本原理和基础知识的关注和了解，从而形成关于生态文明观的环境法学解读（如以"一体三用"的新理论来认识和辨析环境、资源、生态的关系），并将其内化为环境法学的绿色法理。与此同时，环境法学还须打通私法和公法、实体法和程序法之间的"任督二脉"，对环境法的结构组成、属性地位、生长模式、近邻关系（环境法与民法、行政法、刑法、经济法等相关部门法的关系）、核心范畴（如环境权）、调整机理、制度体系以及环境法治专门化（包括环境立法专门化、环境执法专门化和环境司法专门化等）、传统法律生态化、环境立法法典化等重点、难点问题进行系统深入的研究，构建既有国际视野又体现中国特色、既坚守法学立场又不失科学品性的环境法学理论体系，为我国生态文明法治建设事业又好又快和可持续发展提供先进的理论武器和坚实的智识支持。

生态文明观的法律表达：环节·原理·要求

改革开放四十年来，经过几代学人孜孜不倦的努力，我国的环境法学已是枝繁叶茂，硕果累累，取得了令人瞩目的成就。然而，反躬自省，实事求是地说，主体性、本土性、内生性、原创性和教义性[1]研究尚显不足，时至今日，依然未能形成中国环境法学的范畴体系和理论体系。这种情形跟中国法理学的发展同病相怜，二者具有高度的相似性和关联性，因为"中国法理学的发展基本上还笼罩在西方法理学的范式之下，从某种意义上说还停留在一种'西方法理学在中国''西方话语的中国表达'的阶段，即还远没有达致一种自主自觉的研究状态"。[2]总体而言，"在中国学问家多，思想家少；学者的作品中，评点感悟式的多，自创一格、自成体系的少"。[3]对此，王利明教授曾郑重指出：坚持主体意识是中国法学繁荣发展的重要经验，中国法学学者"不能做西方理论的搬运工，而应从中国实际出发，提出自己的见解，做中国学术的创造者和世界学术的贡献者"。[4]然而，环境法学界多年以来要么习惯于"中国问题（存在某类严重环境问题）—国外经验（外国已有相关法律制度）—中国对策（也要进行相应立法）"的对策法学模式和拿来主义习惯，要么纠缠于"马克思说……孟德斯鸠说……贝卡利亚说……当代著名学者××说……，而我认为……"的罗列法学模式和综述主义思维，[5]以至于总是以西方法学理论为中心和圭臬，甚至不敢越雷池一步，至今仍缺乏原创

---

[1] 教义，是指一种宗教所信奉和宣扬的神学道理思想，即某一宗教所信奉的义理，如基督教的神权中心、来世主义、禁欲主义等教义。环境法学的教义性不足，在这里是指，环境法学界没有把体现环境法基本原理、独特精神和新型理念的理论，梳理、提炼和概括出来。

[2] 李拥军、侯明明："法外之理：法理学的中国向度"，载《吉林大学社会科学学报》2019年第4期。

[3] 王轶："从'照着讲'到'接着讲'"，载《法学论坛》2011年第2期。

[4] 王利明："增强民法学理论创新的主体意识"，载《人民日报》2019年2月11日。

[5] 凌斌：《法科学生必修课——论文写作与资源检索》，北京大学出版社2013年版，第224页。

性的理论思考和智识贡献。对此，吕忠梅教授曾开宗明义地指出："中国的环境法学面临着从'外来输入型'到'内生成长型'的转变，这种转变的前提是环境法基础理论必须建立在中国的生态文明发展道路、生态文明建设理论、生态文明体系逻辑之上。"〔1〕

这是因为，生态文明观，特别是作为生态文明观灵魂和精髓的生态文明发展观，既借鉴吸收了新发展观〔2〕、协调发展观、可持续发展观、自由发展观等科学理论，又建基于中国本土蓬勃发展的具体实践，具有高瞻远瞩的站位和极其丰富的内涵，必将对我国环境法治乃至环境法学的发展产生广泛而深远的影响。

然而，从科学原理到法律制度、从政策文件到法律文本、从客观事实到法律规范皆不是自然生成的，都需要有高屋建瓴的法学理论作为指导。只有打破学科之间的藩篱和壁垒，〔3〕融合环境法学与法学内部其他学科、自然科学（如环境学、生态学、地理学、气象学）、其他社会科学（如经济学、管理学、政治学、社会学、人类学）等不同学科的知识，才能因循时势地发展，形成关于生态文明的法学理论，为全球环境法学以及环境法治的发展做出贡献。今后，环境法学界应当尽快形成法学视野下的生态文明观，并注意从生态文明事理中抽象和提炼出生态文明的法理，早日形成结构完整、逻辑严谨的环境法学理论体系，再以这些环境法学理论为基础和依据，创制和改造生态文明的立法体系，不断推进环境法的升级换代和健全完善。

第一节　话语转换：生态文明观的法学解读

生态文明观是一个包含生态文明历史观、生态文明伦理观、生态文明福祉观、生态文明产品观、生态文明发展观、生态文明建设观、生态文明法治观和生态文明全球观等思想观念的庞大理论体系。特别是其中的生态文明发展观，是习近平生态文明思想的精髓和灵魂，具有复杂、丰富的内涵和非常深邃的思想。因此，要以生态文明观为理论基础，促进环境法的升级换代，

---

〔1〕　吕忠梅："新时代环境法学研究思考"，载《中国政法大学学报》2018 年第 4 期。
〔2〕　[法] 弗朗索瓦·佩鲁：《新发展观》，张宁、丰子义译，华夏出版社 1984 年版。
〔3〕　王利明、常鹏翱："从学科分立到知识融合——我国法学学科 30 年之回顾与展望"，载《法学》2008 年第 12 期。

首要的前提是，立法者或研究者必须对生态文明观进行全面、深入的法学解读。这就要求环境法学界务必对生态文明的实践、知识和原理，有一个全面、深入的了解和把握，并运用法学的思维和逻辑进行汇总、梳理、转换和加工，从而形成法学视域下的生态文明观。

一、生态文明观的理论生成：从事实到事理

生态文明理念自首次提出至今不过 30 年的历史，真正成为主流话语也还不足 10 年的时间，包括哲学、经济学、社会学、政治学和法学等学科在内的整个学术界对其的研究还不够全面和深入，大多停留于对政策文件和领导讲话的简单重复和浅层注释，可以说，在整体上还没有形成生态文明理论体系或思想体系。

（一）生态文明事理的提炼和归纳：从经验事实到科学理论

生态文明建设跨越天文、地理、气候、生物、历史、经济、政治、文化、社会等十分广泛的领域，环境法学界只有建基于环境学、生态学、资源学、经济学、伦理学、社会学、政治学、人类学等众多自然科学和社会科学的知识和原理，对有关生态文明的思想和实践进行汇总、梳理、比较、归纳、提炼乃至一定程度上自力更生、独立自主的原创研究：从生态文明的事实中归纳和抽象出生态文明的事理，形成全面、系统的生态文明观。

以下，笔者试采撷几例，简要说明之。

从环境、资源、生态这三个概念既有区别又有联系的事实中，提炼出"自然与环境、资源、生态之间属于'一体三用'或者'一体三面'的关系"的事理。

从"既要绿水青山又要金山银山，宁要绿水青山不要金山银山，而且绿水青山就是金山银山"的领导金句中，分别提炼出协调发展、生态优先、生态资本化的事理。从"留得青山在，不怕没柴烧"的俗语中，提炼出生态（青山）是资源（柴）之基础的事理。

从经济社会建设和生态环境保护的辩证关系，提炼出"生态文明观的第一要义是发展，精髓是绿色发展"的事理。

从淘汰落后产能、推进清洁生产和循环经济等政策和实践中，提炼出发展生态化的事理。

从主体功能区规划、"三规合一"中，提炼出优化国土空间利用格局的

事理。

从"保护生态环境就是保护生产力"的政策口号中，提炼出"生态产品生产"的事理。

从经济社会发展的经验和世界各国环境危机的教训中，总结出"生态文明建设的直接目标是实现环境良好、资源永续和生态健康，终极目标是实现生产发达、生活美好、生态平衡之'三生共赢'的高质量发展"的事理。

从经济系统、社会系统、自然系统的关系和供需平衡的原理中，概括出"生态文明建设的核心任务是维护好'社会-经济-自然'复合生态系统中人口生产、物质生产、生态生产之间生态产品和生态服务的供需平衡"的事理。

从生态文明建设的实践和哲学、生态学、经济学等学界的有关学术思想中，概括出"生态文明建设的基本路径和主要方法是空间发展格局的有序化、经济社会发展的生态化、良好生态环境的资本化、生态环境保护的经济化和生态文明国家治理的社会化"的事理。

从世界各国处理人与自然关系的经验和教训，以及学界和实务界关于生态文明的理论阐释中，概括出"生态文明观是一个包括生态文明历史观、生态文明伦理观、生态文明福祉观、生态文明产品观、生态文明发展观、生态文明建设观、生态文明法治观和生态文明全球观等思想观念的理论体系"的事理。

…………

从总体上看，时至今日，可以说，我国的环境法学界不仅没有全面形成建基于环境学、经济学、伦理学、政治学等多学科意义上的生态文明观（甚至尚未形成体系化的环境保护观），甚至对生态文明某些重要领域和关键环节的理论和实践也缺乏深入了解和具体把握。特别是，对环境、资源和生态的联系和区别，对生活环境、自然环境、生态环境、人工环境的区别和联系，对环境污染和生态破坏的类型、原因和影响，对环境污染和生态破坏的区别和联系，对环境享用、资源开发利用、能源和经济结构、产业布局、生产方式、清洁生产、循环利用、污染防治手段、环境标准、环境监测、环境风险防控、主体功能区、国土空间利用格局优化、生态保护红线、生态空间用途管制、绿色经济、生态经济、低碳经济、循环经济、环境资源税费、绿色金融、生态资本化、环保产业化、生物多样性保护[1]、湿地保护、国家公园、自然保护地、生态流量、野生动物栖息地、商品林、公益林、林权流转、生物入侵、生物安全、遗传资源、生态保护补偿、中央环保督察、党政同责、一岗双责、生态破坏、环境治理、生态修复、生态建设……一系列专业化程度较高、处于生态文明建设前沿的问题和实践，了解不多，甚至对个别议题知之甚少！遑论形成系统、完整的生态文明法学理论体系。

背后的原因有很多，除了学科背景先天不足（大部分环境法学者没有环境科学等自然科学背景）等客观原因外，更为严重的问题是，研究生课程结构中自然科学比重过低，环境法学教材设计陈旧，学术研究理论敏感性过低，不重视田野调查和实证研究，等等。并非杞人忧天的是，若不及时采取有效措施，在未来较长的一段时间内，环境法学界都将难以在整体上形成生态文明观。"皮之不存，毛将焉附？"没有形成生态文明观，又如何建设作为环境法发展进化之理论基础的生态文明法学理论体系？

（二）生态文明事理不清的弊端和危害：妨碍法理创新、良法制定和法律实施

事理是法理的基础，事理不清，后边的法理构建乃至法律的制定和实施都可能会有问题，正所谓"基础不牢，地动山摇"。

2015年前后，在修改《大气污染防治法》时，受国际上气候变化立法热潮的影响，许多环境法学者和立法工作者均将二氧化碳解释为污染物质，进而主张在《大气污染防治法》中设立气候变化应对专章。此乃因事理不清而导致立法主张谬误的典型事例。这是因为，二氧化碳应属于大气生态破坏物质，而非大气污染物质，故温室气体控制的问题无法被纳入《大气污染防治法》的调整范围。其一，二氧化碳通常没有直接的有害性。排放的二氧化碳对人体、财产以及生物一般并不构成直接的危害，而常见的污染物质均有一定的直接危害性。其二，二氧化碳具有直接有用性。二氧化碳是光合作用的原料物质，是植物新陈代谢的基础，具有排放的必要性，而一般的污染物质并无直接的有用性，最好能实现零排放。其三，二氧化碳具有排放的不可避

---

[1]　"一个基因可以影响一个国家的兴衰，一个物种可以左右一个国家的经济命脉；一个优良的生态群落的建立，可以改善一个地区的环境。"生物多样性是人类赖以生存和发展的基础，关乎生态文明建设的成败。很遗憾的是，环境法学界对生物多样性的关注和研究还远远不够。

免性。二氧化碳的排放属于生态系统物质运动的必然过程，只要有生命运动和生产活动就不可避免，也不可能通过循环利用实现零排放，而一般的污染物质并无排放的不可避免性，在理论上完全可以实现零排放，只是技术上不成熟或成本太高而已。只有在长期不开放的矿井（主要是煤矿、油井）、船舱底部、下水道、地下溶洞、碳封存泄漏处以及密闭、狭小的厨房、浴室等特殊环境下，二氧化碳才可能属于污染物质。

实际上，二氧化碳应当属于生态破坏物质。二氧化碳对大气环境构成不利影响是通过温室效应实现的，其机理同大气污染完全不同。所谓温室效应，是指太阳的短波辐射可以透过大气层射入地面，而地面增暖后放出的长波辐射却被大气中的二氧化碳等物质所吸收，从而产生大气变暖的效应。如果大气中的二氧化碳浓度增加，阻止地球热量散失的能力增大，从而导致气温升高，这就会形成有名的"温室效应"。因此，二氧化碳是通过改变大气生态环境的结构而产生增温效应，进而导致全球变暖、病虫害增加、海平面上升、气候反常、土地沙漠化等生态不利影响的。换言之，二氧化碳应属于生态破坏物质。

在2017年的"中国绿发会诉淮安市清江浦区住房和城乡建设局保护古民居公益诉讼案"[1]（以下简称为"淮安古民居保护案"）中，在文物保护公益诉讼制度阙如的情形下，中国绿发会将破坏淮安古民居的行为扩大解释为"破坏生态"的行为，借助《环境保护法》第58条规定的环境公益诉讼制度，选择以和解方式结案，成功实现了以"环境"之名行"文物"保护之实的诉讼目的。尽管这一诉讼行为体现了高超的诉讼智慧，却违背了基本的事理。从学理上看，破坏古民居，只是破坏了"环境"，并未破坏"生态"。实际上，同"环境"以人类为中心不同，"生态"是直接以生物为中心的，强调自然要素对生物的作用和对维护生态平衡的意义，其同人类属于间接的利益关系。换言之，中国绿发会的解释，在事理上不仅混淆了"环境"与"生态"的概念，而且抹杀了"破坏环境"与"破坏生态"的本质区别。追根溯源，这又是由于《环境保护法》第58条的立法行为在事理上混淆了"污染环境"和"破坏生态"。

这是因为，"污染环境"的行为无法涵盖本案中破坏古民居的行为，绿发

---

[1] 江苏省淮安市中级人民法院民事调解书［2016］苏08民初107号。

会无法根据《环境保护法》第 58 条规定的"污染环境的行为"提起公益诉讼。污染环境的行为，常被称为环境污染行为。所谓环境污染，是指由于人们将生产生活中废弃（因副产、遗漏、剩余、陈旧、毁损等原因而丢弃或抛弃）的物质、能量排入环境，致使环境质量下降，以致危害人体健康，损害生物生长繁殖，影响工农业生产和人居生活的现象。[1]换言之，污染环境的行为，即人类向环境中添加某种物质或能量导致环境质量降低而产生危害的行为。本案中，古民居等人文遗迹的受损并非源于被告向环境排放了废弃的物质或能量，而是由于拆迁行为破坏了古民居的结构和功能，显然不属于"污染环境"的范畴。

既然如此，中国绿发会只能根据《环境保护法》第 58 条规定的"破坏生态的行为"提起公益诉讼了。那么，是否行得通呢？从理论上讲，破坏生态的行为，即破坏生态系统的结构和功能的行为，常被称为生态破坏行为。所谓生态破坏，是指不合理的环境资源开发利用活动，改变了生态系统的组成、结构、状态和内在关系，打破了生态平衡，[2]致使原有的生态功能下降、退化乃至消失，进而对生物的生存繁衍乃至人类的生产生活造成有害影响的现象。例如，水土流失、土壤盐碱化、沙漠化、石漠化、气候变暖、湿地萎缩、地面沉降等。显然，本案中的义顺巷民居、泗阳公馆不可移动文物，虽然属于人类环境中的非生物环境因素，然而，却很难被解释为生态学上的非生命或非生物的生态因子。通常而言，这些不可移动文物只是人类的人文环境要素（主要功能为景观审美和文化陶冶等），对野生动物、野生植物和微生物的生存、繁衍和分布，乃至当地生态系统的生态状况和生态功能（包括气候调节、水土保持、防风固沙、污染净化等生态服务功能和土壤形成、植物生产等生态生产功能）均无什么生态作用。

换言之，本案被告对义顺巷民居、泗阳公馆等不可移动文物的破坏行为，通常而言，对当地生态系统的生态因子和生态关系的破坏很少，对生态平衡和生态安全的影响几乎可以忽略不计，当然也就很难被解释为"破坏生态"的行为。只有当被告所破坏的古民居确实具有一定的生态价值，譬如是燕子

---

〔1〕　参见金瑞林主编：《环境法学》，北京大学出版社 2013 年版，第 10 页。

〔2〕　生态平衡，是指在一定的时间和相对稳定的条件下，生态系统内各部分（生物、非生物环境和人）的结构和功能均处于相互协调的动态平衡。曹凑贵主编：《生态学概论》（第 2 版），高等教育出版社 2006 年版，第 259 页。

等已被纳入《国家重点保护野生动物名录》（1989年）和《国家保护的有益的或者有重要经济、科学研究价值的陆生野生动物名录》（2000年）的国家保护的野生动物的栖息地，或者是某重要野生植物的原生地，才可以将其解释和认定为"破坏生态"的行为。然而，本案原告并未提供这方面的证据。

实际上，根据环境科学的基本原理，只能将本案被告破坏和毁损"古民居"的行为解释为"破坏环境"的行为。顾名思义，"破坏环境"的行为，即造成环境破坏的行为。所谓环境破坏，是指由于人们的生产生活行为或自然力量等原因改变了环境的要素组成、结构和状态，使环境的功能降低乃至灭失，以致损害生物生长繁殖，危害人体健康，影响人们生产生活的现象。本案被告对"古民居"的拆迁和毁损就属于对作为环境要素的人文遗迹的结构和功能的破坏，无疑应属于"破坏环境"的范畴。问题是，《环境保护法》第58条只针对"污染环境、破坏生态的行为"授予了环保组织提起环境公益诉讼的资格，并未规定"破坏环境"的行为。

此外，环境法学界将因水库开闸放水导致鱼虾醉氧而死、因桧柏的种植导致本地梨树发生梨锈病而产量急剧下降的事件解释为环境污染侵权，显然属于因事理不清而导致的法理谬误。实际上，前述这两种行为都属于生态破坏行为而非环境污染行为，都应属于生态破坏侵权的范畴。当前，最高人民法院环资庭正在研究制定环境资源案件受案范围的司法解释，从笔者参会讨论了解到的情况来看，最大的挑战不在于法理不清，而在于事理难厘。

可以说，环境法学界的首要任务是在知识结构上夯实环境学、生态学、生物学等方面的科学基础（即扫"科盲"），明晰有关生态文明的事理。

二、生态文明观的法学转换：从事理到法理

吕忠梅教授指出，法学家的使命是"用学术讲政治"，要"将生态文明建设的政治话语转化成为法律话语、学术话语"，[1]将党和国家的政治决策转化为生态文明的法律制度、法定程序。然而，这一目标的实现是一项复杂、艰巨的系统工程，首先必须解决从生态文明事理分析走向生态文明法理分析的方法论问题，要将生态文明"国家战略变成法学理论中的价值取向、研究方法、概念体系、规范体系，需要我们运用法律逻辑、法律语言、法律思维来

---

〔1〕 吕忠梅："新时代环境法学研究思考"，载《中国政法大学学报》2018年第4期。

研究社会现象或者社会事实，通过从社会事实中提炼法学理论命题，并对这些理论命题进行分析论证"〔1〕，从而形成具有法学韵味、由法学话语主导的生态文明观。学术都是相通的，吕忠梅教授的这一观点跟陈瑞华教授提出的"法学研究的第三条道路：从经验到理论"〔2〕以实现"惊心动魄的跳跃"的主张有着本质的一致性。

（一）概念的转换：从科学到法学——以野生动物的概念为例

博登海默指出："概念是解决法律问题所必需和必不可少的工具。"〔3〕关于生态文明研究的学科差异和学术转换的问题，概念转换是最基础，也是最容易忽视的问题。譬如，将环境科学中的"环境"概念，变换为环境法学的"环境"概念，就需要排除车间环境、密室环境和宇宙环境等空间环境。因为，车间环境由劳动法保护，密室环境由卫生法保护，宇宙环境则由国际法保护。

关于概念的转换问题，我们可以野生动物的生活概念、科学概念和法学概念为例，进行具体说明。

1. 作为生活概念的野生动物

作为生活概念的野生动物，是一个与家养动物相对的概念。〔4〕所谓家养动物，是指被人类驯化饲养或者在人工条件下生长繁殖的动物，主要有鸡、鸭、鹅、猪、牛、马、驼、羊、狗、猫等家禽家畜。〔5〕野生动物，顾名思义，是指未被人类驯化且在野外环境中自然生长繁殖的动物。可见，"野生动物"的构成要件有二：一是未被人类驯化（具有野性）；二是生活在野外环境（处

---

〔1〕 吕忠梅："自然保护地立法的基本问题"，在中国法学会环境资源法学研究会 2019 年年会上的主旨发言，2019 年 10 月 26 日于海南大学。

〔2〕 陈瑞华：《论法学研究方法》，法律出版社 2017 年版，第 233~281 页。

〔3〕 ［美］E. 博登海默：《法理学——法律哲学与法律方法》，邓正来译，中国政法大学出版社 1999 年版，第 486 页。

〔4〕 驯养动物与野生动物的区别是很大的，特别是在活动空间、进食方式等方面迥然不同。譬如，驯养动物，不会野外觅食，需要人类的饲养；野生动物可独立生存，完全可以凭自己的意志行动和生活。驯养动物一般只能在较小的空间里活动；野生动物的活动空间不受限制。驯养动物吃人类提供的食物，没有多少可选择的余地；野生动物可以在大自然中自由捕食。

〔5〕 约一万年以来，人类已使许多原来野生的动物丧失了野性。从狗开始，也有认为从羊开始，我们已成功地驯化了约 60 种动物。家鸡的祖先源于中国南部、印度北部的原鸡；家兔源于野生的欧洲穴兔；家鸭多源于绿头鸭；狗、马、羊、驼、水牛、鸭鹅来自亚洲；牛、猪、兔来自欧洲；猫、驴、珠鸡来自非洲；驼羊、番鸭、豚鼠、火鸡来自南美，等等。

于非饲养状态）。依此而言，遗失的家禽、家畜，流浪街头的宠物（如流浪狗、流浪猫），虽然没有被人工圈养，但仍属于家养动物的范畴。或者，更准确地说，属于流浪的家养动物。

问题是，如何定性驯养繁殖的动物呢？人们通常会认为，驯养繁殖的动物不应属于野生动物。正因如此，2016 年"深圳鹦鹉案"的判决充满了争议。[1]但问题是，如果按照这一理解，驯养繁殖的大熊猫、朱鹮、老虎、豹子、黑熊等珍贵濒危动物（如野生动物园的熊猫），将不属于野生动物的范畴。很显然，这是不科学的，甚至是荒谬的。因为，这些珍贵濒危野生动物的人工繁育后代，特别是人工繁育的第一代和第二代，尚未产生显著遗传变异，稍作野化训练，就可放归大自然。反过来，我们也很难将这类尚未发生显著遗传变异的人工繁育动物，归入家养动物的范畴。

需要补充说明的是，俗称为"野味"中的野生动物，其内涵可能最为宽泛，可指所有非家养的动物，包括野外来源的野生动物和人工繁育的野生动物（可称为半野生动物）。

2. 作为科学概念的野生动物

作为科学概念的野生动物，内涵有所变化，是指天然生存在野外状态下，或者来源于野外天然自由状态、虽已经过短期驯养但尚未产生显著遗传变异的动物。[2]根据这一科学定义，野生动物指的是尚有野性基因的动物，既包括一直都自由生活于野外的天然野生动物，也包括来源于野外仍未发生显著遗传变异的人工圈养动物。也有学者认为，野生动物是指"自身或上两代亲本来自野生环境，或虽然由人工繁殖所获，但仍需要不定期地引入野外个体基因的动物"。[3]

换言之，野生动物包括人工繁育的野生动物（以下简称为"人工繁育动物"）和野外来源的野生动物（以下简称为"野生繁育动物"）。回顾人类文明史，人类驯养繁殖野生动物的事业从未停止过。最近几个世纪以来，人类驯养了梅花鹿、马鹿、驼鹿、美洲野牛、鸵鸟、孔雀、海狸鼠、红腹锦鸡、

---

〔1〕 顾开贵、涂俊峰："二审法官详解'鹦鹉案'的法与情"，载《公民与法》2018 年第 6 期。

〔2〕 马建章、邹红菲、贾竞波编著：《野生动物管理学》（第 2 版），东北林业大学出版社 2004 年版，第 1 页。

〔3〕 周志华、蒋志刚："野生生物、野生动植物和野生来源的定义及范畴"，载《生态学报》2004 年第 2 期。

牛蛙等。当今时代，人们甚至可以在圈养环境中繁殖熊猫、猕猴、食蟹猴、扬子鳄等动物。但问题是，经过长期人工圈养（特别是历经许多代的繁育饲养）以后，有些野生动物的行为乃至遗传构成（DNA）均发生了或多或少甚至十分巨大的变化。如若将此类人工繁育的野生动物直接放归自然环境，这些动物将很难存活并自然繁殖，因为它们已经丧失了在自然环境中的觅捕食物、躲避天敌、寻找配偶的能力。[1]

可见，科学上界定野生动物和家养动物的关键，是该动物的遗传特征是否受到人类定向培育的影响，或者是否具有可放归成为野生动物或拥有可繁育后代野生动物的潜质。依此而言，许多人工繁育的动物（特别是大熊猫、扬子鳄等珍稀、濒危动物），只要还具有明显的野性基因便仍应属于野生动物的范畴。譬如，动物园里饲养的熊猫、黑熊、猩猩等，许多依然属于野生动物。这是因为，动物园中的熊猫、黑熊、猩猩身上的遗传物质与野外的熊猫、黑熊、猩猩并无多大区别，人工饲养只是改变了其生活环境和生活方式而已。实践中也不乏人工繁育动物成为野外动物的例子。据东洞庭湖国家级自然保护区管理局介绍，原本是湖北石首自然保护区人工繁育的 5 只麋鹿，由于洪水逃到了洞庭湖，经自然野化，目前已达到了 27 只的野外种群。实际上，这群麋鹿已变成了真正的野生动物。

问题是，野生动物的科学概念听起来很合理，但可操作性不够，特别是对于野生动物的人工繁育子后代动物而言。这是因为，在通常情况下，我们并不具备条件和能力去鉴定和判别这些人工繁育动物到底是第几代，或者其基因究竟有没有发生显著的遗传变异。

3. 作为法律概念的野生动物

作为法律概念的野生动物，其界定要建立在科学概念的基础上，考虑法律调整的正当性（基于人类的利益需要）、必要性（若不采取法律措施将对人类十分不利，如具有稀缺性乃至濒危性）和可行性。现行《野生动物保护法》仅指那些"珍贵、濒危的陆生、水生野生动物和有重要生态、科学、社会价值的陆生野生动物"。根据这一规定，被纳入法律调整范围的野生动物仅指对人类具有经济、社会、科学和生态等方面的有益价值（有益性），且有一定的稀缺性甚至濒危性（稀缺性）的野生动物。

---

〔1〕 蒋志刚："'野生动物'概念刍议"，载《野生动物》2003 年第 4 期。

换言之，相比于科学上的概念，作为法律术语的"野生动物"，虽然也包括野外来源的野生动物和人工繁育的野生动物，但内涵缩小了，并不包括科学意义上的所有野生动物。例如，野外的苍蝇、蚊子、蜈蚣、蚯蚓、鲤鱼、对虾等，无疑是科学意义上的野生动物，却并非法律意义上的野生动物。因为，这类野生动物或者对人类直接有害（被称为有害动物），如蚊子、苍蝇、蝗虫等；或者虽然对人类有益，但繁殖能力很强，不存在稀缺的问题，不需要人类通过法律进行保护，如蜜蜂、蚂蚁、鱼、虾、蟹、泥鳅等。

当然，如果考虑2003年的SARS和2019年底肇始的新型冠状病毒肺炎疫情，有必要确立维护公共卫生安全和风险预防的立法理念，将很可能携带传染病病毒的野生动物（如蝙蝠、果子狸、旱獭等）作为禁食的对象，列入《野生动物保护法》的调整范围。当然，更有效的办法是，设立可能引发人体传染病的野生动物禁食名录，将果子狸、蝙蝠、穿山甲、土拨鼠、旱獭、刺猬、竹鼠等很可能携带传染病病毒的疫源动物纳入该名录。可见，《野生动物保护法》中的野生动物，应是指珍贵、濒危的陆生、水生野生动物和有重要生态、科学、社会价值的陆生野生动物以及很有可能携带传染病病毒的其他野生动物。

如此一来，《野生动物保护法》的调整对象可分为两类：一是"保护动物"。具体包括：①国家重点保护野生动物；②地方重点保护野生动物；③具有重要生态、科学和社会价值的陆生野生动物（简称"三有"动物）；④列入《濒危野生动植物种国际贸易公约》附录一、附录二的野生动物。二是"疫源动物"。具体包括两小类：①属于"保护动物"中的"疫源动物"，如穿山甲（国家二级重点保护野生动物）和刺猬、果子狸（二者都属于"三有"动物）等；②不属于"保护动物"（或称为"非保护动物"）的"疫源动物"，如蝙蝠、旱獭、野生土拨鼠等。

问题是，如此修改，在理论和逻辑上能否行得通呢？是否如某些学者所主张的那样，需要将《野生动物保护法》改名为《野生动物管理法》或者《野生动物法》呢？从理论上看，可以作调整，但并非必须。这是因为，将蝙蝠等可能的"疫源动物"纳入调整范围，并未在根本上违背《野生动物保护法》保护野生动物的立法宗旨：虽然主要是基于防控公共卫生安全风险和保障人体健康安全而规定禁止食用所有陆生野生动物的，但以禁食制度为重点的野生动物公共卫生保障制度体系在总体上和客观上间接保护了野生动物。再者，定义一部法律的名称是可以以该部法律的主导价值或主要目的为依据的。譬如，正在研究制定的《长江保护法》，尽管也涉及长江利用的问题，但立法机关并未取名为《长江法》或者《长江管理法》。

此外，还有一个十分重要且充满争议的问题，那就是人工繁育的动物为什么也属于野生动物？其一，有些人工繁育的动物，能够保存与保护珍贵濒危野生物种（迁地保护），并为实现野外放归提供种群基础，直接起到保护野生动物的积极作用。譬如，朱鹮，就是迁地保护的典型例证。从最初 6 只~7 只的微小种群，到目前为止已繁殖到了 1000 只以上。如果没有野生动物的人工繁殖和饲养，朱鹮早就灭绝了。大熊猫、大鲵等濒危野生动物的情况也是如此。其二，通过人工繁育生产人工种群，可以增加野生动物的种群总量，以代替非可持续的狩猎，缓解对野外种群的利用压力。[1]其三，在科学上，许多野生动物的人工繁育子后代，仍具有生物学意义上的"野性"基因，尚未发生基因构成上的显著遗传变异。其四，在技术上，难以辨别同一物种的野外种群和人工种群，为有效地保护野生动物，将野外的野生动物及其人工繁育的子后代，都纳入《野生动物保护法》的调整范围，有利于保护野生动物（特别是有利于防范以驯养繁殖为名，行非法狩猎、非法交易之实的"洗白"行为）。

问题是，现行《野生动物保护法》对野生动物的界定是以生物物种为单位的，并未在整体上严格区分野外种群和人工种群，并全面采取差别化管理的措施。[2]换言之，只要是纳入了《野生动物保护法》保护名录的动物，不管是天然野生个体还是人工繁育个体，即使是甲鱼和竹鼠，都属于法律保护的野生动物，除了可利用的具体范围和审批程序要求不同外，不能提供合法

---

[1] 万晓彤等："野生动物繁育与野外资源保护关系的研究进展"，载《野生动物学报》2018 年第 1 期。

[2] 法律只规定了个别例外情况。根据《野生动物保护法》第 28 条的规定，只有人工繁育技术成熟稳定的国家重点保护野生动物的人工种群，不再列入国家重点保护野生动物名录，实行与野外种群不同的管理措施。譬如，不再属于《刑法》的犯罪对象。2017 年 7 月，原国家林业局公布了第一批《人工繁育国家重点保护陆生野生动物名录》（2017 年第 13 号），包括梅花鹿（一级）、马鹿（二级）、鸵鸟、美洲鸵、大东方龟、尼罗鳄、湾鳄、暹罗鳄、虎纹蛙（二级）等 9 种野生动物。

来源证明的，都要承担相应甚至完全相同的法律责任。[1] 很显然，这不尽合理。笔者以为，可按照人工繁育动物的技术水平、主要用途和保护级别采取差别化的管理措施，进行分类施策。

第一类是人工繁育技术成熟稳定的人工繁育动物，其人工种群具备合法来源证明（人工繁育许可证、专用标识等）的，应当彻底划出"野生动物"的范畴，按"家养动物"管理。譬如，畜禽类的人工繁育动物，适用《畜牧法》的规定。根据蒋志刚教授的介绍，列入人工繁育技术成熟稳定的人工繁育动物名录，通常需要满足以下 4 项条件：①人工繁育技术成熟，并形成了规范化的技术操作流程或者人工繁育技术标准；②开展人工繁育活动的种源为子二代及以后的个体，不再需要从野外获取种源（用作改良人工种群等特定用途的除外）；③人工繁育种群规模能够满足相关合法用途对该物种及其制品的合理需求；④相关繁育活动有利于缓解对野外种群的保护压力。据此，2017 年原国家林业局发布了《人工繁育国家重点保护陆生野生动物名录（第一批）》共 9 种野生动物（如梅花鹿、马鹿、虎纹蛙等），2017 年原农业部发布了《人工繁育国家重点保护水生野生动物名录（第一批）》共 6 种野生动物（如三线闭壳龟、大鲵等），2019 年农业农村部发布了《人工繁育国家重点保护水生野生动物名录（第二批）》共 18 种野生动物（如黄喉拟水龟、花龟等）。

第二类是人工繁育技术成熟但不稳定、可商业化利用的人工繁育动物，其人工种群属于"准野生动物"，仍应接受《野生动物保护法》的调整。其中，经过卫生健康部门许可，且经农业或林业等有关部门检验检疫，证明卫生安全的，可以食用。从用途看，商业化利用主要用于皮草、中药、宠物、食用等方面。2003 年，原国家林业局发布了梅花鹿等 54 种《商业性经营利用

---

[1] 况且，除了人工种群需要取得人工繁育许可证和专用标识之外，法律在总体上并未对野外种群和人工种群采取差别化的制度措施。尤其是在刑事制裁方面，对于被纳入法律保护范围的野生动物物种，非法利用没有合法来源证明的"野生繁育动物"和"人工繁育动物"，都是采用同样的刑罚规则。若以国家二级重点保护动物的黑熊为例，不管是对没有特许猎捕证、经营许可证和专用标识的"野生黑熊"，还是对没有人工繁育许可证、经营利用许可证和专用标识的"繁育黑熊"，两种非法捕杀者都应追究其非法猎捕、杀害珍贵、濒危野生动物罪，且在定罪量刑上《刑法》和《最高人民法院关于审理破坏野生动物资源刑事案件具体应用法律若干问题的解释》未作区分。同理，只要没有合法来源证明，非法收购、运输、出售"野生黑熊""繁育黑熊"的，都应追究非法收购、运输、出售珍贵濒危野生动物、珍贵、濒危野生动物制品罪。

驯养繁殖技术成熟的陆生野生动物名单》，允许商业性经营利用驯养繁殖技术成熟的野生动物。尽管，2012年这一通知被废止了，但不可否认上述野生动物驯养繁殖技术的成熟性。因此，笔者建议，对于此类人工繁育的动物，进行商业性的非法利用的（没有驯养繁殖许可证、专用标识等国家合法来源证明，如用作宠物），只要有确凿的证据证明确实是人工繁育而非野外来源的动物（如家庭繁育是不可能去申请驯养繁殖许可证的），其法律制裁（特别是刑罚）理应轻于非法利用相应野外种群的情形。如此一来，"深圳鹦鹉案"的被告人王某就可以判得更轻一些。

第三类是人工繁育技术成熟但不稳定、用于公益活动的人工繁育动物，其人工种群仍属于"野生动物"，必须接受《野生动物保护法》的调整，不可食用这类人工繁育动物，其用途包括保护拯救（恢复和发展野外种群）、科学研究（实验动物）、观赏展览（科普教育，如动物园）等多个方面。法律上，应当根据不同的用途，分类施策、因地制宜地制定相应的制度规则。最典型的是，用于物种保护的人工繁育动物（通常属于国家重点保护野生动物），无疑都应属于野生动物的范畴，接受野生动物保护法的调整。例如，大熊猫、朱鹮、虎、豹、麋鹿等动物，即使是人工繁育的，也都属于野生动物，无疑也是禁止食用的。

如果更进一步，当我们探讨野生动物致害补偿问题时，这里的"野生动物"概念在外延上就还应缩小——既不包括生活在动物园中的野生动物，也不包括属于马戏团或者其他驯养繁殖场所驯养繁殖的野生动物。因为，动物园、马戏团和驯养繁殖场所的野生动物致人损害的，应适用侵权责任制度，而非适用野生动物致害补偿制度进行救济。

（二）理论的转换：从事理到法理

从理论上看，概念的转换还是较为简单的工作，从生态文明事理到法理的转换是最重要也是最艰难的。这要求从生态文明建设的事实和事理中发现和提炼出法理命题，将政治话语转变为生态文明领域的法学话语，最终形成法学化的生态文明观。

吕忠梅教授早在20年前就指出，环境法学界普遍存在一种现象，即简单"将一些属于环境科学、环境管理学的成果直接用于论证环境法的基本理论，各种不同学科领域成果之间的转换没有经过一个再创作的翻译过程"。[1]这种状况必须着力改变。以下，试撷取几例，简要说明之。

以环境、资源、生态这三个概念之间既有区别又有联系的"一体三用"或"一体三面"的事理逻辑为基础，并结合环境法学研究和环境法治实践，提炼出"环境、资源、生态是环境法学的逻辑起点"的法理命题。

从归真堂活熊取胆事件"无管引流获取胆汁，熊疼不疼"的公众舆论话语中，提炼出"野生动物法律保护的第三条道路：动物福利"的生态文明法理命题和法学话语。

从"人类文明演进和新型权利兴起"的历史事理中，提炼出"环境权是生态文明时代的标志性权利"的法理命题和法学话语。

将"经济社会建设与生态环境保护协调发展"的政治话语，转换为"既要维护环境权益，又要兼顾生存权和发展权"的法学话语。

将经济社会建设与生态环境保护一体化决策的政治话语，转换为利益平衡的法学话语。

将从20世纪70年代末的家庭联产承包责任制土地改革，到近年来经营权从承包经营权中分离出来的历次土地改革中的政治话语，转换为权利分离或权利分置的法学话语，提出"回归'承包权'的'真身'，全面替代作为政策术语的'承包经营权'""以'三权分离'替代'三权分置'"的法学命题。[2]

从"绿水青山就是金山银山"的经济事理（生态资本化和绿色经济中）中，提炼出生态资源产权化的环境法理。将"宁要绿水青山不要金山银山"的政治话语，转换成生态优先原则和生态保护补偿的环境法理。

将"良好生态环境是最公平的公共产品，是最普惠的民生福祉""让良好生态环境成为人民生活质量的增长点"的政治话语，转换为"尊重和保护环境权益"的法学话语。

从有关政策文件关于"以人为本"和"以人民为中心"的规定、国家领导人和社会各界对环境保护"一刀切""生态中心主义""环保极端主义"的

---

[1] 吕忠梅："中国环境法的革命"，载韩德培主编：《环境资源法论丛》（第1卷），法律出版社2001年版，第5页。

[2] 杨朝霞："以'承包权'替代'承包经营权'实现从政策到法律的转换"，载中国网：http://opinion.china.com.cn/opinion_12_215712.html，访问日期：019年12月5日。

批评等事实和事理中，提炼出"生态文明建设的价值取向是以人为本，以公平为旨归：在人与自然的关系上坚持以人为本的立场，既维护环境权，又兼顾生存权和发展权；在人与人的关系上，坚持环境公平的价值取向，并优先保障民生"的生态文明法理命题。

…………

要顺利完成这一环节的命题提炼和话语转换，环境法学界必须苦练内功，既要关注和了解生态文明建设领域的实践和理论，理解和把握生态文明的事理（即扫"科盲"），以形成全面、科学的生态文明观，还要学好法理学、民法学、宪法学、行政法学、刑法学、诉讼法学等法学学科的知识和原理并能融会贯通、灵活运用（即扫"法盲"），进而打通学科的隔阂，从生态文明的事理中提炼出相应的法理命题，并将生态文明政治话语转化为生态文明法学话语，最终形成由法学话语主导的生态文明观。

三、结语

对生态文明的科学理论和具体实践进行全面了解和深入学习，经过法学的识别、转换和处理（过滤剔除、沿用保留、加工转换等方式）最终形成法学视域下的生态文明理论体系，是实现环境法升级换代、发展进化的前提和基础。然而，对生态文明观进行法学解读，无疑具有显著的"跨学科性"，将面临重大挑战。

一方面，"跨学科性"意味着环境法学研究者必须不断扩展自己的知识背景，特别是不断拓展关于生态文明理论和实践的"知识背景"，避免由于坐井观天而只能局限于对微观领域的规范分析或者对个别问题的对策研究，难以进行宏观体系的教义探析或者高瞻远瞩的理论创新。事实上，"知识背景同时又构成了研究问题的所谓'前见'，宽广的知识背景，总是为更深刻、真切地把握所研究的对象提供了出发点，并引导研究者更内在地切入问题"。[1]生态文明"知识背景"的拓宽，生态文明观的形成和发展，无疑将有利于环境法学研究的深入、拓展和升华。然而，十分遗憾的是，当前在生态文明法学研究之"起点"或"基础"这一环节，我们做得还相当欠缺，不仅研究成果十分稀少，而且大多较为粗陋。今后必须下定决心，下足功夫，做好这方面的

---

〔1〕 杨国荣："跨学科研究应合乎学术发展内在规律"，载《社会科学报》2008年9月4日。

基础研究。

另一方面，对生态文明观进行法学解读的"跨学科性"并不意味着可以消解甚至否定学科的根基——法学。恰恰相反，"没有学科依托和根基的'跨学科'是没有学术生命力的"，"学科之'合'（'跨'）不能以否定、消解不同学科为前提，相反，它应当建立在扎实的学科基础上"。[1]因此，对生态文明观进行法学解读和法学转换必须毫不动摇地坚持以法学学科作为研究的支点或者立足点。

第二节　事理辨析：生态文明法学创新的逻辑起点

"任何理论研究都应当有自己的逻辑起点"，环境法学研究及其理论体系的构建也不能例外。[2]毋庸置疑，任何成熟的理论体系都有自己合理的逻辑起点，譬如马克思把"商品"作为《资本论》的逻辑起点。霍布斯指出："一门科学的起点，不可能是我们从圆圈中选择的任意点"，她必须是"指引我们走向豁然开朗境界"的"指路明灯"。[3]黑格尔认为，逻辑起点是整个理论体系得以建立的基础和根据，它决定了其后的整个学科理论体系，逻辑起点本身"应当是全部科学的根据"，不能以其他什么对象为根据；逻辑起点是逻辑演绎的开端，作为"开端的规定性，是一般直接和抽象的东西"。[4]逻辑起点是一个系统的逻辑框架中的起始和首要范畴，往往以起始概念的形式来表现。通常而言，任何概念或范畴要成为某一理论的逻辑起点至少必须具备以下四大要件：一是有一个最基本、最简单、最抽象的质之规定；二是该范畴是构成该理论的研究对象之基本单位；三是其内涵贯穿于理论发展的全

〔1〕 杨国荣："跨学科研究应合乎学术发展内在规律"，载《社会科学报》2008年9月4日。
〔2〕 徐祥民教授认为，"环境损害"是环境法学的逻辑起点。此一主张虽然意义重大，但似有可商榷之处。其一，"环境"是比"环境损害"更为基本、简单的质之规定；其二，"环境损害"并非环境法学研究对象之基本单位，至少无法适用于景观环境建设（如城市公园的建设）的研究（并不存在"环境损害"）；其三，"环境损害"无法贯穿环境法学理论发展的全过程（不适用于环境的改善、海水的淡化、地热的开发等理论议题）；其四，"环境损害"也难以有助于形成完整的环境法学理论体系，至少其对采光权、通风权和眺望权的侵权行为无解释力（通常并未构成环境损害，只是构成环境妨碍）。参见徐祥民、刘卫先："环境损害：环境法学的逻辑起点"，载《现代法学》2010年第4期。
〔3〕 ［英］霍布斯：《论公民》，应星、冯克利译，贵州人民出版社2003年版，第4页。
〔4〕 ［德］黑格尔：《逻辑学：上卷》，杨一之译，商务印书馆1981年版，第54、56页。

过程；四是其范畴有助于形成完整的科学理论体系。

法律概念，不仅是法律的基本构成要素，更是法学逻辑体系建构的基础[1]和前提。正如博登海默所言："概念是解决法律问题所必需和必不可少的工具。没有限定严格的专门概念，我们便不能清楚地和理性地思考法律问题。"[2]环境、资源、生态是生态文明建设的三大基石概念，他们之间的区别和联系，可以说是生态文明法理创新乃至整个环境法学研究的逻辑起点和理论基础。譬如，在部门法的名称上，到底应该叫环境法、环境资源法，还是生态法？资源权与排污权是否也属于环境权？环境权，可否称为生态权？要不要如中科院战略研究院王毅副院长、中科院蒋有绪院士所建议的那样，对呼吸空气也收取税费？把环境保护部改组为生态环境部是否必要，是否科学？……可以说，无论是对上述问题的回答，还是对借道环境公益诉讼来保护古民居的"淮安古民居保护案"[3]的评析，都必须以对环境、资源、生态以及生态环境概念的清晰界定为前提和基础。

一、环境、资源、生态的法学辨析："一体三用"

尽管环境、资源、生态的概念是推进生态文明建设理论创新和实践发展的基石范畴，然而，近年来，关于这三个概念，几乎都是环境科学、自然资源学和生态学等自然科学界的学者分别从各自学科的立场和认识而进行的界定，从哲学上看，缺乏一个整体、系统的认识论作为理论基础。如此一来，不仅使得这些概念的界定五花八门，形形色色，难以形成统一共识，而且不同学科的专家学者或者不同行业的实务部门总是竞相或倾向于扩大作为本学科或本部门依据的概念边界，以致理论研究和实践工作中经常发生反复不定、冲突矛盾的怪象。[4]

以往，学者们大多集中于范围问题的讨论（姑且称为范围论），即到底是

---

〔1〕　韩光明："论作为法律概念的'意思表示'"，载《比较法研究》2005 年第 1 期。

〔2〕　[美] E. 博登海默：《法理学——法律哲学与法律方法》，邓正来译，中国政法大学出版社 1999 年版，第 486 页。

〔3〕　江苏省淮安市中级人民法院民事调解书［2016］苏 08 民初 107 号。

〔4〕　最有代表性的事件是：2018 年 3 月，对于新改组的生态环境部，外交部最初将其译为"Ministry of Ecological Environment"。经生态环境部提出建议后，后来改译为"Ministry of Ecology and Environment"。

环境大、资源大，还是生态大？当然，也有尝试从功能的角度进行分析的（姑且称为功能论）。譬如，蔡运龙认为自然资源和自然环境之间是"一币两面"的关系。[1]严耕教授认为，生态与环境、资源具有"一体两用"的关系。环境和资源是生态系统被人类使用而产生的两种基本功能。当下人类面临生态危机，是人对资源、环境的利用不当造成的。要实现人与自然的和谐，关键是要"强体善用"，摆正生态之本体地位，强健生态之体，改善资源、环境的使用方式、促进协调发展。[2]黎祖交教授进一步主张，资源、环境、生态是分别体现自然对于人类不同功能的三个既相互联系又相互区别的概念。[3]笔者以为，功能论的视角颇有启示意义。实际上，从法学的角度来看，环境、生态和资源分别是基于大自然的环境支持、资源供给和生态保障等三种不同功能[4]（如下图6以及后文图15所示）而对自然要素的不同称谓，即所谓的以"用"（用途）名"体"（实体）。

---

〔1〕 蔡运龙认为，自然环境指人类周围所有客观存在的自然要素，自然资源则是从人类能够利用以满足需要的角度来认识和理解这些要素存在的价值。蔡运龙编著：《自然资源学原理》，科学出版社2007年版，第25页。

〔2〕 严耕："生态与环境、资源具有'一体两用'的关系"，载中国网：http://opinion.china.com.cn/opinion_80_145280.html，访问日期：2016年4月1日。

〔3〕 黎祖交："关于资源、环境、生态关系的探讨——基于十八大报告的相关表述"，载《林业经济》2013年第2期。

〔4〕 所谓自然的功能，是指作为大自然的生态系统及其生态过程所形成的有利于人类生存与发展的生态环境条件及其效用，即人类从生态系统中获得的各种直接或间接的效益。具体包括产品供给功能（如供给林木、水产、矿产、野生动植物产品等）、人居支持功能（提供洁净空气、清洁水源、美丽景观等）、生态调节功能（如调节气候、纳污净化、涵养水源、水土保持、防风固沙等）、文化承载功能（如精神和宗教、故土情怀、文化遗产、灵感启发等）和生态支持功能（对前述其他功能的支持，如空气产生、物质迁移、能量传输、土壤形成、初级生产等）等。环境功能的变化"通过影响人类的安全、维持高质量生活的基本物质需求、健康，以及社会文化关系等而对人类福利产生深远的影响"。与此同时，人类福利的以上要素又与人类的自由权与选择权之间相互影响。参见联合国千年生态系统评估项目组：《生态系统与人类福祉：评估框架》，张永民译，赵士洞审校，中国环境科学出版社2007年版，第56~60页；李文华等：《生态系统服务功能价值评估的理论、方法与应用》，中国人民大学出版社2008年版，第42~43页。

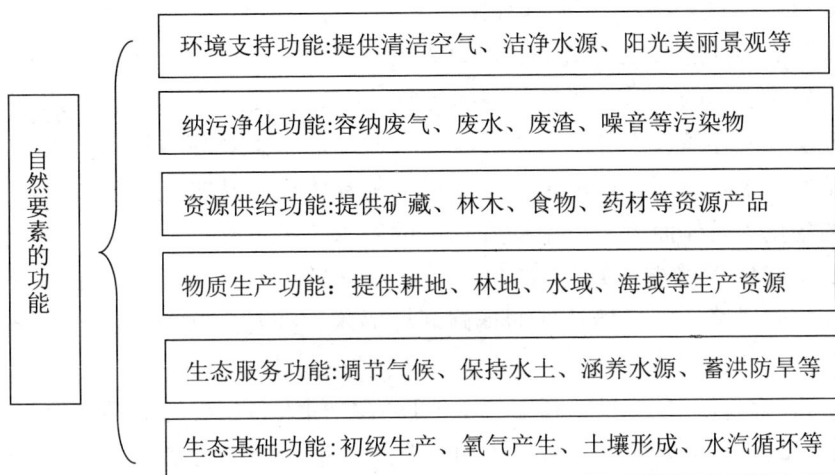

图6 自然要素的功能示意图：环境、资源、生态的关系

简言之，自然与环境、资源、生态之间是"一体三用"（这里的"用"指用途、功用、功能之意）或"一体三面"的关系（如下图7所示）。[1]

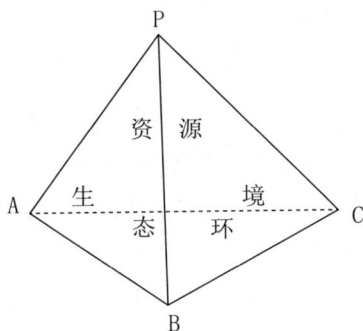

图7 自然和环境、资源、生态的"一体三用"关系示意图

（一）环境的概念

环境，特别是生活环境，是作为人类的"栖息地"而存在的。人们正是基于自然要素对人类的人居环境支持功能（如提供空气供呼吸，如上图6所

---

〔1〕 参见杨朝霞："生态文明建设观的框架和要点——兼谈环境、资源与生态的法学辨析"，载《环境保护》2018年第13期。

示），称该自然要素为环境（如图 7 中的三角形 PBC）。具体而言，所谓环境，是天然的和经过人工改造的，可以直接、无偿、无排他性地为人类提供生存和发展所必需的物质、能量、空间等自然因素及其组合体，〔1〕如水环境、空气环境、光环境、声环境、风环境、气候环境、景观环境等等。人类对环境的基本需求是享用良好环境，可以说，其具体要求从古至今基本上没有发生质的变化。具体而言，享用良好环境的需求主要又包括两个方面：一是物质性的良好环境需求，如清洁的水、洁净的空气、安宁的环境、适足的采光、良好的通风等；二是精神性的良好环境需求，如对人文遗迹、自然遗迹、风景名胜等特殊环境要素的景观审美、文化陶冶、娱乐休闲等需求。

总体而言，环境具有利用的本能性（任何人包括婴儿享用环境不用学就会）、基础性（生存的基础，不可或缺）、直接性（无需经过加工和转化）、公共性（无排他性、无竞争性）、非消耗性（尤其是景观环境）、免费性（无偿使用）和自由性（享用环境，不须许可）等典型特征。对于环境的复杂性和重要性，柯泽东教授曾有精彩论述："盖环境一词，较之具有密切科学基础之'生态'，远不确定。但对人类社会言，生态一词固有确定之意义，但用之于整体人类生存空间与活动广泛之范围，包括物质与精神方面，则恐无法涵盖。反之，层次上较为笼统之'环境'一词，终于扮演重要角色。"〔2〕

（二）资源的概念

联合国环境规划署（UNEP，1972）将自然资源解释为："在一定时间条件下，能够产生经济价值以提高人类当代和未来福利的自然环境因素的总和。"实际上，人们基于自然要素对人类的资源供给和物质生产功能（如提供可用作工业原料的林木、金属和非金属矿藏等，如图 6 所示），称该自然要素为自然资源（简称为"资源"，如图 7 中的三角形 PAC）。因此，所谓资源，是指在一定社会的经济、技术条件下，可以为人类提供生产、生活资料，具有相应财产价值的自然因素及其组合体，如矿产资源、水资源、土地资源、生物资源、海洋资源、气候资源、旅游资源等等。正如文化景观论大师卡尔·苏尔（C. O. Sauer）所说："资源是文化的函数。"〔3〕

---

〔1〕 广义意义上的环境，不仅包括直接为人类提供生存和发展所必需的自然要素，也包括间接为人类提供生存和发展所必需的自然要素。

〔2〕 柯泽东：《环境法论》，三民书局 1995 年版，第 2 页。

〔3〕 转引自蔡运龙编著：《自然资源学原理》，科学出版社 2007 年版，第 25 页。

　　人类对资源的利用方式有三：一是从自然界中直接摄取物质和能量，其利用方式属于消耗性利用。例如，掘取矿产品，利用水力、风力发电，抽取工农业用水等。二是作为生产经营的载体或场所，其利用方式属于非消耗性利用。例如，提供耕地供农业生产，提供土地供植树造林，提供水域供渔业养殖等。三是向自然界排放污染物质，常被称为环境容量资源，其利用方式属于消耗性的"占用"，可被视为是特殊的自然资源。这是因为，环境容量虽然具有虚拟的排他性、财产性等特征，但它并不像矿藏、土地、森林等自然资源那样能够真正地作为生产要素参与生产过程，进而创造经济财富。事实上，在很多时候，环境容量只是生产经营活动的外部条件而已，而非能转化到或凝结于产品中的生产要素。换言之，在尚未实行排污权交易的地方，环境容量还没有资产化，更未资本化，尚无法将其视为一种可作为自然资本来源的自然资源。此时，当然不能简单地套用自然资源有偿使用的原则，实行排污权有偿取得。申言之，通过征收排污税（费）实现排污行为之负外部性的内部化，是正当和必要的，但是，只有在实行排污权交易的地方（环境容量真正成了具有财产价值的自然资源），推行排污权（排污指标）的有偿取得才是正当的。否则，未免有重复征收，增加企业负担的嫌疑。

　　此外，根据利用目的之不同，还可以把人类对自然资源的利用分为生存性利用和商业性利用两大类型，生存性利用实行无偿使用、自由取得原则（如农户灌溉取水、上山采摘野果等不需许可，也不需付费），商业性利用则实行许可取得、有偿使用原则（如工业取水须实行取水许可制度和水资源有偿使用制度）。[1]

　　概言之，自然资源具有财产性（可资产化）、稀缺性、排他性、竞争性、科技依赖性、历史性和有偿性（自然资源有偿开发利用是基本原则）等典型特征。通常而言，空气没有利用的排他性、财产性、稀缺性、竞争性等特征，故通常不把空气视为自然资源（也不能被视为可生存性利用的资源）。只有空气形成了风，提供风能以供发电，我们才称其为气候资源。可见，中科院战略研究院王毅副院长和中科院蒋有绪院士，主张呼吸空气也要交费、收税是

────────────

　　〔1〕 2016年修改的《水法》第48条规定："直接从江河、湖泊或者地下取用水资源的单位和个人，应当按照国家取水许可制度和水资源有偿使用制度的规定，向水行政主管部门或者流域管理机构申请领取取水许可证，并缴纳水资源费，取得取水权。但是，家庭生活和零星散养、圈养畜禽饮用等少量取水的除外。"

把呼吸时作为环境要素的空气（以无偿使用为原则）误认为是自然资源（以有偿使用为原则）了。

（三）生态的概念

"生态"一词源于古希腊文（Oikos），意为"住所"或"栖息地"。"生态学"的概念，是由德国的生物学家海克尔1866年率先提出来的，他强调生态学是研究生物在其生活过程中与环境的关系，尤其是动物有机体与其他动物、植物之间互惠或敌对的关系。[1]现代生态学中的"生态"，意指在一定时空条件下，生物之间（生命个体与相同或不同的生命群体之间）以及生物与无机环境之间相互联系、相互作用的关系。[2]从人类生存的角度来看，如果这种相互关系保持在自然长期进化所形成的相对稳定状态，且生物与环境的系统性也维持良好，就称这种状态是"生态的"。反之，就称其为"反生态的"。[3]到了现代，"生态"一词已成为社会热词，广为应用，人们常用"生态"一词来定义或修饰符合生态规律的事物，如"生态经济""生态旅游""生态消费""生态农业"等等。

实际上，基于自然要素对于人类生产、生活所需要的生态产品（生物和非生物，环境和资源）的生态生产功能和对其他自然要素的生态服务功能而称其为生态（如图7中的三角形PAB）。生态生产功能指的是对环境、资源要素等生态产品的生产功能，主要包括生物生产（分为初级生产和次级生产，前者指生产植物和后者指生产动物）[4]、氧气生产、土壤形成、矿物形成等。生态服务功能主要包括水土保持、水源涵养、纳污净化、防风固沙、气候调

---

〔1〕 曹凑贵主编：《生态学概论》（第2版），高等教育出版社2006年版，第2页。

〔2〕 中国科学院可持续发展战略研究组：《2009中国可持续发展战略报告：探索中国特色的低碳之路》，科学出版社2009年版，代序。

〔3〕 严耕等：《生态文明绿皮书——中国省域生态文明建设评价报告（2010）》，社会科学文献出版社2010年版，第54页。

〔4〕 生态系统中的生物生产包括初级生产和次级生产两个过程。初级生产是生产者（主要是绿色植物）把太阳能转变成化学能的过程，也称为初级生产，即自养生物或无机营养性生物所进行的有机物的生产。在一般生态系统中，光合成生物（绿色植物和光合细菌）所进行的有机物生产在数量上占绝大多数，因此，一般也多指光合成生物的有机物的生产。它是一个能量转化和物质的积累过程，是绿色植物的光合作用过程。次级生产，是指消费者（主要是动物）和分解者利用初级生产物质通过同化作用而建造自身和繁衍后代的过程，即将初级生产产品转化为动物能。陈英旭主编：《环境学》，中国环境科学出版社2001年版，第36页；吴彩斌、雷恒毅、宁平主编：《环境学概论》，中国环境科学出版社2005年版，第54页。

节、防洪调蓄、物种调节、维护生物多样性等（如上图6所示）。[1]因此，所谓生态，是指能直接和间接影响生物之生存繁衍的自然因素及其组合体，它是对组成生态系统的生物（植物、动物和微生物）、无机环境等生态因素和生物之间、生物与无机环境之间、无机环境之间等生态关系的统称，其强调一定时空内各自然要素构成的整体生态系统的结构和功能，以及各自然因素之间的相互联系和功能作用。[2]一定空间范围的生态要素和生态关系组成相应的生态系统，如森林生态系统、草原生态系统、湿地生态系统、荒漠生态系统、冻原生态系统、海洋生态系统以及城市生态系统、乡村生态系统等。

需要注意的是，同人与环境、人与资源是直接的关系不同，生态主要是通过生产生态产品（如生产氧气、土壤、植物、动物等环境和资源要素）和提供生态服务（如保持水土）而对人类间接发挥作用的，人类对生态的基本要求是维持有利于人类生存和发展的生态平衡。[3]对此，可以鸟为例，具体说明之。众所周知，许多野鸟都是生态卫士，有利于维护生态平衡。譬如，一只杜鹃一年能吃掉5万多条松毛虫。大山雀号称"果园卫士"，一只大山雀一天捕食的害虫量相当于自身体重。猫头鹰是"捕鼠能手"，一只猫头鹰一个夏季可捕食1000多只田鼠，相当于从鼠口中夺回一吨粮食。啄木鸟被称为"森林医生"，一对啄木鸟可以保护约500亩树木不受虫害。喜鹊一年的食物中，80%以上都是害虫。一窝燕子一个夏季吃掉的害虫，头尾相连有3公里长。此外，有些鸟类还能传播花粉，播撒植物种子。以上诸例中的鸟，都是作为生态要素而存在的，均是通过生态作用同人类发生间接关系。

不过，必须特别说明的是，任何生态平衡的改变对于自然来说都只是"中性"的，因为旧的生态平衡被打破以后，总会建立新的生态平衡，这种变

---

〔1〕　参见曹凑贵主编：《生态学概论》（第2版），高等教育出版社2006年版，第44~46页。

〔2〕　有学者认为，"生态"概念强调的是与生物有关的各种相互关系，而"环境"概念则强调是某一中心事物的客体。参见钱正英、沈国舫、刘昌明："建议逐步改正'生态环境建设'一词的提法"，载《科技术语研究》第2005年第2期。

〔3〕　需专门指出的是，自然界的生态平衡对人类来说并不总是有利的，我们所需要的"生态平衡"，是有利于人类生产生活的平衡。这是因为，尽管有些自然生态系统虽然达到了"生态平衡"状态，但它的净生产量很低，不能满足人类的要求和需要。因而，人类为了生存、发展，就要建立各种各样的半人工生态系统和人工生态系统。例如，半人工草原生态系统和人工生态系统，与自然生态系统相比，虽然都很不稳定，其平衡和稳定需要人类的力量来维持，但它们却能给人类提供更多的农畜产品。吴彩斌、雷恒毅、宁平主编：《环境学概论》，中国环境科学出版社2005年版，第64页。

化本身并无所谓好坏。只不过，对人类而言，这种改变可能是有益的（如沙漠生态系统变为草原生态系统，正所谓生态兴则文明兴），也可能是有害的（如草原生态系统变为沙漠生态系统，正所谓生态衰则文明衰）。[1]因此，我们所要求和保护的是坚持"人类中心主义"的、有利于人类生存发展的生态平衡，而非纯粹的"生物中心主义"乃至"生态中心主义"[2]的生态平衡。换言之，生态可以不要人类，但人类不能没有生态。因此，总体来说，生态具有间接性、整体性、动态性、保障性等典型特征。

（四）环境、资源和生态在区别上的相对性

一种自然要素很可能同时兼有环境、资源和生态的一种或多种功能。这时，我们往往以其主导功能来定义或命名该自然要素。譬如，矿藏的主要功能是资源供给，故一般称其为矿产资源，鲜有称其为矿藏环境或矿藏生态的；大气的主要功能是环境支持，故一般称其为大气环境，鲜有称其为大气资源或大气生态的。再如，当某一森林的主要功能是提供木材和林副产品时，常称其为森林资源（可简称为"资源林"，实践中常称为经济林、商品林等）。当某一森林的主要功能是水土保持、防风固沙、水源涵养等生态服务时，常称其为森林生态（可简称为"生态林"）。当某一森林的主要功能是净化空气、降低噪音、调节气温、美化环境、休闲养生等环境支持功能时，常称其为森林环境（可简称为"环境林"）。

被广为诟病的 2017 年"常州毒地公益诉讼案"的一审判决，[3]其错误之一便是没有厘清环境和资源的概念及其相互关系。这是因为，土地既是土地资源，也是土壤环境要素。土地资源属于国家所有，原为企业使用，企业的排污行为，不仅会对国有土地资源造成损害（影响土地资源的功能用途，损害国家利益），还会造成土壤环境污染，甚至由于土壤污染物质的溢出效应而造成大气污染和水污染，危害公众的环境权益，从而具有损害社会公共利益的属性。因此，即使有关国家机关拒绝基于土地资源国家所有权而提起自然资源损害赔偿诉讼，符合法律要求的有关环保组织，当然也有权提起旨在保护毒地周边环境的环境公益诉讼。（本案中，尽管地方政府收储土地后已开始

---

〔1〕 唐建荣主编：《生态经济学》，化学工业出版社 2005 年版，第 67 页。

〔2〕 曹明德："从人类中心主义到生态中心主义伦理观的转变——兼论道德共同体范围的扩展"，载《中国人民大学学报》2002 年第 3 期。

〔3〕 江苏省常州市中级人民法院民事判决书［2016］苏 04 民初 214 号。

进行土壤治理，但根据"污染者负担"的原则，修复费用应由污染企业承担。）

（五）对环境、资源和生态的法律保护

鉴于资源与环境、生态之间具有"一体三用"或"一体三面"的关系，在立法上既要搞好对"三用"或"三面"的分别保护，又要坚持"一体"的整体主义原则。具体而言，重点要注意如下三个方面的问题：

其一，法律分别对"三用"或"三面"（环境、资源和生态）进行专门保护，各自成立环境法（中义）、资源法和生态法，在生态文明监管体制上则分别成立环境部、资源部和生态部。具体而言，对环境进行专门性保护的亚部门法，可被称为环境法（中义），其核心任务是确保环境质量良好，主要手段和措施是防止和治理对环境的污染和破坏（重点是对人文遗迹、自然遗迹、风景名胜、城市绿地等人居环境要素的破坏）。其中，对环境污染的预防和治理无疑是环境法的核心任务，可谓重中之重。正因如此，学界常将污染防治法称为狭义上的环境法。对资源进行专门性保护的亚部门法，可被称为自然资源法或资源法，其核心任务是确保资源永续利用，主要手段和措施是自然资源保护和合理利用、资源产品高效利用和废弃物循环利用。要注意的是，对自然资源的合理利用属于生态文明的重要内容（该利用而未能利用，该合理利用却不当利用，都不符合生态文明的要求），无疑也属于自然资源法的调整范围（自然资源法的目的不是只保护自然，还包括促进合理和高效利用自然）。对生态进行专门性保护的亚部门法，可被称为生态法，其核心任务是确保生态系统平衡和生态安全，主要手段和措施是守住生态红线、保护生态空间、维护生物多样性、加强生态建设等。

其二，坚持"三用"的"一体化"之整体主义原则，搞好环境法、资源法、生态法内部的融合和协调。首先，由于自然资源保护同生态保护之间，资源产品高效利用、废弃物循环利用同污染防治之间，均具有一定的耦合性或一致性，故资源法往往兼有环境法、生态法的部分功能，或者说资源法与环境法、资源法与生态法之间有一定的重合之处。正因如此，自然资源立法务必高度重视生态保护和建设，搞好资源法的生态化。例如，矿产资源法应有生态修复的规定，土地管理法应加强对湿地、林地、草地等生态用地的保护。[1]其次，环境立法，特别是污染防治立法，要重视环境质量治理和改善的生态方法，搞好环境法的生态化。譬如，《大气污染防治法》要重视利用城市绿化和通风廊道等生态治理的方式来应对雾霾，城市黑臭水体的治理不能只顾"环境"不顾"生态"。最后，基于生态要素也具有一定的资源属性，生态立法（特别是自然保护地立法）也要重视自然资源的有序开发和合理利用问题（如发展生态旅游），搞好生态法的资源化。简言之，既要搞好生态保护，又要注意合理利用，不能走极端保护主义的路子。有学者根据环境、资源立法必须坚持的生态整体主义原则，主张将环境法和资源法统一纳入生态法的名下。[2]笔者以为，这种观点似乎没有厘清环境、资源与生态的关系，不敢苟同。

其三，基于"三用"各自适用范围的不同，可将资源法、生态法归于环境法（广义）的名下。从范围上看，可以说，所有的资源要素和生态要素均是环境要素（广义），而反过来说，并非所有的环境要素都是资源要素或者生态要素。譬如，许多人文遗迹、自然遗迹是环境要素却不是生态要素。同理，空气、害虫等自然要素均是环境要素（广义），却不是资源要素。从理论上看，《环境保护法》第2条关于"环境"的概念就是广义意义上的，涵盖了所有资源要素和生态要素。因此，环境法（中义）、资源法和生态法三大亚部门法的分类组合便构成了广义的环境法律体系（即生态文明法律体系）。

其四，对"三用"进行权利化，可成立环境权、排污权、资源权和生态保护地役权等权利。美国著名法学家罗斯科·庞德认为："利益是人们，个别地或通过集团、联合或关系，企求满足的一种要求、愿望或期待。"[3]依此而言，人们对良好环境的需求即产生所谓的环境利益（狭义）。进言之，环境权即是对环境利益的权利化。从人类文明的演进和新型权利的兴起来看，环境权是生态文明时代的代表性或标志性权利，正如地权是农业文明时代的标志性权利、知识产权是工业文明时代的标志性权利、社员权是原始文明的标志性权利一样。[4]从法学的角度来看，建设生态文明，实现环境良好，最根本的就是要对政府课以环境保护职责以及企业和个人的环境保护义务，维护

---

[1] 杨朝霞："论我国土地法的生态化"，载《清华法治论衡》2014年第3期。

[2] 邓海峰："环境法与自然资源法关系新探"，载《清华法学》2018年第5期。

[3] 张文显：《二十世纪西方方法哲学思潮研究》，法律出版社2006年版，第104页。

[4] 杨朝霞："环境权的理论辨析"，载《环境保护》2015年第24期。

好人们的环境权益。

人们对自然资源的需求即产生所谓的资源利益，资源利益的权利化，即形成自然资源权（简称为"资源权"），具体包括自然资源所有权、自然资源攫取权、自然资源使用权和自然资源排用权等权利。

（1）自然资源所有权（简称为"资源所有权"）。在中国特色的国情下，可将自然资源所有权分为自然资源国家所有权（如矿产资源、水资源等）和自然资源集体所有权（如耕地资源、森林资源、草原资源等）。就自然资源国家所有权而言，国务院代表国家行使国家所有的自然资源的所有权。国务院可以授权国务院自然资源主管部门对石油天然气、贵重稀有矿产资源、重点国有林区、大江大河大湖和跨境河流、生态功能重要的湿地草原、海域滩涂、珍稀野生动植物种和部分国家公园等直接行使所有权；对于其他国家所有的自然资源，国务院可以授权有关省、自治区、直辖市人民政府行使所有者职责。国务院自然资源主管部门和省、自治区、直辖市人民政府可以委托有关地方人民政府和自然资源主管部门代理行使所有者职责。[1]

（2）自然资源攫取权（简称为"资源攫取权"，此时的"攫取"为中性词）[2]。这是指通过对国家和集体所有的自然资源采取某种行为而获取资源性产品的权利，属于对自然资源的消耗性利用，如采矿权、取水权、狩猎权、捕捞权、采伐权等。

（3）自然资源使用权（简称为"资源使用权"）。这是指利用自然资源作为载体或者介质从事生产经营活动的权利，属于自然资源的非消耗性利用，如土地承包经营权、水域养殖权、河道航运权等。

（4）自然资源排用权（常称为"排污权"）。这是指排污单位按照国家或者地方规定的污染物排放标准，以及污染物排放总量控制要求，经环保部门核定，允许其在一定期限内排放一定种类和数量的污染物的权利。简言之，即是指利用自然要素的环境容量排放污染物质和废弃能量（如余热余压）的

---

〔1〕 对于自然资源国家所有权的具体行使问题，2015 年的《生态文明体制改革总体方案》明确规定："实行中央和地方政府分级代理行使所有权职责的体制，……中央政府主要对石油天然气、贵重稀有矿产资源、重点国有林区、大江大河大湖和跨境河流、生态功能重要的湿地草原、海域滩涂、珍稀野生动植物种和部分国家公园等直接行使所有权。"

〔2〕 拉伦茨把自然资源攫取权称为物权取得权。参见［德］卡尔·拉伦茨：《德国民法通论》，王晓晔等译，法律出版社 2013 年版，第 292 页。

权利，属于排放性利用，如水体排污权、大气排污权等。为在整体上降低污染治理成本，让更专业者从事污染治理活动，灵活保护环境质量（可采用政府回购等方式，降低对环境容量的实际利用总量），可推行排污权交易。不过，推行排污权交易至少须具备以下客观条件：一是先进的监测评估技术条件（能够及时、准确地监测污染物的排放浓度和环境浓度，根据评估的区域环境容量而确定污染物可排放总量）；二是严厉的环境违法责任条件（对严重超标排污、超总量排污者施加严厉的法律责任）；三是严格的环境监管执法条件（对排污行为进行严格的监督管理）；四是成熟的市场经济条件（具有公平交易的市场环境和透明高效的排污交易服务平台）。

从属性和功能上看，矿产资源等自然资源是重要的生产资料，具有显著的财产价值，因而资源权主要属于财产权的范畴。至于排污权，尽管环境容量并非直接的生产要素，并不能创造财富，但排污权的享有可以减少其排污指标内污染治理资金的支出，故也具有间接或者隐形的财产权属性。此外，由于自然资源与生态环境具有"同体"的特性，在很多时候，保护了"自然资源"也就保护了"生态环境"，正所谓"资源在，环境就在"，因此，资源权也兼有部分环境保护功能。譬如，保护了森林公园中的森林资源，也就保护了森林公园的景观环境。[1]

人们对生态健康的需求即产生所谓的生态利益。生态利益具有间接性、潜伏性、滞后性等特征，无法被权利化而成立所谓的生态权。[2]法律对生态利益的保护，尽管环境权和资源权也可发挥部分保护作用（基于环境、资源和生态的共轭性或一体性），但最主要的是采取行政规制（如主体功能区规划、生态保护红线、生态空间用途管制等）和设立生态保护地役权[3]（在集体所有、私人承包经营等土地上设立兼有行政和民事属性的公共地役权，以保护生态公益）等办法。

回到前文所提的"淮安古民居保护案"。根据上述"一体三用"的理论

〔1〕 杨朝霞："论环境公益诉讼的权利基础和起诉顺位——兼谈自然资源物权和环境权的理论要点"，载《法学论坛》2013年第3期。

〔2〕 杨朝霞："环境权的理论辨析"载《环境保护》2015年第24期。

〔3〕 美国的公共地役权，是指为了特定公共利益的需要，由不动产所有者或使用权人容忍某种不利益或负担，从而使国家或公众取得一种要求不动产所有人或使用权人承担某种负担的权利。关于公共地役权的论述，参见肖泽晟：《公物法研究》，法律出版社2009年版，第113~132页。

可知，本案中的义顺巷民居、泗阳公馆等不可移动文物作为人文遗迹，无疑具有显著的景观环境功能（审美、休闲）和资源功能（旅游资源、文化资源），并无证据表明具有相关生态生产和生态服务功能，故只可称其为"环境"和"资源"，而不宜称为"生态"。因此，从解释论的角度来看，被告破坏古民居人文遗迹等不可移动文物的行为，可以轻松解释为"破坏环境"的行为或者"破坏资源"的行为，却很难甚至无法解释为"破坏生态"的行为。

二、生态环境的内涵以及与自然环境、生活环境的概念辨析

除了"环境、资源、生态"这三大起始范畴之外，环境法学研究和环境法治实践中还有一个与三者紧密相关却众说纷纭、模棱两可的范畴——生态环境。20 世纪 80 年代初，在全国五届人大讨论 1982 年《宪法》草案时，中科院院士黄秉维提出，草案中"保护生态平衡"的提法有失科学性，因为生态平衡是可以动态变化的，建议修改为保护"生态环境"。该建议后被采纳并写入了《宪法》，从此以后，许多政府工作报告和有关官方文件一直沿用这一概念。不过，黄秉维院士后来又表示，"生态环境"的提法是错误的，希望科技名词审定委员会予以改正。2005 年前后，科技界对此展开了激烈、深入的讨论。[1]

实践方面，关于"生态环境"这一概念的态度和使用，也是经历了反反复复。尽管《宪法》先后于 1988 年、1993 年、1999 年、2004 年和 2018 年经历了 5 次修正，但依然保持着"国家保护和改善生活环境和生态环境，防治污染和其他公害"的原初规定，未作任何修改。倒是 2014 年修订的《环境保护法》和 2015 年修订的《大气污染防治法》等立法均将立法目的中"保护和改善生活环境与生态环境"的表述统一调整成"保护和改善环境"。不过，自 2015 年 12 月中共中央办公厅、国务院办公厅出台《生态环境损害赔偿制度改革试点方案》以来，我国制定和修改的《民法总则》《民事诉讼法》《行政诉讼法》等法律法规越来越倾向于采用"生态环境"的概念。[2]特别是随着 2018 年国务院机构改革将环境保护部改组为生态环境部，"生态环境"的概

---

〔1〕　参见黄黔："我国的生态建设与生态现代化"，载《草业学报》2008 年第 2 期。

〔2〕　2017 年修订的《民事诉讼法》第 55 条及《行政诉讼法》第 25 条第 4 款。

念便在《土壤污染防治法》等法律和政策层面普遍确立，几乎全面代替了"环境"的概念。然而，对于"生态环境"这一概念的具体内涵，上述立法和政策文件均未作出明确界定。[1]

（一）"生态环境"概念的学说评介和理论修正

学界对于"生态环境"这一概念的科学性和具体含义的争论，并未因为立法和政策的确认而停止下来。概括起来，主要有如下几种有代表性的学说：

其一，生物环境说。李博院士和王孟本教授等学者认为，若以生物为中心，生态环境是指所有对生物生长、发育、生殖、行为和分布有影响的自然要素（生态因子）。在此意义上而言，生态环境在范围上要大于生境（habitat），小于环境（环境包括对生物有影响和没有影响的全部外界因子）。[2]

其二，自然环境说。钱正英、沈国舫、刘昌明等院士认为，"生态环境"即"自然环境"，是指对人类生存发展有影响的自然因子以及这些自然因子之间的关系。从外延上看，自然环境问题不包括噪音、炫光等人工环境（生活环境）问题。[3]

其三，良好环境说。譬如，陈百明教授等学者认为，"生态环境"中的"生态"为褒义词，意即无污染和破坏的意思。所谓"生态环境"，指的是环境质量良好和生态关系平衡的环境，可译为"eco-environment"。[4]

其四，由生态组成的环境说。首先，这种观点认为，生态环境是相对于

---

[1] 只有《生态环境损害赔偿制度改革试点方案》（2015年）和《生态环境损害赔偿制度改革方案》（2017年）对"生态环境损害"进行了界定："因污染环境、破坏生态造成大气、地表水、地下水、土壤等环境要素和植物、动物、微生物等生物要素的不利改变，以及上述要素构成的生态系统的退化。"

[2] 王孟本院士认为，因为"生境"一般是指生物个体或群落生活地段上的生态环境。所以生态环境比生境的内涵要广。因为环境是指生物接触到的全部外界因子（包括对生物没有影响的环境因子），所以生态环境比环境的内涵要小。王孟本："'生态环境'概念的起源与内涵"，载《生态学报》2003年第9期。

[3] 钱正英、沈国舫、刘昌明三位院士认为，"生态环境"的准确表达应当是"自然环境"，并认为它只是广义环境中的一部分。从外延上看，生态环境问题就是指自然环境问题，并不能包含人类活动造成的某些污染问题（如炫光污染、噪音污染。笔者注）。王孟本院士也认为，若以人类为主体，"生态环境"可定义为"对人类生存和发展有影响的自然因子的综合"。参见钱正英、沈国舫、刘昌明："建议逐步改正'生态环境建设'一词的提法"，载《科技术语研究》2005年第2期；王孟本、毋月莲编：《英汉生态学词典》，科学出版社2004年版。

[4] 在这里，把生态作为褒义词来修饰环境，把生态环境理解为不包括污染和破坏等问题的、较符合人类要求的环境。参见陈百明："何为生态环境？"，载《中国环境报》2012年10月31日。

生活环境而言的概念。《资源环境法词典》认为，生活环境是指与人类生活密切相关的各种天然的和人工改造的自然因素，如空气、河流、水塘、花草树木、风景名胜、城镇、乡村等；生态环境是指以整个生物界为中心，可以直接或间接影响人类生活和发展的自然因素和人工因素的环境系统。[1]韩德培先生也持类似观点："生活环境"是指与人类生活密切相关的各种天然的和经过人工改造过的自然因素；"生态环境"是指影响生态系统发展的各种生态因素，包括气候条件、土壤条件、生物条件、地理条件和人为条件（如开垦、绿化）等。[2]其次，更准确地说，生态环境是指由生态因子和生态关系组成的环境，可译为"ecological environment"。对此，马世骏先生认为，"生态环境"不是"生态"和"环境"的简单加和，而是二者的有机融合。王如松院士也认为，生态环境是与特定主体相联系的相互作用关系空间，不同于自然环境。具体而言，一种自然环境如果和特定人群或生物没有直接或间接的作用关系（即生态关系），就不是这类人群或生物的生态环境。譬如，热带雨林、冰川、没有人烟和生物的戈壁沙漠虽然都是自然环境，但热带雨林不是北极熊的生态环境，冰川不是鱼类的生态环境，戈壁沙漠一般来说也不是人类或绝大多数生物的生态环境。[3]

其五，生态和环境说（即生态+环境）。钱正英、沈国舫、刘昌明等学者认为，将"环境"与"生态"叠加使用是不妥的，应将"生态环境"一词逐步改正为"生态和环境"，或严格一点用"环境与生态"，可译为"ecology and environment"。[4]

---

〔1〕 江伟钰、陈方林主编：《资源环境法词典》，中国法制出版社 2005 年版，第 789~799 页。

〔2〕 韩德培主编：《环境保护法教程》，法律出版社 2007 年版，第 2 页。

〔3〕 王如松院士认为，"生态环境"一词既不是"生态和环境"，也不是"生态学的环境"，而是"由生态关系组成的环境"的简称，是指生命有机体赖以生存、发展、繁衍、进化的各种生态因子和生态关系的总和，英文为"ecological environment"。马世骏先生早在 1986 年解释中国科学院生态环境研究中心的所名时反复强调：生态环境一词中的"生态"是形容词，"环境"是名词，不是并列的堆砌关系，与生态位（ecological niche）一词有些相近，但"生态环境"一词更大众化一些，容易被社会和决策部门所接受，直观上是直接的生存、发展环境，科学上却是一个多维的直接和间接、有形和无形相辅相成的生态空间。马先生还认为，"生态环境"的提出，是传统污染环境研究向生态系统机理和复合生态关系研究的升华。王如松："生态环境内涵的回顾与思考"，载《科技术语研究》2005 年第 2 期。

〔4〕 参见钱正英、沈国舫、刘昌明："建议逐步改正'生态环境建设'一词的提法"，载《科技术语研究》2005 年第 2 期。

其六，一分为二说。全国科技名词委的邬江认为，可将"生态环境"的内涵一分为二：在一般情况下使用"生态与环境"，在强调两者相互交融、密不可分时用"生态环境"（即由生态组成的环境）。中国林科院唐守正院士也认为，"生态环境"一词作日常用语是可以的，但是在科学术语和政府行文中应该规范一些。[1]

笔者以为，在上述观点中，第四种学说最为合理，只需稍做改进即可。具体而言，所谓生态环境，是指自然界中以人类为中心的由生态因素和生态关系组成的环境，可翻译为"ecological environment"。在外延上，它不仅包括影响人类生存与发展的动物、植物、微生物等生物性生态因素和空气、水、土地、气候等非生物性生态要素，还包括生物之间、生物与生存环境之间相互联系、相互作用的生态关系。正如周珂教授所言，与环境科学上的环境可以通过各种环境要素的状况直观地进行认识不同（表现为一系列环境标准），生态环境往往是通过生物与环境的关系来认识环境的状况的，不易形成明确的技术标准，判断起来更为复杂。[2]根据上述"一体三用"或"一体三面"的理论，"生态环境"这一概念并非"生态"和"环境"的简单叠加，其要旨在于强调环境和生态的相互交融性和密不可分性，要求我们既要看到环境的生态属性，也要看到生态的环境功能，务必从系统性、整体性的角度来开展环境保护和生态建设。[3]

这就要求我们一方面不可只见（顾）"环境"不见（顾）"生态"。譬如，城市黑臭水体河底河岸硬化工程（被称为"破坏式治污"[4]）、圆明园湖底

---

[1] 参见黄黔："我国的生态建设与生态现代化"，载《草业学报》2008年第2期。

[2] 周珂：《生态环境法论》，法律出版社2001年版，第16页。

[3] 张林波等："'生态环境'一词的合理性与科学性辨析"，载《生态学杂志》2006年第10期。

[4] 为了治理黑臭水体，许多城市急功近利，采取了违背科学的"破坏式治污"方法。主要有四种表现：第一，使用挖掘机或高压水枪疏浚底泥，无视对河床及河岸生物栖息地的损伤，底泥处置方式和地点缺乏科学论证，常常是污染搬家。第二，一律采用混凝土、浆砌块石等固化河岸，一味滥用"生态挡墙"，割裂水陆联系，破坏河流横向连续性，导致具有生态功能的自然岸线被人为破坏。第三，将景观与生态混为一谈，种草以及在"生态挡墙"外侧绿化河堤等形象工程，不仅无法发挥生态功能，还会造成面源污染，后续维护成本也将居高不下。第四，控污截污管网难以充分发挥效率，将各种高耗能的污水处理设施建到河畔，应付检查。这种"破坏式治污"，全然不顾河岸与河流生态的互动和统一，硬质护岸/护堤及配套绿化工程破坏了河岸带的自然属性和栖息地功能、缓冲带属性和自净功能，很可能引发多种动植物，特别是敏感性鱼类的直接灭绝。据悉，严格说来上海城区已经没有一条真正意义上的生态河流了。

铺膜事件、单一性人工景观林等就是典型例证。另一方面，也不可只见（顾）"生态"而不见（顾）"环境"。近年来，国家之所以重视国家公园〔1〕的建设，或许就是已经意识到了生态的环境价值和资源价值，试图走出"生态中心主义"或者"绝对环保主义"的窠臼，合理实现生态的环境化和生态的资源化（尤其是开发为生态旅游资源），最终实现生态的资本化。〔2〕依此而言，"生态环境"概念的提出，特别是国家将环境保护部改组为生态环境部，具有重大的历史意义。〔3〕

（二）"生态环境"概念的局限性：须同时保留"生活环境"的概念

必须强调的是，尽管"生态环境"概念的创设具有伟大的意义，但并不意味着，可以用"生态环境"的概念全面替代"环境"和"生态"。

其一，"生态环境"在范围上窄于"环境+生态"。具体而言，"生态环境"既无法包括人工属性显著的"生活环境"（如建筑物的通风、采光、宁静等人居环境，本书所讨论"淮安古民居保护案"中的古民居、古建筑及石窟等人文环境），也无法包含生态属性不显著的"自然环境"（如地下石油、煤炭、金属矿藏等自然资源和丹霞地貌、古化石地、冰川、岩浆、火山等自然要素）。要注意的是，"生态环境"与"自然环境"在含义上虽然十分相近，在很多时候人们也习惯于将二者混用，但严格说来，生态环境并不等同于自然环境。自然环境的外延要比生态环境更广一些，自然界中各种天然的自然因素或者经过人工改造的自然因素都可以说是自然环境，但只有包含一定生态关系的自然环境才能被称为生态环境。这就是说，仅有非生物因素组成的环境整体，若不存在与一定生物因素之间的生态关系，虽然可以被称为自然环境，却不能叫作生态环境。概言之，破坏了自然环境，不一定就破坏

〔1〕　事实上，IUCN 就是这么认识和定位国家公园的。根据其 2013 年指南的定义，"国家公园"是指"大面积的自然或接近自然的区域，设立的目的是为了保护大规模（大尺度）的生态过程，以及相关的物种和生态系统特性。这些保护区提供了环境和文化兼容的精神享受、科研、教育、娱乐和参观机会的基础"。换言之，国家公园不仅具有重大的生态价值，也具有精神享受、科研、教育、娱乐和参观等方面的环境和资源价值。

〔2〕　将良好的生态环境（如绿水青山的风景胜地）盘活，成为能增殖的资产，就能成为生态资本，经过资本运营实现其价值，这一过程就叫生态环境的资本化，简称为生态资本化。高吉喜、李慧敏、田美荣："生态资产资本化概念及意义解析"，载《生态与农村环境学报》2016 年第 1 期。

〔3〕　20 世纪 90 年代初，全国人大在设立全面涵盖资源、环境、生态相关职能的专门"委员会"一类的机构时，只标明"资源和环境"的字样，省去了"生态"的字样。笔者建议将全国人大环境与资源保护委员会更名为全国人大生态环境与自然资源委员会，或者直接改为全国人大生态文明委员会。

了生态环境。

其二,抹杀了"环境"和"生态"之间"一体两面"或"一体两用"的辩证关系,忽视了二者各自独立存在的价值。

其三,不利于扭转"重环境,轻生态"的陈旧观念,不利于补强生态文明建设的生态短板,也不利于推进生态文明建设的全面和协调发展。[1]

然而,由于认识上的局限性,实践中大多没有严格区分"自然环境""生活环境"与"生态环境"这几个近似概念。除了前文提到的"淮安古民居保护案"之外,全国首例毁坏名胜古迹公益诉讼案(以下简称"上饶案")也存在这方面的认识问题。2018年8月,江西上饶市人民检察院以3名攀爬者涉嫌"破坏生态环境……损害社会公共利益"为由而提起刑事附带民事公益诉讼。[2]从解释论来看,该检察院起诉的法律依据颇为勉强。这是因为,三清山风景名胜区中的巨蟒峰,作为自然遗产,无疑属于特别重要的自然环境,不过,却很难将其认定为生态环境(没有证据表明巨蟒峰的岩壁具有明显生态价值)。依此而言,检察机关便难以将破坏巨蟒峰的行为解释为"破坏生态环境……损害社会公共利益的行为",进而提起环境公益诉讼。

根据前述理论,我们可将"淮安古民居保护案"和"上饶案"做个比较性的概括。"淮安古民居保护案"中破坏义顺巷民居、泗阳公馆的行为属于"破坏生活环境"或"破坏人文环境",江西"上饶案"中破坏巨蟒峰则属于"破坏自然环境"或"破坏自然资源"(如旅游资源),两案被告所破坏的环境要素均不属于"生态环境"的范畴。因此,两案的相关检察机关均难以"破坏生态环境……损害社会公共利益"为由(假设淮安案发生在2018年,且有检察机关愿意起诉的话),根据《民事诉讼法》第55条和《行政诉讼

---

〔1〕 杨朝霞、程侠:"确立'生态立国'战略推进生态法治主流化",载《环境保护》2015年第2期。

〔2〕 三清山风景名胜区位于江西省上饶市,是世界自然遗产地、世界地质公园、国家5A级旅游景区。2017年4月15日,张某等3名攀岩爱好者将20多枚岩钉打入三清山风景区巨蟒峰进行攀爬。2人到达顶部,另1人攀爬至中间段时被景区工作人员发现并制止。地质专家实地勘察认定,张某等3人的行为不仅对该处世界自然遗产的基本属性造成严重破坏,其打入的膨胀螺栓更是会形成新的裂痕,加快景点花岗岩柱体的侵蚀进程,甚至造成崩解。对此,警方以涉嫌故意损毁名胜古迹罪对3人立案侦查。检方认为,张某等3人故意损毁名胜古迹,破坏了珍贵的自然资源,仅提起刑事诉讼,不足以弥补其对公共利益造成的损害。经江西省人民检察院批准,并进行诉前公告,8月29日,江西省上饶市人民检察院以涉嫌破坏生态环境、损害社会公共利益为由,对这3人提起民事公益诉讼。参见庞岚:"期待公益诉讼让游客懂得敬畏自然",载《法制晚报》2018年8月31日。

法》第 25 条的规定而提起环境公益诉讼。以上两则案例可进一步表明，从理论上看，我们不可用"生态环境"全面替代"环境"和"生态"这两个概念，而必须维持"环境""生态"和"生活环境""生态环境"这两对概念。

三、结语

对生态文明理论和实践进行法学解读最为基础，但又十分紧迫的任务之一是对"环境""资源""生态"这三大虽紧密相连却又迥然相异的基石概念进行辨析。这是因为，"环境""资源""生态"三大概念的异同，可以说是整个生态文明观的理论基础，也是环境法学的逻辑起点。毋庸置疑，几乎所有的理论创新和制度设计都是以三大概念为基础和前提的。只有将这三大概念的区别与联系之事理研究透了，真正弄清楚了，其他问题方能纲举目张。然而，现有的认识主要是从环境学、生态学等角度进行解读的，至于三者之间到底存在什么关系，有何根本区别，一直纠结不清，至今还未产生令人信服的共识性结论。当前，环境法学研究和环境法治实践中出现的许多问题，可以说皆是源于对环境、资源、生态的认识出了问题。譬如，将环境权、资源权和排污权的概念混为一谈，主张对人民群众呼吸空气进行收费，将外来物种入侵导致果树大量落果、水库开闸放水导致溶解氧含量突然增加致使鱼虾死亡视为环境污染侵权（实为生态破坏侵权）……

如果从利益法学的原理出发，从功能（用途）的角度对环境、资源、生态进行全新解读，就能柳暗花明，豁然开朗，得出环境、资源、生态与自然之间属于"一体三用"或"一体三面"的清晰关系。进而，还可以这三个概念为基础，确认和创设"环境质量""环境容量""资源禀赋""资源储量"和"生态空间""生态保护红线"等法学概念。特别是，可以将自然保护区、重点生态功能区、生态敏感区、生态脆弱区等具有重要生态功能或生态功能存在重大缺陷的特殊区域，统一涵摄于"生态空间"的法学范畴。当然，最有意义的是，以生态文明观为指导，以"环境""资源""生态"以及"生态环境"等基石范畴之间的科学辨析为逻辑起点和理论依据，在理念上实现从自然体的"要素保护"到"功能保护"的飞跃，进而重构整个环境法学的理论体系和环境法治的制度体系。

第三节　法理探究：生态文明法学创新的主要模式

在形成法学视野下的生态文明观并明晰生态文明法学研究的逻辑起点之后，接下来更为艰巨的任务是，以生态文明观所揭示的基本概念、科学原理、普遍定律和特别现象等为基础和依据，在生态文明领域对法学的经典原理和既有话语进行检验，以验证这种法学原理的契合性和妥当性（或合理性），再根据这种检验结果，对传统法理学中的一般法律原理和宪法、民法、行政法、刑法、诉讼法等传统部门法原理，或者进行具体的具化（Specialization），或者进行局部的改良（Reform），或者进行彻底的革命（Revolution），或者进行系统的整合（Integration），最终形成生态文明的环境法学理论体系和话语体系。[1] 对此，吕忠梅教授曾指出："新时代的环境法学发展最重要的任务是，从事理分析转向到法理分析，构建法理分析的逻辑框架和理论体系。"[2] 这一环节两头都难，极具挑战性：不仅需要对"前端"的生态文明事实和事理了然于胸，还要对"后端"的法理学、民法学、宪法学、行政法学、刑法学、诉讼法学等法学学科的知识和原理游刃有余，否则根本不可能完成从生态文明事理到生态文明法理的飞跃。这于环境法学而言，既是挑战，更是机遇。

一、模式一：具化（Specialization）

环境法理创新的"具化模式"（Specialization），是指传统法学的某些基本原理同样可以被应用于生态文明的具体领域，只需因地制宜地进行专门、具体的细化即可，而不必对传统法理作实质意义的调整或补充。换言之，对于生态文明的某类事务，只需给传统法理换一个绿色化、精细化的"躯壳"，就可以形成适用于该领域或事务的环境法理，而传统法理的"内核"无需做任何实质上的改变。

其一，对法学基础理论的"具化"。在环境法理学领域，有学者把法律关

---

[1]　王明远教授曾用 ARI 模型来概括这种理论创新，本书的论述受到了王老师的启发，在此表示感谢。具体也分为三个层次，即应用（Application）、改良（Reform）、创新（Innovation）。王明远："'环境法学的危机与出路：从浅层环境法学到深层环境法学'研讨会纪要"，载《清华法治论衡》2014 年第 3 期。

[2]　吕忠梅："新时代环境法学研究思考"，载《中国政法大学学报》2018 年第 4 期。

系的原理应用于生态文明领域，"具化"为生态法律关系的环境法理。[1]

其二，对宪法理论的"具化"。在环境宪政领域，有学者把宪法中关于国家义务的一般原理[2]应用于环保领域，"具化"为国家环境保护义务的环境宪政法理。[3]

其三，对民法理论的"具化"。在环境民事领域，有学者把合同法的原理应用于环境资源利用和保护中的合同，形成环境民事合同的法理。[4]

其四，对行政法理论的"具化"。在环境行政领域，有学者把行政补偿的原理应用于生态保护，"具化"为生态保护补偿的环境行政法理。[5]有学者将行政监管中的"规范执行偏离效应"（Law Enforcement Deviation Effect）理论[6]应用于环境执法，[7]"具化"为环境行政的规范执行偏离效应理论，不仅从功能主义立场批判了规范主义[8]的明显缺陷，解析了偏离效应产生的必然性和合理性，[9]还主张通过监管体制改革、目标责任制、"双随机"抽查、第三方监督和环保约谈、中央环保督察、环保考核评估、政府环境问责等机制的确立和落实切实解决执行偏离问题。[10]

其五，对刑法理论的"具化"。在环境刑法领域，有学者把法益理论、风险刑法理论、社会危害性理论等传统刑法理论应用于生态文明，"具化"为环境法益、环境风险刑法、环境社会危害性等环境刑事法理。[11]

其六，对诉讼法理论的"具化"。在环境诉讼领域，可以将支持起诉、督

---

〔1〕　曹明德："论生态法律关系"，载《中国法学》2002年第6期。

〔2〕　龚向和："国家义务是公民权利的根本保障——国家与公民关系新视角"，载《法律科学（西北政法大学学报）》2010年第4期。

〔3〕　陈海嵩："国家环境保护义务的溯源与展开"，载《法学研究》2014年第3期。

〔4〕　吕忠梅、刘长兴："试论环境合同制度"，载《现代法学》2003年第3期。

〔5〕　杜群："生态补偿的法律关系及其发展现状和问题"，载《现代法学》2005年第3期。

〔6〕　Thomas O. Mcgarity, "Administrative Law as Blood Sport: Policy Erosion in a Highly Partisan Age", *Duke Law Journal*, 61（2012）, p. 1674.

〔7〕　See Daniel A. Faber, "The Implementation Gap in Enviromental Law", 16 *J. Korean L.* 3, 3（2016）.

〔8〕　从规范主义立场来看，行政机关只需要像"传送带"（Transmission Belt）一样执行立法机关通过的法律法规即可。规范执行偏离所带来的复杂性、不确定性是规范主义不能忍受的，执行偏离必须得到纠正。不过，从功能主义的立场来看，规范执行偏离是行政机关对规范执行的系统调整。

〔9〕　在环境监管的具体实践中，环保机关实际上是在一种复杂的、变化的、规范与事实相互影响的情境中，结合具体情况有针对性、灵活性地执行环境法律规范的。

〔10〕　曹炜："环境监管中的'规范执行偏离效应'研究"，载《中国法学》2018年第6期。

〔11〕　焦艳鹏："生态文明保障的刑法机制"，载《中国社会科学》2017年第11期。

促起诉、司法鉴定的理论应用于环境司法领域，"具化"为环境公益诉讼支持起诉、督促起诉理论和生态环境损害赔偿鉴定评估理论。

自环境法学诞生以来，"具化模式"可以说是全球环境法学理论创新的主要模式，特别是在环境行政法、环境宪法和环境刑法领域。就我国而言，从整体上看，当前的环境法学主要还集中或滞留于"具化模式"这一初级阶段。

二、模式二：改良（Improvement）

环境法理创新的"改良模式"（Improvement），是指将传统法学的某些一般原理直接应用于生态文明特定领域明显不适，需要在原有基础上进行局部或适度的改进，方能成为适用于该生态文明领域的环境法理。换言之，对于生态文明的某一领域或某类事务，在坚持传统法理的"内核"或"根本"维持不变的前提下，对其主要内容作一定程度的修剪、调整或者补充。

（一）对民法理论的"改良"

在环境民事领域，自然资源国家所有权、环境保护地役权和环境侵权责任之无过错责任原则、因果关系推定，无疑属于"改良"模式的典型代表。

1. 对所有权理论的"改良"

在物权理论的所有权领域，为了落实全民所有制的基本制度，实现对自然资源的合理和可持续利用，可规定国家对矿藏、水流等重要的自然资源拥有所有权。然而，同传统的物权所有权相比，自然资源国家所有权具有诸多的特殊性：

其一，在权利客体上，"自然资源"具有不同于"物"的不确定性（状态结构不固定）、难以分割性（如水资源）、难以独占性（如水资源）、生态整体性（如河流）、流动性或运动性（如野生动物资源）、生命性（如野生动植物）等典型特征。

其二，在权利主体上，国家具有不同于普通单位和个人的权威性、强势性，可以通过征收、赎买、置换等方式从集体、个人处强行取得自然资源国家所有权。

其三，在权利内容上，国家除了因提供自然资源公共产品（如为提供水电而修建大坝，为提供饮用水而南水北调）和提供公共服务（如为提供航运服务而修建运河）的需要而直接开发、利用自然资源之外，主要通过设立自然资源用益权（公民、法人等开发利用自然资源的权利，建设用地使用权、探矿权、养殖权和采矿权、取水权、捕捞权等）和收取自然资源有偿使用税费而行使和实现国家所有权，很少像传统所有权那样由权利人自我行使所有权。[1]

其四，在权利行使主体上，国家自身并不行使所有权，主要通过授权由各级人民政府及其自然资产管理机构分级行使所有权，具有行使主体的多样性和层级性。

其五，在法律责任上，国家并不对自然资源致害（如洪水、山体滑坡、野生动物致害）承担侵权责任，顶多承担补偿责任（如野生动物致害补偿）。

其六，在法律保护上，可通过行政规划、行政命令、行政许可、行政强制、行政处罚、刑事惩罚等公法方式和追究自然资源及其生态环境损害赔偿责任之私法方式进行强力保护。对此，德国的冯·巴尔教授也十分认同自然资源及其生态环境损害赔偿具有不同于传统损害赔偿侵权责任的特殊性。他特别指出："生态损害实质上涉及的是公法问题，只不过在这类公法中保留了一些私法概念，如因违反以环境保护为目的之法的赔偿责任。"[2]

其七，在救济上，可通过地方政府提起自然资源损害赔偿诉讼和检察机关提起民事公诉进行司法救济。

…………

综上所述，从理论上看，自然资源所有权无疑属于传统所有权理论在生态文明领域的"改良"性创新。

2. 对用益物权理论的"改良"：自然保护地役权

在用益物权领域，为了以较低的成本实现对自然资源和生态环境等公共利益的保护，可通过当事人约定或法律规定，以给付一定有偿使用费为原则，国家、公共事业单位或公众（需役地人）从而取得一种要求该不动产权利人（供役地人）额外容忍某种不利益或特别承担某种负担的公共地役权。[3] 在

---

〔1〕　巩固："自然资源国家所有权公权说"，载《法学研究》2013年第4期。

〔2〕　[德] 克雷斯蒂安·冯·巴尔：《欧洲比较侵权行为法》（下卷），张新宝等译，中国法制出版社2010年版，第79页。

〔3〕　See Jeffrey M. Tapick, "Threats to the Continued Existence of Conservation Easements", 27 *Colum. J. Envtl. L.*, 27 (2002), pp. 285~286.

环境法中，这种公共地役权具体表现为环境保护地役权[1]、自然资源保护地役权[2]、生态保护地役权[3]、保护地地役权[4]、国家公园地役权等，可统称为自然保护地役权。譬如，为了实现对野生动物栖息地、野生植物原生地、美丽风光地带、饮用水源地等自然因素的特定保护，在土地所有权人和自然保护需役地人之间签订具有法律约束力的协议，土地所有权人因公共地役权的设立而负担禁止或限制开发利用土地的义务，而自然保护地役权人则有权限制该块土地的用途。[5]

自然保护地役权主要是对非国有自然资源（如集体所有的林地、草地、湿地、耕地等）进行生态环境和自然资源保护的重要制度，属于地役权制度在环境法领域的"改良"性创新。一是自然保护地役权合同属于行政合同，而传统地役权合同属于民事合同。二是自然保护地役权主体通常为负有自然保护监管职责的行政机关，传统地役权主体通常为对需役地享有所有权或使用权的自然人。三是从法权性质上看，自然保护地役权兼有民事权利和行政权力的双重属性，可以说是一种行政法上的公物权，传统地役权则属于典型民事权利的用益物权。事实上，《法国民法典》第 639 条将地役权分为自然地役权、法定地役权和意定地役权，并且将包括自然保护地役权在内的法定地役权也称为"行政地役权"（Servitudes Administratives）。[6]四是自然保护地役权的设立并不严格需要具体的需役地，传统地役权的设立须以存在具体的需役地为前提。

自然保护地役权的制度价值，在于其既可以避免征收、置换、租赁供役地等方式所需的高额成本，又能像征收、置换、租赁那样可以充分利用供役

---

[1] 参见吴卫星、于乐平："美国环境保护地役权制度探析"，载《河海大学学报（哲学社会科学版）》2015 年第 3 期。

[2] 参见陈静、陈丽萍、赵晓宇："自然资源保护地役权建设的立法建议"，载《中国土地》2019 年第 5 期。

[3] 参见肖泽晟："公物的二元产权结构——公共地役权及其设立的视角"，载《浙江学刊》2008 年第 4 期。

[4] 参见唐孝辉："自然资源产权与用途管制的冲突与契合"，载《学术探索》2014 年第 10 期。

[5] Nancy A. McLaughlin, "Increasing the Tax Incentives for Conservation Easement Donations——A Responsible Approach", Ecology L. Q., 31（2004）, pp. 1, 4.

[6] 尹田：《法国物权法》（第 2 版），法律出版社 2009 年版，第 415～416 页。

地，可以更好地均衡环境公益与财产私益的关系。[1]这种公共地役权具有很强的理论性、创新性和广泛的制度发展和应用空间，在国际上受到了高度的重视。譬如，《俄罗斯联邦土地法典》第23条规定，在为了保障国家、地方自治或者地方居民的利益而必需但又无须征收地块的情况下，可以依法设定公共地役权。

在近年来开展的国家公园体制改革试点中，湖南省南山国家公园试点区选择2.1万亩林地开展公共地役权协议试点，在不改变林地权属的情况下，政府通过与所有者签订协议，对土地的利用方式、强度进行限制，并进行合理补偿。钱江源国家公园试点区于2018年出台《钱江源国家公园集体林地地役权改革实施方案》，对集体林地进行公共地役权改革，补偿标准为48.2元/亩·年（公共管护和管理费用5元/亩·年，地役权补偿金43.2元/亩）。[2]

3. 对侵权法理论的"改良"

环境侵权领域的理论"改良"则更为典型。鉴于环境污染的累积性、污染致害的间接性、原告的弱势性等特殊性，将传统侵权法中的归责原则理论（坚持过错原则）和因果关系理论直接"应用"于环境侵权救济显失公平，从而"改良"为以无过错责任原则和因果关系推定[3]（如盖然性因果关系说、疫学因果关系说、间接反证因果关系说、举证责任倒置说等）为基础的环境侵权责任理论。[4]

（二）对行政法理论的"改良"

在环境行政领域，环境风险规制和"区域限批"可谓"改良"模式的典

---

〔1〕 参见张红霄、杨萍："公共地役权在森林生态公益与私益均衡中的应用与规范"，载《农村经济》2012年第1期。

〔2〕 根据2019年的《浙江省森林生态效益补偿资金管理办法》，森林生态效益补偿的基本补偿标准为31元/亩，源头区40元/亩，保护区租赁补偿价为48.2元/亩。可见，在钱江源国家公园试点区，公共地役权的补偿价格基本是以森林生态公益林的生态补偿标准为依据的。

〔3〕 杨朝霞、刘轩、高翔："环境侵权因果关系推定之新规判解——以'中国垃圾焚烧致病第一案'的检视为中心"，载《环境保护》2016年第16期。

〔4〕 当前，推进环境侵权理论研究的首要任务是，继续加强环境侵权归责原则和因果关系证明的研究，形成健全完善的环境侵权法理。其一是跳出无过错责任原则一元归责的固有思维，构建涵盖由无过错责任原则、过错推定原则、过错原则和公平原则构成的归责原则体系，健全完善关于环境侵权归责原则的环境法理。其二是加强关于原告如何证明被告排污行为与原告污染损害后果之间"关联性"的研究，健全完善关于环境侵权因果关系证明责任的环境法理。此外，还需加强对生态破坏侵权的法理研究。

型代表。

考虑到环境风险的客观性和严重性，将坚持"面向确定性的决定"的传统行政规制理论[1]直接"应用"于具有重大环境风险的环境资源开发利用行为（如重化工企业的临江而建、污染场地的建设利用等）显有不适，需要采用风险识别、风险评估、风险管控、风险治理及其后评估等多种手段的风险规制，[2]才能实现有效的谨慎预防。

考虑到一些地方完全不顾本区域的环境容量和生态承载力，盲目发展高污染、高耗能的产业和项目，采用单个项目的环评审批已无法遏制建设项目的发展冲动，只有针对该行政区域或该行政区域的某个行业，一律暂停审批新增污染环境、破坏生态的建设项目，直至该地区或行业完成整改（这种限批被简称为"区域限批"[3]），才能有效地解决这一区域性或行业性的整体违法问题。

风险规制和"区域限批""流域限批"共同的理论贡献在于，对传统规制理论进行了"改良"，诞生了新型的行政规制理论：前者将确定规制理论在应对环境风险上进行了"改良"，生成了风险规制理论；后者将项目规制理论（立足于对单个项目进行规制）在解决区域性或行业性环境违法行为上进行了"改良"，生成了区域规制理论。

（三）对刑法理论的"改良"

在环境刑事领域，盗伐林木罪和重大环境污染事故罪属于"改良"模式的典型代表。

考虑到林木兼有经济价值和生态价值，把只将财产的经济价值作为犯罪客体的盗窃罪原理直接"应用"于盗伐林木的犯罪显然不妥，不利于对森林生态价值的尊重和保护。只有将盗窃罪予以"改良"，添设盗伐林木罪的新罪

---

[1] 无论是针对普遍事项的行政决定（如规则制定），还是就具体问题做出的行政决定（如处罚、许可、强制），传统行政法都严格要求它们：有明确的事实认定，有确凿的证据支撑，有确定的规则依据，在裁量范围内不做通常有理智的人不可能做出的行为，为秩序的安定性提供信赖保护或合理期待，甚至在手段和目的之间应该进行精确的"成本-效益"计算以达到合比例要求，等等。沈岿：《食品安全、风险治理与行政法》，北京大学出版社2018年版，第9~10页。

[2] 杜辉："挫折与修正：风险预防之下环境规制改革的进路选择"，载《现代法学》2015年第1期。

[3] 所谓"区域限批"，是指如果一家企业或一个地区出现严重环保违规的事件，环保部门有权暂停这一企业或这一地区所有新建项目的审批，直至该企业或该地区完成整改。

名，将盗伐林木的经济价值和生态价值均列为盗伐林木罪的犯罪客体，才能有力地打击盗伐林木的行为，有效地保护森林资源及其生态系统。[1]

考虑到重大环境污染事故不仅会造成重大的人身损害和财产损失，还会造成严重的环境污染后果，如果将重大责任事故罪的原理直接"应用"于造成重大污染环境事故的情形，则无异于忽略、无视所造成的严重环境污染后果，放纵严重污染环境但尚未造成人身损害和财产损失的环境违法行为。这么做显然不对。只有将重大责任事故罪予以"改良"，添设重大环境污染事故罪的新罪名，将人身利益、财产利益和环境利益均列为犯罪客体，才能有力地打击造成重大环境污染事故的行为。

可以说，盗伐林木罪和重大环境污染事故罪的理论贡献在于，对盗窃罪和重大责任事故罪背后的传统犯罪客体理论进行了"改良"性的创新，将生态利益和环境利益增列为可以同人身利益、财产利益相并列的补充性犯罪客体（尚未成为独立的犯罪客体），形成了补充环境犯罪客体理论（与"独立环境犯罪客体"理论相对应）。

（四）对诉讼法理论的"改良"

在环境诉讼领域，近年启动的生态环境损害赔偿制度改革，由地方政府主导的生态环境损害赔偿磋商机制，从理论上看，可谓是诉讼法中调解与和解的"改良"性创新。这种"改良"，主要体现在对调解与和解的公法规制上，特别是对地方政府处分权的限制。譬如，在生态环境损害赔偿磋商过程中，地方政府作为赔偿权利人无权对生态环境损害的调查评估费用、清理修复费用等进行任意的处分和让渡，不能损害国家和社会公共利益。

三、模式三：革命（Revolution）

环境法理创新的"革命模式"（Revolution），是指即使将传统法学的某些普遍原理作适度的"改良"也难以适用于生态文明特定领域，只有进行"革命性"或"颠覆性"的重大创新，方能成为适用于该生态文明领域的环境法理。换言之，对于生态文明的某一领域或某类事务，必须抛弃或打破传统法理的"内核"，建立另一个崭新的法理"内核"。简言之，即颠覆传统法理的"旧世界"，建立一个环境法理的"新世界"。不过，需要强调的是，环境法

---

[1]　张明楷："自然犯与法定犯一体化立法体例下的实质解释"，载《中国检察官》2014 年第 9 期。

对传统法学理论的"革命"并不是"改朝换代"意义上的，而是对传统法学理论的创新发展。[1]

（一）对法学基础理论的"革命"：调整论

在环境法理学（环境法基础理论）领域，蔡守秋教授对传统法律关系理论进行了"革命"性的创新，提出了"主客一体化"范式下的"法定关系"新理论（简称"调整论"）。调整论认为，面对环境问题和环境保护，传统法律关系理论（主张法律只调整人与人的关系）已无法解释和有效应对；环境法既要直接调整与自然有关的人与人的关系，也须直接调整人与自然的关系；要确立法定关系（即法律规定的关系）的新理念，其既包括主体与主体之间的关系（人与人，属于法律关系的范畴），也包括主体与客体之间的关系（人与自然）；研究法定关系中主体与客体的关系，研究如何运用法律调整人与自然的关系，具有理论和实践上的重大意义。[2]可以说，正是对传统法律关系理论进行"革命"性创新，以"法定关系"为基础的环境法调整论才得以形成。

然而，这种法理上的"革命"是否讲得通呢？鉴于野生动物及其法律调整机制的特殊性，野生动物外来物种入侵的法律应对，可以为准确理解和修正环境法调整论[3]这一自提出以来就一直饱受争议[4]的理论，提供独特的视角和典型的例证，有着突出和重大的理论意义。[5]

1. 环境法调整对象的特殊性

具体而言，对野生动物外来物种入侵进行法律规制，实际上具有调整论意义上的三层调整机制：

---

〔1〕 吕忠梅："新时代环境法学研究思考"，载《中国政法大学学报》2018年第4期。

〔2〕 参见蔡守秋："论追求人与自然和谐相处的法学理论"，载《现代法学》2005年第6期。

〔3〕 蔡守秋：《调整论——对主流法理学的反思与补充》，高等教育出版社2003年版，第151~270页。

〔4〕 自从蔡守秋教授提出环境法调整论以后，学界反响强烈，除了少部分学者表示认同外，王树义、钱水苗、李艳芳、李爱年等大部分学者均表达了质疑。主要论述可参见王树义、桑东莉："客观地认识环境法的调整对象"，载《法学评论》2003年第4期；钱水苗："环境法调整对象的应然与实然"，载《中国法学》2003年第3期；李艳芳："关于环境法调整对象的新思考——对'人与自然关系法律调整'的质疑"，载《法学家》2002年第3期；梅宏、郑艺群："环境资源法调整对象的论战——第二届福州大学'东南法学论坛'综述"，载《西南政法大学学报》2004年第4期；吴真："从公共信托原则透视环境法之调整对象"，载《当代法学》2010年第3期；等等。

〔5〕 参见杨朝霞、程侠："我国野生动物外来物种入侵的法律应对——兼谈对环境法'调整论'反思的反思"，载《吉首大学学报（社会科学版）》2016年第2期。

第一层调整机制：调整"人-自然"的关系。对野生动物外来物种入侵事务进行法律规制，首先直接调整的是"引进行为人（特定）-外来物种"的关系，即通过规范人的物种引进行为而调整人与外来物种的关系。也正是在此种直接调整的意义上，我们可以说，环境法可以调整人与自然的关系。

第二层调整机制：调整"自然-自然"的关系。对野生动物外来物种入侵进行法律规制，表面上是调整引进行为人与外来物种的关系，实际上调整的却是背后的"外来物种-本地物种"的关系，以防止外来物种对本地物种构成危害。譬如，野外巴西龟除了会同本地龟争夺生存资源外，还会大量捕食本地小型鱼、贝及蛙类的卵和蝌蚪，造成生态浩劫。

第三层调整机制：调整"自然-人"的关系。通过规范人的行为，调整"外来物种-本地物种"的关系，表面上是为了防止外来物种对本地物种构成危害，但实际上却是调整背后的"本地物种-本地人（特定或不特定）"的关系，以防止遭受不利影响的本地物种对当地的个人和单位造成人身和财产等方面的损害。

从整个调整过程来看，法律通过约束和控制人类引进外来物种的行为，促使本地物种不受外来物种的侵害而处于一定的动态平衡状态，进而确保本地物种能够持续不断地满足人类对其的各种正常需求。对此，我们可以法律对巴西龟的入侵规制为例进行说明。为防止巴西龟的入侵对本地物种造成损害，法律必须对人们引进巴西龟的行为进行规制，这表面上调整的是人与巴西龟的关系以及巴西龟与本地物种的关系，但终极意义上调整的却是巴西龟引进人与引进地人的利益关系。或者说，法律之所以调整"人-巴西龟"的关系，是因为巴西龟的引进会影响本地物种的生长繁殖，进而对当地的个人和单位构成人身和财产等危害。

换言之，应对外来物种入侵，在整体的法律调整机制上，实际上可完整体现为"人-自然（外地物种和本地物种）-人"的新范式，而不像合同法、婚姻法等传统法之"人-人"的简单、直接的调整范式。也就是说，就法律应对外来物种入侵而言，环境法的直接调整对象，从表面上看是调整"人-自然"的关系，但从整体和终极调整对象上看，依然是人与人的关系，只不过这种调整在很多时候体现为间接性的调整罢了。此时，一方主体明晰（引进外来物种的行为人），而另一方主体（受外来物种潜在不利影响的人）并不具体、明确，两造主体之间需以自然体（外来物种和本地物种）作为媒介，且此时另一造主体（受外来物种潜在不利影响的人）并无多大实际的法律意义，以致其主体性地位退居其后，而作为中间媒介的自然体（外来物种）却反而显得特别重要，其客体地位比肩甚至超越了作为法律关系另一造主体的人（受外来物种潜在不利影响的人）的地位而凸显和跃升到了前台。在环境法的许多其他领域（如长距离污染、自然资源节约和保护、荒漠化整治、废物循环利用等）中，这种现象同样普遍存在，甚至表现得更为突出。

这是因为，在环境法中，"自然"作为连接人与人之间法律关系的媒介，同物权法中的"物"、知识产权法中的"智力成果"（如专利、商标）等传统法律关系的媒介相比，无论是在形态、结构、属性、功能等方面，还是在产生、变化、发展等方面，均具有高度的复杂性。譬如，在形态上存在大气、水、土地、森林、草原、海洋、野生动物等多样性；在结构上，存在森林生态系统、草原生态系统、农田生态系统、海洋生态系统、湿地生态系统、荒漠生态系统、城市生态系统等多样性；在属性上，自然要素具有整体性、区域性、历时性、流动性、关联性（矿藏在地下，河水在地表，野生动物在林中等）、公共性、非独立性、难支配性等复杂性；在功能上，存在环境支持、资源供给和生态调节等多样性，且不同功能之间还可能存在结构上的冲突（如生产用水、生活用水和生态用水常发生冲突）。此外，作为"人-自然"之间矛盾的环境问题（环境污染和生态破坏），具有滞后性、累积性、复合性、广泛性、多样性、科技性、风险性、弱可谴责性、代际性等特性。[1]进言之，"人-自然"间矛盾的解决，不仅涉及政治、经济、文化、卫生、教育、军事、环境、资源和生态等诸多领域，还必须综合运用工程、科技、行政、道德、宣传、法律等多种手段。这使得环境法所面对的"自然"以及"人-自然-人"的关系（宏观与微观）异常错综复杂（如下图8："人-自然-人"关系简图[2]），必须给予特别高度的重视和科学的剖析[3]。

―――――――――

〔1〕 杨朝霞："论环保机关提起环境民事公益诉讼的正当性——以环境权理论为基础的证立"，载《法学评论》2011年第2期。

〔2〕 此图是在吕忠梅教授2016年1月9日清华大学讲座《环境法学科发展与研究方法漫谈》的PPT基础上制作而成的，特此对吕教授表示感谢。

〔3〕 正因为如此，笔者以为，环境法的逻辑起点应当是自然，尤其是自然的功能。环境法学必须高度重视对"自然"（体现为环境、资源和生态）本身和"人与自然"的了解和把握，否则环境法学研究难以深入。可以这么说，不懂环保，搞不好环境法治，也搞不好环境法学研究。换言之，环境法学，既要扫"法"盲，也要扫"科"盲。

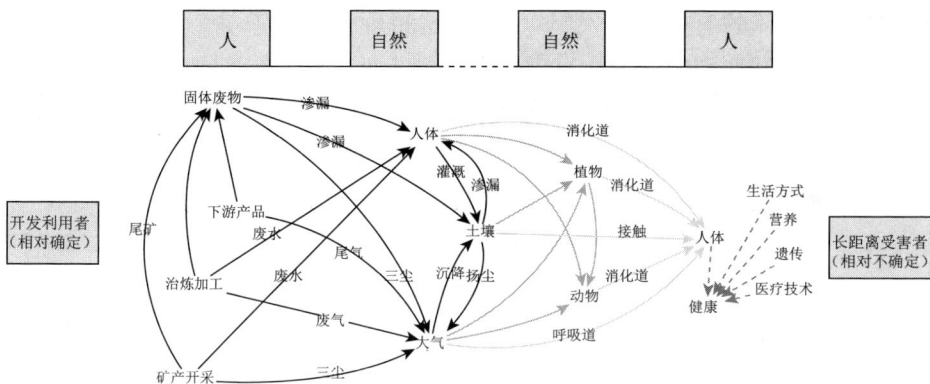

图 8　"人-自然-人"关系简图

也许正是看到了环境法调整机制的这一典型特征，有学者在反思传统法理学之法律关系理论的基础上，把环境法所直接调整的"人-自然"关系（微观）独立出来，将其定位为一种不同于"法律关系"的"法定关系"，并主张环境法既可以调整人与人的关系，也可以调整人与自然的关系〔1〕，进而形成了环境法的"调整论"。〔2〕必须认可的是，关注和重视传统法上所一贯忽视的人与自然的关系，并将其提升到法律视野的前台，主张"主客一体化"的研究范式和综合生态系统的调整模式，是一项非常了不起的理论创新，也有着特别重大的法治意义。

2. "自然体权利论"和"非人类中心主义论"的荒谬性

有学者并没有止步于"环境法既可以调整人与人的关系，也可以调整人与自然的关系"这一理论革新，而是继续向前，提出了更为大胆的，甚至是颠覆性、革命性的动物权利论〔3〕和自然体权利论〔4〕：主张将"人-自然"关系中的自然体上升为法律主体，并授予其相应的法律权利，以更好地实现

〔1〕 环境法既能直接调整人与自然的关系，也能间接调整人与自然的关系，但须注意的是，蔡守秋教授调整论所讲的"调整"指的是"直接调整"，即在主张"环境法的调整对象包括人与人的关系和人与自然的关系"时，是专指的"直接调整"，而非"间接调整"，因为间接调整的链条可长可短，不便于分析。这一点，许多批判蔡守秋教授的学者似乎都忽略了。

〔2〕 蔡守秋主编：《环境资源法教程》，高等教育出版社2004年版第89页。

〔3〕 高利红：《动物的法律地位研究》，中国政法大学出版社2005年版，第232~235页。

〔4〕 譬如，自然应有不被瓜分和耗尽的权利、不被灭绝的生存权利、不被污染的权利、免于战争毁灭的权利等。张锋：《自然的权利》，山东人民出版社2006年版，第1~100页。

环境法对自然体的有效保护[1]。然而，这种理论的"革命"未免矫枉过正，走向了极端。诚如列宁所说，真理再向前一步就是谬误！

其一，将自然体上升为法律主体，授予其环境方面的法律权利，会遭遇巨大的理论难题和逻辑困境。[2]第一，无法在理论上解释法律为何只对一部分自然体进行保护。譬如，为什么法律只保护对人类有用的自然体（如熊猫、金丝猴等国家重点保护的野生动物），却不保护对人类无用甚至有害但濒危的自然体（如蝗虫等）等。再如，既然野生动物都是法律主体，都享有同样的权利，为什么法律要选择保护本地的物种（如本地龟），而要捕杀和清除外来入侵的有害物种（如巴西龟）呢？第二，离开了人对自然体的利益需求，将无法解释法律对自然体进行保护的标准和尺度。譬如，凭什么只将典型的自然地理区域、有代表性的自然生态系统区域、珍稀、濒危野生动植物物种的天然集中分布区域等区域划定为自然保护区，进行严格保护？再如，凭什么要对大气环境进行环境空气功能区分并提出不同环境质量要求？《环境空气质量标准》（GB3095 - 2012）凭什么将 PM2.5 的二级质量标准规定为日平均 75μg/m3？反过来，如果坚守传统法的原理，将人作为主体，将自然体作为客体，为保护他人（如上图 8 中的长距离受害者）对于自然体的环境权益而对开发利用自然体的人（如上图 8 中的开发利用者）的行为进行规制，对其课加保护自然体的义务（如禁止超标排放废水），这些问题均可迎刃而解。

其二，把自然体上升为法律主体，授予其环境方面的法律权利，偏离了环境保护的初衷，歪曲了环境法的根本目的，很可能滑入"为环保而环保"的极端化误区，进而对人类社会发展构成危害。实际上，法律调整"人－自然"的关系，保护作为环境、资源和生态要素的自然体，其根本目的并非是为了保护自然体本身，而是为了保护法律关系另一造大多时候并不确定的公众，对于自然体的环境权益，如享有良好环境的环境权（如清洁空气权、清洁水权等）、开发利用自然资源的资源权（如土地承包经营权、取水权、养殖权、捕捞权等）和排放污染物质的排污权等权益。换言之，保护环境、资源

---

[1] 其基本观点是，将自然体拟制为法律主体，赋予其环境权利，再将 NGO 组织等作为自然体的代理人，由其代表自然体，针对污染和破坏环境的行为，直接提起环境公益诉讼，实现对环境的直接和彻底保护。

[2] 杨朝霞："论动物福利立法法的限度及其定位——兼谈动物福利立法中动物的法律地位"，载《西南政法大学学报》2009 年第 3 期。

和生态只是环境法的直接任务，保障人类对于环境、资源和生态的各种权益才是环境法的根本目的。否则，忘却环境、资源和生态对于人类的功能和价值，无视乃至抛弃人类对环境、资源和生态的环境权、资源权和排污权等权益，生态文明建设工作势必会失去奋斗的方向、行动的依据和操作的标准，最终很可能陷入"非人类中心主义"乃至"极端环保主义"的泥潭。譬如，针对《野生动物保护法》的修改，许多动物保护民间组织和动物权利论者认为，将野生动物视为自然资源的理念是完全错误的，主张废除一切对野生动物的商业性利用行为（如人工繁育），实现对野生动物的全面和彻底保护。实际上，野生动物大多具有自然资源的属性，之所以对野生动物进行保护，对野生动物利用行为进行法律规制，其根本目的并不是保护野生动物本身，更不是保护野生动物的所谓权利，而是实现人类对野生动物资源的可持续利用，实现对生态平衡的动态维护，实现人类对野生动物的情感利益和生态伦理秩序的尊重。再如，有不少学者，竟然完全不顾我国经济社会发展的历史阶段（工业化中期），不讲法律规范的适用范围和适用条件，主张绝对的环保优先原则[1]。其实，保护环境只是工具，保护人的环境权益才是根本目的，且环境权益也只有在和其他正当权益（如生存权和发展权）的平衡和协调中进行保护才是合理的。换言之，环境保护应当是相对的、有限度的，而非绝对的、不可让渡和不可协调的。

（二）对民法理论的"革命"

在环境民事领域，最具"革命性"的重大理论创新是关于环境权、资源权和排污权的新型权利理论。

其一，即使对人格权和财产权的法理进行重大"改良"——创设"环境权人格权"或"环境相邻权"的概念，也不能合理解释和有效保护公民享用良好环境的权利。只有对传统权利理论进行绿色"革命"，创设一种直接以良好环境为权利对象的环境权，才能有效地保护环境——在人身和财产尚未因环境污染和生态破坏而遭受损害时，就可以环境权遭受侵害为由，对造成环境损害的民事行为和行政行为提起诉讼，通过司法途径保护环境。[2]环境权

---

〔1〕　实际上，根据 2014 年 4 月 24 日修订的《环境保护法》第 29 条的规定，保护优先原则是有适用范围的，只适用于重点生态功能区、生态环境敏感区和脆弱区等区域。

〔2〕　杨朝霞："环境权的理论辨析"，载《环境保护》2015 年第 24 期。

是一项既有利于保障人格权和财产权，但不同于人格权和财产权的独立、新型的权利。环境权的创设，不仅有利于补充和丰富以人身权和财产权为核心的传统权利理论，而且有利于使司法手段介入环境侵害的时机提前，更重要的是，还能减轻原告关于环境侵权因果关系的证明责任，具有重大的理论和现实意义。

其二，传统用益物权理论既不适用于对矿藏、林木、水源等自然资源进行消耗性利用（采矿、采伐、取水等）的权利，也不适用于对环境容量进行排污利用的权利。只有对现行财产权理论（特别是物权理论）进行"革命"性的绿色变革，创设一种有别于用益物权的资源权（特别是资源攫取权[1]，如采矿权、采伐权、狩猎权、捕捞权、取水权等）和排污权的法理，方能有效地解决这一问题，从而在生态文明领域形成以环境权、资源权和排污权为核心范畴的环境法学权利理论和权利话语。

（三）对行政法理论的"革命"

在环境行政领域，考虑到环境违法行为（特别是排污行为）的持续性、长期性、累积性等显著的特殊性，将适用于非持续违法行为的传统行政处罚原理应用于环境违法行为显有不适，只有进行理论"革命"，创设"按日连续处罚"这一既可作为秩序罚（适用于违反初级义务的情形，如"无证排污""超标排污"等）又可作为执行罚（适用于违反次级义务的情形，如对没有按"责令限期治理""责令改正"等要求的违法行为采取矫正措施）的新型处罚方式[2]才能有效地解决这一难题。可以说，"按日计罚"的理论贡献在于，对传统的非持续行政处罚理论进行了"革命"性的创新，形成了持续行政处罚理论。

（四）对刑法理论的"革命"

在环境刑事领域，无论如何对传统刑法的犯罪客体理论进行"改良"，也无法全面解决尚未造成重大人身损害和财产损失的严重污染环境或破坏生态行为的入罪问题。只有对传统犯罪客体理论进行"革命"，将纯粹的环境利益

---

〔1〕 拉伦茨把自然资源取得权称为物权取得权。参见［德］卡尔·拉伦茨：《德国民法通论》，王晓晔等译，法律出版社2013年版，第292~293页。

〔2〕 杜辉："环境法上按日计罚制度的规范分析——以行为和义务的类型化为中心"，载《法商研究》2015年第5期；杜群："环境保护法按日计罚制度再审视——以地方性法规为视角"，载《现代法学》2018年第6期。

和生态利益列为刑法所保护的独立法益，创设污染环境罪和破坏生态罪的两类罪名（前者如污染大气罪、污染水体罪、污染土壤罪等，后者如破坏重要生态功能区罪、破坏生态敏感区罪等），方能有效地解决这一问题。

可以说，污染环境罪和破坏生态罪的重大理论贡献在于，对传统犯罪客体理论进行了大胆的"革命"，将纯粹的生态利益和环境利益增列为刑法保护的犯罪客体，形成了新型环境犯罪客体理论（对应于前述的补充环境犯罪客体理论）。

（五）对诉讼法理论的"革命"

在环境诉讼领域，考虑到环境公共利益的受损（如大气污染、水土流失、自然保护区被破坏）在很多时候并无实际的私人受害者（尚未发生私人的财产损失和人身损害），只有对传统诉讼法学的正当当事人理论进行"革命"，方能有效地解决这一问题。具体而言：

其一，以公民环境权和诉讼信托为理论依据，[1]赋予环保组织提起环境公益诉讼的原告资格。要注意的是，由于环保组织是基于诉讼信托而获得的诉权，并非基于自身权利而获得完整意义的诉权，故有必要对其处分权（如自认权、调解权、撤诉权等）施加一定的限制。[2]

其二，以自然资源国家所有权和国家生态文明建设义务为理论依据，赋予有关政府及其自然资产管理机关提起国有自然资源损害赔偿诉讼（自然资源国益诉讼）的原告资格（基于自然资源与生态环境的共轭性，自然资源损害赔偿诉讼也可提出修复生态环境的诉讼请求）。这也有助于我们理解有关政府及其自然资产管理机关提起自然资源损害赔偿诉讼为何需要履行一定的诉前程序（责令环境资源违法利用者停止违法行为、治理环境、修复生态等）；其为何既是一项权利，又是一项义务（职责）。

其三，以责令修复生态环境之行政命令的司法执行为理论依据，赋予环保机关（负有环境保护职责的地方政府及其环保部门）提起所谓的"生态环

---

〔1〕 杨朝霞："论环保机关提起环境民事公益诉讼的正当性——以环境权理论为基础的证立"，载《法学评论》2011 年第 2 期。

〔2〕《最高人民法院关于审理环境民事公益诉讼案件适用法律若干问题的解释》，对原告（环保组织）的处分权课加了多重限制，包括人民法院对原告诉讼请求的释明变更或直接增加环保诉讼请求（第 9 条），禁止不利环保的事实和证据的自认（第 16 条），对调解、和解、撤诉的干预和限制（第 25 条），等等。

境损害赔偿诉讼"（实为生态环境修复诉讼）的原告资格。

其四，以社会契约论、国家生态文明建设义务和检察公诉权（民行公诉权）为正当性依据，赋予检察机关提起前述两类公益诉讼的替补原告资格。这也有助于解释为何检察机关提起环境公益诉讼需要遵循一定的诉前程序（督促有关环保部门履行监管职责，敦促有关环保组织提起公益诉讼）。

如此一来，便形成了环境公益诉讼原告资格的理论体系。

四、模式四：整合（Integration）

前述"具化""改良""革命"等环境法理创新模式所针对和解决的主要是法理学、宪法、民法、行政法、刑法、诉讼法中分散、独立的单项法理创新问题，并不关注和考量各项环境法理之间的内在关系，也不考虑如何将这些环境法理进行系统化整合，进而形成环境法学的理论体系。"整合模式"正是以解决环境法理的协调配合和体系构建为目的和宗旨的，其重点不在于微观领域的单项法理"创新"，而在于中观领域不同理论之间的衔接和协调，以及宏观领域的顶层设计和内容整合以形成系统、协调的理论体系。

如果将一项法律规范类比为一个生物个体，进而将一项环境法律制度视为一个"法律种群"（类比为一个生物种群，如蜜蜂种群。"法律种群"的优化由前述的"具化""改良""革命"模式来完成），我们可将环境法理创新的"整合"模式分为如下几大层次：

其一，解决生态文明"法律种群"（借鉴生态学中的"生物种群"概念，相当于环境法关于某一领域普遍性事务的基本制度，如自然资源权属制度、生态补偿制度、环境监测制度）之间的关系问题。譬如，研究环评制度和排污许可制度之间的衔接和配合问题。

其二，解决生态文明"法律群落"（借鉴生态学中的"生物群落"概念，相当于环境法关于某一行业领域的制度体系，如森林法的制度体系）的体系化（框架设计）问题。即，对不同的环境"法律种群"进行体系化的整合，形成系统的环境"法律群落"。譬如，将森林资源权属制度、森林环境权制度、林权流转制度、采伐许可制度、分类经营制度（商品林和公益林）、森林生态补偿制度等整合成森林法的"法律群落"（森林法的制度体系）。

其三，解决生态文明"法律系统"（借鉴生态学中的"生态系统"，相当于环境法的整个法律体系）的体系化（框架设计）问题。即，将污染防治法、自然资源法和生态保育法等不同的生态文明"法律群落"进行体系化的整合，形成环境法的"法律系统"。所谓环境法，是指为生态文明建设提供法律保障的所有法律规范经分工组合而构成的整体。

其四，研究生态文明"法律圈"（借鉴生态学中的"生物圈"概念，相当于整个法律体系。正如森林生态系统、草原生态系统等不同的生态系统组成生物圈一样，民法、行政法、环境法等不同的法律系统组成整个法律圈）中，环境法"法律系统"同民法、行政法、刑法等其他部门法之"法律系统"的关系（类比于生态学关于地球生物圈中不同生态系统之间的关系）。

（一）生态文明"法律种群"之间的衔接配合研究（制度衔接）

环境法理创新整合模式的第一种情形，是通过解决微观层面相关"法律种群"之间的衔接问题，使这些制度成为一个衔接顺畅、功能配合的"法律群落"（借鉴生态学中的生物群落）。以下，笔者试以"行刑衔接""行民衔接""行检衔接"为例，阐释说明之。

1. 环境法律责任追究的"行刑衔接"（包括实体和程序）

从学理上看，根据行刑衔接内容的不同，行刑衔接包括程序衔接、实体衔接与证据衔接等三个方面，这里我们重点讨论实体衔接和程序衔接的问题。对于严重污染环境的行为，如何搞好"行刑衔接"一直是理论研究的热点和社会关注的焦点，是亟待"整合模式"所思考和解决的问题。

其一，实体法上的"行刑衔接"问题（行政处罚与刑事处罚）。[1] 行政处罚和刑事处罚是根据违法程度和危害后果而对违法行为人的两种轻重有别的惩戒措施。本是性质完全不同的两种惩罚措施，但很多时候适用的边界并不清晰，衔接并不顺畅。首先，行刑处罚的分工和边界问题。譬如，根据2016年11月的《最高人民法院、最高人民检察院关于办理环境污染刑事案件适用法律若干问题的解释》的规定，对于第1条中"造成生态环境严重损害"的违法行为，在什么情况下只需承担环境行政处罚（"具化"模式）的行政法律责任？排污行为严重到符合什么条件，则构成污染环境罪（"革命"模式），必须追究刑事责任，而不能以罚代刑？其次，行政处罚规范（行政法）和刑事处罚规范（刑法）之间的衔接问题。譬如，根据2017年《武夷山国家

---

〔1〕 参见杨解君、周佑勇："行政违法与行政犯罪的相异和衔接关系分析"，载《中国法学》1999年第1期。

公园条例（试行）》第 64 条的规定，"在生态修复区进行生态保护修复之外的工程建设，或者进行损害生态系统功能的居民生产生活设施改造，以及进行自然观光、科研教育、生态体验以外的开发建设"，"对生物多样性造成严重破坏的，对开发建设单位或者个人处二十万元以上一百万元以下罚款"，"构成犯罪的，依法追究刑事责任"。问题是，在现行《刑法》中找不到严重破坏生态的相应罪名。最后，在何种情况下，行政处罚和刑事处罚两种制裁可相互换算和抵消？

其二，程序法上的"行刑衔接"问题（行政执法与刑事司法）。程序上的行刑衔接是"指行政执法与刑事司法之间的衔接，包括行政执法机关将行政执法过程中发现的疑似刑事犯罪案件移送刑事侦查机关和刑事侦查及审查起诉机关将不认为是犯罪但是需要行政处罚的案件移送行政执法机关"。[1]近年来，在环境行政执法（如环境行政处罚，通常为"具化"模式）和环境刑事司法（如环境刑事诉讼，通常为"具化"模式）的衔接上，偶然存在怠职移送、有案不移、有案拒接等现象。典型案例如 2019 年 10 月最高人民检察院公布的"山东省临清市人民检察院诉临清市林业局不依法履职案"。问题是，在什么情形下，环境监管部门应当及时将案件移送公安侦察部门，以追究行政相对人的环境刑事责任？移送时要注意什么问题？在什么情形下，公安侦察部门必须对环境监管部门移送的案子予以立案？已向公安侦察部门移送案件的环保部门，是否也存在"不依法履行职责"的问题，要不要承担行政责任乃至刑事责任？……

2. 生态环境治理责任的"行民衔接"

当前，对于已经遭受污染或破坏的生态环境是可以一律采用"责令限期采取治理措施""责令消除污染"[2]等行政手段（"具化"模式），还是也须通过提起生态环境损害赔诉讼（"革命"模式）进行救济，从学术界到实务界的争论都异常激烈。[3]这一问题也需通过"整合模式"予以解决。从理论上看，此问题的回答不仅涉及行政权和司法权的职能分工和宪法定位，还关

---

〔1〕　周林："试论行刑衔接制度之完善"，载《法学杂志》2011 年第 11 期。

〔2〕　如 2017 年新修订的《水污染防治法》第 83、90、94 条。

〔3〕　参见王明远："论我国环境公益诉讼的发展方向：基于行政权与司法权关系理论的分析"，载《中国法学》2016 年第 1 期；张宝："生态环境损害政府索赔权与监管权的适用关系辨析"，载《法学论坛》2017 年第 3 期。

乎公法治理义务和民事赔偿责任的边界等深层次的法理。

根据行政法以"确定性"为行政决定之条件[1]的基本原理，行政命令、行政强制、行政处罚等行政手段的启用，往往以行政法律关系相对清晰没有争议、行政相对人具体明确、有确凿的证据支撑、有确定的规则依据等为前提条件，[2]并通过行政合法原则、行政合理原则、正当程序原则和权责统一原则等原则对行政权力的行使加以规范和约束。换言之，如果具体的行政相对人是谁并非清晰明了（造成环境损害的违法行为人可能存在多个，到底是谁导致的环境损害，各自的原因力比例如何，尚存争议），或者不在该行政部门管辖范围之内（如污染源处于另一行政区域），或者环境公共利益受损与行政相对人违法排污行为之间的因果关系并不明确，则不宜采取行政规制措施，当然也不宜启用"责令治理生态环境"或"责令消除污染"的行政命令。

再者，如果作为行政相对人的污染企业所在地与污染损害结果发生地不在同一行政区域，则污染损害结果地的环保部门无法启动行政监管程序责令该污染企业采取污染治理措施。简言之，包括行政命令在内的行政措施在生态环境的保护上，有其难以克服的功能局限性，不能"包打天下"，也无法"包治百病"。"在穷尽行政手段仍然无法实现填补环境资源损失、恢复生态环境功能的情况下"，[3]生态环境损害赔偿制度可作为必要和有效的补充。

3. 环境行政公益诉讼的"行检衔接"

在环境行政法治中，环境行政权的使命是通过行政规划、行政许可、行政命令、行政强制、行政处罚等环境行政措施（"具化"模式）来保护生态环境，检察权的主要使命则是通过诉前程序（重点是环保部门提出履行职责的检察建议）和环境行政公益诉讼（"革命"模式）来监督行政权的依法和合理行使来保护生态环境，行政权和环境检察权的分工和衔接问题就此产生。这就要求"整合"模式作出回答：在什么情况下的履行职责应完全由环境行

---

〔1〕 参见［德］施密特·阿斯曼：《秩序理念下的行政法体系建构》，林明锵等译，北京大学出版社 2012 年版，第 153 页。

〔2〕 参见沈岿："行政法变迁与政府重塑、治理转型——以四十年改革开放为背景"，载《中国法律评论》2018 年第 5 期。

〔3〕 参见陈海嵩："生态环境损害赔偿制度的反思与重构——宪法解释的视角"，载《东方法学》2018 年第 6 期。

政权负责而检察权不可干预，在什么情形下检察权不仅可以而且应当通过环境行政公益诉讼来对行政权进行监督和干预？否则，行政权和检察权的衔接就不可能顺畅。从应然层面上看，尽管环保机关必须按照检察建议的要求履行环境监管的法定职责，但在实践中，检察机关在诉前程序中对于行政履职行为的审查兼采"行为标准"和"结果标准"。[1]更为严重的问题是，检察机关可能存在无视履职期限内结果实现有无现实可能性（如检察建议林业部门责令违法行为人于30天内在冬季补种林木、恢复植被）[2]，进而却以未"依法履行职责"有效制止环境公益遭受侵害（环境污染或生态破坏依然存在）为由而对环保部门提起环境行政公益诉讼。典型案例如"甘肃省陇南市武都区人民检察院诉武都区林业局未依法履行职责案"[3]、"吉林省集安市人民检察院诉集安市林业局不依法履职案"[4]和"十堰市郧阳区检察院诉郧阳区林业局确认行政行为违法、履行法定职责纠纷案"[5]等。对此，笔者以为，至少在以下四种情形下，对于环保部门的履职行为，检察机关不可通过环境行政公益诉讼进行干涉：

其一，完全属于履行职责中自由裁量权的适用情形，即符合环境行政自由裁量的规则和基准。换言之，给予行政处罚还是不予处罚，是减轻处罚还是免于处罚，给予这样还是那样的行政处罚，罚多还是罚少，只要属于行政

---

〔1〕 刘超："环境行政公益诉讼诉前程序省思"，载《法学》2018年第1期。

〔2〕 在实践中，检察建议环保部门的履职行为大多为责令相对人恢复地块原状和原有用途、补种林木恢复林地原状、回填沙坑恢复河道原状、治理草地恢复草原植被等。问题是，很多时候，检察机关在诉前程序中未能尊重环保部门的专业判断，没有考量环保机关履职行为的自然条件和客观限制，无法或难以在1~2个月的履职期限内满足检察建议的这些要求，进行或者完成整改。

〔3〕 甘肃省康县人民法院行政判决书〔2017〕甘1224行初1号。

〔4〕 吉林省集安市人民法院行政判决书〔2017〕吉0582行初2号。

〔5〕 对于吴刚等3人在未经林业主管部门批准、未办理林地使用手续情况下，占用林地开采石料、擅自改变林地用途的行为，郧阳区林业局虽然作出了行政处罚决定书，但吴刚等3人并未全部缴纳罚款，且均未将非法改变用途的林地恢复原状。郧阳区检察院（公益诉讼人）认为，郧阳区林业局既未采取有效措施督促吴刚等3人缴清罚款、恢复森林植被，也未对郧阳区检察院的检察建议作出回复并依法履行职责，遂提起诉讼。十堰中院生效判决认定：被告郧阳区林业局对被处罚人吴刚等3人毁损公益林地的违法行为作出行政处罚决定后，既未依法进行催告，也未采取代履行措施或在法定期限内申请人民法院强制执行，致使已经发生法律效力的行政处罚决定中有关被毁林地在指定期限内恢复原状的内容未能得到执行，罚款未予收缴，已经构成怠于履行行政职责的不作为行为。况且，郧阳区检察院向被告郧阳区林业局发出检察建议后，被告仍未及时纠正。参见王旭光、王展飞："中国环境公益诉讼的新进展"，载《法律适用（司法案例）》2017年第6期。

机关依法进行自由裁量的适用情形之内，检察权便不可进行干预。

其二，行政机关已作出足以保护环境公共利益的行政行为，并且尚在法定的履职期限之内。此时，检察机关提起环境行政公益诉讼的，可不予受理。因为，环保部门还可以在剩余的履职期限内，采取行政行为保护环境公共利益。

其三，行政机关已作出足以保护环境公共利益的行政行为，但由于非行政机关所能控制、克服的原因，致使环境公共利益仍处于受侵害状态的情形。此种情形属于行政机关履行职责的正常实效范围。这就是说，只要环保部门依法积极做出了相应的履职行为即可，至于能否发生实际效果，以及发生何种程度的实际效果，都是行政权所不能预见、不能避免或不能控制和克服的。对此，检察权无权干预，更不可因为没有发生恢复环境的实际结果就以未"履行监管职责"为由而提起环境行政公益诉讼。这就是所谓的"尽职免责"。〔1〕譬如，环境违法行为已经被依法查处和责令改正，但由于季节、天气等难以克服的客观条件而无法完成的，或者环境违法行为人在整改期间拒不执行整改要求而导致发生环境事故或者事件的，都应属于已经依法"履行监管职责"。

其四，行政机关已作出足以保护环境公共利益的行政行为，且已向人民法院申请非诉执行，但环境公共利益仍处于受侵害状态的情形。此时，检察机关以未依法履行法定职责为由而提起环境行政公益诉讼的，可不予受理。不过，检察机关可以就治理环境修复生态和赔偿生态环境损失而提起环境民事公益诉讼。〔2〕

（二）生态文明"法律群落"的体系化研究（制度体系）

环境法理创新整合模式的第二种情形，是围绕某一目的任务，通过中观层面的"法律群落"（制度体系，借鉴生态学中的"生物群落"概念）体系上的设计和优化，将前述的"法律种群"（法律制度）分工组合成一个功能全面、彼此衔接、内在协调的生态文明"法律群落"（制度体系）。当然，正

---

〔1〕 2019年3月出台的《山东省生态环境系统干部履职尽责容错纠错实施办法（试行）》，对此作出了有益的探索。

〔2〕 王旭光、王展飞："中国环境公益诉讼的新进展"，载《法律适用（司法案例）》2017年第6期。

如"生物群落"有大有小一样（小到一块朽木[1]、一条小沟，中到一片林子、一个池塘，大到一片林区、一条大江），"法律群落"也有大有小，小到一章中的几个条文（如《大气污染防治法》中的法律责任）、中到一部立法（如《大气污染防治法》）、大到一个亚部门法（如自然资源法）。

要注意的是，根据结构形式和规范组成的不同，我们可把环境法划分成法律形式和法律规范两个系列的"法律群落"。

1. 功能结构意义上的"法律群落"

此一层面的主要研究任务是在前述制度研究的基础上，健全和完善环境法（狭义，即污染防治法）、资源法、生态法等"法律群落"（亚部门法）。

污染防治"法律群落"的研究。目前，《大气污染防治法》《水污染防治法》《环境噪声污染防治法》《固体废物污染环境防治法》《土壤污染防治法》《放射性污染防治法》《核安全法》等制度几乎均已全面建成，但并不能说污染防治法"法律群落"已经完美无缺。譬如，是否还有领域存在立法空白（如有毒有害物质）？这些已经制定的立法，内部是否还有需要健全、完善的地方，譬如《土壤污染防治法》要不要修改？这些立法之间，在衔接和配合方面是否有需要改进的地方？……

自然资源"法律群落"的研究。目前，尽管已有《土地管理法》《矿产资源法》《水法》《深海海底区域资源勘探开发法》和《可再生能源法》《节约能源法》《循环经济促进法》等制度，但是否还存有立法空白？是否需要制定一部作为龙头性的"自然资源法"？……

生态保育"法律群落"的研究。目前，尽管已有《水土保持法》《防沙治沙法》《野生动物保护法》《森林法》《草原法》等制度，但在结构体系上是否还欠缺"湿地保护法""国家公园法""自然保护地法"等立法？如何协调"国家公园法""自然保护地法"的关系？……

至于以适应自然为核心内容的防灾减灾法，其内容则分散在污染防治、自然资源、生态保育等前述"法律群落"之中。当然，在具体的法律形式上，可制定专门的防灾减灾法，如《防洪法》《气象法》《防震减灾法》等。

2. 法律规范意义上的"法律群落"

从法律工具（法律规范）的类型来看，我们可把生态文明法律系统分为

---

[1] 一块朽木上的蚂蚁、蜜蜂、蚯蚓、细菌、缝隙中的润芽，就可构成一个生物群落。

环境宪法、环境民法、环境行政法、环境刑法和环境诉讼法等不同的"法律群落"。譬如，就加强生态文明行政"法律群落"的研究而言，其主要任务是从行政手段体系的高度，研究生态文明领域的行政规划、行政许可、行政强制、行政补偿、行政处罚、行政合同、行政服务、行政激励、行政调处、行政监督、行政问责等方面的问题，而不是研究某一具体的行政手段（因为，这属于"法律种群"意义上的"具化""改良""革命"研究）。譬如，《野生动物保护法》中为何没有规定查封、扣押的行政强制，《森林法》中为何没有规定作为执行罚的按日计罚，今后要不要通过修法增设这方面的规定？

当然，从另一个角度看，对于某一立法任务的完成，可能同时需要运用宪法制度、民法制度、行政法制度、刑法制度和诉讼法制度，这些不同类型的法律制度共同构成一个整体的"法律群落"。以下，笔者试以环境权的保障和环境诉讼原告的构建为例，对如何构建法律工具意义上的"法律群落"进行阐释说明。

环境权"法律群落"的设计。在创设环境权（"革命"模式）的概念之后，核心任务就是研究如何对其进行保护和救济，以全面实现环境权。这将面临一系列的法律分工和衔接整合问题。首先，环境权是否需要宪法的保护，在立法权、行政权、司法权和监察权上具体该如何落实？其次，环境权的私法化，是否必要，有无可能，如何实现？具体而言，私法化的环境权如何取得，如何行使？特别是，如何协调好环境权与资源权、排污权之间的权利冲突？再次，环境权的行政保护，有无适用的条件限制和功能局限，其同环境知情权、环境参与权和政府环境责任之间有何关系？复次，环境权的司法救济同环境公益诉讼之间是什么关系，环境权诉讼与传统环境侵权诉讼之间如何协调？最后，如何搞好环境权之宪法保护、民法保护、行政保护、刑法保护的分工配合问题，如何搞好实体保护和司法救济的衔接？……围绕环境权的取得、行使、保护和救济等问题进行体系化的制度设计，最终形成一整套环境权制度。

生态文明公益诉讼"法律群落"（起诉主体的制度体系）的设计。其一，享有环境权、具备相应能力、没有违法违纪记录的公民，可提起环境权诉讼。根据起诉对象的不同，可将环境权诉讼分为环境权民事诉讼、环境权行政诉讼和环境权宪法诉讼等形式。其二，环境权人不愿、不能起诉的，可通过诉讼信托[1]，授权环保组织提起环境公益诉讼（包括环境民事公益诉讼和环境行政公益诉讼等），保护公民环境权益。其三，有关行政机关已经依法履行了监督管理的职责，国有的自然资源及其生态环境（国家利益和社会公共利益）依然处于受损状态的，有关的地方人民政府及其职能部门可基于自然资源国家所有权（包括法定授权、指定委托）和国家生态文明建设义务而提起自然资源国益诉讼。集体所有的自然资源及其生态环境依然处于受损状态的，地方人民政府及其职能部门可基于生态环境公共地役权[2]而提起生态环境公益诉讼。其四，地方人民政府及其生态环境保护部门已经依法履行监管职责（行政穷尽原则），仍不能保护生态环境公共利益的，可以责令污染或者破坏生态环境的行政违法致害者修复受损的生态环境；违法致害者不能修复受损的生态环境的，可由政府部门或第三人代为修复，责令违法致害者赔偿生态环境损害的修复费用（包括事故应急处置费用、污染物质清除费用、生态功能修复费用等）；生态环境损害无法修复的，有关地方人民政府及其环保部门可与污染或者破坏生态环境的违法致害者进行磋商，经磋商达成赔偿协议的，当事人可申请人民法院进行司法确认；磋商不成的，有关地方人民政府及其环保部门可以向人民法院提起生态环境损害赔偿诉讼。其五，检察机关依法履行了有关诉前程序（督促有关行政机关履行监管职责，督促有关污染企业治理和修复环境，敦促有关社会组织和行政机关提起生态环境公益诉讼和自然资源国益诉讼等），环境资源公共利益仍处于未救济状态的，可基于国家生态文明建设义务和民事行政公诉权，作为候补原告，提起自然资源检察国益诉讼和生态环境检察公益诉讼。

必须特别指出的是，2017年12月，中共中央办公厅、国务院办公厅印发的《生态环境损害赔偿制度改革方案》既未区分"生态环境"和"自然资源"的概念，也未明辨生态环境损害赔偿诉讼和自然资源损害赔偿诉讼各自的实体权利基础和诉讼法理依据，建议予以调整和完善。从理论上看，《生态

---

[1] 诉讼信托是委托人将债权等实体权利及相应诉讼权利转移给受托人，由受托人以诉讼当事人的身份，为实现实体利益进行诉讼，产生的诉讼利益归于受益人的一种信托制度和诉讼当事人形式。诉讼信托的最大的特点是，当事人不仅享有法律规定的实体利益，而且还享有为实体利益提起诉讼的权利。许卫："论诉讼信托"，载《河北法学》2006年第9期；肖建华：《民事诉讼当事人研究》，中国政法大学出版社2002年版，第145页。

[2] 参见唐孝辉："自然资源产权与用途管制的冲突与契合"，载《学术探索》2014年第10期。

环境损害赔偿制度改革方案》所规定的生态环境损害赔偿诉讼实际上是国有自然资源损害赔偿诉讼和生态环境修复诉讼的合体。因为，只有以国家自然资源所有权为权利基础，国务院授权的国家部委、省市级人民政府及其指定委托的部门机构才有权提起自然资源损害赔偿诉讼。从诉讼性质上看，有关地方政府及其职能部门提起这种自然资源损害赔偿诉讼，无疑属于自然资源国益诉讼。当然，鉴于自然资源和生态环境的一体性和关联性，此种自然资源国益诉讼通常兼有生态环境保护的部分功能。譬如，由于森林兼有自然资源和生态服务的功能，保护了森林资源的实体也就保护了森林的生态服务功能。换言之，在此种场合，"资源"在，"生态"就在。例外情况是，作为大气环境的空气，很难被视为自然资源，无法通过自然资源损害赔偿诉讼来保护大气环境。再如，为了保护珍稀濒危野生动物资源，就必须保护其栖息地。换言之，要保护某一自然资源，就必须保护相应的生态环境。不过，生态环境保护只是自然资源国益诉讼的辅助功能，其本质属性或主体功能是自然资源保护，而非生态环境保护。从制度的正当性来看，政府机关提起的自然资源国益诉讼，其权利基础和理论依据是国家自然资源所有权和国家生态文明建设义务。

当然，对因环境违法行为造成的生态环境损害，地方人民政府及其生态环境保护部门可基于"责令赔偿生态环境损害"之行政命令的司法执行，提起生态环境损害赔偿诉讼。因此，切忌把生态环境损害赔偿诉讼和自然资源损害赔偿诉讼混为一谈。

（三）生态文明"法律系统"的体系化研究

环境法理创新整合模式的第三种情形，是通过宏观层面"法律系统"（相当于法理学中的"法律体系"，类比生态学中的"生态系统"概念）的体系设计和优化，将前述的"法律群落"（亚部门法制度体系）分工组合成一个覆盖全面、结构完整、运转协调、功能高效的生态文明"法律系统"。

以前述生态文明观的事理为基础，本层次最主要的法理创新是认为生态文明"法律系统"（即常说的环境法的法律体系）应主要是由宪法规范、民法规范、行政法规范、刑法规范、诉讼法规范等五类法律规范和环境法（狭义）、资源法、生态法等三大"法律群落"（亚部门法）分类组合而成的法律体系（如下图9所示）。

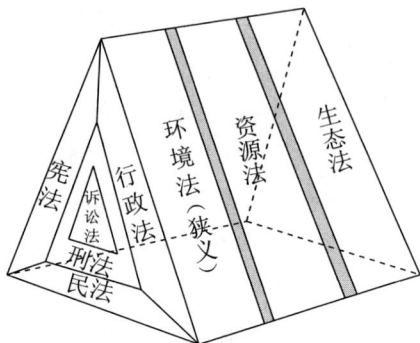

图9 新法理下的环境法法律体系示意图

从当前的情况来看，生态文明"法律系统"主要存在如下两方面的突出问题：

其一，"法律群落"之间发展不均衡，存在畸轻畸重的现象。在生态文明法治建设事务方面，存在如下突出的发展失衡问题："重环境，贵资源，轻生态"的问题较为严重，亟待补强生态法这一"法律群落"的发展短板；"重行政，轻民事""重义务，轻权利""重实体，轻程序"等问题较为突出，亟待补强环境民事、环境权利、环境程序等方面的立法。

其二，"法律群落"之间的沟通和融合不够顺畅，存在各自为政、孤军奋战、缺乏协调的现象。突出表现是，环境法、资源法、生态法等亚部门法之间的协调和融合还不够到位，顾"资源"不顾"生态"（只重视对自然资源的开发利用，忽视对其生态环境的保护）、顾"生态"不顾"资源"（只重视对生态环境的保护，忽视对其自然资源的合理利用）的问题还较为严重。

（四）生态文明"法律圈"的体系化研究

环境法理创新整合模式的第四种情形，是超越环境法本身，站在整个法律体系的高度来认识和处理环境法与宪法、民法、行政法、刑法、诉讼法、经济法等传统部门法的关系。

核心问题之一：如何认识环境法的属性地位以及整个法律体系的结构组成？

在此，必须特别强调的是，从法律规范的构成来看，同民法、宪法、行政法、刑法、诉讼法这些主要由一种法律规范构成的"单一型基础性部门法"不同，环境法主要是由宪法规范、民法规范、行政法规范、刑法规范、诉讼法规范等多种法律规范混合而成的。只不过，这种法律规范的混合，是根据社会关系的调整需要和不同法律规范的制度功能，按照一定的法理逻辑分类组合而成的，并非没有章法和逻辑的东拼西凑。

换言之，在认识论和方法论上，尽管可以从宪法规范、民法规范、行政法规范、刑法规范、诉讼法规范的不同角度来认识和优化环境法，但在结构论和功能论上，环境法是不能在整体上拆解为可独立存在的环境宪法、环境民法、环境行政法、环境刑法和环境诉讼法五大亚部门法的。其原理，类似于物权法里的"附合"（所有人不同的两个或两个以上的有形物相结合，社会交易上认为系一物的所有权变动方式。相较于加工和混合，附合的典型特征是附合的各动产构成了一个整体，虽不能分离或不易分离，但通常能够识别[1]）。譬如，《环境影响评价法》作为环境影响评价制度的法律表达，虽然是由环境行政法规范、环境民法规范、环境宪法规范、环境刑法规范和环境诉讼法规范分类组合而成的，却不能被拆解为可独立存在的环境影响评价行政法、环境影响评价民法、环境影响评价宪法、环境影响评价刑法和环境影响评价诉讼法。原因是，这些不同性质的环境法律规范共同组合成了环境影响评价制度的整体，具有了统一的结构和功能，不可彼此分离。

因此，法律规范的混合性或组合性，并不妨碍环境法也可以成为独立的部门法，不过，需要以全新的三维法律体系观[2]为理论框架。在这种三维法律中，环境法属于以问题为导向，旨在专门解决生态文明建设事务的"组合型领域性部门法"。实际上，除了环境法之外，三维法律体系中的经济法[3]、社会法、卫生法、文化法和军事法等也属于此类"组合型领域性部门法"（这类部门法类似"经线"的分布，如下图10所示）。相应的，法律体系中的民法、宪法、行政法、刑法、诉讼法则属于主要由一种法律规范构成的"单一型基础性部门法"（例如，民法部门法主要由民法规范构成，行政法部门法主要由行政法规范构成，刑法部门法主要由刑法规范构成，这类部门法类似"纬线"的分布，但

---

〔1〕　梁慧星、陈华彬：《物权法》（第6版），法律出版社2016年版，第204~206页。

〔2〕　传统的法学理论对法律体系的认识和研究局限在二维甚至一维的层次，实际上，如图10所示，法律体系是三维的。囿于本书篇幅，且法律体系并非本书重点，笔者将另文进行专题论述。

〔3〕　经济法学界也有学者认为经济法属于领域法。参见刘剑文、胡翔："'领域法'范式适用：方法提炼与思维模式"，载《法学论坛》2018年第4期；刘剑文："论领域法学：一种立足新兴交叉领域的法学研究范式"，载《政法论坛》2016年第5期。

相互的逻辑关系很是复杂，需用平面极坐标方能较好地表达）〔1〕。其道理，正如红、黄、蓝三种基色是独立的颜色，由红、黄、蓝混合而成的橙（红+黄）、紫（红+蓝）、绿（黄+蓝）等混色也是独立的颜色一样。

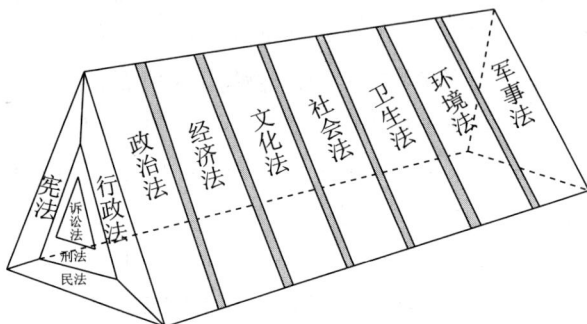

图 10　三维法律体系示意图

核心问题之二：如何认识和推进传统部门法的生态化？

这一问题可化解为两大部分，即如何认识法律生态化的内涵和必要性，以及如何对宪法、民法、行政法、刑法、诉讼法、经济法等传统部门法进行生态化的改造。法律生态化的初衷在于按照生态规律的要求对其他部门法进行生态化改造，从而与环境专门法一起构成一个整体的生态文明立法体系（形成生态文明"法律圈"）。这是因为，环境法是由环境宪法规范、环境民法规范、环境行政法规范、环境刑法规范和环境诉讼法规范组成的法律规范体系（如上图 10 所示），然而，由于法律制定的部门法分立和立法研究的学科分化——各部门法主要由该部门法的学界负责（民法的制定主要由民法学界负责，宪法的制定主要由宪法学界负责，环境法的制定则主要由环境法学界负责），导致民法、宪法、经济法等部门法的立法文件中可能没有相应的环境法律规范，或者即使有但所拟定的环境法律规范同环境专门法之间也存在衔接不畅、不一致甚至根本冲突的情形。

问题是，环境立法体系是一个整体，不仅包括环境专门法中的法律规范，

---

〔1〕　当然，从立法技术上看，具体落实到法律文件上，一类部门法的法律文本中可能也会含有少量其他部门法性质的法律规范。譬如，民法典中也有少量的行政法规范、刑法规范、宪法规范和诉讼法规范。不过，这些法律规范主要的属于衔接性规范。民法、宪法、行政法、刑法、诉讼法之间的逻辑关系十分复杂，需要运用极坐标方能较好地表达。

还应包括宪法、民法等其他部门法中的环境法律规范。这就需要对宪法、民法、行政法、刑法、诉讼法、经济法等其他部门法的立法进行生态化改造，使所有的环境法律规范都能构成一个覆盖全面、功能齐全、内部一致、相互协调的统一整体，以免出现"一条好狗打不过一群狼"（孙佑海教授语）的不良后果。可见，"法律生态化"属于立法体系而非法律体系的范畴。

本层次的法学研究和法理创新，不仅要对环境法自身的知识和原理了然于胸，还需要熟悉和理解其他部门法的知识和原理，既要能统揽全局，又要能触类旁通，既要能见树木，又要能见森林，需要整体性视野和系统性思维，挑战最大。正因如此，这一层次的法理问题依然处于"公说公有理，婆说婆有理"的阶段，迄今未能取得实质进步。笔者以为，传统的法律体系构成理论（特别是部门法划分理论）存在元素、维度、层次等方面认识上的根本问题：用二元（或者私法和公法的二元，或者宪法和法律的二元）、双重（根据调整对象和调整方法，来划分法律部门）、二维（平面）的思维（如下图 11 所示），来生搬硬套地解释具有五元（宪法规范、民法规范、行政法规范、刑法规范、诉讼法规范）、四重（调整对象、调整方法、调整环节和调整领域）、三维（立体）复杂结构和多重逻辑的法律体系（如上图 10 所示）。[1]

图 11　传统法理下的法律体系示意图

---

〔1〕　法律体系五元、四重、三维的结构问题特别复杂，属于重大理论创新，且不属本书的重点任务，笔者将另文专述。

如果不能跳出部门法学乃至"饭碗法学"[1]的狭隘思维，不能打通法学研究的学科藩篱和知识壁垒，不能打破各个部门法各自为政的传统陋习，那么，法律体系法理重构的问题恐怕永远难以解决。在这方面，中国的环境法学最有可能跳出传统法律体系理论的桎梏，打通不同部门法学的经脉，取得法理上的重大突破，做出原创性、普适性、历史性和全球性贡献。

五、结语

所有科学研究或者科学理论的提出，都要包括若干必不可少的过程和要素：①在经验事实中发现问题（Problem），即发现制度、实践的缺陷和不足；②运用现有的理论对该问题进行解释，试图在解释论框架下寻找解决问题的方案（如采用扩大解释的方法）；③在无法作出妥当解释的情况下提出真正的问题（Question），即提出疑问并寻找背后的原因；④提出理论改良或理论革命的理论假说（Issue），即提出可以解释该问题的假设命题；⑤对理论假说进行论证，以证明其正当性、必要性和可行性；⑥运用证伪或否证方法，提出若干项足以推翻该项理论假说的命题，再对这些假说命题逐个证伪；⑦将那些经过证实和证伪都不可能推翻的假说放在其他不同的领域进行验证，以将其上升为普遍的理论命题。[2]环境法学的法理创新也应历经上述过程。正所谓"大胆假设，小心论证"。

总体而言，在前述四种理论创新模式中，"革命"模式的创新程度最高，可能遭遇的阻力最大，"改良"模式次之，"具化"模式的实施难度最低，可能遇到阻力也最小。从历史上看，"具化"模式是环境法初级阶段主要的理论创新和制度创新模式。"整合"模式的创新则以前述三种原初性创新为基础，有如武侠电影《武状元苏乞儿》中"降龙十八掌"的第十八掌，重在搞好已有理论创新（有如前十七掌）的衔接协调和体系建构，最富挑战性和艰巨性，这也是当前环境法学研究极为匮乏和薄弱的。要注意的是，这四种理论创新模式都有需要，各有适用的空间，既不可厚此薄彼造成缺位，也不可"张冠李戴"构成错位。

其一，坚持解放思想、实事求是的原则。即对传统法理进行绿色创新，

---

〔1〕 王利明："'饭碗法学'应当休矣"，载《法学家茶座》2003年第4期。

〔2〕 陈瑞华：《论法学研究方法》，法律出版社2017年版，第187页。

要勇于打破条条框框，按照因地制宜的原则，该"具化"的具化，该"改良"的改良，该"革命"的也要坚定不移地推进革命。

其二，坚持引创结合（引进为用，创新为体）、重视法理的原则。即要重视外国法律制度的引进和借鉴，但外国环境法只能作为中国环境法理创新的素材和渊源，比较环境法研究应当聚焦于法律制度背后法学理论的分析和创新，而非只做简单的语言翻译和制度复制。换言之，不能按照"中国问题—外国经验—中国借鉴"的传统逻辑做"搬运工"，而应遵照"中国问题—外国经验—法理探究—中国创新"的逻辑思路，做"设计师"，推进立足于中国本土的环境法学创新研究。

其三，坚持客观科学、求真务实的原则。即对传统法理进行绿色创新，要选择合适的理论基础和创新路径，符合相应的法学原理和基本逻辑，不可张冠李戴、牵强附会乃至强词夺理。譬如，有学者主张，环境民事公益诉讼是对法律监督权授权理论的"具化"，而非如前文所释的是诉讼正当当事人理论的"革命"。该观点认为，"授权行使法律监督权"是社会组织提起环境民事公益诉讼的理论基础。即社会组织提起环境民事公益诉讼之制度建构，根源于国家的特殊授权：将针对环境违法行为的法律监督权授予符合条件的社会主体（环保组织），是为了保证环境法律的适用和实施而创设的一种新的监督形式（公益诉讼）。[1]这种"具化"的解释论路径将面临难以克服的理论难题。一是无法解释现行环境民事公益诉讼并不以存在环境违法行为作为前提条件。实际上，我国的环境公益诉讼同美国的公民诉讼有着本质的不同，并非基于法律的执行而对违法行为进行监督，[2]而是出于对环境权益的救济。二是无法解释社会组织、行政机关和检察机关的起诉顺位问题。特别是，无法解释既然是授权环保组织法律监督权，为何一方面赋予环保组织优先于检察机关的起诉顺位，[3]另

---

〔1〕　该观点主张，社会组织提起环境民事公益诉讼意味着法律监督权的行使，和行政权的行使处于同等地位，两者具有相同的作用对象（环境违法行为）。社会组织提起环境民事公益诉讼的所谓"权利"，具有明显的公共性，并不是一般意义上基于个体利益请求获得司法裁判的"诉权"，而是基于国家为方便符合条件的社会主体践行监督权所设立的法律途径（公益诉讼）及相应的特别授权，是国家允许、支持社会组织行使监督权而借用现有司法资源的一种形式。参见陈海嵩："中国环境法治中的政党、国家与社会"，载《法学研究》2018年第3期。

〔2〕　曹明德："中美环境公益诉讼比较研究"，载《比较法研究》2015年第4期。

〔3〕　2018年《最高人民法院 最高人民检察院关于检察公益诉讼案件适用法律若干问题的解释》第13条。

一方面又赋予行政机关优先于环保组织的起诉顺位。[1]

其四，坚持以简御繁、效益优先的原则。即对传统法理进行绿色化创新，务必考虑理论创新的必要性和合理性，能"具化"的不"改良"，能"改良"的不"革命"。简言之，切忌无视理论创新的制度成本和难易程度，轻言"革命"！正所谓，"若无必要，勿增实体（Entities should not be multiplied unnecessarily）"[2]！

其五，坚持协调配合、系统统筹的原则。即，树立整体思维，搞好理论创新的"整合"工作，注意理论创新之间的衔接和协调，注重环境法理论体系的整体建构。

当前，推进环境法学理论创新，地位最基础、作用最重大、影响最深远、任务最艰巨的是，对环境法的法律体系、法律规范、法律关系、法权结构（权利 - 权利，权利 - 权力，权力 - 权力）、价值理念、调整机制等方面的法律原理进行系统的反思和全新的解析，从而厚筑环境法的理论基石，重构环境法的理论体系。

不过，必须注意的是，对传统法理进行绿色化的改造，形成关于生态文明的具有创新性的环境法理，是有严格的条件和较高的门槛的。环境法学务必向其他学科开放，注重融合多学科的知识，加强理论创新的基础能力建设。一是要加强环境法学与其他部门法学的融合。正如王利明教授所言："法学学科内部领域的划分本身主要是满足一种工具性和认识论需求，其本身并不是绝对的真理。归根结底，这种工具性和认识论知识要服务于对整个社会的认识和组织。"[3]务必抛弃"饭碗法学"[4]的狭隘思维和陈腐理念，充分吸收

---

〔1〕 2019 年《最高人民法院关于审理生态环境损害赔偿案件的若干规定（试行）》第 17 条。

〔2〕 "若无必要，勿增实体"，即"简单有效原理"。人们将这个原理简称为奥卡姆剃刀定律（Occam's Razor, Ockham's Razor），又称为"奥康的剃刀"。它是由 14 世纪英格兰的逻辑学家、圣方济各会修士奥卡姆（William of Occam，约 1285 年至 1349 年）提出来的。在《箴言书注》第 2 卷第 15 题中，奥卡姆将其解释为："切勿浪费较多东西去做，用较少的东西，同样可以做好的事情。"

〔3〕 王利明：《人民的福祉是最高的法律》（第 2 版），北京大学出版社 2018 年版，第 351 页。

〔4〕 王利明教授认为，从法学学科内容知识划分的形成历史来看，民法、刑法、行政法等法学领域并不是天然形成的，而是法律人为了更有效率的认识和组织法学知识而人为创造。这些领域的划分的确有助于形成各领域的知识体系和研究方法，有助于各领域学说的发展，也有助于推进各领域的制度建设。目前的问题在于，不少法律人将法学学科内部的划分当成了一种真理，或者视为一种封闭性的知识，甚至演变成了饭碗法学理论，认为教民法的人不能染指行政法，行政法教授也不能把手伸到民法领域。这种现象已经严重阻碍了法学知识的发展，乃至整个法学教育体制的创新。

和合理借鉴民法学、宪法学、行政法学、经济法学、刑法学、诉讼法学等部门法学的知识。二是加强环境法学与相关自然科学的融合。三是加强环境法学与相关社会科学的融合。

　　当前，最重要、最紧迫的是要打通"科学"和"法学"、理论和实践的"任督二脉"，如庖丁解牛一般，能"游刃"于"科学"与"法学"，"事实"与"规范"之间。否则便会剑走偏锋，酿生错误。譬如，有学者随意将法律关系主体理论进行"革命"性的创新，主张生命体（如野生动物植物）也可以成为法律关系的主体，并把诉讼法中的诉讼代理人理论"应用"于生命体保护诉讼，进而创设了生命体诉讼代理人的环境法理（将公民或环保组织设为野生动植物的诉讼代理人）。[1]这种所谓的理论创新，不仅突破了"任何法律关系的主体只能是人"[2]的基本共识[3]和法学底线，而且违反了"简单有效"的奥卡姆原则（即"若无必要毋增实体"）。因为，坚守法律关系的传统法理，依然将生命体作为保护对象，主张赋予环保组织、国有自然资源资产管理机关和检察机关原告资格的环境公益诉讼理论，就能轻轻松松实现同样的目的，还能避免许多理论上的悖论和非议。[4]

第四节　法律表达（上）：环境专门法的体系化

　　"环境法是法律家庭中的一员，是古老的法律之树上发出的新枝，它姓'法'。我们需要从法律根源、法律血统、法律机理方面去说明它"[5]，去解释它，去建构它，从而形成环境法的制度体系。事实上，生态文明的环境法理形成之后，更为重要，也更为关键的一环是，运用这种全新的环境法理，将前述关于生态文明建设的国家政策、科学原理、技术准则、伦理道德、社会定律、事实现象、专家学说等素材作为渊源，转变或上升为由宪法规范、行政法规范、民法规范、刑法规范、诉讼法规范等社会规范和标准、名录、

---

〔1〕　刘文燕、刘滨："生态法学的基本结构"，载《现代法学》1998年第6期。

〔2〕　杜群："'生态法学'基本概念的悖论和法学回归——与刘文燕、刘滨同志商榷"，载《现代法学》1999年第4期。

〔3〕　张文显：《法学基本范畴研究》，中国政法大学出版社2001年版，第100~104页。

〔4〕　杨朝霞："论环境公益诉讼的权利基础和起诉顺位——兼谈自然资源物权和环境权的理论要点"，载《法学论坛》2013年第3期。

〔5〕　吕忠梅："新时代环境法学研究思考"，载《中国政法大学学报》2018年第4期。

目录、导则等技术规范所构成的环境法律制度。之后，再将所有的环境法律制度进行系统化，最终形成整个环境法律体系。

此阶段是环境法升级换代的最后一环，也是教义性最强，难度最大，最受关注，遭受质疑和争议最集中，但又最为关键的一环（相当于足球赛中经过激烈抢球、长距离运球后最后的临门一脚）。要顺利完成这一环节的任务，不但需要熟练掌握前述关于生态文明的环境法理，而且必须了解甚至精通宪法、行政法、民法、刑法、诉讼法、经济法等传统部门法的知识和原理，更为重要的是，还须具备可将环境法理和传统法理打通、予以融会贯通的能力，并能采用合理的立法模式，运用娴熟的立法技巧，通过规范、专业的立法语言，科学、准确地表达出来。具体可从如下环境专门法的体系化和传统部门法的生态化两大模块或路径入手。

环境专门法的体系化的主要任务是，以生态文明的具体环境法理为指导，健全和完善关于生态文明专门法的各项法律制度（属于"法律种群"和"法律群落"意义上的立法），搞好法律制度之间的衔接和配合，形成系统、协调的生态文明制度体系。这些制度具体包括基本制度（空间规划制度、环境影响评价制度、排污许可制度）、基础制度（如环境标准制度、环境监测制度）、综合制度（如湿地保护制度）等类型。这一层面的立法工作可分为单项制度的设计和制度之间的衔接两个方面。

一、法律制度的补充和改进：具化、补充、改良、革命和整合

"法律种群"层面上，在传统部门法制度的基础上，生态文明各项法律制度的创设通常采用具化（Specialization）、补充（Complement，譬如网络侵权领域中的"红旗规则"在一定意义上就是对"避风港规则"的补充[1]）、改

---

[1] "避风港规则"源于美国1998年制定的《数字千年版权法案》（Digital Millennium Copyright Act），其基本内涵是，对于网络服务提供者使用信息定位工具，包括目录、索引、超文本链接、在线存储网站，在其链接、存储的相关内容涉嫌侵权，如果其能够证明自己并无恶意，并且及时删除侵权链接或者内容，则其不承担赔偿责任，故"避风港规则"又称为"通知+删除"规则。例如，新浪微博有用户上传了一张侵权图片，新浪微博在接到权利人通知后，在合理时间内采取了删除措施，那么新浪微博就无需对用户的侵权行为承担责任，这就是"避风港规则"最常适用的情形。简言之，"避风港规则"主要应用于互联网侵权领域，适用的对象是网络服务提供者，即当网络服务提供者接到权利人关于网络服务平台存在侵权内容或者侵权信息的通知时，必须采取合理措施，否则与侵权内容的提供或上传者（实际侵权人）承担连带责任。如果采取合理措施，就无需承担责任。与"避风港规则"

良（Reform）、革命（Revolution）、整合（Integration）五种模式。即，通过
"立、改、废、释"等立法行为，健全和完善各项环境法律制度。譬如，细化
生态保护补偿制度（属于行政补偿的具化），改进环境影响评价制度（属于民
事合同+行政许可的整合），规定自然保护地役权制度（属于民法地役权制度
的改良），优化环境侵权特殊责任制度（属于侵权责任制度的改良），完善按
日连续计罚制度（属于对非持续性违法行为之常规行政处罚制度的补充），健
全完善环境公益诉讼制度（属于私益诉讼制度的革命），等等。此方面的立法
工作除了涉及环境权、资源权、排污权、环境法律责任和环境公益诉讼等问
题之外，大多是以行政法原理的"具化"模式（"改良"模式较少，"革命"
模式更少）为指导的，法理性稍弱，事理性较强。譬如，以排污许可的具体
法理（由行政许可一般原理"具化"而成）为指导，制定《排污许可管理条
例》[1]。以自然资源的财税法理（由财税法一般原理"改良"而成）为指
导，制定《资源税法》。根据法律制度内容的不同，可将生态文明法律制度的
健全完善分为如下几个方面的立法工作。

1. 生态文明重点法律制度的补充和优化

首先，要确立以预防为主、保护优先、合理利用、分类施策、环境公平、
党政主导、公众参与和协作共治等原则为主体的基本原则体系。其次，要构
建由基本制度和基础制度（作为基本制度的基础，发挥配套或辅助作用）构
成的生态文明制度体系。基本制度主要包括：环境权制度、自然资源权制度、
排污权交易制度、绿色规划制度（多规合一）、国土空间用途管制制度、特殊
生态空间保护制度（国家公园、自然保护区、自然公园等自然保护地）、环境
影响评价制度、环境资源利用许可证制度（包括自然资源开发利用许可和排
污许可等）、环保"三同时"制度、清洁生产制度、循环利用制度、绿色金

（接上页）相对应的概念是"红旗规则"，即如果网站或者平台上的侵权内容是显而易见的，就像红旗
飘扬一样，但网络服务提供者假装看不见而没有采取合理措施的，也应当承担侵权责任。可见，在一
定程度上说，"红旗规则"是对"避风港规则"的补充。具体立法例，参见《侵权责任法》第36条和
《电子商务法》第41~45条。

〔1〕 2018年11月公布的《排污许可条例（草案征求意见稿）》在此前的基础上，进行了诸多制
度改革。譬如，规定企业必须自证守法，由企业承担其排污行为符合排污许可证各项要求的证明责任。
这样一来，既能打通企业内部的环境管理链条，又能打通监管部门之间的部门障碍，通过排污许可证
的发放，进一步明确企业的主体责任和行政部门的监管责任，督促企业由"要我守法"向"我要守
法"转变。

融制度、环境资源税费制度、限期治理制度（责令限期改正）、生态保护补偿制度、突发环境事件应急制度、生态环境损害修复和赔偿制度、环境公益诉讼制度、绿色政绩评估考核（生态文明建设目标评价考核）、绿色审计制度[1]、环境信息公开制度、中央环保督察制度等。基础制度主要包括：环境监测调查统计制度、环境标准制度、生态保护红线制度、名录制度（目录和清单）、绿色标识和认证制度、环境资源鉴定和评估制度、环境监督检查制度等。

至于制度构建和完善的过程，可以污染防治法律制度的设计为例，简要说明之。第一步，明晰事理：形成"污染项目预防—污染生产管理—污染排放控制—受污环境治理"之"全过程管理"的整体污染防治观。这是设计污染防治法律制度的科学基础，也是实现科学立法的重要依据。第二步，提炼法理：在"全过程管理"之整体环境保护观的基础上，形成污染防治的环境法理，如排污许可的法理（"具化"模式），环境影响评价的法理（"改良"模式）等。第三步，法律表达：以前述关于污染防治的各项环境法理为指导，制定环境影响评价制度（《环境影响评价法》早已于 2002 年出台，并于 2016年、2018 年先后两次修正）、排污许可制度等各项污染防治法律制度。

至于各项法律制度的立法模式，是制定专门的法律、行政法规、规章，还是只在综合性环境立法中规定有关章节或条款，须视各项制度的重要性、紧迫性和准备充分性而定。一般而言，只有比较重要的制度才制定专门性的立法。正面的例子如《环境影响评价法》《环境保护税法》《清洁生产促进法》《循环经济促进法》《城乡规划法》等法律，《规划环境影响评价条例》《全国污染源普查条例》《建设项目环境保护管理条例》等法规，《环境保护公众参与办法》《环境监测管理办法》《环境标准管理办法》等规章。反面的例子也不少，譬如，生态保护补偿制度尚无专门的立法，只是在《环境保护法》第 31 条有原则性的规定，这同生态保护补偿制度在环境法中的基本地位是极不相称的，下一步应尽快出台"生态保护补偿条例"。

---

〔1〕 绿色审计即环境审计，是指审计机关、内部审计机构和注册会计师，对政府和企事业单位的环境管理系统以及经济活动对环境的影响进行监督、评价或鉴证，使之达到管理有效、控制得当，并符合可持续发展要求的审计活动。2019 年 10 月 30 日，中国共产党第十九届中央委员会第四次全体会议通过的《中共中央关于坚持和完善中国特色社会主义制度 推进国家治理体系和治理能力现代化若干重大问题的决定》规定，要"建立生态文明建设目标评价考核制度，强化环境保护、自然资源管控、节能减排等约束性指标管理，严格落实企业主体责任和政府监管责任"。

2. 生态文明法律责任制度的健全和完善

生态文明法律责任制度包括生态文明违宪责任、民事责任、行政责任、刑事责任等。譬如，以生态环境侵权救济的法理（"改良"模式）为指导，增设生态破坏侵权制度，对侵占湿地、造成水土流失、导致地表沉降、破坏植被等生态破坏行为追究侵权责任；完善环境污染侵权救济的因果关系证明制度，特别是细化原告关于"关联性"（包括时间、空间、疫学、科学等方面的关联性）的初步证明责任[1]。以行政处罚和行政强制执行的法理为指导，针对持续性环境违法行为，设立具有执行罚性质的"按日计罚"制度。再如，以生态利益为犯罪客体的环境刑法理论（是对传统犯罪客体一般原理的"革命"）为指导，制定破坏生态罪的具体规定，包括罪名、罪状、刑罚种类、刑罚幅度等。对严重破坏饮用水源地、自然保护区、国家公园、野生动物栖息地、优质种源地、生态公益林地等重要生态空间的行为追究刑事责任。此方面的立法工作大多是以"改良"和"革命"模式的环境法理为指导的，法学理论性显著，科技理论性稍弱一些。

当前，为大力加强对环境行政处罚自由裁量权的规范，保护行政相对人的合法权益，出台环境行政处罚自由裁量规则和基准的呼声日益高涨。根据"具化"模式的基本原理，对于生态文明领域的这一重要立法工作，可采取如下步骤：首先是明晰事理，即了解和熟悉环境行政违法的理论和实践。特别是了解环境影响评价、环保设施验收、清洁生产、排污许可、总量控制、排污权交易、限期治理、排放标准、环境事件应急、环境治理和修复、信息公开、环境监测等方面和环节中，主要的违法情形及其不良后果。其次是应用法理，即把行政法学中规制自由裁量权的原理应用于对环境违法行为的行政处罚，"具化"为环境行政处罚自由裁量的特别法理。譬如，制定这方面自由裁量的规则和基准时，在法理上应重点考虑如下因素：污染损害和社会影响的大小、主观过错的程度、违法行为的具体表现形式、发生的时间和地点、使用的工具、危害的对象、初犯还是再犯、改正态度、拟采取的污染防治改正措施和实际效果等等。最后是拟定规则（法律表达），即以前述环境行政处

---

[1] 杨朝霞、刘轩、高翔："环境侵权因果关系推定之新规判解——以'中国垃圾焚烧致病第一案'的检视为中心"，载《环境保护》2016 年第 16 期。

罚自由裁量的法理为指导，制定自由裁量的具体规则和基准。[1]譬如，违法行为（如"未批先建""未验先投"）没有造成环境污染实际后果，且企业自行实施关闭、停产或者实施停止建设、停止生产等措施的，可免于处罚。

至于生态文明法律责任制度的立法模式，从全球范围来看，大抵有综合法模式（规定在民法、刑法、宪法等传统法法典之中，也被称为法典模式，属于后文所述的法律生态化）、单行法模式和附属立法模式等。譬如，针对环境行政处罚，我国不仅在各环境立法文件的"法律责任"一章中作出了全面规定，还专门出台了单行的《环境行政处罚办法》。不过，同环境行政责任的立法模式不同，环境侵权责任规定在《侵权责任法》（第65~68条）中，环境刑事责任也规定在《刑法》（第338~346条）中。针对环境污染公害犯罪，日本不仅在1970年出台了专门的《关于危害人体健康的公害犯罪制裁法》（简称为《公害罪法》，共7条），还在《日本刑法典》中规定了有关污染饮用水的刑罚条款。

二、法律制度的衔接和配合：从"法律种群"到"法律群落"

本层次的主要任务是，以前述生态文明法理创新"整合"模式中的制度衔接法理为指导，在设计各项生态文明法律制度时，要搞好同相关制度之间的衔接和配合，从而形成系统、协调的生态文明"法律种群"和"法律群落"整体。

（一）法律制度之间的衔接和配合（"法律种群"之间）

第一，生态文明基本法律制度之间的衔接配合。当前，重点是要解决好排污许可和环境影响评价、环境应急处置和生态环境损害赔偿之间的衔接和配合问题。就排污许可立法而言，工作的重点之一是搞好排污许可制度与环评制度、排污权交易制度等重要制度的衔接和配合，处理好排污许可制度与执法监察制度的融合，形成"环评管准入、许可管排污、监察管落实"的整体格局。譬如，立法中应规定：新建项目必须在实际排污之前申请并领取排污许可证，并且应当将环评文件及其批复中与污染物排放相关的主要内容写入排污许可证。反过来，也应规定：排污许可证的贯彻执行情况应当作为环

境影响后评估的重要依据。[1]当然，像道路建设、餐饮、空分装置、输送管道、简单机械加工、电子装配等对环境影响较为稳定的项目，"评与不评环境影响都在那里，不增不减"。这类项目环境影响的范围和大小跟"环评"基本无关（即使搞环评，也不能减少其环境影响），完全可以通过排放标准和行业技术规范来实现管理目标，不必非要"一刀切"地开展环评。[2]

第二，生态文明法律责任（追责）制度之间的衔接配合。这是指要搞好环境法中的环境违宪责任、环境民事责任、环境行政责任、环境刑事责任、环境司法诉讼等法律责任制度、责任追究制度之间的分工和衔接问题。譬如，要搞好环境行政命令（责令修复生态环境、赔偿生态功能损失）和环境公益诉讼之间、行政拘留与行政罚款等其他行政处罚之间、环境行政处罚和环境刑事制裁之间（实体法上的行刑衔接）、自然资源损害赔偿诉讼和环境公益诉讼之间、行政处罚与刑事司法之间（程序法上的行刑衔接）等近邻制度间的分工、衔接和配合问题。

（二）法律领域之间的衔接与配合（"法律群落"之间）

在中观层面上，要重视解决环境法（狭义）、资源法、生态法等生态文明"法律群落"之间的衔接和配合问题，如处理好森林法和国家公园法之间的关系问题。当前的重要任务之一是要树立"既见树木又见森林"的整体观和"顾头也顾腔"的协调观，加强对环境、资源、生态的一体化保护，解决只顾环境美观不顾生态平衡，只顾资源利用不顾生态保护，只顾生态保护不顾资源开发等问题。譬如，要搞好矿产资源法与自然保护地法之间的衔接和配合（自然保护地内，采矿行为的禁止和限制）。

三、立法体系的健全和完善：从"法律系统"到"法律圈"

此方面的核心立法任务是推进生态文明专门法的体系化。生态文明专门法的体系应是一个由龙头法、主干法、配套法有机组合而成的统一的制度体系。生态文明专门法的体系化是形成系统、协调的生态文明"法律圈"（借鉴生物圈的概念）的核心任务，可以分为如下几大任务。

---

〔1〕 刘秀凤："排污许可制让政府和企业都尝到甜头"，载《中国环境报》2019年5月6日。

〔2〕 马力强："环评何去何从？——为环评改革谏言"，载360doc个人图书馆：http://www.360doc.com/content/19/1005/16/9288681_ 864976189. shtml，访问日期：2019年10月20日。

（一）制定生态文明领域的龙头法："生态文明建设基本法"

此一层面中首要的问题是制定一部"生态文明建设基本法"，作为统筹生态文明建设的基本法和龙头法。当前，被视为环境保护基本法的《环境保护法》主要规定的是污染防治的问题，在自然资源和生态保护方面着墨太少，不具备担当生态文明建设基本法或龙头法的能力。在这方面，《福建省生态文明建设促进条例》和《厦门经济特区生态文明建设条例》等10部地方性立法已做出了宝贵的尝试。我们可借鉴其经验，率先在全球制定一部专门的《生态文明建设基本法》（如表3），为引领世界各国进入生态文明新时代而设计中国方案，做出中国贡献。

表3　《生态文明建设基本法》的框架建议

各章名称	主要内容	备注
第一章　总则	立法目的、适用范围、基本原则、监管体制、激励措施……	
第二章　权利	——环境权 ——资源权 ——排污权及其交易 ——知情权、参与权 ——监督权和救济权等权利	对环境权、资源权、排污权等实体性权利和知情权、参与权等程序性权利进行规定
第三章　监督管理	——国土空间监管 ——环境质量监管 ——自然资源监管 ——生态健康监管 ——自然灾害监管等	规定生态文明建设规划、国土空间用途管制、环评、环保"三同时"、环境资源许可、责令改正、查封扣押等行政监管制度
第四章　建设路径	——生态经济建设 ——生态政治建设 ——生态文化建设 ——生态社会建设 ——生态环境建设等	规定空间有序化、发展生态化、生态资本化、环保经济化等具体举措
第五章　考评和监督	绿色政绩考核和评估、自然资源离任审计、中央环保督察、信息公开、公众参与、媒体监督……	规定生态文明建设的考核、评估和监督等问题

各章名称	主要内容	备注
第六章　保障措施	组织建设、资金投入、人才选拔、业务培训、宣传教育、科技发展……	对生态文明治理体系和治理能力的建设作出全面规定
第七章　法律责任	违宪责任、民事责任、行政责任、刑事责任和自然资源诉讼、生态环境公益诉讼	规定党政同责的党委责任，增加生态环境损害修复和赔偿责任，增设破坏生态罪新罪名，规定环境公益诉讼等
第八章　附则	概念界定、生效时间……	

（二）推进生态文明主干法、地方法和配套法的建设

健全完善由污染防治法、自然资源法、生态保护法、防灾减灾法四大主干的生态文明立法体系。

在环境保护方面（重点是污染防治），包括《大气污染防治法》《水污染防治法》《环境噪声污染防治法》《固体废物污染环境防治法》《土壤污染防治法》《放射性污染防治法》《核安全法》等立法几乎已全面出台，不过，有毒有害化学品等方面的立法尚付之阙如。最近以来，生态环境部正在紧锣密鼓地推进排污许可制度改革，接下来的重要工作之一便是认真研究《排污许可管理条例（草案征求意见稿）》（2018年11月公布）的修改，争取早日出台。《环境噪声污染防治法》等立法也亟须修订。

在自然资源方面，目前已有《土地管理法》《矿产资源法》《水法》《渔业法》《深海海底区域资源勘探开发法》和《资源税法》《可再生能源法》《节约能源法》《循环经济促进法》等制度，但在战略性矿产资源、生物质能等方面的立法还比较薄弱，更重要的是还欠缺"自然资源法"这一龙头性的立法。目前，我国亟须制定"自然资源法"，修改《土地管理法》《矿产资源法》《森林法》《渔业法》等法律法规。

在生态平衡方面，目前已有《水土保持法》《防沙治沙法》《野生动物保护法》《森林法》《草原法》等制度，但在结构体系上还欠缺"湿地保护法""国家公园法""自然保护地法""生态环境损害修复和赔偿法""生态补偿条例"。此外，还需及时修改《森林法》《草原法》《自然保护区条例》等法律法规。

在防灾减灾方面（以减缓和适应自然灾害为主要内容），目前已有《防洪法》《防震减灾法》《气象法》等法律文件，但还需在干旱、泥石流等自然灾害的应对方面加强立法。

当前，从总体上看，在生态文明立法体系中，生态安全领域的立法明显滞后一些，要下力气弥补生态文明立法工作的生态短板。此外，鉴于生态环境和自然资源的地域分布差异，还需加强生态文明地方立法工作。在这方面，贵州、广东、黑龙江、云南、湖南等省做得较为出色，具体的立法例如《贵州省生态文明建设促进条例》《深圳经济特区环境保护条例》《黑龙江省湿地保护条例》《云南省生物多样性保护条例》《湖南省外来物种管理条例》等。

需补充说明的是，由于环境法具有很强的科技性，其实施和运行均离不开环境标准、名录、目录等技术规范的支持。因此，还需及时修改《污水排放标准》《国家重点保护野生动物名录》等技术规范。此方面的立法研究，科技性特别强，自然科学专业性方面的要求特别高。

四、代结语：环境法的法典化

法典化是世界各国立法的普遍趋势，是立法体系化的最高标志。经过40多年几代环境法律人承前启后的不懈努力，迄今为止我国的生态文明立法已经发展成为拥有专门性法律34部、行政法规150多件、部门规章约250件、司法解释及司法政策文件50多件、环境标准1970多件的规模体系。然而，由于多年来我国的环境立法是按自然要素分别立法并由各个职能部门主导的，缺乏生态整体性、功能统一性、规范协调性和宏观体系性，具有分散性、单一性、碎片化、重叠性、冲突性等多种局限性，法典化有助于有效地解决这一问题。从世界范围看，法国的《环境法典》迈出了法典化的步伐，做出了卓有成效的探索。从国内看，民法典的编纂也为环境法典的编撰奠定了一定的基础。待时机成熟，有必要以生态文明观为理论指导，并以夯实的环境法学理论体系为支撑，特别是以具有"一体三用"关系的环境、资源、生态三大概念为逻辑起点，以环境权、资源权、排污权和生态保护地役权为核心范畴，整合分立、零散的环境立法，制定体系化的《生态文明法典》或《环境法典》，将各个生态文明"法律群落"置于统一的立法文件之中，形成一个系统、协调的生态文明法律规范系统。

第五节　法律表达（下）：传统部门法的生态化

"生态化的社会需要生态化的法律。"[1]在我国，金瑞林先生最早提出法律生态化的概念。他指出，早在 20 世纪 70 年代，国外"法律'生态化'的观点在国家立法中就受到重视并向其他部门法渗透。在民法、刑法、经济法、诉讼法等部门法中也制定了符合环境保护要求的新的法律规范"[2]随后，马骧聪先生具体介绍了苏联生态法学家关于法律生态化的概念和主张，其最基本的含义是：自然环境的保护不仅需要制定专门的自然保护法律法规，而且还需要一切其他有关法律也从各自的角度对生态保护作出相应规定，使生态学原理和生态保护要求渗透到各有关法律中，用整个法律来保护自然环境。[3]

所谓法律生态化，是指以生态学、环境学等方面的科学原理和客观规律为依据，将环境专门法以外与生态文明建设有关的部门法的法律文件朝着有利于实现人与自然协调发展的方向进行调整和改造的趋势和过程。法律生态化的精义在于，生态文明建设是一个牵涉方方面面的系统工程，传统部门法也应在各自领域作出相应规定，至少不能与环境法的条文和精神发生抵牾和冲突，否则"一条好狗打不过一群狼"。只有宪法、民法、行政法、刑法、诉讼法、经济法、社会法和军事法等其他所有部门法与环境法一起共同形成内部统一、彼此呼应、协调一致的立法体系，才能为生态文明建设提供全面的保障。因此，法律生态化，既包括对宪法、民法、行政法、刑法、诉讼法等单一型基础性部门法的生态化，也包括对经济法、社会法、卫生法、军事法等组合型领域性部门法（如本书图 10 所示）的生态化。

当然，法律的生态化"并不简单等同于环保条款的增删，而是在价值观念、调整范围、作用方式等方面发生全方位的、根本性的'生态转向'，其实质是法秩序的'生态化'"。[4]在生态化的层次上，既可以采用"留空间""开岔口""设界限"（明方向）等浅层化的模式，也可以采用"定基石"

---

〔1〕　汪劲：《环境法律的理念与价值追求——环境立法目的论》，法律出版社 2000 年版，第 135 页。

〔2〕　金瑞林主编：《环境法学》，北京大学出版社 1990 年版，第 46 页。

〔3〕　马镶聪："俄罗斯联邦的生态法学研究"，载《外国法译评》1997 年第 2 期。

〔4〕　巩固："民法典物权编'绿色化'构想"，载《法律科学（西北政法大学学报）》2018 年第 6 期。

"立框架""建房子"等高层次的模式（各种模式的具体内涵见民法生态化部分的论述），到底该采用何种层次的生态化模式，须依生态化的具体对象、社会的总体要求和具备的法治条件而灵活决定。

一、宪法的生态化

当我们讨论宪法的属性或地位时，实际上是从立法体系、法律体系和法律关系三个维度展开的。首先，从立法体系来看，宪法具有最高法律效力，居于核心地位，是根本法、母法。[1] 此时的宪法是一切环境法律法规和国家机关生态文明决议、命令的基础，任何环境法律文件都不能与之相抵触，否则无效。其次，从法律体系来看，宪法是一个法律部门或部门法，在地位上同行政法、民法、刑法、诉讼法、环境法等部门法一样。此时的宪法和环境法存在一定的交叉（宪法中有环境规范，环境法中也有宪法规范），交叉的部分可称为环境宪法。最后，从法律关系来看，宪法主要调整的是国家和公民之间的关系，是公法。行政法同宪法一样，也是公法，民法则为私法。环境法同宪法、行政法和民法均不同，既有公法法律关系，也有私法法律关系，属于混合法或组合法。在这里，我们所称的宪法是部门法意义上的，从外延上看，包括《宪法》和《全国人民代表大会组织法》《国家安全法》《反国家分裂法》《选举法》等宪法性法律。[2]

自意大利于 1947 年在其《宪法》中规定自然保护后，人类逐渐走向"宪法生态化的时代"——注重运用宪法解决环境污染、资源短缺和生态破坏的人与自然的矛盾。据悉，迄今为止，世界上已有 148 个国家的宪法规定了生态文明实质或形式条款。宪法的生态化，主要体现在国家目标、基本国策、国家义务、国家机构及其职责、公民基本权利和公民基本义务等方面的生态化。

---

〔1〕 作为根本法的《宪法》，法律效力最高，规定国家根本制度和公民基本权利与基本义务，制定与修改程序当然也极为严格。作为法律文本的《宪法》，是一切法律、法规和国家机关的决议、命令的基础，任何法律文件都不能与之相抵触，否则无效。因此，此种语境下的《宪法》也可以说是母法。对于那些主要由宪法规范组成，但形式上又不具备最高法律效力，制定和修改程序也不如《宪法》严格的法律文件，如《人民检察院组织法》《人民法院组织法》《选举法》《国旗法》《集会游行示威法》《民族区域自治法》等，则称其为宪法性法律。

〔2〕 杨朝霞："夯实理论基础，推动环境宪法学实现飞跃式发展"，载武汉大学环境法研究所网站：http://www.riel.whu.edu.cn/index.php/index-view-aid-12004.html，访问日期：2019 年 11 月 10 日访问。

（一）国家目标的生态化

国家目标的生态化，是指在宪法中将生态文明建设作为国家发展的重要目标。国家目标是指国家在发展过程中应朝向什么目标、完成什么任务，国家目标规范是对国家生活具有基础性调整效果的规范。[1]关于国家目标条款的属性、内容、实施和效力，有学者做了较为全面的界定：①国家目标条款属于具有法律拘束力的宪法规范，能拘束所有国家公权力；②国家目标条款的内容，是具体化的公共利益，指出了所有国家行为应当遵循的方向；③国家目标条款的实施，主要依赖于立法者，立法者在此享有高度自由；④国家目标条款并未赋予人民主观公权利（即并不能从生态文明国家目标推出公民环境权）。

在我国，国家目标条款一般被规定在宪法序言中。所谓宪法序言，是指独立于宪法正文之外的一部分叙述性的文字，分为目的性序言、原则性序言、纲领性序言、综合性序言等类型。[2]2018 年，我国通过的《宪法（修正案）》就在第 32 条中增加了关于五大文明（包括生态文明在内）协调发展和实现美丽中国之"国家目标"的规定，实现了国家目标的生态化。《宪法》序言第七自然段将"推动物质文明、政治文明和精神文明协调发展，把我国建设成为富强、民主、文明的社会主义国家"修改为"推动物质文明、政治文明、精神文明、社会文明、生态文明协调发展，把我国建设成为富强民主文明和谐美丽的社会主义现代化强国，实现中华民族伟大复兴"。

（二）基本国策的生态化

基本国策的生态化，是指在宪法中将生态文明建设的理念和战略化为一国普遍奉行的基本国策。所谓基本国策，是指由基本国情决定的某类具有全局性、长远性、战略性意义的重大问题的系统对策。在法律规范的形式上，基本国策通常表现为基本原则，具有基本性、抽象性、概括性、简洁性等典型特征。基本国策反映了国家在解决此类重大问题上的国家意志，具有高层次、长时效、广范围、跨部门等特点。基本国策在整个政策体系中应处于最高层次或者最高位阶，能规定、制约和引导一般的具体政策的制定和实施，并为相关领域的政策协调提供上位阶的依据。严格来说，某一政策上升为基

---

〔1〕 张翔："环境宪法的新发展及其规范阐释"，载《法学家》2018 年第 3 期。
〔2〕 周叶中主编：《宪法》（第 2 版），高等教育出版社、北京大学出版社 2005 年版，第 122 页。

本国策理应采用法定的形式，唯有如此，方能确保该政策作为基本国策的长期性和稳定性。毫无疑问，将生态文明建设领域的政策上升为基本国策，以实现基本国策的生态化，具有最高法律效力的《宪法》无疑是首要考量和最佳选择。

从比较法上看，国际上确实也不乏规定生态文明基本国策的宪法例。譬如，1976 年《印度宪法》在第四篇"国家政策的指导原则"（Directive Principle of State policy）第 48-A 条中规定："国家应尽力保护和改善环境，保护国家森林和野生生物。"1999 年，《尼日利亚宪法》第二章"国家政策的根本目标和指导原则"第 20 条规定："国家应当保护和改善环境，保护尼日利亚国内的水资源、空气和土地、森林和野生动物。"2004 年，《阿富汗宪法》第一章"国家"第 15 条规定："国家采取必要的措施保护森林和环境。"2008 年，《缅甸宪法》第一章"国家基本原则"第 45 条规定："国家保护自然环境。"[1]

我国的《宪法》虽然规定了政府必须承担的重要事务（计划生育、环境保护、男女平等、文化遗产保护、卫生、教育等），却一直没有对基本国策作出明确规定。需要注意的是，并非罗列在宪法中的国家目标条款都能被称为基本国策。因为，《宪法》的许多规定只是阐述了国家应当承担、倡导的具体事务，并非都是基本国策。一般而言，只有其中少数具有明确针对性且涉及"国计民生"的急迫性问题，才可通过领导人讲话、红头文件和法律规定等方式逐渐发展成为相应的基本国策。更多的则只是由政府及其职能部门负责的行业性工作而已。在我国，由于《宪法》一直没有明文规定"基本国策"，立法机关于是转而通过生态文明领域的单项法作为最高层次或最高效力基本国策的确定方式。[2]譬如，1998 年《土地管理法》第 3 条规定："十分珍惜、合理利用土地和切实保护耕地是中国的基本国策。……"2001 年《人口和计划生育法》第 2 条第 1 款规定："中国是人口众多的国家，实行计划生育是国家的基本国策。"2007 年《节约能源法》第 4 条规定："节约资源是中国的基本国策。……"2014 年《环境保护法》第 4 条第 1 款规定："保护环境是国家的基本国策。"

---

[1] 吴卫星：《环境权理论的新展开》，北京大学出版社 2018 年版，第 85~87 页。
[2] 苏杨、尹德挺："我国基本国策的实施机制：面临问题及对策建议"，载《改革》2008 年第 2 期。

（三）国家义务的生态化

国家义务的生态化是指在宪法中将生态文明建设的国家目标、基本国策转化为国家环境保护义务、国家资源节约义务和国家生态保育义务等方面具体的生态文明建设国家义务。国家义务是指国家对于公民的义务，分为尊重义务（对应公民的防御性权利）、保护义务（分为预防、排除和救济三个层次）和给付义务（包括满足的义务和促进的义务）等多种类型，[1]国家义务的履行是国家目标实现的有效途径，更是公民权利得以实现的有力保障。国家义务直接决定国家及国家权力对于公民的价值，它不仅决定国家权力的正当性而且决定国家权力的目的和范围。"人类历史从来就是一部不断追求人权的奋斗史。每一权利必存相对应之义务，不研究国家义务，或研究不深入，就无法深刻把握人权，更无从建构完整的人权保障体系。"[2]事实上，"国家环境保护义务源于公民的基本环境权利，公民的基本环境权利要求并衍生国家环境保护义务，国家环境保护义务是公民基本环境权利的保障"。[3]国家承担着复杂而多样化的环境保护义务，并在环境及生态系统上负有基础性的"元治理"责任。通过强化国家环境义务来保障公民环境权益，可以有效地保障公民"有尊严地活着"。"根据国家的消极（尊重）义务，公民得以对抗针对公民环境相关权利的国家侵犯；根据国家的保护义务，国家应采取措施阻止或防止针对公民环境相关权利的私人侵害；根据国家的给付义务，国家应积极履行对公民的生存保障，不断改善环境质量。"[4]

从比较法上看，不乏规定生态文明国家义务的宪法例。譬如，1991年《哥伦比亚宪法》第79条规定："……国家有义务保护环境的多样性和完整性，保护具有特殊生态意义的地区，并加强有助于达到这些目的的教育。"再如，1993年《秘鲁宪法》第67条规定："国家应制定国家环境政策，并促进自然资源的可持续利用。"第68条规定："国家有义务促进生物的多样性并自然风景区。"第69条规定："国家按照相应法律规定，促进对亚马孙流域的可持续开发。"2001年《希腊宪法》第24条第1款规定："保护自然环境和文化环境是国家的职责和每一个人的权利。国家有义务在可持续发展的背景下

---

〔1〕　陈真亮：《环境保护的国家义务研究》，法律出版社2015年版，第116~117页。

〔2〕　蒋银华：《国家义务论——以人权保障为视角》，中国政法大学出版社2012年版，扉页。

〔3〕　陈真亮：《环境保护的国家义务研究》，法律出版社2015年版，蔡守秋序言第2页。

〔4〕　陈海嵩："国家环境保护义务的溯源与展开"，载《法学研究》2014年第3期。

采取预防性和约束性措施来保护环境。"〔1〕

我国《宪法》第9条关于"国家保障自然资源的合理利用，保护珍贵的动物和植物。禁止任何组织或者个人用任何手段侵占或者破坏自然资源"的规定，第14条关于"国家厉行节约，反对浪费"的规定，第26条关于"国家保护和改善生活环境和生态环境，防治污染和其他公害。国家组织和鼓励植树造林，保护林木"的规定，在内容上都属于生态文明建设国家义务。下一步，应在深谙生态文明观事理的基础上，对生态文明建设国家义务作出更为全面、协调、系统的规定。

（四）国家机构及其职责的生态化

国家机构及其职责的生态化是指在宪法中通过国家机构的设置、调整以及相应职责（职权）的配备，完成国家的生态文明建设义务。根据现代国家理论，国家是通过社会契约而产生的。这一契约的精神是：人们为了自身安全而转让或放弃自己的部分权利，即"权利的相互转让"，此乃立约之宗旨。因此，主权者得受契约宗旨的限制。他将按契约而"联合在一个人格里的人群"，此人格主体即国家，国家的本质就是主权者，主权者"是一个人格……为的是当他认为适当的时候，可以使用他们大家的力量和手段来谋求他们的和平和公共的防卫"。〔2〕换言之，满足公民权利的需要是国家及其权力存在的理由：人们正是为了得到国家的服务（国家的义务）而将自己的权利让渡给国家，并且根据自己从国家所得到的服务来确定交出的权利份额。如果真正存在一个社会契约的过程，人们必然是根据权利的需要确定国家的服务（国家义务），再根据国家的服务而赋予国家相应的权力（在这些领域以让渡自己的相应权利为代价）。〔3〕换言之，国家义务的履行过程，即各类国家机关分别依据宪法的规定，在各自权限范围内积极行动，推动国家义务完成的过程。对此，1988年《巴西宪法》第四编"国家机构的组织"第四章"实现司法职能之必要机关"第129条规定了检察机关的环境公益诉讼职能："进行民事调查，发起民事公益诉讼，保护公共财产、社会财产、环境和其他的共同利益。"1991年《哥伦比亚宪法》第277条也规定，国家的检察总长（procurator

---

〔1〕 吴卫星：《环境权理论的新展开》，北京大学出版社2018年版，第62~63、98页。

〔2〕 ［英］霍布斯：《利维坦》，杨昌裕译，商务印书馆1995年版，第99页。

〔3〕 陈醇："论国家的义务"，载《法学》2002年第8期。

General）的职能之一是"保护集体利益，尤其是环境"。[1]

在我国的生态文明建设领域，根据国家机构的功能和职权属性，与这一国家义务相关联的主要国家机构为：国家权力机关、国家行政机关、国家司法机关（包括审判机关、侦查机关和检察机关等）和国家监察机关。国家机构及其职责的生态化，就是要赋予上述机关在生态文明建设上的相应权力并设置配套的专门机构：①赋予国家立法机关（人大）制定和修改生态文明宪法和法律的立法权，并设立专门的生态文明立法机构（如全国人大环资委）；②赋予国家行政机关（政府）进行生态文明行政监管的行政权（如环评审批之行政许可、垃圾分类之行政指导、责令治理污染之行政命令、查封扣押污染设施之行政强制、生态环境保护之行政补偿、突发环境事件之应急处置以及没收、责令停业、责令关闭、行政拘留等行政处罚），并设立专门的生态文明行政机构（如生态环境部、自然资源部、水利部和国家林草局等）；③赋予国家审判机关（人民法院）进行生态文明司法裁判的审判权，并设立专门的生态文明审判组织（如最高法环资庭）；④赋予国家侦查机关（公安机关）进行生态文明刑事侦查的侦查权，并设立专门的生态文明侦查组织（如森林公安）；⑤赋予国家检察机关（人民检察院）提起生态文明国家公诉（包括提起生态文明刑事公诉和生态文明民行公诉）的检察权，并设立专门的生态文明检察组织（如最高检环资厅，即第八厅）；⑥赋予国家监察机关开展生态文明监察活动的监察权（如中央环保督察），并设立专门的生态文明监察组织（如中央生态环境保护督察工作领导小组）。

对此，1993年3月，第八届全国人民代表大会第一次会议设立了全国人民代表大会环境保护委员会，1994年第八届全国人民代表大会二次会议更名为全国人民代表大会环境与资源保护委员会（简称"全国人大环资委"），并保留至今。2018年3月，全国人大通过的《宪法（修正案）》第46条将《宪法》第89条"国务院行使下列职权"中第6项"（六）领导和管理经济工作和城乡建设"修改为"（六）领导和管理经济工作和城乡建设、生态文明建设"。2018年10月，全国人大常委会修改的《人民检察院组织法》第20条直接授予了检察机关依法提起公益诉讼（包括环境公益诉讼）的职责。2019年6月，中共中央办公厅、国务院办公厅印发了《中央生态环境保护督

---

[1] 吴卫星：《环境权理论的新展开》，北京大学出版社2018年版，第63页。

察工作规定》，成立了中央生态环境保护督察工作领导小组。下一步，笔者建议在 2018 年国务院机构改革的基础上继续优化生态文明行政监管体制，组建以环境部、资源部、生态部（可由国家林草局改组而成）为主体的生态文明监管机构体系，在公安部下组建专门负责生态文明侦察活动的环保公安队伍（可由国家森林公安局改组而成），在国家监察委下设立专门负责生态文明监察活动的监察组织（如设立国家监察委环资厅）。[1]

（五）基本权利的生态化

公民基本权利的生态化是指在宪法中采用或直接或间接的方式规定公民环境权和原住民开发利用自然资源的生存权和发展权。其中，公民环境权的入宪是重中之重。公民环境权的规定，相比于解释论上的人权解释模式（"留空间"），采用立法论上的原则宣誓模式（"定基石"）和具体规则模式（"立框架""建房子"），显然更富有时代意义。

从比较法上看，全球有九十多个国家在宪法中明确规定了环境权条款。对此，吴卫星博士做了全面的梳理、阐释和分析。[2]譬如，1991 年《哥伦比亚宪法》采用了"定基石"的模式。该宪法第 79 条规定："所有人均有权享有健康的环境。法律保证公众可以参加可能对环境有影响的决策。" 1980 年《韩国宪法》则采用了"立框架"的模式。该宪法第 35 条规定："（一）全体国民均享有生活在健康、舒适环境中的权利。国家和国民应努力保护环境。（二）环境权的内容和行使由法律规定。（三）国家应通过住宅开发等政策，努力使全体国民享有舒适的居住条件。" 2005 年 2 月 28 日，法国议会通过的《环境宪章》成了法国 1958 年《宪法》的一部分，并同 1789 年《人权宣言》和 1946 年《宪法》序言具有同等的法律地位。《环境宪章》采用"建房子"的模式，对环境权和国家环境保护义务、公民基本义务等事项均作出了较为全面、系统的规定：

---

〔1〕 在中国特色国情下，除了上述内容外，似乎还有党政机构及其公务人员责任的生态化问题。目前的主要依据有《党政领导干部生态环境损害责任追究办法（试行）》（2015 年）、《中国共产党问责条例》（2019 年）、《中央生态环境保护督察工作规定》（2019 年）等党纪国法，建议作进一步的健全和完善。

〔2〕 吴卫星：《环境权理论的新展开》，北京大学出版社 2018 年版，第 63 页。

环境宪章

（法国议会两院联席会议于 2005 年 2 月 28 日通过，参见 2005 年 3 月 1 日的第 2005-205 号宪法性法律）

法国人民，

考虑到：

自然资源和自然的平衡是人类产生的条件；

人类的未来，甚至存在都和他所在的自然环境不可分离；

环境是人类共同的财富；

人类对其生活条件和自身的发展所施加的影响与日俱增；

某些消费或生产方式和对自然资源的过度开采对生物的多样性、人的充分发展和人类社会的进步产生了有害的影响；

环境的维护应该和民族其他的基本利益一样被追求；

为了确保可持续发展，旨在满足现阶段需求的选择不能有损将来几代人和其他人民满足他们自身需求的权利；

宣告如下：

第一条　人人都享有在一个平衡的和不妨害健康的环境里生活的权利；

第二条　人人都负有义务参与环境的维护和改善；

第三条　每一个人，在法律规定的条件下，都应当预防其自身可能对环境造成的损害，或者，如果未能预防时，应当限制损害的后果；

第四条　每一个人都应该根据法律规定的条件为其自身对环境造成的损害分担赔偿；

第五条　当损害的发生会对环境造成严重的和不可逆转的影响时，尽管根据科学知识这种损害的发生是不确定的，政府当局仍应通过适用预防原则，在其职权领域内建立风险评估程序和采取临时的相称措施来防止损害的发生。

第六条　公共政策应当促进可持续发展，为此，它们要协调环境的保护和利用、经济的发展和社会的进步。

第七条　在法律规定的条件和限制下，每一个人都有权获得由政府当局掌握的与环境相关的信息，并参加会对环境产生影响的公共决定的制定。

第八条　环境教育和培训应该为实施本宪章规定的权利和义务作出贡献。

第九条 研究和改革应当有助于环境的维护和利用。

第十条 该宪章鼓励法国在欧洲和国际上的行动。

尽管近年来社会各界对环境权入宪的呼声越来越高，但至今我国的《宪法》仍无实质进展。究其原因，宪法学界认为主要是因为环境权概念的不确定性以及界定的困难性：①作为环境权权利对象的"环境"的范围，即构成环境权中的环境的内容的范围以及地域的范围具有不确定性；②对环境权侵犯的概念同样具有不确定性；③环境权主体的范围亦难以确定。鉴于环境权仍是一个空泛的宪法概念，其在宪法上的权利性自然难以得到具体确定。[1]换言之，环境权的法理不清，环境权的入宪进法自然就是一句空话。下一步，我国宪法学界和环境法学界应当紧密联合起来，[2]携手加强对环境权的研究，以推进环境权在我国早日入宪。笔者建议将《宪法》第26条修改为"国家推行生态文明建设，保护和改善生活环境和生态环境，防治污染和其他公害，维护公民环境权益，促进可持续发展"。

（六）基本义务的生态化

公民基本义务的生态化，是指在宪法中规定公民、单位须承担哪些基本的生态文明建设义务，这些义务往往构成对一般自由行为的限制。譬如，1976年《印度宪法》第51-A（g）条规定：每个公民都应"保护和改善自然环境，包括森林、湖泊、河流、野生生物，爱护动物"。1991年《哥伦比亚宪法》第95条第3款第8项规定，公民有义务"保护国家的文化和自然资源，保护健康环境"。我国《宪法》没有对公民在生态文明建设中的基本义务作出规定，这是明显不合适的。笔者建议，我国在下一步修宪时应对公民的生态文明建设基本义务作出原则性的规定。

二、民法的生态化

自罗马法以降，民法因其在促进和规范市场经济、维护人身和财产权益

---

〔1〕 韩大元、林来梵、郑贤君：《宪法学专题研究》，中国人民大学出版社2004年版，第387页。

〔2〕 2019年6月8日，环境法学界与宪法学界在北京航空航天大学进行了第一次跨学科对话，在整个法学学界产生了重大影响。杜群、王锴："'首届宪法与环境资源法对话'暨'环境宪法的理论与实践'学术研讨会在北航成功举办"，载北京航空航天大学法学院：http://fxy. buaa. cn/info/1003/5503. htm，访问日期：2019年6月11日。

中的根本地位和在法律发展史中的母法功能而广受赞誉，备受推崇。制定一部足以与拿破仑民法典、德国民法典相媲美的中国民法典是新中国成立以来几代法律人的理想和夙愿。然而，由于受多种因素的影响，我国民法典编撰的四次努力均以失败告终。[1]2014 年，党的十八届四中全会明确提出要"加强市场法律制度建设，编纂民法典"，拉开了第五次民法典编纂的帷幕。经过近三年的努力，2017 年 3 月 15 日，第十二届全国人民代表大会第五次会议审议通过了《民法总则》，[2]尤为值得称颂的是，该法第 9 条规定了关于"民事主体从事民事活动，应当有利于节约资源、保护生态环境"的绿色原则。也正是该条款的存在，使得我国的民法典被盛誉为具有生态文明时代特征的绿色民法典。然而，学界对于"绿色原则"的取舍去留、条文设计乃至整个民法典生态化的讨论和争议，并没有也不会随着《民法总则》的编纂而终结。这是因为，民法典的生态化，在对象上不仅包括基本原则的生态化，还包括对民事客体、民事权利、民事义务和民事责任等方面内容的生态化。在生态化的层次上，不仅有类似绿色原则的"设界限""明方向"模式，还包括"留空间""开岔口""定基石""立框架""建房子"等更多样的模式。[3]

　　（一）"留空间"

　　所谓"留空间"，是指为环境民法概念和环境民事特别制度预留发展的空间，或曰"不封口""不堵路"，在立法技巧上往往采用"……等""以及其

---

　　〔1〕　1954 年，全国人大常委会第一次组织起草民法典。1962 年，民法典起草工作再次被提上议程，并于 1964 年完成了草案（试拟稿）。1979 年 11 月，全国人大常委会第三次组织民法典起草工作，至 1982 年形成民法草案第四稿（成了此后 1986 年民法通则的基础）。后因考虑到我国改革开放刚刚开始，社会经济条件尚不成熟，决定暂停民法典的起草，改为先制定民事单行法。1986 年 4 月通过了基本法性质的民法通则（开始时名为"民法总则"，但后来考虑到该法兼有民法总则和分则的内容，遂改称为民法通则）。2002 年 1 月，民法典起草工作重新启动，同年 12 月第九届全国人大常委会第三十一次会议审议了民法草案。之后，由于物权法尚未制定，加之对民法草案认识分歧较大等原因，民法草案最终被搁置下来，2003 年再次返回制定民事单行法的轨道。

　　〔2〕　2016 年 6 月 27 日，民法总则草案提请全国人大常委会初次审议。2016 年 7 月 5 日，《民法总则草案》在中国人大网公布并向社会公开征求意见。2016 年 10 月 31 日，民法总则草案提请全国人大常委会二次审议。2016 年 11 月 18 日至 12 月 17 日，《民法总则草案（二次审议稿）》公布并向社会公开征求意见。2016 年 12 月 19 日，民法总则草案提请全国人大常委会三次审议。2016 年 12 月 27 日至 2017 年 1 月 26 日，《民法总则草案（三次审议稿）》公布并向社会公开征求意见。2017 年 3 月 8 日，民法总则草案提请十二届全国人大五次会议四次审议。

　　〔3〕　毛明斌、杨婷："环境法学者杨朝霞：民法典的生态化"，载中国网：http://www.china.com.cn/legal/2016-12/17/content_39933897.htm，访问日期：2019 年 8 月 22 日。

他……"等形式。这种法律生态化的模式，既可以为日后通过司法解释规定新概念和新制度预留空间，也有助于防止将来规定新概念和新制度的民事特别法与民法典发生冲突。对此，薛军教授指出："民法的发展历程就是一个不断扩大主体的范围的历史，不断重新界定'主体—客体'内涵，将原来被认为属于客体的事物（比如奴隶、异种族的人、外国人等）而加以主体化的历史。"[1]事实上，从民法制度的历史来看，无论是民事主体的范围（经过长期艰苦卓绝的斗争，奴隶和妇女才纷纷取得民事主体资格），还是民事权利的外延（隐私权、知识产权都是近代才生成的权利），许多概念和制度都是不断发展变化的，切忌以当前之短见而扼杀未来发展的空间。举例言之，《侵权责任法》第2条第2款将该法所保护的民事权益仅仅界定为人身、财产权益，[2]便封堵了环境权等其他新兴民事权益的发展空间，极不严谨，极不科学。再如，《民法总则》第2条关于"民法调整平等主体的自然人、法人和非法人组织之间的人身关系和财产关系"的规定，有可能导致不属于人身关系和财产关系的生态环境利益关系难以被纳入民法典的调整范围。

不过，令人欣慰的是，2017年《民法总则》第3条关于"民事主体的人身权利、财产权利以及其他合法权益受法律保护，任何组织或者个人不得侵犯"的规定，第110条关于"自然人享有生命权、身体权、健康权、姓名权、肖像权、名誉权、荣誉权、隐私权、婚姻自主权等权利"的规定，采用了"留空间"的立法模式，为今后确认和创设本书所论述的环境权、资源攫取权、排污权等新型权利预留了发展空间。

（二）"开岔口"

所谓"开岔口"，是指针对某一民事法律制度，在生态文明领域作出特别或者例外规定，开设制度的"分岔口"。在立法技巧上，通常采用转介条款和引致条款等衔接条款的方式为民事特别制度设置"分岔口"，如"法律另有规定的除外"或者"环境资源法律法规有特别规定的从其规定"。

衔接条款的功能和任务在于对需要公法机制和私法机制、民事一般制度和民事特别制度协同调整的事物作出关联性规定，对具体行为的调整保持法

---

〔1〕 薛军："'物'的概念的反思与中国民法典编纂"，载《法学》2002年第4期。

〔2〕 《侵权责任法》第2条："侵害民事权益，应当依照本法承担侵权责任。本法所称民事权益，包括生命权、健康权、姓名权、名誉权、荣誉权、肖像权、隐私权、婚姻自主权、监护权、所有权、用益物权、担保物权、著作权、专利权、商标专用权、发现权、股权、继承权等人身、财产权益。"

律之间的一致性，通常表现为转介条款或引致条款。[1]所谓转介条款，是指本身没有独立的规范内容，甚至不具有解释规则的意义，而是将具体内容授权另外的特别规范来规定，法官需要从现实或可能的特别规范的目的来确定其法律效果的法律条款。[2]所谓引致条款，是指法律条款本身并不对法律行为、权利、义务、责任等调整对象进行直接的规定，而必须结合其所引致的法律、行政法规的具体规定方能明确调整的规范内容和具体要求。[3]"引致"和"转介"的主要区别在于，引致是指法官在审理民事案件时，依据民法中管道性条款的授权直接适用具体的特别规范（较易找到具体的法律条文）；转介则是指法官在审理民事案件时，通过民法中管道性条款的授权斟酌适用特别规范（较难找到对应的条文）。[4]转介条款只是"概括地转介某个社会伦理或公法规定，对于它在私法领域的具体适用，如何与私法自治的价值适度调和，都还未作成决定。司法者站在公私法汇流的闸口，正要替代立法者去作决定：让公法规范以何种方式，以多大的流量，注入私法"。[5]总体而言，引致规范更清晰、更易操作，但只是个别的指引；转介规范则更模糊，更依靠法官的裁量，但也更具体系上的重要性[6]——配合民法典"普通法"的定位，在不损伤民法典中立性的同时，一般性地"内建引进特别法的管制政策的管道，以调和国家管制和社会自治空间的矛盾"。[7]譬如，《物权法》第119条关于"国家实行自然资源有偿使用制度，但法律另有规定的除外"的规定，便以转介条款的方式开设了无偿使用自然资源的制度岔口（基于生活目的利用自然资源，如饮水、采摘野果、捡拾蘑菇等）。《民法总则》第128条关于"法律对未成年人、老年人、残疾人、妇女、消费者等的民事权利保护有特别规定的，依照其规定"的规定，以引致条款的方式，为未成年人、

---

〔1〕　参见茅少伟："寻找新民法典：'三思'而后行　民法典的价值、格局与体系再思考"，载《中外法学》2013年第6期。

〔2〕　参见苏永钦：《私法自治中的经济理性》，中国人民大学出版社2004年版，第35页。

〔3〕　王利明："论无效合同的判断标准"，载《法律适用》2012年第7期。

〔4〕　参见解亘："论管制规范在侵权行为法上的意义"，载《中国法学》2009年第2期。

〔5〕　苏永钦："再论一般侵权行为的类型"，载苏永钦：《走入新世纪的私法自治》，中国政法大学出版社2002年版，第331页。

〔6〕　茅少伟："寻找新民法典：'三思'而后行　民法典的价值、格局与体系再思考"，载《中外法学》2013年第6期。

〔7〕　苏永钦："以公法规范控制私法契约——两岸转介条款的比较与操作建议"，载苏永钦：《寻找新民法》（增订版），北京大学出版社2012年版，第300~302页。

消费者等特殊民事主体设立特别权利保护制度开设了制度岔口。

在比较法上，奥地利、德国和法国新修订的民法典对动物的法律地位作出了特别规定，可谓"开岔口"的范例。1988年，《奥地利民法典》增加了第285条关于"动物不是物；动物受特别法保护。有关物的规则仅有在法律无相反规定时，才能适用于动物"的规定。1990年8月，德国议会通过《关于在民事法律中改善动物的法律地位的法律修正案》，决定在民法典中增加几个条文。其一是新增第90a条："动物不是物。它们由特别法加以保护。除另有其他规定外，对动物准用有关物的规定。"其二是在第903条新增："动物的所有权人在行使其权利时，应注意有关保护动物的特别规定。"法国也于1999年修正了《民法典》第524条和第528条，将动物与"物"予以区分，作出了不同的规定，走出了将动物"反物化"的重要一步。法国学者一致认为，无论如何，以调整没有生命力的"物"的传统物权法来调整具有生命的"动物"，在如今已显得不再合适。

笔者建议我国《民法总则》借鉴《德国民法典》第90a条的规定，在民事客体部分，通过引致条款对动物和环境、资源、生态等特殊客体作出特别规定。这是因为，环境、资源、生态，从属性、功能、特征等方面来看，与物权法上的物有着巨大的差异。物权法上的物，具有特定性、可直接支配性、排他性以及人工性等特征，环境、资源、生态等自然要素大多没有特定性和可直接支配性，反而有着明显的公共性或者非排他性。鉴于这种重大差异，理应在民法典中对环境、资源、生态等特殊客体作出特别规定。

举例说明之。农民从地底下挖出的乌木如何确定所有权呢？如果把乌木视为一般的物，那么，根据《民法通则》和《物权法》关于所有人不明的埋藏物权属的规定，其最终属于国家所有，挖掘者只可取得由国家支付的必要费用。然而，如果把乌木视为自然资源，则公众享有对国有自然资源的开发利用权，并可通过挖掘行为而取得对自然资源产品的所有权。如此一来，所挖乌木的所有权理应属于挖掘人，其只需按照国有自然资源有偿取得原则交纳一定的费用即可。在某种意义上，"自然资源"是"物"的前身，它是自然状态的，可通过人类的开发利用行为，通过人类劳动将自然生态系统中的"自然资源"变为人类经济系统中的"物"，由不太可支配的、具有公共性的"生态产品"变为特定的、可支配的、具有排他性的"物质产品"。

概言之，对民法中"物"的概念的反思，就是要重新界定人与自然的关系，在民法中体现环境保护的理念。[1]依此而言，杨立新教授提出的"法律物格"论[2]，还是颇有启示意义的。

（三）"设界限"（或"明方向"）

所谓"设界限"（或"明方向"），是指为民事权利的行使和民事活动的开展，规定生态环境保护和自然资源节约的行为方向或者限制要求。这一模式有如为民事权利的"野马"套上生态文明的"缰绳"，为民事活动的"洪流"构筑环境保护的"河堤"。在立法技巧上，往往采用两种法律表达形式来设置界线或者指明价值取向。一是通过模糊的转介条款作出限制性规定，如"不得违反环境资源法律和行政法规的规定"。譬如，《合同法》第52条第5项关于"违反法律、行政法规的强制性规定"的合同无效的规定就是通过转介条款为合同的生效设立约束条件的范例。[3]二是通过明晰的法律原则作出限制性规定（绿色原则），如"不得浪费资源""应当有利于保护生态环境""应当符合生态文明的要求"。譬如，《民法总则》第9条关于"民事主体从事民事活动，应当有利于节约资源、保护生态环境"的规定便是绿色原则的范例。

之所以要对民事权利的行使和民事活动的开展设置生态环保的公法限制，主要是因为近代民法制度对环境问题的形成及恶化在一定程度上起到了推波助澜甚至为虎作伥的作用，务必进行生态化的改造以祛除制度之"恶"。例如，传统民法仅将生态环境和自然资源视为"物"或者"财产"，将其以单一、分割的状态进行法律保护，而不考虑生态环境之间物理、化学和生物上的关联性，野生动物的生命伦理性，以及结构和功能上的整体性。传统的所有权制度也只考虑自然要素的经济价值，而忽视其环境价值和生态价值。于是，人们可以随意开采矿山，可以随意毁林开荒，可以随意狩猎放牧，可以随意捕捞养殖，而不必考虑对自然资源和生态环境的破坏。此外，传统民法还奉行所有权绝对、意思自治和过错责任原则。据此，人们可以随意

---

[1]　薛军："'物'的概念的反思与中国民法典编纂"，载《法学》2002年第4期。

[2]　参见杨立新：《民法物格制度研究》，法律出版社2008年版。

[3]　刘凯湘、夏小雄："论违反强制性规范的合同效力——历史考察与原因分析"，载《中国法学》2010年第1期。与刘凯湘教授的观点不同，王利明教授认为，《合同法》第52条第5项属于典型的引致条款。王教授认为，该引致条款不能独立对法律行为的效力进行判断，而必须要结合有关法律、行政法规的强行性规定，才能对合同的效力进行具体判断，而这些效力性规定大多属于公法规范。王利明："论无效合同的判断标准"，载《法律适用》2012年第7期。

排放污染物质，可以随意丢弃垃圾甚至危险废物，可以自由进行濒危野生动物的买卖，可以随意从事危险废物的收集、贮存和处置经营活动，而不必考虑对公共环境的污染和破坏（只要没有污染和破坏的故意，就无须承担民事责任）。

一言以蔽之，如果不对民法制度（特别是物权、债权、知识产权、法律行为等制度）本身进行"生态化"的改造，不建立"将公法义务遁入私法权利"[1]、"以绿色原则框界私法活动"的内在约束机制，仅靠环境行政法的外部规制和环境刑法的外在威慑，根本无法实现"绿色发展"和生态文明的宏伟目标。

第一，通过民法基本原则设置绿色界限，指明生态文明方向。在立法例上，我国《民法总则》第 9 条关于"民事主体从事民事活动，应当有利于节约资源、保护生态环境"的规定，通过"设界限"或者"明方向"的方式，实现了民法基本原则的生态化。尹田教授认为，绿色原则"与公序良俗原则相重复，其纯粹只能具有一种道德指引作用。此项规定，除了好看，没有任何法律的适用价值和实际意义"，[2]建议删除。对此，笔者不敢苟同。在解释论上，保护环境、节约资源确实可以被涵摄于公序良俗，但是，保护环境和节约资源目前还没有成为整个社会普遍认可的公共秩序和善良风俗。换言之，环境道德还没有真正树立起来，在当前阶段，有必要将绿色原则在民法典中确认为基本原则，以约束整个民事权利的行使和民事活动的开展。另一方面，尽管绿色原则被确认为民法的基本原则意义重大，但若以生态文明观审视，我们会发现其存在诸多问题，亟待改进。最突出的是，生态文明建设的路径多样、方法多种，"节约资源和保护生态环境"只是作为路径之一的"发展生态化"的重要内容，并不能涵盖"生态资本化"和"环保经济化"等生态文明建设的其他路径和方法。因此，笔者建议将第 9 条修改为"民事主体从事民事活动，应当遵循生态文明原则，促进人与自然协调发展"。

第二，对法律行为设置绿色限制。在立法例上，《民法总则》第 153 条关于"违反法律、行政法规的强制性规定的民事法律行为无效，但是该强制性规定不导致该民事法律行为无效的除外"的规定属于隐性实现法律生态化的

---

〔1〕 吕忠梅、刘超："拓展民法典侵权责任编环保功能"，载《检察日报》2018 年 7 月 30 日。

〔2〕 尹田："民法总则基本原则与调整对象立法研究"，载《法学家》2016 年第 5 期。

"设界限"条款——可以将"违反法律、行政法规的强制性规定"解释为"违反环境资源法律、行政法规的强制性规定"。毫无疑问，尽管20世纪80年代的环境立法还很不发达，但是由于环境利益属于典型的公共利益，因此1986年《民法通则》第58条关于"违反法律或者社会公共利益的"民事行为无效的规定，也可以解释为法律行为制度生态化的条款。

第三，为物权的行使设置绿色限制。薛军教授曾指出："从最根本的伦理意义来看，人类的物权法其实是不道德的立法。"传统民法通过"物"的概念将人类赖以生存的自然环境认定为一个可供人任意处分的客体，忽视了本来应该存在的人与自然的和谐共处的问题。[1]石佳友教授认为，"从环境保护的角度来看，中国《物权法》的最大缺憾是在其开篇的'基本原则'部分，缺乏任何与环境有关的一般条款"，通篇也没有出现"环境保护"和"可持续发展"的概念，背后的根本原因在于"忽视了物权法与环境保护之间的内在联系，没有看到物权法对物的归属的界定，对物利用和处分行为都可能对环境产生重大的影响，也没有意识到环境问题对于中国和整个世界的紧迫性"。[2]在应然层面，我国可以将《物权法》第1条修改为："为了维护国家基本经济制度，维护社会主义市场经济秩序，明确物的归属，发挥物的效用，保护权利人的物权，维护社会公共利益，根据宪法，制定本法。"

在立法例上，以下法条都属于通过"设界限"条款实现物权法生态化的范例。2005年《越南民法典》第263条关于"所有权人在使用、保管或抛弃自己的财产时，应当遵守环境保护法律的规定"的条款，可谓物权法绿色原则的典范。《俄罗斯联邦民法典》第137条关于"对动物适用关于财产的一般规则，但以法律和其他法律文件未有不同规定为限。在行使权利时，不允许以违背人道原则的态度残酷地对待动物"的规定，为民事权利的行使明晰了禁止虐待动物的自由边界和行为方向。我国《物权法》第120条关于"用益物权人行使权利，应当遵守法律有关保护和合理开发利用资源的规定。所有权人不得干涉用益物权人行使权利"的规定，为用益物权的行使设置了合理利用的绿色限制。2018年修订的《农村土地承包法》第38条关于土地经营权流转"不得改变土地所有权的性质和土地的农业用途，不得破坏农业综合

---

[1] 薛军："'物'的概念的反思与中国民法典编纂"，载《法学》2002年第4期。

[2] 石佳友："物权法中环境保护之考量"，载《法学》2008年第3期。

生产能力和农业生态环境"的规定，为经营权的流转设置了生态环境保护的绿色限制。2019年4月公布的《民法典物权编（草案二次审议稿）》第139条关于"设立建设用地使用权应当符合节约资源、保护生态环境的要求，应当遵守法律、行政法规关于土地用途的规定，不得损害已设立的用益物权"的规定，为建设用地使用权的行使设置了节约资源、保护生态环境和空间用途管制等方面的绿色限制。

第四，为合同债权和合同行为设置绿色限制。在立法例上，1999年《合同法》第52条第5项关于"违反法律、行政法规的强制性规定"的合同无效的规定，可以被解释为法律生态化的"设界限"条款——将"违反法律、行政法规的强制性规定"解释为"违反环境资源法律、行政法规的强制性规定"。2019年《民法典合同编（草案二次审议稿）》第300条第3款关于"当事人在履行合同过程中，应当避免损害生态环境和浪费资源"的规定，为合同的履行设置了绿色限制。下一步，建议在合同的效力方面，明确规定"违反生态文明建设法律法规或者损害环境公共利益的合同无效"。在合同的履行方面，明确规定"当事人应当选择有利于节约资源和保护生态环境的履行方式"，"当事人在履行合同的过程中，应当采取有效措施节约资源和保护生态环境"。在合同的保全方面，明确规定"债权人代位行使债权人权利的，应当采取有利于节约资源和保护生态环境的措施"，"债权人行使撤销权可能损害国家和社会环境公共利益的，撤销无效"。

第五，对知识产权的取得和行使设置绿色限制。[1]"科学技术是第一生产力"，然而，不可否认的事实是，科学技术活动也具有两面性：一方面，科学技术的发明创造和广泛使用使人类越来越享受到征服和利用自然所带来的广泛福利；另一方面，科学技术的不当引导和无序滥用客观上也成了资源枯竭、环境污染和生态破坏的罪魁祸首。具有反思能力和高智商的人类不得不思考"近代科学的进步怎样才能够配合人类精神文明的进步，而不是反其道行之"的问题。[2]这就是对以促进科技创新为旨归的知识产权法进行生态化的改造，其制度底线是，有害于生态文明建设的著作、商标和专利等智力成果不得授予

---

〔1〕 参见黄莎："论我国知识产权法生态化的正当性"，载《法学评论》2013年第6期。
〔2〕 何兆武：《历史理性的重建》，北京大学出版社2005年版，第223页。

相应的知识产权。[1]

在立法例上，《德国专利法》第 2 条第 1 款关于"公布或使用违背公共秩序和善良风俗的发明，不授予专利权"的规定，就属于以"设界限"的方式隐性实现法律生态化的范例——可以将"公共秩序"解释为包括环境保护和资源节约的公共秩序。我国《专利法》第 5 条关于"对违反法律、社会公德或者妨害公共利益的发明创造，不授予专利权"的规定，也属于此种类型的生态化。特别一提的是，农业部于 2007 年制定的《植物新品种保护条例实施细则》第 4 条关于"对危害公共利益的新品种不授予品种权"的规定，更是明确规定了授予植物新品种权的绿色限制，可谓以"设界限"的方式现实知识产权生态化的范例。

（四）"定基石"

所谓"定基石"，是指在民法典中将环境民事特别制度进行奠基性的规定。这一立法模式主要适用于某一环境民事特别制度在社会实践中具有很高的地位，但相比于民法典中的一般制度又具有较大的特殊性，应当在民法典中进行确认但只适宜作出奠基性规定的情形。立法上的特征是，主要属于确认性规范，难以在司法上直接适用。譬如，《物权法》第 122 条关于"依法取得的海域使用权受法律保护"的规定和第 123 条关于"依法取得的探矿权、采矿权、取水权和使用水域、滩涂从事养殖、捕捞的权利受法律保护"的规定，就对海域使用权、探矿权、采矿权、取水权、养殖权和捕捞权等特别物权——自然资源他物权作出了奠基式的确认。再如，《物权法》第 119 条关于"国家实行自然资源有偿使用制度，但法律另有规定的除外"的规定，对自然资源有偿使用制度作出了"定基石"的确认。在此，仅对"修复生态环境"的责任承当方式、"环境权"和自然保护地役权的确认问题试作简要探讨。

2016 年 6 月，《民法总则（草案一审稿）》第 160 条第 5 项以"定基石"的方式将"恢复原状、修复生态环境"明确列为民事责任的承担方式，当时环境法学界为之振奋不已，然而，自二审稿始却将"修复生态环境"予以删除，只保留"恢复原状"，留下了民事法律责任生态化的重大缺憾。从立法上看，无论是 1986 年《民法通则》还是 2009 年《侵权责任法》都将"恢复原

---

[1]　万志前、郑友德："知识产权制度生态化重构初探"，载《法学评论》2010 年第 1 期。

状"作为侵权责任的重要承担方式，2014 年修订的《环境保护法》第 64 条通过引致条款将环境侵权民事责任与《侵权责任法》接轨，"恢复原状"亦作为"污染环境和破坏生态造成损害"的重要救济方式得以确认。此外，最高人民法院于 2015 年先后公布的《最高人民法院关于审理环境民事公益诉讼案件适用法律若干问题的解释》第 18 条和《最高人民法院关于审理环境侵权责任纠纷案件适用法律若干问题的解释》第 13 条均将"恢复原状"确认为环境民事责任的主要承担方式之一，二者都未规定"修复生态环境"的责任承担方式。问题是，究竟应不应该在《民法总则》中确认这一责任方式呢？有立法者认为，"恢复原状"涵盖了"修复生态环境"，没有必要单列。[1]实际上，这是不对的，因为从原理上看，"恢复原状"无法涵盖"修复生态环境"。[2]所谓恢复原状，一般是指恢复到侵权以前的形状或状态，如把损坏的物件修理至损害前的状态。然而，环境被污染或破坏后，关键是要恢复到原来的功能，不一定非得恢复到原来的状态。因为，很多时候即使经过治理也很难恢复到原来的状态，或者即使可以也没有必要（成本太高），只要采取替代的方式恢复原有功能即可。譬如，侵占和破坏湿地的，若要求恢复原状，则成本很高，而采取"占补平衡"的方式，在其他合适的地方开辟一片新的湿地，达到所侵占和破坏湿地的原有功能即可。事实上，《北京市湿地保护条例》第 27 条就有这样的规定。此外，司法实践中还出现了劳务代偿、异地补植等责任承担方式，前者如"连云港市赣榆区环保协会诉王某杰环境污染损害赔偿环境公益诉讼案"[3]，后者如 2012 年"中华环保联合会与无锡市蠡湖惠山景区管理委员会生态环境损害赔偿纠纷案"等。问题是，在民事责任承担方式的一般条款中规定"修复生态环境"的特殊责任方式，无法在逻

---

〔1〕 王玮、童克难："民法典主脉注入绿色基因"，载《中国环境报》2017 年 3 月 13 日。

〔2〕 吕忠梅教授阐释了"修复生态环境"与"恢复原状"的明显差别：一是救济的对象不同。恢复原状救济的是民事权利，具有典型的私权特征；生态环境修复救济的对象是环境公共利益，具有公共性、共享性。二是修复的标准不同。民法中的"物"可以通过修补恢复到原来状态，生态系统处于不断的物质循环、能量流动、信息传递过程中，不是民法上的"物"，无法"恢复原状"；对其修复更有其自身的特殊标准。三是救济的方式不同。恢复原状通常由责任人或其委托的个人进行修复，生态环境修复则需要公权主体、公共机构的介入，需要有公共利益衡量和保护机制，修复生态环境不是物品损害的恢复，不能将其混同于恢复原状。吕忠梅："'生态环境损害赔偿'的法律辨析"，载《法学论坛》2017 年第 3 期。

〔3〕 王伟健："连云港法院在环境污染赔偿案中试行'劳役代偿'"，载《人民日报》2015 年 9 月 17 日。

辑上与"恢复原状"并列，放在同一项中规定确有不妥。[1]不过，基于民事法律责任生态化的需要又不宜彻底删除，建议将《民法总则》第179条第5项修改为"恢复原状、恢复原用"（恢复原用即恢复原有功能和原有用途之意）。

自然保护地役权属于地役权的"改良性"创新，是指为保护自然要素而由政府、公共机构或者私人所设立的地役权。要注意的是，由政府、公共机构设立的自然保护地役权，是为了保护自然资源或生态环境方面的公共利益而设立的，具有明显的行政权色彩，已迥异于物权法中的地役权。事实上，《法国民法典》将包括自然保护地役权在内的法定地役权都称为"行政地役权"。[2]也许，正是考虑到自然保护地役权等公共地役权的特殊性，担心公共地役权进入民法典会严重冲击民法的固有体系，梁慧星、王利明和徐国栋三位学者在其各自主持的《民法典建议稿》（"梁稿"第485条、"王稿"第901条、"徐稿"第401条）中均不约而同地将公共地役权排除在外。[3]不过，这种立法思路只考虑了自然保护地役权的特殊性和难以兼容性，而忽视了其作为地役权的共同性以及在制度上的重要性，硬生生地分裂了民法典与特别法的关系，似乎并非最优选择。其实，鉴于自然保护地役权的地役权本体性和行政权变体性，我国可以采用"定基石"的折中立法模式，在民法典中作出确认性规定，具体的制度规则（自然保护地役权的设立、登记、终止、程序、补偿等问题）则由相应的特别法（如"国家公园法"）进行规定。[4]这样一来，既维持了民法在地役权方面的固有体系，又兼顾了自然保护地役权等公共地役权的重要地位。事实上，法国、意大利等国就采取了这一立法模式。《法国民法典》第650条规定："为公共的或地方的便宜而设立的役权，得以沿通航河川的通道，公共或地方道路的建筑或修缮，以及公共或地方其他工事的建筑或修缮为客体。一切有关此种役权的事项，由特别法令规定之。"在

---

[1]　吕忠梅教授认为："'修复生态环境'与民法中的'恢复原状'存在很大差异，在救济对象、标准、方式等方面两者无法相提并论。民法总则未将'修复生态环境'纳入民事责任承担方式，是科学、妥当的安排。"吕忠梅、窦海阳："修复生态环境责任的实证解析"，载《法学研究》2017年第3期。

[2]　尹田：《法国物权法》（第2版），法律出版社2009年版，第415～416页。

[3]　朱金东："民法典编纂背景下公共地役权的立法选择"，载《理论导刊》2019年第2期。

[4]　林旭霞教授也主张采用这一立法模式。参见林旭霞、王芳："历史风貌建筑的权利保护与限制——以公共地役权为解读方案"，载《福建师范大学学报（哲学社会科学版）》2012年第3期。

特别法方面，美国已发展得十分成熟，制定了专门的《统一自然保护地役权法》，〔1〕值得研究和借鉴。

关于环境权是否应当在民法典中作出规定，争议激烈，呈现出了明显对立的两大阵营：大部分环境法学者主张写入民法典中，但绝大部分民法学者则持反对意见。当然，民法学界中也不乏开明之士。譬如，孟勤国教授曾旗帜鲜明地指出："环境权概念的价值就在于让民法担当起保护环境的重任……没有环境权的民法典是一个瘸腿的贵族，永远跟不上现代社会的步伐，民法学者切不可鼠目寸光。没有民法家园的环境权是一个流浪的孤儿，永远登不上大雅之堂……"〔2〕鉴于环境权与人身权、财产权等传统民事权利的巨大差别，笔者主张在民法中仅作确认性规定即可，不宜规定得太细，以免影响民法典内部的体系性和协调性。下一步，笔者建议将《民法总则》第3条修改为"民事主体的人身权利、财产权利、环境权利以及其他合法权益受法律保护，任何组织或者个人不得侵犯"，从而以"定基石"的方式对环境权作出确认性规定。

（五）"立框架"

所谓"立框架"，是指通过一般条款将环境民事特别制度在民法典中作出原则性的规定，为该制度搭建一个宏观的规则框架。所谓"一般条款"，是指法律文本中的某些不具有确定的内涵和外延，又具有开放性的指导性规定，其文义通常是空泛的、抽象的，是对立法者的价值倾向的表达，其具体内涵需要法官在具体个案中依据价值判断予以具体化。〔3〕这一立法模式适用于环境民事特别制度，在民事制度体系中具有很高的地位，且与民法典中的一般制度具有较大的兼容性，理应在民法典中作出框架性规定。在立法上的特征是，环境民事特别规定作为一般条款已具有一定的可司法性，但还须通过司

〔1〕 美国于1995年制定的《统一自然保护地役权法》第1条将自然保护地役权界定为："权利人对不动产施加限制或肯定性义务的一种非占有性利益，其目的包括保留或保护不动产的自然、风景或开放空间价值，确保该不动产可以被用于农业、林业、娱乐或开放空间等用途，保护自然资源，维护或提高空气或水的质量，或者保护不动产的历史、建筑、考古或文化价值。"［美］丹尼尔·H.科尔：《污染与财产权——环境保护的所有权制度比较研究》，严厚福、王社坤译，北京大学出版社2009年版，第65页。

〔2〕 刘牧晗、罗吉："环境权益的民法表达——'环境权益与民法典的制定'学术研讨会综述"，载《人民法院报》2016年2月17日。

〔3〕 梁慧星：《民法解释学》，中国政法大学出版社1995年版，第298页。

法解释或民事特别法予以进一步细化。

第一，对物权法生态化的框架性规定。我国《物权法》第 48 条关于"森林、山岭、草原、荒地、滩涂等自然资源，属于国家所有，但法律规定属于集体所有的除外"的规定，框架性地确立了自然资源所有权制度：原则上为国家所有，在特定情况下可为集体所有。《吉尔吉斯斯坦民法典》第 232 条对公民开发利用自然资源的权利作出了框架性规定，即"公民可自由使用国家或市镇所有的森林、水库、道路及其他根据惯例和习俗可广泛获取的物品。对上述物品的使用可由立法基于公共秩序、安全、人民健康和环境保护等理由设定限制"。下一步，笔者建议我国对自然资源他物权（包括自然资源攫取权、使用权、担保权等）、排污权等环境资源物权制度作出框架性规定。

第二，对合同法生态化的框架性规定。在合同法的生态化方面，我国仅仅做到了前述"设界限"的层面，远未达到"立框架"的层次，倒是环境资源单项立法中有不少关于"绿色合同"的具体规则。譬如，《建设项目环境保护管理条例》第 16 条第 2 款和第 22 条第 1 款规定了建设项目施工合同条款中的强制环保内容。[1]《可再生能源法》第 16 条第 2 款和第 31 条[2]规定了燃气管网企业和热力管网企业对可再生能源的强制收购制度。[3]2018 年修订的《农村土地承包法》第 42 条规定了关于违反生态文明的土地经营权流转合同强制

---

〔1〕《建设项目环境保护管理条例》第 16 条第 2 款规定："建设单位应当将环境保护设施建设纳入施工合同，保证环境保护设施建设进度和资金，并在项目建设过程中同时组织实施环境影响报告书、环境影响报告表及其审批部门审批决定中提出的环境保护对策措施。"第 22 条第 1 款规定："违反本条例规定，建设单位编制建设项目初步设计未落实防治环境污染和生态破坏的措施以及环境保护设施投资概算，未将环境保护设施建设纳入施工合同，或者未依法开展环境影响后评价的，由建设项目所在地县级以上环境保护行政主管部门责令限期改正，处 5 万元以上 20 万元以下的罚款；逾期不改正的，处 20 万元以上 100 万元以下的罚款。"

〔2〕《可再生能源法》第 16 条第 2 款规定："利用生物质资源生产的燃气和热力，符合城市燃气管网、热力管网的入网技术标准的，经营燃气管网、热力管网的企业应当接收其入网。国家鼓励生产和利用生物液体燃料。石油销售企业应当按照国务院能源主管部门或者省级人民政府的规定，将符合国家标准的生物液体燃料纳入其燃料销售体系。"第 31 条规定："违反本法第十六条第三款规定，石油销售企业未按照规定将符合国家标准的生物液体燃料纳入其燃料销售体系，造成生物液体燃料生产企业经济损失的，应当承担赔偿责任，并由国务院能源主管部门或者省级人民政府管理能源工作的部门责令限期改正；拒不改正的，处以生物液体燃料生产企业经济损失额一倍以下的罚款。"

〔3〕陈兴华："推进能源替代的司法路径——从生物柴油民企诉中石化拒绝交易案谈起"，载《郑州大学学报（哲学社会科学版）》2018 年第 1 期。

解除制度，[1]第 64 条规定了关于违反生态文明的土地经营权流转合同强制终止制度。[2]《矿业权司法解释》第 4 条第 2 款、第 5 条、第 12 条第 2 款和第 18 条等条款规定了关于违反生态文明的矿业权合同效力、履行和解除等制度。[3]

下一步，笔者建议在《民法典合同编（草案二审稿）》的第一分编"通则"部分针对合同的订立、变更、解除、终止责任等方面增加生态文明的原则性要求。其一，在合同的订立方面，将其第 261 条关于合同内容的规定中的第 6 项调整为"（六）履行期限、地点和方式以及必要的资源节约与环境保护措施"。其二，在合同的变更和解除方面，明确规定"继续履行合同明显不利于节约资源、保护生态环境的，当事人可以变更或者解除合同；当事人不变更或者解除合同的，有关部门可以责令其变更或者解除合同"。其三，在合同的终止方面，规定旧物回收等附随义务。第四，在违约责任方面，明确规定"当事人一方为了节约资源、保护生态环境而变更合同的履行方式或者停止继续履行合同给另一方造成损失的，可以免于或者减轻承担违约责任，造成的损失可由双方合理分担"。此外，在第二分编"典型合同"的相应章节中，规定从事环境影响评价、环境监测等业务的环境公共服务提供者的强制缔约义务，以及从事能源和资源生产经营业务的市场主体对可再生能源、再

---

〔1〕《农村土地承包法》第 42 条："承包方不得单方解除土地经营权流转合同，但受让方有下列情形之一的除外：（一）擅自改变土地的农业用途；（二）弃耕抛荒连续两年以上；（三）给土地造成严重损害或者严重破坏土地生态环境；（四）其他严重违约行为。"

〔2〕《农村土地承包法》第 64 条："土地经营权人擅自改变土地的农业用途、弃耕抛荒连续两年以上、给土地造成严重损害或者严重破坏土地生态环境，承包方在合理期限内不解除土地经营权流转合同的，发包方有权要求终止土地经营权流转合同。土地经营权人对土地和土地生态环境造成的损害应当予以赔偿。"

〔3〕2017 年《最高人民法院关于审理矿业权纠纷案件适用法律若干问题的解释》（简称为《矿业权司法解释》）第 4 条第 2 款："受让人勘查开采矿产资源未达到国土资源主管部门批准的矿山地质环境保护与治理恢复方案要求，在国土资源主管部门规定的期限内拒不改正，或者因违反法律法规被吊销矿产资源勘查许可证、采矿许可证，或者未按照出让合同的约定支付矿业权出让价款，出让人请求解除出让合同的，人民法院应予支持。"第 5 条："未取得矿产资源勘查许可证、采矿许可证，签订合同将矿产资源交由他人勘查开采的，人民法院应依法认定合同无效。"第 12 条第 2 款："矿业权租赁、承包合同约定矿业权人仅收取租金、承包费，放弃矿山管理，不履行安全生产、生态环境修复等法定义务，不承担相应法律责任的，人民法院应依法认定合同无效。"第 18 条："当事人约定在自然保护区、风景名胜区、重点生态功能区、生态环境敏感区和脆弱区等区域内勘查开采矿产资源，违反法律、行政法规的强制性规定或者损害环境公共利益的，人民法院应依法认定合同无效。"

生资源（废物资源化）的强制收购义务，出卖人对特殊标的物（如废旧家电）的强制回收义务，等等。

第三，对知识产权生态化的框架性规定。在立法例上，《德国专利法》关于"当出现对公共利益必不可少的情况时，可以颁布非独占性强制许可"的规定，可谓范例。下一步，笔者建议我国对专利权的绿色标准和基于生态文明的强制许可、绿色专利共享等制度作出框架性规定。[1]

第四，侵权法生态化的框架性规定。1986 年《民法通则》第 124 条关于"违反国家保护环境防止污染的规定，污染环境造成他人损害的，应当依法承担民事责任"的一般条款，对环境污染侵权责任制度作出了框架性的规定。只不过，美中不足的是，在归责原则上采用了过错原则，以致在很长一段时间内对环境污染侵权救济造成了一些影响。这是因为，尽管 1989 年《环境保护法》第 41 条第 1 款关于"造成环境污染危害的，有责任排除危害，并对直接受到损害的单位或者个人赔偿损失"的规定确立了无过错责任原则，且后续的《水污染防治法》《大气污染防治法》《固体废物污染环境防治法》等单项法也有类似规定。然而，我国的司法机关却更多地适用《民法通则》第 124 条（形象的说法就是"一群好狗抵不过一匹狼"），直至 2009 年《侵权责任法》第 65 条正式确认了无过错责任原则，此种情况才得以根本扭转。

（六）"建房子"

所谓"建房子"，亦可被称为"建制度"，是指在民法典中对环境民事制度作出比较全面、详细的规定，已完全具备司法上的可适用性。设计良好的民法制度具有促进生态文明建设和维护环境权益的重要作用，务必进行生态化的改造以扬绿色制度之"善"，如相邻权制度、环境地役权制度、环境侵权责任制度等。2007 年《物权法》第 86、89 条和第 90 条关于环境相邻关系的规定，[2] 以及 2009 年《侵权责任法》第 65 条至第 68 条关于环境污染侵权的规定，可谓"建房子"的范例。当然，"无论是从单个侵权行为人的利益出

---

〔1〕 万志前、郑友德："知识产权制度生态化重构初探"，载《法学评论》2010 年第 1 期。

〔2〕 我国《物权法》第 86 条关于"不动产权利人应当为相邻权利人用水、排水提供必要的便利。对自然流水的利用，应当在不动产的相邻权利人之间合理分配。对自然流水的排放，应当尊重自然流向"的规定，第 89 条关于"建造建筑物，不得违反国家有关工程建设标准，妨碍相邻建筑物的通风、采光和日照"的规定，第 90 条关于"不动产权利人不得违反国家规定弃置固体废物，排放大气污染物、水污染物、噪声、光、电磁波辐射等有害物质"的规定。

发，还是为了自身生存的愿望，侵权行为法都必须将那些过于'遥远'的损害从其体系中排除出去"。[1]换言之，对于那些由于环境污染和生态破坏所导致的纯粹经济上损失（如饭店、旅店、商店等经营收入的减少），没有必要纳入环境侵权救济的范围。

在比较法上，2016 年的《法国民法典》对生态损害修复制度进行了较为全面的规定，值得学习和借鉴。

法国民法典

(2016 年 8 月 8 日 第 2016-1087 号法令第 4 条创设)[2]

第三卷 物权的取得方式

第三编 义务的起因

第二章 非契约责任

第三节 生态损害修复责任

第 1246 条 任何造成生态损害的责任人应当承担修复生态的义务。

第 1247 条 在本章中，应当修复的生态损害是一种对生态系统的功能或者对人类从环境中获取的集体利益所造成的不可忽视的损害。

第 1248 条 任何有诉讼资格和利益关系的主体，如国家、法国生物多样性署、地方行政主体及其辖区受到影响的地方行政主体的集合、公共机构以及在起诉之日五年前即经认可或者创设的、以自然和环境保护为宗旨的社会组织，均有权对生态损害修复提起诉讼。

第 1249 条 生态损害修复应当优先考虑以实物修复的方式进行。

法律或事实上不能修复或者修复手段不足以的，法官可判定由责任人交纳损害赔偿金和利息，该笔款项应当用于环境的修复或者交付原告，原告不能采取有效措施修复环境的，该笔款项应当上交国家。

对损害的评估应当考虑可能存在的已有修复措施，尤其是依照《环境法

---

〔1〕 ［德］克雷斯蒂安·冯·巴尔：《欧洲比较侵权行为法》（下卷），焦美华译，法律出版社 2001 年版，第 1 页。

〔2〕 在此，特别感谢四川大学法学院赵悦博士帮助翻译。

典》第一卷第六编的规定所采取的措施。

第 1250 条　存在逾期罚款的，法官应当将该笔款项判归原告，原告应当将该笔款项用于环境的修复；原告不能采取有效措施实现此种目的的，应当将该笔款项上交国家，由国家将该笔款项用于环境的修复。

法官保留强制执行逾期罚款的权力。

第 1251 条　用于防止即将发生的损害或者避免该损害之加重或者减轻损害性后果的费用本身即构成一种应予以赔偿之损害。

第 1252 条　第 1248 条所规定的主体向法官提出生态修复之外的其他诉讼请求的，法官可以判定被告采取合理措施以预防或者停止损害。

回到我国环境侵权责任的制度设计，孙佑海教授主张采用二元模式：对于人身和财产权益遭受侵害的环境侵权责任，依然采用"建房子"的模式；对于生态环境损害赔偿责任，则采用"开岔口"的模式。对于后者，他认为只需在民法典侵权责任编"环境侵权责任"部分增设与环境保护法相衔接的条款，对于需要公法机制与私法机制协同调整的事务做出关联性规定即可。具体可表述为："因污染环境、破坏生态造成损害，需要行为人承担生态环境损害责任的，应当遵照环境保护法律和其他规制生态环境损害责任的相关法律执行。"[1]

2019 年 12 月 16 日，《中华人民共和国民法典（草案）》公布，其中的第七编第七章依然采用了"建房子"的模式，对"环境污染和生态破坏责任"作了较为全面的规定。不过，该草案对环境侵权的归责原则、因果关系推定的证明责任分配、惩罚性赔偿、生态环境损害赔偿责任等制度的设计，还存在诸多明显的问题。建议作如下修改：

第一，为无过错责任原则的例外原则"预留空间"。环境侵权归责原则的制度选择是环境侵权责任制度设计的首要问题，也是司法实践和理论研究的难点问题。这是因为，归责原则的确定将直接决定环境侵权案件中的行为者是否承担侵权民事责任以及受害者能否得到救济。由于环境侵权的情形多种多样，异常复杂，不宜以一元化的无过错责任原则"一刀切"地对待所有类

---

〔1〕　孙佑海、王倩："民法典侵权责任编的绿色规制限度研究——'公私划分'视野下对生态环境损害责任纳入民法典的异见"，载《甘肃政法学院学报》2019 年第 5 期。

型的环境侵权行为，否则容易导致显失公平。务必科学认识和高度尊重环境侵权中致害行为（环境污染行为和生态破坏行为）、致害主体（排污者、产污者、污染物管理者、所有者、运输者、偷盗者、污染场地所有者和第三方污染治理者、放贷者等）、致害心理、致害过程（累积性致害，或者瞬时性致害）、致害物危害性、致害客体（人身、财产和环境权益）、受害主体（如体质过于敏感、脆弱的主体）和两造实力对比等方面的多样性等客观事实，以类型化为分析方法，构建以无过错责任原则为主体，并包括由过错责任原则、过错推定责任原则、公平责任原则等所组成的多元化的环境侵权归责原则体系，从而实现从"事实"到"规范"的飞跃。譬如，对于因土地使用权人排放污染物质而造成环境损害的土地所有权人而言，适用过错责任原则显然就比无过错责任原则更为合理。

第二，规定原告关于致害行为与致害结果之间因果关系关联性的初步证明责任。这种因果关系的"关联性"主要包括时间先后、空间距离、环境接触、致害物质、生态作用、疫学原理和概率统计等方面的关联性。[1]至于具体内涵，我们可以环境侵权司法解释为例说明之。《最高人民法院关于审理环境侵权责任纠纷案件适用法律若干问题的解释》规定："污染者举证证明下列情形之一的，人民法院应当认定其污染行为与损害之间不存在因果关系：（一）排放的污染物没有造成该损害可能的；（二）排放的可造成该损害的污染物未到达该损害发生地的；（三）该损害于排放污染物之前已发生的；（四）其他可以认定污染行为与损害之间不存在因果关系的情形。"在这里，"排放的污染物没有造成该损害可能的"，属于没有"疫学上的关联性"；"排放的可造成该损害的污染物未到达该损害发生地的"，属于没有"空间上的关联性"；"该损害于排放污染物之前已发生的"，属于没有"时间上的关联性"。

关于因果关系推定及原告关联性证明责任的问题，具体分析如下：

1. 传统因果关系推定说的全新解读：举证责任正置说（属于事实上的推定）

基于环境污染和破坏的累积性、间接性、潜伏性、滞后性、复合性、长

---

[1] 杨朝霞等："环境侵权因果关系推定之新规判解——以'中国垃圾焚烧致病第一案'的检视为中心"，载《环境保护》2016年第16期。

期性等原因，因果关系的证明一直是横亘在环境侵权救济路上难以逾越的"珠穆朗玛"。为攻克这一难题，国内外专业人士基于保护污染受害者的原则，发展出了高度盖然性说、疫学因果关系说、间接反证说以及优势证据说等因果关系推定理论。[1]

　　不过，在这些理论中，高度盖然性说的本质只是降低了原告的证明标准（只需达到高度盖然性即可），但因果关系的举证责任依然由原告承担，显然属于举证责任"正置"（谁主张谁举证）的范畴。疫学因果关系说所主张的是一种运用统计学原理解决某一区域内由于大面积污染造成人身损害的因果关系证明方法。从本质上看，该说实乃高度盖然性说的一种具体应用方式，自然也属于举证责任"正置"的范畴。相较于前两种学说而言，间接反证说解析和细化了环境污染致害的证据链条，大大提升了举证的可操作性，不过，该说只是把间接证据和间接反证的理念运用于证明过程之中（原告只需对较易证明的部分间接事实进行证明，就可推定待证的推定事实存在，除非被告对其他间接事实提出反证而对推定事实予以否定），进而降低承担举证责任的原告的证明难度。换言之，对于原告而言，间接反证说同样属于举证责任"正置"的范畴。依优势证据说，只要作为原告的污染受害者的证明力高于被告的证明力，即可推定因果关系存在。很显然，该说同样没有从根本上改变举证责任的分配规则，同样属于举证责任"正置"的范畴。

　　综上所述，从证明责任（或称举证责任）分配的角度看，高度盖然性说、疫学因果关系说、间接反证说和优势证据说等关于因果关系推定的传统学说均属于举证责任正置的范畴（属于因果关系的正向推定），可统称为举证责任"正置"说。

　　2. 因果关系推定的新型学说：举证责任倒置说（属于法律上的推定[2]）

　　（1）历史沿革：从举证责任完全倒置到举证责任部分倒置。

　　如前所述，高度盖然性说、疫学因果关系说等举证责任正置说，通过降低证明标准、调整证明主题、缩减证据链条等手段，确实在一定程度上减轻了原告的证明负担，不过，问题是，当诉讼最后因果关系仍真伪不明时，原

---

〔1〕　侯佳儒：《中国环境侵权责任法基本问题研究》，北京大学出版社2014年版，第117页。

〔2〕　"法律上的推定"与"事实上的推定"的最大不同之处就在于，前者将对于推定事实的说服责任，即不存在因果关系的说服责任，分配给了加害人，并由此令加害人承担了因果关系处于真伪不明时的不利后果（败诉）。

告还是不得不承担败诉的风险。可见，举证责任正置说并不能在根本上扭转环境维权的失衡局面。为此，有必要转换思维和方法。由于举证责任问题直接决定待证事实真伪不明时的胜败结果，若改变举证责任分配规则，势必发生根本改观。

也许正是基于这一考虑，《最高人民法院关于适用〈中华人民共和国民事诉讼法〉若干问题的意见》（1992）第 74 条、《最高人民法院关于民事诉讼证据的若干规定》（2001）第 4 条和《固体废物污染环境防治法》（2004）第 86 条、《水污染防治法》（2008）第 87 条等立法明确规定了环境损害赔偿因果关系证明的举证责任倒置规则。随后，2009 年的《侵权责任法》第 66 条正式确认了这一制度。鉴于这一制度建立在举证责任完全倒置的逻辑基础之上，可把支撑该制度的理论称为完全举证责任倒置说。

2015 年的《最高人民法院关于审理环境侵权责任纠纷案件适用法律若干问题的解释》（以下简称《环境侵权解释》）在此基础上，课加了原告关于"污染者排放的污染物或者其次生污染物与损害之间具有关联性"的初步证明责任。至此，我国已基本形成了较为健全的环境侵权因果关系证明责任制度。鉴于这一制度建立在举证责任部分倒置的逻辑基础之上，不妨把支撑该制度的理论称为部分举证责任倒置说。

（2）部分举证责任倒置说的内涵。

部分举证责任倒置说主张，当环境侵权因果关系存在与否的主要事实尚不明确时，原告应就环境致害行为与损害结果之间的关联性承担初步证明责任，被告应就环境致害行为与损害结果之间不存在因果关系承担证明责任。之所以称为部分举证责任倒置说，是因为关于因果关系的证明责任并未全部倒置给被告，原告也须承担关于环境致害行为与损害之间具有关联性的初步证明责任。换言之，依部分举证责任倒置说，原告须承担因果关系的初步证明责任，被告则承担因果关系的最终证明责任。

部分举证责任倒置说的实质是，若原告不能证明被告的环境致害行为与其所受损害之间具有关联性，则原告败诉，被告不必再就其环境致害行为与损害之间不存在因果关系而提供证明。也就是说，只有在原告在与被告的博弈中完成了对关联性的证明，使得法官依自由心证认定关联性存在的前提下，被告关于不存在因果关系的证明责任才开始真正生效（此前是潜伏的），若到诉讼结束时因果关系的不存在仍处于真伪不明时，则推定因果关系存在，被告败诉，原告胜诉。之所以规定原告关于因果关系关联性的初步证明责任，主要是为了平衡原告、被告之间的证明责任，对此前矫枉过正的举证责任完全倒置规则进行再矫正，以维护诉讼公平，并预防和减少滥诉的发生。[1]

那么，何时开始因果关系的推定呢？这是一个向来存有根本分歧但又没有引起足够重视并进行深入研究的问题。其实，当原告完成具有关联性的初步证明之后，并不能就此推定存在因果关系，而是只有在被告不能证明不存在因果关系之时，才推定存在因果关系。换言之，用来推定存在因果关系（待证的推定事实）的基础事实，不是指存在因果关系关联性的事实，而是指因果关系不存在处于真伪不明的事实（即被告未能有效证明不存在因果关系的事实）。简言之，法律不是根据环境侵害行为与损害之间具有关联性就推定二者之间存在因果关系，而是根据被告未能有效证明不存在因果关系的事实而推定存在因果关系。再说，仅以环境侵害行为与损害之间具有关联性就推定二者存在因果关系，不仅于被告不公平（通常情况下，原告证明关联性较为容易，而被告进行反证却很困难），也使得法律关于被告须就不存在因果关系承担证明责任的举证责任倒置规则变得毫无意义（此前的关联性证明早已决定了诉讼的成败）。毕竟，从环境侵权的关联性关系到因果关系，还有很遥远的距离。

需补充说明的是，从属性上看，这里的推定，属于法律推定而非事实推定，属于法律推定中的推论推定而非直接推定，属于反向推定而非正向推定。此外，原告对于关联性的证明是本证，被告对于不具有关联性的证明则是反证；被告对于不存在因果关系的证明是本证，原告对于存在因果关系的证明则是反证。

（3）部分举证责任倒置说中"关联性"的界定。

所谓关联性，又称相关性，是指两种事物之间存在一定的联系，包括直接联系和间接联系。只要两个事物之间存在关联的可能性（低盖然性），就应当认定二者之间存在关联性。譬如，若某重金属污染越重的地方癌症罹患率越高，污染越轻的地方癌症罹患率越低，受污染之前癌症罹患率更低甚至为零，且并不与医学原理冲突，则可认定某重金属污染与癌症之间具有关联性。

---

〔1〕　徐平、朱志炜、杨朝霞："论我国环境法庭的困境与出路"，载《吉首大学学报（社会科学版）》2014 年第 4 期。

就环境侵权因果关系的关联性而言，应根据环境侵害的发生机制（一般先污染和破坏环境，之后再损害人身和财产），针对两个阶段进行分析：一是被告行为与原告所在环境遭受污染或破坏之间的关联性；二是原告人身、财产受损与环境的污染或破坏之间的关联性。

具体而言，可从时间先后、空间位置、环境接触、污物种类、生态关系、生理反应、疫学原理等方面入手来分析有关关联性：

其一，时间先后上的关联性。这是指环境侵害行为与损害之间应符合时间上的先后性，即损害发生于环境侵害行为之后。

其二，空间距离上的关联性。这是指受损地应当处于环境侵害行为的可影响地域之内。换言之，从科学上看，被告所排污染物有可能迁移到受害者所在的环境，如污染者处于上风向，受害者居于下风向，且相隔不远。

其三，生态作用上的关联性。这是指依照有关生态规律，被告的污染排放或破坏行为有可能导致损害结果的发生，或者至少不违背生态规律。譬如，被告对外来物种的引入，可能构成外来物种入侵，危害本地物种。

其四，环境接触上的关联性。这是指受害地属于原告的生活环境，原告与该环境有接触或暴露的可能性和充分性。

其五，致害物质上的关联性。这是指导致原告受害的污染物质，已超过该环境功能区的环境质量标准，且应当同被告排放的污染物质或者次生物质（所排放物质与其他物质发生反应后的新物质）属于同一种类或是其化合物。

其六，疫学原理上的关联性。这是指根据疫学上的原理（暴露学、毒理学、病理学等），被告排放的污染物质或次生物质有可能导致原告受损，或者至少不同疫学原理冲突。

其七，概率统计上的关联性。这是指污染行为与致害结果之间具有正相关性，即污染越强则损害越重，污染越轻则损害越弱。

其八，其他方面的关联性。如，生理作用上的关联性、化学反应上的关联性等，即在生理作用或化学反应等原理上，某污染物质有可能导致鱼虾死亡、林木枯萎、作物落果、财物毁损等不利后果。

为减轻环境受害者的证明负担，以扭转环境维权诉讼的失衡局面[1]，

---

[1] 杨朝霞："环境司法主流化的两大法宝：环境司法专门化和环境资源权利化"，载《中国政法大学学报》2016年第1期。

《侵权责任法》转换了因果关系证明"谁主张谁举证"的传统思路，改由被告承担不存在因果关系的证明责任。然而，关于因果关系证明的这种完全、彻底的举证责任倒置，在实现对原告进行倾斜保护的同时，却又将被告置于极其不利的地位，明显有矫枉过正之嫌。《环境侵权解释》弥补了以往立法的不足，添设了原告关于关联性的初步证明责任，在环境侵权诉讼上基本实现了原被告之间的平衡，有着划时代的法治和理论意义。

不过，不得不指出的是，该解释明显还存在诸多不足之处。最突出的问题是，该解释没有进一步明确关联性的内容。一方面，这很容易造成理解上的混乱，导致司法实践中出现将关联性关系的证明与因果关系的证明混为一谈的乱象，以致加重原告的初步证明负担。譬如，审理中国垃圾焚烧致病第一案的二审法院认为，"由加害者就其排污行为与损害结果之间不存在因果关系承担举证责任的前提是，排污行为有导致损害结果发生的疫学上的因果关系，且这一因果关系为普遍的公认的结论，而非基于个案的、推断性的结论"，很显然，南通中院就把疫学上的因果关系误认为疫学上的关联性关系了。另一方面，也会极大影响关于关联性证明的可操作性，很可能出现原告无所适从或原、被告严重分歧以致法院难以定夺的局面。

下一步，建议尽快修改《环境侵权解释》，对关联性的概念和证明标准（可借鉴高度盖然性说、优势证据说等理论，如达到50%以上）进行明确界定，并借鉴该解释第7条关于指导污染者如何证明不存在因果关系之具体规定的做法[1]，对环境致害行为与损害之间具有的各种关联性做出全面、详细的列举性规定。

第三，删除环境侵权惩罚性赔偿制度。这是因为，违反国家规定故意污染环境、破坏生态造成严重后果的，完全可以通过环境行政处罚乃至刑事责任进行制裁，没有必要再采用惩罚性赔偿了。

第四，规定生态环境损害修复和赔偿制度。这是指在现有国家规定的基

---

〔1〕《最高人民法院关于审理环境侵权责任纠纷案件适用法律若干问题的解释》第7条规定："污染者举证证明下列情形之一的，人民法院应当认定其污染行为与损害之间不存在因果关系：（一）排放的污染物没有造成该损害可能的；（二）排放的可造成该损害的污染物未达该损害发生地的；（三）该损害于排放污染物之前已发生的；（四）其他可以认定污染行为与损害之间不存在因果关系的情形。"

础上，确认生态环境损害赔偿磋商程序，优化生态环境损害修复和赔偿制度，特别是要区分环境致害行为违法与否的不同适用情形。譬如，生态环保部门提起生态环境损害赔偿诉讼，须以行政相对人存在环境行政违法行为、行政法律关系清晰为前提（具体分析见第五章相关内容）。

具体立法建议如下：

中华人民共和国民法典（草案）

（2019 年 12 月 16 日建议稿）

第七编　侵权责任

第七章　环境污染和生态破坏责任（修改建议）

第一千二百二十九条　因污染环境、破坏生态造成损害的，侵权人应当承担侵权责任。法律另有规定的，依照其规定。

第一千二百三十条　因污染环境、破坏生态发生纠纷，被侵权人应当就污染环境、破坏生态的行为与损害后果之间具有关联性承担举证责任，侵权人应当就法律规定的不承担责任或者减轻责任的情形及其行为与损害后果之间不存在因果关系承担举证责任。

第一千二百三十一条　两个以上侵权人污染环境、破坏生态的，承担责任的大小，根据污染物的种类、浓度、排放量、迁移距离，破坏生态的方式、范围、程度、发生过程，以及侵权行为对损害后果所起的作用、侵权人过错程度等因素确定。

第一千二百三十二条　侵权人违反国家规定污染环境、破坏生态造成严重后果，需要承担行政和刑事责任的，不排除其生态环境修复和赔偿责任。

第一千二百三十三条　因第三人的过错污染环境、破坏生态的，被侵权人可以向侵权人请求赔偿，也可以向第三人请求赔偿。侵权人赔偿后，有权向第三人追偿。法律另有规定的，依照其规定。

第一千二百三十四条　对污染环境、毁坏资源、破坏生态需要承担修复责任的行为，可按以下方式承担责任：

（一）生态环境和自然资源能够修复的，有权的行政机关或者法律规定的社会组织应当责令或者有权请求行为人在合理期限内承担修复责任。行为人不能修复或者在期限内未修复的，有权的行政机关或者法律规定的组织可以自行或者委托他人进行修复，所需修复费用由行为人承担。

（二）生态环境和自然资源无法修复的，实施损害赔偿。有权的行政机关可以就赔偿费用与环境违法行为人[1]进行磋商，经磋商达成一致意见的，制作赔偿协议书，当事人可向人民法院申请进行司法确认；磋商不成的，该行政机关可以向人民法院提起诉讼。

第一千二百三十五条　造成生态环境损害需要承担赔偿责任的[2]，有权的机关或者法律规定的组织有权请求责任人赔偿下列损失和费用：

（一）生态环境修复期间服务功能丧失导致的损失；

（二）生态环境功能永久性损害造成的损失；

（三）生态环境损害调查、鉴定评估等费用；

（四）清除污染、修复生态环境费用；

（五）防止损害的发生和扩大所支出的合理费用。

（七）小结

当前，学术界和实务界一般倾向于认为：环境法与民法是两种完全不同的法律规范体系，民法以个人主义安身，环境法以整体主义立命；民法以保障个人权利为圭臬，环境法以维护公共利益为主旨；民法看到的是一棵棵独立的树木，环境法关照的则是作为整体的森林。[3]"科学的法律体系以公法和私法的划分为基础"，"生态环境损害责任应由环境法调整而不应由民法调整"，"让民法的归民法，环境法的归环境法"。[4]可以说，这是一种典型的学科对立、部门分割的思维模式，无法解释也难以解决环境问题所造成的多重法律关系交织、多元法律利益冲突、多种法律规范并存的环境法律现象和

---

〔1〕 生态环保机关责令赔偿生态环境损害之行政权的行使，须以行政相对人存在环境行政违法行为为前提。

〔2〕 无论是生态环境损害修复责任，还是生态环境损害赔偿责任，并非一定得以"违反国家规定"为前提（不以违法性为责任要件）。譬如，合法开矿造成生态环境损害的，也应承担生态环境修复、赔偿责任。不过，采伐林木等行为承担生态环境损害修复、赔偿责任的前提是，行为本身违法（存在违法性），如盗伐滥伐林木。

〔3〕 吕忠梅、刘超："拓展民法典侵权责任编环保功能"，载《检察日报》2018 年 7 月 30 日。

〔4〕 孙佑海、王倩："民法典侵权责任编的绿色规制限度研究——'公私划分'视野下对生态环境损害责任纳入民法典的异见"，载《甘肃政法学院学报》2019 年第 5 期。

环境法律问题。

实际上，环境法与民法在环境民事法律规范上，是具有交叉和重叠关系的：这部分环境民事法律规范既是环境法规范，也是民法规范。问题是，在法律生态化的理念下，哪些法律规范应当进入民法典，哪些应继续留在民法典之外的环境专门法中，是需要认真考虑的。换言之，具体该采用法律生态化的哪种模式呢？[1]有学者认为，这实际上是一个"所欲"和"所宜"之间的平衡。"所欲"是指，民法典模式的目标是要在保持体制一致性和中立性的前提下，提供一套基本的制度和规则。因此，哪些民事规范应"外接"于民法，哪些可"内设"于民法，就需要看这些规范是否具有一般性。只要规范足够一般、足够原则，就可以被整合进民法典。"所宜"则是指，考虑到体系构建本身的限制以及既有的立法习惯和当下共识，有些本来可以进入民法典的内容，还是适宜全部或大部分留在民法典外为好。[2]

为了维护民法的统一性、协调性，笔者并不认为所有的环境民事法律制度都应当在民法典中进行高层次的法律化。譬如，对于环境权的法律化，民法典只需达到"定基石"的层次即可，即作出确认性的一般规定，具体的制度设计则由环境特别法进行全面规定。至于环境侵权责任的问题，民法典侵权篇的法律化至少应达到"立框架"的层次，建议《民法典（侵权责任编）》在沿袭 2009 年《侵权责任法》的基础上，作出更为全面、科学的规定。特别是健全环境侵权的归责原则，在无过错原则的基础上添设适用过错责任原则、过错推定原则和公平原则的情形；增设"修复生态环境"的责任承担方式，课加侵权责任者对受损的生态环境进行治理和修复的责任，以恢复原有的状态或者功能。

三、行政法的生态化

行政法的生态化，是指在行政法中对行政主体、行政规划、行政许可、行政补偿、行政程序、信息公开、行政强制、行政处罚、行政复议、行政赔

---

〔1〕 苏永钦教授认为，民事规范与民法典的关系至少有六种：单行法、通则化、法典化（此三种是分立）；整并、"拉链"化、"榫头"化（此三种是合一）。参见苏永钦："现代民法典的体系定位与建构规则"，载苏永钦：《寻找新民法》（增订版），北京大学出版社 2012 年版，第 79~83 页。

〔2〕 茅少伟："寻找新民法典：'三思'而后 民法典的价值、格局与体系再思考"，载《中外法学》2013 年第 6 期。

偿等基本行政法律制度，在生态文明建设领域作出需要特别强调或者不同于普通规则的专门规定。由于环境法中主要是行政法律规范，因此，行政法生态化的需求并不如宪法、民法、刑法那么必要和迫切——所需要的环境行政法律制度都可以在环境专门法中作出具体规定。

一般而言，行政法生态化的主要功能有二：一是对其他特别领域（如经济领域）的行政立法进行指导和约束，以防止其作出不利于生态文明建设的规定；二是维持行政法与环境法在整个立法体系上的一致性和协调性。因此，在法律生态化的层次上，主要采用"留空间""开岔口""设界限""定基石"的方式，较少采用"立框架"乃至"建房子"的方式。

在行政组织法中，采用"留空间""开岔口"的方式，对跨区域生态文明监管体制（如长江、黄河流域监管体制，京津冀、长三角等跨区域一体化监管体制）的设立预留发展空间或者开设制度"岔口"。在行政规划法中，采用"定基石"的方式，对主体功能区规划、国土空间利用规划、多规合一等生态文明领域的特殊规划作出原则性的规定。

在行政许可法中，对有限自然资源开发利用、污染物排放、危险废物转移和处置等环境资源活动的普通许可、特许、认可、核准和登记等事项作出原则性规定。现行《行政许可法》第11条采用"设界限""明方向"的方式规定了行政许可设定的绿色原则，第12条采用"定基石"的方式，对自然资源开发利用特别许可、生态环境保护普通许可等问题作出了原则性规定。

在行政补偿法中，对生态保护补偿、野生动物致害补偿等特殊问题作出原则性规定。在行政信息公开立法中规定环境信息公开。在行政强制法中规定生态环境保护的行政强制措施和行政强制执行。在行政处罚法中，采用"定基石"的方式，原则性地规定生态文明领域的"按日计罚"制度。在行政复议法中，采用"定基石"的方式，对环境行政公益复议作出原则性确认。

四、刑法的生态化

在谈及刑法的生态化议题之前，有一个最基本的前提性问题，那就是如何认识环境法和刑法的关系。当前，关于环境刑法的诸多争议和分歧，最根本的原因在于没有对环境法和刑法的关系达成共识。一如前文所述，环境法和刑法是交叉的，在环境刑事法律规范上，两者是交叉和重合的。这一点，正如环境法和民法、环境法和行政法、环境法和宪法、环境法和诉讼法的交叉关系一样（如图 9 和图 10 所示）。换言之，环境法是一个以解决环境问题为导向的领域法（属于领域性部门法），需要综合运用多种法律规范方能完成任务（属于组合型部门法），刑法规范只是环境法解决人与自然关系的一种法律规范和法律手段，正如宪法规范、民法规范、行政法规范、诉讼法规范也是环境法解决人与自然关系的法律规范和法律手段一样。至于环境刑法规范、环境宪法规范、环境民法规范、环境行政法规范和环境诉讼法规范，是放到刑法、宪法、民法、行政法和诉讼法等基础部门法的法律文件中，还是放到环境专门法中，则是一个立法模式和立法技巧的问题。不过，这并非可以恣意而为，自有一定的内在逻辑和客观规律，其中，就有前述关于法律生态化的问题。简言之，法律生态化当然也包括刑法的生态化。[1]

（一）环境刑法立法模式的创新

在立法上，如何搞好环境专门法和刑法典的衔接，一直是环境刑事立法和司法的"老大难"问题。具体而言，对于我国的环境刑事立法，到底应当采用单一的刑法典模式、单行环境刑法模式，还是环境附属刑法模式，[2] 历来分歧较大，迄今未能形成统一意见。[3] 对此，笔者比较赞同采用"刑法典+实质环境附属刑法"的模式（刑法典规定环境犯罪专门性罪名的一般条款，附属刑法则实质性地规定环境犯罪的特别条款），以有效地解决刑法和环境专门法"两张皮"的问题。

主要原因有二：一方面，环境专门法立法者和研究者往往基于刑法与环境法二分的惯性思维和对刑法研究的畏难情绪而选择"偷懒"：在制定《环境保护法》《野生动物保护法》等环境专门法时，一写到刑事责任就搁笔，直接规定"违反本法规定，构成犯罪的，依法追究刑事责任"。这种形式上的环境附属刑法实际上毫无司法适用的空间，在性质上属于典型的转介条款。另一方面，刑法立法者和研究者也会习惯性地认为，环境刑法属于刑法，与环境法没多大关系（认为环境法属于环境行政法），因此很少征求环境法学界的意见。问题是，刑法学者，对于高度专业化的自然资源和生态环境保护，对于

---

[1] 此处论述的主要部分，已在 2018 年 7 月 25 日清华大学法学院举办的"环境法学与刑法学的对话"论坛上阐释。

[2] 所谓附属环境刑法，是指在环境专门法中规定实质或非实质的环境刑事责任条款。如《环境保护法》第 69 条关于"违反本法规定，构成犯罪的，依法追究刑事责任"的规定等。

[3] 赵秉志："中国环境犯罪的立法演进及其思考"，载《江海学刊》2017 年第 1 期。

"上管天，下管地，中间还管着空气"的环境法律关系，大多没有太多兴趣，加之环境法专业性门槛较高（科技性强、实践问题复杂），有一定科技和实践上的难度。因而，在具体进行环境刑事立法时，往往采用"违反国家规定"的空白罪状[1]应付了之。如此一来，客观上就导致了刑法典和环境专门法经常脱钩的问题。

有鉴于此，采用"刑法典+实质环境附属刑法"的立法模式，有助于有效地解决刑法典和环境专门法"两张皮"的问题，既能保持刑法典的统一性，又能赋予环境刑事立法灵活性，还能强化两法的衔接性和协调性。

（二）环境犯罪专门条款的补充和优化

在我国，环境刑法的渊源主要有二：其一，刑法典中关于环境保护的专门条款。这是环境刑法的主要组成部分。主要罪名在第六章"妨害社会管理秩序罪"序罪中的第六节"破坏环境资源保护罪"整节的规定之中。对于这一部分的生态化，前面已作简要论述。其二，其他一些与环境保护相关的派生性条款。这些派生性条款散见于《刑法》分则第六章之外的其他章节之中。例如，《刑法》第二章"危害公共安全罪"中的"以危险方法危害公共安全罪"，第三章第二节"走私罪"中的"走私珍贵动物、珍贵动物制品罪""走私珍稀植物、珍稀植物制品罪""走私固体废物罪"，第八节中的"非法转让、倒卖土地使用权罪"，第九章渎职罪中的"违法发放林木采伐许可证罪""环境监管失职罪""非法批准征用、占用土地罪""动植物检疫徇私舞弊罪""动植物检疫失职罪"，等等。

对于环境刑法专门条款的生态化，主要有三大任务：

第一，增设破坏生态罪、虐待动物罪等新罪名。不可否认，我国的刑法在自然资源和生态保护方面已作出了诸多规定，为生态文明建设发挥了重大的保障作用。譬如，《刑法》第342条规定了非法占用农用地罪。根据这一规定，违反土地管理法规，非法占用耕地、林地等农用地，改变被占用土地用途，数量较大，造成耕地、林地等农用地大量毁坏的，须追究刑事责任。2012年，《最高人民法院关于审理破坏草原资源刑事案件应用法律若干问题的解释》规定，违反草原法等土地管理法规，非法占用草原，改变被占用草原用途，数量较大，造成草原大量毁坏的，依照《刑法》第342条的规定，以

---

[1] 徐平：《环境刑法研究》，中国法制出版社2007年版，第43~88页。

非法占用农用地罪定罪制裁。不过，这些立法均着重于对自然资源的保护，生态保护的功能明显不足。特别是，对于侵占和破坏湿地、河道、野生动物栖息地等生态用地的违法行为，即使数量巨大、危害严重，也无法入罪（因为不属于农用地）。譬如，在2018年的"西区大草坪绿地被毁案"中，被告人李某酒后为寻求刺激，驾驶一辆越野车在西区草坪公园"撒野"，造成草地绿化较大面积毁坏，最终只能以寻衅滋事罪和危险驾驶罪追究其刑事责任。这显然不利于对湿地、河道、栖息地等特殊生态空间的保护。为此，极有必要修改《刑法》，增设破坏生态罪等新罪名，对严重侵占和毁坏湿地、河道、公益草地、公益林地、国家保护野生动物栖息地、国家保护野生植物原生地等生态用地的违法行为进行严厉打击。

此外，在动物福利保护的意识日益高涨的时代背景下，还应增设虐待动物罪，对严重虐待动物的行为，进行刑事制裁。

第二，修改有关环境犯罪的专门条款。当前，最紧迫的问题是修改《刑法》第341条的规定，对非法食用国家保护的野生动物，对非法运输、购买非国家重点保护野生动物（"三有动物"）等严重违法行为，追究刑事责任。早在2014年，为了解决这一突出问题，《全国人民代表大会常务委员会关于〈中华人民共和国刑法〉第三百四十一条、第三百一十二条的解释》规定，对于知道或者应当知道是国家重点保护的珍贵、濒危野生动物及其制品，为食用或者其他目的而非法购买的，适用《刑法》第341条第1款规定的非法收购珍贵、濒危野生动物、珍贵、濒危野生动物制品罪；对于知道或者应当知道是《刑法》第341条第2款规定的非法狩猎罪所得的野生动物而购买的，适用《刑法》第312条第1款规定的掩饰、隐瞒犯罪所得罪。毋庸讳言，用"掩饰、隐瞒犯罪所得罪"来追究为食用或者其他目的而非法购买国家保护野生动物及其制品的行为，未免太过牵强，实乃不得已而为之。特别是，只能追究为食用而购买野生动物者的刑事责任，无法对只食用却未购买野生动物的人（被他人请客吃野味）追究刑责。下一步，有必要修改《刑法》第341条的规定，对这些恶劣的违法行为直接进行刑法制裁，譬如增设"非法持有、食用野生动物罪"（包括非法持有、食用珍贵、濒危野生动物及其制品罪和非法持有、食用非国家重点保护野生动物及其制品罪）。

第三，修改有关罪名的司法解释。譬如，为汲取2003年SARS和2019新型冠状病毒（2019-nCoV）肺炎的教训，加强对野生动物疫情的防控，可修改与《刑法》第114条、第115条"以危险方法危害公共安全罪"相配套的司法解释。即，修改《关于办理妨害预防、控制突发传染病疫情等灾害的刑事案件具体应用法律若干问题的解释》，将知道或者应当知道野生动物极有可能携带传染病病毒危害公共安全而依然出售、购买、利用野生动物的情形，纳入以危险方法危害公共安全罪的罪状之一。

（三）环境犯罪相关条款的生态化

除了环境犯罪专门条款之外，《刑法》分则中还有一些罪名可以适用于自然资源和生态环境保护。具体而言，重大责任事故罪、走私罪、违法发放贷款罪、逃税罪、假冒专利罪、虚假广告罪、串通投标罪、非法经营罪[1]、强迫交易罪、提供虚假证明文件（环评造假）、出具证明文件重大失实罪、强迫劳动罪、盗窃罪、故意毁坏财物罪、破坏生产经营罪、破坏计算机信息系统罪（监测数据造假）等罪名，与自然资源和生态环境保护具有一定的联系，也可以为生态文明建设提供相应的刑法保障。从理论上讲，这些条款也存在刑法生态化的问题。

譬如，2016年《最高人民法院、最高人民检察院关于办理环境污染刑事案件适用法律若干问题的解释》第9条[2]对提供虚假环境影响评价文件适用"提供虚假证明文件罪"或者"出具证明文件重大失实罪定罪"的问题作出了规定；第10条对环境质量监测违法行为适用"破坏计算机信息系统罪"的问题作出了规定。问题是，《刑法》第229条关于"承担资产评估、验资、验证、会计、审计、法律服务等职责的中介组织的人员故意提供虚假证明文件，情节严重的，处五年以下有期徒刑或者拘役，并处罚金"的规定，很难适用于提供虚假环境影响评价文件的行为。因为，提供虚假环境影响评价文件的环境影响评价机构或其人员完全不属于"承担资产评估、验资、验证、会计、审计、法律服务等职责的中介组织的人员"的范畴。笔者建议将第229条修

---

〔1〕 譬如，最高人民法院、最高人民检察院、公安部和司法部联合制定的《关于依法惩治妨害新型冠状病毒感染肺炎疫情防控违法犯罪的意见》规定："违反国家规定，非法经营非国家重点保护野生动物及其制品（包括开办交易场所、进行网络销售、加工食品出售等），扰乱市场秩序，情节严重的，依照刑法第二百二十五条第四项的规定，以非法经营定罪处罚。"

〔2〕 2016年《最高人民法院、最高人民检察院关于办理环境污染刑事案件适用法律若干问题的解释》第9条规定："环境影响评价机构或其人员，故意提供虚假环境影响评价文件，情节严重的，或者严重不负责任，出具的环境影响评价文件存在重大失实，造成严重后果的，应当依照刑法第二百二十九条、第二百三十一条的规定，以提供虚假证明文件罪或者出具证明文件重大失实罪定罪处罚。"

改为："承担资产评估、验资、验证、会计、审计、法律和环境服务等职责的中介组织的人员故意提供虚假证明文件，情节严重的，处五年以下有期徒刑或者拘役，并处罚金。"

关于刑法的生态化，还有几个理论问题需要探讨：其一，污染环境罪的罪过问题。对此，笔者赞成张明楷教授的观点，污染环境罪应为故意犯，只有过失，没有故意（主要为间接故意）的，不构成此罪。譬如，由于车船发生交通事故而造成环境污染的，由于没有主观排污的故意，不应构成污染环境罪。其二，环境刑法在刑法分则体系中的调整问题。目前，我国是把"破坏环境资源保护罪"放在第六章的"妨害社会管理秩序罪"中，即直接将"环境法益"归于"社会管理秩序法益"之中。背后认识论上的原因是，将环境法仅仅视为环境行政法，没有看到环境法益（既有生态环境法益，也有行政管理法益）有别于"社会管理秩序法益"的独立性。当然，"环境法益"同"社会管理秩序法益"是存在重叠性的，但是，重叠的法益中应当有一个谁居于主导地位的问题。即，到底是以"社会管理秩序法益"为主，还是以"生态环境法益"为主？笔者以为，无疑是以"生态环境法益"为主。譬如，从理论上讲，对于明明知道或者应当知道已经严重污染环境却继续恣意排污的行为，即使没有违反环境标准（没有环境标准或者环境标准明显滞后），也应追究相应的刑事责任。换言之，环境刑法的行政从属性并非是绝对的。这也恰恰说明了生态环境法益的独立性。如此一来，我国可以考虑在《刑法》分则中将"破坏环境资源保护罪"单独作为一章，同"侵犯财产罪"并列。需要强调说明的是，环境刑法在刑法分则体系中的调整，不仅仅是一个地位和名称的问题，而是生态环境法益能否作为一种独立法益的问题。

总之，环境刑法既是刑法，也是环境法，刑法只是环境法的一种手段。依此而言，环境刑法学的振兴，需要刑法学者和环境法学者的通力合作，务必打破学科之间的藩篱，摒弃"饭碗法学"的思维。

五、诉讼法的生态化

诉讼法也有一个生态化的问题，重点是规定环境民事公益诉讼、环境行政公益诉讼、环境刑事诉讼（刑附民）的专门条款。2012年，《民事诉讼法》第55条采用了"定基石"的方式，对环境民事公益诉讼作出了规定，即"对污染环境、侵害众多消费者合法权益等损害社会公共利益的行为，法律规定的机关和有关组织可以向人民法院提起诉讼"，但该条款只达到"定基石"的层次，无法直接适用。2017 年，《民事诉讼法》第 55 条和《行政诉讼法》第 25 条进行了重大修改，较为全面地规定了环境公益诉讼制度，但还有进一步健全和完善的空间，特别是要尽快规定环保组织提起环境行政公益诉讼的起诉资格。

下一步，笔者建议将《民事诉讼法》第 55 条修改为："对污染、破坏环境和生态，毁坏自然资源，侵害众多消费者合法权益，损毁文物等损害国家利益或者社会公共利益的行为，法律规定的机关和有关组织可以向人民法院提起诉讼。对前款规定的损害国家利益或者社会公共利益的行为，没有法律规定的机关和组织或者法律规定的机关和组织没有提起诉讼的，人民检察院可以向人民法院提起诉讼。前款规定的机关或者组织提起诉讼的，人民检察院也可以支持起诉。"

建议将《行政诉讼法》第 25 条第 4 款修改为："在环境、资源和生态保护、食品药品安全、文物和国有财产保护、国有土地使用权出让等领域，负有监督管理职责的行政机关违法行使职权或者不作为，致使国家利益或者社会公共利益受到侵害的，人民检察院应当向行政机关提出检察建议，督促其依法履行职责。行政机关不依法履行职责的，人民检察院应当依法向人民法院提起诉讼。"

此外，建议在《行政执法机关移送涉嫌犯罪案件的规定》《环境保护行政执法与刑事司法衔接工作办法》等文件的基础上，修改《刑事诉讼法》和《行政处罚法》等立法，对环境行政执法（特别是行政处罚）与环境刑事诉讼的行刑衔接问题，进行专门规定。

六、经济法等其他部门法的生态化

除了要对宪法、民法、行政法、刑法和诉讼法等"单一型基础性部门法"进行生态化外，还要对经济法、社会法、文化法、军事法等"组合型领域性部门法"进行生态化。

（一）经济法的生态化

经济法的生态化，是指将经济系统和自然系统视为一个复合系统，在经济法的价值理念、基本原则和具体制度中注入生态文明的理念。[1]具体而言,包括经济主体制度(如公司法、合伙企业法、企业破产法等)、宏观调控制度(如预算法、国有资产管理法等)、市场竞争制度(如反不正当竞争法、反垄断法)、市场秩序制度(如价格法、银行业监督管理法、反洗钱法、标准化法)、经济产业制度(如农业法、电信法、电力法、铁路法、证券法等)、经济行为制度(如招标投标法、电子商务法、广告法、审计法、计量法、统计法、会计法等)、经济产品制度(如产品质量法、食品安全法、农产品质量安全法)、收入调控制度(如个人所得税法、企业所得税法、税收征管法)、经济设施制度(如航道法、石油天然气管道保护法)、经济责任制度(如规定生态修复责任)等方面法律制度的生态化。譬如,《广告法》第9条第10项规定广告不得有"妨碍环境、自然资源或者文化遗产保护"的情形。在滥食野味的背景下,还可以规定"餐饮经营者不得以禁止食用的野生动物及其制品的名称、别称、图案等制作招牌、菜谱招揽、诱导顾客"。《电子商务法》第5条规定"电子商务经营者应当遵守保护生态环境和自然资源的法律法规"等。

当前,重点是要推进如下内容的生态化:一是公司法的生态化。譬如,对于环境侵权,母公司应承担过错连带责任;股东有故意的,应"刺破公司面纱"由股东承担共同责任。二是破产法的生态化。譬如,重要生态空间的治理修复费用(饮用水水源保护区、自然保护区等重要的生态功能区、生态敏感区、生态脆弱区)和一般区域的环境应急费用(疏散费用、清污费用)应列入破产债权的范围,且应优先于《企业破产法》第113条第1款第2项规定的"破产人欠缴的社会保险费用和破产人所欠税款"。三是对外投资法的生态化。近年来,我国对"一带一路"国家的投资主要集中于能源、矿产、基础设施和工程建设(如水利工程)等具有较大环境影响的行业,这使得我国企业经常面临巨大的生态环境风险,[2]如缅甸密松大坝事件、墨西哥暂停高铁项目事件等,亟须对《境外投资管理办法》《企业境外投资管理办法》《中央企业境外投资监督管理办法》等对外投资法律法规采取法律生态化的对

---

[1] 参见徐以祥、李兴宇:"经济立法的生态化",载《西南政法大学学报》2014年第5期。

[2] 东道国"环保方面的顾虑、政府的镇压、资源民族主义、相互冲突的法律和立法漏洞"等,都可能使对外投资企业面临生态环境风险。See Jackie Zhong and Red Gold, "The Legal Framework Governing Foreign Investments in China's Oil Industry", *Houston Journal of International Law*, 38(2016), pp. 653~688.

策。四是金融法的生态化，如规定绿色信贷、绿色债券、绿色股票等方面的绿色金融制度等。五是其他方面的生态化。

（二）社会法等的生态化

社会法的生态化，主要包括劳动法（劳动环境）、消费者权益保护法[1]（倡导绿色消费，反对浪费资源、污染环境、破坏生态的消费方式）、基本医疗卫生与健康促进法[2]（环境健康、环境卫生）、社会保险法（环境损害赔偿保险和基金）等法律法规的生态化。

文化法的生态化，重点是加强对生态文明科学技术的研发和推广；强化对广大学生和人民群众的生态文明教育，促使全社会养成绿色健康的生活习惯。军事法的生态化，重点任务是要加强军事训练、军事演习中的生态环境保护和自然资源节约。

七、结语

习近平总书记多次强调："用最严格制度最严密法治保护生态环境，加快制度创新，强化制度执行，让制度成为刚性的约束和不可触碰的高压线。"生态文明建设的法律保障是一个体系化的工作，除了要健全完善生态文明领域的环境专门法以外，其他领域的相关立法也要规定生态文明建设的内容，即法律的生态化。具体而言，要推进对宪法、民法、行政法、刑法、诉讼法、经济法、社会法等传统部门法的生态化。当前，法律生态化工作的重点是：在宪法中确认公民的基本环境权和国家环境保护义务。在民法典中，对环境权作出确认性规定，规定不得虐待动物的一般义务，添设生态破坏特殊侵权责任，特别是规定生态环境损害修复和赔偿责任的一般条款，等等。在刑法中增设破坏生态罪，非法持有、食用野生动物罪，虐待动物罪等新罪名，对环境资源犯罪统一改用刑法规定一般条款、环境专门法规定具体条款的"刑法典+非实质附属刑法"之立法模式；在民事诉讼法和行政诉讼法中建立健全完善的环境公益诉讼制度，特别是授予环保组织提起环境行政公益诉讼的主

---

〔1〕《消费者权益保护法》第5条第3款："国家倡导文明、健康、节约资源和保护环境的消费方式，反对浪费。"

〔2〕《基本医疗卫生与健康促进法（草案二次审议稿）》第78条第2款："国家加强影响健康的环境问题预防和治理，组织开展环境质量对健康影响的研究，采取措施预防和控制与环境问题有关的疾病。"

体资格；在经济法中规定绿色发展、产业生态化等方面的制度；在教育法中规定义务教育阶段的生态文明教育问题，等等。特别是要加强对各级地方党委权力的约束和监督，加快中央环保督察、环保政绩考核和绿色审计、环保党政同责等绿色执政问题的法制化工作。

本章小结

当前，一方面，"环境法学者对于相关学科的概念体系、思维逻辑没有真正理解，难以在同一水平上对话交流"。[1]另一方面，传统部门法学者囿于既有知识框架和法理逻辑的局限和禁锢，以及对于生态文明建设理论和实践的陌生和欠缺，其对环境法学的理论创新和制度设计，多持质疑和否定的态度。因此，法律生态化的研究和推进仍道阻且长。依此而言，如何寻求经济社会发展和生态文明建设的最大公约数，如何推进环境专门法的体系化（即环境法的独立构建，初期是专门化，中期是系统化，后期是法典化）和传统部门法的生态化，并以此为基础搞好环境法与传统部门法之间的价值协调和规范对接，是环境法学自始至终所面临的基本命题和历史使命。

总体而言，第一阶段形成关于生态文明的法学解读，需要对生态文明建设工作有全面、深入的了解和把握，同时还要注意搞好学科之间的转换。第二阶段形成生态文明的环境法理，需要知晓广泛的多学科知识，特别是需要对环境学、生态学等自然科学知识和原理有一定的研究，方能将科学原理转化或上升为法学理论。第三阶段构建生态文明的法律制度是最为关键的，需要有深厚的环境法学理论作为支撑，特别是需要有民法学、行政法学、宪法学、刑法学和诉讼法学等方面的功底。以流域立法为例，不理解水环境、水资源、水生态的辩证关系，不熟悉流域和水量、水质、水流、水能、水产、水运、水土、水景、水害等基本范畴，不了解资源性缺水、水质性缺水、工程性缺水的基本原理，是无法科学制定"长江保护法"的。譬如，不了解生态流量的科学原理，不可能建立有效的生态流量底线制度。当然，如果仅仅知晓水环境、水资源、水生态的辩证关系等科学事理，却不熟稔水环境权、水资源权和水排污权在权利构造、权利冲突等方面的法理，同样也是无法胜

---

[1] 吕忠梅："新时代环境法学研究思考"，载《中国政法大学学报》2018年第4期。

任科学制定"长江保护法"之重任的。

"法律和一定时间、空间的文明密切联系，从过去看，法律是文明的产物；从现在看，法律是维护文明的手段；从将来看，法律是推进文明的手段。"[1] 从生态文明与环境法的关系来看，可以说，环境法既是生态文明演进发展的制度产物，也是维护生态文明既有成果和法律秩序的有效武器，更是进一步加强生态文明建设不可或缺的重要手段。众所周知，将生态文明观念变为生态文明法律制度，是需要宽广、深厚的环境法学理论作为基础的。然而，这恰恰是当前最为欠缺和薄弱的。

从逻辑上讲，环境法学理论的不足，既有科学基础的薄弱，也有法学积淀的浅薄。说得直白和通俗一点，正所谓既有"科盲"，亦有"法盲"。然而，科学基础的薄弱，恐怕是环境法发展被动滞后、零碎散乱、踟蹰难前最根本、最深层次的原因。这是因为，环境法是以解决环境问题（包括环境污染、资源短缺和生态退化）为直接目的的部门法，环境问题是环境法之"的"或"靶"，法律制度则是环境法之"矢"或"箭"。环境问题的复杂性决定了认识和把握环境法之"的"或"靶"的复杂性，环境保护的复杂性也决定了环境法之"矢"或"箭"的设计制造、瞄准发射的复杂性。例如，环境法的"主体不是个人或部分人，而是所有人甚至包括后代人；客体不是部分自然资源，而是整个生态环境及其服务功能；空间和时间不是行政区域和现在，而是全球和未来；影响的因素不仅是社会因素，而是人与自然相互作用"。[2] 如此种种，皆是这种复杂性的体现。

苏力教授在 20 年前的告诫依然振聋发聩："我们当然不能忘记法律的价值理性，但更应当指出，目前法律中的科学技术的因素不是太多了，而是远远不够……如果不改变这一点，我们就会永远停留在原则的争论之中，永远无法推进对法律的了解和对实际问题的解决。"[3]

"当下中国虽然没有形成法学流派，但中国法学者对建立法学流派的志趣异常明显，并已初步形成政法法学、教义法学和社科法学三种学派。"[4] 笔者

〔1〕　沈宗灵：《现代西方法理学》，北京大学出版社 1992 年版，第 255 页。

〔2〕　吕忠梅："新时代环境法学研究思考"，载《中国政法大学学报》2018 年第 4 期。

〔3〕　苏力："法律与科技问题的法理学重构"，载《中国社会科学》1999 年第 5 期。

〔4〕　刘艳红："中国法学流派化志趣下刑法学的发展方向：教义学化"，载《政治与法律》2018 年第 7 期。

以为，所谓的政法法学、教义法学和社科法学均无法对生态文明法治观进行全面、科学、准确的解读和建构，有必要创设第四种法学学派或法学研究方法——自科法学，以架起科学与法学的桥梁，实现从事理到法理的飞跃。

环境法学尽管具有突出的跨学科性，但毕竟姓"法"，其所有跨学科的研究必须根植或立足于法学本身。这是因为，"完全脱离一定的学科背景、没有深厚的学科基础，至多只能形成浮光掠影式的表面文章，它们也许可以哗众取宠，但却没有实质层面的积累意义和建设意义"。换言之，"没有学科依托和根基的'跨学科'是没有学术生命力的"。[1]一代人有一代人的际遇和局限，一代人亦有一代人的责任和使命。因此，作为环境法学学派或方法论的自科法学，其责任和使命是对生态文明建设中的科技问题进行全面、深入的研究，将生态文明的科学原理（事理）转变或上升为生态文明的法学原理（法理），将生态文明的科技话语转化或翻译成生态文明的法学话语，为生态文明法治建设奠定坚实的法理基础，提供成熟的话语体系，创建健全的制度体系。

---

[1] 杨国荣："跨学科研究应合乎学术发展内在规律"，载《社会科学报》2008年9月4日。

下　编

分　论

第三章

生态文明观的权利表达：环境权

环境权是环境法学的核心范畴，是解决环境法合法性问题的"权利基石"[1]，是生态文明观最有代表性和标志性的核心范畴和制度表达。早在三十多年前，民权斗士肯·萨罗－维瓦（Ken. saro－Wiwa）就曾宣称："环境（权）是人的首要权利。"[2]据不完全统计，在全球198个联合国成员国中，已有142个国家的宪法或直接或间接地确认了环境权。[3]德国、俄罗斯、乌克兰、瑞士、韩国、越南、南非等国家的民法、环境法还对环境权作出了具体规定。[4]此外，司法实践上也涌现了诸如"印度尼西亚市民诉总统等治理雅格达大气污染清洁空气权宪法诉讼案"、[5]"日本国立景观环境权民事诉讼案"、[6]"河北市民李某诉石家庄市环保局履行监管职责的清洁空气权行政诉

---

〔1〕 吕忠梅："环境权入宪的理路与设想"，载《法学杂志》2018年第1期。

〔2〕 ［英］简·汉考克：《环境人权：权力、伦理与法律》，李隼译，重庆出版社2007年版，第49页。

〔3〕 See Varun K. Aery, "The Hmuman Right to Clean Air: a Case Study of the Inter-American System", *Seattle Journal of Environmental Law*, 6（2016），p. 18.

〔4〕 参见吴卫星："环境权入宪的比较研究"，载《法商研究》2017年第4期；杨朝霞："呵护美丽国土应尽快从法律层面确认环境权"，载《法制日报》2018年4月22日。

〔5〕 据美国有线电视新闻网2019年7月3日的报道，印度尼西亚首都雅加达空气污染日益严重，31位市民为此起诉印度尼西亚总统佐科·维多多以及内政部长、卫生部长、环境部长和雅加达州长阿尼斯巴斯维丹等一干政府官员。这些起诉人的代表律师尼尔森表示，印度尼西亚政府长期忽视雅加达居民呼吸洁净空气的基本权利。根据独立空气质量监测网站空气视觉（Air Visual）的监测，雅加达在6月25日当天的空气质量指数（AQI）为231，已达到了非常不健康的水平，情况比印度首都新德里及中国首都北京还要严重。该网站数据还显示：雅加达的空气污染情况在6月28日进一步恶化，成为当时全球空气质量最差的城市。"东南亚新闻：雅加达空气污染严重30市民起诉印尼政府"，载《联合早报》2019年7月6日。

〔6〕 See David R. Boyd, *The Environmental Rights Revolution: A Global Study of Constitutions, Human Rights, and the Environment*, UBC Press, 2012, pp. 129~131；裴敬伟："试论环境权私法救济之可能性——来自日本国立市景观纠纷案件的启示"，载《清华法治论衡》2014年第3期。

讼案"（被誉为"中国民间抗霾第一案"）[1]等一大批或名义上或实质意义上的环境权司法案例。[2]然而，环境权到底是一项什么性质的权利，有没有创设的必要？是不是一项新型的权利，其同人格权、财产权有什么关系？环境权的主体有哪些，企业、国家、后代人、人类和自然体是不是也享有环境权？如何对环境权进行保护和救济？……本章将探讨环境权的证成、属性、主体和保护等一系列问题。

第一节　环境权"改良说"及其检视

如果说权利的性质是作为一项权利所固有的、本质的属性，[3]那么中外几代环境法学人孜孜以求的环境权到底是一项什么性质的权利呢？是否如某些学者所主张的那样，环境权只是人格权、财产权等传统权利经生态化"改良"而成的环境人格权或者环境财产权？抑或是一项完全不同于人格权、财产权等传统权利的独立、新型的权利，[4]属于权利领域的"革命"？尽管"问一位法学家'权利是什么？'就像问一位逻辑学家一个众所周知的问题'真理是什么？'那样使他感到为难"，[5]然而，这一问题毕竟是环境权研究乃至整个环境法学继续前行所不可回避而务必攻克的"堡垒"和"拦路虎"。为推进环境权理论研究和法治实践的健康发展，笔者尝试对"环境权的性质"这一理论基石问题进行学说的反思和法理的拓展，以求教于各位方家。

一、环境人格权说及其检视

鉴于环境质量同人们的人格利益和人格权息息相关，许多学者试图从人格权的解释论角度来认识环境权。可以说，自从 20 世纪 60 年代提出环境权的概念以来，环境人格权说无论是在环境法学界，还是在民法学界，均有着

---

[1]　参见冯军："民间抗霾"，载《南方周末》2014 年 1 月 3 日。
[2]　吴卫星：《环境权理论的新展开》，北京大学出版社 2018 年版，第 121 页以下。
[3]　参见梁慧星、陈华彬：《物权法》（第 6 版），法律出版社 2016 年版，第 6 页。
[4]　参见姚建宗、方芳："新兴权利研究的几个问题"，载《苏州大学学报（哲学社会科学版）》2015 年第 3 期。
[5]　[德] 康德：《法的形而上学原理——权利的科学》，沈叔平译，林荣远校，商务印书馆 1991 年版，第 39 页。

较为广泛和深厚的影响。

（一）环境人格权说的主要观点

在环境权研究的早期阶段，日本的野村好弘教授可以说是持此观点的著名代表。他认为，环境权的主体是公民，公民的环境权益应当包括人身权益，又由于侵害环境权的后果往往表现为对公民身体健康的损害，因此，环境权当然属于人格权的范畴。[1]

我国的诸多环境法学者进一步发展了这一学说。其中，有学者认为："环境人格权是权利主体依法所固有的，以环境人格利益为客体、为维护主体的完整人格所必备的权利。"[2]具体而言，环境人格是人在与自然的关系中以及以此为基础而形成的人与人的关系中体现出的主体性要素。环境人格利益是人对自己的环境人格所享有的环境利益。环境人格利益是人在适宜的环境中生活的利益，主要是一种精神利益，重点体现为人的身心健康利益，具体包括：获得正常日照及避免噪光影响的利益、在清洁的空气中生活的利益、在宁静的环境中生活的利益等。[3]还有学者认为，环境人格权是一种精神性的权利，以环境资源的生态功能为媒介，主体追求的是环境的优美舒适等精神性利益的享受。环境人格权所保护的是人在适宜的环境中生存的权利，目标是有益于人的健康、精神愉悦以及满足人类对生活的幸福感，维护主体本身的身心健康权。[4]吴卫星教授也认为，"环境权的本质是自然人基于生态、文化、教育、娱乐等目的而亲近自然、利用自然，这是为了保障人们的基本生存以及人格的养成、发展"，"环境人格权是包括生态利益、审美利益等在内的精神性人格权，它虽然与生命健康权有一定的竞合，但又超越了生命健康权，是对自然人身心健康的更严格的保护"。[5]刘长兴教授更是主张，民法典人格权编"应当将环境权法定化的需求与人格权法落实绿色原则的要求结合起来"，在人格权的一般规定中明确环境权为新型人格权，在健康权的规定中添

---

[1]　[日]野村好弘：《日本公害法概论》，康树华译，中国环境管理、经济与法学学会1982年版，第239页。

[2]　吕忠梅主编：《环境法原理》，复旦大学出版社2007年版，第47页以下。

[3]　吕忠梅：《沟通与协调之途——论公民环境权的民法保护》，中国人民大学出版社2005年版，第239页以下。

[4]　邹文娟、方德汕："刍议环境人格权的概念"，载《湖南财经高等专科学校学报》2010年第6期。

[5]　吴卫星：《环境权理论的新展开》，北京大学出版社2018年版，第53、237页。

加环境保护的要求，并规定环境权的一般条款及相应的权利保护规则。[1]

民法学界大抵也将环境权视为人格权。在国内，王利明教授和徐国栋教授可谓持此观点的典型代表。王利明教授在其主持的《中国民法典草案建议稿》第二编"人格权"第六章"其他人格利益"第382条第1款中规定："自然人享有健康居住和清洁、卫生、无污染的自然环境的权利。"只不过，王利明教授将环境权的对象仅限于自然环境，将具有景观、休闲、审美价值的人工环境（如敦煌石窟等人文遗迹）排除在外了。徐国栋教授也在其主持的《绿色民法典草案》第一编"人身关系法"中的"人格权"部分第313条第1款中规定："自然人有权得到保障其生命和健康安全的环境，并有权得到关于环境状况的值得信赖的资料。"在国外学界，同样也有类似的观点，甚至还有相应的立法例。譬如，2003年《乌克兰民法典》在第二编"自然人的人身非财产权"第293条第1款中直接规定了环境安全权等权利："自然人有权享有安全的环境，有权获取其环境状况、食品质量状况、日用品质量状况的可靠信息，并有权收集和传播这些信息。"[2]可见，乌克兰将自然人的安全环境权，视为人格权的一项子权利。

（二）对环境人格权说的反思

笔者以为，环境人格权说看到了环境权与人格权的某些共性和联系，这无疑有其可取或进步之处。但另一方面，该说并没有在法理上辨清环境权与人格权的区别，极有必要进行认识论上的"拨乱反正"。

首先，环境权与环境人格权的权利构造完全不同。一方面，必须承认的是，环境权同环境人格权（如环境健康权、环境审美权等）具有一定的关联性和相似性。环境权的核心内容为公民对于良好环境的享用权，这种权利往往是生命权、健康权等人格权实现和满足的前提和条件。事实上，当大气污染、水污染等环境问题日益严重，乃至危及人们的健康和财产（如养殖的鱼虾）时，其人格权和财产权无疑是难以实现的。"很难想象，在一个空气污浊、噪声震耳、污水横流的环境里，人们会有健康的体魄和优良的智能。"[3]

---

〔1〕刘长兴："环境权保护的人格权法进路——兼论绿色原则在民法典人格权编的体现"，载《法学评论》2019年第3期。

〔2〕参见吴卫星："环境权的中国生成及其在民法典中的展开"，载《中国地质大学学报（社会科学版）》2018年第6期。

〔3〕李艳芳："环境权若干问题探究"，载《法律科学·西北政法学院学报》1994年第6期。

此外，采光权、通风权、眺望权、景观权等环境权的实现，也将显著促进和提升人的人格尊严和福祉水平。另一方面，必须注意的是，环境人格权，只是人格权在环境时代的绿色化或生态化"改良"，依然属于人格权的框架和范畴，同环境权有着本质上的区别。正如一美国学者所言："对于人类享有自由、平等和适当生存条件的基本权利来说，某一特定的环境质量是必要的，但这与承认一项独立的良好环境权是不同的。"[1]环境人格权只是"人格权"添加了"环境"这一前缀而生成的概念，虽然套有"环境"的外衣，却无"环境权"的内核，只是"新瓶装旧酒"罢了。

这是因为，二者的权利对象和权利客体有着本质的不同。人格权以人格要素为权利对象，以人格利益为权利客体；环境权则以人体之外的环境要素（如空气）为权利对象，以环境利益（源于自然要素的环境支持功能，如书中图6所示）为权利客体。换言之，环境人格权只是传统人格权在环境领域的具体适用和最新发展而已，从制度创新的层次来看，顶多属于人格权的"改良"（reform）。譬如，环境健康权中的空气健康权（公民的身体健康不受污染空气侵害的权利）即是健康权在大气环境领域的微调，噪声健康权（公民的身体不受环境噪音危害的权利）则是健康权在噪声领域的适应性发展。与此相对应的清洁空气权、安宁权等环境权，却是直接以空气环境、声音环境为权利对象，以空气清洁、环境宁静之环境利益为权利客体的。

其次，二者权利功能不同。毋庸置疑，环境权具有维护和增进人体健康的重要功能，或者说，环境权与环境人格权（特别是环境健康权）具有一定的功能重合性。不过，需要指出的是，环境权还具有保持身心舒适、愉悦的内容和意义，这无疑是环境人格权（如环境健康权）所难以涵盖的（很难将舒适、愉悦利益上升为人格权）。正如日本环境权学者所说："环境权是指市民享受良好的环境并对其支配的权利。它不仅是指人类维持健康的权利，还是人类追求舒适生活的权利。"[2]事实上，环境权直接以清洁空气、洁净水

---

[1] Sumudu Atapattu, "The Right to a Healthy Life or the Right to Die Polluted?: The Emergence of a Human Right to a Healthy Environment Under International Law", *Tulane Environmental Law Journal*, 16 (2002), p. 74.

[2] ［日］大阪弁護士会环境研究会：《環境権》，日本評論社1973年版，第85页，转引自张利春："日本公害侵权中的'容忍限度论'述评——兼论对我国民法学研究的启示"，载《法商研究》2010年第3期。

源、自然通风、适足采光、安宁环境、美丽景观等环境利益为权利客体，其权利的实现往往有利于人格利益的满足和增进（环境利益和人格利益具有一定的重合性、共通性和一致性）。

正如前文所述，由于在权利属性、权利对象、权利客体等方面有着本质的不同，环境权显然是无法被人格权所全部包容和涵盖的，两者完全属于两项不同的权利，[1]仅存在功能上的部分交叉性或竞合性（如图 12 所示，所谓的环境健康权就在阴影部分）。

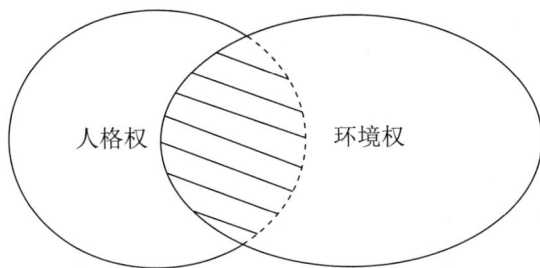

图 12　环境权与人格权的功能关系示意图

至于景观上的审美、愉悦利益更是难以被民法中的人格权法所确认，遑论将其上升为审美性、愉悦性的人格权。"在传统民法的框架内，对围绕自然形成的财产性权利以经济效益最大化为导向，与自然相关的人身权利止步于无害。"[2]这是因为，审美利益、愉悦利益等精神性利益是一种太过细微、过于主观的利益。正如西方法谚所指出的："法律不理会琐碎之事。"实际上，每个人对于审美、愉悦、舒适的感受千差万别，恐怕无法设立客观、统一的标准，法律上难以确认、保护和救济这种利益，更难以将其权利化为所谓的审美权、舒适权和愉悦权等权利。否则，只要任何一个人使得某人甲不高兴，某人甲就可以提起愉悦权侵权之诉。退一万步讲，即使法律上确认了作为人格权的审美权、舒适权和愉悦权，如何为他人设定相应的法律义务？如何规定构成侵权的边界和标准？这些权利遭受侵犯之后，法院又该如何判决，让他人承担什么形式的侵权责任，才能进行有效的权利救济（确保他人产生美感，感到舒适和愉悦）？换言之，将审美利益和舒适利益等精神利益上升为人

---

〔1〕　参见张震：《作为基本权利的环境权研究》，法律出版社 2010 年版，第 35 页。

〔2〕　张璐："环境法学的法学消减与增进"，载《法学评论》2019 年第 1 期。

格权的想法虽好，但由于缺乏后文所述的权利生成的基本要素（难以取得社会正当性，无法设置具体的义务等），既无必要性，亦无可能性。

实际上，若将被学者们置于环境人格权名下的阳光权、宁静权、清洁空气权、清洁水权、通风权、眺望权和自然景观权等权利，[1]采用环境权的路径进行保护和救济，既是十分必要的，也完全是现实可行的。在法律技术上，只要求保护和修复好作为权利对象的环境即可，一般可以环境质量标准作为依据，至于景观环境的救济则通常只需恢复原状即可。这方面的案例比比皆是，如 1976 年日本的"大阪国际机场噪声公害诉讼案"，[2]1982 年美国的"普拉赫诉马里蒂侵害采光权案"，[3]我国的"300 市民诉青岛市规划局行政许可违法侵害眺望权和景观权案"[4]等。

对此，可以采光权为例说明之。所谓采光权，是指自然人享有的获得适足自然采光（特别是阳光直射）的权利，特别是有权要求保障其居室每天接受一定时长的阳光照射，如冬至日照时间不低于 1 小时。与此相应，作为人格权的采光人格权（姑且认为其存在），主要是指自然人享有的免于噪光的权利（人为的噪光会危害健康）。采光利益当然也是人体需要的，但这种利益毕竟过于轻微，是难以被法律确认为民法上的人格利益，继而上升为所谓的采光人格权的。由此可见，从权利客体（采光利益）的范围和保护程度上看，作为人格权的采光人格权无法与作为环境权的采光环境权相比拟。此外，作为环境权客体的采光利益，还为晾晒衣物、养护绿植、保持居室干燥等日常生活所必需。很显然，这些环境利益更是无法被人格利益和人格权所涵摄。也正是由于采光利益的重要性，国家才出台了《城市居住区规划设计规范》（GB 50180-93，内含住宅建筑日照标准）、《民用建筑设计通则》（GB50352-2005，内含采光标准）、《建筑采光设计标准》（GB 50033-2013）等技术规范，对自然环境中的采光利益在相邻建筑物和住户之间进行公平合理的分配。概言之，采光权的实现虽然有利于人格权的满足和增进，但其本身并非人格权。

---

[1]　吕忠梅：《沟通与协调之途——论公民环境权的民法保护》，中国人民大学出版社 2005 年版，第 254 页以下。

[2]　参见冷罗生：《日本公害诉讼理论与案例剖析》，商务印书馆 2005 年版，第 70~92 页。

[3]　*Prah v. Maretti*, 108 Wis. 2d 223, 321 N. W. 2d 182（1982）.

[4]　姜培永："市民状告青岛规划局行政许可案——兼论我国建立公益诉讼制度的必要性与可行性"，载《山东审判》2002 年第 1 期。

再次，环境权（特别是清洁空气权、清洁水权、景观权等典型环境权）具有社会性、共享性、公共性或公益性等典型特征，同人格权的个体性、独占性、私人性也有着本质的区别。这是因为，对于清洁空气、洁净水源、美丽景观等环境利益而言，任何人都可以自由享有（无排他性），并不会因为其他人的享有而减少原权利人的享有水平（无竞争性）。此外，由于环境具有"整体性"和"共同性"，污染和破坏环境的行为往往具有"公害性"。这就决定了只要侵犯了某一个公民的环境权，就意味着会对同一环境中多数人"群体"之环境权造成侵犯，当然也就是对"社会利益""公共利益"的侵犯。然而，人格权所具有的"与人身不可分离性"决定了人格权在本质上是"个体性"的，而非"社会性"或"公共性"的。从权利的特性上讲，环境权可属于不确定多数人享有的"社会性"权利，而人格权则属于纯粹的"私人性"权利。[1]因此，将人格权改良为环境人格权的私权模式，因与环境权之"社会性""公益性"的固有品性格格不入，是无法取得成功的。

最后，从程序法的角度看，环境权的救济以环境质量受损（如低于当地的环境质量标准）为条件，不必待人体健康已经遭受环境污染的实质损害才可启动救济程序。这也是环境权与人格权最突出的不同之处。背后的原因是，以人格权为请求权基础的环境诉讼，其诉讼程序启动的先决条件是权利人遭受了现实的人身损害。然而，环境问题具有典型的累积性和滞后性，待环境质量恶化到危及公民生命健康权时再来启动诉讼程序则为时已晚。此外，正如前文所述，虽然环境权有利于对身心健康等人格权的保障，但对环境权的侵害（环境质量受损）并不必然导致对人格权的侵害，有时只是给日常生活带来不便或不良影响而已。例如，短期的雾霾天气可能妨碍出行、影响心情，但还达不到损害人体健康的程度。此时，尚无法运用人格权来寻求司法机制的保护，只有以环境利益遭受侵害为由，提起环境权诉讼，方能成功。

综上所述，解释论视野下的环境人格权说，依然未能跳出传统民事权利的框架和桎梏，既没有看到环境权对于环境法"合法性"证明的法理意义所在，[2]也没有认识到现代风险社会催生的环境权所真正关注的是自然要素的人居环境价值，远非人格权所能涵摄和表达。此种"改良"意义上的环境人

---

〔1〕 李艳芳："环境权若干问题探究"，载《法律科学·西北政法学院学报》1994 年第 6 期。

〔2〕 吕忠梅："环境权入宪的理路与设想"，载《法学杂志》2018 年第 1 期。

格权说未免过于保守和狭隘，对于环境权理论和环境法治事业的发展而言，实难产生"根本性"或"革命性"的推动。

二、环境财产权说及其检视

环境权不仅与人格利益和人格权息息相关，与财产利益和财产权也有着紧密的关系。正因如此，有学者从传统财产权的解释论角度提出了环境公共财产说、环境区分所有权说、环境相邻权说等环境财产权学说。

（一）环境公共财产说及其检视

20世纪70年代初，美国学者萨克斯教授提出了"环境公共财产论"和"环境公共委托论"。他认为，空气、水流、阳光、野生动植物等是人类所必需的环境要素，是全体公民的共有财产，而非自由财产，不得为一个人或数个人所占有和支配，未经全体公民的同意，共用者中的一个人或数个人不得擅自利用、支配、污染和损耗。为了管理好这些共有财产，公民将其信托给政府，政府作为受托人有责任为全体公民，包括当代美国人及其子孙后代管理好这些财产，未经委托人许可，政府不得自行处理这些财产。[1]进而，萨克斯教授针对美国环境管理行政决定过程中公众参与程度低、环境诉讼当事人不适格等问题，在"公共信托论"的基础上，从民主主义的立场率先提出了"环境权"的理论。[2]萨克斯教授指出，将环境作为公共财产的终极意义并不在于将其委托于行政机关，而在于主张居民拥有环境权，居民可以据此权利向法院起诉，提起关于公共信托的空气、水和其他资源的诉讼，进而通

---

〔1〕 程正康：《环境法概要》，光明日报出版社1984年版，第43页。

〔2〕 萨克斯教授认为："像清洁的大气和水这样的共有财产资源已经成为企业的垃圾场，因为他们不考虑对这些毫无利润的人们的普通的消费愿望，更谈不上对市民全体共有利益的考虑了。而这些利益与相当的私的利益一样具有受法保护的资格，其所有者具有强制执行的权利。在前面所引述的古代格言'在不妨害他人财产使用时使用自己的财产'，不仅适用于现在以及所有者之间的纠纷，而且适用于诸如工厂所有者与对清洁大气的公共权利之间的纠纷、不动产业者与水产资源和维持野生生物生存地域的公共权利之间的纠纷、挖掘土地的采掘业者与维持自然舒适方面的公共利益之间的纠纷。"这就是萨克斯教授提出"环境权"的主要理论根据。对此，萨克斯教授主张："只有当我们一方面提出这样的问题，另一方面又意识到将公共权利的正当性作为与传统的私的财产利益相对等的东西来看待时，才能说这时我们才开始走上建立有效的环境法体系的真正道路。"See Joseph L. Sax, "the Public Trust: a New Character of Environmental Rights", In: *Defending the Environment: a Strategy for Citizen Action*, New York, Alfred A. Knopf, 1970, pp. 158~174.

过实施由法院干预的预防措施而进行环境保护。[1]换言之,环境权的"具体作用在于,可以解决政府违反信托义务时公民的诉讼地位问题"。[2]此后,基于此原理,美国的《清洁空气法》等二十多部立法纷纷规定了"公民诉讼"条款,[3]任何公民都有权通过该条款对国家是否履行环境保护受托义务进行监督和敦促。此外,日本学者小林直树、阿部照哉、针生诚吉和松木昌越等也提出了环境共有的财产权思想。

笔者以为,日本将"环境公共财产论"视为环境权的学说,可能存在一定的误读。实际上,"环境公共财产论"是针对美国的自然资源私有制而提出来的,其目的是防止将河流、森林、空气等"公众共用物"作为私有财产而任意处置以致损害环境公共利益,从而对其利用课以一定的约束和限制。其基本思路是,把具有环境公益属性的公物(如河流、森林)作为公共信托财产,委托给政府管理,政府便有责任进行保护;公民则保留为维护环境公共利益而起诉政府和企业的权利。正如学者所言,从萨克斯教授提出公共信托理论的初衷来看,他将环境作为公共财产的意义并不在于为政府机关的行政

---

〔1〕 参见 [日] 宫本宪一:《环境经济学》,朴玉译,生活·读书·新知三联书店2004年版,第67页。

〔2〕 A. E. Dick Howard, "State Constitutions and the Environment", *Virginia Law Review*, 58 (1972), pp. 202~203.

〔3〕 主要包括如下立法:①《清洁空气法》(Clean Air Act) 第304条;②《清洁水法》(Clean Water Act) 第505条;③《资源保育与回收法》(Resource Conservation and Recovery Act) 第7002条;④《濒危物种法》(Endangered Species Act) 第11条;⑤《应急规划与社区知情权法》(the Emergency Planning and Community Right-to-know Act) 第326条;⑥《安全饮水法》(Safe Drinking Water Act) 第1149条;⑦《综合环境反应、赔偿与责任法》(也称为《超级基金法》, Comprehensive Environmental Response, Compensation, and Liability Act of 1980) 第310条;⑧《有毒物质控制法》(Toxic Substance Control Act) 第20条;⑨《海洋保护、研究与庇护所法》(Marine Protection, Research and Sanctuaries Act) 第105条;⑩《露天采矿控制与回填法》(Surface Mining Control and Reclamation Act),第520条;⑪《噪音控制法》(Noise Control Act) 第12条;⑫《深海港口法》(Deepwater Port Act) 第16条;⑬《边缘大陆架法》(Outer Continental Shelf Land Act) 第24条;⑭《哥伦比亚河谷国家风景区法》(Columbia River Gorge National Scenic Area Act) 第544条;⑮《危险液体管道安全法》(Hazardous Liquid Pipeline Safety Act Section) 第215条;⑯《1978年发电厂和工业燃料利用法》(Power Plant and Industrial Fuel Use Act of 1978) 第8435条;⑰《能源和政策保护法》(Energy Policy and Conservation Act) 第335条;⑱《预防船舶污染法》(The Act To Prevent Pollution of Ship) 第1910条;⑲《公共土地法》(Public Lands Act) 第1349条;⑳《深海海底固体矿物资源法》(Deep Seabed Hard Mineral Resources Act) 第117条;㉑《海洋热能保护法》(Ocean Thermal Energy Conservation Act) 第114条;㉒《能源资源开发法》(Energy Sources Development Act) 第210条。参见王曦、张岩:"论美国环境公民诉讼制度",载《交大法学》2015年第4期。

管理权寻求合法性基础，而在于为公民通过诉讼实施环境保护措施而构建权利基础。[1]换言之，萨克斯教授所言的"环境权"真正所指的并非"环境公共财产权"本身，而是能启动环境司法程序而保护公共环境的权利。或者说，"环境公共财产论"只是为"环境权"奠定了理论基础和客观条件：公共环境是环境权的对象，未经公众同意不得"擅自利用、支配、污染和损耗"。况且，某些公共环境（如大气、阳光等），无法被占有和支配，难以成为财产权的对象。因此，"从公共信托原则中推导出环境权是财产权的结论缺乏逻辑上的严密性"。[2]

实际上，从权利的内容和目的来看，环境权的设立不在于主张对环境的财产性利用，并不以财产利益的占有和实现为目标。恰恰相反，环境权仅指享受品质良好的环境的权利。换言之，尽管作为环境权之权利对象的自然要素大多具有财产价值（可提供自然资源，可作为资源权的对象），但环境权所针对的并非这种财产价值，而是自然要素的环境支持价值，故环境权在性质上应属于非财产性权利，而非财产权。环境公共财产说的根本问题在于，未能区分"环境"和"资源"的概念（见后文的辨析），以致将建立在"资源"基础上的"公共财产权"与建立在"环境"基础上的"环境权"混为一谈。

（二）环境区分所有权说及其检视

有学者认为，可借鉴建筑物区分所有权[3]的原理，创设环境区分所有权。该说主张，从客体来看，作为建筑物区分所有权之权利对象的建筑物兼有统一性（共有部分）和独立性（专有部分），作为环境权对象的环境也具有类似的两面性：一是集体共同享有的优良环境（共有部分）；二是具有经济价值、可独占性支配的自然资源（专有部分）。依此而言："建筑物区分所有权的共有权、专有权和成员权可分别对应环境权的公民环境共有权、环境资源所有权与公民环境公共管理权。建筑物区分所有权产生的重要动因是最大限度地消除个人利益与集体利益的差异，形成共同利益和动力，守护美好家

〔1〕　王社坤：《环境利用权研究》，中国环境出版社2013年版，第11页以下。
〔2〕　谷德近："论环境权的属性"，载《南京社会科学》2003年第3期。
〔3〕　建筑物区分所有权的专有权、共用部分共有权及成员权，是相对独立而又不可分离的权利，区分所有人可以分别行使对专有部分的权利，对共同部分行使共用权，对管理建筑物行使成员权利。作为构成建筑物区分所有权的复合要素，区分建筑物所有权的结构中，专有权占主导地位，共有权居从属地位，成员权处于附属地位。在区分所有建筑物上，区分所有人取得了专用权，便当然取得共有权及成员权。

园，这种效果运用到环境保护上应当是完全可行的。"〔1〕该说还认为，成立环境区分所有权有利于增强公民的环境家园意识，赋予其实实在在的物质利益权利和成员参与权利，使环境权成为具有类似物业管理性质的财产权利、管理权利、民主权利及合同权利相结合的复合权利，也更有利于理清与环境相关的产权关系，并提升其法律化程度。〔2〕

可以说，"环境区分所有权说"看到了"环境"与"资源"内在的矛盾统一性，即价值上的对立性和存在上的同体性，对于认识和区别环境权和资源权的关系极具启示意义。然而，"环境区分所有权"在理论上颇为牵强，难以对环境权进行科学的解释。

其一，作为权利对象的环境与建筑物具有本质的不同。这是因为，建筑物可以被明晰地划分为共有部分和专有部分，而环境、资源具有整体性或不可分性，难以在结构上将自然要素直接划分为环境共有部分和资源专有部分。譬如，同一水体既是具有景观功能的水环境，又是可用于工业和灌溉的水资源，两者并无结构上的可区分性。换言之，建筑物共有部分和专有部分是同一建筑物在结构位置上的不同，环境和资源则是同一自然要素功能作用上的不同，两者之间几乎没有权利制度借鉴移植的客观基础。

其二，许多环境要素具有整体性和流动性，几乎没有可支配性，难以成为所有权的对象，用环境区分所有权的模式解释环境权，十分勉强。譬如，清洁空气、阳光、微风、安宁、景观等环境要素均不是传统意义上的财产，很难甚至无法成为所有权的对象。

其三，建筑物区分所有权和环境权的功能完全不同。建筑物区分所有权属于所有权的范畴，重在解决共有部分和专有部分的产权归属和财产分配问题，即建筑物各部分归谁"所有"。环境权在本质上不属于所有权的范畴，重点不在于解决环境归谁"所有"的问题，而是在于保护人们对环境的圆满"享用"，即旨在解决环境利益的公平分配和有效保护问题。

其四，同建筑物区分所有权的共有权、专有权具有主体范围上的一致性不同，环境权同资源权的主体范围往往不同。譬如，对于河流、湖泊等自然

〔1〕 周珂、罗晨煜："论环境权'入法'——从人权中来，到人权中去"，载《人权》2017 年第 4 期。

〔2〕 周珂：《生态环境法论》，法律出版社 2001 年版，第 92 页。

要素而言，作为环境权之水景观权的主体可以是周边居民和游人，而水资源权的主体则是国家（水资源所有权主体）和水资源开发利用者（取水权、航运权、养殖权、捕捞权等主体，主要是企业和养殖户等）。可见，建筑物区分所有权的模式根本无法被套用于环境要素。

其五，将自然资源所有权归入环境权，混淆了环境与资源以及环境权和资源权的关系。实际上，环境与资源在很多时候是自然体之"一体两面"或"一体两用"的关系（分别属于自然体的环境支持功能和资源供给功能），而非自然体中不同部分的关系。环境权是针对自然体之环境支持功能的权利，不属于财产权的范畴；资源权则是针对自然体之资源供给功能的权利，属于财产权的范畴（具体论述见后文）。

综上所述，仿照乃至移植"建筑物区分所有权"的原理而建构的"环境区分所有权"的理论模型虽然极具创意，但终究具有无法克服的局限性，对环境权的解释力和建构力均十分有限。

（三）环境相邻权说及其检视

相邻权，是指在相互毗邻不动产的所有人或使用人之间，在通行、通风、采光、汲水、铺管等方面，任何一方为了合理行使其所有权或使用权，享有由法律直接赋予的、要求有关相邻方提供必要便利或接受一定限制的权利。所谓环境相邻权，是基于环境保护的客观要求而发生的一定范围内的相邻权。[1]

一般而言，相邻关系主体双方总是同处于一定范围的环境之中，相邻权或相邻关系制度在处理某些环境民事纠纷方面确实能发挥重要作用。然而，从权利的构成和属性上看，相邻权与环境权有着本质上的差异，在解决环境纠纷、维护环境利益的制度功能上，相邻权存在显而易见的局限性，远远不如直接以环境利益为权利客体的环境权。[2]总体而言，环境权与相邻权的关系，大致可用图 13 予以简略表示，阴影部分即为所谓的环境保护相邻权。

---

[1]　吕忠梅：《沟通与协调之途——论公民环境权的民法保护》，中国人民大学出版社 2005 年版，第 176 页。

[2]　参见杨朝霞："论环境公益诉讼的权利基础和起诉顺位——兼谈自然资源物权和环境权的理论要点"，载《法学论坛》2013 年第 3 期。

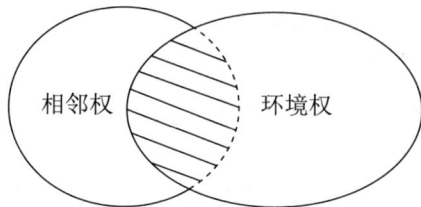

图13 环境权与相邻权的功能关系示意图

第一，环境相邻权的适用范围十分有限。根据相邻关系的原理，依据相邻权而主张环境利益需要满足以下几大条件：[1]一是两个以上主体分别享有对两个以上不动产的权利；二是不动产相邻；三是不同主体对各自不动产的权利行使之间发生冲突。首先，如果不是某一不动产的权利主体，则无权对其相邻不动产主张相邻权。譬如，对于道路的噪声妨害和尾气污染问题，行人无法运用相邻权进行保护。其次，在不相邻的不动产权利人之间（不动产之间相距甚远）发生的环境纠纷，难以适用相邻关系来处理。因为，除了近邻的采光、通风、恶臭、噪音、震动、粉尘等环境纠纷之外，环境侵权更多地表现为一方排放的污染物质进入大气、河流、海洋等广域的环境之中，经过运动和迁移后有可能给远距离的主体造成环境损害，如上游排污给相距甚远的下游造成环境损害。此时，下游的环境受害者若以相邻权为依据而寻求司法救济是极为牵强的。

有学者主张，环境相邻权，不必要求有严格的土地上的连接，可以基于环境的生物性、地理上的整体性、生态的连锁性和环境影响的广泛性而发生更大范围的"相邻"，来扩大相邻关系的适用范围。[2]对此，笔者以为，这种解释论学说已明显偏离相邻权制度旨在解决相邻不动产之间权利冲突的初衷，"扩张"解释走得太远，失去了相邻权原有的本质。毕竟，"传统法理的过度扩张，恐怕有破坏原有理论体系完整的弊端，并且还有可能因此而以偏概全，导致更大的弊端"。[3]

第二，环境相邻权的行使以"必要方便"为前提。相邻权的行使以"必

---

[1] 王利明认为，基于相邻关系原理，主张环境利益须满足以下两个条件：①彼此为不动产相邻人；②须为不动产权利的限制与不动产权利的扩张之间发生冲突。王利明：《物权法论》，中国政法大学出版社1998年版，第444页。

[2] 吕忠梅："论环境物权"，载《人大法律评论》2001年第1期。

[3] 邱聪智：《公害法原理》，台湾辅仁大学法学丛书编辑委员会编辑1984年版，第90页。

要方便"为前提，难以对环境利益进行全面、有力的保护。所谓必要方便，是指非从相邻方得到这种方便，就不能正常地行使其不动产所有权或使用权。在理论上，日本学界称这种必要方便为"忍受限度"，即相邻权人不能提出高于忍受限度的环境品质要求。正如王明远教授所言："就环境污染和生态破坏而言，权利人因行使企业的营业权，利用自己或他人的土地经营工厂或从事开发建设活动而产生废水、废气、废渣、粉尘、辐射、噪音、热量、振动、地面下陷等侵害，危害邻人身体健康和财产的，如果超过社会容许限度，则构成权利滥用、环境侵权。"[1]至于这种忍受限度的标准，应依遭受侵害的利益的性质和程度、受害人的特殊情况等因素而综合判定。[2]在立法上，我国《物权法》第90条规定："不动产权利人不得违反国家规定弃置固体废物，排放大气污染物、水污染物、噪声、光、电磁波辐射等有害物质。"即《物权法》将这种"必要方便"限定为以一定污染排放标准为基础的"国家规定"。

问题是，即使排污行为符合国家规定（如达标排污），也会由于污染物的累积效应、复合效应、聚合效应等原因造成环境污染的不良后果，进而对公众造成环境侵害。换言之，如果按照前述规定，只要排污者按照国家规定进行达标排污，就不构成环境侵权，环境受害者当然也就无法进行环境维权了。这显然严重违背了环境侵权责任的无过错责任原则，不利于对环境权益的保护。反之，若以环境权为基础，只要受害人所处的环境质量已然低于环境质量标准或有严重下降的较大危险，就可基于无过错责任原则对排污者提起环境侵权之诉，要求其治理受污染的生态环境、交付环境治理费用、赔偿环境利益损失，从而实现对环境权益的及时、有效救济。此外，对于具有较高要求的环境利益（譬如景观权所保护的景观利益），相邻权制度更是力不从心，完全不能提供保护了。

---

〔1〕 王明远："相邻关系制度的调整与环境侵权的救济"，载《法学研究》1999年第3期。

〔2〕 "忍受限度论"认为，判断是否构成不可量物侵害的基准应依下列因素综合判定：①遭受侵害的利益的性质和程度。例如，对不动产的侵害、对人体的侵害、生活上不便或对营业的侵害等；②地域性。例如，双方当事人系居住在田园地区还是大城市，或者居住在同一城市的不同地区，或系商业区还是居住区、生活区等。③加害人是否事前通知了受害人。④土地利用的先后关系。⑤加害人方面是否采取了最好的防治方法或相应的防治措施。⑥加害人方面所从事的活动的社会机制与必要性。⑦受害人方面的特殊情况，如受害人系作曲家、老人或孩童。⑧加害人方面的活动是否获得了有关部门的许可。⑨加害人方面是否遵守了特定的规章。参见［日］加藤一郎编：《公害法的生成与展开》，转引自［日］铃木禄弥：《债权法讲义》（第2版），创文社1992年版，第60页。

第三，环境相邻权的环保功能有限，难以全面、充分地保护环境利益。相邻权本质上属于不动产权利的扩张或限制，并非直接以环境为权利对象的可独立存在的权利形态，难以对环境利益进行充分、彻底的保护。尽管相邻权同环境权在功能上具有一定的重合性或竞合性，但相邻权在本质上系以相邻不动产本身为基点和核心，以该不动产财产价值的有效利用为价值取向，而不像环境权那样以良好环境为基点和核心，以该良好环境的享用为价值取向。相邻权只是要求各个不动产权利人相互配合，互谅互让，以实现相邻不动产整体利益的最大化。

因此，相对于相邻权制度而言，保护环境和维护环境利益只能是附属或次要的功能，无法做到保护的充分性和彻底性。譬如，以相邻权为基础，无权要求污染环境、破坏生态的不动产权利人去治理环境、修复生态，更无权要求其赔偿生态环境本身的损失。

第四，环境相邻权不考虑两造取得权利的先后问题，难以解决"迎向污染"的问题。相邻权制度并不考虑相邻不动产权利取得的先后问题，并不优先保护任何一方，难以合理解决一方取得不动产权利排污在先，另一方取得不动产权利受损在后的"迎向污染"的复杂问题（如企业建厂排污在先，居民购房入住受损在后）。因为，按照传统的物权理论，排污者甚至还拥有环境资源利用上的先占权。反过来，如果以环境为权利对象，以良好环境质量所承载的环境利益为权利客体，直接创设环境权，就能很好地解决这一难题。[1]从国际

〔1〕 对于相邻权等现行制度不能妥善解决的"迎向污染"问题，运用环境权理论便可迎刃而解。①双方均无过错。若排污企业和开发商、住户均无过错（由于环境规划滞后或环境标准偏低），此时，发生排污权和环境权的冲突，由于居民环境权具有对企业排污权的优先效力，排污者需承担相应的环境权侵权责任。②环境权人有明显过错，排污权人无过错。即居民建房或购房时明明知道或应当知道污染情况而依然购房的（由于房价明显较低），住户有明显过错，视为放弃或部分放弃了环境权，只要排污者履行了相应的环境保护公法义务，如实现了达标排污（合法行使其排污权），即使客观上造成了环境利益的损害，排污者也无需承担环境权侵权责任。当然，对于造成的人身和财产损害，排污者依然得依照无过错责任原则承担侵权责任，但可在受害者的过错范围内适当减轻。居民如果想满足其环境权益，排除环境危害（如令污染企业搬迁或关闭），法院经利益衡量认为合理之后，应当判令居民向排污者补偿或由开发商补偿作为代价。当然，因开发商刻意隐瞒污染，住户确不知情的，住户可依购房合同向开发商索赔。规划审批部门与开发商恶意串通的，还可追究其连带赔偿责任。③环境权人有过错，排污者亦有过错的。即排污者超过了排放标准或总量控制标准，或存在其他违法情形的，即使环境权人有一定过错（知道污染的存在），排污者也须承担相应的环境权侵权责任，但可酌情减轻。参见杨朝霞："论环境公益诉讼的权利基础和起诉顺位——兼谈自然资源物权和环境权的理论要点"，载《法学论坛》2013年第3期。

上看，1972 年的"斯帕养牛场诉韦伯发展公司案"〔1〕便是合理解决"迎向污染"问题较为成功的范例。

　　斯帕在郊区的农用地上建养牛场，后来，韦伯发展公司在养牛场东北方向的一地区开发称作"太阳城"的城区，并以远低于当时城市土地的价格购得土地。随着双方的不断扩建，"太阳城"西南部逐渐与养牛场靠近。尽管斯帕经营、清理工作很尽力，但是由于当地盛行南风，"太阳城"南部居民仍然受到养牛场带来的苍蝇、难闻气味的影响。为此，不仅南部楼房难以出售，而且已经购买的住户也非常不满。问题的关键点是：①斯帕是否有权在此地经营养牛场？②如果斯帕产权被支持，那么为了居民利益，韦伯发展公司是否应该给养牛场一定的搬迁或关闭的补偿费？最后，法院的判决是：①"太阳城"的开发者是明知、自愿受到养牛场影响的。这一片土地本为农业用地，城区开发者明知而自愿到此地开发"太阳城"。②此地本为农业用地，低价便宜，"太阳城"开发者当时购买时以低价购得土地；城市里的居民生活环境可以受到充分保障，但是也必须受到相关约束。既然这些人到远离城市的"太阳城"开发住宅区，在享受此地清洁、舒适、美观的环境的同时也要承担不利后果。③斯帕养牛场建立时，并不能预见到将来会有一个"太阳城"在它附近开发，更无法预见到这个"太阳城"会因为自己受影响。④斯帕应该搬迁或关闭，但这不是因为它的错误，而是考虑到大众利益。⑤韦伯发展公司的请求得到支持，但是同样也不是因为法官认为韦伯发展公司做法是正确的，因此韦伯发展公司应该给予斯帕搬迁或关闭的补偿。

三、结语

　　无论是环境人格权说，还是环境公共财产说、环境区分所有权说、环境保护相邻权说等基于传统人格权、财产权的"改良主义"学说，均试图在解释论的框架内来认识和构建环境权，尽管也能在一定程度上阐释环境权的某些侧面，具有一定的进步意义，但在方法论上还存在一定局限性：其"改良"

〔1〕　See Spur Industries, Inc. v. Del E. Webb Development Co. 108 Ariz, 178. 494 P. 2d 700 Ariz. 1972.

的权利只能实现环境权的部分功能，在本质上都属于环境权"否定论"。这些学说既没有立足于对权利对象、权利客体进行剥茧抽丝的分析而抓住环境权的本质和内核，也没有真正洞悉环境权的属性特征，更没有意识到环境权对环境法作为部门法"合法性"证明和对环境法学理论体系构建的意义所在。更为遗憾的是，迄今还有不少学者试图通过拓展、扩张传统的人身权、财产权的保护范围，对侵权责任理论加以"改良"，用解释论的路径就足以解决传统权利制度难以保护环境利益的问题，没有必要另立一个模糊不定的环境权概念。[1]

既然在"改良主义"的解释论框架下已无法认识和构建环境权，那么，是否需要超越传统权利理论的思维禁锢，采用"革命主义"的立法论模式，直接创设环境权呢？

第二节　环境权创设的证成

同任何法律权利一样，环境权并非自古就有，而是随着经济社会的发展而历史地形成的。"环境的重要性与环保的必要性并不意味着环境权的当然存在。正当利益不等于权利，一项新权利的证成除了利益或需求的正当性之外，还必须具备'权利可能性'（符合权利的特点，能够以权利的方式得到调整与保护）和'创设必要性'（有成为独立权利的必要，非此不足以保护该利益）。"[2]既然前述的环境人格权和环境财产权均无法完全解释环境权，那么，环境权是否就是一项必须创设的新型权利呢？这就需要对环境权的创设进行理论上的证立：第一，对于环境利益，仅仅对人格权、财产权等现行权利进行改造，无法实现有效的保护（环境权创设的必要性）；第二，环境权是一项可法律化的"权利"，具备法律权利生成的基本要素（环境权创设的可能性和正当性）。

一、环境权创设的必要性：从"改良"到"革命"

当代中国已经进入了一个环境问题日益严峻的时代，结构型、压缩型、

---

〔1〕　邱聪智：《公害法原理》，台湾辅仁大学法学丛书编辑委员会编辑1984年版，第89页。

〔2〕　巩固："环境权热的冷思考——对环境权重要性的疑问"，载《华东政法大学学报》2009年第4期。

复合型的环境污染已经成为严重影响我国现代化建设和中华民族伟大复兴的一大经济问题、民生问题乃至政治问题。连年递增的环境纠纷（近年来环保部门来信来访办结数年均达 15 万件）和频频发生的环境群体性事件，越来越暴露出我国的环境法治建设存在供给不足的问题，必须在制度上进行根本性的变革和创新。

从分类学意义上来看，法律制度可被分为权利制度、权力制度、义务制度、责任制度等四大基本类型（此外还有权义复合型制度等其他类型）。然而，从总体上看，法律是以权利为本位的，权利是法律中最基本、最核心、最活跃、最能体现人性也是最能激发潜能的制度范畴，可以说，义务、权力、责任等均是或直接或间接为权利（利益）而服务的。具体而言，对于环境利益的保护，由于行政命令（如"责令改正违法行为""责令修复生态环境""责令消除污染物质"等）、行政许可、行政强制、行政处罚等行政权力制度的启用，在应然上须以环境行政法律关系相对清晰没有争议、环境行政相对人具体明确、环境违法行为信息对称（难以发现和制止隐蔽性、突发性的环境违法行为，如偷排行为和突发环境事件）、有确凿的证据支撑、有确定的规则依据、[1]属于行政管辖范围、具有行政监管上人财物上的能力和时间保障等为前提条件。换言之，在环境利益的保护上，即使行政权力制度再怎么健全、完善（哪怕尽善尽美），也具有无法克服的局限性。[2]此外，秉持"谦抑原则"的刑事责任制度，更不可能对环境利益提供全面、有效的保护。因此，要解决现行环境法律制度在环境利益保护上的供需失衡矛盾，最根本的只能从权利理论和权利制度的创新入手。

相对于传统部门法而言，环境法学的理论和制度创新主要体现在三个层面：具化、改良和革命。所谓"具化"，是指传统部门法的某些基本原理和制度规则同样可以适用于环境法的具体领域，只需因地制宜地进行专门、具体的细化即可，不必做实质意义上的调整或补充。例如，可将行政许可的制度规则直接应用于污染控制，"具化"为排污许可制度。所谓"改良"，是指将传统部门法的某些基本原理和制度规则直接应用于环境法的特定领域显有不

---

〔1〕　参见沈岿："行政法变迁与政府重塑、治理转型——以四十年改革开放为背景"，载《中国法律评论》2018 年第 5 期。

〔2〕　参见杨朝霞："论环保机关提起环境民事公益诉讼的正当性——以环境权理论为基础的证立"，载《法学评论》2011 年第 2 期。

适，需要在原有基础上进行适度的调整和改进，方能成为适用于该领域的理论和制度。例如，将侵权法的过错责任原则稍做"改良"，形成环境侵权的无过错责任原则。所谓"革命"，是指即使将传统部门法的某些原理和制度做适度的"改良"也难以适用于环境法的某一领域，只有进行"革命性"或"颠覆性"的根本创新，方能成为适用于该领域的环境法理和制度规则。换言之，必须抛弃或打破传统法理和制度规则的"旧世界"，去建立一个环境法理和法律制度的"新世界"。

一如前文所述，环境权作为以环境为权利对象、以环境利益为权利客体、以享用良好环境为核心内容的权利，正是一项在解释论框架下将人格权、财产权等传统权利做"改良"主义创新也无法解释的权利（遑论做"具化"性的创新）。"环境权理论和制度的重大意义在于为传统部门法无法保护或者不足以保护的具有公共性和扩散性的环境利益提供特别的法律规则"[1]和法律保护。

第一，解释论框架下的权利"改良"说，没有看到"生态化"的传统权利与环境权在权利对象、权利客体和权利属性上的根本区别。即使对人格权和财产权进行"生态化"的改良，所形成的环境人格权和环境财产权，其权利对象在本质上仍然为人格、财产，其权利客体在本质上依然为人格利益、财产利益，其权利性质仍为人格权、财产权，这同环境权的权利对象为环境、权利客体为环境利益、权利性质为环境享有权（属于具有人格面向性的非财产权，属于追求美好生活的幸福权）有着根本的区别。因为，人格利益、财产利益与环境利益虽有相通之处，但仅有部分重合，无法完全替代。

第二，解释论框架下的权利"改良"说，本身存在理论上的瑕疵和缺陷，难以自圆其说。譬如，"环境公共财产权说"将享有良好环境的环境权视为一项财产权，就存在对权利客体（自然资源是资源权而非环境权的客体）、权利属性和权利功能的重大误解（环境权并无财产权的属性和功能）。再如，"环境区分所有权说"不仅没有看到大气、阳光等环境要素不能成为所有权的对象（无可支配性），而且将"环境"与"资源"的功能关系误读为结构关系（环境与资源并非自然体中的不同部分，而是属于自然体的不同功能）。

第三，解释论框架下的权利"改良"功能有限，无法对环境利益进行全

---

[1]　吴卫星：《环境权理论的新展开》，北京大学出版社 2018 年版，第 54 页。

面、及时的保护。退一万步说，姑且不论"改良主义"本身的理论瑕疵，这些经"改良"后的权利也无法胜任对环境利益进行全面和有效的保护。一如前文所述，经扩张解释而形成的环境人格权和环境保护相邻权只能对环境利益进行十分有限的保护。譬如，环境人格权只能保护健康层面的环境利益，无法保护舒适层面的环境利益，且只有已经遭受现实的健康危害方能寻求司法救济，无法像环境权那样只要环境质量低于相应的标准就可以环境权遭受侵害为由而提起诉讼（前移了环境司法的防线，具有司法介入的早期性和预防性，如下图 14 所示）。环境保护相邻权只能保护不动产相邻的基本环境利益（属于"必要方便"的利益），既无法保护被远距离污染侵害的环境利益，也无法保护舒适、愉悦层面的环境利益（如景观利益），更无法解决"迎向污染"的老问题。

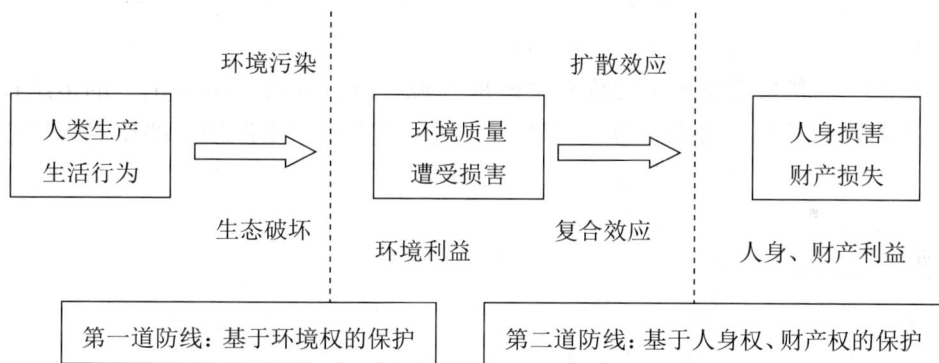

图 14　环境权益保护的法律防线

概言之，环境权解释论之"改良主义"路径，不仅面临故步自封、削足适履的理论困境，还存在权利功能上的力不从心（无法有效地保护环境利益）。"个人享有的健康环境权可以从现有的生存权、健康权和适当的生活标准中获得吗？这种观点是不符合逻辑的。这些权利显然与环境状况密切相关，因为它们的实现取决于对环境的保护。然而，这种联系本身并不能证明其对健康环境权是一项独立的人权的承认。"[1]环境人格权说和环境财产权说的共同错误在于，未能坚持能否有效保护环境利益的问题导向，并立足于权利对

---

〔1〕　Prudence E. Taylor, "From Environmental to Ecological Human Right: A New Dynamic in International Law?", *Georgetown International Enviromental Law Review*, 10（1998）, p. 199.

象、权利客体、权利属性来全新认识和大胆构建新型权利，却总是试图在固守权利对象的可分性、排他性，权利客体的分散性、独享性，权利主体的确定性等传统思维的立场下，用"改良主义"的解释论方法来削足适履地解释以具有整体性的公共环境为权利对象的、富有革命精神和时代气质的环境权。他们甚至未经论证就想当然地认为："新型的权利主张在现有法定权利的框架下完全可以得到保障，没有必要增设新的权利项目，况且新型权利主张的法律化也不利于本已有限的诉讼资源得到充分利用。"[1]

对此，中国政法大学民法教授于飞的评论可谓一针见血："如果19世纪的德国法，甚至更早期的罗马法社会背景下产生的法律概念，稍作改良就能够完美地、不多不少地解释环境权，那才真的是离奇。传统权利可以用于更好地理解环境权的某些侧面，但无法完整地解释环境权。"

霍姆斯和孙斯坦曾郑重指出："在权利不被合理理解的地方，他们就能够鼓励不负责任的行为。然而，权利和责任其实很难被割裂，因为它们是彼此关联的。权利和责任之间有着多重的依赖关系，在本质上不可截然分开，那种所谓权利已经'走得太远'以致责任被'忽视'的说法，毫无信服力。"回望历史："在权利得不到强制执行的社会——也就是陌生人之间的掠夺行为大量存在的地方——是见不到社会责任的繁荣的。相反，历史证据无不表明，无权利是最有可能播下个体性乃至社会性的不负责任的种子的。在这种更具社会性的意义上，权利和责任远不是对立的。"[2]环境权的不受理解、尊重和保护，正是我国近年来环境责任普遍不被履行的重要原因。

二、环境权创设的可能性：符合权利生成的基本要件

"什么是权利"是法理学最基本，也是最难以回答的问题。对此，中外法学界均做出了诸多卓有意义的探索性研究。其中，影响最为广泛、最具代表性、曾发挥主导作用的学说主要有资格说、主张说、自由说、利益说、法力说、可能说、规范说、选择说等八种权利学说。[3]然而，这些学说在本质上

〔1〕 刁芳远："新型权利主张及其法定化的条件——以我国社会转型为背景"，载《北京行政学院学报》2015年第3期。

〔2〕 Stephen Holmes and Cass R. Sunstein, *The Cost of Rights*, *Why Liberty Depends on Taxes*（M）W. W. Norton & Company, 2000, p.141.

〔3〕 参见张文显：《法学基本范畴研究》，中国政法大学出版社1993年版，第300页以下。

· 236 ·

都只是从某一个向度和层次解释了"权利是什么"的命题，并没有回答"什么是权利"或"权利的构成是什么"（权利的基本构成要素有哪些）的问题。实际上，只有论证了一项事物具备了哪些要素方能被称为权利，这才是关键问题，自然也是我们论证是否有必要创设环境权的精义所在。

对于"什么是权利"的问题，中外学者前赴后继地进行了大量开创性的研究，霍菲尔德、葛洪义、[1]夏勇、[2]程燎原和王人博、[3]北岳、[4]舒国滢、[5]吕世伦和文正邦、[6]范进学、[7]张恒山、[8]文森特[9]黄建武[10]等学者的主张颇有影响力（详见表4）。此外，特别值得一提的是，霍菲尔德将狭义的权利（请求权）、特权（行为自由，如支配权）、权力（产生和改变法律关系的能力，如形成权、处分权）和豁免（免责权）都归于广义权利的范畴，[11]并将权利概念展开为由八个要素组成的"请求-义务""自由-无请求""权力-责任""豁免-无能力"四种法律关系，[12]其对权利的全面阐释

〔1〕　葛洪义："论法律权利的概念"，载《法律科学·西北政法学院学报》1989年第1期。

〔2〕　夏勇：《人权概念的起源——权利的历史哲学》（修订版），中国政法大学出版社2001年版，第47页以下。

〔3〕　程燎原、王人博：《权利及其救济》（第2版），山东人民出版社版2004年版，第22页以下。

〔4〕　参见北岳："法律权利的定义"，载《法学研究》1995年第3期。

〔5〕　舒国滢："权利的法哲学思考"，载《政法论坛》1995年第3期。

〔6〕　吕世伦、文正邦主编：《法哲学论》，中国人民大学出版社1999年版，第544页以下。

〔7〕　范进学："权利概念论"，载《中国法学》2003年第2期。

〔8〕　张恒山：《义务先定论》，山东人民出版社1999年版，第97页以下。

〔9〕　[英] R. J. 文森特：《人权与国际关系》，凌迪等译，知识出版社1998年版，第13页。

〔10〕　黄建武："法权的构成及人权的法律保护"，载《现代法学》2008年第4期。

〔11〕　Wesley Newcomb Hohfeld, "Some Fundamental Legal Conceptions as Applied in Judicial Reasoning", *Yale Law Journal*, 23 (1913), pp. 30~59.

〔12〕　在霍菲尔德看来，不同的法律问题总是以法律关系的形式表现出来，这些法律关系在实践中有着错综复杂的形式，其基本要素是由请求、义务、自由、无权利、权力、责任、豁免、无能力等八个概念构成的四类基本法律关系，这些基本法律关系构成了权利概念的内容。这四类法律关系（权利）如下：一是"请求-义务"关系。一方主体对另一方主体负有某种义务，另一方主体则享有要求对方履行义务的请求。二是"自由-无请求"关系。自由是义务的反面，有自由做或不做某事意味着没有不做或做该事的义务，相应的，他方不享有要求享有自由者做或不做某事的请求。三是"权力-责任"关系。当主体可以通过意愿性行动创设、改变或废除法律关系时，该主体享有权力。与权力相对的是他人的责任，即主体的规范性地位因他方行使权力而被改变的规范性地位。四是"豁免-无能力"关系。豁免与责任相反，指的是主体的规范性地位免于被他人改变的规范性地位。主体对某规范性地位享有豁免，意味着他方主体没有权力（无能力）改变该规范地位。于柏华："权利概念的利益论"，载《浙江社会科学》2018年第10期。

和深度解读极具启发意义。然而，十分遗憾的是，他并未对权利概念下一个一般性的定义，未能在根本上解决权利的本质是什么的问题。[1]正如学者的质疑："尽管各不相同，为什么这四种具体权利类型却都被视为'权利'？"[2]"这些据称都是合理地关涉'权利'的关系，那么将它们统合在一起的、潜在的原则（如果有的话）是什么？或者更粗略地说：能够一般性地说明拥有权利意味着什么吗？"[3]

表4 关于权利的要素和定义的主要观点

学者	权利的要素	权利的定义
葛洪义	个体自主地位、利益、自由、权力	国家对个体根据自己的意志谋求自身利益的自由活动的认可与限制，目的是确保一定社会政治经济条件下的个体自主地位的实现（法律权利）
夏勇	利益、主张、资格、权能（指权威和能力）、自由	以五要素中任何一种要素为原点，以其他要素为内容，给权利下一个定义都不错，关键就看强调权利属性的哪个方面
程燎原王人博	自由意志、利益、行为自由	由自由意志支配的，以某种利益为目的的一定的行为自由
北岳	利益和正当（应得）：利益的追求与维护、行为选择自由、正当性评价、国家和法律的保护和帮助	分为总括道德权利、习惯权利、法律权利。法律权利是指，主体为追求或维护利益而进行行为选择并因社会承认正当而受法律和国家承认并保护的行为自由
舒国滢	行为、利益、国家法律认可与保障	法律权利是国家法律认可并予以保障的、体现自我利益、集体利益或国家利益的自主行为
吕世伦文正邦	利益、行为自由、意志	人们为满足一定的需要，求取一定的利益而采取一定行为的资格和可能性
范进学	正当	权利就是正当的事物，义务则是应当的事物

---

〔1〕 关于霍菲尔德法律关系学说的反思和重构，可参见陈景辉："权利与义务是对应的吗？"，载《法制与社会发展》2014年第3期；雷磊："法律权利的逻辑分析：结构与类型"，载《法制与社会发展》2014年第3期。

〔2〕 H. L. A. Hart, "Definition and Theory in Jurisprudence", in *Essays in Jurisprudence and Philosophy*, Oxford University Press, 1983, p. 35.

〔3〕 John Finnis, *Natural Law and Natural Rights*, Oxford University Press, 1986, p. 203.

续表

学者	权利的要素	权利的定义
汪太贤	利益、资格、自由行为和法律认可	法律权利是指一定社会主体享有的、被法律确认和保障的、并以一定自由行为表现和实现的正当利益
张恒山	利益追求、自由（选择和行为）、正当性、法律保护	法律主体为追求和维护某种利益而进行行为选择、并因社会承认正当而受国家承认并保护的行为自由
［美］文森特	主体、正当性、主张、义务承担者、利益	权利拥有者可以根据某些具体原则理由，通过发表声明、提出要求、享有或强制性实施等手段，向某些个人或团体要求某种事物
黄建武	权利主体；权利的内容；权利客体；权利依据；法的强制力 义务人；义务人的义务	权利公式：A 由于 Y 而对 B 有 X 的法律权利

依据权利的一般原理，并借鉴上述学者的观点，我们可将"权利"的核心构成要素概括为：主体资格、利益追求、正当性评价、行为自由（权能）、对应的义务人、法律认可（可司法化）等几个方面。以下，笔者尝试从这几个方面入手，对环境权的创设问题进行初步的论证。

（一）主体资格：与特定环境具有直接利害关系的当代和后代的自然人均有资格

"资格是权利条件，是对权利主体提出的具体要求。"〔1〕说某人享有某项权利，首先意味着其具备相应的资格。正因如此，夏勇等诸多学者提出，可以从"资格"的角度来解释和认识权利。澳大利亚学者麦克洛斯基（H. J. Macloskey）指出：权利是去行动、去索要、去享有、去据有、去实现的一种资格。权利就是有权行动、有权存在、有权要求。〔2〕英国著名法学家米尔恩（A. J. M. Milne）的论断更直截了当："权利概念之要义是资格。说你对某物

---

〔1〕　汪太贤："论法律权利的构造"，载《政治与法律》1999 年第 5 期。

〔2〕　夏勇：《人权概念的起源——权利的历史哲学》（修订版），中国政法大学出版社 2001 年版，第 51 页。

享有权利，就是说你有资格享有它，例如享有投票……的权利。"[1]

"环境是人类生存、生活的基本条件，是人类的共同财产。""环境是公共物品，……既具有共同性，又具有非排他性。"[2]因此，以环境为权利对象的环境权也具有相应的公共性或可共享性，只要是与特定区域的环境在环境质量上具有直接利害关系的自然人（包括当代和后代的自然人）便均享有环境权的资格（法人、国家、人类、自然体不享有环境权的资格）。换言之，环境权的主体资格是开放和不特定的，其权利主体具有明显的不确定性。也正因如此，环境权的成立一直备受质疑。比如，英国的尼尔·麦考密克（Neil MacComick）主张，公共产品不能作为个人私权利的客体。他认为："权利关心的是由个人单独享有产品，而不是简单地作为集体的成员享受混同了的共同利益，这一共同利益由所有成员按不可区分、不可分配的份额享有。"[3]然而，环境正是这样一种典型的公共产品。此类学说一直是反对成立环境权的极有代表性的观点。对此，蔡守秋教授反驳道："其实，在许多个人权利中无法排除其他人享受权利所保护的利益，因为一旦保护了一个权利所有者的权利，其利益将遍泽所有人。"[4]史玉成教授也认为，环境利益虽然是公共利益，但这种公共利益的增进和减损都直接关乎每一个个体的利益。因此，赋予私主体以享有良好环境的权利，通过权利保护和救济机制参与和监督环境保护工作是实现环境利益保护的又一制度进路。[5]对于前述的此种质疑，孟勤国教授的评述更是一语中的："民事权利的权利主体一直是特定的，民法学者因而下意识地拒绝权利主体不特定的环境权。其实，民事权利主体特定只是一个历史现象而不是逻辑必然。权利主体不特定仅仅说明环境权主体的广泛性"，[6]并不能因此否定环境权的存在和创设。实际上，尽管环境权确实具有一定的公

　〔1〕　[英] 米尔恩：《人的权利与人的多样性——人权哲学》，夏勇、张志铭译，中国大百科全书出版社 1995 年版，第 89 页。

　〔2〕　[日] 宫本宪一：《环境经济学》，朴玉译，生活·读书·新知三联书店 2004 年版，第 60~63 页。

　〔3〕　Neil MacCormick, "Rights in Legislation", in P. M. S. Hacker and Joseph Raz (eds.), *Law, Morality and Society: Essays in Honour of H. L. A. Hart*, Oxford: Oxford University Press, 1977, p. 284.

　〔4〕　转引自蔡守秋："论环境权"，载《金陵法律评论》2002 年第 1 期。

　〔5〕　史玉成："环境法学核心范畴之重构：环境法的法权结构论"，载《中国法学》2016 年第 5 期。

　〔6〕　刘牧晗、罗吉："环境权益的民法表达——'环境权益与民法典的制定'学术研讨会综述"，《人民法院报》2016 年 2 月 17 日。

共性或者可共享性，但环境权却是可以为个人单独享有，同时也是可以为个人行使的。

在这里，需要特别指出的是，环境权的主体主要为当代的自然人，不过，为防范当代人合谋滥用环境资源而造成代际的环境污染和生态破坏，也应赋予后代人特殊的环境权主体地位，正如民法上需要赋予胎儿有限的权利主体资格一样。

（二）利益追求：具有主体直接追求的环境利益

"利益是权利的灵魂，也是解开权利之谜的'钥匙'。"[1]权利总是指向一定的客体，追求一定的利益（可分为经济利益、社会利益、政治利益等）的。权利的意义重心不在于他人履行义务满足了权利人权益而是权利人的利益构成了让他人承担义务的证立理由。[2]

"所谓权利客体，乃权利人依其权利所得支配之社会利益之本体。"[3]环境权所指向的客体为环境利益。所谓环境利益，是指自然要素因作为人类的"栖息地"而具有对人类直接的环境支持功能（如图6所示）所承载的利益。例如，清洁的空气、洁净的水源、良好的通风、自然的采光、美丽的景观所承载或暗含的环境利益。要注意的是，环境利益虽然具有一定的人格面向性——有利于人格利益（如健康）的满足，但本身却不是人格利益。此外，从利益归属的主体特征来看，同人格利益、财产利益最大的不同是典型环境利益（特别是清洁空气、美丽景观等）可由多人共同享有，既无独占性、专属性、排他性，也无明显的竞争性。因此，典型环境利益通常为公共利益，如前文所述，可为不特定的多数主体所享有。从利益层次来看，环境利益"并非一般的生存要求，而是更高层次的生存、生活质量的要求，是越过基本生存要求的生活质量的更高层次、更广泛和更深入的要求，是在衣食满足后更高的生活需求"[4]——清洁、卫生、舒适、美观的环境。

"相比于个人利益，公共利益一般不会被人们作为权利的对象利益而主张，甚至常常被视为权利的对立面。但实践中确有以公共利益为对象的权利主张（例如环境权），并在相当程度上得到人们的认可，因此有必要分辨何种

---

[1]　汪太贤："论法律权利的构造"，载《政治与法律》1999年第5期。

[2]　Joseph Raz, *The Morality of Freedom*, Oxford: Oxford University Press, 1986, p. 166.

[3]　郑玉波：《民法总则》（修订第10版），三民书局1996年版，第191页。

[4]　李启家："环境法领域利益冲突的识别与衡平"，载《法学评论》2015年第6期。

公共利益可能成为权利的对象利益。"〔1〕根据马默（Marmor）的理论，公共物品（public goods）和共同物品（common goods）是两个不同的概念，公共物品（对应于柏华所讲的"消费型公共利益"，如清洁空气、街灯、公共公园、美景等）强调享用的个体性和非排他性，可以成为个体权利的对象，共同物品（对应于柏华所讲的"参与型公共利益"，如文化、传统、民主、团结、博爱等）则预设共同体的存在，且强调享用的共同性（或集体性）而非个体性（不可化约为个体的独立享用），不可成为个体权利的对象。〔2〕例如，对于民族文化（如语言），个体只能采取与他人联合的方式共同创造和享有（个人不可独享）。环境属于公共物品而非共同物品，当然可以成为权利的对象。

在此处要强调的是，切忌无视"环境"和"生态"的区别，将"环境利益"与"生态利益"混为一谈，继而将环境权称为生态权。实际上，"环境""资源"与"生态"是基于自然要素所具有的环境支持功能、资源供给功能和生态保障功能等主导功能（如下图 15 所示）而对自然的三种称谓，即以"用"名"体"（"用"即用途、功用之意，"体"即实体之意）。正如我们在不同的场合将同一位女士分别称为张妈妈、张老师、张局长一样。换言之，环境、资源、生态与自然属于"一体三用"或"一体三面"的关系（自然为"体"，环境、资源和生态分别为三"用"）。〔3〕同"环境"和"资源"概念直接以人类为中心、更多地强调大自然为人类提供的生产生活资料和物质条件不同，"生态"概念是直接以生物为中心的，侧重于自然要素对生物和其他自然要素（可作为环境和资源）的作用，偏重于对维护生态平衡的作用和意义。可以说，环境好的不一定生态好（如景观优美的单一人工林），反之，生态好的也不一定环境好（如生活环境恶劣的深山老林）。

〔1〕 于柏华："权利认定的利益判准"，载《法学家》2017 年第 6 期。
〔2〕 Andrei Marmor, "Do We Have a Right to Common Goods", *Canadian Journal of Law and Jurisprudence*, 14 (2001), pp. 215~217.
〔3〕 杨朝霞："生态文明建设观的框架和要点——兼谈环境、资源与生态的法学辨析"，载《环境保护》2018 年第 13 期。

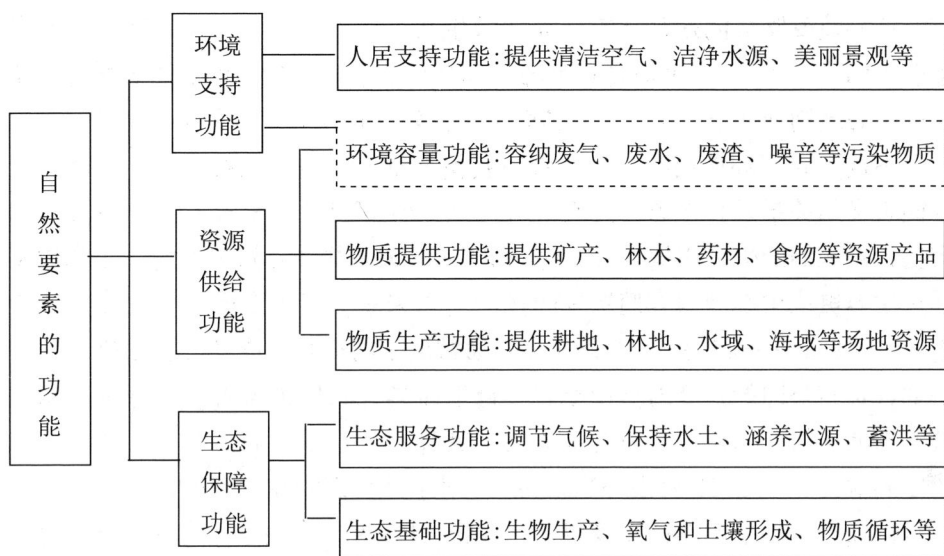

图 15 自然要素的环境、资源、生态功能示意图

具体而言，"生态利益"是指自然要素基于其具有的生物生产、氧气生成、土壤形成、物质循环、能量流动、信息传递等生态基础功能和水土保持、水源涵养、纳污净化、防风固沙、蓄水调洪、气候调节、生物多样性维持、提供生境、传粉接种、生物控制等生态服务功能而蕴含的利益。[1]例如，亚马孙原始森林对周边国家的人们乃至全人类的利益（据悉，亚马孙雨林供应着地球上超过 20%的氧气和 10%的生物多样性）。换言之，我们对生态的要求和评价也是坚持"人类中心主义"的。正如英国宪法学家海沃德所言："人类中心主义未必是成问题的，反而被认为从某些方面而言是不可避免的，甚至是值得追求的；因为伦理学，无论是环境的还是非环境的，在根本上都是与人类的福祉相关的，它应当如此，无可厚非。"[2]这是因为，任何生态平衡的改变对于自然来说都只是"中性"的，旧的生态平衡被打破以后，总会建立新的生态平衡，这种变化本身并无所谓"好""坏"。只不过，对于人类而

─────────────

〔1〕 参见联合国千年生态系统评估项目组：《生态系统与人类福祉：评估框架》，张永民译，赵士洞审校，中国环境科学出版社 2007 年版，第 56~60 页；李文华等：《生态系统服务功能价值评估的理论、方法与应用》，中国人民大学出版社 2008 年版，第 42~43 页。

〔2〕 ［英］蒂姆·海沃德：《宪法环境权》，周尚君、杨天江译，法律出版社 2014 年版，第 23~24 页。

言，这种改变既可能是有益的（如沙漠生态系统变为草原生态系统，正所谓生态兴则文明兴），也可能是有害的（如草原生态系统变为沙漠生态系统，正所谓生态衰则文明衰）。[1]对人类而言，良好的草原就是一种生态利益。

不过，同"环境利益"和"资源利益"都属于直接利益不同（环境和资源同人类的关系是直接的，其关系模式为"环境–人""资源–人"，譬如雾霾直接影响人们的生活质量），由于生态同人的关系往往是间接性的（生态因素通过生态链或生态网同人们发生间接的利害关系，其关系模式可简化为"生态–环境或资源–人"），"生态利益"通常属于间接利益或者反射性利益。[2]例如，黄石公园的狼群因猎食麋鹿、野牛而具有的保护黄石公园森林（黄石公园内的杨树、柳树等，都是重要的景观林）的利益，就属于一种典型的反射性利益（狼–麋鹿和野牛–森林–人）。对于"生态利益"这种反射性利益除了可以通过设立生态保护地役权[3]（属于自然保护地役权[4]的一种）进行一定程度的保护，通常采用行政规制的方式进行法律保护，如国土空间利用规划、生态空间用途管制、建设项目环评审批、资源利用许可、设定生态保护红线等，其自身难以像"环境利益"可以直接被权利化为环境权那样而成

---

[1] 唐建荣主编：《生态经济学》，化学工业出版社 2005 年版，第 67 页。

[2] 传统行政法理论认为，当法律为私人特别规定保护其一定利益时，这种利益称为"法律保护的利益"，该利益构成判断国民是否有排除违法行政的请求权的根据。如果法律完全是为了公共利益的实现，而不是以保护个人利益为目的时，即使给国民带来利益，也不构成国民的权利，而仅仅是行政公益活动的结果，是一种"反射性利益"。换言之，公民因行政法规的实施而偶然获得的利益并非法律上的利益，而属于"反射利益"。譬如，因政府规划新建一条地铁线路，使得紧邻于规划线路旁的张三家的房产从 100 万涨到了 300 万，多出来的这 200 万就属于反射性利益。因此，即使这些反射性利益受到侵害，也不能说国民有请求救济的法的权能。至于如何区分"法律保护的利益"和"反射性利益"，杉村敏正主张：行政法规所保护的利益属于直接的每个私人的利益时，便存在私人公权利（如请求查处违法行政）；当行政法规所保护的利益，是不特定的多数人（一般社会）的利益时，作为保护这种利益的结果而间接地给有关人员带来利益时，可以认为只有反射性利益存在。参见杨建顺：《日本行政法通论》，中国法制出版社 1998 年版，第 198~202 页。

[3] See Jeffrey M. Tapick, "Threats to the Continued Existence of Conservation Easements", *Columbia Journal of Environmental Law*, 27（2002），pp. 257, 285~286.

[4] 美国 1995 年的《统一自然保护地役权法》第 1 条将自然保护地役权界定为："权利人对不动产施加限制或肯定性义务的一种非占有性利益，其目的包括保留或保护不动产的自然、风景或开放空间价值，确保该不动产可以被用于农业、林业、娱乐或开放空间等用途，保护自然资源，维护或提高空气或水的质量，或者保护不动产的历史、建筑、考古或文化价值。"［美］丹尼尔·H.科尔：《污染与财产权——环境保护的所有权制度比较研究》，严厚福、王社坤译，北京大学出版社 2009 年版，第 65 页。

立所谓的生态权。

例如，人们不可能针对黄石公园具有生态价值的狼群主张生态权，进而请求政府进行种群调节。实际上，许多学者之所以以反射性利益不可权利化为由反对环境权的成立，其根本原因在于混淆了"环境利益"和"生态利益"的概念，将环境利益也视为了不可权利化的"反射性利益"。[1]

（三）正当性基础：保护环境已成为整个社会所广泛认可和积极实践的环境道德

"'正当'是一种社会性评价或社会性态度"，[2]意味着社会对某种行为的赞同和认可是具有"民心"的。[3]正当性是权利的各种属性或要素中共同的最本质特征，其他各种要素不过是对权利这一"正当性事物"的不同角度、不同层面、不同领域的具体表现形式，它们基本上都属于正当性所派生的下位概念。[4]新型权利的基础在于道德实践，欲证成一项新型权利的存在，并最终被确认为一项法律权利，务必论证该权利作为公德权利的正当性。[5]"需要具有充分说服力的道德理论来解决社会所面临的分歧，它帮助理性的人去分析决定哪些声称的权利是真正的权利。"[6]按照威尔曼关于"只有在特定的行动和回应实践中体现了社会品行标准的时候，才能够说这个社会拥有实在的公德"的理论，[7]我们可从如下两个方面来论证环境权正当性上的公德

---

〔1〕 对于"反射利益说"，吕忠梅教授十多年前就进行了批驳。参见吕忠梅："再论公民的环境权"，载《法学研究》2000年第6期。

〔2〕 参见北岳："法律权利的定义"，载《法学研究》1995年第3期。

〔3〕 赵汀阳认为："民心是制度合法性的真正理由和根据，而民主只是企图反映民心的一个技术手段。"赵汀阳：《天下体系：世界制度哲学导论》，中国人民大学出版社2011年版，第19页。

〔4〕 范进学："权利概念论"，载《中国法学》2003年第2期。

〔5〕 陈彦晶："发现还是创造：新型权利的表达逻辑"，载《苏州大学学报（哲学社会科学版）》2017年第5期。

〔6〕 ［美］卡尔·威尔曼：《真正的权利》，刘振宇等译，商务印书馆2015年版，第3页。

〔7〕 威尔曼认为，能够作为权利基础的是公德，其在本质上是社会性的。这种社会性体现在三个维度上：其一，只有在其预设的品行标准在社会中获得普遍实践的时候公德才是存在的。当然，其他社会可能拥有完全不同的实践惯例，或者在一个多元化的社会中，并没有被广泛共享的此类实践惯例。其二，当某人遵从或违背这一被广泛接受的品行标准之时，社会上的绝大多数其他成员在绝大多数情况下会对其进行肯定性或否定性的回应。尽管其他成员的回应可能采取相近的模式，但这些回应并不会对特定社会的公德本身的存在或内容产生影响。其三，行动和反应的实践惯例经由社会考量而具有正当性。参见［美］卡尔·威尔曼：《真正的权利》，刘振宇等译，商务印书馆2015年版，第63~64页。

（环境道德）基础。

其一，环境道德的品行标准已经获得从立法到实施上的普遍实践。对此，可以环境法中的"黑名单"制度为例说明之。2014年的《环境保护法》第54条通过环境道德的法律化规定了环境诚信档案制度和环境违法"黑名单"制度。浙江、河南等地还对环境违法"黑名单"制度作出了进一步的规定。譬如，2016年的《浙江省环境违法"黑名单"管理办法（试行）》第5条列出了13种可被认定为黑名单的适用情形和具体标准，如通过暗管、渗井、渗坑、灌注排放污染物质等。据悉，自2016年6月到2018年7月，浙江省共有138家企事业单位和其他生产经营者上了"黑名单"。[1]

其二，在中国社会，当个人遵从或违背环境道德的品行标准之时，社会往往会对其进行肯定性或否定性的回应。"绝大多数社会成员在绝大多数情况下会依照社会风俗的要求来行动，并且必须致力于实现那些值得称赞的理想品德。此外，当有人违反风俗或未能实践理想品性之时，绝大多数社会成员在绝大多数情况下都会对其进行否定性的回应；而当有人实践了这些超越义务召唤的行为或将理想品性提升到了非同寻常的高度之时，绝大多数社会成员在绝大多数情况下都会对其进行肯定性的回应。"[2]对此，仍以环境诚信制度为例说明之。2013年，原环境保护部、发展改革委、人民银行、银监会出台了《企业环境信用评价办法（试行）》，建立了企业环境信用评价体系。在环保信用评级中获得"好评"的企业，可以获得行政许可、资金补助、信贷支持等方面的众多激励；反之，获得"差评"的违法排污企业将被戴上"紧箍"而"处处受限"。譬如，江苏辉丰股份有限公司由于环境保护严重失信而被生态环境部、证监会进行联合惩治，股票跌停，市盈率剧减。[3]相反，福建远翔新材料股份有限公司因获评环保诚信企业，在申请节能减排奖励资金时脱颖而出，受到了南平市环保局优先审核、主动服务等方面的"特殊照顾"。[4]综

---

〔1〕 涂希冀："新一批环境违法'黑名单'公布 环境违法将受到信用联合惩戒！"，载新蓝网：http://n. cztv. com/news/12961498. html，访问日期：2019年7月20日。

〔2〕 参见 [美] 卡尔·威尔曼：《真正的权利》，刘振宇等译，商务印书馆2015年版，第63~64页。

〔3〕 阮煜琳： "加强环境监管 中国多地为环保失信企业戴上'紧箍'"，载新浪网：http://news. sina. com. cn/o/2018-10-16/doc-ihmhafir9315213. shtml，访问日期：2018年10月16日。

〔4〕 林超："福建：'环境信用'变'真金白银'"，载新华网：http://www. fj. xinhuanet. com/kfj/2018-08/21/c_ 1123304507. htm，访问日期：2018年8月21日。

上所述，在当代中国，有利于形成环境资源开发利用之良好秩序[1]的环境道德早已被社会大众所普遍接受并广为推行，成了生态文明新时代的"民心"所向，在本质上已经成为具有社会性的公共道德，为环境权的正当性奠定了坚实的公德基础。

（四）行为自由（权利内容）：可自由进入、享用一定环境并享有有限的自由处置权

法谚云："权利是法律允许的自由。"如果说利益是权利的"灵魂"，那么自由就是权利的"血液"。法国的《人和公民权利宣言》（简称《人权宣言》）第 5 条对自由做了经典的诠释："凡未经法律禁止的一切行动，都不受阻碍，并且任何人都不得被迫从事未经法律命令的行动。"自由行为是利益的表现形式和实现方式，是指权利主体可以自主地选择自己的行为，包括按照自己的意志去作为或者不作为以及要求他人作为或者不作为。通常而言，拥有一项环境权便至少拥有了如下几项自由：其一，可自由进入或接近一定环境。例如，对于某条河流，不仅在河流两岸的本地人，而且偶然路过此河流的外地人也可以不经他人批准或许可而非排他性地使用该河流，如饮用河水。[2]其二，可自由享用一定环境。譬如，2006 年的《俄罗斯联邦林业法典》第 11 条规定："公民有权自由和无偿地在森林中逗留。"当然，享用环境的自由是具有一定限度和边界的，对于空气、水等无机生活环境而言往往以环境质量标准为界，对于森林、草原等生态环境而言则往往以防火安全、卫生安全、自然保护等为限制和约束。譬如，1998 年的《德国联邦森林法》第 14 条规定："公民有权进入森林游憩和休养。在森林里，只允许在道路和小路上骑自行车、使用病人用的轮椅和骑马。……出于重要原因，特别是为了保护森林、森林经营、野生动物保护……各州可以提出限制入林的规定"。[3]其三，在一定条件

---

[1]　赵汀阳认为："中国哲学总是以'治/乱'分析模式去判断一个制度的有效性和合法性。使天下大治，就是一个制度的基本合法性。"从正当性的逻辑来看，"秩序甚至比自由更为基本，因为，如果没有秩序，那么自由将会成'乱'，而如果社会乱了，人之间的关系变得无比险恶，自由就变成害人害己，也就不自由了；反过来，如果有了秩序，虽然未必就有足够的自由，但至少有了发展自由的条件，有了开展生活的基本条件。可以看出，秩序是自由的先决条件。"赵汀阳：《天下体系：世界制度哲学导论》，中国人民大学出版社 2011 年版，第 21 页。

[2]　蔡守秋："论公众共用物的法律保护"，载《河北法学》2012 年第 4 期。

[3]　李智勇、[德]斯特芬·曼、叶兵主编：《主要国家〈森林法〉比较研究》，中国林业出版社 2009 年版，第 6 页。

下可自由处置一定的环境。例如，我国台湾地区的"中油五轻建厂15亿'回馈基金'案"，[1]就是以获取相应补偿为条件而让渡环境权的典型案例。不过，鉴于环境权主体的广泛性和可能的代际性，处置环境权的自由应当受到条件和程序上的限制和约束，如不得危害国家和社会公共利益、应当经过大多数环境权人同意、不得违反国家规定等。[2]

（五）义务承担者：个人、企业、政府和国家等均须承担保护环境的义务

权利属于关系范畴，体现的是权利人与义务人的关系。"权利构造的本质在于，法律（或道德）保护或促进某人的利益，以对抗特定人或一般地对世，手段是课与后者以义务、无能力或责任（依保护需要而定）。"[3]如果权利人行为自由的行使和利益的实现，完全不需要他人承担相应的义务（积极义务和消极义务）作为条件或予以配合的话，则这项自由和利益根本没有上升为一项权利的必要（不需法律保护就可自己实现）。"由事物之本性所决定，法律不可能在使某人受益的同时，不让他人承受负担。或者换句话说，除非为另一个人创设相关的某种义务，法律不可能为某人创设权利。"[4]

义务可分为非法律义务（道德、宗教和习惯等意义上的义务）和法律义务，法律义务是设定或隐含在法律规范中、实现于法律关系中，主体以相对抑制的作为或不作为的方式保障权利主体获得利益的一种约束手段。[5]或者说，法律义务是"特定的法律关系主体通过或者根据法律规范被要求从事特定的行为即作为、容忍和不作为"。[6]对环境权人而言，凡是可能对环境品质构成不良影响的主体都须承担相应的义务。

---

[1] 具体案情，详见叶俊荣：《环境政策与法律》，中国政法大学出版社2003年版，第35~69页。

[2] 某乡镇水泥厂虽达标排污但仍对周边的环境造成了一定污染，导致村民不满。但是，由于当地经济落后，农民贫穷，生计对他们来说是更为重要的问题。为此，两方达成协议，水泥厂为周边农户提供就业岗位，免费提供生活用电和农田灌溉用水，并对稻田和果园的减产损失予以补偿，而居民则在一定程度上容忍该企业的污染。从法律的角度予以审视，这其实就是一种环境权的交易，即村民以企业提供各种补偿为交易条件让渡该环境权，双方互惠互利，和谐发展。参见熊易寒："市场脱嵌与环境冲突"，载《读书》2007年第9期。

[3] Mac Cormick, "Right in Legislation", in P. M. S. Hacker and Joseph Raz（eds.），*Law Morality and Society：Essays in Honour of H. L. A. Hart*, Oxford：University Press, 1977, p. 192.

[4] Jeremy Bentham, *Theory of Legislation*, translated by R. Hildreth, *Wertheimer*, Lea and Co., Printers, 1931, p. 93.

[5] 张文显主编：《法理学》（第3版），高等教育出版社2007年版，第142页。

[6] ［德］汉斯·J. 沃尔夫、奥托·巴霍夫、罗尔夫·施托贝尔：《行政法》（第1卷），高家伟译，商务印书馆2002年版，第474页。

具体而言，在义务主体的范围上，既包括开发利用环境资源的个人和企业（须承担保护环境的公法义务，如申办环评、建设污染防治设施等），还包括具有环境监管职责的政府及其职能部门（须履行保护环境的法定职责，如主体功能区规划、空间用途管制、环境监察等），以及肩负生态文明建设国家义务的国家（须制定保护环境的法律、技术标准、行动计划等）等。要注意的是，在国际环境法领域，后代人环境权的义务主体主要为发达国家，发展中国家虽然也是义务主体，但第一要务是发展，即摆脱贫困和落后。

在义务的性质上，包括民事义务（包括对世义务和对人义务如停止环境侵害、排除环境妨碍、修复受损环境和赔偿环境损害的义务，此时所对应的为民法意义上的环境权）、行政义务（包括行政主体的义务和行政相对人的义务，如公开有关环境信息的义务、查处违法，责令违法开发利用环境资源者修复生态环境的义务等，此时所对应的为实体环境权所派生的行政法意义上的环境知情请求权、环境参与请求权和环境监督请求权等权利）和宪法义务（包括国家的积极义务和消极义务，公民和单位的基本义务，此时所对应的为宪法上的环境人权）等。

在义务的层次上，包括尊重的义务（respect，如国家、企业和自然人不得侵害环境权的义务）、保护的义务（protect，如政府查处违法排污企业保护环境的义务，人民法院通过司法裁判维护环境权益的义务）、促进的义务（promote，如政府公开有关环境信息、提供相关环境指导的义务，政府和律所提供环境法律援助的义务等）和实现的义务（fulfill，如政府采取措施治理黑臭水体的义务）等。[1]譬如，《津巴布韦宪法》第 44 条规定："国家和每个人，包括法人以及每个层级的国家机构，都必须尊重、保护、促进和实现本章规定的各项权利和自由。"[2]

在义务的行为模式上，包括预防义务（损害预防义务和风险预防义务）、填补义务（采取措施对权利损失和环境损害进行填补）、改善义务（采取措施改进和提高环境质量）与合作义务（相互配合，共同参与环境保护）。[3]

需要强调指出的是，环境权主体与环保义务主体之间并不存在如霍费尔

---

〔1〕　参见吴卫星：《环境权理论的新展开》，北京大学出版社 2018 年版，第 105～109 页。

〔2〕　参见吴卫星：《环境权理论的新展开》，北京大学出版社 2018 年版，第 105～109 页。

〔3〕　参见曹炜："环境法律义务探析"，载《法学》2016 年第 2 期。

德关于基本法律关系（包括相反关系和相关关系）所分析的那种——对应的明确的法律关系，[1]环境权是由"一组"或"一簇"义务加以保障的，且环境权主体与义务主体之间的法律关系往往既不直接，也不明确。人们或许知道环境权以及环境权根据的存在，"却不清楚受到环境权义务约束的人是谁，以及这些义务具体是什么。例如，人们都知道每个孩子都有受教育的权利，相应地就存在为孩子提供教育的义务，但却不一定（事先）具体知晓谁承担什么义务。相似的，人们能够主张享有良好环境的权利，而无须（事先）准确描述它包含哪些义务"。[2]这是因为，环境权法律关系大多体现为以环境为媒介的人与人之间的关系，可表达为"人-环境-人"的模式，由于环境具有要素的多样性，组成的复杂性，结构的整体性，相互的联系性，状态的运动性，功能的公共性（无排他性和竞争性），反应的累积性、迟滞性等典型特征，故环境权主体和环保义务主体之间的法律关系尽管是客观存在的，却是间接的、不确定的、不明晰的。此时，"人-环境"的关系，即环境权人与环境的关系，以及环境保护义务人与环境的关系，特别是后一关系，反而被凸显出来，成为比"人-人"的关系更为清晰、更为重要、更为关键的关系，客观上成了环境法的调整对象，环境法也正是以此为基础而设计和配置相应的环境保护义务。[3]背后的"人-人"的关系则作为调整"人-环境"的关系的根本缘由、内在依据、价值标准和根本目标，否则"人-环境"的调整将无所适从。譬如，之所以禁止企业超标排污，是为了防止超标排污造成环境污染损害群众环境权益；之所以禁止任何人猎捕、杀害珍稀、濒危动物却不保护蝗虫、苍蝇、蚊子，是因为珍稀、濒危动物是人类社会重要的自然资源和生态要素，对它们进行保护是维护自然系统为人们生产生活提供丰富、优质生态产品所需的生态平衡的客观需要。或许，正是为了强调"人-环境"关系的重要性和特殊性，蔡守秋教授在"调整论"中将这种关系称为"法定关系"，

---

[1] 参见［美］霍费尔德：《基本法律概念》，张书友编译，中国法制出版社2009年版，第26~78页。

[2]［英］蒂姆·海沃德：《宪法环境权》，周尚君、杨天江译，法律出版社2015年版，第38~42页。

[3] 参见杨朝霞、程侠："我国野生动物外来物种入侵的法律应对——兼谈对环境法'调整论'反思的反思"，载《吉首大学学报（社会科学版）》2016年第2期。

以示与"法律关系"并列。[1]

当然，义务还牵涉做不做某事是否正当的问题。"如果你有义务做 v，那么，不做 v 就是不正当的；如果你有义务不做 v，那么，做 v 就是不正当的。"[2]因此，对开发利用环境资源的个人、企业等主体课加保护环境的普遍义务（譬如不得超过排放标准和总量控制指标而排放污染物），务必考虑特定社会的经济条件、技术水平和承受能力等多种因素，按照合比例原则、可行性原则、合理性原则（重点是科学性）和灵活性原则等进行配置。当然，如果是课加环境保护的特别义务，则应当给予合理的补偿（如生态补偿）。否则，这种超越社会一般承受能力或者有失社会公允的环境保护义务是难以为社会公众所普遍接受的，那么，以此种环境保护义务为基础的环境权无疑也将失去其相应的正当性。

（六）可法律化（核心是可司法化）：可被法律确认和保护，具有司法上的可诉性

"法律认可这一要素对权利是至关重要的。它的主要作用不仅仅是使某一权利获得一个法律上的名分，而是使这一权利获得法律能量，更有权威和保障。"[3]即，当权利受到侵害时，能受到法律的保护，可得到司法的救济。正如孙国华教授所言，法是力与理的结合。[4]由于权利属性的不同，人们通常所言说的权利，实际上有自然权利、道德权利、习惯权利和法律权利之分。换言之，如果只具备了前述五项条件，只能说环境权是一项自然权利或道德权利。一项新型的利益或非法律权利要上升为法律权利必须具备可诉性、真实性、准确性和重要性等条件，[5]其中最重要的条件是具有可诉性或可救济性，正所谓"无救济，即无权利"。换言之，只有环境权进一步被法律确认和保护，可司法救济或者具有可诉性（包括民法上的可诉性、行政法上的可诉

---

[1]　蔡守秋：《调整论——对主流法理学的反思与补充》，高等教育出版社 2003 年版，第 151～270 页。

[2]　[英] 尼尔·麦考密克：《法律制度：对法律理论的一种解说》，陈锐、王琳译，法律出版社 2019 年版，第 161 页。

[3]　汪太贤："论法律权利的构造"，载《政治与法律》1999 年第 5 期。

[4]　孙国华、朱景文主编：《法理学》（第 2 版），中国人民大学出版社 2004 年版，第 41 页以下。

[5]　参见刁芳远："新型权利主张及其法定化的条件——以我国社会转型为背景"，载《北京行政学院学报》2015 年第 3 期。

性和宪法上的可诉性〔1〕等三个层面），其才能称得上是一项法律权利。

从立法和司法实践来看，一如文首所述，全球已有 140 多个国家的宪法、民法和环境法确认了环境权，且已发生一大批宪法、民法、行政法意义上的环境权司法判例（分别以国家行为、民事行为和行政行为作为诉讼客体）。譬如，据学者统计，阿根廷、巴西、哥伦比亚和哥斯达黎加的法院各有超过 100 件的宪法环境权判决。其中，巴西的环境权胜诉率为 67.5%，哥伦比亚的胜诉率为 53%，哥斯达黎加的胜诉率也达到了 66%。〔2〕至于环境权民事诉讼和环境权行政诉讼的案例更是不计其数。〔3〕实际上，我国的许多以环境公益诉讼为名义的案例（如 "中华环保联合会诉谭某洪、方运双环境污染民事公益诉讼案"、〔4〕"贵阳公众环境教育中心诉贵州龙里县政府等未履行监管职责环境行政公益诉讼案"〔5〕等），在本质上就属于环境权诉讼（环保组织提起环境公益诉讼的正当性依据为环境权和诉讼信托），〔6〕只是各方没有意识到而已。换言之，环境权的司法化或可诉性根本不是问题。

此外，从理论上看，环境权立法上的种种瓶颈和难题，也并非束手无策，不可克服。譬如，关于环境权范围或限度的确定（环境权应当是有边界的），"可以从科学上，通过对环境质量与人体健康关系的研究，确定各种环境质量标准，作为法律保护范围的根据。如此，不仅所谓概念模糊不定可以克服，而且较财产权和人身权的适用，更加具有科学性、合理性和客观性"。〔7〕

三、结语

环境权概念的提出，是由环境、环境问题和环境保护的特殊性所决定的，是传统权利应对环境问题捉襟见肘、不敷使用而不得不进行的理论创新和制度变革。因为，"若能通过适当地解释既有法律权利将新的利益主张包含进

---

〔1〕 参见胡静："环境权的规范效力：可诉性和具体化"，载《中国法学》2017 年第 5 期。

〔2〕 See David R. Boyd, *The Environmental Rights Revolution*: *A Global Study of Constitutions*, *Human Rights*, *and the Environment*. UBC Press，2012，p. 241.

〔3〕 参见吴卫星：《环境权理论的新展开》，北京大学出版社 2018 年版，第 224~225 页。

〔4〕 无锡市中级人民法院［2009］锡民初字第 0021 号民事调解书。

〔5〕 贵州省清镇市人民法院［2016］黔 0181 民特 35 号民事裁定书。

〔6〕 参见杨朝霞："论环境公益诉讼的权利基础和起诉顺位——兼谈自然资源物权和环境权的理论要点"，载《法学论坛》2013 年第 3 期。

〔7〕 邱聪智：《公害法原理》，台湾辅仁大学法学丛书编辑委员会编辑 1984 年版，第 90 页。

去，则无须将其规定为一种独立的权利。仅当某种利益主张不能被现有的权利所包含，并且该利益在道德上具有相当程度的正当性，非以法律保护不足以实现公平正义，方应赋以权利之名"。[1]如果抱残守缺，固守"改良主义"的保守立场，停留或纠缠于对传统权利理论做过度解读，对人格权、财产权等既有权利做过宽解释，不仅有可能破坏已有权利理论和权利体系的完整性和协调性，还会阻碍新型权利的诞生和法学研究的进步。

"当断不断反受其乱！"与其削足适履，绞尽脑汁做过于牵强的"改良"，还不如跳出解释论的桎梏和束缚，来一场权利领域的"革命"：以自然要素为权利对象，以环境利益为权利客体，以享用良好的环境为核心内容，创设环境权这一新型权利，系统构建环境权的理论和制度。事实上，环境权符合主体资格、利益追求、正当性、行为自由、义务承担者、可司法化等权利生成的基本要件，完全具备创设的正当性和可能性。

第三节　环境权的内涵和属性

环境权的概念自20世纪60年代首次提出至今已有50多年的历史，对于前述这些问题，环境法学界已有学者分别从不同的维度和层次进行过探究。[2]然而，由于受"西方中心主义""科学轻视主义""法理保守主义"等陋习的影响，一直未能打通"事理-法理"的任督二脉，以致迄今为止，环境权依然还是一个属性不明、范围不朗、主体不清的模糊概念，遑论建立起能行使、可救济、好操作的环境权制度。美国著名法理学家博登海默曾指出："概念是解决法律问题所必需和必不可少的工具。没有限定严格的专门概念，我们便不能清楚地和理性地思考法律问题。"[3]一如前文所述，既然"改良主义"路径下的环境人格权、环境财产权都不能解释环境权，那么，"革命路径"下的环境权到底是一项什么新型权利？[4]特别是，自然资源权（以下简称为"资

---

〔1〕　陈彦晶："发现还是创造：新型权利的表达逻辑"，载《苏州大学学报（哲学社会科学版）》2017年第5期。

〔2〕　参见吴卫星：《环境权理论的新展开》，北京大学出版社2018年版，第3~22页。

〔3〕　[美] E. 博登海默：《法理学——法律哲学与法律方法》，邓正来译，中国政法大学出版社1999年版，第486页。

〔4〕　参见姚建宗、方芳："新兴权利研究的几个问题"，载《苏州大学学报》2015年第3期。

源权")、排污权和自然保护地役权都是以环境要素为权利对象的权利，它们跟环境权的区别和联系何在？正所谓"基础不牢，地动山摇"！为推进环境权理论研究和法治实践的健康发展，本节尝试对环境权的基本内涵和属性特征等问题，进行专门探讨，以求教于各位方家。

一、环境权的基本内涵：仅指良好环境权，不包括资源权、排污权和自然保护地役权

（一）环境权不包括资源权和排污权

广义环境权说主张，环境权是指所有与环境有关的实体权利。具体包括：①良好环境权（狭义环境权），即享用良好环境的权利。也有学者称其为本能性环境利用权。[1]具体包括清洁空气权、清洁水权、环境审美权（景观权）、宁静权、眺望权、通风权、日照权等权利。[2]②自然资源开发利用权（以下简称为"资源权"），即开发利用自然资源的权利。具体包括采矿权、取水权、采伐权、采摘权、捕捞权、狩猎权等消耗性开发利用权，土地使用权、养殖权、海域使用权、航运权等非消耗性开发利用权等。[3]③环境容量使用权（以下简称为"排污权"），即向环境排放生产生活废弃物的权利，也有学者称其为环境使用权。[4]具体包括大气排污权、水体排污权、土壤排污权等。[5]④自然保护地役权。[6]

环境资源利用权说从环境资源权利化的角度提出了以环境资源为权利对象的各种权利概念，这对于促进环境资源的利用和保护而言具有十分积极的意义。不过，环境资源利用权说只看到了大写的"环境资源"，没有穿过环境资源的内部，洞悉其功能的多样性、类型性以及不同功能之间的冲突性等奥秘。更为严重的问题是，此种学说未能参透环境权、资源权、排污权在价值

---

〔1〕 王社坤：《环境利用权研究》，中国环境出版社 2013 年版，第 152 页以下。

〔2〕 参见蔡守秋：《环境政策法律问题研究》，武汉大学出版社 1999 年版，第 85 页；陈泉生等：《环境法学基本理论》，中国环境科学出版社 2004 年版，第 366 页以下；周训芳：《环境权论》，法律出版社 2003 年版，第 186 页以下。

〔3〕 参见王社坤：《环境利用权研究》，中国环境出版社 2013 年版，第 184 页以下。

〔4〕 吕忠梅：《沟通与协调之途——论公民环境权的民法保护》，中国人民大学出版社 2005 年版，第 172 页。

〔5〕 邓海峰：《排污权：一种基于私法语境下的解读》，北京大学出版社 2008 年版，第 94 页。

〔6〕 吴卫星：《环境权理论的新展开》，北京大学出版社 2018 年版，第 237~238 页。

取向、权利客体、权利属性等方面的本质区别，无视甚至违背了权利分类和权利构成的法理，极有必要进行理论上的拨乱反正。

（一）环境权仅指良好环境权

环境权是指当代和后代的公民（自然人）享用良好环境的权利，具体如清洁空气权、清洁水权、安宁权（也称为宁静权）、采光权、眺望权、通风权和景观权等。要特别注意的是，并非所有与环境有关的权利都是环境权。从内涵上看，环境权仅指环境享用权，是一项具有人格面向性的非财产性权利。环境权的客体是环境利益，源于自然要素所具有的环境支持功能。环境权的内容（权能）包括对一定环境的进入权、享用权和有限处置权等。

所谓进入权，是指自然人可自由、免费进入一定环境区域的权利。譬如，德国的《拜仁州自然保护法》第 22 条第 1 款规定："任何人都有权进入外部自然界的各个部分，特别是有权免费进入森林、山地、山崖、荒地、空地、滩涂、水岸和农地等。"[1]

所谓享用权，是指公民直接享用良好环境的权利，[2]例如呼吸洁净的空气、饮用清洁的水源、欣赏美丽的风景、享受冬日的暖阳、夏日的凉风等，这是环境权的核心权能。譬如，1998 年的《德国联邦森林法》第 14 条规定："公民有权进入森林游憩和休养。"

所谓有限处置权，是指在一定的条件下，环境权人可有偿或无偿让渡、放弃享用良好环境的权利。环境权虽然没有收益权能，但也可通过让渡环境权而获得相应的经济补偿。这方面的案例也不少，如我国台湾地区的"中油五轻建厂十五亿'回馈基金'案"，[3]美国的"新区流动人口诉大西洋水泥厂案"（Boomer v. Atlantic Cement Company），[4]等等。要注意的是，环境权的行使，尽管也是对环境要素的利用，但只是基于人格需要（如健康、舒适）的静态享用，既不追求财产的获取或增值，也不会对环境要素产生消耗或损耗（即使有损耗也不明显，如呼吸清新空气、饮用天然水源），可称为具有人

---

〔1〕［德］汉斯·J.沃尔夫、奥托·巴霍夫、罗尔夫·施托贝尔：《行政法》（第 2 卷），高家伟译，商务印书馆 2007 年版，第 459 页。

〔2〕吴卫星："环境权内容之辨析"，载《法学评论》2005 年第 2 期。

〔3〕叶俊荣：《环境政策与法律》，中国政法大学出版社 2003 年版，第 35 页以下。

〔4〕See Boomer v. Atlantic Cement Company, 26 NY2d 219, 309 NY2d 312, 257 NE870 (1970). 具体案情也可参见［美］尼尔·K.考默萨：《法律的限度——法治、权利的供给与需求》，申卫星、王琦译，商务印书馆 2007 年版，第 10 页以下。

格面向性的非财产性环境享用权（有学者称为本能性环境利用权[1]）。

（二）环境权不包括资源权、排污权

1. 资源权、排污权与环境权的价值取向相反

环境资源利用权说将价值取向完全相反的良好环境权和资源权、排污权强行置于环境权的名下，造成了权利体系内部的冲突和混乱，违背了权利归类和体系化的法理。根据权利的一般原理，在包含母权利与子权利的权利体系内部，母权利与各项子权利在价值取向上应具有根本的一致性，不可存在本质上的冲突和抵牾。譬如，作为母权利的物权及其所有权、用益物权、担保物权等子权利均旨在追求对物的占有、使用、收益和处分，均有利于民事主体物质需求和财产利益的满足和保障。再如，作为母权利的人格权及其健康权、生命权、身体权、肖像权、姓名权、名誉权、隐私权等子权利都旨在追求人格平等、独立、自由和尊严的实现，均有利于民事主体的自然生存和社会生活。

然而，在环境资源利用权说的权利体系内部，良好环境权旨在实现对良好环境品质的享用，这就要求义务人务必约束其开发利用环境资源的行为以减少对环境的污染和破坏。然而，资源权却旨在对自然资源进行开发和利用，其权利的行使和实现，如林木的采伐、矿藏的开采、草原的放牧等，势必会对环境造成或轻微或严重的不良影响。同理，排污权旨在对环境容量资源（可将环境容量视为一种准自然资源）的利用，其权利的行使和实现，如废水、废气、废渣等污染物的排放，必然也会对环境造成或轻微或严重的污染。可见，对于资源权与排污权而言，其权利的行使和实现本身就会对环境造成一定程度的污染和破坏，这恰恰与良好环境权在价值取向上存在着根本的抵牾和龃龉。然而，环境资源利用权说却无视三者的根本区别，强行将资源权和排污权这两项权利都置于"环境权"的名下，显然违背了人们最初创设环境权的目的初衷和价值追求。

回顾权利发展的历史，环境权正是在 20 世纪中后期环境污染、生态危机日益严重，环境保护运动风起云涌的时代背景下所提出的新型权利主张，旨在要求对人类经济社会活动（特别是开发利用自然的活动）进行规范、引导、约束和限制，以确保人们能生活在健康、安全、卫生、良好、舒适的环境中，

[1] 参见王社坤：《环境利用权研究》，中国环境出版社 2013 年版，第 155 页以下。

过有尊严和福祉的生活。事实上，无论是 2005 年法国的《环境宪章》和 1969
年日本的《东京都公害防止条例》等国外立法，还是 1972 年的《人类环境宣
言》等国际环境法律文件，〔1〕其所规定的环境权，几乎都仅仅指向享有良好
环境的权利。事实上，从权利设置的根本目的和原初动机来看，环境权应仅
指良好环境权，不应包括资源权、排污权等具有环境质量破坏性的权利。

2. 资源权、排污权与环境权的权利客体、权利属性不同

在法理上，可以根据权利客体、权利对象、权利内容的不同，对法律权
利进行分类。譬如，根据权利客体的不同，可将民事权利分为财产权（以财
产利益为客体）和人身权（以人身利益为客体）。在人身权内部，还可进一步
分为人格权（以人格利益为客体）和身份权（以身份利益为客体）。〔2〕然而，
环境资源利用权说只看到了资源权、排污权与良好环境权在权利对象上的相
似性或同一性（都是对某一自然要素的权利），却没有看到三者在权利客体、
权利属性上的本质差异，强行将三者都归到环境权的名下，明显违背了权利
分类的逻辑和法理。

如前文所述，环境权是一项享用良好环境的非财产性权利。相反，资源
权和排污权均属于广义财产权的范畴。资源权以自然要素的资源利益（源于
自然要素的资源供给功能，如上图 15 所示）为权利客体，具体包括资源攫取
权〔3〕和资源使用权（在这里暂不探讨资源所有权）。资源攫取权，〔4〕是指通
过开发利用自然资源而获取相应资源性产品的权利（其权利客体针对自然资
源的物品提供功能），如采矿权、取水权、采伐权、采摘权、狩猎权、捕捞权

---

〔1〕　1969 年，日本的《东京都公害防止条例》序言规定："所有市民都有过健康、安全以及舒
适生活的权利，这种权力不能因公害而滥受侵害"。1972 年的《人类环境宣言》规定："人类有权在
一个有尊严和幸福的环境中享有自由、平等和适当生存条件的基本权利，同时也肩负保护和改善当代
和子孙后代环境的神圣责任。" 1981 年《非洲人权和民族权宪章》第 24 条规定："公民有权享受总体
良好的环境，以利于他们的发展。" 1998 年《在环境事务上获取信息、公众参与决策和诉诸法律公约》
（简称为《奥胡斯公约》）在序言中规定："每个人都有权生活在一个足以满足其健康、福祉的环境
中，与此同时，无论是个人还是集体，也有义务为造福今世后代而保护和改善环境。"

〔2〕　吕忠梅：《沟通与协调之途——论公民环境权的民法保护》，中国人民大学出版社 2005 年
版，第 172 页。

〔3〕　拉伦茨将其称为物权取得权。［德］卡尔·拉伦茨：《德国民法通论》，王晓晔等译，法律
出版社 2013 年版，第 292 页。

〔4〕　吴卫星博士把这种资源攫取权称为环境获益权。参见吴卫星：《环境权理论的新展开》，北
京大学出版社 2018 年版，第 238 页以下。

等，属于自然资源的消耗性利用。资源使用权，是指将自然资源作为载体或介质进行生产经营的权利（其权利客体针对自然资源的物品生产功能），如土地使用权、[1] 养殖权、航运权、海域使用权等。排污权，是指利用自然要素的环境容量（源于自然要素的纳污净化功能，如前图15所示）进行排污的权利，如水体排污权、大气排污权、土壤排污权等。资源权具有一定的财富生产性，排污权具有一定的财产减支性，可以说皆属于广义财产权的范畴。只不过，同资源权能直接获得财富或者可通过生产经营活动而创造财富不同，排污权只能算是间接性或隐蔽性的财产权。这是因为，如果没有排污权的话，企业要实现污染物的零排放，就不得不投入大量资金进行污染防治，正因如此，可以把环境容量视为一种准自然资源（拟制性自然资源）。或者说，资源权属于正向的财产权（增收），排污权主要属于负向的财产权（减支）。因为，通过排污权交易，也可以直接获得一定的财产收益。

从权利的产生和发展来看，资源权的出现较早，不过，从总体情况来看，环境权、资源权、排污权可以说都是以自然要素为权利对象、正在不断发展的新兴权利。尽管资源权、排污权与环境权紧密相连、密切相关——都以自然要素为权利对象，但由于三者权利客体和权利性质迥然不同，不可将资源权、排污权都归入环境权的范畴。[2] 对此，徐祥民教授也认为："把资源权请进环境权队伍不能帮助环境权提高战斗力，这就像请财产权入伙达不到加强环境权的目的一样，因为，资源权首先是物的占有权、使用权，这种权利也是环境权抵制的对象，而不是环境权的同盟。"[3]

（三）环境权不包括自然保护地役权

吴卫星博士认为，自然保护地役权也属于环境权。[4] 所谓自然保护地役权，美国1995年的《统一自然保护地役权法》第1条将其界定为："权利人对不动产施加限制或肯定性义务的一种非占有性利益，其目的包括保留或保护不动产的自然、风景或开放空间价值，确保该不动产可以被用于农业、林业、娱乐或开放空间等用途，保护自然资源，维护或提高空气或水的质量，

---

[1] 包括宅基地使用权和建设用地使用权，以及在耕地、林地、草地上的土地承包经营权等。

[2] 参见杨朝霞："论环境公益诉讼的权利基础和起诉顺位——兼谈自然资源物权和环境权的理论要点"，载《法学论坛》2013年第3期。

[3] 徐祥民："对'公民环境权论'的几点疑问"，载《中国法学》2004年第2期。

[4] 吴卫星：《环境权理论的新展开》，北京大学出版社2018年版，第237~238页。

或者保护不动产的历史、建筑、考古或文化价值。"〔1〕

具体而言，自然保护地役权是为了实现对特殊自然要素和自然空间的保护，当采用征收、赎买、租赁、置换等方式不可行或者实施成本过高时，通过与不动产权利人（作为供役地人，如林地、草地、湿地、水域、海域等的集体所有权人、承包经营权人、经营权人等）约定或依据法律规定，以给付有偿使用费（如生态保护补偿费）为原则，政府机关、公共组织、公众等需役地人所取得的一种要求该不动产权利人额外容忍某种不利益或特别承担某种负担（如禁止或限制开发利用该不动产上的自然资源）的权利。〔2〕例如，为了实现对野生动物栖息地、野生植物原生地、美丽风光带、饮用水源地等自然因素和自然空间的保护，在土地权利人（如享有集体所有权的集体经济组织，享有承包经营权的农户等）与自然保护需役地人（通常为政府及其职能部门）之间签订具有法律约束力的协议，土地所有权人因公共地役权的设立而负担禁止或限制开发利用土地的义务，而自然保护公共地役权人则有权限制该块土地的用途。目前，我国早就开展了对生态保护地役权的探索实践，如2018年钱江源国家公园管理委员会出台了《钱江源国家公园集体林地地役权改革实施方案》等专门性文件。

对破坏政府规定设立了自然保护地役权（属于公共地役权）的破坏自然资源和生态环境的行为，在有关行政机关依法履行了生态环境保护监管职责后，社会公共利益仍然处于受损状态的，有关的地方人民政府或者生态环境保护职能部门，可基于自然保护地役权（已签订自然保护地役权合同且已正式登记）和国家生态文明建设义务，责令停止破坏行为、治理和修复生态环境，并就损害赔偿问题进行磋商；磋商不成的，可以向人民法院提起损害赔偿诉讼。

公众设立的自然保护地役权，现实中通常是为采光、通风、眺望、景观、养生、休闲等良好环境需要而设立的，可被称为环境保护地役权。譬如，与相邻的建设用地使用权人签订环境地役权合同，约定不得修建高层建筑而阻碍其眺望远处的海景。至于公众设立的环境保护地役权，与物权法上的普通

〔1〕　[美] 丹尼尔·H.科尔：《污染与财产权——环境保护的所有权制度比较研究》，严厚福、王社坤译，北京大学出版社2009年版，第65页。

〔2〕　参见肖泽晟：《公物法研究》，法律出版社2009年版，第113~132页；唐孝辉："自然资源产权与用途管制的冲突与契合"，载《学术探索》2014年第10期。

地役权大抵相同。

要注意的是，尽管自然保护地役权与环境紧密相关且具有保护环境权益的重要功能和积极意义，然而，自然保护地役权并非环境权。因为，自然保护地役权（特别是生态保护地役权）以自然要素的生态服务功能为权利客体，以保护环境而非享用环境为首要目的。特别是政府和公共机构设立的自然保护地役权，兼有民事权利和行政权力的双重属性，与环境权有着根本的不同。事实上，《法国民法典》将包括自然保护地役权在内的法定地役权都称为"行政地役权"[1]。

至于公众为采光、通风、眺望、景观等需要而设立的自然保护地役权，尽管同环境权最接近，也最易混淆，但在本质上属于地役权而非环境权的范畴。第一，公众自然保护地役权通过合同取得，环境权的取得源于法律的直接规定。第二，公众自然保护地役权的行使往往具有期限性（取决于合同），环境权的享有并无期限。第三，公众自然保护地役权往往通过有偿取得，环境权属于无偿取得。第四，公众自然保护地役权的利益满足程度往往高于环境权。因为环境权具有法定的限度，而自然保护地役权的限度可由需役地人和供役地人协商。依此而言，采光、通风、眺望、景观等领域的环境权可被称为法定地役权，相应的自然保护地役权则属于意定地役权。

二、环境权的属性特征

如前文所述，环境权仅指享用良好环境的权利，具有进入、享用、有限处置一定环境的权能，是一项具有人格面向性的非财产性权利。相比于人格权、财产权（尤其是物权）等传统权利而言，环境权是一项"独立""新型"的权利——环境享用权，具有如下显著特征。

（一）主体代际性

环境权的主体不仅指当代的公民，特定情况下，后代人也可以且应当成为环境权的特殊主体。在通常情况下，对于一定环境而言，当代人的环境权能得到保障的，后代人的环境权也能得到保障。不过，在特殊情况下，当代人也有可能合谋而侵害后代人的环境，如垃圾填埋、毒地覆盖（如常州毒地案）、原始森林过度砍伐等。此时，由于累积、滞后效应的存在，也许并不会

---

[1]　尹田：《法国物权法》（第2版），法律出版社2009年版，第415~416页。

马上侵害到当代人的环境权益，但极有可能对后代人的人居环境造成重大危害，故特殊情况下授予后代人环境权就成为必要。

当然，当代人在当时的技术、经济条件下迫不得已（没有过错），确实没有符合公共环境健康、安全、福利的"可行和谨慎的替代方案"〔1〕的，就不构成对后代人环境权的侵害。〔2〕至于后代人环境权的保护，在实体法层面采用行政法上最低层次的保护（如排污行为必须符合排放标准和总量控制要求）即可，在诉讼法层面则可通过诉讼信托，由当代人成立的后代人委员会或环保组织代为起诉。

（二）人身附随性

环境权是为权利人享有品质良好的环境而设立的，不可转让（特定情形下可放弃环境权而获得相应的补偿），也不可继承。换言之，环境权只可原始取得。权利人只要进入一定区域，就自然获得有关环境权。权利人一旦离开一定环境，有关环境权便相对消灭。权利人死亡的，则其环境权绝对消灭。在这一点上，环境权同罗马法上具有人身性的人役权颇为相似。

所谓人役权，是指特定人为了自身利益而利用他人之物的权利，即特定人以非本人之物供自己使用的权利。〔3〕在历史上，人役权最早出现在古罗马共和国末年，在时间上晚于地役权，二者合称为役权。〔4〕罗马法上的人役权，分为用益权（usus fructus）、使用权（usus）、居住权（habitatio）和奴隶及家

---

〔1〕　[美] 爱蒂丝·布朗·魏伊丝：《公平地对待未来人类：国际法、共同遗产与世代间衡平》，汪劲、于方、王鑫海译，林峰、胡国辉译，法律出版社 2000 年版，第 128 页。

〔2〕　当代人的自然资源权与后代人的环境权之间是有可能存在权利冲突的，这正如妇女的生育权与胎儿的权利之间存在权利冲突一样。对此，英国、爱尔兰等境外立法例规定，只有当妇女由于怀孕而导致生命危险时，堕胎才是被允许的，否则即使是被强奸怀孕，也不能堕胎，否则构成对胎儿的侵权，甚至犯罪。

〔3〕　周枏：《罗马法原论》（上册），商务印书馆 2014 年版，第 414 页。

〔4〕　地役权直接体现的是土地与土地之间的关系，人役权直接反映的是人与物之间的关系，二者既有相同之处，亦有区别所在。人役权与地役权的共同点有二：一是都属于附加于他人所有权上的负担，均构成对所有权人利用所有物的限制。二是均不能要求供役物所有权人实施某种行为。不过，人役权与地役权之间也有明显区别：一是主体要求不同。人役权主体，不要求对某物是否拥有产权；地役权主体，则以拥有需役地产权为条件。二是客体要求不同。人役权中只有供役物，不要求存在需役物；供役物既可以是人（奴隶）和动物（牲畜），也可以是非生命之物（农田）。地役权则要求既有供役物，还有需役物，且均为土地。三是权利目的不同。人役权的目的在于服务生活和养老（或曰生活安置），具有福利性和保障性。地役权的目的在于使供役地人承受负担，使需役地人之所有权的内容得以扩张和加强，具有市场性和契约性。

畜使用权（operae sefvi vel animalis）四种。在欧洲，法国、德国、瑞士、西班牙、意大利等国家的民法对于罗马法上的人役权制度大多加以继承；在东亚，日本和中国在继承罗马法上的役权制度时，仅仅保留地役权而舍弃了人役权制度。[1]传统人役权具有如下几大特征：一是人身性。人身性是指人役权是为了特定人的生存和生活而设定的，不能与权利人本人相分离，不可让与（仅可让与对用益物的收益权），也不可继承。故权利人死亡，则权利消灭。二是期限性。人役权的人身性决定了人役权的期限性（以期限届满或以权利人的终生为限）。三是免费性或福利性。传统的人役权一般在具有某种恩情关系的人之间设定物权利用关系，以无偿为基本特征，具有恩赐或慈善的性质，权利人无需为设定人支付对价。人役权通常由遗嘱设定，由契约设定和法律规定的情形不多见。在罗马法上仅有家长对家属的"外来特定财产"享有用益权的例子。四是相对独立性。人役权一旦设定后，即获得对抗所有权人和第三人的效力。

可见，在人身性、免费性或福利性等方面，环境权同人役权具有高度的一致性和相似性。

（三）人格面向性

环境权属于对良好环境的享用权，同物权法上之用益权（环境权属于对环境的非财产性用益权）或者属人地役权（为人的审美、娱乐、休闲等需要而非特定土地之便利而设立，不必以实际需役地的存在为前提，其地役权人更不需要拥有与供役地相毗邻的土地）[2]的属性最为接近，或许可以将其称为"人格性用益权"。环境权的行使既不需要取得对环境的所有权，也不试图采取行动（如转让、出租）而获得环境上的财产价值，只图岁月静好地享用良好环境，以满足人体健康、休闲愉悦、审美欣赏等身心上的需求。例如，呼吸清洁的空气、饮用洁净的水源、享受良好的通风、欣赏优美的景观等，具有典型的人格面向性或人格服务性。正因如此，很容易把环境权与人格权相混淆。另一方面，环境权的这种人格用益性，既有可能与部分财产权发生权利冲突（很多财产权在行使过程中很可能产生不利环境影响，如生产经营

---

〔1〕 温世扬、廖焕国："人役权制度与中国物权法"，载《时代法学》2004年第5期。

〔2〕 ［美］约翰·G. 斯普兰克林：《美国财产法精解》（第2版），钟书峰译，北京大学出版社2009年版，第508页；吴卫星、于乐平："美国环境保护地役权制度探析"，载《河海大学学报（哲学社会科学版）》2015年第3期。

权、养殖权、排污权等），也有可能增进某些财产的价值（如环境质量越好房产价值越高）。因此，环境权虽无财产面向性，却与财产权息息相关。

（四）径行取得性

从属性上看，环境属于经济学上的公共物品，行政法学上的公共用物（公物），因此，对于一定的公共环境，公民可不经行政许可就径行取得享用该环境的权利。对于公共环境，任何主体不得非法设置围墙、门卡、壕沟、铁丝网、禁止牌等予以阻断、封闭，进行排他性、独占性的占有。[1]换言之，无论环境要素的实体是否属于国家所有、集体所有，还是他人个人所有（萨克斯教授认为，将大气、水等环境要素私有化是极不明智的），公民不经行政许可就可自由进入或接近并享用该环境要素。譬如，公民不经许可就可以直接呼吸清新的空气，饮用洁净的泉水，欣赏美丽的景观。这或许正是萨克斯教授最初提出"环境公共财产论"（environment common property）的精义所在，也与蔡守秋教授提出公众共用物理论[2]的良苦用心相契合。

（五）无偿取得性

根据大陆法系的财产分类理论，环境属于"公产"中的"公众用公产"（对应于"公务用公产"），可"供公众直接、免费和自由使用"。[3]正是基于环境的这一属性，同资源权和排污权的取得须缴纳一定的税费不同（生存性资源权免费取得除外），环境权的取得和行使不需支付任何对价，即可免费享用良好环境。这也是符合行政法之精神的，既然环境权可径行取得，"无须许可的使用即意味着免费的一般使用（指无需特别批准，任何人都可以按照公产的高权性目的规定使用该公产的公共权利），收费将导致失去一般使用的本意。因此，收费只能具有例外性质，并且需要正式法律的授权"。[4]譬如，景观权的取得，有时需要以支付一定的费用（如门票费）作为对价，作为对所有权人、使用权人等特别受损者和景观维护者、服务设施建设者、运营管

---

〔1〕　蔡守秋："公众共用物的治理模式"，载《现代法学》2017年第3期。

〔2〕　蔡守秋："公众共用物的治理模式"，载《现代法学》2017年第3期。

〔3〕　胡静、崔梦钰："生态环境损害赔偿制度框架探究——生态环境损害赔偿制度改革全面试行两周年回顾（理论篇）"，载《中国环境报》2019年12月19日。

〔4〕　［德］汉斯·J.沃尔夫、奥托·巴霍夫罗尔夫·施托贝尔：《行政法》（第2卷），高家伟译，商务印书馆2002年版，第495、498页。

理者等额外贡献者的补偿。[1]

（六）直接实现性

环境权属于直接享用良好环境的权利，其权利的行使和实现无需经过生产、加工、经营等中间环节。换言之，环境权的行使没有行为能力和物质条件的要求。在这一点上，与开发利用自然资源的资源权和排放污染物的排污权（一般需要修建污染治理设施，不能向环境直排）相比，有着根本的不同。

（七）公共性或可共享性

梁慧星教授指出："民事权利分为具有排他性的权利和不具有排他性的权利。"[2]对于清洁空气权、清洁水权、景观权等典型公共环境权（采光权、通风权、安宁权等属于非典型环境权，具有较强的私权性）而言，处于该区域环境的人，均享有此种环境权，几乎不具排他性和竞争性。例如，人人皆可呼吸清洁空气、欣赏美丽景观等，并不排斥他人对该环境的享用。蔡守秋教授也认为："公众环境权是在环境保护时代（或环境时代）兴起的一种具有非排他性、共享性（公众共同享用性）的权利类型。"[3]正因如此，公民以典型环境权（如清洁空气权、洁净水权、景观权等）为请求权基础而提起的诉讼，无疑属于环境公益诉讼的范畴（可惠及该区域环境的所有自然人）。要注意的是，尽管环境权本身具有一定的公共性或共享性，但环境权的行使却不像"民族自决权"和"国家自卫权"那样只能由集体行使，而是既可以为个人享有也是可以为个人行使的。简言之，"环境权的公共性并不能抹杀环境权的个体性"。[4]

（八）自由权和社会权的双重性

当前，我国社会主要矛盾已经转化为人民日益增长的美好生活需要和不平衡不充分的发展之间的矛盾。中共中央和国务院指出，"良好生态环境是实

---

〔1〕 吴卫星博士也有类似观点，但吴博士似乎将无偿享用良好环境的环境权与无偿利用自然资源的生存性资源权（如采摘蘑菇、采伐柴火等权利）两相混淆了。参见吴卫星：《环境权理论的新展开》，北京大学出版社 2018 年版，第 45~48 页。

〔2〕 梁慧星："如何理解物权法"，载《河南社会科学》2006 年第 4 期。

〔3〕 蔡守秋教授认为，公众环境权是一种个人权利，但个人权利可以分为排他性的个人权利（即私人权利）和非排他性的个人权利（即公众共享的权利），公众环境权不是具有排他性的个人权利（即私人权利），而是具有非排他的个人权利（即公众共享的权利）。蔡守秋："环境权实践与理论的新发展"，载《学术月刊》2018 年第 11 期。

〔4〕 吴卫星：《环境权理论的新展开》，北京大学出版社 2018 年版，第 53 页。

现中华民族永续发展的内在要求，是增进民生福祉的优先领域"，要"提供更多优质生态产品以满足人民日益增长的优美生态环境需要"，"坚持良好生态环境是最普惠的民生福祉"。毋庸置疑，良好生态环境需要已成为"美好生活需要"的应有之义。将这种良好环境需要予以权利化，即是环境权。

可见，基于宪法的立场，环境权属于继生存权和发展权之后的新型人权——幸福权（舒适权），兼有自由权和社会权的双重属性。从权利的保护方式来看，环境权既要有自由权的保护手段，又要有社会权的保护方式。日本宪法学界的通说也认为，作为人权的环境权不仅拥有自由权的性质，而且还拥有社会权的性质，是一种复合的权利。[1]一般认为，社会权和自由权往往是与积极权利和消极权利相联系的，即自由权的实现主要体现为使其免受公权力和私权利的侵犯，社会权的实现则要求国家权力在切实履行确保社会权免于遭受侵犯的消极保护义务的同时，更加强化积极保障义务。[2]事实上，环境权的实现，既需要防范来自国家的侵犯，在很多时候也需要国家的积极作为，正所谓"环保靠政府"。事实上，环境权的主要实现方式之一正是国家环境保护义务的积极履行。

三、结语

从权利的内涵来说，环境权仅指可无偿、自由进入一定良好环境，并直接、共同享用该环境的权利，如清洁空气权、清洁水权、安宁权、采光权、通风权和景观权等。环境权属于以环境为权利对象、以环境利益为权利客体的环境享用权，属于权利领域的"革命"，跟开发利用自然资源的"资源权"、利用环境容量的"排污权"、保护特殊自然要素和自然空间的"自然保护地役权"以及保护环境权的环境知情权、环境参与权这几项权利有着本质的区别，切忌混为一谈。

环境资源利用权说或广义环境权说的错误在于，将环境权与价值取向相反、权利客体不同、权利属性迥异的资源权、排污权都置于广义环境权的名下，违背了权利分类和权利构成的基本法理。尽管从表象上看，环境权和资源权、排污权的权利对象均为自然要素，但三者的权利客体分别指向自然要

---

〔1〕　王社坤：《环境利用权研究》，中国环境出版社 2013 年版，第 19~20 页。

〔2〕　张敏："社会权实现的困境及出路——以正义为视角"，载《河北法学》2014 年第 1 期。

素的环境支持功能与资源供给功能、环境容量功能，且资源权与排污权均具有或直接或间接的财产权属性，二者同具有人格面向性或非财产性特征的环境权有着本质的不同。

必须注意的是，尽管环境知情权、环境参与权和自然保护地役权都有助于环境权的保护和实现，但三者均不是环境权（具体分析见后文）。环境知情权、环境参与权是基于环境权的公法效力所派生的权利，属于"辅助环境权实现"的权利，本身并非环境权。自然保护地役权（特别是生态保护地役权）以保护环境而非享用环境为首要目的，且兼有民事权利和行政权力的双重属性，同环境权有着根本的不同。事实上，《法国民法典》将包括自然保护地役权在内的法定地役权都称为"行政地役权"〔1〕。

一言以蔽之，切忌把一切与环境有关的权利都纳入环境权的范畴。因为，环境权的外延越宽泛，其内涵反而越模糊。

第四节　环境权的主体：学说的反思与修正

权利可归属于谁，或者权利的主体范围如何确定，是权利理论最为基础的问题。然而，关于环境权的主体范围，至今依然缺乏权威、一致的论断。在学说上，有人类环境权说、国家环境权说、单位环境权说、公民环境权说、后代人环境权说、自然体环境权说等观点，可谓众说纷纭、莫衷一是。〔2〕囿于篇幅所限，以下，笔者将根据法理学关于新兴权利的基本原理，〔3〕仅选取其中的几种主要学说进行检视和修正。

一、国家和单位环境权说及其检视

（一）国家环境权说及其检视

"国家环境权说"认为，国家环境权是"尊重国家主权原则""各国对其自然资源拥有永久主权原则""国家环境责任原则"等国际环境法原则的体现，其内容包括环境处理权、环境管理权、环境监督权、保护和改善环境的

---

〔1〕 尹田：《法国物权法》（第2版），法律出版社2009年版，第415~416页。

〔2〕 王社坤：《环境利用权研究》，中国环境出版社2013年版，第28~47页。

〔3〕 参见姚建宗、方芳主编："新兴权利研究的几个问题"，载《苏州大学学报（哲学社会科学版）》2015年第3期。

职责、履行国际义务。[1]譬如，蔡守秋教授早在 1982 年就撰文指出："从国际法的角度看，国家是国际法的主体，国家的环境权是国家行使的保护本国环境的一切行为的权利，它是国家主权的一个组成部分。从各国国内法律来看，国家的环境权主要指的是国家在保护国民生活的自然环境方面的基本准则。"[2]即，国家环境权是指国家根据宪法的授权而拥有的，保障全体公民环境权益的权利。有学者还将国家环境权的本源解释为全体国民的委托，并认为其对公民环境权具有指导作用。这一观点显然受到了社会契约论的影响。不过，基于社会契约，国家所获得的应为对外领土主权性质和对内环境管理权性质的权力，而非民事主体所享有的权利，与公认的环境权有着本质上的异质性或不兼容性。依此而言，国家环境权的成立缺乏足够的理由。或许，正如学者所言，称之为国家环境权力可能更为合适。[3]

这是因为，国家，无论是作为国际层面的国际法主体，还是作为国内法层面的民事主体或宪法主体，均无需也无法成为清洁空气权、清洁水权等环境权的主体。事实上，在国际法层面运用国家主权，在国内法层面运用自然资源国家所有权和环境资源监管权，就能实现对本国环境的保护，无需另外创立所谓的国家环境权。再者，作为非生命体的国家，也是不可能享用良好环境的。

1. 在国内法层面，国家负有保护环境权益的国家义务

在国内法层面，国家具有双重身份。一方面，国家及其国家机关作为公法主体，参加宪法、刑法、行政法、经济法、诉讼法等公法法律关系，行使行政管理、司法审判等职能。另一方面，国家又作为"民事主体"，参加民法、商法等私法法律关系，实施经营活动，参与市场竞争，如出让国有土地、进行政府采购、发行国债等。不过，对于国家内部的公共环境而言，国家不具有成为私主体的条件和必要性，完全可以运用国家行政管理权而达至保护环境的目的。

此外，由于空气、水体等环境要素具有典型的公共性，根据社会契约理

---

[1] 参见蔡守秋主编：《环境资源法学教程》，武汉大学出版社 2000 年版，第 252~255 页；张梓太："论国家环境权"，载《政治与法律》1998 年第 1 期。

[2] 蔡守秋："环境权初探"，载《中国社会科学》1982 年第 3 期。

[3] 胡静："论环境权的要素"，载《中国法学会环境资源法学研究会会议论文集》2002 年，第 192~195 页。

论或公共信托理论，有关社会组织、国家机关（如美国的检察机关）可基于诉讼信托和环境权益国家保护义务而代为提起环境权诉讼。不过，美国的检察机关只是环境权诉讼的实施主体，而非环境权主体本身。

必须特别提醒的是，在我国，切忌将这种环境权信托诉讼与国有自然资源损害赔偿诉讼、生态环境损害赔偿诉讼、检察公益诉讼混为一谈。自然资源资产管理机关基于自然资源国家所有权和国家生态文明建设义务，提起"自然资源损害赔偿诉讼"；生态环保机关基于责令赔偿生态环境损害之行政命令的司法执行（生态环境损害赔偿问题具有显著的争诉性，不宜直接采用责令赔偿的行政命令，通过诉讼由人民法院进行居中裁判更为正当），提起生态环境损害赔偿诉讼（依据为党中央、国务院 2017 年发布的《生态环境损害赔偿制度改革方案》和 2019 年最高法出台的《关于审理生态环境损害赔偿案件的若干规定（试行）》）；检察机关基于检察公诉权和国家生态文明建设义务而提起环境检察公益诉讼。譬如，2017 年修订的《海洋环境保护法》第 89 条第 2 款规定："对破坏海洋生态、海洋水产资源、海洋保护区，给国家造成重大损失的，由依照本法规定行使海洋环境监督管理权的部门代表国家对责任者提出损害赔偿要求。"根据该条款，海洋资源监督管理部门（如海洋水产资源主管部门）所取得的，是基于海洋资源国家所有权和法律授权（委托）而提起海洋资源损害赔偿诉讼的主体资格；海洋生态监管部门（如生态环境主管部门）所取得的，是基于责令赔偿生态环境损害之行政命令的司法执行而提起的生态环境损害赔偿诉讼的主体资格。这两种诉讼的诉权依据均不是海洋环境权。

2. 在国际法层面，国家可成为本国公民的环境权受托主体

在国际法层面，国家担负着保护人类共同环境利益和本国人民环境权益的使命。从理论上看，可赋予国家环境权受托主体地位，当国家面临跨境环境危害时，便可基于公民环境权、国家主权和公民信托而实施保护和救济。这方面的典型案例如"特雷尔冶炼厂仲裁案"和"托列峡谷号"公海污染事件等。在"特雷尔冶炼厂仲裁案"中，对于加拿大特雷尔冶炼厂自 1932 年以来对美国华盛顿州的庄稼、森林、牧场、牲畜、建筑物等造成的严重污染损害，华盛顿州的私人受害者曾多次向加拿大索赔未果。1935 年，最终由美国和加拿大两国政府出面签署特别协议，将案件提交临时组建的仲裁庭（由一比利时人任主席，美、加各一人任仲裁员）裁决。在协商和谈判的过程中，

特雷尔冶炼厂采取了一定的控制措施，二氧化硫排放量已大为减少，但旧的损害并未被根治，新的污染还在不断发生。在 1938 年的第一次裁决中，仲裁庭判定冶炼厂的烟雾对华盛顿州造成了损害，并裁决加拿大对美国赔偿 7.8 万美元。该案确立了国际环境法的领土无害使用原则，即一国在管理和使用自己的领土时，不得损害他国或国家管辖范围以外的地区的环境。从环境权国际保护的角度分析，美国作为华盛顿州居民的环境权受托人，通过国际仲裁维护了本国居民的环境权益。

　　"托列峡谷号"事件[1]的发生，虽然没有酿成国际环境争端，但向国际社会提出了一个重要的法律问题：沿海国是否有权对于公海上发生的可能威胁其海域安全（包括生态环境安全）的事件进行管辖并采取行动。[2]对此，国际社会作出了明确的回答。1969 年 11 月 29 日，在布鲁塞尔签订的《对公海上发生油污事故进行干涉的国际公约》第 1 条明确规定："本公约各缔约方可以在公海上采取必要措施，防止、减轻或消除由于海上事故，或同此事故有关的行动所产生的海上油污或油污威胁对它们的海岸线或有关利益的严重和紧迫的威胁，上述事故或有关的行动都可以合理地被认为将会导致重大的

---

　　〔1〕　托列峡谷号是一艘利比亚的商船，其船主和租赁者均为美国人。1967 年 3 月 18 日，该船自波斯湾艾哈迈迪港开往英国米尔福德港途中于英国东南岸领海外锡利岛和地角之间的七礁石处搁浅。该船载有 119 328 吨原油。由于原油外溢而对英国和法国的沿岸海域造成了严重污染，致使数十万只海鸟、成千上万头海洋哺乳动物和数百只秃鹰死亡。加之海上风暴猛烈，救援很难进行，求援计划没有成功。结果船被海水打成 3 截。于是，英国政府于 3 月 27 日才把海面油层烧掉，将船炸毁，并且声明它的目的不是毁船而只是把油船打开以便将油烧掉。通知船主后，英国战斗机炸掉了该船。船主和利比亚政府对此行动未提出异议。3 月 30 日，船上的原油全部毁掉。据统计，约有 8 万吨原油流入海洋。利比亚调查委员会对事故进行了调查并确认是由于船长的疏忽造成的事故，决定撤销船长的航行执照。1968 年，联合国国际法委员会也基于保护海洋环境的必要而作出裁决，认为英国的行为符合"情势必需"原则，托列峡谷号事件威胁到英国沿海海洋环境的安全，英国有权采取"自保措施"。事后在英、法两国的要求下，船主和船舶的租赁人向该两国分别赔偿了 150 万英镑。1969 年 5 月 4 日，英国还向国际海洋咨询组织特别会议提出了沿海国干预海洋污染事故和污染引起的民事责任问题。"托利峡谷号"油轮石油污染事故引起了国际社会对海洋石油运输过程中发生的石油污染事故及其危害的极大警觉。以托列峡谷号事件为契机，1969 年国际海事组织的前身政府间海事协商组织主持签订了《对公海上发生油污事故进行干涉的国际公约》和《国际油污损害民事责任公约》，分别规定了争端解决方式和责任承担及赔偿制度。随后，在这两个公约的基础上，国际社会在 20 世纪 70 年代之后针对海洋石油污染事故的预防和控制问题陆续签订了十多项公约和议定书，形成了较为完备的海洋石油污染控制法律制度体系。

　　〔2〕　参见万霞：《国际环境法案例评析》，中国政法大学出版社 2011 年版，第 8~10 页。

有害后果。"[1]换言之，在国际法上，国家可基于国家环境保护义务而作为本国公民的环境权受托人，在公海上采取必要的环境保护干预措施，防止、减轻或消除由于海上事故造成的环境污染。

国家为保护环境的共同利益所担负的职责涉及超越国界的问题，如生态系统的生存和发展、生态平衡的维持，但大多数需要保护的环境内容仍处于国家主权之下。因此，国家的作用可能转变为代理人、执行人、保管人或是受托管理人。[2]事实上，考虑到被保护对象即环境各个组成部分的地位和后代的环境利益，国际环境法的逻辑结果是，国家相对于环境而言应当是受托管理人，即管理、保护并善意利用受托对象。换言之，对于跨国的环境侵权问题，可借助国家主权来帮助本国的环境受害者寻求救济。从国际立法文件看，我们可以认为1972年《斯德哥尔摩宣言》第21项原则[3]和1992年《里约宣言》第2项原则[4]直接承认了国家的环境权托管主体地位。

3. 在国际法层面，国家还可直接运用国家主权保护公民环境权益

如果，某些特殊的国际性和全球性环境危机很可能危及一国的生存和发展及本国公民的环境权益，国家可以拓展国家主权中的自卫权内容，直接运用自卫权寻求保护和救济。譬如，温室效应造成海平面的上升，势必减少荷兰、马尔代夫等低海平面国家或小岛屿国家的领土面积，威胁这些国家的生存和发展。此时，国际环境法理应确认其国家环境利益，并提供相应的保护和救济措施。如减排温室气体、为其提供新的国土等。不过，此时国家并不是作为环境权的受托主体，而是直接运用国家主权寻求国际保护。此时，国家主权在功能上具有涵摄环境权功能的作用。

1974年的"澳大利亚、新西兰诉法国核试验案"就是这方面的典型案例。1966年至1972年间，法国曾多次在南太平洋法属波利尼西亚的上空进行大气层核试验。试验期间，法国还宣布某个地区为"禁区"和"危险区"，

---

[1] 该公约在第2条又指出了对沿海国此项权利的限制：不得根据本公约，对军舰或政府所有或经营的以及仅仅为政府非商业性服务而临时使用的其他船舶采取措施。

[2] 参见[法]亚历山大·基斯：《国际环境法》，张若思编译，法律出版社2000年版，第16页。

[3] 《斯德哥尔摩宣言》第21项原则指出："按照联合国宪章和国际法原则，各国……有责任保证在他们管辖或控制之内的活动，不致损害其他国家的或在国家管辖范围以外地区的环境。"

[4] 《里约宣言》第2项原则指出："各国根据联合国宪章和国际法原则……有责任保证在它们管辖或控制范围内的活动不对其他国家或不在其管辖范围内的地区的环境造成危害。"

不许外国飞机和船舶通过。1973 年，法国声明将计划进一步进行空中核试验。1973 年 5 月 9 日，澳大利亚和新西兰分别向国际法院提起诉讼，状告法国的空中核试验违反国际法。澳大利亚认为，法国的核试验，侵害了其国家及其国民的权利（包括领土主权以及船舶、飞机在公海及其上空的通航自由），请求国际法院判定法国不得进一步进行核试验。新西兰请求国际法院判定并宣告法国政府在南太平洋地区进行核试验造成了放射性微粒回降，侵犯了新西兰在国际法上的权利（国家领土主权和公海航行自由、飞跃自由和海底资源开发自由等）。澳大利亚和新西兰均请求国际法院采取临时保全措施，命令法国在国际法院作出判决之前，停止一切空中核试验。1973 年 5 月 16 日，法国发表声明，不承认国际法院对本案有管辖权，声明不接受国际法院的管辖。国际法院接受了澳、新两国的请求后，法国却拒绝对以后的程序递交辩诉状，并拒绝出庭应诉。

尽管由于法国于 1974 年 7 月 25 日公开声明表示不再继续进行空中核试验（转入地下进行），国际法院因而于 1974 年 12 月 20 日作出裁决，认为不必对本案作出进一步的判决，但是，国际法院作出的有关临时保全措施的命令，对于环境权益的保护而言，具有深远意义。

1973 年 6 月 22 日，国际法院以 8:6 票作出两项内容基本相同的命令：法国的核试验侵害了澳大利亚和新西兰两国的国家主权，侵犯了其公海及其上空的自由通航权，核试验导致的放射性微粒的回降，对两国公民的良好生活环境造成了污染，构成了精神负担，造成了不可弥补的损失。由此，法院命令法国政府应避免再进行对澳大利亚和新西兰领土造成放射性微粒回降的核试验。[1]在本案中，澳大利亚和新西兰直接运用国家主权，对法国的核试验行为向国际法院提起了诉讼，有效地保护了两国人民的环境权益。

（二）单位环境权说及其检视

"单位环境权说"认为，单位环境权是指单位（包括法人组织和非法人组织）享有良好环境的权利，从内容上看既有经济性权利，也有生态性权利，具体包括对良好环境的无害使用权、废物排放权、良好劳动环境权等权利。[2]单位有无环境权的问题，由于牵涉环境权与劳动权、环境权与生产经营权的关

---

〔1〕　万霞：《国际环境法案例评析》，中国政法大学出版社 2011 年版，第 18 页。
〔2〕　蔡守秋："论环境权"，载《金陵法律评论》2002 年第 1 期。

系，异常复杂，需要细致入微的分析。对此，笔者以为，要回答好这一问题，务必把单位和单位员工区别开来，进而把单位和单位员工对良好环境的权利予以区分。

学者胡静认为，单位与单位职工是两类不同的主体，赋予单位以法律人格是因为，单位为了实现其宗旨需要以单位的名义进行活动，这种活动尽管是通过单位成员的活动来进行的，但单位成员的活动在本质上并非基于该成员的个人意志，活动的后果也不由单位成员来承担，而是由单位来承担。[1] 如果由于外来的环境污染导致劳动或工作环境存在问题的话，在通常情况下，遭受侵犯的是单位员工对劳动环境的权利，而非单位本身对环境的权利。鉴于此单位的拟制人格与单位职工的自然人格彼此独立，不可将二者的权利混为一谈。依此而言，所谓的侵犯单位环境权，实质上侵犯的是单位员工的劳动环境权。在此，必须特别指出的是，单位员工在这种安全、清洁的环境条件中从事生产劳动的权利，应属于劳动者的安全卫生权利（劳动者权利），不可与我们所讲的环境权混为一谈。

接下来，也许会有人追问，单位（如公司）自身是否应当成为环境权的主体呢？

1. 单位对环境利益（良好环境质量）通常没有需求，反而经常是环境利益的侵害者

通常情况下，单位所需要的是具有财产价值的资源权（自然资源权的简称）和排污权，而非环境权。企事业单位从事生产经营活动的主要目的是获得经济收益，这种出于经济利益驱使而直接开发利用自然环境的行为（实际上针对的是自然资源，如采矿、航运、水力和风力发电、耕种、砍伐、养殖、捕捞等行为）。从性质上看，与公民本能性的对良好环境的非财产性静态享用行为具有本质上的不同。换言之，企事业单位更为需要的是自然资源权（重点是采矿权、取水权等自然资源攫取权，土地经营权、水域养殖权等自然资源使用权）和排污权，而非没有财产价值的环境权。事实上，企事业单位在大多情况下反而是侵害环境权的主体。

---

[1] 胡静："论环境权的要素"，载《中国法学会环境资源法学研究会会议论文集》2002 年，第 192~195 页。

2. 即使对良好环境质量有一定要求的个别单位，可以运用生产经营权、自然资源权实现这一目的

个别情况下，某些生产经营活动对于环境质量有着特殊的要求，此时的单位是否可以或者有无必要成为良好环境权的主体呢？譬如，精密仪器的生产运行需要在相对无振动的环境中才能正常开展，钢琴制镜需要在没有氟化氢污染的环境中才能保证产品质量，疗养院和度假村需要在安静、清洁、优美的环境中方能有序运营，渔业企业需要在清洁卫生的水体中从事捕捞和养殖……此前，笔者曾经认为，特定情况下的单位应当享有良好环境的环境权。[1]经过进一步的思考和研究，笔者转而认为，单位不能也没有必要成为良好环境权的主体。首先，单位本身并没有享有环境利益的需求，良好环境并非单位的权利对象，所处环境的好坏只是影响其生产经营的外在条件或外在因素而已，只要采取一定的措施就可以缓解和避免（譬如钢琴制镜在密闭性良好的车间进行）。其次，只要将企业的生产经营权和自然资源权（如土地使用权、海域使用权等）稍作生态化的扩张和改良（譬如，对土地、水流、海域等自然资源的资源权，不仅有面积、体积等自然资源数量上的要求，还可以有土质、水质等自然资源品质上的要求），就能涵盖对良好环境品质的权利需求。这样一来，钢琴制镜企业就可以妨害生产经营权为由起诉氟化氢排污者，渔业企业也可以妨害海域使用权为由起诉污染海域的排污者。按照"若无必要，勿增实体"的奥卡姆剃刀原则，完全没有必要再另外创设所谓的单位环境权了。

二、人类和自然体环境权说及其检视

（一）人类环境权说及其检视

"人类环境权说"认为，人类环境权是指一国的全体国民和全世界人类共同享有的环境权利。在国内环境法中，体现为全体国民的整体环境权利；在国际环境法中，体现为全世界所有人的整体环境权利。[2]人类环境权是环境权概念发展过程中的早期形态。关于人类环境权的表述，集中体现在 1972 年通过的《人类环境宣言》原则中："人类（Man）有权在一种能够过尊严和福

---

〔1〕　杨朝霞："环境权：生态文明时代的标志性权利"，载《环境保护》2012 年第 23 期。
〔2〕　周训芳："论可持续发展与人类环境权"，载《林业经济问题》2000 年第 1 期。

利的生活环境中，享有自由、平等和充足的生活条件的基本权利，并且负有保护和改善这一代和将来的世世代代的环境的庄严责任。"〔1〕

相较于其他环境权概念而言，人类环境权的学术构想似乎得到了学界较多的肯定和支持。徐祥民教授更是持人类环境权唯一说，认为环境权只能是人类的环境权，"环境权是人类的权利，是整体的人类对人类生存繁衍所依的整体环境的权利"。〔2〕对此，笔者不免有诸多疑惑：

1. 人类环境权没有存在的唯一性

这是因为，从利益分析的角度来看，几乎不存在一种只为全人类所有人而不为其中一部分人所享有的环境利益，如至少还存在公民环境权。尽管，根据环境学或生态学的原理，大气、河湖、海洋等许多环境要素大多具有整体性、不可分性等典型的属性特征，不同环境要素之间也具有生态整体性和相互联系性等特性，正因如此，这些环境要素上所承载的环境利益便拥有了一定的共同性或公共性。然而，必须注意的是，这种共同性或公共性的利益在现实中无疑是具有相对的地域或空间范围的，通常为一定区域或地区范围内的公民所共同享有。

事实上，连温室层、臭氧层这些所谓的全球环境要素，对人类的环境影响都具有一定的区域差异性。只有在极为特殊的情况下，如公海、公海海底、南极、北极、外层空间等国家主权管辖范围以外的环境要素，才能算全人类意义上的环境要素（只能为全人类所有人所有）。

总之，至少不存在只有人类环境权的情形，还存在其他主体类型的环境权，如公民环境权等。

2. 人类环境权没有成立的合理性

即使是南极、北极、公海等全人类意义上的环境要素，由于同人类之间存在环境利益上的间接性和滞后性，依权利的法理（一般只可对直接的利益成立权利），也是难以被权利化为人类环境权，用所谓环境权的路径来进行保护的（对于这种环境利益，可作为反射利益，运用行政手段进行保护）。公海、公海海底、南极、北极等同人类之间倒是存在自然资源利用上之财产利

〔1〕 国家环境保护总局国际合作司、国家环境保护总局政策研究中心编：《联合国环境与可持续发展系列大会重要文件选编》，中国环境科学出版社 2004 年版，第 127~129 页。

〔2〕 徐祥民："对'公民环境权论'的几点疑问"，载《中国法学》2004 年第 2 期。

益的直接性，可以利用自然资源所有权意义上的自然资源人类共同所有权对其进行保护。

事实上，现行国际环境法就是采用人类共同所有权的方式，将其分为"人类共同财产"（common property of mankind）和"人类共同遗产"（common heritage of mankind）进行分类保护的：对于公海、在公海上方生存或迁徙的鸟类和其他野生动物等"人类共同财产"，所有国家均可平等地利用，但不得将其置于自己的主权管辖之下；对于公海海床和洋底及其底土、月球等"人类共同遗产"，任何国家只有为了全人类的利益才有权予以利用（即无权仅为了本国的利益而利用），但也不能被任何国家宣布处于其主权控制之下。[1]

在这里，必须特别指出的是，对于自然体（各类自然要素及其组合体）的法律保护，从权利路径来看，至少有环境权和资源权（重点是自然资源所有权）两套权利工具，两者各有优劣，在实践中可灵活选择，不一定非得生拉硬扯地搬用环境权的方式。

3. 人类环境权没有成立的必要性

如果说人类环境权的权利主体是全人类，那义务主体是谁呢？假定我们认定义务主体也是全人类，那么在一个法律关系之中权利主体与义务主体相同，这不是有违法理常识吗？如果假定人类中的全体是权利主体，其中的一部分是义务主体（该部分人开发利用环境和资源，可能对环境构成污染和破坏），也不必非得大费周折，创设和运用所谓"人类环境权"来保护该环境，运用一般的公民环境权就可以实现此目的，即由义务主体之外的其他与此环境利益密切相关且不会放弃该利益的人通过主张环境权来保护该环境。

实际上，按照徐祥民教授关于"此人类非彼人类"的精妙解读，人类既可以作为集合概念（指全人类所有人组成的整体），也可以作为类概念（相对于野生动植物、微生物等其他生物类别上的人，其质的规定性为每一个人所具有）。依此而言，《人类环境宣言》（以下简称为《宣言》）所称的"人类环境权"实际上指的是作为类概念的人（human）的环境权——只要是人就享有该环境权（该种环境权的规定性应为每一个人所具有），而非作为集合概念上的全人类（all human beings）的环境权——全人类所有人的环境权共同组成的整体。事实上，《宣言》使用的是"human has the ……right ……in an

---

〔1〕　王曦编著：《国际环境法》（第2版），法律出版社 2005 年版，第 89 页。

environment……"〔1〕按照中文的表达习惯，翻译过来，似应译为"人人有环境权"（自然人环境权）而非"人类有环境权"（人类环境权），即"人人有权在一种能够过着尊严和福利的生活的环境中，享有自由、平等和充足的生活条件的基本权利，并且负有保护和改善这一代和将来的世世代代的环境的庄严责任"。在国内法层面，这实际上指的就是公民（自然人）环境权。

综上所述，不难看出，人类环境权的创设，既无必要性，也无合理性，更无唯一性。

（二）自然体环境权说及其批判

"自然体环境权说"通常建立在"生态中心主义"的伦理基础上，认为环境或者自然能够且应当拥有属于自身的合法权利。这一学说的逻辑假设是，既然法律权利的主体可以扩展到少数民族、黑人、妇女和公司，那么，也可以扩展到自然界的环境要素。〔2〕

持"自然体环境权说"的代表是汪劲教授和郑少华教授等学者，共同的主张是自然体或生态也应成为环境权的主体。特别是郑少华教授主张建立生态权利谱系，并实现社会法的生态化。所谓社会法生态化，是指以生态主义作为法哲学主张，建构社会法的理念与体系，进而指导社会法的实在法运动。〔3〕他认为，引入"生态中心主义"生态权利观的积极成分，形成新型的生态权利结构体系，是我们面临全球生态危机，重塑环境法理学的重大课题之一。〔4〕

在立法实践上，确实也有国家确认了自然的权利。譬如，厄瓜多尔2008年的《宪法》就新增了第7章"自然的权利"。该法第71条第1款明确规定："自然，孕育生命的大地母亲，享有生存、保全并按照其周期、结构、功能与进化过程获得再生的权利：任何人、民族、团体或部落，均可向公共机构要

〔1〕《人类环境宣言》原则1的英文原文为："Man has the fundamental right to freedom, equality and adequate conditions of life, in an environment of a quality that permits a life of dignity and well-being, and he bears a solemn responsibility to protect and improve the environment for present and future generations"。官方将其翻译为"人类有权在一种能够过着尊严和福利的生活的环境中，享有自由、平等和充足的生活条件的基本权利，并且负有保护和改善这一代和将来的世世代代的环境的庄严责任"。

〔2〕Sanja Bogojevi & Rosemary Rayfuse, Environmental Rights in Europe and Beyond: Setting the Scene, in Sanja Bogojevi & Rosemary Rayfuse（eds）, Environmental Rights in Europe and Beyond, UK, HART PUBLISHING, 2018, p.5. 转引自彭峰："论我国宪法中环境权的表达及其实施"，载《政治与法律》2019年第10期。

〔3〕郑少华："略论社会法生态化"，载《华东政法大学学报》2004年第4期。

〔4〕郑少华：《生态主义法哲学》，法律出版社2002年版，第101页。

求其承认自然的权利。"[1]紧接着，第 71 条第 2 款还规定了自然体权利的实施制度："任何个人（persons）、社区（communities）、民族（peoples）和部落（nations）均可以要求公权力部门实施自然的权利。在适当地行使和解释这些权利时，宪法中所规定的原则应当被遵守。"此外，还有个别国家效仿之，在法律中规定了自然体的权利，如玻利维亚的《地球母亲权利法》（Law of therights of Mother earth，2010 年制定，2012 年修改为《世界地球母亲宣言》）和新西兰的《尤瑞瓦拉国家公园法》（2014 年制定）等。其中，玻利维亚《地球母亲权利法》第 2 条对自然体的权利规定得更为明确、具体："地球母亲及其组成的所有生灵具有以下固有权利：（a）生命权和存在权；（b）受尊重的权利；（c）恢复其生物能力并继续其不受人为干扰的重要循环和过程的权利；（d）作为独特、自我调节和相互关联的存在保持其身份和完整性的权利；（e）获得生命之源的水的权利；（f）享有洁净空气的权利；（g）整体健康权；（h）免于污染、污染物、有毒或放射性废物侵害的权利；（i）不得以威胁其完整性或重要和健康功能的方式修改或破坏其遗传结构的权利；（j）因人类活动造成的侵犯本宣言所承认的权利的充分和迅速恢复的权利；（2）任何生灵都有权为了地球母亲的和谐运行而在其上占有一定空间、对其扮演自身角色的权利；（3）任何生灵皆有权享受福祉、并免于人类的酷刑或残忍对待地生活的权利。"[2]

司法实践上，不少国家也出现了以自然体为权利主体的案例。譬如，2017 年，印度北阿坎德邦的高等法院授予某些河流和冰川与人类相同的合法权利。高等法院承认恒河和亚穆纳河为法人，因为它们具有"神圣和受人尊敬"的地位，法院指定州政府为它们的监护人。此后，北阿坎德邦政府向印度最高法院提起上诉，称"他们作为河流守护者的责任并不明确，因为这些河流远远超出了北阿坎德邦的边界"。[3]不过，印度最高法院撤销了高等法院

---

[1]　Art，71，Republic of Ecuador Constitution of 2008.

[2]　彭峰："论我国宪法中环境权的表达及其实施"，载《政治与法律》2019 年第 10 期。

[3]　经审理后，印度最高法院撤销该高等法院判决，作出否定恒河、亚穆纳河"有生命实体，拥有法人地位"的决定。该国最高法院表示，将两河视为生命实体在法律上不成立。这两条河源自雅母诺特里（Yamunotri）和根戈德里两条冰川，它们都是印度教中的圣河，恒河也被称为 MAA（母亲），不过恒河目前是地球上污染最严重的河流之一，先前高等法院裁决的目的，就是为了提供法律依据，让工业废水不能倒入"生命体"中。然而，邦政府在上诉状中称："为了保护社会信仰，河流

的判决，否定了恒河、亚穆纳河的法律主体地位。2019 年 7 月，情况逆转，孟加拉国最高法院作出终审判决，承认所有河流均与人类拥有同等法律地位，并指定河流保护委员会（National River Conservation Commission）为孟加拉国河流的合法监护人。在日本，曾发生茨城县"大雁的自然权利诉讼"和北海道"大雪山号哭兔子审判"等六大著名的"自然的权利"诉讼。[1]我国也不乏这样的案例。2005 年 12 月，针对松花江水污染事件，北京大学 7 名师生以自身的旅游景观权和松花江、太阳岛、鲟鳇鱼等自然体的环境权受损为由，提起了中国首例以自然体为权利主体的公益诉讼，请求判令被告斥资修复松花江生态环境。

那么，到底是否应当赋予自然体的环境权主体地位呢？

1. 基于伦理学的检视

"生态中心主义"环境法哲学，与"生态中心主义"环境伦理观紧密相关，也可以说是这一伦理观在法哲学领域的延伸与扩展。不过，问题的症结在于，这一伦理学观点并不具备法律化的条件和基础。生态主义对于人文主义的限定和矫正，虽然有利于促进人文主义的发展，不过任何生态主义都是出于人的构建，他可能超越传统的极端的"人类中心主义"，却不可能总体上在人的立场之外存在。[2]对于"生态中心主义"环境伦理观的某些积极因素，我们应当作出合理回应，但这并不表明，我们必须彻底否定和摒弃"人类中心主义"观点。

这是因为，根据道德法律化的基本原理，[3]法律只能是基本的道德，只

（接上页）不能被宣告为法人。"2019 年 7 月，孟加拉国最高法院的一项具有里程碑意义的判决，承认所有河流与人类同等法律地位，它的河流被视为生命体，这一判决旨在保护世界上最大的三角洲免受污染、非法疏浚和人类入侵的进一步破坏，河流保护委员会（National River Conservation Commission）被指定为孟加拉国河流的合法监护人。

〔1〕 韩立新：《环境价值论》，云南人民出版社 2005 年版，第 128～131 页。

〔2〕 张震：《作为基本权利的环境权研究》，法律出版社 2010 年版，第 45 页。

〔3〕 法律应该是最基本的道德，法律要被认同和被信仰，必须是以那个社会中被普遍认同的道德为基础而制定的。对此，埃德加·博登海默主张："道德中有些领域是位于法律管辖范围之外的，而法律中也有些部门很大程度上是不受道德判断影响的。但是，实质性的法律规范制度仍然是存在的，其目的就在于强化和确使人们遵守一个健全的社会所必不可少的道德规则。"［美］E. 博登海默：《法理学——法律哲学与法律方法》，邓正来译，中国政法大学出版社 2004 年版，第 399 页。

能将整个社会普遍认可和广泛接受的基本环境道德[1]——绿色化的"人类中心主义"伦理道德予以法律化，不可将作为"美德""高德"[2]的"生态中心主义"环境道德与生态伦理上升为法律的强制性要求。道理很简单，法律虽然具有强制力，但是"法律断无强人为善的力量，而只能消极地禁人为恶"。[3]具体而言，"法律可使社会有序，可使人获得安全的保障，可使人循规蹈矩，却不能使人过上优良的生活，也不会使人有更高尚的追求，如果无限地用法律的手段来达成道德的美好，无疑等于取消了道德规范的原则性、道德制裁的内在性、道德追求的超越性等真正特性，也就等于取消了道德，最终还会伤害到法律自身"。[4]至于"生物中心主义""生态中心主义"伦理观下的环境道德，属于"高德""美德""至德"或者"愿望的道德"[5]，只能以提倡和鼓励的方式对社会公众进行引导，不可强行要求。

2. 基于生态学的检视

从生态学的原理来看，人类之所以要保护自然资源和生态环境，是因为"社会-经济-自然"复合生态系统[6]中的"三种生产"[7]（即人口生产、物质生产和生态生产）之间发生了失衡，自然系统的生态生产满足不了人口生

---

[1] 对于"基本道德"的界定，有学者认为可采用如下标准：①它是社会大多数成员已经达成共识的道德，如信守契约原则、不伤害他人原则等等；②它是市场经济所内需的根本道德规范、道德精神及其价值原则；③它对于社会整体道德水平和社会秩序有着极其重要的影响；④它有普遍的社会效应；⑤它与统治阶级所倡导的意识形态有着内在的一致性；⑥它没有超出一个理性人力所能及的范围。参见博小青："试析道德法律化的限度"，载《理论导刊》2004年第6期。

[2] 有学者将道德分为至德、高德和平德。至德（亦可称为极美道德），是人类所憧憬的最理想的道德状态，也许只有"圣人"或"上帝"才能做到，如"普度众生"。高德（亦可称为高层道德），是人们对至善的追求，为少数人所达到，如"舍己救人"。平德（亦可称为基本道德），是人类过有秩序社会生活的基本要求，可为一般公众所践行，如"诚实信用"。参见周恒利："道德三品与法律特区"，载《道德与文明》2004年第1期。

[3] 瞿同祖：《瞿同祖法学论著集》，中国政法大学出版社1998年版，第315页。

[4] 博小青："试析道德法律化的限度"，载《理论导刊》2004年第6期。

[5] 富勒将道德分成高低不同的两个层次，即"义务的道德"（morality of duty）和"愿望的道德"（morality of aspiration）。"义务的道德"是人类生活的必要条件和基本要求，是对人们最低限度的要求，他所规定的是人类过有秩序的生活所必须遵守的规则。"愿望的道德"是指一个人从成功的起点对自己提出的进一步的道德要求，是人类对美好至善的追求，是人类生活的最高目的，它提供给人们一个道德理想，与"义务的道德"相比其处于比较高的层次上，因此不可能要求每个人都能做到。张文显：《二十世纪西方法哲学思潮研究》，法律出版社1996年版，第425~426页。

[6] 马世俊、王如松："社会-经济-自然复合生态系统"，载《生态学报》1984年第1期。

[7] 叶文虎、陈国谦："三种生产论：可持续发展的基本理论"，载《中国人口·资源与环境》1997年第2期。

产、物质生产对优质生态产品的需求，出现了环境污染、资源短缺和生态退化的供给危机。由此，需要通过控制人口规模、优化国土空间布局、调整产业和能源结构、转变生产和消费方式、加强环境治理、强化生态修复等手段，推进生态文明建设，不断满足人民群众日益增长的良好生态环境和充足自然资源的生态产品需要，以实现人口生产（重要因素是人口数量、地域分布和消费方式）、物质生产（重要因素是农产品、工业品和基础设施的数量和品质）和生态生产（重要因素是环境容量的大小和自然资源的数量和质量）在生态产品上的供需平衡。换言之，"人类中心主义"本身并没有错，错的是人类的物欲膨胀、贪得无厌和良知的泯灭和丧失，以及对法律秩序的藐视、挑战和背叛。[1]

相反，人类正是基于"人类中心主义"的立场，从维护全人类的长远利益和整体利益出发，以"社会-经济-自然"复合生态系统内部"三种生产"的平衡为原则，对极端"人类中心主义"的不当行为进行控制和约束，来实现对自然系统的保护，最终达至"生产发达、生活美好、生态健康"之"三生共赢"的高质量绿色发展。正如周训芳教授所言："保护动物，不是保护动物的权利，而是保护人类的生态性利益和财产性利益。"[2]实际上，保护环境、资源和生态只是环境法的直接任务，保障人类对于环境、资源和生态的各种权益才是环境法的根本目的。

3. 基于法理学的检视

"生态主义环境权说"主张赋予生态或自然体以环境权，无疑倒置了人与自然的关系，抛弃了人的主体性，忽视了人的能动性，拔高了自然体的价值性，违背了权利的基本法理。

回顾权利主体制度发展的历史，我们必须承认，民事权利能力的范围确实并非是封闭不变的（奴隶、妇女、黑人后来才被赋予权利能力），权利能力也并非一种非有即无的二选一状态。实际上，在具有全面的权利能力和完全不具有权利能力之间，还存在着部分权利能力（在部分法律关系中具有权利能力）的可能性；在一般权利能力之外，也存在具体权利能力[3]（例如胎儿的权利能力）的正当性。然而，我们也必须承认，"不具有理性（这里包括自

---

〔1〕 周训芳：《环境权论》，法律出版社 2003 年版，第 135 页。

〔2〕 周训芳：《环境权论》，法律出版社 2003 年版，第 136 页。

〔3〕 参见施启扬：《民法总则》，中国法制出版社 2010 年版，第 64 页。

身理性和监护人弥补的理性）的人，只能在人格权法律关系和纯获利益的法律关系中具有权利能力"。换言之，并非任何客观存在都可以被授予权利能力，就连不具备理性的人也只有在人格尊严和纯获利益等特殊情形中才享有权利能力，具备权利主体资格。[1]

正如程燎原和王人博教授所言："权利不是游离于主体而独立存在的一个实体范畴。当我们说权利的时候，表达的是'人的权利'。"[2]事实上，无论是在哲学，还是在各门社会科学中，"主体"总是意味着某种自主性、自觉性、自为性、自律性，某种主导的、主动的地位，这种特性在法律关系的主体上则集中表现为"权利能力"。[3]

从反面来看，将自然体上升为法律主体，授予其环境权利，将遭遇巨大的理论难题和逻辑困境。[4]其一，无法解释法律为何只对一部分自然体进行保护，如熊猫、金丝猴等，而对另一部分自然体则不予保护甚至还要进行捕杀和清除，如蝗虫、美国飞蛾等。其二，离开了人对自然体的利益需求，将无法确定法律对自然体进行保护的范围、标准和尺度。譬如，为什么要进行环境空气功能分区并提出不同环境质量要求，《环境空气质量标准》（GB3095-2012）为何将PM2.5的二级质量标准规定为日平均$75\mu g/m3$？反过来，如果坚守传统法的原理，将人作为主体，将自然体作为客体，为保护公民的环境权益而对开发利用自然体的行为进行规制，这些问题便可迎刃而解。如果忘却环境、资源和生态对于人类的功能和价值，抛弃人类对环境、资源和生态的环境权、资源权和排污权等权益，生态文明建设工作将失去奋斗的方向、行动的依据和操作的标准，最终很可能陷入"非人类中心主义"乃至"极端环保主义"的泥潭。譬如，无视野生动物的资源属性和保护野生动物的根本目的（实现野生动物资源的可持续利用和维护生态平衡），提出"废除一切对野生动物的商业性利用，对野生动物进行全面和彻底保护"的极端观点。

"权利主体由'人'向自然体的跨越，带来的不是权利的扩大，而是整个

---

[1] 参见刘召成："部分权利能力制度的构建"，载《法学研究》2012年第5期。

[2] 程燎原、王人博：《权利及其救济》（第2版），山东人民出版社2004年，第22页以下。

[3] 参见张文显：《法学基本范畴研究》（修订版），中国政法大学出版社2001年，第101页。

[4] 杨朝霞："论动物福利立法法的限度及其定位——兼谈动物福利立法中动物的法律地位"，载《西南政法大学学报》2009年第3期。

权利理论根基的颠覆；不是权利的发展，而是权利的终结。"〔1〕可见，以"生态中心主义"伦理学为指导的生态主义环境权说，虽然设想美好，但终究过于乌托邦，既背离科学也有违法理，显然不具备成为实然法的可能性。

三、后代人环境权说及其修正

后代人环境权说认为，从法律主体不断扩展的历史发展趋势、传统的法律理论以及国际国内环境立法、司法实践三个维度进行考察，确立后代人环境权是可行的；内容上主要是指不差于当代人环境质量的权利；〔2〕可引入代理制度，为尚未出世的后代人设定法定代理人（如环保组织或公民等），代为实施后代人的环境权。蔡守秋、吕忠梅、〔3〕陈泉生〔4〕等众多学者都认可了后代人的环境权主体地位。当然，也有不少学者持否定态度。一方面，是因为把当代人和后代人视为两个存在利益冲突的独立主体，在理解上存在重大困难。譬如，刘卫先认为："'当代人'与'后代人'应该是作为整体的人类的不同发展阶段，是同一个主体，而不是存在利益冲突的两个独立主体。"〔5〕另一方面，由于后代人并未现实存在，传统的"交换正义"理论已无法对后代人权利和代际伦理提供正当性解释。所谓义务，是人们为了维护彼此的利益和权利而进行的自我限制。它源于人们之间基于利益的相互性或交换性，即"交换的正义"。换言之，一个人能够为他人尽义务是因为这样做可以使他得到相应的回报。然而，当代人对后代人的义务无法适用这一解释，因为当代和后代之间没有"相互性"。〔6〕尽管汉斯·约纳斯提出了不依赖于"相互性"的"责任原理"，强调了当代人对未来后代负有责任；夫列切特试图用"社会契约论"论证代际伦理的可能性，帕斯莫尔和加藤尚武等人也做了很大的努力，但总体而言，这些建立在自由主义基础上的理论解释均有些力不从心。〔7〕

〔1〕 徐祥民、巩固："自然体权利：权利的发展抑或终结？"，载《法制与社会发展》2008年第4期。
〔2〕 陈红梅："后代人环境法主体地位的构建"，载《西南民族大学学报（人文社科版）》2004年第5期。
〔3〕 参见吕忠梅主编：《超越与保守——可持续发展视野下的环境法创新》，法律出版社2003年版，第250页。
〔4〕 参见陈泉生等：《环境法学基本理论》，中国环境科学出版社2004年版，第325页。
〔5〕 参见刘卫先：《后代人权利论批判》，法律出版社2012年版，第74~190页。
〔6〕 韩立新：《环境价值论》，云南人民出版社2005年版，第193页。
〔7〕 韩立新：《环境价值论》，云南人民出版社2005年版，第194~204页。

因此，有必要另外寻找正当性上的理论依据。实际上，当代人对后代人的环保义务是源于作为个人、集体、群体意义上的当代人对整体意义上的"人类"世代繁衍的义务，即为了人类作为一个整体在地球上的持续存在，当代人必须对后代人承担相应的义务，这是个体的人对整体的人类所肩负的道德义务。这是因为，任何个体都是人类的前代所赋予的生命，并享有了前代所创造的财富和保存的环境，也应当为人类的后代承担相应的义务，唯有如此，人类才能生生不息，世世代代存续下去。如果把个人和人类整体作为两个独立的主体，"交换正义"理论同样可以对后代人权利和代际伦理提供正当性解释。简言之，人类的祖先把地球和良好的环境传给当代的人们，当代人也应当把地球和良好的环境传给后代人。"与其说地球是从祖先继承的，不如说是子孙借给我们的。"这也符合罗尔斯的"储存原则"：不计时间地同意一种在人类社会的全部历史过程中公正地对待所有世代的方式〔1〕——从将来世代因环境污染和资源枯竭而处于更不利状况来看，如果自己是在该世代出生的（自己是后代人），在为这种利益的最大化作出决定的场合，当然是选择对现有资源和环境作出公正储存的决定。

从全球来看，后代人环境权也是具有一定法治实践支持的。在立法实践上，2012 年的《肯尼亚宪法》第 12 条关于"每个人都有获得清洁、健康环境的权利，包括：（a）为了当代和世代的权益，通过立法或者其他方式，特别是第 69 条规定的方式来保护环境；（b）履行由第 70 条所规定的与环境相关的义务"的规定，确认了后代人的环境权。在司法实践上，1990 年 3 月，44 名儿童和环保非政府组织"菲律宾生态网（PEN）"以"菲律宾环境自然资源部（DENR）"部长侵害他们自己以及尚未出生的后代人的权利（包括环境权）〔2〕为由，提起了团体诉讼，要求法院判令被告取消现行所有国内的木材许可协议，并停止受理、审查、更新和批准新的木材许可合同，最终取得了二审胜诉。〔3〕

要注意的是，从理论上讲，只有在后代人可能遭受不利环境影响，且运

〔1〕 ［美］约翰·罗尔斯：《正义论》，何怀宏、何包钢、廖申白译，中国社会科学出版社 1988 年版，第 279 页。

〔2〕《菲律宾宪法》第 16 条规定："国家保护和促进人民根据自然规律及和谐的要求，享有平衡和健康的生态环境的权利。"（原文：Section 16. The State shall protect and advance the right of the people to a balanced and healthful ecology in accord with the rhythm and harmony of nature. ）

〔3〕 Juan Antonio Oposa et al. v. Fulgencio S. Factoran, Jr. et al., G. R. No. 101083 (Sup. Ct. of the Phil., 1993).

用当代人环境权得不到法律救济的场合，才有将后代人设为环境权主体的必要。否则，因某一环境要素被某当代人污染或破坏而遭受环境损害的其他当代人，运用其环境权就能实现对该环境要素的保护，自无必要画蛇添足，再创设所谓的后代人环境权来保护该环境了。

首先，后代人环境权只适用于可能遭受跨代性环境侵害的环境权类型，如清洁空气权、清洁水权、景观权等。从权利构成理论来看，只有当代人承担对后代人的环境义务的情形，才有成立后代人环境权的必要，正所谓"无义务，则无权利"。换言之，并不是任何类型的环境权都能成立后代人环境权。譬如，采光权、通风权、安宁权等只可能遭受瞬时性或暂发性环境侵害的环境权类型，不存在也没有必要设立所谓的后代人环境权（这些类型的环境权，只有当代人承担环境义务）。

其次，只有在跨代环境侵害得不到法律救济的场合，后代人环境权才有存在的必要性或现实意义。第一种适用的情形是：污染或破坏行为对"当代人"（自己和他人）没有影响，对"后代人"却很有可能造成不利影响。对此，可以危险废物填埋为例说明之。在短期的时间内，符合常规标准或要求的危险废物填埋，对"当代人"可能没有什么不利影响，但对未来的"后代人"却有可能产生潜在危害。譬如，很可能由于填埋场缓慢渗漏、地下水位上升、地震、海啸等原因，导致危险废物对后代人产生环境侵害，这时赋予后代人环境权就很有必要。第二种适用的情形是：污染或破坏行为对"当代人"和"后代人"都有不利影响，但享有环境权的当代人放弃了环境权。此时，针对环境侵害行为，缺乏权利主张的当代主体，只有赋予和运用后代人环境权，通过后代人环境诉讼，才能保护环境。对此，我们可以 2015 年的"中华环保联合会诉方某双、谭某洪水污染环境民事公益诉讼案"为例予以说明。[1]鱼塘的污染不仅侵害了当代人的权益，很可能还殃及子孙后代。其中，受污染影响的当代人主要包括如下几类：作为所有权人的村集体，作为

---

[1] 2011 年 8 月，方某双将其承包的两个鱼塘转租给谭某洪。当年 9 月 1 日至 3 日，谭某洪向其中一个面积为 0.75 亩的鱼塘倾倒不明固体污泥 110 车。之后，方某双收回鱼塘，撒上石灰后继续养鱼。2011 年 9 月 14 日，广州市白云区环境保护局到上述被倾倒污泥的鱼塘进行现场检查取样。经检测，确认该鱼塘铜和锌超过相应限值。中华环保联合会诉请法院判令谭某洪、方某双共同修复鱼塘至污染损害发生前的状态和功能，或承担恢复鱼塘原状所需的环境污染处理费 4 092 432 元，广州市白云

承包经营权人的方某双，作为经营权人的谭某洪，以及作为环境权人的周边村民（因鱼塘被污染致使环境权益可能遭受侵害的人群，主要是居住在鱼塘附近的村民）。本案的现实问题是，除经营权人为环境侵权人以外，环境权益可能遭受侵害的鱼塘所有权人、承包权人以及理论上的环境权人（村民），均放弃了对鱼塘污染的法律救济。此时，只有赋予后代人环境权，通过后代人环境权诉讼（可通过诉讼信托，委托给环保组织、检察机关来行使），才能有效救济受损的环境。这也正是本案的中华环保联合会提起公益诉讼的正当性依据和起诉初衷。反观前文提到的"奥伯萨诉菲律宾环境与自然资源部长案"（Oposa et al. v. Fulgencio S. Factoran, Jr. et al.），由于当代人（44 名儿童）和后代人受被告行为所影响的环境利益在内容上并无不同，完全没有必要兴师动众启用所谓的后代人环境权——直接通过 44 名儿童的当代人环境权诉讼，就能实现本案的诉讼目的（取消伐木许可）。

　　当然，后代人环境权的实现有其特殊性，需要有特别的制度设计。首先，由于后代人现实中并不在场，可设立委托代理人（如后代人委员会、环保组织、检察机关等）代为行使环境权，代其提起后代人环境权诉讼。其次，后代人环境权侵权责任应采用过错推定原则，即被告（当代人）不能证明破坏后代人的环境没有过错的，才需承担对后代人环境权侵权责任。也就是说，如果被告能证明没有过错，譬如在当时的经济技术条件下，的确没有符合公共环境健康、安全、福利的"可行和谨慎的替代方案"，[1]采用该方案（如

（接上页）区人民检察院作为支持起诉人支持中华环保联合会提起诉讼。经过两审后，该案最终的生效判决认定：本案环境污染行为不仅会损害个人的身体健康、财产等权益，还会涉及不特定多数人的权益，甚至殃及子孙后代，此类侵权除具备侵权行为的私害性外，更具有公害性，中华环保联合会可提起公益诉讼，弥补了环境公益诉讼救济主体的重要缺失，无论是对于个人权益还是社会公共利益的保护，都显得非常必要和及时。最高人民法院环资庭的王旭光和王展飞等认为，由于集体所有或者其他民事主体享有使用权的土地、森林、草原等环境资源遭受污染或者生态破坏时，受害人往往只主张人身和财产救济，对于生态环境本身的损害未必主张，或者没有将赔偿所得的款项用于生态环境的修复。如果听之任之，社会公共利益或者说特定范围内公众的环境利益所遭受的损害就无法得到救济。本案确立了以下规则，即公民、法人和其他组织未就其支配领域内的生态环境损害提起诉讼的，社会组织、检察机关就有权对之提起环境民事公益诉讼（此类诉讼本质上属于后代人环境权诉讼。笔者注）。参见王旭光、王展飞："中国环境公益诉讼的新进展"，载《法律适用（司法案例）》2017 年第 6 期。

　　〔1〕　〔美〕爱蒂丝·布朗·魏伊丝：《公平地对待未来人类：国际法、共同遗产与代际间衡平》，汪劲、于方、王鑫海译，法律出版社 2000 年版，第 128 页。

填埋危险废物）确实属于万不得已的，就不构成对后代人环境权的侵权。再次，在国际环境法层面，后代人环境权的主要义务主体是发达国家，而非发展中国家。发展中国家的首要任务是发展，特别是要以摆脱贫穷与落后为第一要务，况且发达国家还应当为其提供资金和技术援助。

当代人的自然资源权与后代人的环境权之间很有可能发生权利冲突，这正如妇女的生育权与胎儿权利之间会存在权利冲突一样。对此，爱尔兰法律规定，只有当妇女由于怀孕而导致生命危险时，堕胎才是被允许的，否则即使是被强奸怀孕，也不能堕胎。2004 年，澳门行政当局修改了第五九／九五／M 号法令中的自愿中断怀孕制度，规定只有在 3 种特殊情况下，当事人可以在怀孕的首24 周内[1]自愿中断怀孕：①孕妇有死亡危险，适当避免其身体或精神受严重损害；②经扫描或符合职业规则证实，或有理由相信将出生者患有不可治愈的严重畸形；③有强烈迹象显示怀孕系因侵犯性自由或性自决造成的。不能成活的胎儿，则可以在任何时间中断怀孕。英国也有类似规定。[2]

四、结语：环境权主体仅限于当代和后代的自然人

现代法学理论是人类经过数百年对法律科学进行不懈探索、不断甄别、实践检验、修正完善而被广泛接受成为"主流"学说的重大理论成果。尽管环境法学面对的是十分特殊的"环境问题"，但我们仍应坚持主流法理学理论的指导，坚持以法学规范来研究、解决环境法的理论问题。[3]正如王轶教授所言，要尊重法学传统，除非有足够充分且正当的理由，否则，不能改变或颠覆关于法律权利主体的经典法学理论。[4]对此，马克思·韦伯早就警示我们："一个事物若是失去了传统价值意义系统的支持，就很容易陷入合法性的

---

[1] 医学研究临床证实，一些疾病在怀孕中期才会发现，继续怀孕可能损害孕妇的器官或导致不孕；对这些疾病的治疗措施可能令胎儿出现畸形甚至死亡。对胎儿是否患有畸形或不治之症的产前检查方法可能要在第 20 孕周进行，需要 3 周时间才得出结果。

[2] 在英国，1967 年以前堕胎是一种犯罪，但根据 1967 年《堕胎法》的规定，如果两名开业医生确实认为继续怀孕会危及孕妇的生命，损害孕妇或孕妇其他子女的身体和精神健康，比终止怀孕危害更大；或认为确实存在这样的危险，即胎儿出生后将会有身体和精神上的畸形而导致重残，则可有一名开业医生终止怀孕。除在紧急情况下，中止怀孕必须在根据《国民保健署法》管理的医院进行。

[3] 陈泉生："环境权及环境侵权研究"，载周珂主编：《环境法学研究》，人民大学出版社 2008 年版，第 89 页。

[4] 参见王轶："对中国民法学学术路向的初步思考——过分侧重制度性研究的缺陷及其克服"，载《法制与社会发展》2006 年第 1 期。

危机。"[1]

要准确界定环境权主体的范围，至少首先必须明确以下几点：

其一，明晰环境权的内涵。即所说的环境权到底指的是什么权利，是无所不包东拼西凑的"大杂烩"，还是价值明晰、逻辑严密、内涵清晰的精确概念。换言之，只有明晰了环境权的内涵所指，才能准确探究环境权的主体。这也正是本书将"环境权的概念"置于"环境权的主体"之前进行探讨的根本原因所在。环境权仅指享用良好环境的环境享用权，既不包括开发利用自然资源的权利，也不包括主权意义上的环境资源管辖权。依此而言，国家、企业和其他组织都不能成为环境权的主体。

其二，明晰法理上权利主体的构成要件，所主张的环境权主体是否满足该构成要件。根据传统法学的经典原理，任何事物要成为环境权的主体至少必须满足两个条件：一是具有追求环境利益的驱动力，即具有对环境利益的内在需求；二是具有相应的法律资格，即具备相应的权利能力（拥有意识或者理性）。依此而言，只有人才能成为环境权的主体，自然体是无法成为环境权主体的。

其三，区分环境权主体和环境权行使主体等近邻概念。依此而言，国家和社会组织不是环境权的主体，但可以成为环境权的行使主体（受托主体）。

其四，具有主体资格创设的必要性和可能性。即把某一事物增设为环境权主体，必须具有现实意义和可操作性。依此而言，把人类和自然体作为环境权的主体，既无必要性，亦无可能性。

综上所述，环境权的主体仅限于公民（自然人），包括当代和后代的公民，企业、社会组织、国家、人类和自然体都不是环境权的主体。要注意的是，国家和社会组织虽然不能成为环境权的主体，但经法定信托或意定委托，可作为受托人成为环境权的行使主体。譬如，通过法定诉讼信托，环保组织可以成为环境权人的诉讼信托人，直接提起环境公益诉讼。此外，当代人是环境权最基本的主体，后代人仅为环境权的特殊主体，只有在后代人可能遭受不利环境影响，且运用当代人环境权得不到法律救济的场合，才有赋予后代人环境权主体资格的必要。概言之，所谓环境权，是指当代和后代的公民（自然人）享用有利于其健康和福祉的良好环境的权利。

---

[1] 李培超：《伦理拓展主义的颠覆——西方环境伦理思潮研究》，湖南师范大学出版社2004年版，第37页。

第五节　环境权益的保护和救济机制

由于环境的公共性、环境利益的整体性和权利主体的弱势性，环境权是一项十分脆弱的权利，很容易受到环境资源开发利用行为的侵害。"环境权是公共性和个体性的有机统一，环境权的公共性决定了环境权应当主要通过公法予以保护，环境权的个体性则说明私法在环境权的确认和保护中也有重要作用。"〔1〕环境权益的"公法与私法保护路径，并非'非此即彼'的关系，而仅以环境利益的充分、有效保障为共同目标"。〔2〕因此，环境权制度的核心任务在于综合采用私法和公法、实体法和程序法的多种手段，积极应对污染环境、破坏生态的民事行为、行政行为和国家行为，自由地实现、有效地保护环境利益。具体而言，除了可以采用宪法上的国家环境保护义务（分为尊重义务、保护义务和给付义务，〔3〕主要落实为人大的立法权、政府的行政权、法院的司法权等）、行政法上的政府环境职责（如环评审批之行政许可、责令治理污染之行政命令、查封扣押之行政强制、生态环境保护的行政补偿、突发环境事件的应急处理、责令停产停业之行政处罚等）、企业环保法律义务（如企业的环保设施"三同时"、清洁生产、达标排污等）等实体法上的权力机制和义务机制外，还可以运用一系列权利机制来保护和救济环境权益。

一、环境知情权和环境参与权

对于危害环境利益的行为，环境权人可通过基于环境权效力所派生的环境权请求权，请求侵害环境权益的私人主体停止侵害、排除妨碍、消除危险、恢复原状等，请求国家权力机关启动或停止某一国家行为（如请求制定环境立法、出台国家规划等），请求有关政府部门切实履行环境监管的法定职责，以保护其环境权益。其中，环境知情权（体现为环境信息获取请求权）和环境参与权（体现为环境行政参与请求权），就是为了保护和实现环境权而派生的权利（基于环境权的公法效力，类似于私法上的物权请求权）。从立法上

---

〔1〕　吴卫星：《环境权理论的新展开》，北京大学出版社 2018 年版，第 242 页。

〔2〕　徐以祥、李兴宇："环境利益在民法分则中的规范展开与限度"，载《中国地质大学学报（社会科学版）》2018 年第 6 期。

〔3〕　陈真亮：《环境保护的国家义务研究》，法律出版社 2015 年版，第 115~119 页。

看，2015 年的《环境保护公众参与办法》和 2018 年的《环境影响评价公众参与办法》就是对环境知情权和环境参与权进行法律表达的典型立法例。只不过，这两个行政规章的根本缺陷是没有区分与环境有无直接利害关系的民众，进而赋予不同效力的权利（只有与环境具有直接环境利害关系的公民才享有相应的环境权，方能享有充分的环境知情权和环境参与权）。在实践上，近年的厦门 PX 事件等"邻避运动"，实际上就是拟建项目周边民众运用环境知情权、环境参与权保护环境权益的典型案例。

要注意的是，环境知情权和环境参与权属于保护和实现环境权的派生、辅助性权利，并非环境权本身。因为，"程序权保护的法益是程序，而实体权保护的法益是诸如生命、健康、自由、财产、人格等实体性利益。因此，环境权不可能既作为实体权，又作为程序权"。申言之，"获取信息、参与监督只是与环境相关，但并非环境本身，它们只是辅助环境权的实现，甚至不仅辅助环境权，而且辅助其他权利的实现"。[1]

二、环境权（信托）诉讼

环境权的司法救济可分为两种方式：环境权人自身提起的诉讼和环保组织基于环境权的法定诉讼信托而提起的诉讼。

第一，环境权人诉讼。对污染、破坏公共的生活环境（如空气、饮用水源、采光、通风、自然和人文景观等）和生态环境（如森林、草原、河流、湖泊、土壤、野生动植物、海洋等）的行为，无论该生活环境和生态环境上的人文和自然资源是国家所有还是集体所有，享有环境权、具备相应能力、没有违法违纪记录的公民均可提起环境权诉讼。根据诉讼对象和诉讼性质的不同，可分为如下三类：①环境权民事诉讼（针对民事行为），如"张某国诉临澧县××养殖业农民合作社环境污染责任纠纷案"；[2]②环境权行政诉讼（针对行政行为），如"菲律宾儿童诉请政府撤销砍伐原始森林的木材许可协议案"[3]

---

[1] 王锴："环境权在基本权利体系中的展开"，载《政治与法律》2019 年第 10 期。

[2] 湖南省临澧县人民法院 [2012] 临民一初字第 517 号民事判决书。

[3] 例如，在菲律宾著名的"Juan Antonio Oposa and Others v. the Honourable Fulgencio S. Factoran and another 案"中，44 名儿童作为原告，向菲律宾政府提起了诉讼，请求环境与资源部撤销现有和未来的木材许可协议。对于这一案例，也有学者将其视为环境权宪法诉讼的案例。See Minors Oposa v. Sec'y of the Dep't of Env't & Natural Res. , July 30, 1993 33 I. L. M. 173, 178.

和"区某诉广州市城乡建设委员会等三部门拆除海珠广场围蔽案";[1]③环境权宪法诉讼（针对国家行为），如"阿根廷公民诉请联邦政府制定计划治理Matanza-Riachuelo 河污染案"。[2]当然，以清洁空气权、清洁水权、景观权等具有共享性的环境权为依据的环境权诉讼，其胜诉利益可惠及同一环境区域内不确定的多数人，这些能兼顾私益和公益的环境权诉讼，也属于广义环境公益诉讼的范畴（关于环境权的侵权责任规则，请见本书第五章的相关内容）。

第二，环境权信托诉讼。环境权人可能会由于资金、知识、时间、勇气、意愿等原因而无法或者难以起诉，对此，环保组织可基于公民环境权和法定诉讼信托[3]而提起环境权信托诉讼，保护受损的环境权益。[4]从性质上看，此种诉讼以环境公共利益为诉讼客体，且与环保组织并无直接利害关系，无疑属于典型的"环境公益诉讼"（包括环境民事公益诉讼和环境行政公益诉讼等）。典型案例如"中国绿发会诉贵州××置业有限公司侵害公众自由通行权和景观权之环境公益诉讼案"等。[5]

---

〔1〕 杨辉、吕楠芳："海珠广场围闭达 5 年区某状告三部门 法院拒受"，载《羊城晚报》2011 年9 月 27 日。

〔2〕 参见刘慧明："景观利益私人化的可贵尝试——日本最高法院第一小法庭 2006 年 3 月 30 日判决评析"，载《河海大学学报（哲学社会科学版）》2012 年第 1 期。

〔3〕 诉讼信托是委托人将债权等实体权利及相应诉讼权利转移给受托人，由受托人以诉讼当事人的身份，为实现实体利益进行诉讼，产生的诉讼利益归于受益人的一种信托制度和诉讼当事人形式。诉讼信托的最大的特点是，当事人不仅享有法律规定的实体利益，而且还享有为实体利益提起诉讼的权利。参见许卫："论诉讼信托"，载《河北法学》2006 年第 9 期；肖建华：《民事诉讼当事人研究》，中国政法大学出版社 2002 年版，第 145 页。

〔4〕 参见王明远："论环境权诉讼——通过私人诉讼维护环境公益"，载《比较法研究》2008 年第 3 期。

〔5〕 2018 年 11 月，绿发会接到举报，称：贵州××置业有限公司在贵阳市东风镇乌当区违法开发建设运营高尔夫球场，妨碍当地群众生活的同时对周边生态环境造成了严重的破坏。通过绿发会的现场调查，发现贵州××置业有限公司将当地重点河流渔梁河据为企业己用，公众无法进入流经乐湾国际高尔夫球场的河段，高尔夫球场的建设阻碍了群众享受美好自然环境的权利。为维护公众环境权益，绿发会向贵州清镇环境资源审判庭提起环境公益诉讼，要求贵州××置业有限公司立即停止高尔夫球场建设和运营，采取有效措施消除建设运营高尔夫球场对生态环境的破坏风险；立即拆除侵占渔梁河两岸的高尔夫球场所有设施，按规范留出沿河两岸的公共空间，保障公众自由通行和享受美好环境的权利，排除影响公众自由通行的妨碍。清镇环境资源审判庭正式受理立案。Hattie："绿会提起'保障公众自由通行和享受美好环境权利'公益诉讼，贵州清镇环境资源审判庭立案受理"，载中国生物多样性保护与绿色发展基金会网站：http://www.cbcgdf.org/NewsShow/4857/7435.html，访问日期：2019 年7 月 25 日。

三、自然资源损害赔偿诉讼

鉴于自然资源与生态环境的同体性（基于前述"一体三用"的属性，许多自然资源同时也是生态环境要素，如森林、草原、河流等）、关联性（某一自然资源要素受损势必导致另一生态环境要素受损，如滥伐森林导致水土流失）等客观规律，自然资源与生态环境具有一损俱损、一荣俱荣的关系，故基于国家和集体所有权的自然资源损害赔偿诉讼往往兼有环境权益保护的辅助和附带功能。[1]即利用"生态价值和经济价值附着在同一客体上"的特殊属性，通过能够"确权"的"自然资源"来保护"无主"的"生态环境"。[2]

（一）自然资源损害赔偿诉讼的类型及其权利基础

1. 国有自然资源损害赔偿诉讼（可称为自然资源国益诉讼）

对破坏国有自然资源（如土地、森林、草原、河流、湖泊、野生动植物、海洋等）的行为，有关行政机关在依法履行了自然资源和生态环境保护监管职责（穷尽了行政命令、行政强制等行政措施），自然资源国家利益和生态环境社会公共利益仍然处于受损状态的，有权的地方人民政府和有关自然资源资产主管部门，基于自然资源国家所有权、法律授权、特别委托以及国家生态文明建设义务，既可以与自然资源破坏者进行损害赔偿磋商达成赔偿协议（《渔业法》第35条关于"进行水下爆破、勘探、施工作业，……造成渔业资源损失的，由有关县级以上人民政府责令赔偿"的规定，不尽公平），也可以直接提起自然资源损害赔偿诉讼。

在诉讼请求上，原告可以请求被告承担停止自然资源破坏行为、治理和修复生态环境、恢复可再生自然资源再生条件、赔偿自然资源资产损失等民事责任。

---

[1] 鉴于自然资源和生态环境的一体性、关联性等内在联系，自然资源诉讼往往兼有生态环境保护的部分功能。譬如，由于森林兼有资源供给和生态保障的功能，保护了森林资源的实体也就保护了森林的生态功能。换言之，在此种场合，"资源"在，"生态"就在。再如，为了保护珍稀濒危野生动物资源，就必须保护其栖息地、迁徙洄游通道、产卵、索饵、繁殖、越冬场所和生态廊道。换言之，要有效保护自然资源，就必须保护相应的生态环境。不过，生态环境保护只是自然资源损害赔偿诉讼的辅助功能，其根本目的或主体功能是自然资源保护。对环境、资源、生态和生活环境、生态环境以及生态环境损害、自然资源损害等概念进行辨析，是一项十分复杂的系统工程，笔者将另行撰文进行专门论述。

[2] 张宝："生态环境损害政府索赔权与监管权的适用关系辨析"，载《法学论坛》2017年第3期。

当然，从理论上讲，若将环境容量视为一种准自然资源（附着于空气、河流、湖泊、海洋等自然要素实体之上的拟制性资源），地方人民政府和环境保护主管部门也可基于环境容量国家所有权提起环境容量损害赔偿诉讼。只不过，从逻辑上讲，须以当地的环境容量业已资产化为前提条件（如征收了环境容量有偿使用费或者实施了排污权交易等），否则，"环境容量"只可归入"生态"（属于生态的纳污净化功能）的范畴，还不能说是一种"资源"（此时只可通过后文所述的"生态环境损害赔偿诉讼"寻求救济）。[1]

2. 集体自然资源损害赔偿诉讼（可称为自然资源共益诉讼）

对破坏集体所有的自然资源及生态环境的行为，集体经济组织也可以提起集体自然资源损害赔偿诉讼。只不过，从近年的情况来看，由于意识的缺乏和能力的不足，全国各地关于此方面的案例寥寥无几，典型案例如"小箐口村小组诉戴某相等人破坏植被公益诉讼案"等。[2]

（二）自然资源损害赔偿诉讼的局限性

要注意的是，自然资源损害赔偿诉讼在救济环境权益上具有难以克服的局限性。

其一，难以适用于没有明显资源功能的环境要素。通常而言，通过自然资源损害赔偿诉讼来救济环境权益的"曲线救国"方式，只能适用于既是自然资源又是生活环境（可作为环境权的对象）的自然要素，如森林、草原、耕地、绿地、园地、野生动植物、湿地、河流、湖泊、海洋等，无法适用于没有明显资源功能、难以产权化特别是国有化的空气、安宁、阳光、微风、景观（飘雪、潮汐、日出、夕照、云彩等）等自然要素。因为，这些自然要素虽然可成为环境权的对象，却难以成为国家和集体自然资源所有权的对象。在此种情形下，是无法通过自然资源损害赔偿诉讼来实现对环境权益之保

---

〔1〕 若将环境容量视为一种特殊的自然资源，则环境保护主管部门可基于环境容量国家所有权而提起生态环境损害赔偿诉讼。问题是，这种理论学说和制度设计，只适用于环境容量已被资产化的场合，譬如征收了环境容量有偿使用费或者实施了排污权交易等。否则，"环境容量"并无自然资源所具有的经济价值，仅仅只是生态要素所具有的"纳污净化功能"而已，属于"生态"而非"资源"的范畴。据统计，截至2018年8月，全国排污权有偿使用和交易地方试点一级市场征收排污权有偿使用费累计117.7亿元，在二级市场累计交易金额72.3亿元。董碧娟："我国排污权有偿使用和交易金额显著增加"，载《经济日报》2019年1月23日。

〔2〕 雷晴、杨斌："云南首例破坏生态植被公益诉讼案宣判 被告赔偿56.8万元"，载《昆明日报》2011年7月29日。

护的。

其二，无法适用于没有造成自然资源损害的环境侵害行为（包括环境污染、环境破坏、环境妨害等行为）。这是因为，在很多情况下，对环境权益的侵害并不必然构成对自然资源的损害。譬如，违规修建高楼，虽然构成了对眺望权、采光权、通风权、达滨权、景观权等环境权的妨碍，却未破坏任何自然资源。此时，便无法通过自然资源损害赔偿诉讼来实现对环境权益的保护。

其三，无法适用于同一自然要素的资源功能和环境功能在实现上存在根本冲突（不可兼得）的情形。在很多情况下，自然要素的资源功能和环境功能在利用上存在根本的冲突，即资源功能的发挥须以环境功能的破坏为前提，两者零和博弈，不可兼得。例如，只有砍伐林木才能实现森林的资源功能，然而，森林环境景观功能的实现则须以保存森林为前提条件。再如，只有排放污染物质方能实现水体的容量资源功能，然而，水环境功能（如水景观）的实现则以禁止或者限制污染物质的排放、维护水环境质量为前提条件。

其四，具有保护的滞后性、间接性和附带性。自然资源损害赔偿诉讼只有在自然资源遭受实际损害后才能提起诉讼，此时再来救济环境权益往往太过迟滞。这是因为，环境质量降低通常先于自然资源受损，譬如有毒有害废气的排放往往先破坏空气环境质量，然后才使得森林资源枯萎、死亡。此外，自然资源损害赔偿诉讼以保护和救济自然资源为本，无权提出恢复环境质量、排除环境妨害等与自然资源损害救济并无关联性的诉讼请求，在功能上无法对环境权益进行全面、有效的保护和救济。[1]

四、生态环境损害赔偿诉讼

（一）生态环境损害赔偿诉讼的理论基础

2017 年中共中央办公厅、国务院办公厅通过的《生态环境损害赔偿制度改革方案》（以下简称《改革方案》）和 2019 年最高人民法院出台的《关于审理生态环境损害赔偿案件的若干规定（试行）》（以下简称《若干规定》）所规定的"生态环境损害赔偿诉讼"也有助于实现对环境权益的保护，属于

---

〔1〕　参见杨朝霞："论环境公益诉讼的权利基础和起诉顺位——兼谈自然资源物权和环境权的理论要点"，载《法学论坛》2013 年第 3 期。

广义环境公益诉讼的范畴。只不过，这里的生态环境损害赔偿诉讼，在性质上讲，既不完全属于以自然资源国家所有权为基础的国有"自然资源损害赔偿诉讼"（即自然资源公益诉讼），[1]也不属于以环境权和诉讼信托（授予地方政府和环保部门）为基础[2]的环境权信托诉讼（即狭义的环境公益诉讼），而应属于"责令赔偿生态环境损害"之行政命令的司法执行诉讼。

生态环境损害赔偿诉讼背后的理论逻辑，大致可分为两个层次：

第一层逻辑：对于污染或者破坏生态环境的违法行为，负有环境监管职责的地方政府及其环保部门应当责令违法行为人修复受损的生态环境（如责令消除污染、恢复原状等[3]）；违法行为人不能修复受损的生态环境的，可由政府部门或者第三人代为修复，修复费用（包括事故应急处置费用、污染物质清除费用、生态功能修复费用等）由行为人承担；生态环境损害无法修复的，实施损害赔偿。

第二层逻辑：鉴于生态环境损害赔偿具有一定的争讼性（赔偿费用的确定具有可司法性），首先可由有关地方人民政府及其环保部门与违法行为人进行磋商，经磋商达成赔偿协议的，当事人可以向人民法院申请司法确认；磋商不成的，有关地方人民政府及其环保部门可以向人民法院提起生态环境损害赔偿诉讼。

需要特别指出的是，生态环境损害赔偿诉讼的宗旨和核心在于对生态环境损害进行赔偿，不在于对该生态环境上的财产价值进行损害赔偿。对于生态环境上的自然资源财产价值的损害，可通过自然资源损害赔偿诉讼进行救济。

（二）生态环境损害赔偿诉讼的适用条件和功能局限性

毋庸赘言，政府和环保部门提起生态环境损害赔偿诉讼也应是有适用条件的，如存在环境违法行为、造成了较为严重的环境损害后果（如发生突发环境事件）、属于环境行政管辖的范围（对环境违法行为具有行政管辖权）、

---

〔1〕 吕忠梅："为生态损害赔偿制度提供法治化方案"，载《光明日报》2017年12月22日；郭海蓝、陈德敏："省级政府提起生态环境损害赔偿诉讼的制度困境与规范路径"，载《中国人口·资源与环境》2018年第3期。

〔2〕 李兴宇："生态环境损害赔偿磋商的性质辨识与制度塑造"，载《中国地质大学学报（社会科学版）》2019年第4期。

〔3〕 2014年的《环境保护法》第61条、2017年的《水污染防治法》第85条和2004年的《固体废物污染环境防治法》第80条等。

存在环境行政法律关系（有权作出责令修复生态环境的行政决定）、环境行政相对人具体明确、具有相对确凿的证据、已依法穷尽所有行政手段等等。

当然，由本就肩负环境监管职责、拥有行政执法权力的地方政府和环保部门提起"生态环境损害赔偿诉讼"，未免具有懈怠行政权、滥用司法资源、损害行政权与司法权之间权力平衡的嫌疑。[1]另一方面，由于担心提起"生态环境损害赔偿诉讼"有可能"自曝家丑"（未依法履行环境监管职责）反而被列为环境行政公益诉讼的被告，地方政府和环保部门提起生态环境损害赔偿诉讼的意愿有可能并不如制度设计者最初所预想的那么积极。事实上，自该制度实施一年半以来，由地方政府及其环保部门提起的"生态环境损害赔偿诉讼"案件总计还不足 30 件（截至 12 月底也才 73 件）。[2]典型案例如"江苏省政府诉海德公司倾倒废碱案""贵州省息烽大鹰田违法倾倒废渣损害赔偿案""九江市人民政府诉江西连新环保科技有限公司、杭州××建材有限公司、张某良等十被告生态环境损害赔偿诉讼案"[3]等等。

五、环境检察公益诉讼

检察机关是宪法上规定的法律监督机关，在保护环境权益方面可以发挥最后的保障作用。具言之，对污染环境、毁损资源、破坏生态等危害生态文明建设的行政行为和民事行为，有关公民、环保组织、自然资源资产管理机关和环保机关在合理期限内均没有起诉的，检察机关依法履行有关诉前程序（如督促有关环保机关履行监管职责，督促有关污染企业治理和修复环境，通

---

〔1〕　王明远："论我国环境公益诉讼的发展方向：基于行政权与司法权关系理论的分析"，载《中国法学》2016 年第 1 期。

〔2〕　自 2018 年 1 月 1 日全国试行生态环境损害赔偿制度始，截至 2019 年 5 月，我国各级人民法院共受理省级、市地级人民政府提起的生态环境损害赔偿案件 30 件，其中受理生态环境损害赔偿诉讼案件 14 件，审结 9 件；受理生态环境损害赔偿协议司法确认案件 16 件，审结 16 件。况且，在这些为数寥寥的案件中，有一部分在性质上应属于国有自然资源损害赔偿案件，而非真正意义上的生态环境损害赔偿案件。另据不完全统计，截至 2019 年 12 月初，全国各地政府及其指定的部门或机构办理案件 600 多件，办结 200 多件（90%经磋商解决），涉及赔偿金额超过 20 亿元，推动超过 200 万立方米的土壤修复和超过 4200 万立方米的水体修复。参见张晨："首次将修复生态环境作为赔偿责任方式"，载《法制日报》2019 年 6 月 6 日；於方、齐霁、田超："'环境有价 损害担责 应赔尽赔'理念初步建立——生态环境损害赔偿制度改革全面试行两周年回顾（实践篇）"，载《中国环境报》2019 年 12 月 13 日。

〔3〕　黄辉："江西首例生态环境损害赔偿诉讼案获法院受理"，载《法制日报》2019 年 9 月 27 日。

告环保组织提起公益诉讼等）之后，可基于国家生态文明建设义务和民行公诉权，作为候补主体，提起环境检察公益诉讼。

（一）正当性

"社会契约+生态文明建设国家义务+检察公诉权"为检察机关提起环境公益诉讼提供了正当性上的依据。社会契约论认为，社会秩序不可建立在强力的基础上，因为最强者无法一直保持强势霸权，除非他能把强力转化为权利，把服从转化为义务。在那种情形下，权利与强力就要互换位置，如果必须要用强力使人服从，人们就无须根据义务而服从了，只要人们不再是被迫服从，他们就不再有服从的义务。换言之，稳定、长久的社会秩序只能来源于共同的原始、朴素的约定。人类想要生存，个体的力量是微弱的，个人的权利、快乐和财产在一个有正规政府的社会比在一个无政府的、人人只顾自己的社会能够得到更好的保护，可行的办法就是集合起来，形成一个联合体，即国家。国家的目的就在于保护每个成员的人身与财产。国家只能是自由的人民通过自由协议而造就。人生而自由与平等，人们通过订立契约来建立国家，国家就是人民契约的结合体。"要寻找一种结合的形式，使它能以全部共同的力量来卫护和保障个人结合者的人身和财富，并且由于这一结合而使得每一个与全体相联合的个人又只不过是在服从其本人，并且仍然像以往一样得自由。"[1]这就是社会契约要解决的国家与个人的根本关系问题。

有了这种公约和权利的保证，每个人对所有人承担了义务，所有人也对每一个人承担了义务，作为联合体或结合体的国家更是承担了对所有个人的义务，这就是对公民（作为整体意义）的国家义务。在充满环境污染、资源短缺和生态退化等危机的时代背景下，社会契约不得不增加新的内容，作为回应，国家也须承担生态文明建设的国家义务（核心为生态环境和自然资源保护义务）。为了完成这些国家义务，国家需要拥有相应的权力，因此，国家权力、国家责任等都是从国家义务中衍生出来的。[2]国家义务的履行过程，即是各类国家机关分别依据宪法的规定，在各自权限范围内积极行动，推动国家义务完成的过程。在我国的生态文明建设领域，根据机构设置和职权属性，与这一国家义务相关联的国家机构主要包括：国家权力机关、国家行政

---

〔1〕［法］卢梭：《社会契约论》，何兆武译，商务印书馆2003年版，第19页。
〔2〕参见高鹏程："国家义务析论"，载《理论探讨》2004年第1期。

机关、国家审判机关、国家检察机关和国家监察机关。从性质上看，这种国家义务属于宪法上的义务，难以实际履行，只有将国家的宪法义务落实为有关国家机关的法律职责（职权）方能落地履行化为具体行动：立法机关（人大）行使立法权制定和修改法律；行政机关（政府）行使行政权进行行政监管；审判机关（法院）行使审判权进行司法裁判；检察机关（检察院）行使检察权提起国家公诉（包括提起刑事公诉和民行公诉）；监察机关（监察委）行使监察权开展国家监督。在生态文明建设国家义务下，检察机关可依据检察公诉权中的民行公诉权而提起环境检察公益诉讼（环境民事检察公益诉讼和环境行政检察公益诉讼）。如此一来，便可以将《民事诉讼法》第 55 条规定的"法律规定的有关机关和组织"加以进一步的限定和明确，从而形成考虑周全、系统协调的广义环境公益诉讼原告制度，全面推进环境公益诉讼的发展。事实上，2018 年新修订的《人民检察院组织法》第 20 条就赋予了检察机关提起公益诉讼的职权。

要注意的是，检察机关提起环境公益诉讼的正当性并不能完全从法律监督权中得到解释。因为，作为宪法所规定的法律监督机关，检察机关的监督主要体现在对行政权、侦察权、审判权等国家机关权力运行的监督，确实可以代表国家就法律的实施问题提起监督之诉，如对行政机关提起环境行政公益诉讼。但问题是，我国的检察机关既可以运用监督权提起行政公益诉讼（监督行政权），还可以运用监督权对行政公益诉讼进行抗诉（监督审判权），此时，检察机关则既是运动员又是裁判员，存在明显的角色重合和身份冲突。此外，如果仅仅凭借法律监督权，检察机关是无权对没有环境违法却造成环境污染和生态破坏的公民、法人和其他组织提起环境民事公益诉讼的（监督的客体为义务、职责而非权利，监督的企业没有违法则无法以法律监督之名提起监督之诉）。换言之，仅仅以法律监督权来解释检察权的正当性是无法自圆其说，甚至存在根本问题的。只有把检察机关作为国家和社会公共利益的代表，运用"社会契约+生态文明建设国家义务+检察公诉权"，才能为检察机关提起环境公益诉讼提供正当性解释。

（二）必要性

从理论上看，赋予检察机关环境公益诉讼的原告资格，有利于弥补私诉权难以保护环境公益的缺陷。从制度产生的根源看，公诉权的创设是为了弥补私诉权救济力量的不足，从而有效地填补私诉权的有限性和权利保护的真空地带。换言之，公诉权是为补强传统私诉权而设立的一种新的程序性权利。在历史上，私诉权救济力量的不足，主要发生在刑事诉讼领域。但是，当前所面临的环境公益被侵犯的问题，正是私诉权不足以或根本无法通过私诉权救济的情形。这是由于环境公益的公共性、弱私利性或私利间接性等特性，以及环境公益侵害者的强势性，使得公众不愿、不敢运用私诉权寻求救济或客观上难以救济。通过检察机关提起环境公诉，正好可以弥补传统私诉权的功能不足，这也完全符合公诉权的本意和设立宗旨。因而，从理论上讲，公诉权不仅可以存在于刑事诉讼领域，还可以且应当存在于民事、行政诉讼之中。

当前，在环境污染、资源短缺、生态退化等问题日益危害人民群众健康和可持续发展，以及国家强调以人为本和维护民生的当下，赋予检察机关的公益诉权势在必行。尤其是当公民、社会组织和环保机关由于各种原因而未能起诉时，检察机关更应成为维护环境公益必不可少的候补原告。事实上，检察机关作为环境公益诉讼的主体，具有特别明显的优势。这是因为，检察机关具有较强的诉讼能力和超脱地位，有更大的胜诉把握。首先，在环境民事公益诉讼中，同公民和环保组织相比，检察机关不仅拥有一支长期从事司法工作的专业化队伍，还享有调查取证等诸多职权，能有力地抗衡强势被告，取得胜诉。其次，作为法律监督机关，检察机关还能超越地方保护主义的桎梏，独立地从事环境公益诉讼活动。[1]

特别是，就环境行政公益诉讼而言，与社会组织等主体相比，检察机关在发现行政机关不作为、乱作为，损害国家和社会的公共利益时，无疑是最"给力"、最权威的诉讼主体。因为检察机关由人大产生，对人大负责，不易受行政机关的干预，具有相对独立、中立、强力的法律地位。

（三）可行性

放眼全球，检察机关成为环境公益诉讼的原告符合世界通例。在英美法系国家，除了美国之外，还有许多国家规定了检察机关的公益诉权。譬如在英国，一般只有法务长官（检察长）可以代表公众提起诉讼以倡导公众利益，阻止公共性不正当行为。但是，对于环境公共卫生问题，经检察长同意，可允许社会组织提起群体诉讼。对于环境公害，《污染控制法》规定，任何人都可提起诉讼。另外，许多大陆法系国家也有类似规定。譬如，《法国民事诉讼

---

〔1〕 杨朝霞："检察机关应成为环境民事公益诉讼的主力军吗?"，载《绿叶》2010 年第 9 期。

法典》第十三编授权检察机关可以原告的主当事人身份提起涉及国家利益、社会利益和公民个人利益的案件，也可以当事人的身份在诉讼的任何阶段介入与公众利益密切相关的案件。《德国行政法院法》第 35 条规定，在联邦行政法院中设置的检察官为维护公共利益，可以参与联邦行政法院中的任何诉讼。特别值得一提的是，巴西的环境公益诉讼是以检察机关为主导进行的。据学者介绍，巴西约有 97% 的公益诉讼都是由检察机关提起的，该国的环保组织通常选择向检察机关投诉，或者作为共同原告与检察机关一同起诉，很少自己单独起诉。

从历史上看，我国曾经在法律中赋予了检察机关提起公益诉讼的原告资格。譬如，1954 年的《人民检察院组织法》，便确立了检察机关代表国家利益和社会公共利益提起民事诉讼的制度。既然有传统和先例，《人民检察院组织法》当然可以继续作出修改，[1]明确赋予检察机关提起公益诉讼的权利，并规定起诉条件、适用范围和诉讼程序等内容。

（四）工作重点：环境行政公益诉讼

从理论上看，尽管检察机关既可以提起环境民事公益诉讼，也可以提起环境行政公益诉讼，但从中国的实际需要来看，无疑应以提起环境行政公益诉讼作为工作重点。

探究当前环境法治不力的根源，笔者发现，就检察机关而言，对政府和环保部门出于地方利益、权力寻租等动因而不依法履行环境监管职责的失职和渎职行为，对企业为追求高额利润不惜污染和破坏环境的违法犯罪行为，缺乏有效监督和严厉打击，才是最主要和更深层次的原因。从根本上看，检察机关的核心任务和工作重心应当是，充分利用现有的法律授权，把主要精力放在加大对破坏环境资源犯罪的有力打击，加强对环境监管失职罪的严厉查处，增强对环境诉讼案件的监督抗诉以及对公安机关的环境犯罪侦查、法院的行政非诉执行和审判执行的监督上，以及积极投入到支持起诉（支持环境权益受害者）、督促起诉、提起环境刑事附带民事诉讼和环境行政公益诉讼的工作中，从而确保环境公益保护不力的问题在现有权力资源结构体系内得

---

〔1〕　2018 年 10 月 26 日，全国人大常委会修改了《人民检察院组织法》，在第 20 条 "人民检察院行使下列职责" 中明确："依照法律规定提起公益诉讼"。2019 年 4 月 23 日，全国人大常委会修改了《检察官法》，在第 7 条 "检察官的职责" 中明确："开展公益诉讼工作"。

到有序和高效的解决。换言之，就环境公益诉讼而言，应以提起环境行政公益诉讼为重点，而不是舍本逐末，挤压环保组织的诉讼空间，越俎代庖地投入到直接提起环境民事公益诉讼的工作中去。

首先，环境行政公益诉讼面对的是强大的政府部门，力量薄弱的公民和环保组织难以进行有效抗衡，获得胜诉。中国的环境问题，大部分是由政府部门决策不当或不依法执法造成的，譬如经常出现政府不依法行政，随意批准规划或建设项目，或是胡乱颁发采矿、建设许可证等情形。因此，面对强大的政府机关，要有效地与之抗衡，取得公益诉讼的胜利，客观上需要一个有对应实力的主体才可。在我国，由于公众参与的经验积累不足、公益意识欠缺、能力水平稚嫩，我国公众尚不能担当冲破环境行政公益诉讼"十诉九败"困局的大任。其一，为保障环境公共利益而状告政府部门，涉及面广、程序繁杂、专业性强，就当前而言，所需要付出的时间、精力和成本远非个人或社会团体所能够负担。其二，受传统法律文化的影响，我国公众的公益意识淡薄，又兼有"和为贵"和逆来顺受的传统，以及出于"搭便车"的心理惯性，大多数人在环境公共利益受损时不愿出面起诉。其三，我国环保非政府组织自身的诉讼能力不足。据统计，目前全国的环保组织只有约7000来家，符合《环境保护法》和《最高人民法院关于审理环境民事公益诉讼案件适用法律若干问题的解释》所规定的起诉资格要求的只有700余家，实际上真正能提起环境公益诉讼的不足30家。

其次，与公民和环保组织相比，检察机关并不具备提起环境民事公益诉讼的显著优势。最明显的是，检察机关在发现环境损害案件事实并启动公益诉讼程序上，同公众相比，有着难以克服的先天不足。事实上，广大公众往往都工作在同环境违法行为做斗争的广阔第一线，在发现环境公益侵害案件事实并及时启动公益诉讼程序方面，相较检察机关而言有着天然的优势。相反，检察机关在发现案源上具有明显的被动性：除了职务犯罪的自侦案件外，普通刑事案件往往需由侦查部门发现犯罪事实，并移交公诉；侦查监督工作，一般也是对侦查部门提出的逮捕请求进行核实；至于环境民事行政检察案件，部分源于当事人基于对法律判决不服而提出的申诉，部分源于环境资源监管部门的移送，更多的则源于环境受害者的举报或控告。

最后，检察机关挤占公民和环保组织提起环境民事公益诉讼的发展空间，不符合推动中国环境法治道路从"政府推进型"向"社会演进型"转变的历史使命。受历史因素的影响，中国环境法治走的是一条"政府推进型"的道路，典型特征是过于强调政府的主导作用，而忽视社会公众自发和自觉的力量，不利于克服"政府失灵"的潜在风险，不利于市民社会的形成和成长。今后，务必逐步推进环境法治道路从"政府推进型"向"社会演进型"的转变，大力发展和培植社会、民间法治资源，发挥社会、民间法治资源对中国社会法治化进程的推进作用，增强社会公众在环境法治中的贡献力量，最终使公民和社会组织成为环境公益诉讼的主力军。正如柯泽东教授所言："现代社会，国民（包括社会团体）乃至社会消费大众，对自然或文化环境破坏及对公害之产生，直接或间接不无关系，故国民对环境保全之遵守及努力之意愿，可谓最普遍、最广大之第一线。"〔1〕

概言之，同自然资源资产管理机关一样，具有公权力性质的检察机关提起公益诉讼也须设定一定的前置程序和约束条件，如只能作为替补原告，须履行督促有关主体纠正违法行为或履行法定的环保义务或监管职责等。此外，鉴于检察机关的公权强势性，由检察机关作为原告起诉企业，确实违背民事诉讼中当事人诉讼地位平等原则。因为检察院不仅有抗诉的权利，而且还能作为监督者启动审判监督程序。不过，这些难题是可以通过修改现行立法，赋予检察机关同被告平等的诉讼权利与诉讼义务予以解决的。譬如，排污行为与损害后果之间因果关系的证明仍施行"谁主张，谁举证"的原则等。

据统计，自 2015 年 1 月至 2018 年 9 月底，全国法院共受理各类环境公益诉讼案件 2041 件，其中社会组织提起的环境民事公益诉讼案件 205 件，检察机关提起的环境公益诉讼案件 1836 件。〔2〕2018 年，社会组织提起的环境民事公益诉讼案件为 65 件，检察机关提起的环境公益诉讼案件达 1737 件。〔3〕2019 年，全国法院共受理社会组织提起的环境民事公益诉讼 179 件，审结 58 件，同比分别上升 175.4%、262.5%。受理检察机关提起的环境公益诉讼 2309 件，审结 1895 件，同比分别上升 32.9%、51.4%，其中环境民事公益诉讼 312 件，审结 248 件；刑事附带民事公益诉讼 1642 件，审结 1370 件；行政公益诉讼 355 件，审结 277 件。可以预见，作为提起环境公益诉讼的"国家

---

〔1〕 杨朝霞："检察机关应成为环境民事公益诉讼的主力军吗？"，载《绿叶》2010 年第 9 期。

〔2〕 江必新："中国环境公益诉讼的实践发展及制度完善"，载《法律适用》2019 年第 1 期。

〔3〕 于澄、赵颖："依法维护环境生态公共利益 访最高人民法院环境资源审判庭庭长王旭光"，载《法制日报》2019 年 3 月 12 日。

队"，检察机关在维护环境权益方面将发挥越来越重要的作用。

六、不同类型诉讼之间的衔接与协调

根据前述理论，环境受害者可提起环境侵权私益诉讼，环境权人和环保组织可以提起"环境公益诉讼"，自然资源资产管理机关可以提起"自然资源损害赔偿诉讼"，环保机关（包括政府及其环境保护职能部门）可以提起"生态环境损害赔偿诉讼"，检察机关可提起"环境检察公益诉讼"，那如何协调这几类诉讼的关系呢？

其一，可提起环境公益诉讼（广义）的原告可加入环境私益诉讼，补充提出维护环境公益的诉讼请求。环保组织、自然资源资产机关、环保机关、检察机关可直接加入公民、法人提起的环境私益诉讼，补充提出维护环境公益的诉讼请求（也可不起诉，而直接支持原告提出维护环境公益的诉讼请求）。譬如，环保组织认为案件可能涉及环境公益的，可以申请加入诉讼；法院认为案件涉及"环境公益损害"的，也可基于"司法能动"原则，发布信息告知社会，允许环保组织或环保机关作为公益原告参加诉讼。在此类诉讼中，公民的诉讼请求主要指向环境私益，而公益原告的诉讼请求则指向环境公益。2002 年"塔斯曼海轮油污染事故案"就是这方面的典型案例：天津市海洋局（作为环保部门）代表国家提出了 9830 万元的海洋生态损失索赔请求，天津市渔政渔港监督管理处（作为资源管理部门）代表国家提出了 1830 万元的海洋渔业资源损失索赔请求，天津市塘沽区大沽渔民协会则代表 1490 多户渔民提出了 6288 万元的海洋捕捞损失索赔请求。

其二，环境权人和环保组织可作为共同原告同时提起环境公益诉讼，相互配合，壮大诉讼力量。譬如，公民、环保组织和环保机关可发挥各自的优势，取长补短行，作为共同原告提起环境民事公益诉讼。这方面，典型的案例如 2009 年"公民朱某某和中华环保联合会诉江阴港集装箱有限公司饮用水污染案"，2011 年"自然之友与重庆市绿色志愿者联合诉云南曲靖陆良化工实业有限公司铬渣污染案"等。

其三，对于自然资源资产管理机关提起的"自然资源损害赔偿诉讼"和环保机关提起的"生态环境损害赔偿诉讼"，可以将自然资源资产管理机关和环保机关作为共同原告，合并审理。典型案例如 2002 年"天津市渔政渔港监督管理处（作为海洋资源损害索赔主体）和天津市海洋局（作为生态环境损害索赔主体）等诉塔斯曼海轮海洋溢油污染损害赔偿案"（简称"塔斯曼海轮油污染事故案"）。[1]

其四，对于自然资源资产管理机关提起的自然资源损害赔偿诉讼和环保机关提起的生态环境损害赔偿诉讼，环境权人和环保组织认为公众环境权益也受到侵害的，可以请求加入该两类诉讼。人民法院认为必要的，可以一并审理；人民法院认为不必要的，可以裁定待生态环境损害赔偿诉讼案件审理完毕后，环保组织可就生态环境损害赔偿诉讼案件中未提出的诉讼请求提起诉讼。[2]国外的典型案例如"美国政府诉 AVX 公司案"（United States v. AVX Corp.）：国家野生生命联盟因不信任作为原告的国家机关，遂作为另一原告加入到已进行的诉讼中，以监督原告的诉讼行为。[3]国内的典型案例如 2017年的"江苏省人民政府和江苏省环保联合会诉德司达公司环境污染损害赔偿案"。[4]

其五，对于环境权人和环保组织提起的环境民事公益诉讼，有关自然资源资产管理机关和环境保护机关认为国家所有的自然资源和监管的生态环境也遭受损害的，可以加入该环境公益诉讼，由人民法院一并审理。典型案例如 2017 年的"重庆市人民政府、重庆两江志愿服务发展中心诉重庆藏金阁物业管理有限公司、重庆首旭环保科技有限公司生态环境损害赔偿诉讼案"。[5]在我国的 2011 年"自然之友与重庆市绿色志愿者联合诉云南曲靖陆良化工实业有限公司铬渣污染案"中，在最终立案的起诉书中，曲靖市环保局由初稿中的

---

〔1〕参见徐祥民等：《海上溢油生态损害赔偿的法律与技术研究》，海洋出版社 2009 年版，第188~191页。

〔2〕一般而言，为了节约司法资源，实现自然系统的一体化保护，对于生态环境和自然资源的同一损害行为，环境权人和环保组织可与自然资源资产管理机关或者环境保护行政机关作为共同原告起诉，彼此支持，相互监督，没有必要另行单独提起诉讼。

〔3〕"美国政府诉 AVX 公司案"的诉讼时间很长，国家野生生命联盟担心联邦政府在法庭的调解中放弃原则，依《联邦民事程序规则法》第 24 条的规定，提出介入诉讼的动议，请求作为政府之外的原告，以协助和监督政府的诉讼行为。1989 年 4 月 27 日，法院作出有限许可的同意裁决，允许其在法庭上仅就以下三个事项发表看法并进行辩论：一是对建议的同意裁决的法律请求；二是应当采取的应对自然资源损害的符合《综合环境反应、补偿和责任法》要求的措施；三是《综合环境反应、补偿和责任法》提出的清除污染的法律要求。法院还裁决，若国家野生生命联盟认为其观点与这三个方面的判决相反，可以提起上诉。后来，国家野生生命联盟确实提出了上诉，遗憾的是未能胜诉。See United States v. AVX Corp., 962 F. 2d 108, 113, (1st Cir. 1992).

〔4〕赵兴武："江苏省政府首次提起环境公益诉讼"，载《人民法院报》2017 年 8 月 9 日。

〔5〕重庆市第一中级人民法院民事判决书［2017］渝 01 民初 773 号。

第三人变更为共同原告，与上述两家环保组织一起提起环境公益诉讼〔1〕。

其六，有关环保机关认为必要的，也可以依法另行提起生态环境损害赔偿诉讼。环保机关决定另行提起生态环境损害赔偿诉讼且认为需要中止环保组织先前起诉的环境公益诉讼案件的审理的，可以在起诉时一并提出请求，阐明具体原因，人民法院经审查认为确有必要的，可以中止环境公益诉讼案件的审理，待生态环境损害赔偿诉讼案件审理完毕后，再就环境公益诉讼案件中未被涵盖的诉讼请求依法作出裁判。〔2〕这是因为，生态环境损害赔偿诉讼的本质是"责令赔偿生态环境损害"之行政命令在司法领域的执行，具有"行政权力权利化"和"行政监管诉讼化"的特征，可谓兼有"行政性"和"民事性"的双重属性，在效力上（基于行政行为的执行力）应当优先于环保组织提起的仅具有"民事性"的环境民事公益诉讼（在客观也有利于防止环保组织在环境民事公益诉讼中提出不当的索赔请求）。典型案例如"山东省生态环境厅诉山东金诚重油化工有限公司、山东弘聚新能源有限公司生态环境损害赔偿诉讼案"（济南市中院先行中止了环保组织提起的环境民事公益诉讼）。〔3〕

此外，造成环境污染或者生态破坏的行为涉嫌犯罪的，不论对于前述不同主体提起的诉讼是否实行集中管辖，都应当确立生态环境损害赔偿诉讼、环境民事公益诉讼、自然资源损害赔偿诉讼优先于环境刑事诉讼审理并判决的原则，并且将责任人履行生态环境修复和自然资源损害赔偿义务的情况作为从轻或者减轻刑罚的酌定情节，从而更好地实现对国家利益和社会公益的保护。〔4〕

---

〔1〕 参见贺莉丹："曲靖环境公益诉讼破冰"，载《新民周刊》2011年第43期。

〔2〕《最高人民法院关于审理生态环境损害赔偿案件的若干规定（试行）》第17条规定："人民法院受理因同一损害生态环境行为提起的生态环境损害赔偿诉讼案件和民事公益诉讼案件，应先中止民事公益诉讼案件的审理，待生态环境损害赔偿诉讼案件审理完毕后，就民事公益诉讼案件未被涵盖的诉讼请求依法作出裁判。"

〔3〕 刘涛："山东首例省政府提起的生态环境损害赔偿案件一审宣判"，载《大众日报》2017年12月29日。

〔4〕 汪劲："论生态环境损害赔偿诉讼与关联诉讼衔接规则的建立——以德司达公司案和生态环境损害赔偿相关判例为鉴"，载《环境保护》2018年第5期。

七、结语

综上所述，从法学理论和具体实践来看，除了采用权力机制和义务机制外，还可以通过环境知情权、环境参与权以及环境权诉讼、国家和集体自然资源损害赔偿诉讼、生态环境损害赔偿诉讼、环境检察公益诉讼等实体法和程序法上的权利机制，来保护和救济环境权益。只不过，必须特别注意的是，这些能够保护环境权的实体性权利和程序性权利，同环境权本身是不同的，切忌混为一谈。

本章小结：厚筑环境权研究的"事理"和"法理"基础

环境权是环境法的灵魂，是"环境立法、执法和诉讼，公众参与环境保护和环境公益诉讼的基础"。[1]作为环境法学范畴的环境权，是指当代和后代的公民直接以公共环境为权利对象，以环境利益为权利客体，以直接、免费、径行、共同享用良好品质的环境为内容的权利。从权利发展的法理和进程来看，环境权是一项独立、新型的权利——环境享用权，属于权利领域的重大"革命"。

尽管环境权与人格权、财产权密切相关，且有利于人格权和部分财产权的实现，但环境权本身既非人格权，亦非财产权。无论是环境人格权说，还是环境公共财产说、环境区分所有权说、环境保护相邻权说等建基于传统人格权、财产权的"改良主义"学说，均试图在解释论的框架内来认识和构建环境权，尽管也能在一定程度上阐释环境权的某些侧面，具有一定的进步意义，但终究不能全面解释环境权，其建构的环境人格权和环境财产权在功能上也具有明显的局限性。只有跳出人格权和财产权的"改良主义"解释论思维，以"革命"的方式直接创设一项以环境为权利对象，以环境利益（自然要素的人居环境支持功能）为权利客体，以自由进入、无偿享用一定的良好环境为权利内容的独立、新型的权利——良好环境权，才能弥补传统权利面对环境危机的不足，方能解决环境法的"合法性问题"。从学理上看，环境权

---

〔1〕 蔡守秋："规定环境权条款，彰显保护人民切身利益——对修改《环境保护法》的思考与建议"，载《绿叶》2011年第8期。

也符合主体资格、利益追求、正当性、行为自由、义务承担者、可司法性等权利生成的基本要件，具备创设的正当性和可能性。

要注意的是，既不可将资源权、排污权和自然保护地役权等也以自然要素为权利对象而权利客体、权利属性却迥然相异的实体性权利都视为环境权，也不可将环境知情权、环境参与权等有助于环境权实现的程序性权利也归入环境权的名下。[1]此外，更不可将生态环境损害赔偿诉讼、自然资源损害赔偿诉讼、环境检察公益诉讼等有助于保护环境权益的广义环境公益诉讼[2]都视为以环境权为权利基础的环境权诉讼。概言之，切忌将一切与环境有关的权利都纳入环境权的范畴，以致让环境权变成一个表面上无所不包、实际上却不伦不类的四不像"怪物"。因为，环境权的外延越是宽泛，其内涵反而更为模糊。

吕忠梅教授指出："新时代的环境法学发展最重要的任务是，从事理分析转向到法理分析，构建法理分析的逻辑框架和理论体系。"[3]通常而言，环境法的制度设计应当遵循"事实—事理—法理—法律"的研究路径。特别是，要注意将与生态文明建设有关的科学事理和政治话语，转换或提炼为环境法理和法学话语，以实现从"事理"到"法理"的"惊心动魄的跳跃"。当前，我国环境法学研究的薄弱之处，正是不够重视甚至普遍忽视"从事实到事理""从事理到法理"这两大关键环节，习惯于从"经验事实"（常常还不是法律事实）直接到"法律条文"、从"法律现象"直接到"法律对策"的"跨越式"思维，以致环境法经常被笑称为"最不讲道理"的法，环境法学也时常被戏称为"最没有法味"之学。

"从事实到事理"，有一个自然科学（特别是环境学、生态学等）原理的习得、归纳和整合问题，其底线是不能出现"科盲"。"从事理到法理"则有一个法学原理（包括一般法理和部门法原理）的转换、提炼和创新问题，其底线是不能出现"法盲"。环境权的研究，虽然国内外学者前赴后继，投

---

[1] 吴卫星博士将环境公共地役权也视为环境权，并认为应当在我国的民法典中作出规定。参见吴卫星：《环境权理论的新展开》，北京大学出版社2018年版，第237~238页。

[2] 环保组织提起的环境公益诉讼和政府及其环保机关提起生态环境损害赔偿诉讼、自然资源资产管理机关提起的国有自然资源损害赔偿诉讼、检察机关提起的环境检察公益诉讼（环境民行监督诉讼），都属于广义环境公益诉讼的范畴。

[3] 吕忠梅："新时代环境法学研究思考"，载《中国政法大学学报》2018年第4期。

入了巨大的精力，产生了汗牛充栋的成果，但很长时间以来未能取得突破性的进展，归根结底，最根本的是因为事理不清、法理不明、法理与事理不通。

其一，未能在事理层面全面认识和准确理解环境权的对象——环境的内涵，特别是未能厘清"环境""资源"和"生态"的关系。学者们，要么把"环境"和"资源"混为一谈，要么把"环境和生态"混为一体。事理不清，建立在事理基础上的法理不可能不出问题，正所谓"基础不牢，地动山摇"。正是由于没有准确认识"自然"与"环境""资源""生态"之间"一体三用"辩证关系的事理，自然就无法辨别环境权与资源权、排污权的区别和联系，甚至把资源权、排污权都归入环境权的范畴，构建所谓广义环境权的法理。问题是，资源权、排污权与环境权的价值取向迥然不同，因此，广义环境权的法理是经不起推敲的，当然也就无法实现从"事理"到"法理"的"惊心动魄的跳跃"。再者，只要准确认识了作为环境权对象的环境，就能轻松理解作为环境权客体的环境利益，是不同于作为人格权客体的人格利益和作为财产权客体的财产利益的，进而也就不会发生将环境权解释为环境人格权和环境财产权的法理谬误了。

其二，未能在法理层面准确认识环境法的地位及其与相关部门法的关系。已有的研究教训告诉我们，要想全面认识环境权的属性和地位并科学构建环境权的制度体系，务必以重构的三维法律体系法理为基础。如前文所述，从法律规范的构成和部门法属性来看，民法、宪法、行政法、刑法和诉讼法属于"单一型基础性部门法"（这类部门法类似"纬线"的维度），环境法、经济法、社会法等则属于"组合型领域性部门法"（由民法规范、行政法规范、宪法规范、刑法规范和诉讼法规范系统组合而成，这类部门法类似"经线"的维度）。正如红、绿、蓝三种基色和橙（红＋黄）、紫（红＋蓝）、绿（黄＋蓝）等混色都是独立的颜色一样，环境法、经济法同民法、行政法一样，属于独立的新型法律部门（如本书前述图 10 所示）：领域法。

在环境法的面向上，环境权不仅是环境法学的核心范畴，而且构成了环境法"合法性"的权利基石。之所以说环境权是环境法学的核心范畴，是因为以环境权为核心，可以将环境监管权、企业环境保护义务、环境知情权、环境参与权、污染环境罪、环境公益诉讼等概念串联起来，连同资源权、排污权、生态保护地役权等核心范畴一起，构成整个环境法学的理论体系。之所以说环境权构成了环境法合法性的权利基石，是因为只有跳出传统部门法的体系格局，构建作为"组合型领域法"之新型部门法的环境法，进而在环境法的框架下创设极富"革命"色彩的环境权，综合运用民事法律规范、行政法律规范、宪政法律规范、刑事法律规范和诉讼法律规范，才能对环境利益这一新型利益进行全面、系统、有效的保护。换言之，宪法上的环境人权、民法上的民事环境权（清洁空气权、采光权、通风权、景观权等）、行政法上的环境知情权、环境参与权和环境监督权权以及诉讼法上的环境诉权，尽管均有利于在某一方面理解和构造环境权，但都只是看到了环境权的冰山一角。

只有在环境法这一新型部门法意义上创设作为环境法学范畴之整体意义上的环境权，才能全面理解环境权，并构造系统、协调的环境权制度。具体而言，只有将环境权转化为民法意义上的民事环境权（类似人格权一样，可分为一般环境权和具体环境权，后者如清洁空气权、清洁水权、采光权、通风权、景观权等权利）及其侵权责任，宪法意义上的基本环境权（即环境人权）和国家环境保护义务，行政法意义上的环境知情权、环境参与权、环境监督权和政府环境监管职责，以及诉讼法意义上的环境诉权和环境公益诉讼程序，方能形成健全完善的环境权制度体系，从而完成环境权的法律表达。

思想是行动的先导，理论是实践的指南。环境权作为一项独立、新型的"革命性"权利，更离不开理论的支撑和指导。然而，正如孟勤国教授所言，国外环境权的研究始于人权，受此影响，国内学界也喜从宪法和人权的角度来解释和构建环境权。这固然有助于提高环境权"高大上"的地位，但也容易导致环境权曲高和寡，不接地气。为此，他主张："宪法权利必须转化为部门法的权利才能落在实处，没有部门法保护的宪法权利永远只有宣示的意义。""环境权概念的价值就在于让民法担当起保护环境的重任，……没有环境权的民法典是一个瘸腿的贵族，没有民法家园的环境权是一个流浪的孤儿。"[1]我们固然要研究宪法层面的环境权，但更要沉下心来，拓宽视野，在环境法和民法、行政法、诉讼法等部门法层面更全面、更深入、更具体地研

---

[1] 刘牧晗、罗吉："环境权益的民法表达——'环境权益与民法典的制定'学术研讨会综述"，载《人民法院报》2016年2月17日。

究环境权。

回顾环境法制建设 40 多年筚路蓝缕的风雨历程，我国的环境法在诸多方面已取得了巨大成就，但从总体上来看，其制度体系依然"未能体现环境问题的关联性、综合性、区域性、持续性的性质，有着过于突出的技术主义而未能表现出综合性制度体系的特征和强调效率优先的急功近利的短期应急行为倾向"，"借鉴性""舶来性"和"行政性"有余，而"引领性""主体性"和"草根性"严重不足。[1]

这一缺陷，在环境权的学术研究和制度建设上，体现得更为集中和"淋漓尽致"。其背后的原因有很多，但李启家教授指出，最根本的是"环境法学尚未完全系统性地形成能够体现法学学科性质和本质特征的基础理论。"[2]造成这种尴尬局面的根源是，"中国法理学的发展基本上还笼罩在西方法理学的范式之下，从某种意义上说还停留在一种'西方法理学在中国''西方话语的中国表达'的阶段，即还远没有达致一种自主自觉的研究状态"。[3]对此，王利明教授殷切呼吁，坚持主体意识是中国法学繁荣发展的重要经验，中国的法学家"不能只做西方理论的搬运工，而应从中国实际出发，提出自己的见解，做中国学术的创造者和世界学术的贡献者。"[4]吕忠梅教授更是一针见血地指出："中国的环境法学面临着从'外来输入型'到'内生成长型'的转变，这种转变的前提是环境法基础理论必须建立在中国的生态文明发展道路、生态文明建设理论、生态文明体系逻辑之上"。[5]

任正非先生认为："只有长期重视基础研究，才有工业的强大，没有基础研究，产业就会被架空。"杨振宇院士更是主张，数学是一切科学的基础，"重视数学教育，是国家科研事业发展的重中之重"。法同此理，没有基础研究作为理论支撑，环境法学和环境法治的发展无疑将失去后劲。当前，我国

---

〔1〕　李启家："中国环境法的代际发展——兼议环境法功能的拓展"，载《上海法治报》2009 年 3 月 11 日。

〔2〕　李启家："环境法律制度的完善与创新"，载武汉大学环境法研究所 http://www.riel.whu.edu.cn/show.asp？ID=1190，访问日期：2019 年 7 月 2 日。

〔3〕　李拥军、侯明明："法外之理：法理学的中国向度"，载《吉林大学社会科学学报》2019 年第 4 期。

〔4〕　王利明："增强民法学理论创新的主体意识"，载《人民日报》2019 年 2 月 11 日。

〔5〕　吕忠梅："新时代环境法学研究思考"，载《中国政法大学学报》2018 年第 4 期。

正在紧锣密鼓地制定民法典和研究环境法典，我们务必抛弃"饭碗法学"〔1〕的狭隘思维和陈规陋习，厚筑"法学"和"科学"上的双重理论基础，综合运用环境法、民法、行政法、宪法、刑法、诉讼法和环境学、生态学、地理学、人类学、社会学、经济学、哲学等多学科的"融合性知识"，〔2〕加强对环境权的基础研究。特别是要集中环境法学、民法学、宪法学、行政法学和法理学等学科的研究力量，以生态文明观〔3〕和三维法律体系观为理论基础，以对环境、资源、生态的辨析为逻辑起点，从私法和公法、实体法和程序法等不同侧面和多个层次入手，对环境权的证成、构造、属性、取得、行使、保护和救济等问题进行全方位的深入研究，为全世界环境法学的发展提出中国方案，贡献中国智慧。

---

〔1〕 王利明教授认为，从法学学科内容知识划分的形成历史来看，民法、刑法、行政法等法学领域并不是天然形成的，而是法律人为了更有效率的认识和组织法学知识而人为创造。这些领域的划分的确有助于形成各领域的知识体系和研究方法，有助于各领域学说的发展，也有助于推进各领域的制度建设。目前的问题在于，不少法律人将法学学科内部的划分当成了一种真理，或者视为一种封闭性的知识，甚至演变成了饭碗法学理论，认为教民法的人不能染指行政法，行政法教授也不能把手伸到民法领域。这种现象已经严重阻碍了法学知识的发展，乃至整个法学教育体制的创新。王利明："'饭碗法学'应当休矣"，载《法学家茶座》2003 年第 4 期。

〔2〕 王利明、常鹏翱："从学科分立到知识融合——我国法学学科 30 年之回顾与展望"，载《法学》2008 年第 12 期。

〔3〕 无论是从视野的广度，站位的高度，还是理论的深度等方面来看，生态文明观都是一种超越了环境保护观、协调发展观、可持续发展观等理论和观点的新型绿色观，是环境法根本的理论基础。然而，我国的环境法学界并未对生态文明观给予足够的珍视和关注，更未进行深入系统的研究和论证。

第四章

生态文明观的责任表达：
政府环境问责的反思和改进

　　严格的政府环境问责是生态文明建设顺利进行的重要保障。据悉，第一轮督察问责了 1.8 万多人，解决了 8 万多件人民群众身边的生态环境问题。2018 年 6 月，中央环境保护督察第一批督察"回头看"，追责 6219 人，推动解决了 3 万多件生态环境问题。中央生态环境保护督察制度实施三年以来，成效巨大，在全国 338 个地级及以上城市中，PM2.5 的平均浓度，2016 年比 2015 年下降 9.1%，2017 年比 2016 年下降 6.5%，2018 年比 2017 年下降 9.3%。[1]然而，政府环境问责本身也有一个问责是否"文明"的问题。毋庸置疑，问责文明是生态文明之制度文明的应有之义，相应的，如何更好地进行生态环境问责表达，无疑是生态文明观法律化的时代主题和重要课题。

　　2014 年 9 月，媒体报道内蒙古自治区腾格里沙漠腹地出现废水直排沙漠的严重偷排事件。2014 年 10 月，习近平总书记作出重要批示，[2]国务院专门成立督察组，督促腾格里工业园进行大规模整改。腾格里沙漠污染事件曝光后，内蒙古自治区启动了追责程序，自治区环保厅、阿拉善盟、阿拉善左旗、腾格里经济开发区共 24 名相关责任人先后被问责，并受到党纪政纪处分。[3]2015 年 6 月 5 日，甘肃省政府通报对"腾格里沙漠污染"事件的调查处理情况，除荣华公司董事长涉嫌污染环境罪已由公安机关立案侦查追究主体责任外，共计 14 名国家机关工作人员分别按重要领导责任、主要领导责

---

〔1〕　常纪文："中央生态环境保护督察的历史贡献、现实转型与改革建议"，载《党政研究》2019 年第 6 期。

〔2〕　陈霄、冯芸清："习近平等中央领导就腾格里沙漠污染作出批示"，载人民网：http://gd. people. com. cn/n/2014/1004/c123932-22512272. html，访问日期：2015 年 6 月 10 日。

〔3〕　萧辉："腾格里沙漠污染回访 24 人被问责"，载《新京报》2014 年 12 月 22 日。

任、重要监管责任、主要监管责任、直接监管责任被依法依纪追究责任。[1]
其实，早在2012年央视就曾对腾格里工业园区污染事件进行了曝光，但仅以
关闭15家污染企业而告终，并未对肩负环保职责的政府部门及其工作人员追
究责任，直到2014年习近平总书记作出重要指示，政府环境问责程序才予以
启动。问题是，我国的政府环境问责程序为什么没有在环境事件爆发后就及
时启动，而是在经过媒体曝光、领导批示之后，问责才姗姗来迟？我国的政
府环境问责是否存在问题？如果有问题的话，是制度上的问题，还是实施上
的问题？具体而言，是不是做到了有责必问（究）？是不是做到了依法问责和
公平问责？我们应当采取什么样的策略和措施来解决政府环境问责中的乱象？
以下，本章尝试对这些问题作一系统的梳理和探讨，为推进我国政府环境问
责的法治化，实现生态文明的高质量发展而贡献绵薄之力。

第一节　政府环境问责的内涵和问题

政府环境问责是政府问责在生态文明建设领域的应用和体现，当然有着
政府问责的诸多共性。然而，由于环境问题具有广泛性、滞后性、不易恢复
性或恢复的高成本性等特点，使得政府环境问责又有着不同于普通政府问责
的典型特性。

一、政府环境问责的内涵辨析：法律责任还是政治责任？

所谓政府[2]环境问责，[3]是指为协调人与自然的关系，保护环境资源
和维护生态安全，保障社会公众环境权益和实现可持续发展，对各级环保行

---

[1] 甘肃省政府认为，这是一件由于"地方政府重视不够、抓落实不到位，环保部门监管不力、
执法不严，一线执法人员失职渎职导致的环境违法事件，社会影响恶劣"。荣华公司董事长涉嫌污染
环境罪已由公安机关立案调查，污水处理厂厂长、副厂长被行政拘留。依据相关法律法规，荣华公司
被处以300多万元罚款，追缴排污费18万多元。涉案生产项目已停止生产，主要生产设备和排污设施
已被查封。荣华公司被责令承担环境调查和损害评估等费用。14名国家机关工作人员被依法依纪追
责。参见秦娜："我省通报荣华公司环境违法事件处理情况"，载《甘肃日报》2015年6月6日。

[2] 这里的政府，从广义上讲是指所有党政国家机关（包括国家立法、行政、司法等机关），不
仅仅指具有行政权的国家行政机关。

[3] 康建辉、李秦蕾："论我国政府环境问责制的完善"，载《环境与可持续发展》2010年第4
期。

政机关、党委及其公务人员的履职情况实施监督，并依据一定的标准和程序追究其责任的制度。

关键的问题是，政府环境问责之"责"指的是什么性质的责任。有学者认为，这种"责任"主要包括四种类型：一是道义责任，即向受害者和公众负责，承担人道救助等方面的责任；二是民主责任，即向选举自己的人民代表和选民负责；[1]三是政治责任，即向执政党和政府负责，承担引咎辞职等负面后果；四是法律责任，即向法律规定负责，有违法甚至犯罪情形的，须承担行政处分乃至刑事制裁的负面后果。笔者以为，在我国当前的历史阶段，政府环境问责之"责"主要是指法律责任和政治责任。

对于法律责任，我们并不陌生，但对于政治责任，尤其是政治责任与法律责任的关系，学界鲜有关注和研究。有学者认为，由于民主政治是民意政治，所以违反民意的行为是严重的错误行为，应当负政治责任，由直接或间接民选的行政首长承担主要政治责任。不过，笔者以为，这一观点似乎将民主责任和政治责任混淆了。还有学者认为，政治责任是指"国家机关及其工作人员所作所为，必须合理、合目的性（合乎政府为人民服务的宗旨），其决策（体现为政策与法规、规章、行政命令等等）必须符合人民的意志与利益。如果政府决策失误或行政行为有损于国家与人民的利益，虽不一定违法（甚至有时是依其自定之不合理的法规、规章办事的）而被法律追责，却要承担政治责任"。[2]笔者比较赞成这一观点。

在法治国家，政府问责之政治责任与法律责任有着显著不同，不可混淆：

第一，问责事由和定责依据不同。法律责任必须有法律的明确规定。譬如，《环境保护法》第68条规定，地方各级人民政府、县级以上人民政府环境保护主管部门和其他负有环境保护监督管理职责的部门对不符合行政许可条件的申请者准予行政许可（如环评许可）、包庇而不查处环境违法行为、篡改、伪造或者指使篡改、伪造监测数据、不公开应当依法公开环境信息等行为的，对直接负责的主管人员和其他直接责任人员给予记过、记大过或者降级等的法律责任（行政处分）。政治责任不可能完全精确地由法律明文规定，

---

〔1〕 民主责任与普选制相联系，一般表现为经直接或间接公民选举而就任的政府首脑及其所属政务官员对选民或对方所负的责任。参见张国庆主编：《行政管理学概论》，北京大学出版社1990年版，第414页。

〔2〕 郭道晖：《法的时代精神》，湖南出版社1997年版，第468页。

评价政治责任的重要依据是政策是否合理和可行，即以客观效果为准。可以说，承担法律责任的主体大都实质上承担了一定的政治责任（至少具有一定政治效应），但需承担政治责任的主体却不一定都要承担法律责任。这是因为，政治责任与政府行为是否违法并无直接的对应性，而取决于政策或决策是否合理、有效，有无失误。譬如，存在本地区环境质量目标考核不达标、发生重大环境事件、未能完成节能减排任务、对严重环境污染事件和生态破坏事件处置不力、对分管部门违反环境资源政策和法律的行为监管失察、制止不力等情形的，应当追究相关地方党委和政府有关领导成员的政治责任。

第二，责任主体不同。政府问责之政治责任的主体是政治官员，一般是指经选举或政治任命而产生并有一定任期的官员（领导）。在我国，根据《中国共产党章程》和《国务院组织法》《地方各级人民代表大会和地方各级人民政府组织法》等文件，承担政治责任的主体主要包括各级党委委员，县级以上各级人民政府正副负责人（如市长、副市长、秘书长），各级人民法院院长和各级人民检察院检察长，乡镇的正副乡镇长等。政府问责之法律责任的主体是广大公职人员（广义上包括人大、政府、法院、检察院、政协以及有关事业单位等公共系统内的公职人员），在这里主要指政府系统内的行政人员，尤其是直接负责的主管人员（如分管副局长）和其他直接责任人员（如具体的执法者），其责任主体的范围远远广于前者。

第三，责任方式不同。政府问责之法律责任主要指违宪责任、行政责任和刑事责任。其中，违宪责任主要包括弹劾、罢免、撤销（文件）等。行政责任包括行政主体的责任和公务人员的责任。行政主体的责任方式如2008年《湖南省行政程序规定》第169条规定的责令限期整改、公开道歉、通报批评、取消评比先进的资格等。在这里主要指公务人员的责任，如《公务员法》和《环境保护违法违纪行为处分暂行规定》等规定的警告、记过、记大过、降级、撤职、开除等行政处分责任方式，《刑法》规定的因犯环境监管失职罪、违法发放林木采伐许可证罪等而承担的有期徒刑、拘役等责任方式。政治责任的基本方式是降低政治信任程度和政治地位，最严厉的方式就是剥夺行使政治权力的资格。譬如，2008年《湖南省行政程序规定》第169条规定的告诫、道歉、通报批评、离岗培训、调离执法岗位、取消执法资格等方式，2009年中共中央办公厅和国务院办公厅《关于实行党政领导干部问责的暂行规定》第 7 条规定的责令公开道歉、停职检查、引咎[1]辞职、责令辞职、免职以及 2004 年《中国共产党纪律处分条例》第 10 条规定的警告、严重警告、撤销党内职务、留党察看、开除党籍等责任方式。

第四，责任形态[2]不同。政府问责的法律责任形态一般是自己责任和单独责任，由违法行为人本人承担，不实行连带责任；政治责任却是可以连带的。譬如，在内阁制[3]国家，内阁的所有成员都要对整个内阁的政策和行动共同承担责任，一旦内阁的基本政策不能获得议会的赞同就须全体辞职。如果内阁首相或总理辞职，则意味着其他全体阁员也得随之一同辞职。

第五，评价和追责机关不同。法律责任有其专门的评价和追究机关，政治责任不必也不能仅由专门机关来评价。具体而言，法律责任一般都由司法机关追责（权力机关和行政机关也是重要的问责主体，譬如行政问责主要指的就是行政机关对内启动的问责），司法独立亦是法治国家的核心标志，而政治责任则受到政党、人民代表、媒体、公众等各方面的评价与追责。

第六，追责序位不同。政治责任的实现相对于法律责任特别是刑事责任的实现而言具有优先性。这是因为，如果不优先追究政治责任，则政治责任

---

　　[1]　这里的"咎"不是一般的"过失"，而是"因工作严重失误、失职造成重大损失或者恶劣影响，或者对重大事故负有重要领导责任"，在这种"咎"还没有达到违法程度或虽违法但依法可不追究法律责任时，领导干部应该引咎辞职。在资本主义国家的政治环境中，引咎辞职是政治官员（专指政治选举和政治任命的官员）而非一般文职人员的一种自责行为。所谓自责，是指政治官员对其履职情况和其言行进行自我评价，认为没有认真履行职责或言行违背民意，而自我发动的责任追究。自责的方式通常有道歉和引咎辞职两种。道歉是政治官员就自己的不良的履职情况或言行公开地向公众道歉，争取公众的宽恕；引咎辞职是自责的最严厉形式，政治官员的不称职行为或严重违背民意的行为，通过道歉也难以取得公众的谅解，只有提出辞职。

　　[2]　要注意的是，责任形态是不同于责任方式的。责任方式是责任承担的具体表现形式，如引咎辞职、责令辞职等。责任形态不是针对责任承担的具体形式，而是针对什么人来承担这些责任形式，如是自己责任还是替代责任，是单独责任还是共同责任（可分为按份责任和连带责任等形态）。

　　[3]　根据权力的分立与制衡原则，民主制度包括两种类型：总统制与内阁制。在总统制下，总统和国会均由全民直接选举产生。国会不得要求总统对其负政治责任，反之，总统也不能解散国会。总统一身兼任国家元首与行政首脑。内阁制又称议会制，是内阁总揽国家行政权力并对议会负责的政体形式。由于内阁制政府具有对议会全权负责的特征，故又称责任内阁制。内阁制起源于 18 世纪初的英国，由枢密院外交委员会演变而来，以后为许多国家所采用。在内阁制下，国会由国民直接选举产生，行政首脑（总理或首相）由国家元首任命，并需有国会中多数的支持。事实上，行政首脑常常是由国会中多数派领袖出任，国家元首仅行使形式上的同意权。总理（或首相）需对国会负责。国会有权否定政府。相反地，总理也有权解散国会重新大选。从全球来看，美国是典型的总统制国家，英国、德国、日本、印度等国家是典型的内阁制国家。

主体依然掌握着的公共权力，会影响乃至阻碍对其应承担的法律责任特别是刑事责任的有效追究。[1]

政治责任与法律责任有着明显的不同，若混淆二者则可能出现两种不良倾向，继而对法治建设构成危害：一是法律责任的政治化。一方面，以政治责任代替法律责任，特别是代替刑事责任，使相关政府官员的刑事责任得不到追究。一般而言，从严厉程度上讲，政治责任要比刑事责任轻微很多，以承担政治责任的方式替代刑事责任的承担，无疑回避或减轻了责任主体本应承担的严苛刑事责任。另一方面，基于平息民愤、控制事态、保住颜面、回应社会等政治目的，对本无违法行为不应承担法律责任的公务人员进行问责，令其成为领导的"替罪羊"和政治的"牺牲品"。二是政治责任的法律化，乃至以法律责任特别是刑事责任代替政治责任。这又会产生两极化的倾向：一方面，对本应只承担政治责任的行为却用法律责任甚至刑事责任的方式来追究，致使相关主体承担过重的责任，付出过高的代价。[2]另一方面，用法律责任特别是刑事责任的高标准来裁判和衡量政治责任，以行为未达到犯罪的程度、不必追究刑事责任为由，免去相关人员的政治责任，其实质是通过拔高政治责任追究的门槛而回避对政治责任的追究。

当然，政治责任和法律责任也不是完全没有联系的，譬如两者在范围上存在一定的交叉、都应遵循程序正义等等。2014 年 4 月 22 日修订通过的新《环境保护法》第 68 条，将 2004 年中组部《党政领导干部辞职暂行规定》规定的"引咎辞职"这一政治责任方式确认为法律责任，正式规定了包庇环境违法行为等九种情形下政府机关主要负责人须承担"引咎辞职"的法律责任，可谓是实现政治责任和法律责任有机融合的范例。

二、我国政府环境问责的问题

近年来，我国的突发环境事件频频爆发，然而，在这些环境事件的处理过程中，政府环境问责问题却一直没有得到高度的重视和强有力的实施。所谓管中可以窥豹，一叶可以知秋，我们可以腾格里沙漠事件等近年来发生的

[1] 张贤明："政治责任与法律责任的比较分析"，载《政治学研究》2000 年第 1 期。
[2] 这一现象在政治领域比较突出，特别是对发表不同政见的知识分子、持不同政见的政治家追究刑事责任。其本质是以权压法、压制民主。

环境事件为样本，对我国政府环境问责问题进行梳理和分析。

（一）政府环境问责的缺位

在强调以市场作为主要资源配置方式的现代社会，鉴于环境的公共性和市场机制的固有弊端，政府在环境资源的配置与保护方面发挥着特别重要的作用。正所谓"环保靠政府"。法治的要义至少包括权利保障和权力约束两大方面，其精髓是公权力者依法办事。在建设法治国家、法治政府和责任政府的大背景下，特别强调要将政府行为纳入环境法律法规的重点规制对象，明确划分政府部门的环境监管职责，加强政府环境问责，而不是仅仅强调对企业开发利用环境资源行为的约束和追责。

事实上，我国向来重视对环境违法企业的责任追究，环境行政处罚案件数量连年递增，2013年达到了近14万件，2017年达到了23万件（如下表5所示）。然而，我国的环境问题却出现了"越治越污染"的怪象，究其原因，主要是由于政府环境问责的缺失与不到位使然。正如环境保护部的潘岳副部长曾指出的那样："政府在环境保护方面不作为、干预执法及决策失误是造成环境顽疾久治不愈的主要根源。""政府不履行环境责任以及履行环境责任不到位，已成为制约我国环境保护事业发展的严重障碍。""'官'的问题解决了，就什么都解决了！"〔1〕实际上，早有数据表明，最近二十年来我国所发生的重大环境污染事件，有近80%与政府有关，其中45%甚至可归结于政府的不当决策。〔2〕由此可见，规制政府行为，加强政府环境问责，已成为推进我国生态文明法治建设、有效解决我国环境问题的首要和核心任务。

表5　近年来我国环境行政处罚情况

年度	2008	2009	2010	2011	2012	2013	2014	2015	2016	2017	2018
件数（万）	9.0	7.9	11.7	12.0	11.7	13.9	9.7	10.2	12.4	23.3	18.6

（数据来源于《全国环境统计公报》）

问题是，理想很"丰满"，现实却总是很"骨感"。有统计表明，自1993

〔1〕　牛晓波、杨磊："环保总局第三张牌修法问责'保护伞'"，载《21世纪经济报道》2007年2月27日。

〔2〕　阿计："环保法修法之五大进步——《〈环保法〉重寻生机》专题报道之二"，载《民主与法制》2012年第27期。

年至今，我国已发生 3 万多起突发环境事件，重特大突发环境事件达到了 1000 多起。[1]其中，由环境保护部直接调度处理的突发环境事件在"十一五"期间有 730 多件，自"十二五"以来也已达 400 件。[2]（如下表 6）然而，近 3 年来，政府部门由于环境事件被环境问责的却很少，被追究环境监管失职罪的更是寥寥无几，平均每年不足 20 件，但企业被追究污染环境罪的却直线上升，从 2012 年的 32 件上升到了 2014 年的 1097 件（如下表 7）。[3]

表 6　近年来我国突发环境事件基本情况（单位：件）

	2008	2009	2010	2011	2012	2013	2014	2015	2016	2017	2018
环境部直接处理数	135	171	156	106	33	163	98	/	60	/	50
全国总数	474	418	420	542	522	712	471	/	/	302	286

（数据来源于历年《全国环境统计公报》和《环境状况公报》）

表 7　近年来我国政府环境问责情况（环境监管失职罪）

	破坏环境资源保护罪（件）	污染环境罪（件）	环境监管失职罪（件）	环境案件总数（件）
2012 年	13 208	32	14	17 201
2013 年	13 210	104	12	16 218
2014 年	15 709	1097	23	94 157
2015 年	19 000	1322	/	124 000
2016 年	18 900	2119	/	132 700
2017 年	21 878	1625	/	210 888

（数据来源于《最高人民法院公报》）

---

　　[1]　杨朝霞："破解生态文明法制建设的五大瓶颈问题"，载《环境与可持续发展》2014 年第 2 期。

　　[2]　2015 年以来，已发生多起突发环境事件。例如，2015 年 4 月 6 日，福建漳州 PX 石化发生爆炸；2015 年 4 月 21 日，江苏南京化工厂发生爆炸；2015 年 5 月 25 日，江西赣州泰普化工发生爆炸；2015 年 7 月 16 日，山东日照石大科技石化公司发生爆炸；2015 年 8 月 12 日，天津塘沽滨海开发区发生爆炸。

　　[3]　当然，污染环境罪数量的增加并不能直接说明我国近年来环境违法犯罪行为更加猖獗，这在很大程度上可能同 2011 年《刑法修正案（八）》关于污染环境罪的修改和 2013 年两高《关于办理环境污染刑事案件适用法律若干问题的解释》的出台有关。

具体情形，我们可以腾格里沙漠事件为例进行阐释和说明。尽管从 2014 年底到 2015 年初，因腾格里沙漠污染事件最终导致共有近 40 名公务人员先后被问责，受到党纪政纪处分乃至行政和刑事制裁。但问题是，腾格里工业园区污染事件本来早就存在，中央电视台甚至还于 2012 年对其进行了曝光，但曝光后只是关闭了部分污染企业，并未启动政府环境问责程序。直到 2014 年 9 月因媒体的聚焦曝光方产生重大社会影响，2014 年 10 月习近平总书记作出重要指示后，政府环境问责才真正得以实施。从腾格里沙漠污染事件的整个历程来看，我们似乎可以得出一个结论，即我国的政府环境问责具有"环境污染—群众受害—媒体曝光—领导批示—政府问责"的典型特征。换言之，即使发生了环境污染事件，甚至是重大环境事件，如果没有媒体的曝光，就难以启动对污染企业的制裁和对受害者的救济；如果没有重要领导的批示，即使有了媒体的曝光，也难以真正启动政府环境问责程序以追究相关公务人员的责任。

（二）政府环境问责的替位、错位和失衡

政府环境问责应当是对负有环境保护职责而不依法履行或不当履行职责的政府、政府职能部门、相关党委及前述党政机关的公务人员，包括各级政府、环保主管部门、其他兼有环保职能的部门、有关党委及其公务人员的问责。然而，在环境法治实践中，政府环境问责往往出现"不该追责的被追责，该被追责的没有追责；该追大责的追小责，该追小责的追大责"等现象。具体表现为问责的错位和问责的失衡。

1. 政府环境问责的替位

这是指问责对象的选择有误或不当，本不该追责的被追责，应该被追责的却没有追责。在实践中，这主要表现为如下几种情况：

第一，"重基层直接责任，轻部门主管责任"。这是指只追究基层第一线环境执法人员的直接责任，而忽视或回避环保部门负责人的主管责任。对此，我们可以一案例进行说明。2011 年 3 月中旬，浙江省台州市路桥区被媒体曝光近百名村民血铅超标，检测的 597 人中，血铅超标 168 人，其中儿童 53 人，需要驱铅治疗 3 人。[1] 后经进一步调查，该事件与当地的蓄电池厂污染排放有关，进行两次通报，污染公司已被责令关停，公司法人代表已被刑事拘留

---

[1] 张乐、王俊禄："浙江台州血铅事件反思：'毒源'近距离安然存在 6 年"，载中国新闻网：http://www.chinanews.com/jk/2011/03-29/2938874.shtml，访问日期：2015 年 5 月 26 日。

并判处刑罚。对此事负有直接责任的一名副局长、监察中队队长、街道办事处副主任3人被停职检查。[1]从表面上看，本案件似乎得到了圆满的解决，但实际上并不能抚慰深受铅污染之苦的村民，也不能在法治建设上产生切实的作用和显著的意义。因为，我们很难想象，没有环保局局长的同意或示意，该蓄电池厂是如何成功通过环评审批、环保"三同时"验收，并顺利回避限期治理查处的？一个油然而生的疑问是，为什么只追究环保局副局长、监察中队队长、街道办事处副主任的责任，而不追究环保局局长、街道办事处主任的责任？其依据是什么？或者说，要符合什么标准，才追究环保局局长和街道办事处主任的责任？实际上，在很多时候，基层执法者或部门分管领导是根据部门主管领导的授意来执行工作的，其只是环境违法行为的执行者而非决策者，根据"权责一致"原则，理应追究决策者的责任。

第二，"重环保主管部门责任，轻环保分管部门责任"。这是指在环境问责中，只重视追究环境保护主管部门的责任，而忽视或回避对兼有环境保护管理职能的其他部门的责任追究。众所周知，环境保护工作是一个系统工程，不可能单独依靠环保部门的力量。事实上，水利、林业、农业、国土等资源管理部门和发改委、建设、工信、交通、工商、商务等经济和综合管理部门也兼有环境保护的监管职责。整个环境监管机构体系就像一支球队，环保部门就像守门员，发改委、建设、工商、水利、国土等部门也是该球队的重要成员，正如球被对方球队踢进了不能只怪守门员一样，环境保护没搞好，也不能只追究环境保护主管部门的责任。正确而公平的做法应是让具有环保职责的各个部门，各司其职，各负其责。事实上，在我国近年来发生的突发环境事件中，很大一部分都是由于安全生产事故、交通事故、自然灾害等企业违法排污之外的原因造成的。（如下表8所示）其中，由于安全生产事故导致的突发环境事件甚至占到了突发环境事件总数的30%~50%。（如下图16所示）最典型的例子是，2005年的松花江水污染事故就是由于对安全生产事故处置不当造成的。然而，在实践中，由于环境事件而被问责的基本上都是环保部门，鲜见追究其他分管部门的责任。譬如，工商部门违反环评前置程序，[2]企业未取得

[1] 杨能勇："台州致168人血铅中毒企业老总获刑一年三个月"，载中国台州网：http://www.taizhou.com.cn/news/2011-09/29/content_453820.htm，访问日期：2015年6月25日。
[2] 1998年《建设项目环境保护管理条例》第9条第2款规定："需要办理营业执照的，建设单位应当在办理营业执照前报批建设项目环境影响报告书、环境影响报告表或者环境影响登记表。"

环评审批就发放工商执照的，几乎从来没有被环境问责过。

表8　近年来我国突发环境事件基本情况（环境保护部直接调度处理）（单位：件）

年份	2004	2005	2006	2007	2008	2009	2010	2011	2012	2013	2014
安全生产事故导致	24	21	78	38	57	63	69	49	11	16	14
交通事故导致	18	25	36	28	25	52	28	15	11	6	6
企业排污导致	15	12	22	14	23	23	17	18	3	3	4
其他原因（灾害等）	5	18	25	29	17	33	42	24	8	4	7
总计	62	76	161	109	122	171	156	106	33	29	31

（数据来源于历年《全国环境统计公报》和《环境状况公报》）

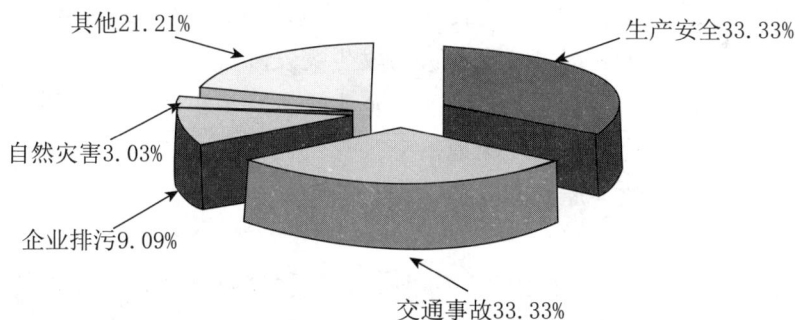

图16　突发环境事件起因比例图（2012年）

（数据来源于历年《全国环境统计公报》和《环境状况公报》）

第三，"重环境监管责任，轻党政领导责任"。这是指只重视追究环境保护部门的监管责任，而忽视或回避对政府、党委领导责任的追究。事实上，实践中鲜见因环境事件而追究县长和县委书记、市长和市委书记、省长和省委书记的责任。譬如，在第一轮的中央环保督察组移交问题追责中，江苏省有3位县委书记和3位县长被问责，但没有问责市长和市委书记；湖北省问责221

人，涉及一些县长、县委书记和厅长，但也没有问责市长和市委书记。[1]具体而言，我们仍以前述台州致 168 人血铅中毒事件为例进行说明。在该事件中，蓄电池工厂按照规定本应该建在居民区 500 米之外的地方，但实际上离居民区不足 5 米，在连续 6 年的污染过程中，当地政府对此现象不可能不知情。我们很难想象，在现有权力框架和政治环境下，3 位基层的领导如何能各显神通连续 6 年为污染企业开路？难道，违法排污长达 6 年期间，环保部门都没有因为企业违反限期治理制度而提请政府责令停产停业或责令关闭企业吗？[2]这不禁令我们怀疑本案政府环境问责的公平性：是否仅有这 3 位第一线的执法人员和分管领导需要对此负责？为何不需追究当地政府和党委的责任？或者说，要达到什么标准，才追究各级政府和党委的责任？实际上，在许多时候，环保部门主管领导只是根据或者不得不按照各级政府、党委领导的指示或授意来执行工作，其只是违法行为的执行者而非决策者，根据"权责一致"的原则，更应当追究决策者的责任。事实上，我国的环境问题，在很多时候是由于经济布局不当、产业引进不合理、企业违法审批上马（所谓绿色通道）等非由环境监管者所能决定的原因造成的。2015 年 4 月，环保部发布《突发环境事件应急管理办法》时指出，全国存在重大环境风险级别的企业共有4000 多家。这些重大环境风险企业极易发生突发环境事件，是群众生命财产安全和社会稳定的潜在威胁。一旦这些企业发生环境事故，不管环保部门是否尽到了自己的监管职责，一味地追究环保部门的责任，既不合理，也不公平，有违"权责一致"原则。

2. 政府环境问责的错位

这是指该追政治责任的追法律责任，该追法律责任的追政治责任，即政治责任的法律化和法律责任的政治化。由于法制的不健全，我国在这一方面的问题较为突出。

在环境问责的实践中，在 2005 年 12 月以前，中国因环保问责的官员主

---

〔1〕 常纪文："中央生态环境保护督察的历史贡献、现实转型与改革建议"，载《党政研究》2019 年第 6 期。

〔2〕 1989 年《环境保护法》第 39 条规定："对经限期治理逾期未完成治理任务的企业事业单位，除依照国家规定加收超标准排污费外，可以根据所造成的危害后果处以罚款，或者责令停业、关闭。前款规定的罚款由环境保护行政主管部门决定。责令停业、关闭，由作出限期治理决定的人民政府决定；责令中央直接管辖的企业事业单位停业、关闭，须报国务院批准。"

要是"小人物"，直到 2005 年 12 月 2 日"松花江水污染案"的爆发，致使原国家环保总局局长引咎辞职，高级官员的环境问责才进入公众视野。然而，我们要问的是，在松花江水污染事故中，局长同志当时是以"引咎辞职"的方式承担的政治责任，他有没有违反法律而需承担相应的法律责任？进言之，高级官员或上级领导在什么情况下需要承担政治上的领导责任？符合什么样的标准需要承担法律上的行政责任乃至刑事责任？据环保部调查摸底，在全国石油加工、炼焦、化学原料及化学制品制造和医药制造业中，较大以上环境风险单位有 60% 未进入工业园区，52% 距离环境敏感目标较近，65% 未编制现场应急预案，85% 未定期开展演练。在全国尾矿库中，有 40% 未建环境应急设施，55% 未按规定报备应急预案，92% 未建设流域防控设施。这些违法情况的存在，有环保部门的责任，但更有各级政府和党委的责任，如果不问青红皂白，只要造成环境事故就通过追究环保部门的责任以平息民愤、稳定事态，既不合理，也不公平，有法律责任政治化的嫌疑。

3. 政府环境问责的失衡

这是指问责类型和问责程度的确定有误或不当，这主要表现为该追大责的追小责，该追小责的追大责。譬如，在前述台州致 168 人血铅中毒案事件中，3 名责任人是不是仅仅被停职检查即可？要不要承担降级、撤职、开除等更严厉的行政处分责任？更进一步说，有没有存在环境监管失职罪的情形，要不要追究环境刑事责任？遗憾的是，由于该新闻材料的内容比较粗糙，具体情形不得而知。

总的说来，迄今为止，政府环境问责处理得比较好的案子不多，文首所提到的腾格里沙漠事件的环境问责可谓是一个不错的范例。在该案中，武威市委、市政府被追究重要领导责任，凉州区委、区政府被追究主要领导责任，省环保厅被追究重要监管责任，武威市环保局被追究主要监管责任，凉州区环保局被追究直接监管责任。[1]可以说，政府环境问责的法治化之路还很漫长！

---

〔1〕 具体而言，对武威市委、市政府和省环保厅主要负责人进行诫勉谈话；给予武威市分管副市长、省环保厅分管副厅长行政警告处分；给予凉州区委主要负责人党内严重警告处分；给予凉州区政府分管副区长党内严重警告、行政记大过处分；给予武威市环保局局长和分管副局长撤销党内职务、行政撤职处分；凉州区环保局局长和分管副局长涉嫌玩忽职守罪被检察机关立案侦查。秦娜："我省通报荣华公司环境违法事件处理情况"，载《甘肃日报》2015 年 6 月 6 日。

第二节　政府环境问责问题的根源

政府环境问责之所以出现前述的种种问题，不是无缘无故的，总有其主观和客观、历史和现实的各方面原因。只有条分缕析地厘清背后的"祸根"，才能为下一步提出根治的良策奠定坚实的基础。

一、问责依据不足：存有立法缺漏且可操作性不强

政府环境问责是环境法治的核心环节和重要保障，其首要要求是依法问责，而依法问责的前提是有法可依。然而，从目前的情况来看，我国对追究政府及其工作人员环境法律责任的规定很少，即使有也大都是抽象、原则性的条款，这就为政府环境问责的随意化提供了可乘之机。问题主要表现为两个方面：

第一，立法缺漏。这是指我国现行环境资源党规国法体系在政府环境责任方面存在缺漏，对具体的政府责任和是不是需要进行政府问责或在政府问责的某些方面缺乏相关规定。这主要是一个法治认识和立法价值取向的问题。总体而言，我国当前的政府环境问责缺乏立法、执法、司法、监督等全方位的保障，使得任何一个程序都有可能流于形式。现实中的政府环境问责，在很多情况下，并没有依据法律的有关规定严格实施，而是当环境事件发生并上升为群体性社会事件时，环境问责才有可能被政治化——为平息事态，使原本依法履行了监管职责的环保部门及其工作人员承担不应有的法律责任。

第二，效能不足。这是指现有法律法规虽然对政府环境问责有规定，但很不详细、不明确、不具体，问责难以操作和实施。换言之，谁应当对环境事件承担责任、在多长期限内承担责任、承担哪种类型的责任、不同主体如何分担责任、各主体承担多大程度的责任、如何启动追责程序等等，现有立法语焉不详，难以实施。这主要是一个立法准备和立法技巧的问题。

新《环境保护法》第 67 条规定了上级对下级的监督与建议机制，第 68 条规定了地方各级人民政府及环保部门的行政责任，这是新《环境保护法》在政府环境问责上的历史性进步。然而，这并未解决政府问责无法可依的问题。其具体表现为：一方面，新法对政府环境问责的规定仍旧比较抽象，对责任的认定界限不清，问责方式、问责程序等也无所涉及。特别是第 68 条规定的应当引咎辞职的"主要负责人"，其具体范围并不清楚。另一方面，新法

仅规定了政府环境问责的行政责任，而未涉及行政赔偿责任和刑事责任，仅仅达到了政府对其内部负责的层面，未达到对公众负责的层次。而 2006 年国家环保总局颁布的《环境保护违法违纪行为处分暂行规定》尽管针对政府环境问责作了详细、具体的规定，但由于法律位阶低且无配套的程序法予以配合，使得该规定并未很好地提升政府环境问责的效力。2011 年 6 月发布的《北京市行政问责办法》尽管是专门针对行政问责的地方政府规章，但并非是针对环境保护的。

从整个法制体系来看，在行政问责程序方面，由于我国行政法制建设起步较晚，到目前为止还没有统一的行政程序法典，仅有 2008 年 4 月颁布的《湖南省行政程序规定》和 2011 年 6 月颁布的《山东省行政程序规定》这两个地方政府规章。此外，许多程序性规定散见于《行政处罚法》《行政许可法》《行政强制法》等相关法律法规中，在很多时候难以被切实应用于环保领域，导致政府环境问责依据不足。

二、监管体制不顺：职责划分不清，部门衔接不畅

（一）环保主管部门与其他相关部门职权划分不清

近年来的环境事件，如松花江污染事件、广东北江镉污染事件、河南巩义二电厂柴油泄漏污染黄河事件等等，大多进行了事后追责。然而，由于环境问题成因复杂，危害巨大，环境污染事件的发生往往并不是某个区域、省市、政府部门或者企业的行为单独导致的，而是由环保、水利、发改委、工信、建设、土地等众多部门甚至多个相邻地方政府的多个行为，经过错综复杂的相互关联和相互影响共同造成的结果。

因此，在事后的政府环境问责中，由于各个部门职责不清，很难走出该向谁追责、追多大责的困境。在此，笔者试以太湖蓝藻事件为例：2007 年爆发的太湖蓝藻水污染事件，在 2004 年流域省界河流 21 个监测断面中，95%超标，Ⅳ类占 28%，劣于Ⅴ类占 67%。[1]由于各部门之间职责不清，出现问题后环保、水利等各部门之间相互推诿，从而纵容了大批高污染高耗能的企业肆意排放污水，致使太湖水域以及周围水域污染十分严重，造成了巨大的环

---

〔1〕 廖文根、彭静、骆辉煌："关于太湖流域水污染防治策略的思考"，载《中国水利水电科学研究院学报》2005 年第 1 期。

境与经济损失。由此可见，如果政府部门职责不清，则容易导致各部门推诿塞责、履职不力，也使得责任主体难以判断，只能追究企业等行政相对人的责任，而难以对政府具体负责部门的责任进行考量和追究。

（二）环保主管部门与其他相关部门职权衔接不畅

环境保护是一项系统工程，不是单单依靠环保部门就能完成的，而是需要多个地区、各个部门的分工协作和相互配合。对于简单的环境案件，环保部门易于查处并加以治理，但复杂的环境案件就会涉及方方面面，单纯依靠某一环保部门是难以解决的，此时各部门之间顺畅的协调与合作便成了关键因素。环境行政执法主体广泛而复杂，负责环境污染防治监管的，除了环保部门外，还有矿产、农业、林业、水利、土地、卫生、发改委等部门；负责自然资源监管的，除了林业、农业、水利、国土、环保等部门外，还有发改委、工信、工商等部门。

政府环境问责的前提和基础是职责的明确划分，有权必有责，权责须均衡，假若环境部门享有的是某项行政前置权力（如环评审批），但享有相应行政职权的国土、规划等有关部门却不尊重、不配合（如不经环评审批直接发放规划许可证和土地使用权证等），双方或多方关系难以协调而造成了环境问题，如果仅仅追究环保部门的责任，而让与环保相关的其他政府部门逃脱问责，就会造成问责的不到位。事实上，在这种情况下，环境问题也并不会因为对环境部门的问责而得到解决。

三、职权监督不力：监督机制流于形式

"有权必有责，用权受监督"是现代民主社会的共识，只有建立并完善政府环境问责的监督机制，保证环境问责能够顺利进行，才能使环境监管权在"阳光下"行使，进而预防权力的不作为和滥用。遗憾的是，我国至今尚未形成健全的监督体系，尤其是社会监督严重不足，存在政府信息公开系统不完善，公众环境知识欠缺，环保组织资金、技术不足等缺陷，难以开展有效的监督。

尽管新《环境保护法》将"监督管理"拓展并细化为一章，进一步强化了监督管理措施，但细查其内容就会发现新法仅仅规定了上级政府及主管部门对下级部门或工作人员工作进行监督的制度，完整的监督体系并未形成。环境监督不仅仅是简单的上级监督下级的一元化的监督体系，更应该是包括

人大代表、政协委员、大众媒体、NGO[1]以及社会公众的多元化、全方位的监督体系，尤其应加强公众监督这一环节。

2014年4月24日修改通过的新《环境保护法》专门设置第五章"信息公开和公众参与"，对于公众参与环境治理作出了原则性规定。2014年5月22日，环境保护部办公厅印发了《关于推进环境保护公众参与的指导意见》，对公众参与环境保护提出了具体、明确的指导意见。2015年4月14日，环境保护部公布了《环境保护公众参与办法（试行）（征求意见稿）》，对公众参与环境保护作出了进一步的规定。社会监督体系的不健全将会导致积极履行环境职责的政府部门无法得到公众的认可和协助，而推诿环境职责的政府部门也将难以得到法律的制裁，容易导致政府部门及其工作人员怠于履行环境保护监管职责。

四、问责体系不当：问责机制单一且过于依赖

在法制尚不健全、司法审查尚不发达的当下，政府环境问责主要是采用上级问责下级的垂直问责方式，即上级政府部门追究下级政府部门的责任。这种单一的问责方式将会产生以下两种结果：一是上问下责将无法追究最高的政府部门的责任，从而出现问责主要由基层部门负责的怪象；二是单一的上问下责中，由于上下级部门之间有着紧密的联系，难免有利益牵扯，或者碍于情面使问责过轻，有名无实，责任人得不到应有惩罚。这两方面的因素都容易导致在政府环境问责中产生"替罪羊"，出现只打苍蝇不打老虎，大事化小、小事化了的局面。

此外，对问责机制的功能定位认识不当，过于依赖和迷信问责的功能作用，也是导致动辄问责、过头问责泛滥成灾等问责乱象的一大原因。对此，学者马力强关于环境问责体系的反思和质问充分表达了这种症结："交通事故发生了，要抓交警吗（监管机构）？要抓教练吗（培训机构）？要抓驾校吗（培训的责任机构）？要抓道路建设部门吗（基建部门）？要抓片警吗（片区管理机构）？答案是显然的！为何安全和环保事故发生了要抓领导、抓专家、

---

〔1〕　所谓NGO，即非政府非营利组织（Non-governmental, Non-profit Organizations），又称非国家非营利组织、民间组织（Civil Organizations）、公民社会组织（Civil Society Organizations，CSO）、独立部门（Independent Sector）、第三领域、第三部门（the third sector）。

抓评价机构呢？这种追责体系是否会加重不作为、乱作为呢？尽管交通事故与安全和环保事故有本质的不同，后者的影响范围更广，且涉及更多公共利益，不能简单处理，但是盲目追责会严重扰乱社会秩序！追责如果过头，则没有人愿意担责，技术的革新就会受到阻力，社会的成本也会增加，而且会助长后果思维，让人习惯以最不利后果为导向来决策，而不是基于风险值。只有将责任清晰界定，专家和学者方能放开手脚开展科学论断。"

当前，"对审批人员和监管人员也存在追责过头的现象，引发了以查代管，作业留痕等问题，形式主义盛行，企业忙于应对，但检查却无法直指本质"。说到底，"一个好的责任追究制度并不单单是让人产生敬畏，而是要从根源上平衡风险与管控措施！"

第三节　改进政府环境问责制度的对策建议

环境是我们赖以生存和发展的基础，为我们生存和发展提供了必需的资源和条件，环境问题不解决，将会严重影响国民的福祉和阻碍我国的可持续发展。政府环境问责问题是我国现存的行政问责中较为严重的问题，也是当今我国环境问题日益严重的原因之一，有必要着力解决。

一、填补立法缺漏：落实依法问责

依法治国的前提是有法可依，从环境的角度看就意味着我们必须完善有关政府环境责任的立法，为政府环境问责提供全面、坚实的依据。正如英国著名学者弗雷德里希·奥古斯特·哈耶克（Friedrich August von Hayek）曾经指出的那样："撇开所有技术细节不论，法治的意思是指政府在一切行动中都受到事前规定并宣布的规则的约束——这种规则使得一个人有可能十分肯定地预见到当局在某一情况中会怎样行使它的强制力，和根据对此的了解计划他自己的个人事务。"

这就要求我们在新制定或修订的《党政领导干部生态环境损害责任追究办法（试行）》《环境保护督察方案（试行）》《中央生态环境保护督察工作规定》《中央环境保护督察纪律规定（试行）》《中国共产党问责条例》之基础上，从党内法规、国家立法和地方立法层面，健全完善有关环境资源党规国法体系。[1]首先，修改《环境保护法》，健全完善问责制度。新《环境保护法》在环境问责的问题上规定得较为抽象，仅罗列了"引咎辞职"这一政治责任的具体情形，对于各部门之间负哪些法律责任、如何负责并没有详细涉及，有必要予以修改完善。当前，有必要对《环境保护法》第68条的规定予以细化，如明晰直接主管人员和直接责任人员的各自责任，明确规定须承担"引咎辞职"责任的"主要负责人"的具体范围等等。其次，修改《大气污染防治法》《水污染防治法》《环境影响评价法》等环境资源单项法中有关政府环境问责的规定。再次，地方人大和政府也应充分利用其地方立法权，建立、完善本区域的环境问责机制，与新《环境保护法》及其他环境资源法律法规形成有机的、系统的整体。2014年12月，为配合新《环境保护法》的实施，湖南省通过了《湖南省环境保护工作责任规定》和《湖南省重大环境问题（事件）责任追究办法》两个规范性文件，对该省、市、县、乡4级政府、30多个党政相关部门在环境保护上各负什么责任，在什么情形下要追怎样的责、怎样追责等都作了明确规定。这两个规范性文件的制定与出台，为该省政府环境问责提供了具体可循的规范依据，值得学习和推广。不过，稍有遗憾或美中不足的是，《湖南省重大环境问题（事件）责任追究办法》仍未区分政治责任和法律责任。

此外，特别是要制定和健全行政程序法，规范行政执法的具体程序，提高环境执法的可操作性，在规范行政行为的同时，也为保障行政执法人员的合法权益提供依据，以有效地减少被不当问责的可能。在现实生活中，有时"乱问责""问错责"比"不问责"的后果更为严重，这也正是我国环境执法中较为突出的问题。由于没有具体、实施性强的执法规范，在环境执法中，执法人员对于如何合法地执法无依据可循，只能听命令、凭经验。然而，当

---

　　[1]　近年来，与中央环保督察工作相关的法制建设得到大力加强。2015年8月，中共中央办公厅、国务院办公厅印发了《党政领导干部生态环境损害责任追究办法（试行）》。2016年7月，中央全面深化改革领导小组第十四次会议审议通过了《环境保护督察方案（试行）》。2019年6月，中共中央办公厅、国务院办公厅印发了《中央生态环境保护督察工作规定》，督察工作规范化显著增强。此外，中共中央结合实际中遇到的问题，修改了一批党内法规。譬如，2017年7月修改了《中国共产党巡视工作条例》，2018年8月修改了《中国共产党纪律处分条例》，2019年9月新修订了《中国共产党问责条例》，发现和处理生态文明违纪违规的党内法规依据明显更加完善。2018年6月，为了促进中央生态环境保护督察工作人员廉洁奉公，生态环境部党组还制定了《中央环境保护督察纪律规定（试行）》等专门文件。

其履行职责后一旦出现环境问题，又无法避免地被追究责任，这使得环境执法中对执法人员是否依法执法、是否尽职尽责执法没有依据。只要出现环境事故就问责，有以后果归责的倾向。因此，有必要建立完善的、操作性强的程序规则体系，在全面维护执法人员的合法权益的基础上，再对环境责任进行追究，从而让拒不、违法履行职责的人被追责，让依法、积极履行职责的人能免责，防止法律责任的人治化、扩大化和过头化。

二、优化制度设计：坚持公平问责

政府环境问责不仅要依法问责，更应当公平问责，罚当其责。公平问责的实现需要对问责机制进行合理定位，建构科学的问责体系，健全完善关于职权划分、部门衔接、调查监测、环境审计等一系列的制度规则。

（一）科学认识问责机制的功能地位

保护环境是各级政府的基本职责之一，一切权力都应受到监督是现代法治社会的基本要求，严格问责是权力依法行使和健康运行的重要保障。然而，问责也有一个科学性和合理性的问题。实际上，问责机制只是诸多权力控制机制中的一种，属于倒逼机制的范畴，虽然重要，却并非万能。切忌轻视信息公开机制、程序约束机制（正当程序）、权力制衡机制、权利抗争机制、考评激励机制等权力限控机制的作用，而过于神化或迷信问责惩戒机制的功能，以致本末倒置，过于依赖问责，动辄启动问责，大行过头问责，影响甚至伤害公职人员（尤其是领导层）的积极性和创新性。

（二）构建科学的问责体系

在问责惩戒机制上，"上问下责"的单一机制使得我国政府环境问责出现了"责任包庇"（徇私枉法）、"责任转嫁"（所谓的"替死鬼"）和"问责恣意"（受制于事态和舆情，而非责任事实本身）等现象，严重影响了我国环境政府问责的法治化。为此，可建立多样性的问责方式。譬如，问责的启动主体除了政府自身外，还应当包括党的机关、立法机关（在我国，对于人大选举产生的政府官员，如果存在重大过失，必须问责的，可以由有权的政府直接问责；如果只存在一般过失或者没有过失，但舆论激愤、要求问责的，应当由人大来问责）、司法机关、公众、媒体、社会团体等，公职人员一旦出现不作为、乱作为的现象，就会被置于各方的问责之中。

当前，特别是要完善政府信息公开和公众参与等问责配套机制。在公开和参与的方式上，除了传统的听证会、信访接待室、市长信箱、12369 群众举报热线、网络平台、社会公示或论证会等方式外，还可利用微信、"绿侠"以及《环保随手拍》手机 APP 软件等新技术、新方式。

（三）细化监管职责的分工和衔接制度，明晰不同部门的责任

政府应当加强对产业发展决策的规范和约束，特别是设置和强化环保前置程序，加强环保权力对发展权力的约束，将"环境影响评价"作为有关行政许可的前置审批程序。例如，《美国国家环境政策法》将环境保护的主要责任限定在联邦政府及其机构，并且将包括立法、政策、决定、规划及相关程序在内的几乎所有与联邦政府有关的官方行为都被纳入环境影响评价制度进行调整。环境影响评价制度成为美国控制政府行为反应和环境保护目标最为核心的一项制度。[1]环境影响评价是一套需要各部门之间相互配合、相互制约的完整措施，有利于约束权力，明确不同部门的环境责任。例如，建设项目环境影响报告能否批准，影响着项目审批部门能否批准该项目建设、土地行政管理部门能否办理征地审批手续、城市规划行政主管部门能否核发建设用地规划许可证等等。倘若未经环评程序，有关部门便擅自给企业颁发行政许可，一旦出现环境事故，不应当只追究环保部门的责任，正所谓"管生产必须管环保、管发展必须管环保、管行业必须管环保"；环保部门就环评审批事项向土地等相关管理部门提出异议的，就不应当追究环保部门的责任，而应追究土地等其他部门的责任。

（四）改进环境监测制度，为环境监督管理及其考核奠定数据基础

环境监测能准确、及时、全方位地反映环境质量状况及其发展趋势，为及时发现、控制污染提供科学依据。环境监管可以分为区域监管、行业监管以及统一监管。2015 年 7 月 1 日，中央全面深化改革领导小组第十四次会议审议通过了《生态环境监测网络建设方案》，这为建立统一的环境监测网络和实现大数据管理奠定了良好的基础。2016 年 7 月 22 日，中央全面深化改革领导小组第二十六次会议审议通过了《关于省以下环保机构监测监察执法垂直管理制度改革试点工作的指导意见》，为环境监测体制改革指明了方向。

（五）建立健全自然资源和生态环境审计制度，明确上下级职责

在建立起区分各部门之间的环境职责后，同一部门上下级、前后届之间

---

〔1〕　丁玮："美国环境政策法评介"，载《北方环境》2003 年第 3 期。

的环境职责也应当进一步细化，以实现公平问责。环境审计是解决这一问题的制度举措，且已被国际和国内经验证明行之有效。

以深圳市宝安区为例，该区探索编制自然资源资产负债表，并将在国内率先推行领导干部自然资源资产离任审计制度。该方法采用总表与分表的形式，总表用来反映自然资源资产总量，分表用来反映单一自然资源资产的价值构成和自然资源量值的存量情况。根据这个方案，自然资源被分为林地、饮用水、湿地、城市绿地、古树名木等。负债方面包括饮用水资源保护投入资金、合理治理投入资金等多个指标。审计对象主要是区政府各部门、各街道办事处正职或主持工作的副职领导。审计内容包括是否有因个人决策失误给自然资源资产造成破坏、毁损的行为，是否存在违法占有、浪费、破坏、污染自然资源的情况，任职期内对违法破坏自然资源案件的查处率、结案率等。[1]通过该制度，对领导任职期间的环境行为进行评价与监督，从而使得追责有具体的参考依据，能有效地防止下级承担上级、新一届负责人承担上一届负责人的责任。为上下级、前后届负责人的环境责任提供可视化的评估依据，能有效地避免追责乱象的发生。2015年7月1日，中央全面深化改革领导小组第十四次会议审议通过了《关于开展领导干部自然资源资产离任审计的试点方案》，这为建立环境审计制度奠定了良好的基础。

三、消除制度隐忧：推进"尽职免责"

履职不为、履职不当的，应当追责；但尽力履职的，即使造成了不良后果，也不应追究其责任，这应是法律责任制度的基本精神。换言之，我们在加强严格问责、依法问责的同时，也应当注重尽职免责制度的建设。这是因为，对于那些在环境监管中不作为、乱作为的人员，追究其法律责任乃至政治责任是无可厚非的；但对于那些认真履行了自身职权，由于自身力量之外的原因，依然没有防止环境污染事件发生的人员，倘若也追究其法律责任，将大大挫伤这些监管人员的积极性。例如，在招商引资中，政府掌握着项目的决定权，而环保部门只有规划、建议权，政府不采纳环保部门的意见，照样招商引资，一旦出现环境问题，我们便不能追究已经履行其职责的环保部门的责任。

对于尽职免责的制度保障问题，2013年出台的《焦作市环境保护违法违

---

〔1〕 武欣中："干部离任将算'环保账'"，载《中国青年报》2014年8月19日。

纪行为处分适用实施办法》（以下简称《办法》）做了很好的探索。具体而言，《办法》第 18 条规定了国家行政机关及其工作人员，在工作范围内，已按职责和法律法规要求尽职尽责而不予追究行政责任的八种具体情形：①被管理单位隐瞒事实、弄虚作假导致行政行为不当或违法的；②前置行政行为不当或违法导致行政行为不当或违法的；③监督管理部门已发现环境违法问题，并正式告知被监管对象，正在按法律程序办理过程中发生事故或事件的；④被监管单位采取故意隐瞒或欺骗手段逃避监管造成事故或事件的；⑤被监管单位无正当理由，拒不执行监管指令造成事故或事件的；⑥被监管单位在整改期间发生事故或事件的；⑦被监管单位关闭淘汰后擅自恢复生产造成事故或事件的；⑧因不可抗力，造成事故或事件的。这种探索和做法值得借鉴和推广。

为实现尽职免责，可考虑采取留痕迹执法的措施。例如，在平时的工作中，环境执法人员到现场检查、勘察后要求当事人在现场检查、勘察笔录上签字时，当事人往往拒绝签名或者拒不到场，由此造成执法难以实现，一旦出现环境事故，由于责任人难以举证，便有可能"背黑锅"。对此，可借鉴民事诉讼法中关于送达的有关规定，细化现场检查的规则。如规定"现场检查时可采取拍照、录音、录像等方式"；当事人拒绝签名时，可以注明原因；有其他人在场的，可由其他人员签名。在处理上下级、本部门与其他部门之间的关系上，河北省魏县环保局的做法很值得我们借鉴，其发现 10 家塑料加工小作坊违法生产后，随即函告周边县市环保局并向县政府报告，配合供电公司掐断其供电线路，此后又多次派员检查，下达停电通知。最后，魏县环保局工作人员没有被追究责任，然而，由于当地镇政府监管不力，供电所为非法企业供电并收取电费，被追究了法律责任。[1]由此可见，加强尽职免责制度的建设对于避免政府环境问责的错位可发挥重大作用。

本章结语：推进政府环境问责的法治化

2015 年 7 月 1 日，中央全面深化改革领导小组第十四次会议审议通过了《环境保护督察方案（试行）》《生态环境监测网络建设方案》《关于开展领

---

〔1〕 岳跃国："尽职应当免责"，载《环境经济》2014 年第 6 期。

导干部自然资源资产离任审计的试点方案》《党政领导干部生态环境损害责任追究办法（试行）》等环保政策性文件。会议指出，要确立"党政同责、一岗双责"[1]的原则，建立环保督察工作机制，完善生态环境监测网络，开展领导干部自然资源资产离任审计试点，按照依法依规、客观公正、科学认定、权责一致、终身追究的原则对造成生态环境损害的领导干部追究终身责任。2017年10月18日，党的十九大报告指出要"构建政府为主导、企业为主体、社会组织和公众共同参与的环境治理体系"。这些文件的出台对于加强和规范我国的党政环境问责具有重大意义。

事实上，随着中央环境保护督察活动的推进和改进，我国的政府环境问责已经呈现出了一定的进步。譬如，从2017年11月16日内蒙古、黑龙江、江苏、江西、河南、广西、云南、宁夏等8省区通过各自政府网站同步公开的第一批中央环保督察问责情况[2]来看：此次督察问责行动，从问责人数来看，8省区共问责1140人；从责任承担方式来看，既有政治责任和纪律责任，也有法律责任（如被追究刑事责任9人）；[3]从责任主体的级别构成来看，既有一线执法人员，也有分管领导，还有主管领导，其中厅级干部就有130人（正厅级干部24人），处级干部达504人（正处级干部248人）；从责任主体的性质来看，既有地方党委人员（46人），也有地方政府人员（299人），还有国有企业（49人）、事业单位和基层执法人员（80人）。从责任主体的机构类型来看，既有环境保护主管部门（193人），也有水利（81人）、国土（75人）、林业（63人）等自然资源和生态环境主管部门，还有发改委（31

---

〔1〕 "党政同责、一岗双责"此前主要是安全生产领域的一项原则，意指在一个地方的党政部门中，除了分管部门及其负责人要为安全生产负责之外，党委也要负责；各个分管岗位，除了要做好本职工作外，还要承担相应的安全生产责任。该原则体现了对安全生产的高度重视。如今，党中央把这一原则延伸到了环保领域，将对环境保护的重视程度提到了类似安全生产的高度。不过，对于党政同责这一议题，目前尚未引起学界的足够重视。笔者以为，有几个关键的问题需引起重视：一是党政同责的"责"是什么性质的责任，是政治责任还是法律责任？二是党政同责的"党"指的是哪些主体，是仅指各级地方党委的负责人，还是党委的某一个分管常委，是否也包括环保部门的党组负责人？三是党政同责中关于党的责任，如何追究？

〔2〕 经党中央、国务院批准，第一批8个中央环境保护督察组于2016年7月至8月组织对上述8省区开展环境保护督察，并于当年11月完成督察反馈，同步移交100个生态环境损害责任追究问题，要求地方进一步核实情况，严肃问责。

〔3〕 在8省区被问责人员中，通报20人，诫勉320人，责令公开道歉1人，组织处理18人（次），党纪处分178人，政纪处分584人，移送司法机关12人，已被追究刑事责任9人，批评教育9人，停职检查1人。被问责的厅级干部中，诫勉46人，党纪处分40人，行政处分40人，4人被移送司法机关。

人）、市场（42人）、工信（59人）、住建（51人）、城管（38人）、农业（9人）、交通、公安（9人）、安监（4人）、旅游（2人）、国资委（3人）等非环境资源主管部门。

正如孙佑海教授所言：“党政领导干部问责，不仅要对渎职的官员进行惩罚，也应要求党委、政府对民意有所回应，这是提升问责主体的意义所在”，将“党委领导纳入问责范围对于推进生态文明建设意义非常重大。”〔1〕下一步，我们要继续按照“权利有保障、有权必有责、用权受监督、违法受追究、权责一体化”的法治理念和职责明晰、权责一致、党政同责、一岗双责、各担其责、终身追责、依法问责、公平问责、责罚相当和尽职免责的问责原则，健全和完善各项党纪和国法（切忌混淆二者），〔2〕通过全面、具体的实体性和程序性规定，为党政环境问责提供明确、坚实的依据，杜绝“人治化、扩大化、民粹化、过头化、运动化”等乱象。当前，重点是要革新和优化环境行政监管体制，健全和完善由权力约束机制、权力监督机制、权利保障机制、市场调节机制和责任追究机制等组成的法律机制体系，有效地规范和监督公权力，明晰地区分政治责任和法律责任，准确地界定重要领导责任、主要领导责任、重要监管责任、主要监管责任、直接监管责任等不同主体的不同责任，建设法治政府和责任政府，强化“党政同责，一岗双责”，严格问责，但又不过于依赖问责、过头问责，循序渐进地推进我国的生态文明法治建设。

---

〔1〕 郄建荣：“守住生态红线是领导干部的终生责任 访国家环境咨询委员会委员孙佑海”，载《法制日报》2017年11月17日。

〔2〕 刘作翔：“党纪与国法不能混同 党内法规提法令人困惑”，载凤凰网：http://news.ifeng.com/a/20150703/44096626_0.shtml，访问日期：2015年7月3日。

第五章

生态文明观的司法表达：环境公益诉讼

第一节　环境公益诉讼的概念

概念是法律的基本构成要素，对法律概念的精准界定是分析法律问题和进行法学研究的前提基础。迪亚斯也认为："法律概念的分析为我们研究某些关于法律性质的理论提供了基础。它可以使我们的认识更深刻，从而使我们更敏锐地认识到这些理论的本质。概念分析越广泛、越深入，就越能认识到这些理论的实质。"[1]

一、公益诉讼概念的缘起

据罗马法专家周枏教授介绍，公益诉讼的概念滥觞于罗马法。早在罗马的程式诉讼中就存在私益诉讼（actions private populares）和公益诉讼（actions public populares）之别，前者仅为保护个人权利和利益的诉讼类型，只有特定人才可提起；后者则是为保护社会公共利益的诉讼类型，包括罚金诉讼（qui-tam）、民众诉讼（actions populares）等，除法律有特别规定外，任何市民均有权提起。[2]意大利法学家彼德罗·彭梵德指出："人们称那些为维护公共利益而设置的罚金诉讼为民众诉讼，任何市民均有权提起它。受到非法行为损害（即只是私人利益受损）的人或被公认较为适宜起诉的人具有优先权。"由于罗马当时并没有提起诉讼（特别是公益诉讼）的专门控诉机关，因此，所有的诉讼实际上皆是由私人提起的，"任何私人均可提出控告，在控告中，提

---

〔1〕［英］迪亚斯："法律的概念与价值"，黄文艺译，载张文显、李步云主编：《法理学论丛》（第2卷），法律出版社2000年版，第437页。

〔2〕参见周枏：《罗马法原论》，商务印书馆1996年版，第886~887页。

出控告的公民是共同体利益的代表"。[1]

到了近代，法国 1806 年的《民事诉讼法》和《法院组织法》规定了检察机关可以为维护公共秩序而提起公益诉讼。[2]在德国，1863 年巴登州的《内部行政组织法》首次规定了其近代法中代表一定公共利益的公益代表人制度。1945 年左右，随着联邦德国的建立及其行政司法法律的颁行，公益代表人在德国的法律生活中达到了一定的发展高峰。在美国，1914 年的《克莱顿法》规定，对于《反托拉斯法》所禁止的行为，除受害人有权起诉外，检察官以及其他任何个人和组织也可提起衡平诉讼。1945 年，美、英、法占领区和萨尔兰州等均基于德国行政法的保护传统，在州行政程序法中规定了公益代表人制度。不过，直到 20 世纪 60 年代，公益诉讼这一术语才切实得到普遍的认可和广泛的应用。[3]

然而，迄今为止，关于公益诉讼的概念，不同学者依然有着不同的认识。[4]笔者以为，所谓公益诉讼（public interest litigation），是指国家机关、公民、社会组织等有权主体作为原告，为了制止损害或者极有可能损害公共利益（包括国家利益和社会公共利益）行为的发生或继续进行，以及救济已经受损的公共利益，而向法院提出旨在追究公益致害人相应法律责任的请求，并由法院依法审判的特殊诉讼活动。

二、环境公益诉讼的界定

自 20 世纪 50 年代以来，日益严重的环境污染和生态破坏问题使得在良好的环境中生活被当作一种重要的权益而受到越来越广泛的关注，并受到切切实实的行动保护，美国甚至还爆发了声势浩大的环保运动。体现在法律上，欧美各国的环境法纷纷建立了保护公共环境的公益诉讼制度，譬如美国建立了公民诉讼制度、德国建立了团体诉讼制度、英国建立了检举人诉讼制度、法国建立了协会诉讼等。我国也在新修订的《民事诉讼法》和《环境保护

---

〔1〕　［意］彼得罗·彭梵得：《罗马法教科书》，黄风译，中国政法大学出版社 1992 年版，第 92 页。

〔2〕　任允正、刘兆兴：《司法制度比较研究》，中国社会科学出版社 1996 年版，第 31 页。

〔3〕　关丽："环境民事公益诉讼研究"，中国政法大学 2011 年博士学位论文，第 52～64 页。

〔4〕　学者韩志红认为，公益诉讼是指，任何组织和个人根据法律授权，就违法侵犯国家利益、社会公益的行为提起诉讼，由法院依法处理违法之活动。韩志红、阮大强：《新型诉讼——经济公益诉讼的理论与实践》，法律出版社 1999 年版，第 27 页。

法》中规定了环境公益诉讼制度。

纵观世界各国关于环境公益诉讼的法律实践，笔者以为，所谓环境公益诉讼，即有关国家机关、公民和社会组织等有权主体，为保护国家或社会的环境公共利益而向人民法院提起的诉讼。具体而言，环境公益诉讼至少可包含如下几重含义：

第一，环境公益诉讼的目的是保护环境公共利益而非与环境相关的私人利益。环境公益诉讼不同于以维护公民、法人之人身、财产等私人利益为目的的私益诉讼，而是以保护环境公共利益为目标的诉讼，以防止、减少和救济对环境公共利益的损害。换句话说，环境公益诉讼是指，对受损或有损害之虞的公共"环境"进行司法救济，而非对受损或有损害之虞的私人人身、财产进行司法救济。换言之，为救济由于环境污染和生态破坏而遭受的私人人身和财产损害所提起的诉讼，即使受害人众多且不确定，也不属于环境公益诉讼的范畴。

第二，环境公益诉讼既包括为保护公共的国家利益（简称为"国家公益"）而提起的诉讼，也包括为保护公共的社会利益（简称为"社会公益"）而提起的诉讼。为保护国家公益而提起的诉讼，主要是指为保护国有的矿产资源、森林资源、野生动植物资源、渔业资源、遗传资源等自然资源而提起的诉讼，譬如，针对国有矿产资源的破坏和贱卖行为，国有林滥伐、盗伐行为，野生动物乱捕滥猎行为，渔业资源污染致害或违法捕捞行为等而提起的诉讼。为保护社会公益而提起的诉讼，主要指为保护公共的空气、水域、绿地、公园等生活环境和自然保护区、饮用水水源地、野生动物栖息地、种质资源保护区或者种质资源保护地等生态环境而提起的诉讼。譬如针对土地沙化、盐渍化、贫瘠化、石漠化、地面沉降、植被破坏、水土流失、水体富营养化、水源枯竭、生物多样性减少（存在种源灭绝威胁）而提起的公益诉讼。

第三，依据不同的标准，可把环境公益诉讼分为不同的类型。（如下表9）①从诉讼的性质来看，环境公益诉讼包括环境民事公益诉讼与环境行政公益诉讼两种基本形式。此外，还包括环境行政附带民事公益诉讼和环境刑事附带民事公益诉讼两种补充类型。要说明的是，尽管环境刑事诉讼也具有保护环境公共利益的属性，但其主要目的是打击和惩治环境犯罪行为，因而不属于我们所讲的环境公益诉讼的范畴。②从诉讼的具体目的来看，环境公益诉讼可被分为预防性环境公益诉讼（以防范环境损害的发生）、阻断性环境公益诉讼（以阻止环境损害的继续发生）和救济性环境公益诉讼（以救济已经受损的环境）三种基本形式。③从诉讼的动机来看，环境公益诉讼可被分为示范性环境公益诉讼（为产生后续的社会影响、发挥示范和启蒙作用而起诉，而诉讼本身能否胜诉在所不计，甚至明知不可能胜诉而起诉）和实质性环境公益诉讼（为了切实保护遭受危害的环境公共利益而起诉）。④从诉讼的功能来看，环境公益诉讼还可被分为纯粹公益性环境公益诉讼和公私兼顾性环境公益诉讼。前者是指提起环境公益诉讼的原告自身同作为诉讼标的之环境公共利益之间没有直接的利害关系，如环保组织和检察机关提起的环境公益诉讼；后者是指提起环境公益诉讼的原告同作为诉讼标的之环境公共利益具有直接的利害关系，即此类公益诉讼能实现公私兼顾，如作为环境权人的公民提起的环境权诉讼。[1]⑤根据诉讼依据和起诉主体的不同，环境公益诉讼还可被分为狭义的环境公益诉讼（环保组织作为起诉主体）、自然资源国益诉讼（自然资源资产管理机关作为起诉主体）、生态环境损害赔偿诉讼（环保机关作为起诉主体）和环境检察公益诉讼（检察机关作为起诉主体），诉讼依据分别为环境权和诉讼信托、自然资源国家所有权、责令赔偿生态环境损害的司法执行、民事行政公诉权等。

表 9　环境公益诉讼的类型划分

	类别 1	类别 2	类别 3	类别 4
诉讼性质	环境民事公益诉讼	环境行政公益诉讼	环境刑事附带民事公益诉讼	环境行政附带民事公益诉讼
诉讼目的	预防性环境公益诉讼	阻断性环境公益诉讼	救济性环境公益诉讼	
诉讼动机	示范性环境公益诉讼	实质性环境公益诉讼		
诉讼功能	纯粹性环境公益诉讼	兼顾性环境公益诉讼		

---

　　[1]　徐平、朱志炜、杨朝霞："论我国环境法庭的困境与出路"，载《吉首大学学报（社会科学版）》2014 年第 4 期。

	类别1	类别2	类别3	类别4
诉讼依据（起诉主体）	环境公益诉讼（环保组织）	自然资源国益诉讼（自然资源资产管理机关）	生态环境损害赔偿诉讼（生态环境保护行政监管机关）	环境检察公益诉讼（检察机关）

第二节　我国环境公益诉讼的"前世今生"

20世纪中期以来，日益严重的环境问题和渐趋高涨的环保运动使得生活在良好的环境中被当作一种重要的公共利益而日益受到公众的关注。体现在法律上，欧美各国的环境法纷纷建立了保护这种公共利益的环境公益诉讼制度，譬如德国的团体诉讼、英国的检举人诉讼、美国的公民诉讼、法国的协会诉讼等。

一、我国环境公益诉讼的历史回顾

在我国，环境公益诉讼制度的建立和发展，是以环境行政监管手段不足以解决日益严峻的环境问题，以及建立在人身和财产权利基础上的环境侵权责任诉讼无法对环境公共利益进行有效救济的现实国情为背景的，并得益于理论研究和实践创新的共同推动。

（一）启蒙阶段（2007年之前）：星星之火

从实践创新上看，早在1984年7月就发生了"深圳环境监测站诉香港凯达有限公司环境污染案"，应属于我国有据可查的最早的环境公益诉讼案例。此后，在20世纪90年代末和21世纪初，也发生了1995年"黑龙江鸡西市梨树区人民政府诉鸡西市化工局等环境污染赔偿纠纷案"、2000年"青岛300市民诉青岛市规划局行政许可违法侵害眺望权和景观权案"、2002年"塔斯曼海轮油污染事故案"、2003年"四川阆中市人民检察院诉群发骨粉厂环境污染纠纷案"、2005年"北大贺卫方等诉吉林石化水污染案"等多起环境公益诉讼案例。然而，由于缺乏理论的指导和政策的支持，只有零星发生的环境公益诉讼案例，远未形成规模效应并产生重大影响。

值得庆幸的是，在这一时期，部分敏锐的学者开始关注和加强对环境公益诉讼的理论研究。早在 2002 年召开的"环境资源法学高级研讨会"上，学者们就提出要突破直接利害关系的制度框架，使社会公益团体或检察机关可以作为公共利益的代表而提起行政或民事公益诉讼。随后，学者们对环境公益诉讼的关注和研究日益加强，对环境公益诉讼的基础理论和制度设计等问题进行了广泛的研究和深入的探讨，为我国确立环境公益诉讼制度奠定了较为扎实的理论基础。[1]2005 年 12 月，《国务院关于落实科学发展观加强环境保护的决定》出台，首次提出要"推动环境公益诉讼"。自 2007 年始，各地纷纷开始进行环境司法专门化和环境公益诉讼的探索与试点，也正是从这个阶段开始，我国的环境公益诉讼开始跨入一个蓬勃发展的探索时期。

（二）探索阶段（2007 年至 2012 年）：地方试点

2007 年 9 月，经最高人民法院原副院长万鄂湘提议，贵州省高级人民法院和贵阳市委实施批准，2007 年 11 月 20 日，贵阳市中级人民法院环境保护审判庭和清镇市人民法院环境保护法庭同时挂牌成立。2007 年 12 月，贵阳市中级人民法院发布《关于贵阳市中级人民法院环境保护审判庭、清镇市人民法院环境保护法庭案件受理范围的规定》，并向全市发出《指定管辖决定书》。其明确规定："各级检察机关、两湖一库管理局、各级环保局、林业局等相关职能部门，可作为环境公益诉讼的原告，向人民法院提起环境公益诉讼。"2008 年 9 月，无锡市中级人民法院和无锡市人民检察院出台了《关于办理环境民事公益诉讼案件的试行规定》。[2]此后，昆明、重庆等地纷纷开展了环境司法专门化和环境公益诉讼的司法创新。

应当说，环境司法专门化对于促进环境公益诉讼的发展确实发挥了十分积极的作用。事实上，各地开展的环境司法专门化，尤其是环境法庭的成立，大多是以发展环境公益诉讼作为首要目的和根本任务而进行的司法体制创新。譬如，清镇市环保法庭自 2007 年 11 月 20 日成立后，相继受理了"贵阳市'两湖一库'管理局诉天峰化工公司污染水源案"（2007 年 12 月）、"贵阳市检察院诉熊某志等破坏植被案"（2008 年 6 月）、"中华环保联合会诉清镇市国土资源局未履行职责收回百花湖风景名胜区土地使用权案"（2009 年 7 月）、

---

〔1〕 王明远："论我国环境公益诉讼的发展方向：基于行政权与司法权关系理论的分析"，载《中国法学》2016 年第 1 期。

〔2〕 别涛："环境公益诉讼破壳而出'两湖一库'打响第一枪"，载《中国环境报》2008 年 12 月 30 日。

"中华环保联合会和贵阳公众环境教育中心诉贵阳市乌当区定扒造纸厂污染南明河案"（2010 年 12 月）等一系列环境公益诉讼，在全国产生了重大的社会影响。

然而，从总体情况来看，此一阶段全国环境公益诉讼的情况并不乐观，甚至颇为令人失望。据统计，我国 2000 年至 2013 年审结的环境公益诉讼案件总计不足 60 起。就连作为行业翘楚而享誉全国的昆明市中级人民法院的环境保护审判庭，自 2008 年 12 月 11 日成立至 2013 年 9 月 20 日的 5 年间，也只审理了 6 起环境公益诉讼案件。[1]换言之，环境公益诉讼案件总体数量不多，规模效应不大，并没有对环境司法的发展做出重要贡献，产生重大影响。究其原因，最主要的恐怕是环境公益诉讼并无严格的法律依据作为支持，只有贵州、浙江、江苏等地的一些地方政府和人民法院等出台了一些规范性文件。

（三）发展阶段（2012 年之后）：建章立制（如下表 10）

表 10　环境公益诉讼法律和政策文件

	名称		发文机关	发布时间	施行时间
法律	《海洋环境保护法》	第 90 条	全国人大常委会	1999 年 12 月 25 日	2000 年 4 月 1 日
		第 89 条		2016 年 11 月 17 日	
	《民事诉讼法》第 55 条		全国人大常委会	2012 年 8 月 31 日	2013 年 1 月 1 日
				2017 年 6 月 27 日	
	《环境保护法》第 58 条		全国人大常委会	2014 年 4 月 24 日	2015 年 1 月 1 日
	关于授权最高人民检察院在部分地区开展公益诉讼试点工作的决定		全国人大常委会	2015 年 7 月 1 日	2015 年 7 月 1 日
	《行政诉讼法》第 25 条		全国人大常委会	2017 年 6 月 27 日	2017 年 7 月 1 日

---

[1]　杨朝霞："环境司法主流化的两大法宝：环境司法专门化和环境资源权利化"，载《中国政法大学学报》2016 年第 1 期。

续表

名称	发文机关	发布时间	施行时间
《人民检察院组织法》第20条	全国人大常委会	2018年10月26日	2019年1月1日
《检察官法》第7条	全国人大常委会	2019年4月23日	2019年10月1日
关于审理环境民事公益诉讼案件适用法律若干问题的解释	最高人民法院	2015年1月6日	2015年1月7日
关于适用《中华人民共和国民事诉讼法》的解释	最高人民法院	2015年1月30日	2015年2月4日
关于审理环境侵权责任纠纷案件适用法律若干问题的解释	最高人民法院	2015年6月1日	2015年6月3日
关于审理海洋自然资源与生态环境损害赔偿纠纷案件若干问题的规定	最高人民法院	2017年12月29日	2018年1月15日
关于检察公益诉讼案件适用法律若干问题的解释	最高人民法院 最高人民检察院	2018年3月2日	2018年3月2日
关于审理生态环境损害赔偿案件的若干规定（试行）	最高人民法院	2019年6月5日	2019年6月5日
关于全面推进依法治国若干重大问题的决定	中共中央	2014年10月28日	
关于全面加强环境资源审判工作为推进生态文明建设提供有力司法保障的意见	最高人民法院	2014年7月3日	
生态环境损害赔偿制度改革试点方案	中办、国办	2015年12月3日	
关于授权最高人民检察院在部分地区开展公益诉讼试点工作的决定	全国人大常委会	2015年7月1日	
检察机关提起公益诉讼改革试点方案	最高人民检察院	2015年7月2日	

注：左侧合并单元格自上而下依次为：司法解释、规范性文件

续表

名称	发文机关	发布时间	施行时间
人民检察院提起公益诉讼试点工作实施办法	最高人民检察院	2016 年 1 月 6 日	
审理人民检察院提起公益诉讼案件试点工作实施办法	最高人民法院	2016 年 2 月 25 日	
关于充分发挥审判职能作用为推进生态文明建设与绿色发展提供司法服务和保障的意见	最高人民法院	2016 年 6 月 2 日	
关于全面履行检察职能为推进健康中国建设提供有力司法保障的意见	最高人民检察院	2016 年 10 月 21 日	
关于全面加强长江流域生态文明建设与绿色发展司法保障的意见	最高人民法院	2017 年 12 月 1 日	
生态环境损害赔偿制度改革方案	中办、国办	2017 年 12 月 7 日	
为新时代生态环境保护提供司法服务和保障	最高人民法院	2018 年 5 月 30 日	
关于环境污染侵权损害的裁判规则	最高人民法院	2018 年 11 月 21 日	
关于进一步做好环境损害司法鉴定管理有关工作的通知	司法部办公厅	2019 年 6 月 4 日	
关于在检察公益诉讼中加强协作配合依法打好污染防治攻坚战的意见	最高人民检察院、生态环境部等 9 部门	2019 年 1 月 22 日	

2012 年 8 月修订通过的《民事诉讼法》率先破解了环境公益诉讼之法律依据不足的尴尬局面,在第 55 条明确规定"对污染环境、侵害众多消费者合法权益等损害社会公共利益的行为,法律规定的机关和有关组织可以向人民法院提起诉讼"。然而,在司法实践中,这一立法并没有使环境公益诉讼的困局发生扭转。更为惊讶的是,在新《民事诉讼法》2013 年 1 月 1 日实施之后,反而发生了令人咂舌的"倒春寒"——中华环保联合会提起的 8 件环境公益

诉讼均未被立案。[1]

其实，从教义法学的立场看，新《民事诉讼法》第55条只是以"转介条款"[2]的形式，原则性地授予了"法律规定的机关和有关组织"提起环境民事公益诉讼的诉讼资格。换言之，《民事诉讼法》只是以开放性的姿态，打开了环境公益诉讼的"门"，但是，至于具体的"路"怎么走——到底什么机关和有关组织可以起诉——则要"转介"或"引致"到全国人大及其常委会制定的其他法律，由其具体规定。也就是说，如果没有其他法律进一步对何种机关和有关组织有权提起环境公益诉讼作出具体规定，作为"转介条款"的第55条便成了"花瓶条款"（无实质法律意义），环境公益诉讼依然缺乏法律依据，无人可起诉。

然而，在当时的法律框架下，只有1999年修订的《海洋环境保护法》第90条第2款对此作出了规定，即"对破坏海洋生态、海洋水产资源、海洋保护区，给国家造成重大损失的，由依照本法规定行使海洋环境监督管理权的部门代表国家对责任者提出损害赔偿要求"。易言之，根据《民事诉讼法》第55条的规定，可提起环境公益诉讼的"法律规定的机关和有关组织"仅有"行使海洋环境监督管理权的部门"，且只能"对破坏海洋生态、海洋水产资源、海洋保护区"的人提起损害赔偿之诉。

1. 赋予环保组织提起环境民事公益诉讼的起诉资格

2014年4月24日，全国人大常委会修订的《环境保护法》（2015年1月1日起实施），终于改变了这一局面。第58条[3]明确授予了"依法在设区的市级以上人民政府民政部门登记、专门从事环境保护公益活动连续五年以上且无违法记录"的社会组织提起环境民事公益诉讼的起诉资格。

2014年7月3日，最高人民法院印发《关于全面加强环境资源审判工作为推进生态文明建设提供有力司法保障的意见》，对环境民事公益诉讼做出了

---

〔1〕　严定非："修法善意遭遇地方懈怠 环境公益诉讼'倒春寒'"，载《南方周末》2013年8月22日。

〔2〕　关于"转介条款"，苏永钦等民法学者有较多论述。参见朱虎："规制性规范、侵权法和转介条款"，载《中共浙江省委党校学报》2014年第3期。

〔3〕　2014年《环境保护法》第58条规定："对污染环境、破坏生态，损害社会公共利益的行为，符合下列条件的社会组织可以向人民法院提起诉讼：（一）依法在设区的市级以上人民政府民政部门登记；（二）专门从事环境保护公益活动连续五年以上且无违法记录。符合前款规定的社会组织向人民法院提起诉讼，人民法院应当依法受理。提起诉讼的社会组织不得通过诉讼牟取经济利益。"

更为细致的规定，特别是提出"探索设立环境公益诉讼专项基金，将环境赔偿金专款用于恢复环境、修复生态、维护环境公共利益"。

2015年1月6日，最高人民法院公布了《关于审理环境民事公益诉讼案件适用法律若干问题的解释》，对《环境保护法》第58条作出了进一步的解释，不仅将环境公益诉讼的范围扩大到"对已经损害社会公共利益或者具有损害社会公共利益重大风险的污染环境、破坏生态的行为"，还将可提起环境公益诉讼的社会组织明确解释为"在设区的市级以上人民政府民政部门登记的社会团体、民办非企业单位以及基金会"。[1]此外，2015年1月30日发布的《最高人民法院关于适用〈中华人民共和国民事诉讼法〉的解释》还具体规定了提起环境民事公益诉讼的起诉条件。较之2012年《民事诉讼法》第55条而言，这两个文件无疑有重大的进步，令无数环境法律人为之欢欣雀跃。

从司法实践上来看，在此发展阶段，环境公益诉讼案例较之前明显增多。

截至2014年12月，各级人民法院共受理各类环境公益诉讼案件65件；2015年1月至2016年6月，全国法院共受理环境公益诉讼一审案件116件，审结61件。其中，环境民事公益诉讼案件104件，环境行政公益诉讼案件12件。[2]其中，最典型的案例如2014年4月龙岩市水土保持学会和连城县林业局共同提起的全国首例生态破坏类环境公益诉讼案。[3]2015年6月"福建省绿家园友好中心诉某养殖场污染自然保护景区环境民事公益诉讼案"，是自2014年《环境保护法》实施以来全国首例水污染环境民事公益诉讼案。[4]

自2015年1月至2018年9月底，全国法院共受理各类环境公益诉讼案件2041件，审结1335件。其中，社会组织提起的民事公益诉讼案件205件，审结98件；检察机关提起的环境公益诉讼1836件，审结1237件。[5]

2. 赋予检察机关提起环境公益诉讼的起诉资格

为了弥补环保组织各方面能力的不足，也为了更好地发挥检察机关在公

---

[1] 杨朝霞："环境司法主流化的两大法宝：环境司法专门化和环境资源权利化"，载《中国政法大学学报》2016年第1期。

[2] 中华人民共和国最高人民法院：《中国环境资源审判》，人民法院出版社2019年版，第14页。

[3] 《连城县林业局、龙岩市水土保持学会与黄永华、滕继能等11人环境污染侵权纠纷一审民事判决书》（［2014］连民初字第1806号）。

[4] 参见吴亚东："全国首例环保公益诉讼案达成调解协议"，载《法制日报》2015年6月5日。

[5] 江必新："中国环境公益诉讼的实践发展及制度完善"，载《法律适用》2019年第1期。

益诉讼中的作用，十八届四中全会 2014 年 10 月 28 日通过的《中共中央关于全面推进依法治国若干重大问题的决定》规定，要"探索建立检察机关提起公益诉讼制度"。

2015 年 7 月 1 日，第十二届全国人民代表大会常务委员会第十五次会议正式通过了《关于授权最高人民检察院在部分地区开展公益诉讼试点工作的决定》，授权最高人民检察院在北京、内蒙古等 13 个省、自治区、直辖市〔1〕，在生态环境和资源保护、国有资产保护、国有土地使用权出让、食品药品安全等领域开展提起公益诉讼的试点。

2015 年 5 月 5 日，习近平总书记主持召开中央全面深化改革领导小组第十二次会议，审议通过了《检察机关提起公益诉讼改革试点方案》。2015 年 7 月 2 日，最高人民检察院正式公布了这一改革试点方案。

2016 年 1 月 6 日，最高人民检察院发布了《人民检察院提起公益诉讼试点工作实施办法》，〔2〕对检察机关提起公益诉讼的诉讼规则做出了具体规定。2016 年 2 月 25 日，最高人民法院印发《人民法院审理人民检察院提起公益诉讼案件试点工作实施办法》。2016 年 6 月 2 日，为充分发挥人民法院审判职能作用，为加快推进生态文明建设与绿色发展提供公正、高效的司法服务和保障，最高人民法院印发《关于充分发挥审判职能作用，为推进生态文明建设与绿色发展提供司法服务和保障的意见》。2016 年 10 月 21 日，最高人民检察院发布《关于全面履行检察职能为推进健康中国建设提供有力司法保障的意见》。

---

〔1〕　试点地区确定为北京、内蒙古、吉林、江苏、安徽、福建、山东、湖北、广东、贵州、云南、陕西、甘肃 13 个省、自治区、直辖市。

〔2〕　早在 2015 年 5 月 5 日，中央全面深化改革领导小组第 12 次会议就审议通过了《检察机关提起公益诉讼改革试点方案》。5 月 21 日，全国检察机关行政检察工作座谈会在吉林长春召开，会议决定，最高人民检察院将提请全国人大常委会授权在部分地区开展为期两年的检察机关提起公益诉讼改革试点工作。最高人民检察院检察长曹建明表示，检察机关不宜简单直接提起公益诉讼，应当先通过诉前程序，提起公益诉讼只是法律监督的最后手段。提起民事公益诉讼之前，检察机关应当依法督促或者支持法律规定的机关或有关组织向人民法院提起民事公益诉讼。提起行政公益诉讼之前，检察机关应当先向相关行政机关提出检察建议，督促其纠正违法行政行为或依法履行职责。经过诉前程序，法律规定的机关和有关组织没有提起民事公益诉讼，社会公共利益仍处于受侵害状态的，检察机关可以提起民事公益诉讼；行政机关拒不纠正违法行为或不履行法定职责，国家和社会公共利益仍处于受侵害状态的，检察机关可以提起行政公益诉讼。刘子阳："最高检要求准确把握公益诉讼范围"，载《法制日报》2015 年 5 月 22 日。

2017 年 6 月 27 日，全国人大常委会修改了《民事诉讼法》第 55 条[1]和《行政诉讼法》第 25 条[2]，正式赋予了检察机关提起环境公益诉讼等方面的起诉资格。

2018 年 3 月 2 日，最高人民法院和最高人民检察院出台《关于检察公益诉讼案件适用法律若干问题的解释》。2019 年 1 月 22 日，最高人民检察院、生态环境部等 9 部门发布《关于在检察公益诉讼中加强协作配合依法打好污染防治攻坚战的意见》。

此外，2018 年 7 月 6 日，习近平总书记主持召开中央全面深化改革委员会第三次会议，审议通过了《关于设立最高人民检察院公益诉讼检察厅的方案》。

在司法实践上，自 2015 年 1 月至 2018 年 9 月底，检察机关提起环境公益诉讼 1836 件，审结 1237 件（全国法院共受理各类环境公益诉讼案件 2041 件，审结 1335 件。其中社会组织提起环境民事公益诉讼案件 205 件，审结 98 件）。[3]2018 年，全国检察机关共立案办理民事公益诉讼 4393 件、行政公益诉讼 108 767 件。其中，涉及生态环境和资源保护 59 312 件，占比 55%。通过办案，督促治理被污染损毁的耕地、湿地、林地、草原 211 万亩，督促清理固体废物、生活垃圾 2000 万吨，追偿修复生态、治理环境费用 30 亿元。自 2017 年 7 月 1 日全面实施检察机关提起公益诉讼制度以来，截至 2019 年 8 月底，全国检察机关共立案公益诉讼案件 204 446 件（其中，行政公益诉讼诉前检察建议 17 万件，民事公益诉讼诉前公告 4224 件），其中环境资源领域公益

---

〔1〕《民事诉讼法》第 55 条规定："对污染环境、侵害众多消费者合法权益等损害社会公共利益的行为，法律规定的机关和有关组织可以向人民法院提起诉讼。人民检察院在履行职责中发现破坏生态环境和资源保护、食品药品安全领域侵害众多消费者合法权益等损害社会公共利益的行为，在没有前款规定的机关和组织或者前款规定的机关和组织不提起诉讼的情况下，可以向人民法院提起诉讼。前款规定的机关或者组织提起诉讼的，人民检察院可以支持起诉。"

〔2〕《行政诉讼法》第 25 条规定："行政行为的相对人以及其他与行政行为有利害关系的公民、法人或者其他组织，有权提起诉讼。有权提起诉讼的公民死亡，其近亲属可以提起诉讼。有权提起诉讼的法人或者其他组织终止，承受其权利的法人或者其他组织可以提起诉讼。人民检察院在履行职责中发现生态环境和资源保护、食品药品安全、国有财产保护、国有土地使用权出让等领域负有监督管理职责的行政机关违法行使职权或者不作为，致使国家利益或者社会公共利益受到侵害的，应当向行政机关提出检察建议，督促其依法履行职责。行政机关不依法履行职责的，人民检察院依法向人民法院提起诉讼。"

〔3〕 江必新："中国环境公益诉讼的实践发展及制度完善"，载《法律适用》2019 年第 1 期。

诉讼案件 118 012 件（提起环境公益诉讼 5971 件），占办案总数的 54.96%。[1]在此期间，通过全国检察机关立案的环境公益诉讼案件，追偿修复生态、治理环境费用 34.5 亿元，督促恢复被毁损的耕地、林地、湿地、草原 303.64 万余亩，督促回收和清理各类垃圾、固体废物 2840 万余吨，推动整治了一批"垃圾山""黑水河""污染矿"等问题。[2]典型案例如"山东省临清市人民检察院诉临清市林业局不依法履职案""内蒙古自治区呼和浩特市人民检察院诉内蒙古阜丰生物科技有限公司大气污染民事公益诉讼案"等。

3. 赋予环保机关提起生态环境损害赔偿诉讼的起诉资格

党中央、国务院高度重视生态环境损害赔偿工作，党的十八届三中全会明确提出，对造成生态环境损害的责任者严格实行赔偿制度。2015 年 4 月和 9 月，中央先后通过《关于加快推进生态文明建设的意见》《生态文明体制改革总体方案》明确提出要严格实行生态环境损害赔偿制度。

2015 年 12 月 3 日，中共中央办公厅、国务院办公厅印发了《生态环境损害赔偿制度改革试点方案》（以下简称《试点方案》），授权吉林、江苏、山东、湖南、重庆、贵州、云南等 7 个省份开展生态环境损害赔偿制度改革试点。《试点方案》规定，试点地方省级政府经国务院授权后，作为本行政区域内生态环境损害赔偿权利人，可指定环境保护、国土资源、住房城乡建设、水利、农业、林业等相关部门或机构负责生态环境损害赔偿具体工作。[3]2017 年 12 月 7 日，中共中央办公厅、国务院办公厅正式印发了《生态环境损害赔偿制度改革方案》（以下简称为《改革方案》），规定"生态环境损害发生后，赔偿权利人组织开展生态环境损害调查、鉴定评估、修复方案编制等工作，主动与赔偿义务人磋商。磋商未达成一致，赔偿权利人可依法提起诉

〔1〕"最高人民检察院关于开展公益诉讼检察工作情况的报告"，载腾讯新闻：https://new.qq.com/rain/a/20191025A0BN9G00，访问日期：2019 年 10 月 25 日。

〔2〕李亚楠、姜辰蓉、李静："守护绿水青山 环境公益诉讼还须破障"，载《经济参考报》2019 年 10 月 17 日。

〔3〕根据《生态环境损害赔偿制度改革试点方案》的规定，所谓的生态环境损害，是指因污染环境、破坏生态造成大气、地表水、地下水、土壤等环境要素和植物、动物、微生物等生物要素的不利改变，及上述要素构成的生态系统功能的退化。生态环境损害赔偿范围包括清除污染的费用、生态环境修复费用、生态环境修复期间服务功能的损失、生态环境功能永久性损害造成的损失以及生态环境损害赔偿调查、鉴定评估等合理费用。试点地方可根据生态环境损害赔偿工作进展情况和需要，提出细化赔偿范围的建议。鼓励试点地方开展环境健康损害赔偿探索性研究与实践。

讼",改变了《试点方案》关于"未经磋商或磋商未达成一致,赔偿权利人可依法提起诉讼"的规定。至于生态环境损害赔偿权利人的范围,《改革方案》扩大为国务院授权的省级、市地级政府(包括直辖市所辖的区县级政府)。[1]

2017年12月29日,为正确审理海洋自然资源与生态环境损害赔偿纠纷案件,最高人民法院公布了《关于审理海洋自然资源与生态环境损害赔偿纠纷案件若干问题的规定》。2019年6月5日,为正确审理生态环境损害赔偿案件,严格保护生态环境,依法追究损害生态环境责任者的赔偿责任,最高人民法院公布了《关于审理生态环境损害赔偿案件的若干规定(试行)》。

在司法实践上,截至2019年5月,各级人民法院共受理省级、市地级人民政府提起的生态环境损害赔偿案件30件,其中受理生态环境损害赔偿诉讼案件14件,审结9件;受理生态环境损害赔偿协议司法确认案件16件,审结16件,为生态环境损害赔偿制度的全面试行提供了有力的司法保障和实践支持。[2]典型案例如"山东省生态环境厅诉山东金诚重油化工有限公司、山东弘聚新能源有限公司生态环境损害赔偿诉讼案""重庆市人民政府、重庆两江志愿服务发展中心诉重庆藏金阁物业管理有限公司、重庆首旭环保科技有限公司生态环境损害赔偿诉讼案""贵州省人民政府与息烽诚诚劳务有限公司、贵阳开磷化肥有限公司生态环境损害赔偿协议司法确认案"等。

二、我国环境公益诉讼的现实问题

尽管我国的环境公益诉讼在立法上不断取得了新的突破,但从全国各地近年来的司法实践来看,主要还存在如下突出问题和重大挑战:

(一)当前困境:发展的不充分、不均衡性

1. 案件总量不多

据《中国环境公益诉讼二十年实践回顾综述(1995—2014)》的不完全统

---

〔1〕《生态环境损害赔偿制度改革方案》还规定,省域内跨市地的生态环境损害,由省级政府管辖;其他工作范围划分由省级政府根据本地区实际情况确定。省级、市地级政府可指定相关部门或机构负责生态环境损害赔偿具体工作。省级、市地级政府及其指定的部门或机构均有权提起诉讼。跨省域的生态环境损害,由生态环境损害地的相关省级政府协商开展生态环境损害赔偿工作。

〔2〕江必新:"依法开展生态环境损害赔偿审判工作 以最严密法治保护生态环境",载《人民法院报》2019年6月27日。

计，1995 年至 2014 年总共才收集到 72 件受理的环境公益诉讼案件。2015 年，新《环境保护法》正式开始实施，正当人们以为环境公益诉讼的春天即将来临而翘首以盼时，冷酷的现实却给了整个社会当头一棒：自《环境保护法》2015 年 1 月 1 日开始实施，截至 2015 年 9 月 20 日，全国总共才有 24 起环境公益诉讼案，[1]且主要是由中华环保联合会、中国绿发会、自然之友、贵阳公众环境教育中心、福建绿家园、重庆绿色志愿者联合会、大连环保志愿者协会等 9 家环保组织提起。据不完全统计，自 20 世纪 90 年代截至 2016 年 6 月，媒体公开的环境公益诉讼案件总共也才 104 起。自 2015 年 1 月至 2018 年 9 月底，全国各级人民法院共受理各类环境公益诉讼案件也才 2041 件，审结 1335 件，远未如预期那样发生环境公益诉讼的"井喷"现象。

2. 诉讼发展不均衡

纵观近年来的发展情况，环境公益诉讼案件在整体的结构分布上，存在分布不均衡，偏轻偏重等方面的问题。

第一，原告类型不均衡：国家机关多，环保组织和个人少。《中国环境公益诉讼二十年实践回顾综述（1995—2014）》统计的 72 起环境公益诉讼案件里，检察机关和行政机关提起的案件最多，分别达到了 25 件（33%）和 28 件（37%）；环保组织和个人起诉的环境公益诉讼案件仅占三成，分别只有 17 件（22%）和 6 件（8%）。据统计，自 2015 年 7 月试点开始至 2016 年 12 月，检察机关提起环境公益诉讼 74 件，仅占公益诉讼案件总数的 38%。截至 2018 年 9 月，在已经受理的全部 2041 件环境公益诉讼案件中，检察机关提起的公益诉讼案件为 1836 件，达到了受理案件总数的 90%；社会组织提起的民事公益诉讼案件才 205 件，真正提起了环境公益诉讼的环保组织总共才 22 家。[2]

---

〔1〕　参见金煜："腾格里沙漠污染公益诉讼未被受理 因不符原告资格"，载《新京报》2015 年 8 月 22 日。

〔2〕　主要包括：中国生物多样性保护与绿色发展基金会（简称"绿发会"）、中华环保联合会、中华环境保护基金会、北京市朝阳区自然之友环境研究所（简称"自然之友"）、北京丰台区源头爱好者环境研究所、贵州省青年法学会、贵阳公众环境教育中心、河南省环保联合会、河南省企业社会责任促进中心、成都市河流研究会、重庆两江志愿服务发展中心、常州市环境公益协会、镇江市环境科学学会、淮安市环境科学学会、大连市环保志愿者协会、福建省绿家园环境友好中心（简称"福建绿家园"）、安徽省环保联合会、广东省环境保护基金会、上海市环境科学研究院、湘潭环境保护协会、益阳市环境资源保护志愿者协会、山东省环境保护基金会等。江必新："中国环境公益诉讼的实践发展及制度完善"，载《法律适用》2019 年第 1 期。

第二，被告类型不均衡。在初级阶段，环境行政公益诉讼案件明显少于环境民事公益诉讼。据学者统计，从诉讼性质来看，在2015年发生的环境公益诉讼案件中，环境民事公益诉讼为36起，而环境行政公益诉讼只有6起；[1] 2015年1月至2016年6月，环境民事公益诉讼案件104件，环境行政公益诉讼案件才12件。其中，2015年7月至2016年6月，检察机关共提起的21件环境公益诉讼案件中，环境民事公益诉讼11件，审结3件；环境行政公益诉讼10件（含环境行政附带民事公益诉讼1件），审结6件。[2] 尽管自检察机关被授予公益诉讼资格以来，情况发生了较大变化，但整体格局并未发生根本变化。2018年，社会组织提起的环境民事公益诉讼案件有65件（审结16件），加上检察机关提起的环境民事公益诉讼案件113件（审结72件），环境民事公益诉讼总共才178件，而检察机关提起的环境行政公益诉讼案件则达到了376件（审结231件），为环境民事公益诉讼的2倍多。不过，相比于环境刑事附带民事公益诉讼案件1248件（审结949件）而言，检察机关提起的环境行政公益诉讼案件的总量还是过少（占20.87%）。[3] 这一情况在整个检察公益诉讼中较为普遍。据统计，刑事附带民事公益诉讼案件占77.82%，检察民事公益诉讼案件占6.52%，检察行政公益诉讼案件仅占15.66%。检察提起公益诉讼"搭顺风车"多、"啃硬骨头"少，更多地借助刑事追诉已锁定的对象、固定的证据拓展公益诉讼效果，行政公益诉讼起诉案件偏少，支持社会组织提起民事公益诉讼的仅有87件。[4]

第三，案件类别分布不均衡：环境污染类案件（尤其是水污染案件）多，生态破坏类案件少。据学者统计，在2015年的环境公益诉讼案件中，从环境公益的类别来看，大气污染案件9起，水污染案件18起，土壤污染案件4起，非法处置固体废物案件5起，生态破坏案件7起，景观环境破坏（也是文物破坏）案件1起。从表面看，大气环境公益诉讼的数量远远少于水环境公益

〔1〕 参见王灿发主编：《新〈环境保护法〉实施情况评估报告》，中国政法大学出版社2016年版，第104~105页。
〔2〕 刘子阳："法院受理检察机关提起公益诉讼案件12件 高法要求稳妥有序推进改革试点"，载《法制日报》2016年4月11日。
〔3〕 最高人民法院："最高法环资庭庭长王旭光谈环境资源审判工作"，载法制网：http://www.legaldaily.com.cn/video/content/2019-03/11/content_7796305.htm，访问日期：2019年3月10日。
〔4〕 最高人民检察院："最高人民检察院关于开展公益诉讼检察工作情况的报告"，载腾讯新闻：https://new.qq.com/rain/a/20191025A0BN9G00，访问日期：2019年12月25日。

诉讼，但实际上我国的大气污染问题并不比水污染问题好。

第四，区域分布不均衡：东部多西部少。据学者统计，在 2015 年的环境公益诉讼案件中，从地域分布上看，仅贵州就有 12 起，山东和江苏各 6 起，福建 4 起，辽宁和天津各 2 起，宁夏、内蒙古、甘肃、海南、河南、湖南、安徽、浙江、四川、北京各 1 起。另据统计，在我国 32 个省、自治区、直辖市中，受理社会组织提起的环境公益诉讼案件数量 10 件以上的仅有江苏、宁夏、贵州、北京 4 地，而案件数量在 5 件以下的则达到 19 个，其中黑龙江、上海、西藏、陕西、青海迄今还未实现案件零的突破。[1]

3. 环保组织胜诉率不高

根据《中国环境公益诉讼二十年实践回顾综述（1995—2014）》的调查和统计，从审判的结果来看，检察机关和行政机关提起的环境公益诉讼案件基本全部胜诉；环保组织提起的 17 起环境公益诉讼案件中，只有 6 起胜诉，5 起调解结案，1 起撤诉，1 起审理结果不明，4 起无统计数据；公民个人提起的环境公益诉讼中只有 1 起胜诉，其余均败诉。

（二）现实原因：环境公益诉讼的制度支持和保障措施乏力

从根源上看，造成我国环境公益诉讼发展不足的诸多问题，既有立法依据上的原因，也有司法实践上的原因，主要体现在如下几个方面：

1. 未能形成健全的环境公益诉讼制度体系

立法是司法的基础和前提，当前的环境公益诉讼之所以会出现如此众多的问题，最根本、最重要的原因在于，立法上存在滞后和缺漏等各方面的问题，未能形成健全的环境公益诉讼制度体系。譬如，在诉讼主体上，只授予了部分环保组织提起环境民事公益诉讼的起诉资格和检察机关的资格，将公民、自然资源资产管理机关、大部分环保组织等主体排除在外；在诉讼对象上，只规定了针对污染环境、破坏生态的企业的环境民事公益诉讼制度，没有规定由环保组织提起的针对行政机关尤其是环境保护主管部门和发改委、规划、工信、土地等产业发展和项目审批部门的环境行政公益诉讼制度；在环境损害的因果关系证明上，没有明确规定环境民事公益诉讼原告和被告双方的证明责任；在胜诉后的执行问题上，没有针对被告承担的生态环境修复费用、生态服务功能期间损失赔偿费等款项规定如何使用和监督的资金管理

---

〔1〕　江必新：“中国环境公益诉讼的实践发展及制度完善”，载《法律适用》2019 年第 1 期。

制度，等等。

2. 符合起诉条件的环保组织数量太少

据最高人民法院统计，2015 年 1 月至 2016 年 6 月，全国各级人民法院共受理社会组织提起的环境民事公益诉讼一审案件 93 件，审结 50 件。自 2015 年至 2018 年的 4 年间，全国法院受理的社会组织环境公益诉讼案件年均仅有 51 件。这主要是因为，在《民事诉讼法》和《环境保护法》等现行法律框架下，既具备法定起诉资格，又有诉讼能力和起诉意愿的环保社会组织实在太少。据统计，全国目前仅有 700 多家 NGO 组织符合法定起诉条件，其中，既符合《环境保护法》规定的诉讼资格条件，又具备起诉能力的，加起来可能还不足 30 家，[1] 截至 2018 年 9 月真正提起了环境公益诉讼的环保组织总共才 22 家。就河北省而言，仅有 3 家 NGO 组织符合法定条件，但实际具备起诉能力的可能还没有一个。[2]

3. 检察机关起诉积极性有待提高

据《中国环境公益诉讼二十年实践回顾综述（1995—2014）》统计，1995 年至 2014 年的 20 年间，由检察机关提起的环境公益诉讼案件为 25 件，占比 33%。随后，自 2015 年 1 月至 6 月，人民法院受理检察机关探索提起环境行政公益诉讼案件 2 件。自 2015 年 7 月探索建立检察机关提起公益诉讼制度以后至 2015 年 11 月的 4 个月里，全国 13 个试点省、自治区和直辖市中，只发生了少数几起由检察机关提起的环境公益诉讼案件。[3] 从 2015 年 7 月至 2016 年 6 月，全国各级人民法院受理检察机关提起的环境公益诉讼案件为 21 件。[4] 2015 年 1 月至 2018 年 9 月底，全国各级检察机关提起的环境公益诉讼仅为

---

〔1〕 贺震："公益诉讼会出现滥诉现象吗"，载《中国环境报》2015 年 2 月 4 日。

〔2〕 杨朝霞："环境司法主流化的两大法宝：环境司法专门化和环境资源权利化"，载《中国政法大学学报》2016 年第 1 期。

〔3〕 参见张国强："大连打响辽宁检察机关支持公益诉讼第一枪"，载《法制日报》2015 年 6 月 8 日。

〔4〕 最高人民法院《中国环境资源审判》白皮书显示，自 2015 年 7 月全国人大常委会授权试点以来，截至 2016 年 6 月，试点地区检察机关共在履行职责中发现公益诉讼案件线索 1942 件，办理诉前程序案件 1106 件，向法院提起公益诉讼 30 件。其中，生态环境和资源保护领域的案件线索 1416 件，提起环境民事、行政公益诉讼案件 23 件，成为突破重点。孙莹、刘乐："检察机关公益诉讼试点全面'破冰'"，载央广网 http://was.cnr.cn/was5/web/detail? record = 1&primarykeyvalue = DOCID1%3D522897493&channelid = 282695&searchword，访问日期：2016 年 8 月 6 日。

1836 件，审结 1237 件。[1]

总体说来，从近二十年来我国环境公益诉讼的具体实践来看，尽管由检察机关提起的环境公益诉讼案件数量最多、占比最大且完全胜诉，但在初级阶段大部分案件是检察院和法院协作、选择的产物。此外，检察机关提起的环境公益诉讼，很少以国有企业等大型企业作为被告，社会影响大、案件办理质量高的案件并不多，这种情况从开始试点截至目前，依然没有发生根本改观。

4. 环境损害鉴定评估机构少，资金缺，能力弱，举证艰难

实践表明，环境公益诉讼的原告在证明被告存在环境侵害行为和环境遭受损害方面面临挑战，特别是在证明环境损害的范围和大小方面存在难以克服的举证障碍。究其根源，主要是因为缺少相应的鉴定评估机构，缺乏所需的鉴定评估资金。据统计，截至 2018 年 9 月，经省级司法行政机关登记的司法鉴定机构中专门从事环境损害司法鉴定业务的司法鉴定机构只有 78 家。这些机构集中分布在 17 个省（区、市），还有近半数省份没有专门鉴定机构，尚不能满足包括环境公益诉讼在内的各类环境损害司法鉴定需求。[2]截至 2019 年 12 月初，全国共有原环境保护部环境损害鉴定评估推荐机构、环境损害司法鉴定机构这两类机构共 122 家，但机构能力参差不齐，地区分布依旧不平衡（云南、海南、江苏三个省份鉴定机构超过 10 家，宁夏等 7 个省或区只有 1 家鉴定机构，西藏自治区和新疆生产建设兵团则尚无鉴定机构）。[3]

当然，除了上述原因之外，环境公益诉讼还存在诸如地方保护主义盛行、环境司法独立性不强、法律规则不细、可操作性不强、起步太晚、发展经验和诉讼能力不足等问题。总体而言，无论是从立法层面的法律制度，还是从司法层面的具体实施来看，我国的环境公益诉讼还面临重重的阻力和障碍，亟待进行全面、深刻的检讨和反思，切实健全和完善环境公益诉讼的制度体系，提升环境公益诉讼的司法实践能力。

---

[1]　江必新："中国环境公益诉讼的实践发展及制度完善"，载《法律适用》2019 年第 1 期。

[2]　江必新："中国环境公益诉讼的实践发展及制度完善"，载《法律适用》2019 年第 1 期。

[3]　於方、齐霁、田超："'环境有价 损害担责 应赔尽赔'理念初步建立——生态环境损害赔偿制度改革全面试行两周年回顾（实践篇）"，载《中国环境报》2019 年 12 月 13 日。

第三节 环境公益诉讼的理论反思

环境公益诉讼之所以会遭遇起诉少、受理寡、举证艰、分布畸、胜诉难、质量低等问题，除了有地方保护主义严重、司法不独立，鉴定评估机构少、技术不成熟，环保组织数量少、资金缺、技能差等表面原因外，也有环境公益诉讼制度不健全、规则设计不合理等深层原因。就前者而言，其主要是司法能力不足和法治环境不佳的问题，属于司法保障方面的外部因素，可通过经济技术发展和政策调整优化予以解决和消弭。就后者而言，最主要的是立法能力不足的问题，究其根源，在于环境公益诉讼的理论研究滞后，难以为环境公益诉讼立法和司法工作提供坚实的理论支撑与智力支持。因此，这是一个更为根本和关键的问题，必须下定决心予以攻克。否则，正如吴敬琏先生所说："基本问题不解决，浅尝辄止，就事论事是很难成功的。"[1]

一、环境、资源、生态的概念不清

解决环境污染、资源短缺和生态破坏这三大危机，是生态文明建设的三大任务。因此，环境、资源和生态三大概念无疑构成了生态文明法治建设的逻辑起点，自然也是环境公益诉讼研究的核心范畴。然而，纵观我国学界对环境公益诉讼的研究成果，鲜有对环境、资源和生态这三大概念及其相互关系这样最为基础的学术议题进行探究的。实践需要理论的指导，理论研究一旦阙如，相应的法治实践尤其是立法设计就可能出现问题。[2]事实上，环境公益诉讼的司法实践就出现了诸多问题案例。

（一）"腾格里沙漠污染环境公益诉讼案"：生物多样性保护是否属于环境保护

2015 年 8 月，中国生物多样性保护与绿色发展基金会（简称为"中国绿发会"）以 8 家企业违法排污造成腾格里沙漠污染为由，向宁夏回族自治区中卫市中级人民法院（简称"中卫中院"）提交诉状，要求企业恢复生态环

---

〔1〕 吴敬琏："开拓思想市场 研究基本问题"，载一点资讯：http://www.yidianzixun.com/article/0EjcoNiP？s=mb，访问日期：2016 年 10 月 22 日。

〔2〕 杨朝霞："环境司法主流化的两大法宝：环境司法专门化和环境资源权利化"，载《中国政法大学学报》2016 年第 1 期。

境、消除危险等。然而，中卫中院以该会从事的"生物多样性保护"与"环境保护"无关为由，认定其不符《环境保护法》第58条规定的关于"专门从事环境保护公益活动"的原告资格的要求，而拒绝受理。关于本案，周珂、王灿发、曹明德等环境法学者均认为，"生物多样性保护"当然属于广义上的"环境保护"，法院的解释过于牵强。[1]从学理上看，中卫中院对于"生物多样性保护"与"环境保护"的关系确实存有歪曲的嫌疑，但细究法律条文，也不是完全没有道理。这是因为，尽管《环境保护法》第2条[2]清晰界定了"环境"的概念（确实包括了野生生物），但并没有明确界定"环境保护"的概念。尽管该法第30条[3]还直接提到了"保护生物多样性"，但遗憾的是，却规定了"开发利用自然资源"的限定条件。如此一来，由于造成腾格里沙漠污染的8家企业并非开发利用自然资源，而是排放污染物质，故难以适用第30条的规定。毕竟，法律的归法律，法学的归法学，二者本应有所不同。本案说明，造成此种尴尬的根源在于新《环境保护法》没有清晰界定环境、资源、生态的概念及其相互的关系。[4]

（二）"古村落保护公益诉讼案"：拆毁文物是否属于破坏生态

河南省郑州市上街区峡窝镇的一个千年古村，一直享有"中原第一文物古村落"的美誉。2015年4月，为了让位于一个名为"智能电器产业园"的项目，上街区对马固村进行整体搬迁，致使王德魁故居、张连伟民居、王洪顺民居、王广林故居、马固村教堂等五处不可移动文物被拆毁。10月，为保护马固村古村落的文化遗产，中国绿发会以马固村村委会、上街区人民政府、上街区峡窝镇人民政府和郑州市上街区文化广电新闻出版局拆毁文物和不履行法定职责、破坏生态为由，向郑州市中级人民法院提起环境公益诉讼，并被受理。对此，学者许辉以"环保法怎么成了文物保护的救命稻草"为题，

---

〔1〕　参见金煜："腾格里沙漠污染公益诉讼未被受理 因不符原告资格"，载《新京报》2015年8月22日。

〔2〕　《环境保护法》第2条规定："本法所称环境，是指影响人类生存和发展的各种天然的和经过人工改造的自然因素的总体，包括大气、水、海洋、土地、矿藏、森林、草原、湿地、野生生物、自然遗迹、人文遗迹、自然保护区、风景名胜区、城市和乡村等。"

〔3〕　《环境保护法》第30条规定："开发利用自然资源，应当合理开发，保护生物多样性，保障生态安全，依法制定有关生态保护和恢复治理方案并予以实施。"

〔4〕　杨朝霞："环境司法主流化的两大法宝：环境司法专门化和环境资源权利化"，载《中国政法大学学报》2016年第1期。

提出了强烈质疑。[1]学者谭柏平撰文回应，认为"人文遗迹"是《环境保护法》第2条明确列举的环境要素之一，中国绿发会当然可以提起旨在保护"人文遗迹"的环境公益诉讼。[2]对于本案，笔者认为，作为"人文遗迹"的马固村古村落，确实属于《环境保护法》第2条所列举的环境要素，但对该古村落的拆毁却并不符合《环境保护法》第58条关于"污染环境、破坏生态"的适用条件。换言之，作为人文遗迹的马固村古村落可成为景观环境要素，固然是《环境保护法》的保护对象，却很难将古村落的拆毁归于"污染环境"或"破坏生态"的行为，适用第58条而提起环境公益诉讼。本案进一步说明，2014年的《环境保护法》未能清晰界定环境、资源、生态的概念及其相互的关系。

二、环境公益的内涵不定、外延不明

环境公共利益是环境公益诉讼的核心范畴和逻辑起点，只有明晰环境公益诉讼所保护的环境公共利益的范围和大小，环境公益诉讼制度才有价值和意义，环境公益诉讼也才能切实启动和顺利推行。《民事诉讼法》第55条和《环境保护法》第58条及其司法解释均对环境公益诉讼进行了规定，但到底何谓环境公共利益，具体包括哪些内容，如何界定其大小，却没有相应的规定。

(一)"福建龙岩市破坏生态公益诉讼案"：毁损自然资源是否属于损害公共利益

自2011年始，黄永华等11人雇请工人在连城县吉坑山场非法生产稀土矿，造成非法采矿点及邻近山场林地表层大部分遭受破坏，采矿区内山体崩塌、滑坡、水土流失严重，道路边山坡损毁，河道泥沙淤积、堵塞、水流不畅，林地损毁面积总计28.81亩。事发后，龙岩市水土保持学会联合连城县林业局以国家矿产资源遭受巨大损失、林业生态环境遭到严重破坏为由起诉黄永华等11人，要求其赔偿对造成植被破坏、山体崩塌、滑坡、水土流失等生态破坏进行生态修复所需的工程费用633 672.69元。[3]

---

〔1〕 参见许辉："环保法怎么成了文物保护的救命稻草"，载《京华时报》2015年10月20日。
〔2〕 参见谭柏平："保护人文遗迹是环保法题中已有之义"，载《京华时报》2015年10月23日。
〔3〕 杨朝霞："环境司法主流化的两大法宝：环境司法专门化和环境资源权利化"，载《中国政法大学学报》2016年第1期。

　　问题是，本案没有就造成的稀土资源破坏损失 1626.15 万元和森林资源的损失提出赔偿请求。根据我国的法律规定，稀土资源属于国家所有，作为矿产资源监管机关的龙岩市或连城县资源行政管理部门理应作为矿产资源国家所有权的代表人提起矿产资源破坏赔偿诉讼。

　　然而，《环境保护法》第 58 条只规定"对污染环境、破坏生态，损害社会公共利益的行为"可提起公益诉讼，但却将"毁损资源"的行为排除在了公益诉讼的范围之外。此外，除了《海洋环境保护法》外，《矿产资源法》《森林法》《草原法》《渔业法》《海岛保护法》《海域使用权法》等自然资源法也没有关于自然资源公益诉讼的规定。本案中，也许正是由于缺乏提起自然资源损害赔偿诉讼的法律依据，也许是由于根本没有意识到这一问题，龙岩市或连城县资源行政管理部门及林业部门并未提起自然资源毁损类环境公益诉讼。

　　（二）"德州大气污染公益诉讼案"：如何确定环境公共利益损失的有无和大小

　　被告振华公司成立于 2000 年，位于德州市德城区内，周围多为居民小区，经营范围主要包括电力生产、平板玻璃、玻璃空心砖、玻璃深加工、玻璃制品制造等。

　　根据德州市环境保护监测中心站的监测，2013 年 11 月，2014 年 1 月、5 月、6 月、11 月，2015 年 2 月，振华公司排放二氧化硫、氮氧化物及烟粉尘存在超标排放情况。在此期间，德州市环境保护局和山东省环境保护厅曾五次对振华公司进行行政处罚。2015 年 3 月 23 日，德州市环境保护局责令振华公司全面停产整治、停止超标排放废气污染物。2015 年 3 月 24 日，中华环保联合会向德州市中级人民法院提起诉讼，请求被告振华公司立即停止超标向大气排放污染物，赔偿因大气污染而导致的相关生态损害，并在省级及以上媒体向社会公开赔礼道歉。

　　2015 年 3 月 27 日，振华公司生产线全部放水停产，并另外新选厂址，原厂区准备搬迁。2015 年 12 月，中华环保联合会与环境保护部环境规划院订立技术咨询合同，委托其对振华公司排放大气污染物致使公私财产遭受损失的数额等进行鉴定。

　　2016 年 5 月，环境保护部环境规划院环境风险与损害鉴定评估研究中心根据已经双方质证由法院调取的证据作出评估意见。鉴定结论为：被告企业在鉴定期间超标向空气排放二氧化硫共计255吨、氮氧化物共计589吨、烟粉尘共计19吨。单位治理成本分别按0.56万元/吨、0.68万元/吨、0.33万元/吨计算。生态环境损害数额为虚拟治理成本的3倍~5倍，鉴定报告取参数5，虚拟治理成本分别为713万元、2002万元、31万元，共计2746万元。[1]

2016年6月24日，德州市中级人民法院依法组成合议庭公开开庭审理。在案件审理过程中，经原告中华环保联合会申请、法院予以准许，环境保护部环境规划院专家吴琼出庭，并就二氧化硫、氮氧化物、烟粉尘超标排放给大气造成的损害、污染物排放时间、污染物排放量、单位治理成本、虚拟治理成本、生态损害赔偿数额的确定以及被告投入运营设备是否会对虚拟治理成本产生影响提出专家意见。根据《最高人民院关于审理环境民事公益诉讼案件适用法律若干问题的解释》第23条的规定，生态环境修复费用难以确定或者确定具体数额所需鉴定费用明显过高的，利用虚拟治理成本法计算得到的环境损害可以作为生态环境损害赔偿的依据。按照规定，被告振华公司所在的环境空气二类区生态损害数额为虚拟治理成本的3倍~5倍，法院认定按虚拟治理成本的4倍计算生态损害数额，即2198.36万元。

问题是，本案中的环境损害赔偿数额达到了近2200万元，而这虚拟的2200万是对数年来的损失所累积计算的。正所谓无损害即无赔偿。只有对环境公共利益造成了现实的损害才存在损害赔偿的问题。[2]然而在现实中，往往很难确定实实在在的社会公共利益，特别是已受损的、可以索赔的社会公共利益。大气与水体、土壤等环境要素是完全不同的，大气污染对环境公共利益造成的损害主要体现为雾霾、森林枯萎等；此外，大气的流动性强，受风、雨等气候因素的影响很大，大风一吹，大雨一淋，大气污染物的浓度就可能显著降低，很难发现和计算受损的环境公共利益。因此，把适用于水污染、土壤污染的虚拟治理成本法机械地搬用到大气污染，明显有违背科学原则之嫌疑，对被告而言也是显失公平的。对于本案而言，笔者以为，在没有确凿证据证明存在大气环境损害的情况下，依照国有自然资源有偿使用原则，征收环境容量使用费可能更为正当。

---

〔1〕 刘晓星："中华环保联合会对山东晶华集团涉嫌大气污染行为提起公益诉讼3000万元赔偿是怎么算出来的"，载《中国环境报》2015年4月1日。

〔2〕 参见常纪文："从振华污染案看环境公益诉讼问题"，载《经济参考报》2016年8月9日。

三、环境公益诉讼的法理基础不牢

根据诉讼法的基本原理，起诉者必须符合"正当当事人"的基本要求，具有诉的利益。尽管作为公益诉讼的环境公益诉讼是对传统诉讼的重大革新，但也不能完全脱离甚至违背诉讼法的基本原理。正所谓"没有继承便没有创新"。换言之，环境公益诉讼的起诉者必须同诉的利益具有一定的关联性，必须有一定的诉权基础或其他的正当性依据，否则就是立法的恣意。

关于环境公益诉讼，《环境保护法》在修订过程中曾出现多次变化。2012年8月，《环境保护法》修正案草案一审稿没有规定环境公益诉讼制度。此一规定受到了民间组织和专家学者等各方力量的强烈反对。2013年6月，二审稿终于规定了环境公益诉讼，将起诉资格授予"中华环保联合会以及在省、自治区、直辖市设立的环保联合会"。对此，民间组织和专家学者继续表示不满意。2013年10月，三审稿对起诉资格作了适当放宽，改为授予"依法在国务院民政部门登记，专门从事环境保护公益活动连续五年以上且信誉良好的全国性社会组织"。2014年4月，在民间组织和专家学者等各方力量的巨大压力下，《环境保护法》修订案草案四审稿对起诉资格作了进一步放宽，改为了"依法在设区的市级以上人民政府民政部门登记，专门从事环境保护公益活动连续五年以上且无违法记录"的社会组织（各次修改的具体变化，如下表11所示）。《环境保护法》修订过程中关于环境公益诉讼条款的前后变化无不清晰地揭示出这样一个事实，那就是，我国对环境公益诉讼制度的研究严重滞后，以至于环境公益诉讼立法没有一个内在的依据和统一的标准。[1]

表11　《环境保护法》修改过程中公益诉讼条款的变化

环保部送审稿（2011年）	因污染损害公共环境利益的，经依法登记的环境保护社会团体、县级以上地方人民政府环境保护行政主管部门，可以依法向人民法院提起诉讼，要求污染者承担侵权责任。
一次审议稿（2012年）	无

---

[1] 杨朝霞："环境司法主流化的两大法宝：环境司法专门化和环境资源权利化"，载《中国政法大学学报》2016年第1期。

续表

环保部送审稿（2011年）	因污染损害公共环境利益的，经依法登记的环境保护社会团体、县级以上地方人民政府环境保护行政主管部门，可以依法向人民法院提起诉讼，要求污染者承担侵权责任。
二次审议稿（2013年）	对污染环境、破坏生态，损害社会公共利益的行为，中华环保联合会以及在省、自治区、直辖市设立的环保联合会可以向人民法院提起诉讼。
三次审议稿（2013年）	对污染环境、破坏生态，损害社会公共利益的行为，依法在国务院民政部门登记，专门从事环境保护公益活动连续五年以上且信誉良好的全国性社会组织可以向人民法院提起诉讼。其他法律另有其规定的，依照其规定。
四次审议稿（2014年）	对污染环境、破坏生态，损害社会公共利益的行为，依法在设区的市级以上人民政府民政部门登记，专门从事环境保护公益活动连续五年以上且无违法记录的社会组织可以向人民法院提起诉讼。
修正案终稿（2014年）	对污染环境、破坏生态，损害社会公共利益的行为，符合下列条件的社会组织可以向人民法院提起诉讼： （一）依法在设区的市级以上人民政府民政部门登记； （二）专门从事环境保护公益活动连续五年以上且无违法记录。 符合前款规定的社会组织向人民法院提起诉讼，人民法院应当依法受理。 提起诉讼的社会组织不得通过诉讼牟取经济利益。

2015年7月2日，最高人民检察院公布了《检察机关提起公益诉讼改革试点方案》，将环境公益诉讼的起诉资格授予了检察机关。除此之外，有学者主张赋予环保机关提起环境公益诉讼的起诉资格。此前，2013年的《海洋环境保护法》第90条还将起诉资格授予了海洋环境监督部门。但问题是，环保组织、环保机关、海洋环境监督部门和检察机关提起环境公益诉讼的诉权基础或其他正当性依据何在？为什么与环境质量好坏息息相关的公民，却反而无权提起环境公益诉讼？

正当是法治的底线价值，无疑也是核心价值，法律制度的选择和设计必须高度重视正当性问题，否则，法律极有可能失却工具理性或实践理性。历史无不证明，即使目的正当，若只重视手段的有效性而忽略手段的正当性，甚至不择手段，也是十分危险的。事实上，正是出于这样的逻辑，我国的环境立法往往不强调立法背后的理论基础问题（表现为不太顾及环境法的科学基础，不太考虑环境保护和经济发展的辩证统一性），不太考量制度的比较和路径的选择，不太重视立法的理论研究和顶层设计，大搞一事一立法、应急性或救火式立法，以至于常常出现立法上的顾此失彼和因小失大的问题。这也正是我国环境公益诉讼立法乃至整个生态文明法制建设的软肋所在。

此外，根据 2017 年 12 月中共中央办公厅、国务院办公厅通过的《生态环境损害赔偿制度改革方案》的规定，作为行政机关的政府及其环保部门舍弃具有公定力、确定力、拘束力和执行力等效力的行政权不用，反而向人民法院提起生态环境损害赔偿诉讼，是否荒唐，有无正当性？根据 2019 年 5 月最高人民法院出台的《关于审理生态环境损害赔偿案件的若干规定（试行）》第 17 条的规定，人民法院受理因同一损害生态环境行为提起的生态环境损害赔偿诉讼案件和民事公益诉讼案件，必须先中止民事公益诉讼案件的审理，待生态环境损害赔偿诉讼案件审理完毕后，再就民事公益诉讼案件未被涵盖的诉讼请求依法作出裁判，为什么这么规定？有无理论上的正当依据？（具体分析，见本书"环境权"一章的相关内容）

第四节　环境公益诉讼的理论重构

面对环境公益诉讼的前述困境，我们以为，有必要从界定环境公益（环境公共利益的简称）的概念入手，并从环境公共利益的法律保护出发，对环境公益诉讼的基础理论问题进行剖析和论证。

一、环境公益诉讼的保护对象

环境公益诉讼的保护对象是包括环境、资源和生态在内的自然要素及其整体。换言之，环境公益诉讼里的"环境"，即大自然之意。由于认识上的局限性，一直以来，无论是实践应用还是理论研究之中，几乎很少有学者对环境、资源和生态进行严格的区分，要么以一个"大写"的环境涵盖三者，要么相互混用。譬如，对于专门的审判组织，既有称为环境法庭的，也有称为环境资源法庭的；对于本部门法的名称，既有称为环境法的，也有称为环境资源法的，不一而足。笔者以为，极有必要正本清源，在事理上厘清"环境""资源"和"生态"这三大概念之间的区别和联系。

实际上，"自然"与"环境""资源"和"生态"之间是"一体三用"的关系。所谓"一体",是指环境、资源和生态实际上属于同一个事物,即自然体。所谓"三用",是指自然体这一事物具有"环境""资源"和"生态"三个方面的功能和作用。[1]

首先,"环境"源于自然要素对于人类的环境支持功能,人类对这种功能的基本要求是环境质量的良好舒适(如没有被污染),且这种要求自人类产生以来基本维持不变。譬如,人类的生存和生活需要有可供呼吸的清洁空气、可供饮用的干净水源、可供工作和学习的自然采光和安静环境、可供调节体温的自然通风、可供休闲欣赏的自然景观等。要特别指出的是,环境对于人类的享用而言具有直接性(不需加工)、自由性(可自由进入和享有,不需经过许可)、公共性(主要体现为突出的非排他性和非竞争性)和无偿性(一般不需缴纳费用)等典型特征。

其次,"资源"源于自然要素对于人类的资源供给功能(包括提供物质资源和能源资源,前者如提供食物、药材、木材、铁矿,后者如提供石油、用来发电的水力和风力等),人类对其的基本要求是资源供给的永续性,且这种要求受科学技术水平和经济社会发展阶段的影响较大(科技水平不同,开发利用自然资源的能力也将不同)。对于人类而言,资源的主要作用是作为人类生存发展所需的生活资料和生产资料,可作为推动生产力发展的生产要素。[2]需要指出的是,资源对于人类而言具有排他性、财产性(可价值化、可交易)、科技依赖性、行政许可性(对自然资源的商业性取得和使用一般需经过严格的行政程序)等典型特征。可见,环境容量属于特殊的自然资源。

最后,"生态"则源于自然要素的生态功能(通常通过对人类所需的"环境"和"资源"发生作用,进而与人类发生间接关系)。所谓生态,是除人以外的生物及无机环境等组成生态系统的自然因素所构成的总体。生态要素是人类生存和发展的基础保障,尽管很多生态要素(如原始森林)不与人类直接发生关系,却是人居环境和自然资源的生产者、支持者和调节者,间接、潜在、长远地对人类的生存和发展产生影响,其功能作用不可忽视。这些功能主要包括生态服务功能和生态基础功能,前者如纳污净化、水源涵养、

---

〔1〕 杨朝霞:"环境司法主流化的两大法宝:环境司法专门化和环境资源权利化",载《中国政法大学学报》2016年第1期。

〔2〕 杨朝霞:"尽快补齐生态保育这块短板",载《中国生态文明》2016年第3期。

气候调节、水土保持、生物多样性维护、生物控制、洪水调蓄等，后者如初级生产、土壤形成、氧气生产、能量流动、物质循环、信息传递等。譬如，湿地生态是淡水资源的生态保障，是野生动物的重要栖息地。对生态而言，人类对其的基本要求是维持生态平衡。不过，要注意的是，这种生态平衡，是一种以人类的需求为中心、适宜于人类生存发展的生态平衡，而不是以别的生物为中心的生态平衡。因为，某一生态平衡即使被彻底打破，经过一段时间的调整后，自会进入另一状态的生态平衡，但这种状况下的生态很可能已不适宜人类的生存。此外，还须指出的是，生态对于人类而言具有间接性（无直接的利益，对人类的影响较为间接和隐蔽）、滞后性（对人类的影响有所迟滞，故不太受关注和重视）、动态性（在一定程度范围内可实现自我的动态平衡）。

综上所述，"环境""资源"和"生态"分别是根据自然要素（"一体"）之环境支持、资源供给和生态调节的三种功用（"三用"）而对其的称谓，即"以用名体"。譬如，就气流而言，当其作为人类的通风之用时，我们称其为风环境；当其作为风能被开发为风电时，我们称其为风资源（属于气候资源）；当其作为种子和植物花粉传播的媒介时，我们称其为风生态。不过，要说明的是，这三种"用"是有所不同的，"环境"和"资源"对人类的"用"是直接的，而"生态"对人类的"用"往往是间接的——通过保持水土、涵养水源、防风固沙等生态功能的发挥，继而改善人居环境的质量，改进自然资源的供给，从而对人类生产生活产生作用。[1]

毋庸置疑，广义上的环境，在内涵和外延上应当是涵盖环境、资源、生态这三个方面的。因此，就环境公益诉讼而言，无疑应包括对环境、资源、生态这三个方面的公益诉讼。

二、"环境公益"的内涵和外延

环境是人类生产生活的物质基础和前提条件。以环境对人的生态服务功能为理据，我们可把与环境有关的人类利益分为三类：一是人格利益。人活在环境中，人的生命和健康等人格利益同环境质量的好坏息息相关，譬如严重的空气污染可致人生病甚至死亡。二是财产利益。环境是人类生产生活的

---

[1] 关于环境、资源和生态的进一步的辨析，请参见本书第二章和第三章的相关内容。

物质基础和外部条件，大部分财产的获取、维持和实现均离不开良好的环境，而环境的污染和破坏可导致财产受损，譬如养殖的鱼虾会因水污染而死亡。三是环境利益，指环境作为生态产品因具有多种功能（如下图17或本书前述所示）而蕴含的利益。由于环境属于典型的公共物品（具有较明显的非排他性和非竞争性），其承载的利益往往表现为公共利益。换言之，环境利益在本质上应属于公益的范畴。[1]

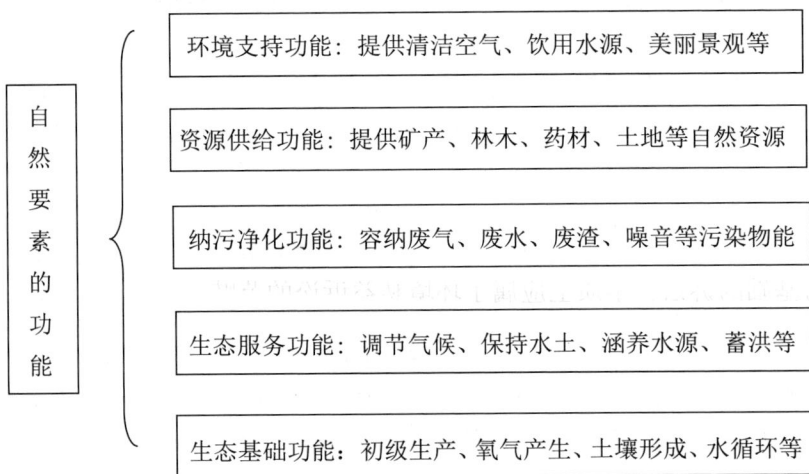

图17 自然要素的功能示意图

自然要素的功能：
- 环境支持功能：提供清洁空气、饮用水源、美丽景观等
- 资源供给功能：提供矿产、林木、药材、土地等自然资源
- 纳污净化功能：容纳废气、废水、废渣、噪音等污染物能
- 生态服务功能：调节气候、保持水土、涵养水源、蓄洪等
- 生态基础功能：初级生产、氧气产生、土壤形成、水循环等

人格利益和财产利益均属于个体所有，本应属于私益的范畴，但是，当这些人格和财产利益涉及不确定多数人时，便具有了公益的某些特征（如广泛性），因而在很多时候被纳入广义公益的范畴，如受产品质量问题所影响的消费者利益。为示区别，姑且把这种公益称为众益。据此，我们可把广义上的环境公共利益界分为环境众益和环境公益两大基本类型。

（一）环境众益

所谓环境众益，是指以良好环境为条件，为不确定多数人所享有的私人人格利益和财产利益所构成的利益。环境众益具有如下特性：

---

〔1〕 当然，对某些特定的环境要素或一定空间范围的区域环境而言，其环境功能的受益人群很少，此时则表现为私益。譬如，通风、采光往往只发生在相邻主体之间，这时的环境利益一般归为私益的范畴。再如，某实验室排放的废气只是污染了很小范围的空气，影响到少数居民的生活，此时的环境利益也可视为私益。

其一，从利益属性上看，环境众益本属于"人格"或"财产"利益，之所以称为"环境"利益，是由于它是一种与环境质量的好坏息息相关的利益（interest about environment）。譬如，大气污染致使果树死亡，果农收益受损的财产利益。[1]

其二，从存在形态上看，环境众益体现为由不确定多数人所享有的多人私益。这种公益本属于私益的范畴，但因为此类私益受影响的主体众多，体现了一定的群体性、普遍性和广泛性，于是常被视作公益。譬如，PM2.5 所致的雾霾天气，使该区域的多人生病甚至死亡，[2]这种健康利益便具有公益的表征。

其三，从制度保障方式上看，出于"成本–效益"的考虑，法律上通常采用总体性、一体化的处理方式，如代表人诉讼、团体诉讼、集团诉讼等。这是因为，将环境众益作为个体私益进行分别保护和救济，不仅成本更高，还会产生有违司法统一的不良后果（类似案件被不同处理）。依此而言，以环境众益为基础的诉讼，本质上应属于环境私益诉讼的范畴。

（二）环境公益

所谓环境公益（这里的"环境公益"泛指所有与自然要素相关的公共利益，未细分"环境""资源""生态"），是指具有各种功能的环境要素及其整体因能满足人的多种需要而承载的公共利益。此为中义上的环境公益。环境公益具有如下特性：其一，从利益性质上看，环境公益是人们对环境"本身"的利益（interest to environment），是真正的"环境"利益，而不是与环境相关的"人身"和"财产"利益。其二，从利益特性上看，环境公益具有公共性（为社会成员共同享有，具有较为典型的非排他性和非竞争性）等特征，属于客观、实在的公共利益。根据利益性质的不同，可将环境公益分为经济性环境公益和非经济性环境公益两大类型（如下图18）。

---

〔1〕 杨朝霞："论环境公益诉讼的权利基础和起诉顺位——兼谈自然资源物权和环境权的理论要点"，载《法学论坛》2013 年第 3 期。

〔2〕 据世界卫生组织估计，2011 年有 200 多万人因吸入室内和室外空气污染中的细小颗粒而死亡，2004 年的数字是 115 万，2008 年是 134 万。这种逐年递增的趋势不可谓不危急。

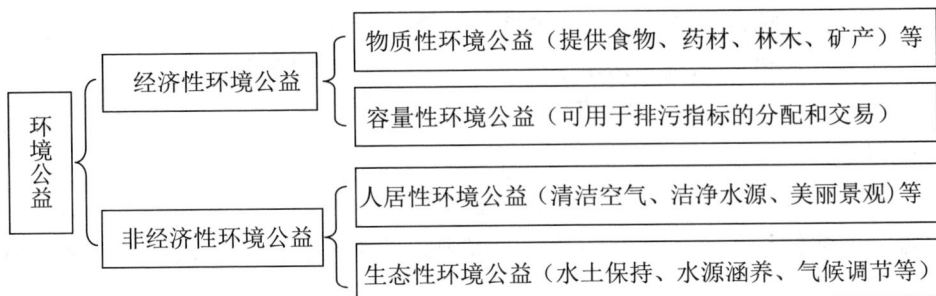

图 18　环境公益的类型

1. 类型一：经济性环境公益

这是指环境要素因能提供具有财产价值的产品（自然资源产品或环境容量产品）而蕴含的利益。这种公益具有直接性（与人类生产生活直接相关）、财产性（可产权化、具有交换价值）等特征，具体又可细分为两类：①物质性环境公益，指自然要素因提供具有经济价值的资源产品而蕴含的利益。譬如，森林资源、水资源、水产资源、野生动植物资源等自然资源均具有经济价值。②容量性环境公益，指自然要素因提供具有可分配的环境容量（能稀释和净化污染物质，可价值化）而承载的环境利益。[1]譬如大气环境容量、水环境容量、碳环境容量均可作为排污指标，进行分配和交易（如排污权交易和碳汇交易）。[2]

2. 类型二：非经济性环境公益

这是指自然要素因能提供不具有直接经济价值[3]的环境公共产品而蕴含的利益，此为狭义的环境公益。这种公益具有整体性（不可分割）、公共性（非排他性和非竞争性）、开放性（利益主体不是封闭固定的，不排斥后来者共享）、弱私性（对私人的影响较小，往往无明显紧迫性，景观性利益尤其如此）、再生性（对生态产品的消费只要不超过其承载极限，就能源源不断地获

---

〔1〕　要注意的是，吸收和净化污染物质的环境容量，源于环境的生态调节功能，当属于调节性环境公益的范畴。然而，当环境容量被作为资源进行排污指标的分配和交易时，这部分环境容量便具有了财产属性，而属于经济性环境公益的范畴，我们姑且称其为容量性环境公益。

〔2〕　杨朝霞："论环境公益诉讼的权利基础和起诉顺位——兼谈自然资源物权和环境权的理论要点"，载《法学论坛》2013年第3期。

〔3〕　生态性环境公益虽然不直接蕴含经济价值，但采用一定的评估技术，可折算为一定的经济价值，即所谓生态效益。

取和享受其生态服务。因为作为利益源头的生态产品具有自我修复和更新的能力）等特征。

根据利益属性的不同，可将生态性环境公益细分为两类：①人居性环境公益（狭义的环境公益），指大自然因提供作为人类生产生活所需的良好人居环境这类生态产品蕴含的环境利益。譬如，洁净的空气、清洁的水源、良好的采光和通风、自然的声音、美好的景观，均蕴含着环境利益。②生态性环境公益，即大自然因具有生产生态产品和调节生态平衡等保障生态活力的功能而蕴含的环境利益。譬如，作为生态产品的森林，具有净化环境、涵养水源、保持水土、调节气候、防风固沙、维护生态平衡等生态调节服务功能而蕴含的环境利益。要注意的是，保障性环境公益中既有直接服务于人类的直接性公益（如净化空气、生产美丽的自然景观等），也有间接服务于人类的间接性公益（如保持水土、涵养水源、调节气候等）。

对于经济性环境公益和非经济性环境公益的关系，需特别指出的是，二者在很多时候可为同一种自然要素所承载（源于前述之"一体三用"的内在关系）。譬如，作为自然要素的河流，可因提供淡水资源和水产资源而承载资源性环境公益；可因提供排污指标而承载容量性环境公益；可因提供清洁水源和自然景观而承载人居性环境公益；还可因容纳和稀释污染物质、调节局部气候而承载生态性环境公益。

对于环境众益和环境公益的关系，需把握的是，环境众益的受损（受益）往往以环境公益的受损（受益）为前提或前奏（如图19）[1]。不过，由于环境具有一定的自我调节、自我恢复和自我更新等功能，环境公益受损并不必然发生环境众益的受损。譬如河流因企业排放废水而遭受污染，环境公益受损，但河水的自净作用使得河流逐渐恢复清洁，并未产生后续的人身和财产损害。

初级损害：环境公益受损　　　　　次级损害：人身、财产私益受损

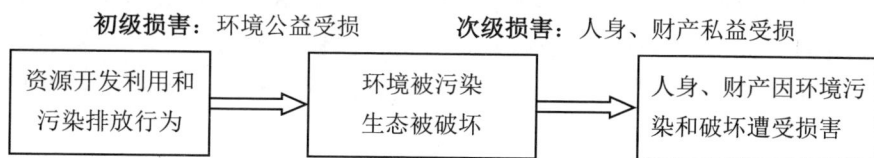

图19　环境侵害线路简图

---

〔1〕不过，对于某些环境侵害而言，如噪声干扰、毒气泄漏、核爆炸事故等，这两种利益的受损几乎是同时发生的，无明显的先后顺序。

对于人身、财产方面的环境众益受损，现行法律已提供了诸如特殊侵权责任（无过错责任、因果关系推定、三年诉讼时效等）、环境行政调处、代表人诉讼、团体诉讼、集团诉讼等较为全面、完善的救济方式。那么，当环境公益（特别是生态性环境公益）受到现实或潜在危害时，现行立法框架下的法律制度能否提供充分、有效的保护和救济呢？

三、环境公益诉讼制度的必要性

根据奥卡姆剃刀原理之"若无必要勿增实体"，只有证明现有法律制度不能有效维护环境公益，才有创设保护该利益的环境公益诉讼制度的必要性。因此，在对环境公益诉讼进行制度设计之前，我们有必要对环境公益诉讼进行逻辑上的证成。事实上，环境公益是一种早就客观存在的利益，只是在环境危机时代才成为一种稀缺利益，需要法律提供保护。然而，我国现行法律制度对这种新型利益的保护却有待提高。

（一）环境民事制度捉襟见肘

在现有法律体系中，作为"万法之母"的民法，在调整社会关系和维护合法权益方面发挥着最为重要的作用。然而，当面对环境公益时，其现有的权利制度便显得力不从心。

1. 所有权制度的不足

其一，环境要素无法成为所有权的对象。按照传统所有权理论，作为所有权对象的物必须具有可支配性。然而，大气、水流、森林等环境要素，难以为人力所直接支配和控制，不能成为所有权的对象，无法通过传统民法进行保护。其二，根据传统民法"私法自治"和"所有权绝对"的原则，公民无权对他人所有的物（如水流、森林、草地等）主张维护环境质量，也无权对他人过度开发利用自然资源（自然资源私有时）和胡乱排放污染物质的行为进行干涉。其三，即使对所有权进行所谓社会化（如将以"财产所有"为中心改为以"财产利用"为中心）乃至生态化改造[1]，其环境公益保护的

---

〔1〕 物权法的生态化是指整合物的经济价值与生态价值和其他非经济价值，并将环境保护义务纳入物权制度之中的过程，其包括物的概念的拓展、新的物权制度的建立以及已有物权制度的更新等内容。在这里，主要指对现有物权（所有权）制度进行更新或改造。至于物的概念的拓展（如把自然资源也纳入物的范畴）和新的物权制度的建立（如建立自然资源取得权），应属于新制度创设的范畴，这一点，后文另行论述。

功能也是十分有限的。一般来说，这种生态化的改造只能将环境保护的理念融入"公序良俗原则""禁止权利滥用原则"等物权法的原则，将节约资源和保护环境的公法限制或公法义务嵌入物权制度之中，如规定所有权人不得随意丢弃垃圾废物、排放污染物质、释放噪声眩光等。这确实有一定意义，但问题是，对于他人污染和破坏环境的行为，只要未损及其所有权，该所有权人便无权起诉要求其保护环境。因此，所有权的生态化，对于环境公益保护的功能相当有限。其四，以所有权为基础的侵权救济制度，由于只是以保护财产本身的安全为中心，故也只能对环境公益实现附带性、间接性和滞后性的保护（具体见下文论述）。

2. 人格权制度的不足

人格权是作为民事主体必备的、以人格利益为标的，并为法律所确认和保护的权利，可被分为物质性人格权（包括生命权、健康权、身体权等）和精神性人格权（包括姓名权、肖像权、隐私权、名誉权等）。[1]尽管环境公益同人格利益具有一致性，但毕竟不是人格权的标的，故运用人格权制度只可对环境公益进行间接、附带和有限的保护。譬如，对于通风、采光、景观等方面的舒适性环境公益，现行立法框架下的人格权制度便爱莫能助。

3. 相邻权制度的不足

相邻权，是指在相互毗邻不动产的所有人或使用人之间，在通风、采光、通行等方面，任何一方为了合理行使其所有权或使用权，享有由法律直接赋予的要求其他相邻方提供便利或接受一定限制的权利。相邻权的实质是对不动产所有权或使用权的限制或延伸，是为了调和相邻不动产各方的权利冲突，谋求多位相邻不动产权利人总体利益的最大化。一般而言，相邻关系主体双方总是同处一定空间范围的环境中，在环境权尚未确立时，相邻权在处理采光、通风、恶臭、油烟、噪声等方面的环境纠纷中一直发挥着重要的作用。[2]

然而，相邻权制度维护环境公益的功能有限。其一，相邻权的适用范围有限。其二，相邻权的享有以"必要方便"为前提。其三，相邻权本质上属于不动产权利的限制或扩张，难以对环境利益进行充分和彻底的保护。其四，

---

〔1〕　参见张俊浩主编：《民法学原理》（上册），中国政法大学出版社 2000 年版，第 122~124 页。

〔2〕　杨朝霞："论环境公益诉讼的权利基础和起诉顺位——兼谈自然资源物权和环境权的理论要点"，载《法学论坛》2013 年第 3 期。

相邻权不能合理解决"迎向污染"（即企业污染在先，居民入住在后）的问题（具体论述见本书第三章）。

4. 地役权制度的不足

所谓地役权，是指为使用自己不动产的便利或提高其效益而按照合同约定利用他人不动产的权利。地役权保护环境公益存在明显不足，主要体现为如下几个方面：

第一，适用范围十分有限。地役权是以不动产（主要为土地）为中心的，其对环境公益的保护需以双方均存在不动产权利且大致毗邻为前提。然而，在现实的环境侵害当中，环境致害方和环境受害方很可能均无对应的地役权（尤其是环境受害者），两者之间相距也可能很远。此时，地役权便无法或难以适用。

第二，地役权保护的环境利益范围有限。地役权一般只能保护较高层次的环境利益（即高于环境质量标准的环境利益），对于基本的环境利益则不太适用（可由相邻权保护）。

第三，地役权的取得一般需支付对价，这显然不利于对环境公益的保护，对于经济状况不佳的公民而言，尤其如此。

第四，易受地役权登记效力的影响。对于地役权，未经登记，不得对抗善意第三人，因此，运用其保护环境公益，程序繁琐，成本高昂。

第五，地役权具有时限性。地役权往往受土地承包经营权、建设用地使用权等用益物权的使用期限或剩余期限的制约，在维护环境公益上具有难以克服的局限性。至于学者主张的公共地役权（conservation easement）[1]，兼有行政权力的属性，而非纯粹的民事权利，其本质是法律授予行政主体基于公共利益维护（如环境保护）而对私人科加一定公法义务（通常表现为对财产权施加用途管制）的权力，同民法上的地役权存在本质差别，且存在权力滥用而侵害私权的风险，需谨慎对待。

5. 侵权责任制度的不足

在环境危机的时代，现代民法面对环境侵权问题出台了许多制度与措施，

---

〔1〕 美国的公共地役权，是指为了特定公共利益的需要，由不动产所有者或使用权人容忍某种不利益或负担，从而使国家或公众取得一种要求不动产所有人或使用权人承担某种负担的权利。关于公共地役权的论述，参见肖泽晟：《公物法研究》，法律出版社 2009 年版，第 113~132 页。

如采用无过错责任、因果关系推定、共同危险责任、较长诉讼时效以及举证责任倒置等生态化侵权救济制度，但这些革新仍未超出直接以人身和财产利益为标的之制度框架，对于环境公益的保护作用依然有限：

第一，保护的依赖性。这是因为，以财产权为基础来保护环境，无疑需以财产的所有或占有为前提，否则无权提出保护环境的请求。譬如，对于他人损坏自然遗迹景观的行为，对其无财产权的公民便无权提出环保诉求。

第二，保护的间接性和附带性，集中体现为不能对受损的环境本身进行有效保护。譬如，以财产权为权利基础的侵权救济，只能附带要求致害者停止污染、恢复环境等，以防止对财产继续造成源自环境的损害。然而，对于已经造成的环境利益损害（如已经污染的河流），却无法要求填补。[1]

第三，保护的滞后性。由于环境侵害的累积性和扩散性，当发现现实的人身和财产损害后再启动司法程序时，环境公益的受损早已发生。[2]此时，即使原告提出了维护环境公益的救济请求也只能是亡羊补牢，无法进行预防性的保护。

（二）环境行政制度力不从心

环境的公共物品特性，使得对其的开发利用容易产生负外部性，以致市场机制在环境保护方面或者完全失灵，或者由于交易成本太高而难以适用。于是，"环保靠政府"便成了通行的做法。根据社会契约论，政府权力来源于公民的让渡和信托，政府部门在接受了公民的委托后便具备了强大的公权力量。然而，受依法行政、有限政府等现代法治理念的影响，这种权力受到了诸多限制。尤其是在环保部门处于弱势机关地位的当下，面对环境公益保护的艰巨任务，即使其依法行政、勤勉执法，杜绝一切渎职、滥用、贪污等违法行

---

〔1〕 譬如，2004年的四川沱江水污染事故造成了惨重的损失：约有100万人饮水受到严重影响，直接经济损失约3亿元，而沱江生态系统的恢复至少需要5年的时间。然而，川化集团只用了1100多万元作为渔业赔偿，100万元作为行政罚款。对于巨大的生态损害，却无法寻求救济。尽管当时的《海洋环境保护法》第90条第2款规定"对破坏海洋生态、海洋水产资源、海洋保护区，给国家造成重大损失的，由依照本法规定行使海洋环境监督管理权的部门代表国家对责任者提出损害赔偿要求"，但此时的《水污染防治法》却没有赋予环保机关就水污染所造成的河湖生态、水产资源等方面的损失代表国家提出损害赔偿的权利。

〔2〕 譬如，是否造成生命健康权的侵害须符合相应的医学标准，即以实际产生疾病或造成伤亡作为承担责任的标准，然而，造成疾病或伤亡时，环境污染和生态破坏已然十分严重，此时再去保护环境已经过迟了。

政行为，也可能陷入管不到、管不住、管不好等职权和能力方面的困境：[1]

1. 环境行政主管有界

首先，在适地范围上，环保部门可能面临对造成本管辖区环境危害的相邻行政区域污染企业无执法权的困境。环境的整体性、污染物的流动性和环境行政监管的分区而治性的内在矛盾，使得即使相邻行政区域（甲地）的企业排污后造成了本区域（乙地）污染损害，如果该相邻区域（甲地）的环保部门拒不执法，本区域（乙地）的环保部门也无法对该企业执法查办，"贵阳市'两湖一库'管理局诉天峰化工公司污染水源案"就是这方面的典型案例。[2]

其次，在适事范围上，环保部门也可能面临无执法权的困境。为防止公权力的滥用，法律往往严格规定了公权行使的适事范围，对于该范围之外的事务，环境部门无权干预，正所谓"法无授权即禁止"。譬如，对于城市的眩光污染、采光遮蔽和室内污染等问题，环保部门无权干预。[3]

最后，基于公法和私法分工负责、协调配合的原理，行政机关行使监督管理职权是有主管范围限制的。譬如，对于环境事件造成的巨大生态损失和产生的相关费用，环保行政机关无法运用行政权力进行补救，行政执法鞭长莫及的局限性暴露无遗。[4]

---

〔1〕 参见杨朝霞："论环保部门在环境民事公益诉讼中的作用——起诉主体的正当性、可行性和合理性分析"，载《太平洋学报》2011年第4期。

〔2〕 在2007年贵州清镇市法院审理的"贵阳市'两湖一库'管理局诉天峰化工公司污染水源案"中，被告位于安顺市平坝县境内，其保有的磷石膏尾矿库没有修建配套的防水、防渗和废水处理设施，其磷石膏尾矿库的渣场渗滤液通过地表、地下排入羊昌河内。依《水污染防治法》，被告实际上违反了"三同时"制度，批准该建设项目的环境影响报告书的环保主管部门有权责令其停止生产或者使用，还可并处罚款，直到环保设施验收合格。另外，依据《固体废物污染环境防治法》，该环保主管部门还有权责令被告限期治理。然而，被告所在的安顺市及其所辖平坝县的环保部门均没有对其执法，由于原告和被告分别处于贵阳市和安顺市，原告（"两湖一库"管理局）对被告（天峰化工厂）并无行政管辖权。此时，为了保护贵阳市的饮用水安全，"两湖一库"管理局除了通过内部行政程序促使被告所在地的环保部门进行执法查处外，其直接提起民事诉讼可能是最为有效的办法。

〔3〕 杨朝霞："论环境公益诉讼的权利基础和起诉顺位——兼谈自然资源物权和环境权的理论要点"，载《法学论坛》2013年第3期。

〔4〕 譬如，2005年11月，中石油吉林石化公司双苯厂发生爆炸，污染物流入松花江，造成重大水污染事故。5年来，国家为此累计投入治污资金78.4亿元。然而，与此形成鲜明对比的是，吉林石化公司仅被环保部门罚款100万元，并以向吉林"捐赠"500万而轻松了事。事实上，尽管《水污染防治》第76、80、83条规定了"责令消除污染"的内容，但对于污染所造成的环境功能损害、发生的应急处理费用等，还需通过民事途径寻求解决。再说，在一定的经济技术条件下，并非所有的污染都是可以人工消除的。

2. 环境行政手段有限

受经济发展至上理念的指导，法律总是谨慎地赋予环保行政机关权力。就我国而言，在某些领域，环境部门既缺乏查封、扣押等行政强制约束权，也无环境行政强制执行权，[1]更无"按日计罚"、责令停产整治、停业关闭等行政处罚权。[2]这使得环境监管的威慑性和权威性大大降低，难以打击企业的违法气焰，[3]从而对环境公益进行有力保护。[4]

3. 环境行政手段适用条件严苛

对于自然资源和生态环境的保护，行政命令（如"责令改正违法行为""责令修复生态环境""责令消除污染物质"等）、行政许可、行政强制、行政处罚等行政手段的适用，从应然上必须以存在环境违法行为、环境行政法律关系相对清晰没有争议、环境行政相对人具体明确、有确凿的证据支撑、有确定的规则依据、[5]属于行政管辖范围等为前提条件。这些局限性均是行政手段无法克服的，必须以民事手段作为制度上的补充。

此外，为防止和控制行政权力的扩张，法律通常规定了权力启动和适用的疆域和边界。譬如，即使多家分散排放的畜禽废水可能造成环境污染，但由于单家单户分散型的养猪户并不属于集约化的畜禽养殖企业，不属于环评的范围，因此，无法启用作为环境法"撒手锏"的环境影响评价制度，造成"行政失灵"。再如，对于行政合法（如符合排放标准和总量控制标准）却客观上造成环境损害的分散型排污者，[6]环保机关无权责令其限期治理，更无

〔1〕 环保部门无行政强制执行权，对拒不履行行政处罚的当事人，环保部门只能向法院申请强制执行。但因为执行案件多，法院一方面大多人手有限，另一方面执行的意愿和动力也不强烈，往往造成案件从申请到强制执行的时间跨度较长甚至遥遥无期，导致环境违法案件得不到及时执行，污染行为不能得到及时制止。结果，污染仍在继续，投诉不断升级，群众意见增大，甚至致使矛盾激化，引发社会问题。

〔2〕 2014 年 4 月新修订通过的《环境保护法》，在一定程度上改变了这一局面。

〔3〕 曾发生这样的真实事例，某环保局去一家污染企业执法时，企业主气焰嚣张，当场扔出 120 万元现金，扬言"我把一年的罚款都给你，今年就不要再来查了"。参见傅丕毅、柴骥程："环保困局逼出治理新政 民间环境权利意识高涨"，载《经济参考报》2006 年 12 月 14 日。

〔4〕 杨朝霞："论环境公益诉讼的权利基础和起诉顺位——兼谈自然资源物权和环境权的理论要点"，载《法学论坛》2013 年第 3 期。

〔5〕 参见沈岿："行政法变迁与政府重塑、治理转型——以四十年改革开放为背景"，载《中国法律评论》2018 年第 5 期。

〔6〕 这是因为，即使单个污染源能实现达标排放并只造成轻微环境影响，但若在同一区域内存在多个污染源，也会由于污染的累积效应和复合效应而造成污染事故，损害环境公益。

权对其实施行政处罚，不得不面对"行政失灵"的尴尬境地。

4. 环境行政力道受限

为了防止权力的滥用，环境行政处罚往往受到"上限"的封顶，以至于经常出现"守法成本高，违法（侵权）成本低"的怪状，不能有力地震慑环境违法者。譬如，2011 年的康菲漏油事故致 840 平方公里海域水质遭受污染，对周边海域也造成严重危害，但依据当时的《海洋环境保护法》第 50 条，最高只可处罚 20 万元，这对康菲公司来说简直是九牛一毛，无法发挥应有的威慑和惩戒作用。

5. 环境风险应对能力不足

对于造成重大环境损害的突发性环境事故（事件）的发生，环境行政可作为的空间有限，在很多时候甚至无能为力。事实上，松花江水污染事故（2005 年）、大连输油管道爆炸火灾污染事件（2010 年）、渤海蓬莱油田溢油事故（2011 年）、广西龙江河镉污染事件（2012 年）、天津港爆炸事件（2015 年）等重大环境事件，特别是由安全生产事故、交通事故导致的突发环境事件，都是很难通过环境行政监管来预防和控制的。

对于环境行政权主管范围有限、行政手段不足等问题，我们可以通过健全和完善环境行政立法逐步得以消解，然而，环境行政权严格的启动条件、生态损害救济的"鞭长莫及"等局限性问题则难以通过完善环境行政立法来解决。

（三）环境私益诉讼制度心余力绌

环境司法同环境执法一样，也是实施环境法律、维护环境利益的基本手段，不过，其作用的发挥在很大程度上受制于原告的有无及其诉讼能力的大小。因此，在传统法律框架下，环境司法在保护环境公益方面依然心余力绌：

第一，面临没有受害者，缺失原告的挑战。譬如只有环境公益受损，但私人的人身和财产没有或尚未遭受环境侵害。

第二，面临原告不适格的挑战。譬如，即使公民、环保组织、环保机关、检察机关等主体试图提起诉讼，但由于缺乏明确法律依据，主体不适格，无法启动司法程序维护环境公益。

第三，面临人身和财产遭受损害的环境受害者放弃诉权的挑战。

第四，面临起诉的环境受害者只就人身和财产损害提出诉求，未就环境利益的损害提出诉讼请求的挑战。

第五，面临人身和财产遭受损害的环境受害者，由于在资金、取证、辩论等方面能力明显不足，难以通过诉讼有效维护环境公益的挑战。[1]

此外，根据现行《行政诉讼法》的规定，公民、法人或者其他组织也不能对造成环境公益损害却未造成实际人身与财产损害的具体行政行为提起行政诉讼（只赋予了检察机关起诉资格）。可见，现行行政诉讼制度对环境公益的保护同样力不从心。

四、环境公益诉讼的功能定位

根据行政权和司法权属性、功能的不同，就环境公益的法律保护而言，行政监管无疑是主要的法律机制，且处于"上游"的地位。只有行政机制不能解决或不愿解决之时，环境公益诉讼才可作为补充和监督机制，发挥"下游"的辅助功能。切不可本末倒置，忽略和弱化环境行政监管的作用，过于抬高和强化环境公益诉讼的功能。

这是因为，相比环保组织等主体而言，行政机关更能作为公益代表，通过行政权来有效保护环境公共利益。首先，行政机关代表环境公益具有充分的正当性：①基于社会契约或公共信托取得行政权。②行政机关的产生具有民意基础：或经直接选举产生，或经选举出来的立法机关产生。③行政机关的存在较为稳定，具有持久的生命力和较高的信任度。④行政行为需有严格的法律依据，正所谓法无授权则禁止。⑤行政行为需严格遵守法律规定的程序和具体要求。⑥具有财政上的稳定支持，追求私利的欲望较少，可能更为公正等。[2]其次，在保护环境公益上，行政机关具有从事环境保护的人才、设备和技术，在能力上远远强于环保组织、公民、检察机关等其他主体。

第五节　环境公益诉讼原告制度的创新

面对环境公益诉讼的制度困境，我们以为，从环境公益诉讼的诉权依据入手，夯实环境公益诉讼的诉权基础，才是正道。

---

〔1〕　参见杨朝霞："论环保机关提起环境民事公益诉讼的正当性——以环境权理论为基础的证立"，载《法学评论》2011 年第 2 期。

〔2〕　胡静："环保组织提起的公益诉讼之功能定位——兼评我国环境公益诉讼的司法解释"，载《法学评论》2016 年第 4 期。

一、环境公益诉讼的实体权利基础

（一）资源权（国家自然资源所有权）

众所周知，自然资源同环境具有耦合性，许多环境要素本身就是自然资源，如水体、森林、草原、土地等。因此，自然资源大多兼有经济属性和生态属性，不但可以提供具有财产价值的天然资源而承载着经济性环境公益，还因具有净化环境、保持水土、调节气候等生态服务功能[1]而承载着生态性环境公益。易言之，只要保护了自然资源本身，便能在一定程度上保护相应的环境，即只要能保护自然资源的经济性环境公益，就能附带保护相应的生态性环境公益。建基于物权法生态化的已有成果[2]，我们可通过创设资源权来加强对环境公益的法律保护。

1. 以自然资源为权利对象而成立资源权

物权法上的物有别于物理学上的物，按照德国民法的解释，它不仅指有体物，而且指"符合既能为人所感知又能为人所控制这两个条件的物"[3]。尽管整体上的环境不能为人力所直接控制和支配，难以成为所有权的客体，但作为环境要素的自然资源，在现代科技条件下，大多可以被认识、支配并价值化而成为特定化的物，[4]从而被物权化。

2. 资源权具有不同于物权的构造和特性

资源权包括自然资源所有权和自然资源他物权（这里主要指自然资源用益权，暂不讨论自然资源担保权的问题）。关于自然所有权的问题，我们可以森林资源国家所有权为例，简要说明之。

关于森林资源国家所有权，2019年6月公布的《森林法（修订草案）

---

[1] 自然资源的一部分或一定层次的环境利益（如景观审美）可成为环境权的标的，由环境权人享有。对自然资源上各种利益的配置，涉及自然资源享用权（即环境权，如清洁水体权、景观权）、自然资源攫取权（如取水权、捕捞权等）、自然资源使用权（如养殖权）、自然资源排用权（即排污权，如水排污权）的设置和协调问题，相当复杂，值得专门研究。

[2] 为了保护环境资源的生态属性（即生态功能），吕忠梅教授以物权法的生态化为视角，对现有制度的革新作了卓越的探索，包括构建生态性物权、环境使用权、环境保护相邻权等，具有积极的意义。参见吕忠梅："论环境物权"，载中国人民大学法学院《人大法律评论》编辑委员会编：《人大法律评论》（2001年卷·第1辑），中国人民大学出版社2001年版，第264~296页。

[3] 孙宪忠：《德国现代物权法》，法律出版社1997年版，第2页。

[4] 参见吕忠梅："论环境物权"，载中国人民大学法学院《人大法律评论》编辑委员会编：《人大法律评论》（2001年卷·第1辑），中国人民大学出版社2001年版，第278~279页

（一次审议稿）》第 12 条规定："国务院代表国家行使国有森林资源的所有权；国务院可以授权有关部门行使所有者职责，或者由有关部门委托省、自治区、直辖市人民政府代理行使所有者职责。"对此，一些常委会委员和地方、部门的人士，结合党中央有关推进自然资源资产产权制度改革的精神，建议进一步明确履行国有森林资源所有者职责的部门。2019 年 10 月，《森林法（修订草案）（二次审议稿）》第 13 条修改为："国家所有的森林资源的所有权由国务院代表国家行使。国务院可以授权国务院自然资源主管部门统一履行国有森林资源所有者职责，国务院自然资源主管部门可以委托有关部门和省、自治区、直辖市人民政府代理履行所有者职责。"2019 年 12 月 28 日修订通过的《森林法》第 14 条第 2 款正式规定为："国家所有的森林资源的所有权由国务院的代表国家行使。国务院可以授权国务院自然资源主管部门统一履行国有资源所有者职责。"显然，相比一审稿而言，二审稿和最终立法文本具有明显进步。不过，国务院直接将所有权的行使授权给国务院森林资源主管部门（国家林草局），似乎比授权给国务院自然资源部门（自然资源部），而后再由其委托给国务院森林资源主管部门更为合适。除此之外，国务院还可根据需要，直接授权省级人民政府作为森林资源国家所有权的行使主体。国务院森林资源主管部门和省级人民政府还可以委托有关机关代理行使森林资源国家所有权。建议在 2015 年《生态文明体制改革总体方案》的基础上，将《森林法》第 14 条第 2 款修改为："国有森林资源的所有权由国务院代表国家行使。国务院可以授权国务院森林资源主管部门和省、自治区、直辖市人民政府履行国有森林资源所有者职责。国务院森林资源主管部门和省、自治区、直辖市人民政府可以委托有关地方人民政府和森林资源主管部门代理行使所有者职责。"

在坚持我国自然资源国家和集体所有的前提下，自然资源他物权在理论上主要包括：

其一，自然资源使用权。这是指利用自然资源作为载体从事生产生活的权利，如土地承包经营权（包括耕地、林地和草地的承包经营权）、水域养殖权、水运航行权等。该权利的行使并不会消耗或毁损原所有物，可归入传统用益物权的范畴。

其二，自然资源攫取权（或称自然资源产品取得权）。这是指通过某种活动直接从环境中获取自然资源作为生产生活所需的物质和能源的权利，如采矿权、采伐权、捕捞权、狩猎权、畜牧权等。该权利的行使，使得国家所有的自然资源由于开采、砍伐、捕捞、狩猎、放牧等行为而变为了私人所有的自然资源产品。正是由于自然资源攫取权的这种属性，有学者主张采用债权化的路径将其归入债权的范畴。[1]然而，笔者以为，物权化的路径明显要优于债权化的路径：第一，从权利本身的属性及人与物的关系来看，物权比债权更能反映权利人对自然资源的支配和利用关系；第二，从权利人和国家机关的关系来看，物权的公示制度和严格的征收、征用程序相比于债权而言更有利于对抗国家机关的违法侵害行为；第三，从权利人和其他平等主体之间的关系来看，物权的对世效力明显强于债权，更有利于保障自然资源产品的交易安全。[2]不过，需特别指出的是，由于自然资源攫取权的行使必然会导致作为自然资源的自然体遭受不同程度的消耗或毁损（有的可以再生和更新），而具有不同于传统用益物权行使之非消耗性和非处置性的特征，[3]故不可将其归入传统用益物权的范畴，应属于物权制度的"革命性"创新。

其三，自然资源排用权。[4]这是指利用环境容量排放生产生活所产生的废弃物质或剩余能量的权利（此时，可将环境容量视为自然资源的孳息）。此即排污权，如水体排污权、大气排污权、碳排放权等。该权利的行使，使得作为国家和集体所有的环境容量由于排污行为而消耗或毁损（一般可以更新），故其也具有不同于传统用益物权的属性，也应属于新型权利。[5]

3. 资源权具有维护环境公益的功能

其一，运用自然资源使用权和自然资源攫取权[6]来保护环境公益。譬

---

[1] 朱晓勤、温浩鹏："对矿业权概念的反思"，载《中国地质大学学报（社会科学版）》2010年第1期。

[2] 类似观点，参见吕忠梅、崔建远"准物权与资源权：民法与环境法学者的对话"，载http://www.enlaw.org/pub/hjfyjw/sxkj/200607/t20060711_ 7861. htm，访问日期：2018年8月4日。

[3] 用益物权作为他物权区别于自物权的重要特征是，用益物权人仅享有占有、使用、收益的权利，而无处置的权利，故不能对物进行处分，用益物权消灭后标的物必须以原状返还给所有权人。参见屈茂辉：《用益物权制度研究》，中国方正出版社2005年版，第12页。

[4] 当然，鉴于环境容量的特殊性，可以将自然资源排用权从自然资源物权中分离出来，成立独立的环境容量利用权（即排污权）。关于环境容量利用权的界定，可以参阅相关学者的论述。参见吕忠梅："关于物权法的'绿色'思考"，载《中国法学》2000年第5期。

[5] 杨朝霞："论环境公益诉讼的权利基础和起诉顺位——兼谈自然资源物权和环境权的理论要点"，载《法学论坛》2013年第3期。

[6] 从理论上看，似乎也可运用排污权来保护环境公益（即提起环境容量受损之诉）。但是，就其具体实践来说，笔者以为，这几乎缺乏可操作性：一则排污权的行使（即污染物的排放）很容易超出其边界，因此法治工作的重点应是如何加强对其的监督和管理，而非保护；二则环境容量的监测十

如，渔民以养殖权或捕捞权受损为由，起诉污染渔业水域的环境致害者，请求其停止污染、恢复和治理环境等，从而保护该水域的生态环境。不过，这种诉讼在本质上以维护财产私益为根本目的，只能对环境公益实现附带性和间接性的保护，应属于环境私益诉讼，而不属于环境公益诉讼的范畴。

其二，运用自然资源所有权来保护环境公益。根据我国《宪法》《物权法》《森林法》《水法》《草原法》和《野生动物保护法》等法律的规定，森林、草原、河流、海洋、野生动植物等自然资源均属于国家所有即全民所有（少数为集体所有），国有财产由国务院代表国家行使所有权（具体则由各级政府及其有关职能部门代为行使）。因此，当自然资源及其生态功能受到现实或潜在的环境损害时，各级政府及其林业、渔业、海洋、水利、国土等职能部门有权以国家自然资源所有权人（国家）的代表人身份提起旨在保护经济性环境公益的环境民事诉讼（可间接保护非经济性环境公益）。

从理论上讲，环保部门可以环境容量所有权（其损害体现为可分配的环境容量资源总量减少）为权利基础，以环境容量资源国家所有权人的代表人身份提起旨在保护容量性环境公益的环境民事诉讼，如请求恢复和治理环境、赔偿环境容量资源损失等，但较为牵强[1]。典型案例如2002年的"塔斯曼海轮油污染事故案"。在该案中，天津市海洋局（作为生态环境监管部门）、天津市渔政渔港监督管理处（作为自然资源资产管理部门）、渔民和养殖户等分别获赔海洋生态损失（重点是海洋纳污功能）1000万余元、海洋渔业资源损失（海洋水产资源损失）1830万元、海洋损失（捕捞生产的可得利益损失）1700万元。

4. 自然资源所有权诉讼的性质

由于我国的自然资源大多属于国家所有（实为全民所有）或集体所有，因此，以自然资源国家所有权人的代表人身份（权利行使主体）而提起的、旨在直接保护经济性环境公益（可间接保护生态性环境公益）的诉讼，在性质上也应属于环境公益诉讼的范畴。正如学者所言："国家即为维护公共利益

（接上页）分艰难，技术依赖性很强；三则环境容量的变化易受干旱、洪水等非人为因素的干扰；四则环境容量具有动态的可恢复性。实际上，排污权的侵害主要来自公权力的滥用或懈怠。

〔1〕这是因为大气、水流等环境要素具有流动性、迁移性，特别是大气环境容量的干扰因素更大，环境容量的监测和确定十分困难。因此，对于大气环境保护而言，用作为环境权的清洁空气权为权利基础进行保护，效果可能会更好。

而存在，其本身并无特殊的利益，公共利益即是其利益。严格意义上的国家利益应等同于公共利益。"[1]

5. 自然资源所有权诉讼的功能局限性

要注意的是，以资源权为权利基础，并不能充分预防和救济所有的环境危害，换言之，自然资源所有权诉讼在保护环境公益方面具有难以克服的局限性。

首先，适用范围的有限性。其一，许多环境要素（如大气、阳光）尚不能成为所有权的对象，不能在其上成立自然资源所有权。法国民法学家普兰尼奥尔（Marcel Planiol）认为："法律意义上的财产不是那些对人类有用的物，而是那些可建立所有权的物，海洋和空气乃至阳光为对维持人的生命不可或缺之物，但不是财产，因为它们不能为某个个人、城市或国家的利益被设定所有权。"[2]譬如，不能通过大气所有权来防治大气污染，保护空气环境。其二，须以自然资源遭受实质环境损害为前提。自然资源所有权诉讼主要适用于对自然资源自身的保护，对于生态环境和人居环境之生态产品的保护明显不足。换句话说，即使发生了严重的环境污染，但若国家自然资源没有受到现实的损害，国家机关也无权提起旨在保护环境公益的诉讼。譬如，对于大气污染问题（尤其是城市 PM2.5 污染问题），由于一般不会发生自然资源受损的后果，国家环保机关除了对其进行环境执法外，难以启动环境民事公益诉讼来保护环境（以大气环境容量受损为由提起诉讼颇为牵强，难以操作）。从理论上分析，自然资源所有权诉讼主要适用于造成国家渔业资源受损的海洋、江河、湖泊污染问题和森林资源、草原资源的破坏问题等情形。换言之，自然资源所有权诉讼能较好地保护经济性环境公益，对于生态性环境公益，尤其是人居性环境公益而言，功能明显不足。其三，自然资源所有权诉讼主要适用于环境民事公益诉讼，难以适用于环境行政公益诉讼。

其次，可启动时点的滞后性。究其原因，这同前文所述的以人身权和普通所有权为基础的传统环境侵权救济制度对于人身和财产保护的局限性基本类似。这是因为，只有国家自然资源已经受到明显的损害或危险时，方可提起诉讼。换言之，以自然资源所有权为基础的侵权救济制度对经济性环境公

---

[1] 王太高："公共利益范畴研究"，载《南京社会科学》2005 年第 7 期。

[2] Voire Marcel Planiol, Traite Elementaire de Droit Civil（Tomo Premier），Paris：Librairie Generale de Droit & de Jurisprudence, 1928, p. 707，转引自蔡守秋："环境权实践与理论的新发展"，载《学术月刊》2018 年第 11 期。

益和生态性环境公益的保护具有难以克服的滞后性。

最后，保护的间接性和附带性。原因同前文所述的以普通所有权为基础的传统环境侵权救济制度对于环境公益保护的局限性相类似。这是因为，以自然资源所有权为基础的环境侵权诉讼，其诉讼标的为经济性环境公益（即自然资源本身），只能附带要求被告在一定程度上治理受损的环境（如要求停止侵害、恢复环境等），以防止对自然资源继续造成损害。然而，对于已经造成的环境品质降低、生态环境服务功能下降等方面的生态性环境公益损失，却无法要求填补。

为弥补资源权在保护环境公益上的局限，法律还必须有另外的制度设计，这就是下文所讲的环境权的创设。

（二）环境权

环境权概念是 20 世纪 60 年代人类对环境危机的反思和开展环境保护运动的产物。1970 年，美国学者萨克斯教授在"环境公共委托论"的基础上首次提出了"环境权"的理论。[1]与此同时，日本也提出了环境权的理念。[2]此后，中外学者们纷纷以极大的热情对环境权理论进行了不懈的研究和不断的改进。[3]从立法实践上看，许多国际环境宣言以及各国国内立法都对环境权作出了规定，我国的《环境影响评价法》等环境立法也直接提及了环境权。在司法实践上，美国 1982 年的"普拉赫诉马里蒂侵害采光权案"、[4]日本 1976年的"大阪国际机场噪声公害诉讼案"[5]和我国 2001 年"南京紫金山景观维权案"[6]等也作出了有益的探索。

---

〔1〕　See Joseph L. Sax, "The Public Trust: a New Character of Environmental Rights", in: *Defending the Environment: a Strategy for Citizen Action*, New York, Alfred A. Knopf, 1970, pp. 158~174.

〔2〕　参见杜钢建："日本的环境权理论和制度"，载《中国法学》1994 年第 6 期。

〔3〕　参见叶俊荣：《环境政策与法律》，中国政法大学出版社 2003 年版，第 1~33 页；蔡守秋："环境权初探"，载《中国社会科学》1982 年第 3 期；吕忠梅：《沟通与协调之途——论公民环境权的民法保护》，中国人民大学出版社 2005 年版；吴卫星：《环境权研究：公法的视角》，法律出版社 2007年版等。然而，总的说来，环境权的研究尚未取得突破性的进展。

〔4〕　*Prah v. Maretti*, 108 Wis. 2d 223, 321 N. W. 2d 182（1982）.

〔5〕　李鸿禧："论环境权之宪法人权意义"，载台湾大学法学丛书编辑委员会编辑：《宪法与人权》，元照出版社 1999 年版，第 488 页。

〔6〕　"紫金山顶建'怪物'，教师状告规划局"，载 http://city. icchina. /com/news/getInfo. asp? id=25863，访问日期：2016 年 4 月 12 日。

1. 环境权的理论要点

所谓环境权，即公民等主体享有良好环境的权利。其理论要点为：

其一，环境权的权利构造。环境权的基本主体为公民（自然人），包括当代和后代的公民。环境权的标的为人居性环境利益，客体为环境支持功能（如身体支持、景观审美等），对象为环境。环境权的内容主要为对良好环境的享用权。要注意的是，环境权不包括对环境容量的权利（如排污权）和对自然资源的权利（如自然资源使用权和自然资源攫取权）等开发利用环境的实体权利，也不包括环境知情权和环境参与权等保障环境权实现的程序权利（关于环境权的权利构造，具体论述见本书第三章）。

其二，环境权的形态类型。同人格权分为一般人格权和具体人格权一样，环境权也可被分为一般环境权和具体环境权。一般环境权，是指以民事主体全部人居性环境利益为标的的总括性权利，它是法律为切实保护民事主体环境权而赋予法官自由裁量权的法技术创造，以弥补成文法规定的不足，包括环境安全和环境舒适等方面的内容。具体环境权是一般环境权的具体化，如清洁空气权、清洁水权、安宁权、采光权、通风权、景观权等。[1]

其三，环境权的属性。环境权是一项以环境为权利对象、以环境利益为权利客体、以享用环境为核心权能的新型权利。同生命权、健康权等人格权相似，环境权属于静态的"享用权"和防御权，而非动态的"行为权"。即以享用良好品质的环境为核心权能，重在防范外力对环境的侵害（可通过环境知情权、环境参与权等保护环境权），其权利的行使无需付诸特别的行动，也不追求通过交易行为而获取收益。从权利属性上看，若将作为生态产品的环境视为物格[2]较低的物，环境权可归于新型用益物权（人格性用益物权）的范畴，即环境享用权。或者说，环境权是一项具有人格面向性的非财产权。从宪法人权发展的角度来看，可将环境权视为继生存权、发展权之后新出现的幸福权（关于环境权属性的具体论述，见本书第三章）。

其四，环境权具有相对于排污权（即自然资源排用权）、自然资源权（专指自然资源使用权和自然资源攫取权）的优先效力。即当排污权、自然资源

---

[1] 杨朝霞："论环境公益诉讼的权利基础和起诉顺位——兼谈自然资源物权和环境权的理论要点"，载《法学论坛》2013年第3期。

[2] "物格"一词，系杨立新教授首创。参见杨立新、朱呈义："动物法律人格之否定——兼论动物之法律'物格'"，载《法学研究》2004年第5期。

权和环境权发生权利冲突时，法律应当优先保护环境权。

其五，环境权的特征。环境的整体性、不可分性、区域性、开放性、运动性、难支配性等特征，使得环境权具有明显的公益性和易受损性。不过，不同类型的环境权，其公益性会有所不同。譬如，清洁水权、清洁空气权、景观权具有较强的公益性（可称为公益性环境权），采光权、通风权、安宁权的公益性较弱而私益性较强（可称为私益性环境权）。[1]

其六，环境权的限度。任何权利都不是无限的，环境权也只能对一定品质的环境享有权利，而不能无限扩大其权利的边界，通常可用环境质量标准或环境质量指数（如空气环境质量指数 AQI）进行限定。

其七，环境权的行政保护。这主要是指通过政府及其环保部门履行法定的环境保护监管职责来保护环境权益。当然，享有环境权的公众也可以通过行使环境知情权、环境参与权、环境执法请求权等权利，提起环境行政复议或环境行政诉讼，来监督环保机关依法履行环保监管职责等形式来维护其环境权益。

其八，环境权的侵权救济。侵害环境权的侵权行为，是指致使环境质量显著降低以致影响公众依法享用环境的行为，如严重的大气污染。环境权侵权责任的归责原则仍为无过错责任原则，即只要造成了环境品质的客观损害（低于环境质量标准或超过通常的忍受限度），不管有无过错，只要不存在法定免责事由，均须承担侵权责任。环境权侵权责任的构成要件有三：一是存在污染或破坏环境的行为；二是产生了环境损害的客观结果，即人居性环境利益已经遭受或很可能遭受损害；三是侵害行为与损害结果之间存在因果关系。在举证责任的分配上，仍沿用环境污染侵权责任的因果关系"举证责任倒置"规则，即由被告承担因果关系不存在的举证责任。作为原告的公民需证明四大事项：一是被告存在污染或破坏环境的行为；二是环境已经遭受或很可能遭受损害（环境利益受损）；三是致害行为与损害后果之间具有关联性（包括时间、空间、物质、科学、病理等方面的关联性）[2]；四是自己同受损的环境具有直接利害关系（即享有环境权）。当然，当原告为环保组织时，

[1]　杨朝霞："论环境公益诉讼的权利基础和起诉顺位——兼谈自然资源物权和环境权的理论要点"，载《法学论坛》2013 年第 3 期。

[2]　杨朝霞、刘轩、高翔："环境侵权因果关系推定之新规判解——以'中国垃圾焚烧致病第一案'的检视为中心"，载《环境保护》2016 年第 16 期。

只需证明前三项。环境权侵权的责任形式主要为排除侵害（包括部分排除侵害）、恢复环境、环境损害赔偿（包括替代性赔偿）等。

2. 环境权创设的法治意义

环境权的创设为公众参与环境保护提供了坚实的权利基础和广阔的维权通道，从而有利于推进环境保护事业实现跨越式的发展。

其一，环境权的创设可以使环境司法的介入时机提前，增加法律保护的第一道防线。这是因为，在公民的人身和财产尚未因污染或破坏而发生实质损害的阶段，公民就可以环境质量低于或极有可能低于环境质量标准为由，提起环境权之诉（包括民事诉讼和行政诉讼），从而与危害环境的排污企业和环保部门进行及时、有效的抗争。[1]

其二，环境权的创设，有利于走出"举证难"的困境。环境权诉讼，能将传统环境侵权之"污染行为—环境质量受损—人身和财产受损"的复杂因果关系证明简化为"污染行为—环境质量受损"的简单因果关系证明，从而大大降低环境侵害因果关系的证明难度，推动环境维权走出"举证难"的困境与尴尬局面。[2]

其三，能提高对环境公益保护的彻底性和有效性。这是因为，环境权直接以环境为权利对象，以环境功能为权利客体，以环境利益为权利标的，因此，当环境的服务功能受到损害时，可以根据环境权直接提起旨在预防和救济对环境本身的损害的诉讼，如请求恢复环境原状、治理环境污染、进行环境损害赔偿（对受损环境利益的赔偿）等。

不过，要注意的是，在环境权益的保护和救济中，要重点注意两个方面的问题。一方面，"新兴"权利可能因为其"新"而备受关注，从而有可能导致在法律理论和法律实践中不公正地对待那些旧的法律权利，如生态环境损害天价赔偿案、环保"一刀切"就是这方面的典型表现。另一方面，在法律理论和法律实践中，旧有的法律权利也有可能极其不公正地对待"新兴"权利。譬如，环境权极易受到侵犯且胜诉难、环保维权者甚至被以破坏生产

---

〔1〕 杨朝霞："论环境公益诉讼的权利基础和起诉顺位——兼谈自然资源物权和环境权的理论要点"，载《法学论坛》2013 年第 3 期。

〔2〕 杨朝霞："论环境公益诉讼的权利基础和起诉顺位——兼谈自然资源物权和环境权的理论要点"，载《法学论坛》2013 年第 3 期。

经营罪入刑等。[1]

3. 环境权诉讼的性质

鉴于环境的公共性，环境权诉讼的胜诉结果可能惠及相关不确定的众多环境权人，从而赋予了诉讼以公益的属性。因此，以公益性环境权（如清洁空气权、清洁水权、景观权等[2]）为实体权利基础的环境诉讼，应属于环境公益诉讼的范畴。

4. 环境权诉讼的功能局限性及弥补措施[3]

环境权的创设确实能有效弥补现行法律制度对于环境公益保护不力的问题，然而，其作用也是有局限性的：

其一，适用范围有限：主要适用于对人居性环境公益的保护，对调节性环境公益的保护功能有限。换言之，环境权主要适用于对环境的保护，对生态的保护难以适用。这是因为，依法理，利益权利化的首要前提是利益的直接性，即只有与民事主体具有直接利害关系的利益方能被权利化。利益链条上较远的利益，通常以"法益"的形式进行保护，而不采用权利化的路径。譬如，对于纯粹经济上利益的保护，各国民法一般不采取权利化的措施。换言之，并非所有的环境公益（尤其是调节性环境公益）都可被权利化为环境权。对于偏远的生态环境（如原始森林）而言，即使发生污染或破坏，只要这种损害不是根本性的，而只是造成某些生态功能的一时受损，如发生水土流失、草地退化、温室效应[4]等，一般并不会直接侵害环境权本身，仅仅可能构成后续的危险而已。[5]因此，即使偏远的生态环境遭受污染和破坏导致调节性环境公益受损，也不能或难以直接提起环境权之诉。因为，环境权人要证明其生活环境会因生态环境的受损而受损或很可能受损，进而使其环境

---

〔1〕　姚建宗："新兴权利论纲"，载《法制与社会发展》2010年第2期。

〔2〕　另外的安宁权、采光权、通风权则主要属于私益性环境权的范畴。

〔3〕　杨朝霞："论环境公益诉讼的权利基础和起诉顺位——兼谈自然资源物权和环境权的理论要点"，载《法学论坛》2013年第3期。

〔4〕　针对温室效应，我们不宜针对气候环境而成立所谓气候环境权，因为气候利益只是一种利益链条较远的生态利益，并非一种现实而直接的环境利益。对于气候利益，环境法只能像民法以法益的形式保护某些经济利益一样，通过生态法益的形式对其进行保护，而不宜采用权利化的模式。

〔5〕　生态系统是一个具有自我更新、自我恢复功能的结构和功能系统，在一定范围和程度内，系统自身具有一定的调节能力，对来自外界比较小的冲击（污染或破坏）能够进行缓冲和自调，从而维持其动态上的稳定性。

权遭受侵害，将是十分困难的。当然，这只是说，对于远离城市和村庄的生态环境，作为当代人的公民是难以运用环境权提起环境公益诉讼的，但享有环境权的后代人则是可以起诉的（具体由当代的环保组织代为起诉）。

其二，受制于环境权主体维护环境公益的起诉意愿和诉讼能力。当环境权主体不知、不愿、不敢、不会和无力主张与行使诉权甚至放弃诉权时，司法程序便无法启动，即使启动了也难以胜诉。

为了摆脱这种困境，有效维护环境公益，有必要设计科学的制度补救措施：

其一，对于生态环境上难以成立环境权的制度对策。方法有三：一是建立环境鉴定评估制度，成立相应的机构。当生态环境受损时，环境权人可求助于有关环境鉴定评估机构，证明其生活环境的环境品质会因生态环境的受损而受损或很可能受损，从而直接运用环境权诉讼来保护这种调节性环境公益。二是通过国家机关提起自然资源损害赔偿诉讼和生态环境损害赔偿诉讼来保护这种生态性环境公益，这一点前文已有阐释，不再赘述。[1]三是通过自然保护地役权特别是生态保护地役权来保护生态环境。

其二，对于环境权主体起诉意愿和诉讼能力不足的制度对策。为确保环境公益得到有效保护，根据诉讼信托原则，[2]作为环境权主体的公民可将其诉权托付给有关公益团体，由其以自己的名义起诉。在美国，代行此种诉权的机关主要为国家司法部门，即检察总长。当然，在缺乏政府诉讼（检察官未起诉）的情况下，依据"私人总检察官"理论[3]建立起来的公民诉讼制度，"任何人"（包括公民、社会组织和有关国家机关等）都可直接向法院起诉，督促有关企业遵守环保规定，敦促有关行政机关履行法定职责，从而实施法律，保护环境公益。[4]我国也可借鉴美国的公民诉讼制度，以环境权和诉讼信托为理论基础，将环境权主体的诉权信托给民间环保组织等公益团体，

---

〔1〕 杨朝霞："论环境公益诉讼的权利基础和起诉顺位——兼谈自然资源物权和环境权的理论要点"，载《法学论坛》2013年第3期。

〔2〕 所谓诉讼信托，是指委托人将其实体权利及相应诉讼权利转移给受托人（一般为公益团体），由受托人以自身的名义（诉讼当事人的身份），为实现实体利益进行诉讼，产生的诉讼利益归于受益人的一种信托制度和诉讼制度。参见肖建华："群体诉讼与我国代表人诉讼的比较研究"，载《比较法研究》1999年第2期；徐卫："论诉讼信托"，载《河北法学》2006年第9期。

〔3〕 参见王名扬：《美国行政法》，中国法制出版社1995年版，第627~628页。

〔4〕 See 33 U. S. C. §1365（b）（1）（B）.

由其直接以自己的名义提起诉讼。

此外，环保机关可基于国家环境容量所有权和国家生态文明建设义务而提起环境容量诉讼（以环境容量资产化为前提）；检察机关作为法律监督机关，可基于民事行政公益权和国家生态文明建设义务而提起环境检察诉讼。由于这几种诉讼均以环境公益而非自身利益为诉讼目的，因此，由这些主体提起的环境诉讼，在性质上理应都属于广义环境公益诉讼的范畴。事实上，我国很早就开始了这方面的地方实践，典型案例如2007年的"贵阳市'两湖一库'管理局诉天峰化工公司污染水源案"、2009年的"广州市番禺区人民检察院诉东涌东泰皮革染整厂水污染案"、2011年的"中华环保联合会和贵阳公众环境教育中心诉贵阳市乌当区定扒造纸厂污染南明河案"等。〔1〕

二、环境公益诉讼的原告范围和起诉依据

就环境、资源和生态的司法救济以及广义环境公益诉讼原告范围的问题，大致可按如下思路进行设计。

（一）公民：可基于环境权，提起环境公益诉讼

由于此类诉讼既能维护公民自己的环境权益，客观上也能维护环境区域内他人的环境权益，故应属于环境公益诉讼的范畴。要注意的是，根据公共性程度的不同，可将环境权分为公益性环境权和私益性环境权。清洁空气权、清洁水权和景观权等主要为公益性环境权，通风权、安宁权等则主要为私益性环境权。因此，以公益性环境权为基础的环境权诉讼，无疑更具有环境公益诉讼的属性。此外，为防止公民的滥诉，可将公民提起环境公益诉讼课加一定的限制条件，如需具备相关专业知识和技能、无违法记录等。

（二）环保组织：可基于环境权和诉讼信托，替代公民提起环境公益诉讼

为防范享有环境权的公民不愿、不敢、不能起诉的问题，可以环境权和诉讼信托为依据，授予有关环保组织提起旨在维护公共环境质量的环境公益诉讼原告资格。当然，环保组织也可与有关公民一起作为原告，共同提起环境公益诉讼。

---

〔1〕 杨朝霞："论环境公益诉讼的权利基础和起诉顺位——兼谈自然资源物权和环境权的理论要点"，载《法学论坛》2013年第3期。

（三）自然资源资产管理机关：可基于国家自然资源所有权，提起旨在保护自然资源和维护相关生态安全的自然资源国益诉讼

在我国，许多自然资源属于国家所有，因此，我们可以自然资源国家所有权为依据，授予有关自然资源资产管理机关（矿产、水、森林、草原、野生动植物、土地、水产、海洋等自然资源的资产管理部门）提起旨在保护自然资源的公益诉讼原告资格。从理论上讲，环保部门可作为大气、河湖、土壤等环境要素之环境容量的资产管理机关，提起环境容量损害赔偿诉讼（须以环境容量已被资产化为前提条件），请求赔偿环境容量的资产损失、治理受污染的生态环境或者赔偿所需的污染治理费用等。

要注意的是，自然资源具有一定的整体性、流动性、公共性或非排他性，因此，自然资源国家所有权具有不同于以建筑物、构筑物、设施、设备等普通国有财产物为客体的国有财产所有权，以自然资源国家所有权为基础的诉讼，理应属于环境公益诉讼的范畴。此外，水资源、森林资源、草原资源、野生动物资源、野生植物资源等许多自然资源兼有显著的生态属性，具有水土保持、气候调节、污染净化等重大的生态调节功能，且其资源供给功能和生态调节功能具有一荣俱荣、一损俱损的共生特性，故有关自然资源资产管理机关也可附带提起旨在维护相关生态安全的公益诉讼。当然，鉴于行政权和司法权的不同分工，具有公共权力属性的自然资源资产管理机关代表国家作为国有资产民事主体提起公益诉讼时，理应设定一定的前置程序和约束条件，如有关自然资源行政机关已经依法履行了监督管理的法定职责等。

不过，问题是如果自然资源资产管理机关和检察机关均不起诉怎么办？从理论上讲，对于此种情形，将自然资源所有权信托给国家但保留了监督权的公民，除了可以通过投诉、举报、控告等手段督促环保机关提起诉讼之外，还可以自然资源所有权主体（全民所有）成员的身份，像股东派生诉讼[1]一样，以公民自己的名义，直接提起自然资源诉讼。[2]不过，在当前的国情下，为防止滥诉的发生，基于公民的诉讼信托，由社会组织代为提起自然资

---

[1] 股东派生诉讼制度又称股东代表诉讼制度，是指当公司的合法权益遭受侵害，而公司怠于诉讼时，符合法定要件的股东为公司的利益以自己的名义对侵害人提起诉讼，追究其法律责任的诉讼制度。

[2] 参见杨朝霞："论环境公益诉讼的权利基础和起诉顺位——兼谈自然资源物权和环境权的理论要点"，载《法学论坛》2013年第3期。

源诉讼，可能更为合适。

（四）环保机关：可基于责令赔偿生态环境损害之行政命令的司法执行，提起生态环境损害赔偿诉讼

根据行政命令之司法执行理论和《生态环境损害赔偿制度改革方案》《关于审理生态环境损害赔偿案件的若干规定（试行）》等的规定，环保机关（政府及其环保部门）可提起责令赔偿生态环境损害之行政命令的司法执行诉讼——生态环境损害赔偿诉讼。要注意的是，环保机关可就生态环境损害（包括环境事件应急处置费、污染物质清除费、生态环境功能修复费等）提出损害赔偿的请求，无权对生态环境破坏造成的自然资源财产损失（属于自然资源损害赔偿的范围）请求赔偿。

（五）检察机关：基于国家生态文明建设义务和民事行政公诉权，作为替补原告提起环境公益诉讼

检察机关作为宪法规定的法律监督机关，可以国家生态文明建设义务和检察权为依据，被授予提起旨在保护公共环境、自然资源和维护生态安全的公益诉讼替补原告资格，从而将《民事诉讼法》第55条规定的"法律规定的有关机关和组织"加以进一步的限定和明确，形成考虑周全、系统协调的广义环境公益诉讼原告制度，推进环境公益诉讼的发展。

当然，同自然资源资产管理机关一样，具有公权力性质的检察机关提起公益诉讼也须设定一定的前置程序和约束条件，如只能作为替补原告，须履行了督促有关主体纠正违法行为或履行法定的环保义务或监管职责等。此外，鉴于检察机关的公权强势性，其作为原告的环境公益诉讼规则也有必要进行重新规定，如排污行为与损害后果之间因果关系的证明仍施行"谁主张，谁举证"的原则等。

要注意的是，尽管公民、环保组织、行政机关和检察机关等主体均具有提起环境公益诉讼的原告资格，但从长远来看，只有公民和环保组织才应成为环境公益诉讼未来的主力军。检察机关更应当做的是积极投入到诉前检察建议、提起环境行政公益诉讼、环境刑事诉讼和环境刑事附带民事诉讼等工作中去。只有在侵犯环境公益而无人、无力起诉，或者公民不敢、不愿起诉的情况下，检察机关方可以环境公益诉讼替补原告的身份起诉，从而兜底性地维护环境公共利益。正如江伟先生所言："将检察官/检察机关作为公益诉讼的唯一的或者主要的原告的思路是不正确的，公民及社会团体才是公益诉讼

的主要发动者。"不过，就当前而言，由于社会公众受公益意识淡薄、诉讼能力软弱等因素的影响，其担当环境公益诉讼主力军的时机尚未成熟。在这一阶段，我们应当充分发挥检察机关在专业能力和权威地位上的优势，让其担当提起环境公益诉讼国家队和主力军的重任，以对抗猖獗的地方保护势力和环境致害企业，并启蒙全社会的公益精神，借以推动中国环境公益诉讼走出当前困境，取得突破性进展。当然，更重要的是，务必放宽环保组织的成立条件，着力培养和提高我国公众的公益精神和参与能力，大力发展环保 NGO，以期早日让公民和民间环保组织真正成为我国环境公益诉讼的主力军，从而促进环境公益诉讼的长远和蓬勃发展。[1]

三、环境公益诉讼的起诉顺位和衔接协调

既然公民、环保组织、政府及其职能部门、检察机关等多类主体均有权提起环境公益诉讼，那么，如何处理其起诉顺位便成了我们接下来不得不着手解决的问题。笔者以为，应依实体权利基础的不同而作相应安排。

（一）以自然资源所有权为基础的起诉顺位

其一，自然资源资产管理机关为第一顺位的原告。各级人民政府及其林业、渔业、海洋、水利、国土、环保等职能部门，作为自然资源资产监督管理机关，具有依据国家所有权人（国家）代表人身份提起环境公益诉讼的优先权。反过来说，这也是其职责所在。

其二，检察机关为第二顺位的原告。检察机关作为《宪法》所规定的法律监督机关，除了有权督促各级政府及有关自然资源资产管理部门等及时提起诉讼外，在必要的时候，也可以直接提起环境公诉，从而对环境法律的实施情况进行监督。当然，对于环境刑事附带民事诉讼，检察机关无疑应当作为第一顺位的原告。

其三，公民和环保组织为第三顺位的原告。当自然资源资产管理机关和检察机关拒绝或未及时提起环境公益诉讼时，将自然资源所有权信托给国家，但保留了监督权的公民除了可以通过投诉、举报、控告等手段督促环保机关提起诉讼之外，在必要的时候，也可以自然资源所有权主体（全民所有）成员的身份，像股东派生诉讼一样，以自己的名义直接提起诉讼。

---

〔1〕 杨朝霞："检察机关应成为环境民事公益诉讼的主力军吗?"，载《绿叶》2010 年第 9 期。

（二）以环境权为基础的起诉顺位

其一，环境权人和环保组织为第一顺位的原告。环境权法律化（法律上正式确认了环境权）后，即使没有发生现实上的人身和财产损害，公民也可以提起公益性环境权诉讼。享有了环境权，公民便具有了环境上的直接利害关系，当然不再受《民事诉讼法》"原告是与本案有直接利害关系的公民、法人和其他组织"的阻碍。不过，需注意的是，公民起诉资格的取得应以享有环境权为要件（须自我证明）。譬如，对于2005年松花江水污染事故，远在北京的人们是很难以环境权为依据而起诉的，因为实在没有足够的理由证明其享有相应的环境权。当然，除了公民可以自己起诉之外，环保组织也可依据环境权和诉讼信托直接起诉。[1]环保机关和检察机关等机关，可对公民和环保组织的诉讼活动提供支持（即支持起诉）。

其二，检察机关为第二顺位的原告。当第一顺位原告在合理期限内未起诉时，检察机关可作为原告直接提起环境公益诉讼。此种情形下，检察机关作为原告提起环境公益诉讼便成了环境公益司法保护的最后一道防线。

（三）不同诉讼之间的衔接和协调

必须指出的是，起诉顺位的安排只是一种理论上的设计（以防止诉讼资源的浪费和不必要的麻烦），实践中不宜机械和僵化，而应以及时、有效维护环境公益为基本原则进行灵活处理。此外，不同顺位的原告还可作为共同原告起诉或加入到已经受理的诉讼之中，以协助或监督先前原告的公益诉讼行为。

其一，有权提起环境公益诉讼（广义）的原告可加入环境私益诉讼，补充提出维护环境公益的诉讼请求。譬如，在2002年的"塔斯曼海轮油污染事故案"中，天津市海洋局（作为环保部门）和天津市渔政渔港监督管理处（作为资源管理部门）同天津市塘沽区大沽渔民协会（作为财产受损的渔民代表）作为共同原告一同提起了诉讼。

其二，环境权人和环保组织可作为共同原告同时提起环境公益诉讼，相互配合，壮大诉讼的力量。典型的案例如2009年"公民朱某某和中华环保联

---

〔1〕当有多个公民、多个环保组织或公民和环保组织同时为维护环境公益而起诉时，我们可采用共同诉讼的方式，或参照《民事诉讼法》所规定的代表人诉讼方式，来解决第一顺位原告内部的冲突问题。

合会诉江阴港集装箱有限公司饮用水污染案"。

其三，对于自然资源资产管理机关提起的"自然资源损害赔偿诉讼"和环保行政机关提起的"生态环境损害赔偿诉讼"，二者可以作为共同原告，合并审理。例如，在 2002 年的"塔斯曼海轮油污染事故案"中，天津市渔政渔港监督管理处（作为海洋资源损害索赔主体）和天津市海洋局（作为生态环境损害索赔主体）就是作为共同原告起诉的。[1]

其四，对于自然资源资产管理机关提起的自然资源损害赔偿诉讼和环保机关提起的生态环境损害赔偿诉讼，环境权人和环保组织认为必要的，可以请求加入诉讼。人民法院审理后认为不必要的，可以裁定待生态环境损害赔偿诉讼案件审理完毕后，环保组织可就生态环境损害赔偿诉讼案件中未提出的诉讼请求另行提起诉讼。典型案例如 2017 年的"江苏省人民政府和江苏省环保联合会诉德司达公司环境污染损害赔偿案"。[2]

其五，对于环境权人和环保组织提起的环境民事公益诉讼，有关自然资源资产管理机关和环境保护机关认为必要的，可以加入该环境公益诉讼；环保机关也可以依法另行提起生态环境损害赔偿诉讼，但可以中止环境公益诉讼案件的审理，待生态环境损害赔偿诉讼案件审理完毕后，再就环境公益诉讼案件中未被涵盖的诉讼请求依法作出裁判。前者的典型案例，如 2017 年的"重庆市人民政府、重庆两江志愿服务发展中心诉重庆藏金阁物业管理有限公司、重庆首旭环保科技有限公司生态环境损害赔偿诉讼案"。后者的典型案例，如"山东省生态环境厅诉山东金诚重油化工有限公司、山东弘聚新能源有限公司生态环境损害赔偿诉讼案"（济南市中院先行中止了环保组织提起的环境民事公益诉讼）。[3]

四、环境公益诉讼原告制度的修法建议

原告制度是诉讼法最基本的制度。可以说，明晰了环境公益诉讼的原告理论并构建了科学的环境公益诉讼原告制度，环境公益诉讼的制度设计就成

---

〔1〕 参见徐祥民等：《海上溢油生态损害赔偿的法律与技术研究》，海洋出版社 2009 年版，第 188~191 页。

〔2〕 赵兴武："江苏省政府首次提起环境公益诉讼"，载《人民法院报》2017 年 8 月 9 日。

〔3〕 刘涛："山东首例省政府提起的生态环境损害赔偿案件一审宣判"，载《大众日报》2017 年 12 月 29 日。

功了一半。笔者以为，极有必要对现行环境公益诉讼原告制度进行修改，扩大环境公益诉讼起诉主体的范围，并明确规定非政府组织可提起环境行政公益诉讼。

众所周知，《环境保护法》是生态文明建设的基本法和龙头法，有必要首先健全和完善该法的环境公益诉讼制度。具体而言，建议将《环境保护法》第 58 条修改为：

对污染、破坏环境和生态，损害社会公共利益的行政行为和民事行为，下列主体可以向人民法院提起诉讼：

（一）享有相应环境权、具备有关知识和技能、无违法和失信记录的公民；

（二）依法在设区的市级以上人民政府民政部门登记、专门从事生态文明公益活动连续五年以上且无违法记录的社会组织。

对毁坏国有自然资源或者损害生态环境的行为，有关行政机关已经依法履行监督管理职责[1]，国家利益和社会公共利益仍然处于受损状态的：

（一）有关自然资源资产管理机关可以提起自然资源损害赔偿诉讼；

（二）有关行政机关可以就受损生态环境的赔偿费用与行为人进行磋商，经磋商达成赔偿协议的，当事人可以向人民法院申请司法确认；磋商不成的，该行政机关可以向人民法院提起诉讼。

对前两款规定的损害国家和社会公共利益的行为，有关检察机关可以发出检察建议，督促有关单位和公民纠正违法行为、履行法律规定的职责和义务，也可以督促或者支持有关主体提起诉讼。具有下列情形之一的，有关检察机关可以向人民法院提起诉讼：

（一）检察机关发出起诉公告或者督促起诉 30 日后，前两款规定的公民、社会组织、自然资源资产管理机关没有提起诉讼的；

（二）检察机关向有关行政机关发出检察建议，督促其依法履行职责，行

---

[1]　生态环境和自然资源能够修复的，有权的行政机关应当责令行为人在合理期限内承担修复责任。行为人不能修复或者在期限内未修复的，该行政机关可以自行或者委托他人进行修复，所需修复费用由行为人承担。

政机关在收到检察建议书之日起两个月内未依法履行职责，没有正当理由的。[1]

建议将新《环境保护法》第6条第1款修改为"当代和后代的自然人都有享用良好环境的权利，也有保护环境的义务，并有依法获取环境信息、参与环境行政决策、监督环境影响行为和寻求环境救济等方面的权利。"

当然，为了更好地保护自然资源和落实自然资源国家所有权，还有必要在《环境保护法》之外全面规定以自然资源国家所有权为基础的公益诉讼制度。对此，可借鉴《海洋环境保护法》第89条第2款关于海洋水产资源和海洋生态保护的规定，对《土地管理法》《矿产资源法》《水法》《森林法》《草原法》《海域使用管理法》《海岛保护法》《野生动物保护法》《野生植物保护条例》等自然资源法和《水土保持法》《防沙治沙法》进行修改，专门规定保护自然资源和生态环境的公益诉讼条款。

2019年12月公布的《森林法》第68条规定："破坏森林资源造成生态环境损害的，县级以上人民政府自然资源主管部门、林业主管部门可以依法向人民法院提起诉讼，对侵权人提出损害赔偿要求。"[2]草案一审稿、二审稿和通过稿最大的问题是，不仅没有把森林资源和森林生态环境区分开来，也没有认识和处理好国有森林资源损害赔偿诉讼（由国有森林资源资产管理部门提起）、森林生态环境损害赔偿诉讼（由森林生态环境监管部门提起）、森林环境公益诉讼（狭义的环境公益诉讼，由社会组织提起）和森林检察公益诉讼的关系。

具体而言，国家所有的森林资源受损的，可由国家林业主管部门或者有关省级人民政府代表国家提起国有森林资源损害赔偿诉讼（属于自然资源国益诉讼）。对破坏森林生态环境的行为（可能没有破坏森林资源，如破坏森林

---

[1] 参见杨朝霞："论环境公益诉讼的权利基础和起诉顺位——兼谈自然资源物权和环境权的理论要点"，载《法学论坛》2013年第3期。

[2] 2019年6月公布的《森林法》修订草案一审稿规定："破坏森林资源给国家利益或者公共利益造成重大损失的，有关机关和组织可以依照国家有关生态环境损害赔偿的规定向人民法院提起诉讼，对责任者提出损害赔偿要求。"对此，包括笔者在内的许多学者提出，将破坏森林资源的自然资源损害赔偿诉讼和公益诉讼合并规定，极易产生混淆。2019年10月，草案二审稿修改为："破坏森林资源给国家造成重大损失的，国务院自然资源主管部门及其委托的有关部门和地方人民政府可以依法向人民法院提起诉讼，对责任者提出损害赔偿要求。"虽有重大进步，但依然存在不足。

中的饮用水源地），森林生态环境能够修复的（无论是国家所有还是集体所有的森林资源），有权的林业主管部门应当责令行为人在合理期限内进行修复。行为人不能修复或者在期限内未修复的，该林业主管部门可以自行或者委托他人进行修复，所需修复费用由行为人承担。森林生态环境不能修复的，林业主管部门可就森林生态环境损害赔偿问题与致害方进行磋商；磋商不成的，可提起森林生态环境损害赔偿诉讼。此时，环保组织也可根据《环境保护法》58 条的规定，提起环境公益诉讼。要注意的是，集体所有的森林资源受损的，国家林业主管部门和省级人民政府均无权起诉，不过，造成生态环境损害的（如毁坏野生动物栖息地、破坏饮用水源地等），有关社会组织当然有权提起环境公益诉讼。此外，无论是对于国有森林资源的毁损、盗窃，还是国有或者集体所有森林资源中森林生态环境的破坏，检察机关均有权提起检察公益诉讼。

本章小结

环境公益诉讼制度的设计，最大的难点是关于原告的问题，但解决了原告制度，只是解决了谁起诉的问题，接下来还面临如何起诉、如何证明、如何审理、如何执行等一系列的问题。总体而言，当前的环境公益诉讼，重点要健全和完善如下制度：

第一，健全和完善环境公益诉讼原告制度，特别是授予享有环境权的公民提起环境公益诉讼的起诉资格，授予环保组织提起环境行政公益诉讼的起诉资格。在赋予检察机关提起环境公益诉讼起诉资格的基础上，通过修改《行政诉讼法》《民事诉讼法》和《环境保护法》的有关规定，对授权公民和环保组织提起环境行政公益诉讼的问题尽快作出规定。

第二，健全和完善生态环境修复诉讼和自然资源损害赔偿诉讼制度。由环保机关提起生态环境修复诉讼和由国有自然资源资产管理机关提起自然资源损害赔偿诉讼，具有重大意义，有必要尽快对赔偿范围、损害鉴定、赔偿标准、赔偿方式等问题进行全面、科学的规定。

第三，健全和完善环境公益诉讼立案制度。具体包括环境公益诉讼的立案登记制度、立案初审制度（审查致害行为与损害结果之间是否存在关联性）、立案服务制度（网上立案、预约立案、巡回立案、法律援助等）和立案监督制度等。

第四，健全和完善环境公益诉讼管辖制度。主要包括环境公益诉讼的常规管辖制度（级别管辖、地域管辖、移送管辖、指定管辖等）、集中管辖制度（与行政区划适当分离的相对集中管辖）等。

第五，健全和完善环境公益诉讼举证责任制度。其中，特别是要对环境民事公益诉讼中原告关于被告环境侵害行为与环境公共利益损害之间具有关联性的初步证明责任进行具体推定。

第六，健全和完善环境公益诉讼证据制度。主要包括环境公益诉讼的鉴定评估制度[1]、专家证人制度、证据强制提供制度、证据协调衔接制度（环境行政监管证据、环境私益诉讼证据）。当前，特别是要赋予检察机关提起环境公益诉讼配套的调查取证权，否则，缺乏实实在在的"抓手"。对此，最高人民法院、最高人民检察院于2018年3月发布的《关于检察公益诉讼案件适用法律若干问题的解释》第6条规定："检察机关办理公益诉讼案件，可以向有关行政机关以及其他组织、公民调查收集证据材料；有关行政机关以及其他组织、公民应当配合；需要采取证据保全措施的，依照民事诉讼法、行政诉讼法相关规定办理。"这一规定虽然具有一定的积极意义，但问题是，在取证对象不配合的情况下，缺乏查封、扣押等强制性配套措施作为保障。此外，鉴定难是另一个亟待解决的问题。鉴定几乎是所有公益诉讼案件都必须要做的工作，但由于鉴定机构体制不健全、鉴定机构少（截至2018年底，全国仅103家）[2]、市场化运作等原因，环境公益诉讼鉴定难、鉴定贵（动辄上100万元的鉴定费）的现象特别突出，严重制约公益诉讼工作的顺利开展。[3]

---

[1]　2016年11月12日，最高人民法院环境损害司法鉴定研究基地落户天津大学法学院。窦玉梅："最高人民法院环境损害司法鉴定研究基地成立暨理论与实务研讨会举行"，载《人民法院报》2016年11月13日。

[2]　据悉，截至2018年12月底，全国经省级司法行政机关审核登记的环境损害司法鉴定机构达103家，鉴定人1900余名，基本实现省级全覆盖，为打击环境违法犯罪、建设美丽中国提供了有力支撑。为解决全国范围内环境损害司法鉴定机构数量偏少，分布不均的问题，司法部下发《关于进一步做好环境损害司法鉴定机构和司法鉴定人准入登记有关工作的通知》，明确提出六项要求，建立环境损害司法鉴定准入登记工作月报告制度，推动各地加快准入一批诉讼急需、社会关注的环境损害司法鉴定机构，确保达到省域全覆盖的工作目标。司法部还与生态环境部联合制定印发《环境损害司法鉴定机构登记评审细则》，为客观公正、全面准确的评价法人和其他组织能力水平，确保环境损害司法鉴定工作高资质、高水平发展奠定坚实基础。

[3]　邵世星："当前检察机关提起公益诉讼工作面临的问题与对策"，载《人民检察》2018年第10期。

第七，健全和完善自然资源和生态环境损害赔偿资金管理制度。[1]建议由国家设立专门的自然资源和生态环境损害赔偿基金[2]，进行专门管理。除此之外，还应建立和完善环境公益诉讼法院释明制度、环境公益诉讼奖励制度等。

第八，健全和完善环境公益诉讼支持和保障制度。主要包括司法组织制度（关于环保法庭的建设）、司法衔接制度（包括环境行政执法和环境诉讼的衔接，环境私益诉讼和环境公益诉讼的衔接，环境民事公益诉讼和环境行政公益诉讼的衔接等）、司法培训制度（包括对法官、检察官、律师等的培训）；社会组织管理制度（放开对社会组织设立的限制，特别是关于必须挂靠行政机关的限制）。

重中之重，是赋予公民环境权，构建以环境结社权、环境知情权、环境参与权（参与影响环境权益的行政决策）、环境监督权、环境救济权等权利为基础的旨在确保环境权益实现的制度保障体系，构建由环境部、资源部和生态部为主体的生态文明监管机构体系，推进生态文明依法行政，健全和完善由环境权诉讼（由公民提起）、环境权信托诉讼（由环保组织提起）、国有自然资源损害赔偿诉讼（即自然资源国益诉讼，由自然资源资产管理机关提起）、生态环境修复诉讼（即生态环境损害赔偿诉讼，由环保机关提起）、环境检察公益诉讼（由检察机关提起）所构成的环境公益诉讼体系。

当前，最为紧迫的任务有三：一是修改《环境保护法》第58条和《行政诉讼法》第25条，赋予环保组织提起环境行政公益诉讼的起诉资格，充分释放环境行政公益诉讼的巨大潜能；二是赋予检察机关调查取证权等与检察公益诉讼相配套的一系列权力，更好地发挥检察机关作为环境公益诉讼主力军和国家队的中坚作用；三是完善鉴定评估制度，建立鉴定评估机构，为环境公益诉讼的顺利开展提供坚实的保障。

---

〔1〕　2014年《环境保护法》出台前，多地试点环境民事公益诉讼，虽然胜诉的不少，但以修复生态环境为由而获赔的赔偿金往往被长期闲置，个中原因，值得思考。法院在赔偿判决执行后审判工作即结束，环保组织不敢动用该赔偿金以免被质疑起诉动机，再说也缺乏实施或组织生态环境修复的专业能力和监管能力；环境监管机关虽然有修复和监管能力，但不属于案件当事人，其结果是公益诉讼胜诉和赔偿金到位，但生态环境并没有获得修复，环境公益诉讼保护环境的目标并没有实现。参见胡静："环保组织提起的公益诉讼之功能定位——兼评我国环境公益诉讼的司法解释"，载《法学评论》2016年第4期。

〔2〕　2018年10月，江苏省出台了《江苏省生态环境损害赔偿资金管理办法（试行）》。

环境公益诉讼是实现环境司法主流化、推进我国环境法治建设走上康庄大道的重要法宝，只有不断健全和完善环境公益诉讼的制度体系，让其作为环境行政执法的有效补充和强力监督，才能让这个法宝真正释放其潜能，才能真正让这个武器发挥其应有的威力和作用。

第六章
生态文明观的法制化：
第三代环境法的生成

在中国，环境问题作为一种现象，古已有之，如过度采集、放牧和狩猎而导致的生态破坏。然而，作为严重危及人类生存发展的普遍性问题，则是在最近 70 年以来的现代社会才出现的。从全球范围来看，旨在解决环境问题的环境法产生于 20 世纪 50 年代，以英国国会通过的《清洁空气法》为代表。我国的环境法肇始于 20 世纪 70 年代末期，以 1979 年通过的《环境保护法（试行）》为标志。中国环境法的产生和发展，同英美日等发达资本主义国家不同，是受到外国环境法和国际环境法的影响和推动，并由我国政府号召和组织的，具有明显的"后发性""借鉴性"和"官方性"，"引领性""原创性""主体性""本土性"和"草根性"[1]严重不足。

第一节　我国环境法的历史演进

理论是实践的先导，思想是行动的指南。"任何社会改革或者变革，都必须有深刻的理论作指引，否则，只能'头痛医头，脚痛医脚'，无法从根本上解决问题。"[2]从现代历史来看，关于环境问题的解决，世界各国人民于 20 世纪后期先后提出了增长极限观、环境保护观、协调发展观、可持续发展观等影响深远的观念和理论。中国共产党立足于我国面临结构型、压缩型、复合型生态环境危机和自然资源问题的严峻形势，在充分吸收我国古代天人合一的生态思想和借鉴西方可持续发展理念等关于妥善处理人与

---

〔1〕 李启家："中国环境法的代际发展——兼议环境法功能的拓展"，载《上海法治报》2009 年 3 月 11 日。

〔2〕 陈瑞华："从经验到理论的法学研究方法"，载《中国法律评论》2019 年第 2 期。

自然关系理论的基础上，从以人为本的立场、人类文明的高度、国土空间的广度和生态系统的原理出发，相继于党的十七大、十八大和十九大提出了生态文明建设的伟大战略，现已初步形成科学、系统的生态文明观。用什么样的理论作指导，便产生什么样的实践行动。从环境法的代际发展来看，我国的环境法先后经历了以环境保护观为指导的第一代环境法，以可持续发展观为指导的第二代环境法，现在正迈向以生态文明观为指导的第三代环境法。[1]

一、第一代环境法：以环境保护观为指导

第一代环境法，是指主要以环境保护观[2]为理论指导的环境法，整体上的时期为 1973 年至 1997 年（从 1949 年建国到 1973 年之前，虽然也有关于环境保护的零星规定，尚无现代意义上的环境法，属于环境法发展上的孕育期或起步期），起点标志是 1973 年《关于保护和改善环境的若干规定（试行草案）》的出台（奠定了《环境保护法》的基本雏形）。

第一代环境法产生的国际背景是 1972 年联合国人类环境会议的召开（1971 年我国恢复了联合国合法席位，1972 年的斯德哥尔摩会议是中国恢复席位以后参加的第一个重要会议），国内背景是 1973 年第一次全国环保大会的举行，立法上的典型代表是 1989 年的《环境保护法》[3]。

从环境法史上看，直接推动我国第一代环境法产生和发展的重大事件是 1973 年《关于保护和改善环境的若干规定（试行草案）》的出台（我国环境保护事业的里程碑）、1978《宪法》第 11 条规定"国家保护环境和自然资源，防治污染和其他公害"、1978 年第十一届三中全会的召开、1979 年 9 月《环

---

〔1〕 有学者从环境法调整机制的演进出发（从命令控制–刺激诱导–公众参与–多机制融合），认为美国已经发展到了第四代环境法。See Craig Anthony (Tony) Arnold, "Environmental Law, Episode IV: a New Hope? Can Environmental Law Adapt for Reslilient Commmunities and Ecosystems?", *J. Envtl. & Sustainability* L., 21 (2015), pp. 4~45.

〔2〕 刘培桐：《环境学概论》（第 2 版），高等教育出版社 1995 年版，第 1~265 页；刘天齐主编：《环境保护》，化学工业出版社 1996 年版，第 1~280 页。

〔3〕 1979 年 9 月 13 日，全国人大常委会原则通过了国务院环境保护领导小组在总结 1973 年《关于保护和改善环境若干规定（试行）》的基础上起草的《环境保护法（试行）》。

境保护法（试行）》的颁布、1982 年环境保护局〔1〕的成立、1993 年全国人大环境保护委员会的组建（1994 年更名为全国人大环境与资源保护委员会）等。其中，1979 年通过的《环境保护法（试行）》，作为首部综合性环境保护法，"标志着中国环境保护工作正式进入了法制轨道，也标志着我国环境法体系开始建立"。〔2〕

　　需要特别说明的是，1979 年的《环境保护法（试行）》第二章"保护自然环境"对土壤、湿地〔3〕、水域、水生生物、矿产资源、森林、草原、野生动植物等自然资源和生态要素保护作出较为全面、原则的规定，第三章"防治污染和其他公害"则对环境污染防治作出了较为系统、原则的规定，潜意识地建立了环境、资源、生态"三位一体"的框架体系。然而，十分遗憾的是，1989 年的《环境保护法》第三章"保护和改善环境"几乎把"资源"和"生态"这一部分的内容全部删除，根本性地祛除、弱化了合理利用自然资源、维护生态活力（生态系统提供空气、水源、土壤、林木、草地、野生动物等良好生态产品和提供水源涵养、气候调节、水土保持、纳污净化、防风固沙等生态服务的能力，生态活力的实质为生态系统的生态功能所处的健康和活跃状态）的内容，全面突出了污染防治的主体地位，将具有实质意义上的"自然保护法"降为了"环境污染防治法"。单从调整范围的整体性和体系性这一点来看，不可谓不是一种遗憾。

　　从目的和内容来看，第一代环境法主要是由如下几部分构成的：

　　第一，环境污染和其他公害的防治。在立法上，可分为如下几大模块。①环境综合法，如《环境保护法》（1989 年）和《海洋环境保护法》（1982年）。②环境专项法，如《城市规划法》（1989 年）等。③污染防治单行法，

　　〔1〕　1974 年 10 月，国务院组建了国务院环境保护领导小组，1982 年被撤销，其常设办公室并入城乡建设环境保护部，更名为环境保护局作为该部内设的司局级机构。1984 年底，国务院将环境保护局升格为部委归口管理的国家局，更名为国家环境保护局（副部级），成为新成立的国务院环境保护委员会的办公机构。1988 年，国家环境保护局从城乡建设环境部独立出来，成为国务院直属局。1998 年，国家环境保护局升格为正部级的国家环境保护总局。2008 年，国家环境保护总局升格为国务院组成部门的环境保护部。2018 年，环境保护部改组成为生态环境部。
　　〔2〕　金瑞林：《环境法学》（第 3 版），北京大学出版社 2013 年版，第 29 页。
　　〔3〕　《环境保护法（试行）》第 10 条第 2 款关于"围海围湖造地……必须事先做好综合科学调查，切实采取保护和改善环境的措施，防止破坏生态系统"的规定，虽然没有明确使用"湿地"的概念，却有"湿地保护"之实。

如《水污染防治法》（1984 年）、《大气污染防治法》（1987 年）、《固体废物污染环境防治法》（1995 年）、《环境噪声污染防治法》（1996 年）等。

第二，自然资源的保护和合理利用。这方面的立法如《矿产资源法》（1986 年）、《土地管理法》（1986 年）、《水法》（1988 年）和《森林法》（1984 年）、《草原法》（1985 年）、《渔业法》（1986 年）、《野生动物保护法》（1988 年）、《水土保持法》（1991 年）等。要注意的是，后五部法律，已闪烁着朴素的生态保护意识，兼有生态保护的部分属性和功能。特别是《水土保持法》，基本上可以说就是一部生态保护专门法。

第三，自然灾害的应对。这方面的立法，如《防洪法》（1997 年）、《气象法》（1999 年）和《防震减灾法》（2008 年）等应对地震、洪水、干旱、飓风、冰雹、雷雨等原生环境问题的立法。

这一阶段，除了制定上述环境资源专门性立法外，也下意识地开始了法律的生态化工作，注意在有关传统部门法中规定环境保护条款。例如，《宪法》（1978 年）第 11 条规定："国家保护环境和自然资源，防治污染和其他公害。"《民法通则》（1986 年）第 124 条规定了过错归责原则下的环境污染损害侵权责任（将违法性作为环境侵权行为的构成要件）。1992 年出台的《最高人民法院关于适用〈中华人民共和国民事诉讼法〉若干问题的意见》第 74 条还规定了环境污染损害赔偿诉讼的举证责任倒置规则。《刑法》（1979 年）第 128 条至第 130 条等法条规定了盗伐林木罪、滥伐林木罪、非法捕捞罪、非法狩猎罪等破坏自然资源的罪名。[1]可以说，经过十多年的发展，我国的第一代环境法已经初步搭建了环境法的框架体系。

总体而言，从理论上看，第一代环境法具有如下主要特征：

---

〔1〕 在刑法保护方面，1979 年的《刑法》在第 128、129、130 条等法条规定了盗伐林木罪、滥伐林木罪、非法捕捞罪、非法狩猎罪等破坏自然资源的罪名。1988 年，第六、七届全国人大常委会通过了《关于惩治走私罪的补充规定》和《关于惩治捕杀国家重点保护的珍贵、濒危野生动物犯罪的补充规定》，规定了走私珍贵动物及其制品的刑事责任，增设了非法捕杀珍贵、濒危野生动物罪。其中，《关于惩治走私罪的补充规定》第 5 条对走私珍贵动物及其制品的单位及其直接负责的主管人员和其他直接责任人员均规定了刑事责任，从而在环保领域首次认可了单位环境犯罪之主体资格。1987 年，最高人民法院颁布的《关于依法严惩猎杀大熊猫、倒卖走私大熊猫皮的犯罪活动的通知》直接规定，猎杀大熊猫和倒卖、走私大熊猫皮，依照《刑法》第 117、118、116 条追究刑事责任。尽管 1979 年的《刑法》没有规定污染环境的罪名，但 1984 年的《水污染防治法》第 43 条以立法类推的方式规定，造成重大水污染事故的，比照《刑法》第 115 条或者第 187 条追究刑事责任。

其一，在立法目的上，将保障人体健康，促进经济发展，作为根本目的。譬如，我国 1989 年的《环境保护法》第 1 条规定，该法的直接目的是保护环境和防治污染，终极目的是"保障身体健康"和"促进社会主义现代化建设"。国际上亦如此。例如，日本 1967 年的《公害对策基本法》将立法目的规定为"保护国民的健康和维护生活环境"，且必须"与经济的发展相协调"，即把发展经济作为第一位，保护环境作为第二位。[1]

其二，在保护对象上，侧重对环境、资源、生态的分散保护，欠缺对整个国土系统的空间整体性、不同自然要素之间的关联性以及同一自然要素不同功能之冲突性的关注。譬如，《森林法》《草原法》《土地管理法》《矿产资源法》《水土保持法》各管一摊，很少注意这些自然要素之间的关联性。从国际上看，奥地利、比利时、意大利等很多国家最先只针对水、气、噪声等进行分别立法，在很长一段时间内并无综合性的环境保护法。在美国，对于水的保护，既有《联邦水污染控制法》，又有《安全饮用水法》，还有《深水港法》和《渔业保持和管理法》等多部法律，但相互之间的衔接和协调并不顺畅。

其三，在立法定位上，对于自然资源法，主要将其定位于保障和促进经济发展的经济法，而非保护自然资源和生态环境的环境法。在我国，20 世纪 80 年代的许多自然资源立法大都是由国务院经济法规研究中心推进的[2]，为经济发展保驾护航的"经济法"特征较为突出，对自然资源保护和生态安全维护的问题关注不够，以至于国内法学界和实务界常将自然资源法归到经济法的名下。

其四，在保护方式上，偏重于"末端治理"和事后救济。在我国的第一代环境法中，体现预防原则的规划制度和环境影响评价制度尚未得到全面重视。从全球来看，这种情况，自美国 1969 年出台《国家环境政策法》规定了环境影响评价制度以后逐渐有所改观。

其五，在立法理念和调整模式上，鲜有从发展和环保一体化的高度对环

---

〔1〕　汪劲：《环境法律的理念与价值追求——环境立法目的论》，法律出版社 2000 年版，第 76 页。

〔2〕　据前全国人大环资委法案室主任孙佑海教授介绍，1981 年顾明同志任国务院副秘书长兼国务院经济法规研究中心总干事，在赵紫阳总理的支持下，推动了我国经济立法的第一次高潮。在第一代环境法的这一阶段，有关自然资源法和污染防治法的大量制定，都有顾明同志的重要功劳。当然，新成立的环境保护局在污染防治立法方面，更是发挥了重大作用。

境进行保护（经济与环保两张皮）的，更未确立通过规制经济发展来保护生态环境的理念，常将环境利益与经济利益割裂甚至对立起来。我国最初的《水污染防治法》和《大气污染防治法》，以及美国 1970 年的《清洁空气法》和 1972 年的《联邦水污染控制法》（1977 年更名为《清洁水法》），大都采用了这种模式。[1]

其六，在调整手段上，主要采取了"命令-控制"的行政规制方式。尽管已经开始运用民法和刑法的手段来保护环境，但其具体法律规定还十分简单和粗糙。正因如此，我国的环境法常常被误认为是环保领域的部门行政法。

二、第二代环境法：以可持续发展观为指导

第二代环境法，是指以可持续发展观（theory of sustainable development）为理论基础的环境法，整体上的时期大致为 1997 年至 2012 年，时间节点是中国共产党十五大的召开。第二代环境法产生的国际背景是 1992 年联合国环境与发展大会的召开，国内背景是 1997 年党的十五大提出"依法治国"的理念并把可持续发展确定为我国"现代化建设中必须实施"的战略，立法上的典型代表是 2008 年出台的《循环经济促进法》。从环境法史上看，影响我国第二代环境法发展的重大事件是 2003 年中共中央关于以人为本、全面协调可持续之科学发展观的提出和 2005 年国务院《关于落实科学发展观加强环境保护的决定》的出台。可以说，科学发展观是国际上之可持续发展观的中国化和具体化，对我国环境法的发展发挥了至关重要的影响和推动作用。

关于可持续发展的概念，最经典的定义是《我们共同的未来》所界定的："既满足当代人的需求，又不损害后代人满足其需要的能力的发展。"[2] 2002 年国际法协会（ILA）通过的《与可持续发展有关的国际法原则的新德里宣言》（以下简称为《新德里宣言》）在前言中进一步作出了阐释："可持续发展的目标涉及经济、社会和政治进程中全面和综合的措施，这些措施旨在可持续利用地球上的自然资源，保护自然以及人类生活和经济社会发展所依赖的环境，并在全人类积极、自由和卓有意义地参与发展并公平地分配因此产

---

〔1〕 ［美］理查德·拉撒路斯：《环境法的形成》，庄汉译，中国社会科学出版社 2018 年版，第 183~190 页。

〔2〕 World Commission on Environment and Development, *Our Common Future*, Oxford: Oxford University Press, 1987, pp. 43.

生的福利的基础上，实现全人类获得适当生活水准的权利，同时适当顾及后代的需求和利益。"可见，这一阐释将可持续发展的内涵分解为如下几个方面：①自然资源的可持续利用；②保护环境；③自由发展和福利公平；④当代人的适当生活水准权；⑤后代人的需求和利益；⑥公众参与；⑦目标和措施的全面性和综合性（关乎经济、社会和政治的方方面面）。

《新德里宣言》在前言的基础上，于正文部分提出了七项更为细化的原则：①各国承担确保自然资源可持续利用的国家义务；②公平及消除贫困的原则（包括代内公平和代际公平）；③共同但有区别地承担环境保护责任；④预防原则（包括一般预防和风险预防。特别是，当遇有严重或不可逆转损害的威胁时，不得以缺乏科学充分确定证据为由，延缓采取环境恶化的措施）；⑤公众参与原则（包括环境知情权、自由表达权和损害救济权）；⑥善治原则（包括四大要素：民主、透明的决策和财政责任；反对腐败，规制权力；政府义务，采用行政正当程序，尊重宪政和人权；遵守世贸组织规则中的公开公平竞争原则）；⑦经济社会发展、环境保护和尊重人权的一体化原则。[1]荷兰教授尼科·斯赫雷弗（Nico Schrijver）在这七项原则的基础上，将可持续发展的概念进一步归纳为七大要素：①可持续利用自然资源；②健全的宏观经济发展；③环境保护；④时间上的延续性和长久性（可延及后代）；⑤公众参与；⑥善治；⑦一体化原则。[2]

从法律体系来看，这一阶段的立法包括如下几个部分：一是环境法（污染防治法），包括《环境影响评价法》（2002年）、《清洁生产促进法》（2002年）、《环境保护税法》（2016年）、《核安全法》（2017）和《土壤污染防治法》（2018年）等。须特别说明的是，尽管《土壤污染防治法》《环境保护税法》《核安全法》均以保护环境为立法目的，时间上又制定于2012年提出生态文明建设战略之后，但是，三者均应属于第二代环境法的范畴。这是因为，《土壤污染防治法》重点规定了体现可持续发展之"风险预防"原则的土壤污染风险管控制度，《核安全法》重点规定了贯彻可持续发展观的"风险预防"和"公众参与"制度，《环境保护税法》则全面规定了体现可持续发展

---

〔1〕［荷］尼科·斯赫雷弗：《可持续发展在国际法中的演进：起源、涵义及地位》，汪习根、黄海滨译，社会科学文献出版社2010年版，第151~184页。

〔2〕［荷］尼科·斯赫雷弗：《可持续发展在国际法中的演进：起源、涵义及地位》，汪习根、黄海滨译，社会科学文献出版社2010年版，第185~196页。

之经济与环保"一体化"原则的环保税制度。换言之，三者并未在根本上全面体现和贯彻生态文明观。二是资源（能源）法，包括《节约能源法》（1997年）、《可再生能源法》（2005年）等能源法和《海域使用管理法》（2001年）、《海岛保护法》（2009年）、《深海海底区域资源勘探开发法》（2016年）等资源法。此外，《资源税法》（2019年）和已列入第十三届全国人大常委会立法规划第一类立法项目的《耕地占用税法》等立法，在本质上似乎应属于第二代环境法的范畴。三是生态法，包括《防沙治沙法》（2001年）等。四是传统部门法中关于环境保护和可持续发展的规定。譬如，2009年《侵权责任法》第65~68条规定了环境污染侵权责任，1997年《刑法》第338~346条规定了重大环境污染事故罪等16个罪名和第407~408条规定了环境监管失职罪等罪名。

第二代环境法中，环境资源方面的司法解释也不少，不过，主要是关于森林、野生动物、土地等自然资源刑法保护的。此外，第一代环境法在可持续发展观的指导下，经过修改，也可以升级成第二代环境法。譬如，2008年修改的《水污染防治法》，通过规定区域限批、强化政府责任（对本行政区域的水环境质量负责）、提高罚款额度、增加裁判规范（包括不真正连带责任、举证责任转移、代表人诉讼、支持诉讼、法律援助等）等内容，基本上将其从第一代环境法升级到了第二代环境法。

从理论上看，以可持续发展观为指导的第二代环境法，相较于第一代而言，已有诸多重大进步：

第一，在认识论上，已经意识到经济发展和环境保护的辩证关系，树立了经济和环保"一体化"的理念，开始从发展的高度来认识和解决环境问题，注重经济社会发展和环境保护的融合性和协调性。从全球来看，例如德国的《循环经济和废物管理法》（1994年），日本的《推进建立循环型社会基本法》（2000年），我国的《循环经济促进法》等。

第二，在时间跨度上，开始关注历时性、延续性和代际性问题，越来越重视自然资源（包括能源）的可持续利用。一手抓"保护"和"节约"，一手抓"开源"和"替代"。例如，我国的《矿产资源法》《节约能源法》《可再生能源法》和《深海海底区域资源勘探开发法》等。

第三，在保护对象上，已拓展到能源领域，注重常规能源的节约利用、梯级利用和可再生能源或清洁能源的开发、利用。例如，我国的《节约能源法》《可再生能源法》《循环经济促进法》和《深海海底区域资源勘探开发法》等。

第四，在调整模式上，确立了"预防优先""全过程管理"的新型模式。不仅重视对环境风险的谨慎预防和事故应急，还特别重视对经济发展全过程（包括规划制定、项目选址、资源攫取、产品设计、工艺选择、能源利用、加工制造、运输仓储、批零销售、循环利用、最终处置等）的规制。例如，我国的《清洁生产促进法》《循环经济促进法》，日本的《资源有效利用促进法》（2001年）等。

第五，在调整手段上，开始重视"刺激-诱导"方式的利用，并注重环境利益与经济利益的综合平衡。一方面，在立法模式上出现了有别于"监管法"模式的"促进法"新模式，如我国的《清洁生产促进法》和日本的《资源有效利用促进法》等。另一方面，税收、信贷、保险、基金、证券等经济手段日益得到立法上的重视，如我国的《环境保护税法》《资源税法》，美国1980年的《综合环境反应、赔偿和责任法》（也称为《超级基金法》）等。

第六，越来越重视民主协商和社会参与，"公众参与"和"信息公开"业已成为第二代环境法的基本原则。例如，我国的《环境影响评价法》就对信息公开和公众参与作出了较为全面的规定。

第七，开始重视司法的作用，环境立法中的裁判性规范越来越多，可司法性明显增强。在我国，不仅民法和刑法中已有部分环境条款，环境专门法中也规定了司法条款，譬如2004年修订的《固体废物污染环境防治法》第84~87条，2008年修订的《水污染防治法》第84~89条等。此外，需特别补充说明的是，贵阳、无锡、重庆等多地开展了环境公益诉讼的地方立法探索，为国家层面环境公益诉讼立法的出台奠定了良好的基础。

然而，以可持续发展观为指导思想的环境法，依然存在诸多明显的局限性：

其一，在思维格局上，仍然以经济发展为视角或出发点——以解决发展的可持续性为首要目标，并未全面树立"社会-经济-生态"复合生态系统的全局观和整体观。体现在法律上是环境法的立法和制度仍然较为零散和失衡，没有形成一个覆盖全面、有机协调的整体和体系。譬如，对风景名胜、古民居、古建筑等景观环境的关注和保护明显不足。

其二，在权利观上，环保被视为经济的附庸，没有看到环境权（公民享有良好环境的权利）的必要性和独立性。体现在立法上，从国际上看，第二代环境法中的环境权大多停留于宣示性或口号性的权利，没有真正成为一项可操作、可救济的法律权利。[1]

其三，未能树立统一国土空间的理念，没有全面重视国土空间利用格局的优化问题。在立法上体现为，既无主体功能区的理念，也无生产空间、生活空间、生态空间统筹安排的思维。特别是，城乡建设规划、土地利用总体规划、环境保护规划等各种规划之间，各自为政，规划之间的衔接和统筹较为欠缺。

其四，没有明确区分环境、资源和生态的概念，对三者的辩证关系认识依然不清。在立法上体现为，缺乏对三者的协同性和一体性保护，特别是对生态的保护明显不力。譬如，对待河流，一直以来只强调对资源功能的保护和分配，对其生态功能（如生态流量）的保护却没有给予应有的重视。

其五，对以生态环境资本化为基础的绿色经济（既有经济效益，又有环境效益的经济形式）和以市场化为目标的环保产业化的法律保障不力。这是因为，从理论逻辑来看，可持续发展更关注和重视的是低碳经济和循环经济，旨在减少经济发展的环境代价。绿色经济（如生态旅游、休闲农庄），旨在实现经济效益和经济效益的同向性，同可持续发展之间没有直接、必然的联系，至少不是推进可持续发展所重点关注的问题。

当然，更为严重和根本的问题是，"可持续发展"本身的涵义并不是十分清晰明朗和具体确凿的，"仍然存在疑问，且含糊不清""概念变化多端"[2]，至今尚未形成权威、系统、科学的理论体系。作为理论指导的可持续发展观本身尚模糊不清，甚至还存在结构和功能上的重大瑕疵，那么以这种理论为指导的第二代环境法存在种种问题也就不足为怪了。依此而言，环境法务必进行一场理论上的革命，需要以更高级、更科学的理论作为指导，以实现法制演进上"质"的飞跃。

三、第三代环境法：以生态文明观为指导

第三代环境法，是指以生态文明观特别是生态文明发展观为理论指导的

[1] Sumudu Atapattu, "The Right to a Healthy Life or the Right to Die Polluted?: The Emergence of a Human Right to a Healthy Environment Under International Law", *Tulane Environmental Law Journal*, 16 (2002), pp. 110~116

[2] L. Brownlie, *Principles of Public International Law* (5th ed), Oxford: Oxford University Press, 1998, p. 287.

环境法，整体上的时间是 2012 年之后。国际背景是 2013 年召开的联合国可持续发展首脑会议，国内背景是 2012 年党的十八大提出生态文明建设"五位一体"的总体布局，典型代表是 2018 年出台的《福建省生态文明建设促进条例》。从环境法史上看，近年来影响第三代环境法发展进化的重大事件是 2015 年《中共中央 国务院关于加快推进生态文明建设的意见》的出台、2017 年祁连山自然保护区生态破坏问责事件、2018 年"生态文明入宪"和全国生态环境保护大会确立习近平生态文明思想。

　　从法律体系来看，可以说，我国的生态文明立法才刚刚起步。首先，现行立法中，只有《福建省生态文明建设促进条例》（2018 年）和《厦门经济特区生态文明建设条例》（2014 年）等十来项生态文明地方性法规〔1〕属于第三代环境法的范畴，且只属于"政策法"的初级阶段。国家层面，严格说来，整体上尚无属于第三代环境法范畴的立法，只有 2001 年制定的《防沙治沙法》由于第 26 条等法条规定了属于"环保产业化"的营利性治沙制度〔2〕，以及 2019 年 8 月修改的《土地管理法》由于第 18 条规定了属于"空间有序化"的国土空间规划制度〔3〕，可以说具有了第三代环境法的某些重要基因。其次，正在研究制定的"国家公园法""空间规划法""湿地保护法"等几部法律将属于或有望属于第三代环境法。目前，已列入第十三届全国人大常委会立法规划第二类立法项目的"国土空间开发保护法""国家公园法"无疑属于典型的第三代环境法。此外，已列入立法规划第一类项目的"南极活动与环境保护法""长江保护法"，第二类项目的"海洋基本法"，以及第三类项目的"空间规划法""湿地保护法"等法律，也有望成为第三代的成员。再

---

　　〔1〕　包括《福建省生态文明建设促进条例》（2018 年）、《贵州省生态文明建设促进条例》（2018 年）、《青海省生态文明建设促进条例》（2015 年）和《贵阳市促进生态文明建设条例》（2013 年）、《珠海经济特区生态文明建设促进条例》（2013 年）、《厦门经济特区生态文明建设条例》（2014 年）、《杭州市生态文明建设促进条例》（2015 年）、《湖州市生态文明先行示范区建设条例》（2016 年）、《十堰市生态文明建设条例》（2017 年）、《东莞市生态文明建设促进与保障条例》（2018 年）等地方性法规。

　　〔2〕　原国家林业局于 2014 年制定了《营利性治沙管理办法》的行政规章。

　　〔3〕　2019 年 8 月修正的《土地管理法》第 18 条规定："国家建立国土空间规划体系。编制国土空间规划应当坚持生态优先，绿色、可持续发展，科学有序统筹安排生态、农业、城镇等功能空间，优化国土空间结构和布局，提升国土空间开发、保护的质量和效率。经依法批准的国土空间规划是各类开发、保护、建设活动的基本依据。已经编制国土空间规划的，不再编制土地利用总体规划和城乡规划。"

次，正在研究修改的《森林法》《草原法》《渔业法》《矿产资源法》《固体废物污染环境防治法》《环境噪声污染防治法》等法律也有可能升级成为第三代环境法。

正如沈国舫院士所言："生态文明建设思想比可持续发展思想站位更高，意境更远。而且，由于把它列入了五位一体的总体布局中，更具实践性和可操作性。"[1]同环境保护观和可持续发展观等理论不同，生态文明观具有更为鲜明的优势和突出的先进性：

其一，站位更高，格局更大，功能更强。生态文明伦理观站在人类文明的高度，将"社会-经济-自然"视为一个复合的生态系统，来认识和解决人与自然的关系，能看得更全，把得更准。生态文明产品观，则从生态产品和生态服务在人口生产、物质生产和生态生产之间的供需均衡入手，可以说抓到了"牛鼻子"，有利于全面、有效地解决人与自然的矛盾。

其二，能更科学合理地认识和处理好摆脱贫困与保护生态、发展经济与保护环境之间的辩证关系。生态文明发展观认为，发展经济不能以污染环境、破坏生态为代价，反过来，保护环境也不能导致经济贫穷和生活困顿。关键是，要坚持以尊重自然、顺应自然、保护自然的方式推进发展，实现"生产发达""生活美好""生态平衡"之"三生共赢"的高质量发展。

其三，注意吸收"还原主义"的内核，但又坚持以"整体主义"方法论为指导（类似中医疗法），注重对整个国土空间利用格局的优化。换言之，"既见树木，又见森林"。生态文明空间观认为，不仅要对水、气、土等自然要素进行分别保护，更重要的是，要将整个国土空间分为优化开发区、重点开发区、限制开发区、禁止开发区等四大主体功能区，进行空间上的布局优化和分类施策。此外，生态文明伦理观还主张，要对生产空间、生活空间和生态空间进行统筹规划和功能协调。

其四，科学认识和区分环境、资源和生态之间"一体三用"的关系，并以此作为制度设计的逻辑起点。生态文明伦理观认为，一方面，要尊重环境、资源、生态等生态产品的区别所在（基于自然体的不同功能而"以用定名"），将环境良好、资源永续和生态健康作为生态文明建设的三大任务。另

---

〔1〕 沈国舫："生态文明与国家公园建设"，载《北京林业大学学报（社会科学版）》2019年第1期。

一方面，生态文明伦理观又强调环境、资源、生态之间内在的有机联系（统一于自然系统这一整体），要求搞好自然资源和生态环境保护的整体性、共同性和协调性工作。譬如，要把"山水林田湖草"视为一个生命共同体，尊重各自然要素之间相互联系、相互影响、相互作用而共同构成一个整体的生态系统的客观规律，不宜采用各自为政、彼此分离的分散性、零碎性的保护措施。

其五，坚持"以人为本，以人民为中心"，将尊重和保障公民的环境权益作为根本目的，并践行利益衡量的理念，奉行民生优先的原则。生态文明权利观认为，环境权、资源权和排污权，在本质上均是生态产品和生态服务的权利化，但权利客体有着本质的不同。其中，环境权是生态文明时代的标志性或代表性权利。推进生态文明建设，重点是要高度尊重和合理配置环境权、资源权和排污权，解决好三者之间的权利冲突，特别是要将维护好公民的环境权作为核心，列为重中之重。

其六，不仅强制性要求"坚守底线"，还大力倡导"弘扬先进"。生态文明伦理观认为，建设生态文明，务必坚守环境质量底线、生态保护红线、资源利用上限和城镇开发边界，特别是符合排放标准和总量控制指标的要求，这是生态文明的"底线道德"或"义务的道德"（morality of duty）。这种底线道德，应当通过道德的法律化[1]，转变为"必为""禁为""限为"等模式的强制性法律规范（法定义务）。生态文明伦理观还认为，在坚守底线道德的同时，也要注意鼓励善举，弘扬先进，倡导和鼓励各类主体积极从事超过法定义务和基本道德要求的生态环保活动，这是生态文明的"愿望的道德"（morality of aspiration）。[2]这种环境美德，也可以通过道德的法律化，转变为"促为"模式的倡导性法律规范，例如鼓励改进工艺技术实现超低排放，参加野生动物保护志愿行动等。

其七，树立"生态文明国家治理多元化"的理念，既讲究参与主体的广泛性、官民的共治性、社会的合作性，也强调手段的多样性、方法的系统性和措施的完备性。生态文明建设观认为，务必在理念上实现从"政府管理"到"政府治理"的升华，既坚持政府的主导性，又推进社会的参与性，通过

---

〔1〕　范进学："论道德法律化与法律道德化"，载《法学评论》1998年第2期。
〔2〕　张文显：《二十世纪西方法哲学思潮研究》，法律出版社1996年版，第425~426页。

官民合作、多方共治，推进我国的生态文明建设。生态文明发展观认为，要通过经济发展的生态化（不仅包括生产经营者经济活动的生态化，还包括居民生活的生态化等）、良好生态环境的资本化（生态资本化，重点是生态产业化）和生态环境保护的经济化（环保经济化）等多种路径和方法，来推进生态文明建设，妥善解决人与自然的冲突和矛盾。生态文明执政观主张，推进生态文明建设，要坚持以人民为中心，既要加强党的领导，也要改进党的领导，大力推进"党政同责"，推行环保政绩考核和自然资源离任审计；要强化政府环境责任，通过信息公开、公众参与和中央环保督察，规范政府行为，加强对"地方保护主义"和环保"一刀切"的防控等。

其八，特别重视运用系统化的法律武器来建设生态文明。生态文明法律观认为，良法善治是推进生态文明建设的重要法宝和治国重器。为生态文明建设提供法律保障，不仅需要推进环境法的专门化，还要推进传统法的生态化和整个立法体系的系统化。环境法的专门化，是指全面出台专门保护环境、资源和生态的立法（包括专门性综合法和专门性单行法等），如《环境保护法》《水土保持法》等。法律的生态化，是指对传统部门法进行生态化的改造，包括民法的生态化、刑法的生态化、宪法的生态化、经济法的生态化和诉讼法的生态化等。生态文明立法体系的系统化，是指要制定生态文明的龙头法（如生态文明建设基本法）、主干法（环境质量法、自然资源法、生态保育法和防灾减灾法）、其他相关法（其他相关领域立法中也要有生态文明的法律规定）以及相应的标准、名录、目录等技术规范，从而形成一个系统的生态文明立法体系。当然，系统化的最高目标就是法典化，即制定《环境法典》。

四、结语

生态文明观，同以污染防治或环境质量为中心的环境保护观和以自然资源可持续利用为中心的可持续发展观不同，它要求站在整个地球生态系统和人类文明建设的高度和广度，以实现环境良好、资源永续和生态健康为直接目的，坚持以人为本和以人民为中心的基本立场，来把握和维护社会系统（人口生产）、经济系统（物质生产）和自然系统（生态生产）之间生态产品和生态服务的供需平衡，力求以人与自然相协调的方式实现经济社会又好又快和可持续的高质量发展。

生态文明观不仅继承和吸收了环境保护观和可持续发展观的思想精髓和理论精华，还克服了二者在思维、格局、路径、方法和功能上的不足和局限性。可以预见，以生态文明观为理论指导，环境法将进入一个登高望远、豁然开朗的全新时代，在环境法制史上产生划时代和里程碑式的重大意义。以生态文明观为指导，环境法可望实现从"游击队""义勇军"（没有统一的编制和部署，具有作战的零散性、局部性和应急性特征）—"陆军""海军""空军"（虽为正规军，且各有独立的编制和部署，但各自为政，缺乏统筹）—"野战军""海军陆战队"（统筹作战，一体化部署）的伟大飞跃。然而，从我国环境法的整体情况来看，目前尚处于第一代和第二代的阶段。可以说，近年来，才刚刚进入第三代环境法的大门。下一步，我国务必高度重视和强化对环境法理论基础的研究，特别是关于生态文明思想的研究，加快生态文明理念法律化和制度化的步伐，着力推进从第一代环境法和第二代环境法到第三代环境法的历史嬗变和制度变迁。

第二节　我国环境立法的检视和展望

1979 年 9 月，《环境保护法（试行）》颁布，作为我国首部专门性环境立法，它"标志着中国环境保护工作正式进入了法制轨道，也标志着我国环境法体系开始建立"。[1]随后，经过四十多年筚路蓝缕的努力，我国的生态文明立法已经发展成为拥有专门性法律 34 部、行政法规 150 多件、部门规章约250 件、司法解释及司法政策文件 50 多件、环境标准 1970 多件的规模体系。然而，我国环境法的产生和发展同发达资本主义国家仍然存在明显差异，它是受国际社会影响和推动，并由我国政府号召和组织的，具有明显的"后发性""舶来性"和"官方性"，在"引领性""主体性"和"草根性"[2]等方面与发达国家法律相比还存在一定距离。以生态文明观审视之，发现依然存在诸多亟待解决的突出问题。

---

〔1〕　金瑞林：《环境法学》（第 3 版），北京大学出版社 2013 年版，第 29 页。
〔2〕　李启家："中国环境法的代际发展——兼议环境法功能的拓展"，载《上海法治报》2009 年3 月 11 日。

一、目标立场的检视：是否坚守"三生共赢"和以人为本

（一）目标检视：是否坚持"生产－生活－生态"的"三生共赢"

从视野和格局来看，生态文明观远远超越了环境保护观和可持续发展观，其要求站在人类文明的高度，树立"社会－经济－自然"复合生态系统的理念，并以"生产发达""生活美好"（包括环境安全和环境舒适）"生态平衡"的"三生共赢"作为发展目标，力求实现经济利益、社会利益和生态利益在总体利益上的最大化，反对毫无原则的厚此薄彼，尤其反对绝对意义上的保护优先或生态优先。

生态文明建设的核心任务之一是要妥善解决经济利益与环境利益（经济发展与环境保护）之间的关系。然而，当前的窘况是，环境立法尚未全面正确认识并且无法妥善处理经济社会发展与生态环境保护之间的辩证关系，有时甚至将二者完全对立起来，时而陷入"经济至上主义"的窠臼，时而又陷入"绝对环保主义"的泥潭。譬如，2019 年 10 月公布的《森林法（修订草案）》二审稿第 38 条关于"禁止毁林开垦、采石、采砂、采土以及其他毁坏林木和林地的行为"的规定、2017 年修订的《自然保护区条例》第 18 条关于"禁止任何单位和个人进入核心区"的规定、第 26 条"禁止在自然保护区内进行砍伐、放牧、狩猎、捕捞、采药、开垦、烧荒、开矿、采石、挖沙等活动"的规定，就将人与自然、保护与利用完全对立起来，无法实现"三生共赢"。

（二）底线检视：是否坚持"以人为本，以人民为中心"（以民为本）

对于底线公平的问题，美国思想家约翰·罗尔斯（John Rawls）称之为"最大最小值原则"。[1]即在不可避免造成利益损失的诸多环保方案中，选择那种对最不利者的正当利益（如取暖、烧饭的民生利益）损害最小的方案。实际上，"经济利益和环境利益都是正当利益，环境法涉及的是两个正当利益的冲突。不可为了一个而否定、侵犯另外一个正当利益，不管有多么冠冕的理由。利益选择的顺序安排应坚持两大原则：紧缺利益优先原则和协调原则……民商法追求利益的最大化，而环境法追求损失（特别是环境保护的经

---

〔1〕 John Rawls, *A Theory of Justice. Cambridge* , Mass：Harvard University Press, 1971, pp. 152 ~ 157.

济代价）的最小化，当然，减少损失也是为了保住利益"。[1]

　　当前最为突出的问题是环境法未能针对富裕和贫困群体、发达和落后地区进行差别化的制度设计，而是统一提出环境保护的严格要求，有"城市中心主义""发达地区中心主义""大企业中心主义""精英中心主义"等典型倾向。[2]譬如，《大气污染防治法》第 77 条关于"禁止露天焚烧秸秆、落叶等产生烟尘污染的物质"的规定，并未考虑农业生产的客观需要，也未对农民采取任何补偿措施。再如，我们强调坚守生态保护红线，用严格的制度保护生态脆弱区、生态敏感区和重要生态功能区，尤其是自然保护区，却未能真正重视对当地受损群众的生态保护补偿问题，以致危害民生。正如常纪文教授所言："守住生态红线是底线要求，还必须明白，老百姓就不了业、致不了富，生态环境保护的成效就不会持久，也不是真正的高质量发展。"[3]

　　生态文明观强调，经济社会发展是建设生态文明的前提条件，生存是人类的第一需要，保护环境不应导致贫穷，环境法应该"更多地关注贫富差距和人们基本能力的丧失"。[4]生态文明法治建设应当按照罗尔斯《正义论》的要求，坚持底线伦理和基本利益优先的原则，将摆脱贫困、保障民生置于更为重要的地位，甚至优先地位。原环境保护部 2005 年的统计显示：全国 95% 的绝对贫困人口生活在生态环境极度脆弱的老少边穷地区。[5]基于此，生态扶贫就显得尤为重要。2018 年 1 月，国家发展和改革委员会等六部门印发的《生态扶贫工作方案》做出了这方面的努力，强调要发挥生态保护在精准扶贫工作中的战略意义和重要作用，并做出了具体部署。

　　无视生态环境代价而片面追求经济社会发展，或者罔顾经济技术条件与基本民生保障而空谈生态环境保护，都是不科学、不合理的，也是难以持续的。下一步，建议在制定"国家公园法""生态保护补偿法""湿地保护法"和修订《森林法》《草原法》时，切实确立利益衡平的原则，在全国范围内

　　[1] 李启家："中国环境法的代际发展——兼议环境法功能的拓展"，载《上海法治报》2009 年 3 月 11 日。

　　[2] 李启家："中国环境立法评估：可持续发展与创新"，载《中国人口·资源与环境》2001 年第 3 期。

　　[3] 常纪文："以生态文明促进高质量发展"载《人民日报》2018 年 7 月 19 日。

　　[4] ［印］阿玛蒂亚·森："能力、贫穷和不平等：我们所面临的挑战，载姚洋主编：《转轨中国：审视社会公平和平等》，中国人民大学出版社 2004 年版，第 61 页。

　　[5] "气候变化与贫困：中国案例研究（摘选）"，载《世界环境》2009 年第 4 期。

形成环境保护与民生保障、生态保护与扶贫攻坚、追求效益与维护公平协调融合的良好局面。

二、核心任务的检视：是否坚守环境良好、资源永续和生态健康

当前的立法，在环境、资源、生态三个方面的制度发展都极不平衡，存在明显"尊环境、重资源、轻生态"的失衡现象。譬如，我国的《环境保护法》只重视基于环境质量保护的污染防治问题，生态保护建设方面的规定却严重不足。再如，大气、水、土壤、森林、草原、矿藏等环境和资源要素均已有专门性立法进行保护，但被称为"地球之肾"的湿地生态系统，迄今仍无专门的法律进行保护。此外，在生态文明监管体制的设计上，对于环境和资源这方面，2018年国务院机构改革分别组建了生态环境部和自然资源部进行保护，而作为生态文明建设三大支柱之一的生态保育工作却缺乏专门的部级机构负责，仅由自然资源部管理的国家林业和草原局（副部级）兼管。

生态文明观强调，环境法制建设应坚守"社会系统""经济系统""自然系统"之间生态产品和生态服务供需平衡的底线，沿着环境良好、资源永续、生态健康的前进方向，并驾齐驱，统筹推进。环境良好、资源永续、生态健康任何一方面出问题，都有可能导致整个经济社会发展的失衡甚至崩溃，因此务必在立法工作中着力补强生态短板。

首先，应尽快出台"湿地保护法""国家公园法""生态补偿法"等生态领域的专门性法律法规，填补立法空白。当前，"湿地保护法"正在紧锣密鼓地研究制定，但在湿地的概念和监管体制的设计上遇到了较大的困难和阻力。其一，湿地的概念和范围问题。对此，需要特别说明的是没有必要将以资源功能、环境功能作为主导功能，仅仅兼有湿地生态功能的水田、运河、库塘、渠道等人工湿地也纳入湿地保护的范围，因为这些人工湿地所具备的湿地生态功能，是附属在其作为水田、运河、库塘、渠道之资源功能上的。换言之，"资源"在，其"生态"就在。其二，监管体制的设计问题。最为合理的方案是在尊重现有格局的基础上进行微调，将林草部门作为湿地保护主管部门，水利、海洋等部门作为分管部门。林草部门除了全面负责沼泽湿地的监督管理工作之外，只需统一负责全国各类湿地的标准制定、规划统筹、调察监测、信息发布（统一发布湿地生态状况信息）、考核评估和执法督察工作即可。至于湖泊湿地、河流湿地、滨海湿地等自然湿地的监督管理工作（如用途管制、

执法检查等），可由水利、海洋等分管部门各自专门负责。

其次，修改环境和资源保护领域的专门法，将生态保护的理念融入其中。当前的重点是及时修改《环境保护法》《矿产资源法》《土地管理法》《水法》《渔业法》等环境和资源领域的专门性立法，确立生态平衡和生态保护的理念，强化生态保护的法律制度。譬如，在《水法》和《水污染防治法》中确立生态流量的理念，在《土地管理法》中加强对生态用地（如湿地）的保护。

最后，在行政监管组织制度上，进一步推进生态文明监管体制改革。除各级政府之外，生态文明监管机构的体系主要由生态文明主管部门和生态文明分管部门（协管部门）共同组成，其中对前者如何进行顶层设计无疑是重中之重。具体而言，生态文明主管部门应由生态文明综合（基础）主管部门和生态文明行业主管部门构成。生态文明综合主管部门主要应由环境部、资源部和生态部等共同组成。其中，环境部负责统一监督管理全国的环境污染防治工作，并专管大气、土壤等的污染防治工作。资源部负责统一监督管理全国的自然资源工作，并专管矿产资源、土地资源的保护和利用工作。生态文明行业主管部门则主要可由水务部、海洋部等构成。有些自然要素较为特殊，同时兼有环境、资源和生态的多重功能，且功能的整体性特征尤其显著，难以分离各种功能并分别交由不同部门负责，此种情形下，统一交由一个行业部门主管更为合理。譬如，河流、湖泊等陆地水自然要素往往同时兼有水环境、水资源和水生态三种功能，不宜分开保护，各自为政，可交由某一部门统一监督管理，由其全面负责水电产业发展、水质保护、水量调节和分配（如生态流量）、水土保持等工作。同时设立海洋部，作为国务院海洋行业的主管部门，全面负责海洋水质保护、海洋海岛资源的合理利用、海洋海岛的生态保护和建设等。当前，在职能和地位的认识上，将国家林草局作为林草行业主管部门的定位既不够科学，也不准确，建议将其调整为国务院生态保护和建设的综合主管部门，其产业发展（如野生动物的商业性驯养繁殖）职能则交由其他部位委员。

三、路径方法的检视：是否践行空间有序化、发展生态化、生态资本化、环保经济化和治理社会化

空间利用有序化、发展方式生态化、生态环境资本化、环保经济化和治

理社会化是生态文明建设的五大方法。总体而言，在环境法的制度体系上，"利益约束"（基于环境保护的需要而对经济活动进行框界和限制，以抑制经济利益追求的盲目和冲动）、"利益再生"（为环境保护的需要，将经济过程中业已废弃的物质和能量重新利用起来，实现经济价值的再生）和"利益补救"（对受损的环境利益、人身和财产利益进行事后救济）方面的制度比较健全，"利益交换"（通过让渡经济利益换取环境利益）、"利益共生"（将良好的生态环境作为经济发展产业的生产要素，实现了环境利益和经济利益的共生）和"利益促进"（通过生态环境保护推进经济发展）方面的制度则明显欠缺和滞后。

（一）空间有序化的制度建设不足：尚未全面确立"国土空间利用格局"
　　　的理念

"孔子登东山而小鲁，登泰山而小天下。"只有高瞻远瞩，所立之法才能更具整体性和全局性。然而，当前立法对环境、资源和生态的法律保护，均是按不同的自然要素进行各自立法和事后立法，缺乏国土空间管理的整体性、生态系统管理的体系性和不同要素之间保护的协调性。突出表现在法律体系上，缺乏对整个国土生态系统和所有自然要素进行统筹保护和合理利用的统一国土空间管理理念。譬如，受部门立法的严重影响，《土地管理法》尚无"国土空间利用格局"的理念，只重视了对耕地的保护（且主要集中于基本农田数量的保护，未重视对耕地质量如东北黑土地土质的保护），忽视对生态用地，特别是湿地的保护。[1]《矿产资源法》对矿产资源开采和提炼过程中的污染防治和生态保护及修复等问题并未足够重视。

生态文明观要求，促进"三生共赢"高质量发展的首要任务，是树立能涵盖生产空间、生活空间和生态空间的整体国土空间理念，按照优化开发区、重点开发区、限制开发区和禁止开发区的主体功能区类别，优化全国的国土空间开发利用格局，加强对农业空间（特别是基本农田）和生态空间（特别是湿地、公益林地、公益草地等）的用途管制，同时也要树立生态系统管理的原则，对环境、资源和生态进行一体化的保护。当前，从我国生态文明建设的主要问题来看，有必要及时制定一部能够系统解决空间统筹问题的"国

〔1〕 杨朝霞："论我国土地法的生态化"，载高鸿均、王明远主编：《清华法治论衡》（第22辑：生态·法治·文明），清华大学大学出版社2014年版，第320~329页。

土空间规划法"或"国土空间开发利用法"。

（二）发展生态化的制度建设内部失衡

当前，在性质上属于"利益约束"的生态环境规划、环境影响评价、环保设施的"三同时"、清洁生产、环境许可（排污许可）、责令改正（限期治理）等制度，在性质上属于"利益再生"的循环利用制度以及在性质上属于"利益补救"的突发环境事件应急、生态环境损害赔偿等救济性制度，均属于"经济发展生态化"的制度范畴，从体系上看业已基本健全。在立法上看，可以说《环境影响评价法》《清洁生产促进法》《节约能源法》《循环经济促进法》等绝大部分已出台的环境资源法律法规，基本上都是为"经济发展生态化"提供保障的。

然而，在"发展生态化"的内部，与"经济发展生态化"制度建设的欣欣向荣形成鲜明对比的是，社会、政治、文化等其他领域"发展生态化"方面的法律法规严重不足。譬如，在空间格局生态化（如国土空间利用格局优化）、社会发展生态化（如城市规划和布局）、政治发展生态化（如政府环境问责、党政同责）、文化发展生态化（如生态文明教育）等方面的立法明显滞后。特别是主体功能区规划、城镇建设和功能区布局、绿色消费、环境教育、政府问责等方面的立法进展迟缓。以空间利用和社会发展的生态化为例，当前《城乡规划法》关于城市规划的制定，既没有确认和落实"以水定城""以地定城"的理念，也没有考虑城市生活空间（如居民区、商业区、文教区、医护区、休闲区等）、生产空间（工业区、交通线等）和生态空间（小区绿地、城市绿心、生态绿带和生态公园等）在总量上的比例协调和结构上的衔接搭配问题。

（三）生态资本化的制度建设明显疲软

在性质上属于"利益交换"（以经济利益换取生态环境利益）的生态保护补偿、生态服务付费、生态资源产权交易（如水权交易）等落实"生态资本化"理念的绿色资本制度，在性质上属于"利益共生"（既有经济利益，又有生态环境利益）的生态农业、生态林业（如林下经济）、生态旅游（森林旅游）、生态养生（森林康养）等落实"生态产业化"理念的绿色经济促进制度，在发展上明显滞后。最为典型的表现是，"生态补偿条例"早在2010年就启动了立法程序，可至今仍无实质进展。

（四）环保产业化的制度建设尤为滞后

在性质上属于"利益促进"的环保第三方治理、生态建设商业化（如营利性治沙）等贯彻"环保产业化"（降低环保的经济成本，甚至通过发展环保产业而实现营利）理念的环保产业促进制度，在立法上的重视远远不够，至今踟蹰难前。

（五）治理社会化的制度建设不平衡

所谓治理社会化，主要是指生态文明国家治理的主体从环保部门单打独斗，向党委领导、政府负责、部门联动、区域联合（大气污染防治区域联防联控）、政企合作（BOT项目）、企业协作（发展园区型、区域型循环经济）、公众参与（对污染和破坏环境的政府和企业进行参与式监督）的格局转变，尤其是要发展和优化建基于中国国情的中央环保督察制度和公众参与制度。举例说，截至目前，"督企"的制度已较为完善，但"督政"的制度则明显滞后。特别是至今仍未赋予环保组织提起环境行政公益诉讼的起诉资格，更未赋予享有环境权的公民提起环境权诉讼的起诉资格。

今后，务必下大力气补强空间利用有序化、社会发展生态化、生态环境资本化、环境保护产业化和国家治理社会化等方面的立法短板。当前，我国的《森林法》正在进行紧锣密鼓的修订中，建议确立"生态资本化""生态城市"等理念，对林下经济、森林康养、森林旅游、森林休闲、森林生态效益补偿和城市造林、城市立体绿化等事项作出更为具体、细化的规定。此外，还要加强城市生态文明法制建设。一是及时修订《城乡规划法》，将"以水定城""主体功能区规划"等生态文明理念转化为具体的制度。二是研究制定"城市建设管理法"，对城市空间布局、公共设施、人口发展、地面硬化、透水砖铺设、市容建设、立体绿化、交通系统、地下管线、居民消费、饮食起居等内容作出全面规定。

四、制度工具的检视：是否推进生态文明专门法的体系化和相关法的生态化

（一）基于生态文明专门法的检视

1. 制度类型上：重义务轻权利，环境权、资源权和排污权制度化迟滞

从理论上看，环境权、资源权和排污权是生态文明权利观中的三大新兴权利，属于环境法学的三大核心范畴。其中的环境权更是生态文明时代的代

表性权利，是建设美丽中国的一面权利旗帜。放眼世界，迄今为止，已有 142
个国家的宪法确认了环境权。[1]在环境专门法中，美国的明尼苏达州早在
1971 年就制定了专门的环境权法案（Minnesota's Environmental Rights Act）。
俄罗斯联邦 2002 年通过的《环境保护法》第 11 条第 1 款也对环境权作出了
专门规定："每个公民都有享受良好环境的权利，有保护环境免受经济活动和
其他活动，自然的和生产性紧急状态的不良影响的权利，有获得可靠的环境
状况信息和得到环境损害赔偿的权利。"特别值得一提的是，2004 年颁布的
《乌克兰民法典》还在"自然人的人身非财产权"一编中规定了环境安全权。
然而，我国的环境法除了《环境影响评价法》中"蜻蜓点水般"提到了"环
境权益"这一概念之外，并无环境权的明确规定。

　　资源权的制度设计也是问题多多。首先，没有全面建立资源权的制度体
系。由于没有认识到矿藏、森林等自然资源不同于土地资源（特别是耕地）
的特别之处，没有意识到存在消耗性利用和非消耗性利用、生存性利用和商
业性利用等不同方式，迄今仍未全面形成由资源攫取权（通过人力劳动而获
取自然资源的权利，如采伐权、采矿权、狩猎权、捕捞权等）和资源使用权
等所构成的资源权制度体系。其次，在资源权的制度设计上，也还存在诸多
突出问题。第一，没有真正落实自然资源国家所有权和自然资源集体所有权。
近年来，立法上的这一缺陷致使大量国有和集体自然资源被低价出让，甚至
被擅自侵占后进行无偿开发利用，而得不到保护和救济。据悉，最近广西壮
族自治区百色市的国有林场因公益林划定（多年前村民未经许可在该国有林
地上种植了大量林木，最近因被划定为公益林而禁止砍伐）而陷入了群体性
林木赔偿纠纷。目前，从理论上看，本案最大的盲点和焦点可能在于：林农
擅自侵占国有林地在先（未经国有林场同意就在国有林地上种树），是否侵害
了国家对国有森林资源的所有权？林农没有按照国有自然资源有偿使用原则
交纳相应的国有林地使用费，是否侵害了国家对国有林地的收益权？第二，
对于资源攫取权、资源使用权行使和流转中的公益问题，也缺乏基于绿色原
则的公法保护和公益诉讼救济制度。譬如，《农村土地承包法》第 42 条规定，
受让方擅自改变土地农业用途、弃耕抛荒连续两年以上或者给土地造成严重

---

　　[1]　See Varun K. Aery, "The Human Right to Clean Air: a Case Study of the Inter-American System",
Seattle Journal of Environmental Law, 6 (2016), p. 18.

损害或者严重破坏土地生态环境的，承包方可以单方解除土地经营权流转合同。问题在于，如果承包方不作为，不仅没有解除流转合同，而且放任受让方擅自改变土地农业用途、弃耕抛荒连续两年以上、污染和破坏耕地，在此情形下我们可否采取保护行动？具体该如何处理？能否提起公益诉讼寻求司法救济？对此，笔者以为，在现有法律框架下，至少可以针对污染集体土地的行为提起环境公益诉讼。不过，对于擅自改变土地农业用途的行为，只能期望通过修改立法，规定承包经营权人、经营权人和集体所有权人的公法义务以及违反公法义务的法律责任来规制和矫正。

譬如，《森林法》应当对国有森林资源所有权的行使主体、权利内容（对国有林地、林木的占有、使用、收益和处置权）和保护救济等问题进行全面规定。其一，国务院代表国家行使国家所有的森林资源的所有权。其二，国务院可以授权国家森林资源主管部门和省、自治区、直辖市人民政府行使国家所有的森林资源所有者职责。[1]国家森林资源主管部门和省、自治区、直辖市人民政府可以委托有关地方人民政府和森林资源主管部门代理行使所有者职责。其三，对破坏森林资源给国家造成重大损失的行为，授权的国家森林资源主管部门和省、自治区、直辖市人民政府、接受委托的地方人民政府和森林资源主管部门可以提起国有森林资源损害赔偿诉讼。其四，对破坏森林生态环境、危害社会公共利益的行政行为和民事行为，有关环保组织可以提起环境公益诉讼（包括环境民事公益诉讼和环境行政公益诉讼）。其五，有关检察机关可基于检察公诉权和生态文明建设国家义务而提起候补性公益诉讼。

此外，对进入一定森林并享受良好森林环境的森林环境权和采伐权、采摘权等森林资源攫取权的权利问题，也要进行明确规定。

2. 立法体系上：缺乏生态文明建设基本法或龙头法

从立法体系上看，我国缺乏一部统筹生态文明建设和绿色发展的"生态

---

〔1〕《森林法》修订草案一审稿第13条规定，国务院代表国家行使国有森林资源的所有权；国务院可以授权有关部门行使所有者职责，或者由有关部门委托省、自治区、直辖市人民政府代理行使所有者职责。一些常委会委员和地方、部门建议，结合党中央有关推进自然资源资产产权制度改革的精神，进一步明确履行国有森林资源所有者职责的部门。宪法和法律委员会经研究，修订草案二审稿第13条将上述规定修改为："国家所有的森林资源的所有权由国务院代表国家行使。国务院可以授权国务院自然资源主管部门统一履行国有森林资源所有者职责，国务院自然资源主管部门可以委托有关部门和省、自治区、直辖市人民政府代理履行所有者职责。"

文明建设基本法"。当前，被视为环境保护基本法的《环境保护法》，主要规定的是污染防治问题，而在自然资源和生态保护方面着墨不多。就此，《福建省生态文明建设促进条例》和《厦门经济特区生态文明建设条例》等 10 部地方性立法，已做出了可贵的尝试。我国可借鉴地方经验，制定一部专门的"生态文明建设基本法"，并将其理念、做法和话语推广至全球，以生态文明建设的理论和实践推动构建人类命运共同体，推进国际环境法的升级换代，彰显中国的大国担当与民族智慧。通过立法的引领作用和辐射作用，逐步使生态文明理念成为继环境保护、可持续发展之后的又一全球性话语，最终让生态文明思想的理论智慧惠及全球。至于立法定位，可以将"生态文明建设基本法"作为未来《环境法典》中的总则进行设计[1]，其地位如同《民法典》中的《民法总则》一样。

（二）基于生态文明相关法的检视：法律生态化工作滞后

此外，从生态文明立法体系的建设来看，还需大力推进法律生态化工作，特别是民法的生态化、宪法的生态化、刑法的生态化和诉讼法的生态化等。

在立法体系中，《宪法》是一个国家的根本大法，是所有法律文件的母法，无疑是法律生态化的重点和首要对象，当前，有必要在我国的《宪法》中确认基本环境权，细化国家的生态文明建设义务。在《民法典》中重点要完成如下几项工作。一是以"定基石"的模式原则性地确认环境权、资源攫取权和排污权制度。二是以"定界限"的方式对物质的行使。合同履行有利于节约资源和保护生态环境的绿色限制。三是以"立框架"的模式规定自然资源损害赔偿制度和生态环境损害赔偿制度。四是以"建房子"的模式健全完善环境污染和生态破坏侵权责任制度（以人身权和财产权为侵权客体），包括确立生态破坏特殊侵权制度，优化环境污染侵权归责原则，建立以无过错责任原则为主体，以过错责任原则、过错推定原则和公平原则为补充的环境侵权归责原则体系；完善因果关系证明制度，特别是细化原告关于"关联性"的初步证明责任。在《刑法》中添设虐待动物罪、非法持有和食用野生动物罪以及破坏生态罪的新罪名。特别是，要通过破坏生态罪，对严重破坏饮用水源地、自然保护区核心区、珍稀濒危野生动物栖息地、种质资源保护地等

---

〔1〕　参见杨朝霞："生态文明建设观的框架和要点——兼谈环境、资源与生态的法学辨析"，载《环境保护》2018 年第 13 期。

重要生态空间和生态要素的违法行为，追究刑事责任。在《行政诉讼法》中，授予社会组织提起环境行政公益诉讼的主体资格等。

五、结语

习近平总书记指出："人民群众对立法的期盼，已经不是有没有，而是好不好、管用不管用、能不能解决实际问题；不是什么法都能治国，不是什么法都能治好国；越是强调法治，越是要提高立法质量。"我国当前的环境立法，正如李启家教授所言，在总体上"未能体现环境问题的关联性、综合性、区域性、持续性的性质，有着过于突出的技术主义而未能表现出综合性制度体系的特征和强调效率优先的急功近利的短期应急行为倾向。"背后的原因有很多，但最根本的是"环境法学尚未完全系统性地形成能够体现法学学科性质和本质特征的基础理论。理论基础的缺陷，严重影响了环境法律制度建设的指导思想。"[1]

缺乏基础理论指导的环境法，有如被动应战、缺乏统筹、各自为政、欠缺配合的"游击队"，虽左突右击、英勇善战，却整体战果不彰：只能打赢局部性战争，难以取得大兵团正面作战的全局性和根本性胜利。

王利明教授曾一针见血地指出："法学作为一门社会科学，其要真正深入研究社会现象，把握人类活动的规律，并构建科学合理的社会行为规范，仅仅靠法学自身的知识是不够的，而必须要充分利用其他学科研究者所积累的人类智慧，吸纳其他学科认识人类活动的方法和知识。为此，法学必须向其他社会科学和自然科学开放"，法学研究"必须打破学科分立"，"步入知识融合的时代"，"'饭碗法学'应当休矣"![2]只有打破自然科学、社会科学和法学学科的界限和壁垒，打通科学与法律的"任督二脉"，不断夯实环境法学的理论基础，特别是攻克生态文明、环境权、资源权、环境公益诉讼等方面的理论难题，才能以先进的立法理念和夯实的基础理论作为理论指导，推进第三代环境法的形成和发展。

---

〔1〕 李启家："环境法律制度的完善与创新"，载武汉大学环境法研究所网站：http://www.riel. whu. edu. cn/show. asp? ID=1190，访问日期：2003 年 9 月 29 日。

〔2〕 王利明：《人民的福祉是最高的法律》（第 2 版），北京大学出版社 2013 年版，第 350~355 页。

本章小结：推进"第三代环境法"的形成和发展

　　我国现行的环境立法基本上还是以环境保护观和可持续发展观为理论指导，总体上还属于第一代环境法和第二代环境法的水平，目前正在逐步进入以生态文明观为指导的"第三代环境法"新时代。当前，我国的环境法制建设主要存在如下突出问题：一是环境、资源、生态三大支柱的制度发展不平衡，"重环境，贵资源，轻生态"的问题较为突出。二是社会、文化、政治等领域"发展生态化"的制度建设较为滞后，"生态资本化"和"环保产业化"方面的制度建设推进迟缓。三是尚未全面树立"国土空间利用格局"的理念，对生态空间的保护依然不力。四是未按照利益衡平的原则妥善处理经济利益与环境利益的冲突，"经济至上主义"和"绝对环保主义"的偏颇问题同时存在。五是重义务的配置，轻权利的授予。不仅未对环境权这一生态文明时代的标志性权利进行确认，更未构建以环境权益为核心范畴和目的宗旨的制度保障体系，特别是主体功能区规划、多规合一、国土空间用途管制、自然保护地（国家公园、自然保护区、自然公园等）、生态保护红线、生态环境治理修复等制度还很不完善。此外，也未建立起健全完善的资源权和排污权制度，自然资源国家所有权虚置的问题尤为突出，资源攫取权的地位尚未得到认可，对资源权行使和流转的规制尚不够健全。立法体系上缺乏作为龙头法和基本法的"生态文明建设基本法"，传统部门法的"法律生态化"制度建设进展缓慢等。六是重义务的外力威慑，轻义务的履行激励。在法治理念上，将企业、政府与社会公众的关系过于对立，过于强调从外围对企业威慑和对政府问责，不重视对企业义务履行的指导、刺激帮助和服务。今后，应尽快确立生态文明观在环境法治建设中的指导地位，加强对生态文明观的法学关注和法学研究，强化对生态文明观的法学解析和法学转换，形成环境法学关于生态文明的理论体系和话语体系，不断优化生态文明的法治思维和法制体系，全面推进"第三代环境法"的形成与发展。